H. G. Wells
Gesammelte Werke

H. G. Wells

Gesammelte Werke

Aus dem Englischen von Felix Paul Greve,
Heinz von Sauter und Jan Strümpel

Anaconda

Penguin Random House Verlagsgruppe FSC® N001967

3. Auflage

produktsicherheit@penguinrandomhouse.de
(Vorstehende Angaben sind zugleich Pflichtinformationen nach GPSR)

Umschlagmotiv: Herbert George Wells (1866–1946), Granger / Bridgeman Images
Umschlaggestaltung: Druckfrei. Dagmar Herrmann, Bad Honnef
Satz und Layout: InterMedia – Lemke e. K., Ratingen
Druck und Bindung: GGP Media GmbH, Pößneck
Printed in Germany
ISBN 978-3-7306-0721-3
www.anacondaverlag.de

Inhalt

Die Zeitmaschine

(1895)

I

Der Zeitreisende (denn so wollen wir ihn der Einfachheit halber nennen) legte uns eine höchst nebulöse Sache dar. Seine grauen Augen glänzten und blinzelten, sein sonst so blasses Gesicht war gerötet und voller Leben. Das Kaminfeuer brannte hell, und das sanfte Glosen der Kerzen in den Silberleuchtern spiegelte sich in den Luftbläschen, die in unseren Gläsern aufstiegen und vergingen. Unsere Stühle, die er selbst entworfen hatte, waren mehr als eine Sitzgelegenheit, sie schienen uns regelrecht zu umfangen und zu liebkosen, und es herrschte diese genießerische Atmosphäre, wie sie nach dem Essen eintritt, wenn die Gedanken frei vom Druck der Exaktheit umherschweifen. Und so erzählte er uns unter gelegentlichem Einsatz seines schmalen Zeigefingers das Folgende, während wir dasaßen und träge bewunderten, mit welchem Ernst er sich diesem neuen Paradox (dafür hielten wir es) und seinen Auswirkungen widmete.

»Hören Sie mir genau zu. Ich werde ein paar Annahmen in Zweifel ziehen, die nahezu universelle Geltung beanspruchen. Die Geometrie etwa, wie sie in der Schule gelehrt wird, gründet auf einem Irrglauben.«

»Verlangen Sie da für den Anfang nicht gleich etwas viel von uns?«, sagte Filby, ein streitsüchtiger Mensch mit rotem Haar.

»Sie sollen nichts anerkennen, ohne berechtigte Ursache dazu zu haben. Sie werden mir sehr bald hinlänglich zustimmen. Ihnen ist wohlbekannt, dass eine mathematische Linie von der Stärke *Null* physisch nicht in Wirklichkeit existiert. So haben Sie es gelernt, nicht wahr? Dasselbe gilt für eine mathematische Fläche. Beides sind rein abstrakte Gebilde.«

»Richtig«, sagte der Psychologe.

»Somit wird aus Länge, Breite und Höhe allein auch kein real existenter Würfel.«

»Einspruch«, sagte Filby. »Natürlich kann es einen festen Körper geben. Alle realen Dinge –«

»Die meisten Leute denken so. Aber einen Augenblick noch. Kann es einen *momentanen* Würfel geben?«

»Ich kann Ihnen nicht folgen«, sagte Filby.

»Gibt es einen Würfel, der praktisch keinerlei zeitliche Dauer hat?«

Filby wurde nachdenklich. »Zweifellos«, fuhr der Zeitreisende fort, »muss sich jeder reale Gegenstand in *vier* Dimensionen erstrecken: Länge, Breite und Höhe und – Dauer. Doch aufgrund einer angeborenen Schwäche des Fleischs, zu der ich gleich etwas sagen werde, übersehen wir diesen Umstand gern. Es gibt tatsächlich vier Dimensionen: drei, die wir die Dimensionen des Raums nennen, und als vierte die Zeit. Allerdings neigt man dazu, auf unplausible Art letztere Dimension von den drei ersten abzugrenzen, da sich unser Bewusstsein periodisch vom Beginn bis ans Ende unseres Lebens in letzterer Dimension in einer Richtung vorwärtsbewegt.«

»Das«, sagte ein sehr junger Mann, der krampfhaft bemüht war, seine Zigarre an einer Kerze neu zu entzünden, »das … also ganz klar.«

»Nun ist es sehr verwunderlich, dass man dies so gründlich übersieht«, sagte der Zeitreisende mit einem Anflug von Heiterkeit. »Genau das nämlich ist mit der vierten Dimension gemeint, auch wenn manchmal Leute von der vierten Dimension reden, ohne sich bewusst zu sein, dass sie es tun. Es ist nichts als eine andere Art, die Zeit zu betrachten. *Das Einzige, was die Zeit von den drei Dimensionen des Raums unterscheidet, ist, dass sich unser Bewusstsein in ihr bewegt.* Aber so mancher Dummkopf hat sich diesem Gedanken von der falschen Seite genähert. Ihnen allen ist geläufig, was über diese vierte Dimension gesagt wird?«

»*Mir* nicht«, sagte der Provinzbürgermeister.

»Kurz gesagt dies: Raum, wie ihn unsere Mathematiker verstehen, verfügt über drei Dimensionen, die Länge, Breite und Höhe genannt werden können, und wird immer vom Bezugspunkt dreier Ebenen aus definiert, die jeweils im rechten Winkel zueinander stehen. Nun haben einige philosophische Köpfe gefragt, wieso es gerade drei Dimensionen sein sollen – da könnte doch noch eine vierte Dimension zu diesen dreien im rechten Winkel stehen –, sie haben sogar eine Geometrie mit vierter Dimension zu entwickeln versucht. Professor Simon Newcomb hat diese Idee erst vor rund einem Monat der Mathematischen Gesellschaft von New York dargelegt. Wie sich auf einer ebenen Fläche, die nur zwei Dimensionen hat, ein dreidimensionaler Körper darstellen lässt, ist bekannt. Entsprechend, so glauben sie, müsste sich anhand eines dreidimensionalen Modells eine vierte Dimension darstellen lassen – so man denn das Problem der Perspektive in den Griff bekommt. Verstanden?«

»Glaube schon«, murmelte der Provinzbürgermeister und sank stirnrunzelnd in einen vergeistigten Zustand, wobei er seine Lippen bewegte wie jemand, der geheimnisvolle Worte vor sich hin sagt. »Ja, ich glaub, jetzt hab ich's verstanden«, sagte er nach einer Weile, vorübergehend ganz aufgeheitert.

»Nun, ich darf Ihnen sagen, dass ich seit einiger Zeit an dieser Geometrie der vier Dimensionen arbeite. Einige Ergebnisse sind seltsam. Hier zum Beispiel habe ich das Porträt eines Mannes im Alter von acht Jahren, das hier zeigt ihn mit fünfzehn, dies mit siebzehn, dieses hier mit dreiundzwanzig und so weiter. Sie alle sind offenkundig Ausschnitte, dreidimensionale Darstellungen seiner vierdimensionalen Natur, die fix und unveränderlich ist.

Die Wissenschaft«, fuhr der Zeitreisende fort, nachdem er diesen Gedanken eine Weile hatte nachhallen lassen, »weiß sehr gut, dass Zeit im Grunde nur eine Form von Raum ist. Hier habe ich ein gängiges wissenschaftliches Schaubild, eine Wetteraufzeichnung. Diese Linie hier, die ich mit meinem Finger verfolge, zeigt die Schwankungen des Barometers. Gestern stand sie dort oben, in der Nacht dann fiel sie, heute Morgen stieg sie wieder an, ganz allmählich bis an diesen Punkt. Nun hat das Quecksilber diese Linie offenkundig nicht in einer der drei allgemein anerkannten Dimensionen des Raums gezogen. Und doch hat es eine solche Linie hervorgebracht, und diese Linie, so müssen wir folgern, entstand entlang der Zeit-Dimension.«

»Aber«, sagte der Mediziner, den Blick starr auf ein Stück Kohle im Kamin gerichtet, »wenn Zeit nichts anderes ist als eine vierte Dimension des Raums, warum wird sie dann seit jeher als etwas anderes angesehen? Und warum können wir uns dann nicht in der Zeit so bewegen wie in den anderen Dimensionen des Raums?«

Der Zeitreisende lächelte. »Sie meinen, wir könnten uns frei im Raum bewegen? Rechts und links, das geht, rückwärts und vorwärts, kein Problem, der Mensch tut es seit eh und je. Wir bewegen uns frei in zwei Dimensionen. Aber wie steht's mit hinauf und hinab? Da setzt uns die Schwerkraft Grenzen.«

»Nicht unbedingt«, sagte der Mediziner. »Es gibt Ballone.«

»Aber vor Erfindung des Ballons waren die Menschen nicht in der Lage, sich vertikal fortzubewegen, außer durch exaltierte Sprünge oder indem sie sich die Unebenheit der Erdoberfläche zunutze machten.«

»Ein kleines bisschen rauf und runter ging es also immerhin«, sagte der Mediziner.

»Runter sehr viel leichter als rauf.«

»Und in der Zeit kann man sich gar nicht bewegen, vom gegenwärtigen Moment kann man sich nicht lösen.«

»Genau da liegen Sie falsch, mein Freund. Die ganze Welt täuscht sich darin. Wir lösen uns doch ständig vom gegenwärtigen Moment. Unsere geistigen Existenzen, die immateriell sind und keine Dimensionen haben, gleiten in beständigem Tempo durch die Zeit-Dimension von der Wiege bis zum Grab. Gerade so, wie wir *hinab*reisen würden, wenn unsere Existenz fünfzig Meilen oberhalb der Erdoberfläche beginnen würde.«

»Aber da liegt ja das große Problem«, unterbrach der Psychologe. »Man kann sich in alle Richtungen des Raums bewegen, aber nicht innerhalb der Zeit.«

»Womit wir beim Kern meiner großen Entdeckung wären. Sie liegen falsch, wenn Sie sagen, dass wir uns in der Zeit nicht fortbewegen können. Wenn ich mich zum Beispiel lebhaft an ein Vorkommnis erinnere, kehre ich zurück zum Zeitpunkt des Geschehens: Dann bin ich geistesabwesend, wie man so sagt. Für einen Augenblick befinde ich mich dort. Natürlich haben wir keinerlei Möglichkeit, längere Zeit in der Vergangenheit zu sein als etwa ein Wilder oder ein Tier zwei Meter hoch in der Luft. Aber in dieser Hinsicht hat es der zivilisierte Mensch besser als der Wilde. Er kann die Schwerkraft mit Hilfe eines Ballons überwinden, und warum sollte er nicht hoffen, sein Gleiten durch die Zeit-Dimension eines Tages anhalten oder beschleunigen zu können, ja es sogar umzukehren und in die entgegengesetzte Richtung zu reisen?«

»Ach, *das*«, sagte Filby, »ist doch alles –«

»Warum denn nicht?«, fragte der Zeitreisende.

»Es ist gegen die Vernunft«, sagte Filby.

»Welche Vernunft?«, fragte der Zeitreisende.

»Sie können beweisen, dass schwarz weiß ist«, sagte Filby, »aber Sie werden mich niemals davon überzeugen.«

»Das mag sein«, sagte der Zeitreisende. »Aber nun haben Sie erste Einblicke in meine Forschungen zur Geometrie der vier

Dimensionen erhalten. Vor langer Zeit hatte ich die vage Idee einer Maschine –«

»Für Zeitreisen!«, rief der sehr junge Mann.

»Mit der man in jede Richtung von Raum und Zeit gelangt, ganz nach Wunsch des Fahrers.«

Filby hatte dafür nur Gelächter übrig.

»Im Experiment habe ich bereits gezeigt, dass es geht«, sagte der Zeitreisende.

»Für Historiker wäre das überaus praktisch«, befand der Psychologe. »Sie könnten zum Beispiel durch so eine Reise zurück überprüfen, ob stimmt, was von der Schlacht bei Hastings überliefert ist!«

»Da würden sie ganz sicher Aufmerksamkeit erregen«, sagte der Mediziner. »Unsere Vorfahren hatten wenig übrig für aus der Zeit Gefallene.«

»Man könnte Griechisch direkt bei Homer und Platon lernen«, überlegte der sehr junge Mann.

»In dem Fall würden Sie garantiert schon bei der Zwischenprüfung durchfallen. Die deutschen Professoren haben das Griechische seit damals enorm verbessert.«

»Und die Zukunft erst«, sagte der sehr junge Mann. »Denken Sie nur! Man legt einfach all sein Geld gutverzinst an und macht sich munter auf!«

»Und stößt dann auf eine Gesellschaft«, sagte ich, »die streng kommunistisch organisiert ist.«

»Nichts als wirre, überspannte Theorie!«, sagte der Psychologe.

»Ja, so sah ich es auch immer, deshalb habe ich nie darüber gesprochen, bis –«

»Experimenteller Nachweis!«, rief ich. »*Das* wollen Sie beweisen?«

»Das Experiment!«, rief Filby, geistig inzwischen leicht erschöpft.

»Dann gehen Sie Ihr Experiment mal an«, sagte der Psychologe, »auch wenn das nun wirklich alles Humbug ist.«

Der Zeitreisende sah lächelnd in die Runde. Dann ging er langsam aus dem Raum, weiterhin sanft lächelnd und mit den Händen tief in den Hosentaschen, wir hörten ihn den ganzen langen Gang zu seinem Versuchslabor schlurfen.

Der Psychologe blickte uns an. »Was er wohl vorhat?«

»Irgendeinen Taschenspielertrick«, sagte der Mediziner, und Filby wollte uns etwas über einen Zauberkünstler erzählen, den er in Burslem gesehen hatte, doch noch während seiner einleitenden Worte kehrte der Zeitreisende wieder zurück, und Filbys Anekdote kam nicht zum Zuge.

Das Ding in den Händen des Zeitreisenden war ein funkelndes Metallkonstrukt, kaum größer als eine kleine Uhr und sehr fein gearbeitet. Teils bestand es aus Elfenbein, teils aus einer durchsichtigen Kristallsubstanz. Und nun muss ich etwas ins Detail gehen, denn was daraufhin geschah, ist – außer für den, der sich seinen Erläuterungen anzuschließen bereit ist – ganz und gar unerklärlich. Er nahm einen der kleinen achteckigen Tische, die da und dort im Zimmer standen, und rückte ihn so vor das Feuer, dass er mit zwei Beinen auf dem Kaminvorleger stand. Auf diesen Tisch stellte er seinen Mechanismus. Dann zog er einen Stuhl heran und setzte sich. Auf dem Tisch stand sonst nur noch eine kleine Schirmlampe, deren Licht auf den Apparat fiel. Zudem gab es etwa ein Dutzend Kerzen, zwei in Messingständern auf dem Kaminsims und noch ein paar als Wandleuchten, sodass der gesamte Raum hell erleuchtet war. Ich saß in einem niedrigen Sessel direkt am Feuer und zog diesen so weit vor, dass ich mich fast zwischen dem Zeitreisenden und dem Kamin befand. Filby saß hinter ihm und schaute ihm über die Schulter. Der Mediziner und der Provinzbürgermeister sahen ihn von rechts im Profil, der Psychologe von links. Der sehr junge Mann stand hinter dem Psychologen. Wir waren alle hochkonzentriert. Dass es möglich sein sollte, uns einen Streich zu spielen, und sei er noch so subtil erdacht und geschickt eingefädelt, erschien mir unter diesen Bedingungen praktisch ausgeschlossen.

Der Zeitreisende sah erst uns an, dann seinen Mechanismus. »Nun?«, sagte der Psychologe.

»Dieses kleine Objekt«, sagte der Zeitreisende, während er seine Ellbogen auf den Tisch stützte und die Hände über dem Apparat gegeneinanderdrückte, »ist nur ein Modell. Es ist mein Entwurf einer Maschine für Zeitreisen. Ihnen wird aufgefallen sein, dass er etwas schief wirkt und diese Stange hier so seltsam, geradezu unwirklich funkelt.« Er wies mit dem Finger auf die Stelle. »Hier befindet sich ein kleiner weißer Hebel und da noch einer.«

Der Mediziner erhob sich von seinem Stuhl und betrachtete das Ding. »Wunderbar konstruiert«, sagte er.

»Zwei Jahre Arbeit stecken darin«, erwiderte der Zeitreisende. Nachdem wir alle dem Beispiel des Mediziners gefolgt waren, sagte er: »Und nun aufgepasst: Wenn man diesen Hebel hier betätigt, fährt die Maschine in die Zukunft, mit dem anderen Hebel geht es wieder zurück. Auf diesem Sattel nimmt der Zeitreisende Platz. Ich werde gleich den Hebel betätigen, dann macht sich die Maschine auf den Weg. Sie wird sich in Luft auflösen, in die Zukunft gleiten und verschwinden. Behalten Sie das Ding gut im Auge und auch den Tisch, überzeugen Sie sich davon, dass hier nicht getrickst wird. Ich will dieses Modell nicht opfern, nur um hinterher als Schwindler bezeichnet zu werden.«

Es entstand eine Pause von vielleicht einer Minute. Der Psychologe schien mir etwas sagen zu wollen, überlegte es sich aber wieder anders. Dann streckte der Zeitreisende seinen Finger nach dem Hebel aus. »Nein«, sagte er mit einem Mal. »Reichen Sie mir Ihre Hand.« Dem Psychologen zugewandt, nahm er dessen Hand in die seine und bat ihn, den Zeigefinger auszustrecken. So war es denn der Psychologe, der das Modell der Zeitmaschine auf seine endlose Reise schickte. Wir alle sahen, wie der Hebel umgelegt wurde. Ich bin mir vollkommen sicher, dass keinerlei Täuschung im Spiel war. Ein Luftzug entstand, der die Flamme der Lampe aufflackern ließ. Eine der Kerzen auf dem Sims erlosch, plötzlich schwankte die kleine Maschine, verlor ihre Konturen, eine Sekunde vielleicht war sie noch wie ein Geisterbild zu sehen, wie ein Wirbel aus schwach funkelndem Eisen und Elfenbein – dann war sie weg – in Luft aufgelöst! Nur die Lampe stand noch auf dem Tisch.

Einen Moment lang waren alle still. Dann äußerte Filby seine Bestürzung.

Der Psychologe löste sich aus seiner Erstarrung und blickte unvermittelt unter den Tisch. Darüber musste der Zeitreisende herzlich lachen. »Und?«, sagte er mit Blick auf den Psychologen. Dann stand er auf, ging zur Tabaksdose, die auf dem Kaminsims stand, und begann sich mit dem Rücken zu uns die Pfeife zu stopfen.

Wir blickten einander ungläubig an. »Hören Sie«, sagte der Mediziner, »ist das Ihr Ernst? Glauben Sie wirklich, dass diese Maschine in die Zeit gereist ist?«

»Natürlich«, sagte der Zeitreisende, der sich zum Feuer bückte, um einen Holzspan in Brand zu setzen. Dann wendete er sich um, entzündete seine Pfeife und blickte dem Psychologen ins Gesicht. (Um sich gefasst zu geben, griff der Psychologe nach einer Zigarre und versuchte sie anzuzünden, ohne die Spitze abzuschneiden.) »Und nicht nur das. Da drin« – er wies auf sein Labor – »bin ich schon sehr weit mit einer großen Maschine, und wenn die fertig ist, werde ich mich selbst auf die Reise begeben.«

»Sie meinen ernsthaft, dass diese Maschine in die Zukunft gereist ist?«, sagte Filby.

»In die Zukunft oder in die Vergangenheit – das weiß ich selbst nicht genau.«

Nach einer Weile hatte der Psychologe eine Eingebung. »Wenn sie überhaupt irgendwo hingefahren ist, dann in die Vergangenheit«, sagte er.

»Wieso?«, fragte der Zeitreisende.

»Weil ich annehme, dass sie sich nicht im Raum fortbewegt hat, und wenn sie sich in Richtung Zukunft aufgemacht hätte, müsste sie noch die ganze Zeit hier sein, denn schließlich muss sie auch die jetzige Zeit durchreisen.«

»Aber«, sagte ich, »wenn sie in Richtung Vergangenheit gereist wäre, dann hätte sie sichtbar sein müssen, als wir erstmals diesen Raum hier betraten, und auch letzten Donnerstag, als wir alle hier waren, und den Donnerstag davor und so weiter!«

»Alles sehr widersprüchlich«, bemerkte der Provinzbürgermeister, zum Zeitreisenden gewandt, mit unparteilicher Miene.

»Keineswegs«, sagte der Zeitreisende, und in Richtung des Psychologen: »Sie denken nach. *Sie* können das erklären. Das hier findet unterhalb der Schwelle des Wahrnehmbaren statt, in ganz abgeschwächter Form.«

»Natürlich«, sagte der Psychologe zu unser aller Beruhigung. »Das ist simple Psychologie. Ich hätte längst darauf kommen müssen. Es ist denkbar einfach und erklärt das Paradoxon ganz wunderbar. Wir können die Maschine nicht sehen und auch nicht richtig einschätzen, es ist exakt wie mit der Speiche eines sich drehenden Rades oder einem durch die Luft sausenden Geschoss. Wenn sie sich fünfzig oder hundert Mal schneller durch die Zeit bewegt als wir, wenn sie in einer Menschensekunde bereits eine Minute zurückgelegt hat, dann kann sie selbstverständlich auch nur ein Fünfzigstel oder Hundertstel der visuellen Wirkung auf uns hinterlassen im Vergleich mit dem Zustand, in dem sie sich nicht auf Zeitreise befindet. So simpel ist das.« Er fuhr mit der Hand durch die

Stelle, an der die Maschine gestanden hatte. »Sehen Sie?«, sagte er lachend.

Wir saßen da und starrten eine Weile auf den leeren Tisch. Dann fragte uns der Zeitreisende, was wir von all dem hielten.

»Heute Abend klingt das alles sehr plausibel«, sagte der Mediziner, »aber warten wir ab, wie es uns morgen damit geht. Was morgen früh der gesunde Menschenverstand dazu sagt.«

»Hätten Sie Lust, die echte Zeitmaschine zu sehen?«, fragte der Zeitreisende. Dann griff er nach der Lampe und leuchtete den Weg den langen, zugigen Korridor hinab zu seinem Labor. Ich erinnere mich sehr gut an das flackernde Licht, an die Silhouette seines merkwürdigen breiten Kopfes, den Tanz der Schatten, wie wir ihm allesamt folgten, verblüfft, doch skeptisch, und wie wir dort in seinem Labor eine größere Version seines kleinen Mechanismus zu sehen bekamen, der sich vor unseren Augen in Luft aufgelöst hatte. Einige Teile bestanden aus Nickel, andere aus Elfenbein, manche waren offenkundig aus Bergkristall herausgesägt oder -gefeilt. Der Apparat war fast fertiggestellt, nur die gebogenen Kristallstangen lagen neben einigen Zeichnungen unvollendet auf dem Tisch. Ich nahm mir eine, um sie genauer zu betrachten. Sie schien aus Quarz zu sein.

»Nun denn«, sagte der Mediziner, »ist das Ihr Ernst? Oder nur wieder so ein Schwindel – wie der Geist, den Sie uns letztes Jahr zu Weihnachten präsentiert haben?«

»Mit dieser Maschine«, sagte der Zeitreisende und hielt die Lampe hoch, »beabsichtige ich die Zeit zu erkunden. Habe ich mich klar und deutlich ausgedrückt? Noch nie in meinem Leben war es mir mit etwas so ernst.«

Keiner von uns wusste darauf etwas zu erwidern.

Über die Schulter des Mediziners hinweg sah mich Filby an und blinzelte mir ehrfürchtig zu.

2

Damals glaubte wohl keiner von uns so recht an die Zeitmaschine. Offen gesagt war der Zeitreisende ein Mensch jenes Schlages, der einfach zu schlau ist, um ihm zu trauen: Nie hatte man das Gefühl, ihn ganz unverstellt vor sich zu haben; zwar gab er sich zugewandt, doch stets vermutete man, dass er letztlich irgendetwas verschwieg oder im Schilde führte. Hätte Filby uns das Modell gezeigt und uns die Sache in den Worten des Zeitreisenden erklärt – ihm gegenüber wären wir weit weniger skeptisch gewesen. Denn wir hätten begriffen, worum es ihm ging, selbst ein Schweinemetzger konnte Filby verstehen. Doch den Zeitreisenden umgab etwas Unberechenbares, wir waren misstrauisch ihm gegenüber. Dinge, die einen weniger brillanten Mann Ruhm eingetragen hätten, wirkten in seinen Händen wie Streiche. Es ist ein Fehler, etwas mit allzu leichter Hand zu tun. Ernsthafte Leute, die ihn ernst nahmen, wurden durch sein Verhalten verunsichert; ihren guten Ruf für ihn einzusetzen, so dachten sie, empfahl sich etwa so sehr, wie empfindliches Porzellan ins Kinderzimmer zu stellen. Weshalb sich in der Woche zwischen diesem und dem folgenden Donnerstag wohl niemand von uns sonderlich über das Thema Zeitreisen äußerte, obwohl wir zweifellos allesamt über dessen wundersames Potenzial nachgrübelten: seine Wahrscheinlichkeit, also seine praktische Unglaublichkeit, die verlockenden Möglichkeiten der Begegnung mit einer anderen Zeit und die sich daraus ergebende totale Konfusion. Ich selbst befasste mich insbesondere mit dem Kunststück des Modells. Ich weiß noch, wie ich darüber mit dem Mediziner diskutierte, dem ich am Freitag in der Linné-Gesellschaft begegnet war. Er sagte, er habe ein ähnliches Ding in Tübingen gesehen, und machte besonders auf das Verlöschen der Kerze aufmerksam. Doch wie der Trick ins Werk gesetzt worden war, konnte er nicht sagen.

Am folgenden Donnerstag fuhr ich erneut nach Richmond – ich war wohl einer der treuesten Gäste des Zeitreisenden. Ich traf spät ein und sah bereits vier, fünf Männer in seinem Salon versammelt. Der Mediziner stand am Kamin mit einem Blatt Papier in der einen Hand und seiner Uhr in der anderen. Ich schaute mich gerade um, wo der Zeitreisende war, als der Mediziner sagte: »Es ist inzwischen halb acht, ich schlage vor, dass wir zu Tisch gehen.«

»Wo ist denn …?«, fragte ich und nannte den Namen unseres Gastgebers.

»Sie sind gerade erst gekommen? Es ist seltsam. Etwas Unaufschiebbares hat ihn aufgehalten. Er hat mir eine Notiz hinterlassen, dass ich um sieben zum Essen bitten soll, falls er dann noch nicht da sein sollte. Und dass er nach seiner Rückkehr alles erklären würde.«

»Es wäre doch schade ums Essen«, sagte der Verleger einer namhaften Tageszeitung, weshalb der Arzt zu Tisch läutete.

Neben dem Arzt und mir hatte nur noch der Psychologe bereits am letzten Gastmahl teilgenommen. Die anderen waren Blank, der erwähnte Verleger, ein Journalist und noch jemand, ein stiller, schüchterner Mann mit Bart, den ich nicht kannte und der, wenn ich mich recht erinnere, den ganzen Abend hindurch kein einziges Wort sagte. Beim Essen wurden allerhand Gründe für die Abwesenheit des Zeitreisenden geäußert, ich steuerte halb im Spaß bei, vielleicht sei er auf Zeitreise. Der Verleger bat um Erklärung, und der Psychologe begann etwas trocken von dem »raffinierten Paradox und Kunststück« zu berichten, dessen Zeuge wir eine Woche zuvor geworden waren. Er war mitten in seinen Ausführungen, als sich langsam und geräuschlos die Tür zum Korridor öffnete. Ich saß der Tür zugewandt und sah es als erster. »Hallo!«, sagte ich. »Na endlich!« Die Tür ging weiter auf, und vor uns stand der Zeitreisende. Ich schrie überrascht auf. »Du lieber Himmel! Was ist denn mit

Ihnen?«, rief der Mediziner, der ihn als nächster sah. Da wendete sich die gesamte Tischgesellschaft zur Tür.

Er sah erbärmlich aus. Seine Jacke war staubig und verdreckt, die Ärmel waren ganz grasfleckig. Sein Haar war zerzaust und wirkte grauer auf mich – entweder vor Staub und Schmutz oder weil es tatsächlich verblasst war. Sein Gesicht war totenbleich, am Kinn hatte er eine verschorfte braune Schnittwunde. Er wirkte erschöpft und ausgezehrt, als habe er sehr leiden müssen. Einen Moment blieb er zögernd in der Tür stehen, wie durch das Licht geblendet, dann trat er in den Raum. Er hinkte in einer Weise, wie ich es von fußlahmen Landstreichern kannte. Wir starrten ihn schweigend an und warteten darauf, dass er etwas sagte.

Er sprach kein Wort, kam jedoch unter Schmerzen an den Tisch und deutete auf den Wein. Der Verleger schenkte ihm ein Glas Champagner ein und schob es ihm hin. Er trank es aus, es schien ihm gutzutun, denn er sah die am Tisch Sitzenden an, und in sein Gesicht trat ein Abglanz seines alten Lächelns. »Was um Himmels willen ist mit Ihnen geschehen?«, fragte der Arzt. Der Zeitreisende schien ihn nicht zu hören. »Lassen Sie sich von mir nicht stören«, sagte er leicht stockend. »Mir geht es gut.« Er hielt inne, ließ sich nachschenken und leerte sein Glas in einem Zug. »Das tut gut«, sagte er. Seine Augen hellten sich auf, und in seine Wangen kehrte ein wenig Farbe zurück. Sein Blick irrte mit mattem Behagen über unsere Gesichter und schweifte dann durch den warmen, behaglichen Raum. Dann sagte er wieder etwas, erneut so, als müsse er sich jedes Wort mühsam zusammensuchen. »Ich werde mich waschen und umziehen, dann komme ich runter und erkläre alles … Lassen Sie mir etwas von dem Lamm übrig, ich sehne mich nach einem Stück Fleisch.«

Er schaute zum Verleger, der selten zu Gast war, und erkundigte sich nach seinem Befinden. Der Verleger holte zu einer

Frage aus. »Erkläre ich gleich«, sagte der Zeitreisende. »Mir ist – unwohl. Gleich geht's wieder besser.«

Er stellte sein Glas ab und ging zu der Tür, die zum Treppenhaus führte. Erneut fiel mir auf, dass er hinkte, auch das gedämpfte Geräusch seiner Schritte, und als ich von meinem Platz aufstand, sah ich, während er hinausging, seine Füße. Er trug nichts als ein Paar zerfetzte, blutdurchtränkte Socken. Dann schloss sich die Tür hinter ihm. Ich überlegte gerade, ihm zu folgen, als mir einfiel, wie sehr er jegliche Aufregung um seine Person hasste. Vielleicht eine Minute lang träumte ich vor mich hin, dann hörte ich den Verleger sagen: »Hochangesehener Wissenschaftler verhält sich sonderbar« – er dachte (wie üblich) in Schlagzeilen. Dies lenkte meine Aufmerksamkeit wieder auf die illustre Tischgesellschaft.

»Was geht hier nur vor?«, sagte der Journalist. »Hat er einen auf Bettler gemacht? Ich komm da nicht mit.« Ich begegnete dem Blick des Psychologen und las meine eigene Deutung in seinem Gesicht. Ich stellte mir vor, wie sich der Zeitreisende gerade die Treppe hinaufquälte. Ich glaube nicht, dass sein Hinken außer mir noch jemandem aufgefallen war.

Der Erste, der sich nach dieser Überraschung wieder ganz gefasst hatte, war der Mediziner. Er läutete nach dem Hauspersonal – der Zeitreisende hasste es, bei Tisch bedient zu werden – und bat um eine Heizplatte. Nun griff der Verleger seufzend nach Messer und Gabel, der Stumme Mann tat es ihm nach. Das Mahl wurde wieder aufgenommen. Einen Moment lang unterhielt man sich lautstark und gab sich zwischendurch immer wieder verwundert, dann konnte der Verleger seine Neugierde nicht länger im Zaum halten: »Bessert unser Freund sein schmales Salär als Straßenkehrer auf? Oder lebt er gerade wie Nebukadnezar bei den Tieren?«, fragte er. »Ich bin überzeugt, dass es mit der Zeitmaschine zu tun hat«, sagte ich und setzte den vom Psychologen begonnenen Bericht über unser letztes

Treffen fort. Die neuen Gäste staunten ungläubig. Der Verleger hakte ein. »Was hat es denn mit diesem Zeitreisen auf sich? Vom Herumwälzen in einem Paradox wird man ja nicht derart eingestaubt, oder?« Und dann, als er die Sache besser begriffen hatte, verlegte er sich aufs Witzeln. Hatten die in der Zukunft denn keine Kleiderbürsten? Auch der Journalist wollte das alles um keinen Preis glauben und sekundierte dem Verleger bei dem leichten Spiel, die ganze Sache ins Lächerliche zu ziehen. Als überaus forsche, respektlose junge Männer entsprachen beide der neuen Art von Journalist. »Nachrichten von übermorgen, von unserem Sonderkorrespondenten«, sagte – vielmehr rief – der Journalist eben, als der Zeitreisende wieder eintrat. Er trug einen gewöhnlichen Abendanzug, und nur sein erschöpfter Anblick zeugte noch von der Veränderung, die mich so entsetzt hatte.

»Wissen Sie was?«, sagte der Verleger aufgekratzt. »Diese Kerle hier erzählen, Sie wären in die Mitte nächster Woche gefahren! Verraten Sie uns doch mal bitte alles zu Minister Rosebery. Was verlangen Sie für die Informationen?«

Der Zeitreisende setzte sich ohne ein Wort zu sagen an seinen Platz. Er lächelte dezent, auf seine alte Weise. »Wo ist mein Lamm?«, sagte er. »Wie herrlich, mal wieder ein Stück Fleisch auf der Gabel zu haben.«

»Die Geschichte!«, rief der Verleger.

»Zum Teufel mit der Geschichte!«, sagte der Zeitreisende. »Ich brauche jetzt erst einmal etwas zu essen. Ich sage kein Wort, bevor mir nicht ein paar Proteine durch die Adern strömen. Danke. Und noch das Salz.«

»Eine Frage nur«, sagte ich, »waren Sie auf Zeitreise?«

»Ja«, sagte der Zeitreisende kopfnickend mit vollem Mund.

»Ich zahl einen Shilling pro Zeile für einen Exklusivbericht«, sagte der Verleger. Der Zeitreisende schob sein Glas in Richtung des Stummen Mannes und schnippte mit dem Fingernagel dagegen, woraufhin der Stumme Mann, der ihm ins Gesicht gegafft hatte, heftig emporschrak und ihm Wein einschenkte. Der Rest des Mahls verlief unbehaglich. Ich selbst hatte ständig den Drang, Fragen zu stellen, den anderen wird es ganz gewiss ebenso ergangen sein. Der Journalist versuchte Druck aus der Situation zu nehmen, indem er Anekdoten über eine gewisse Hettie Potter erzählte. Mit dem Appetit eines Landstreichers widmete sich der Zeitreisende seiner Mahlzeit. Der Mediziner rauchte eine Zigarette und sah den Zeitreisenden aus blinzelnden Augen an. Der Stumme Mann wirkte noch täppischer als gewöhnlich und sprach aus reiner Nervosität sehr regelmäßig und entschieden dem Champagner zu. Endlich schob der Zeitreisende seinen Teller zur Seite und sah uns der Reihe nach an. »Ich muss wohl um Verzeihung bitten«, sagte er. »Ich war kurz vorm Verhungern. Ich habe erstaunliche Dinge erlebt.« Er nahm sich eine Zigarre und entfernte die Spitze. »Aber kommen Sie doch mit rüber in den Rauchsalon. Die Geschichte ist zu lang, um vor dreckigen Tellern erzählt zu werden.« Er ging vorweg ins Nebenzimmer und betätigte unterwegs die Glocke.

»Sie haben Blank, Dash und Chose von der Maschine erzählt?«, fragte er mich mit Blick auf die drei neuen Gäste und lehnte sich in seinem Sessel zurück.

»Aber das ist doch alles unmöglich«, sagte der Verleger.

»Ich kann heute Abend nicht debattieren. Ich erzähle gern die Geschichte, will aber keine Diskussion. Wenn Sie mögen«, fuhr er fort, »berichte ich Ihnen, was mir widerfahren ist, aber unterbrechen Sie mich nicht dabei. Ich werde alles erzählen, mehr schlecht als recht. Sehr vieles wird nach Lügen klingen. Sei's drum! Es ist die Wahrheit – jedes einzelne Wort. Um vier Uhr war ich also in mein Labor gegangen, und seither … habe ich acht Tage durchlebt … Tage, wie sie keinem Menschen je widerfahren sind! Ich bin völlig erschöpft, aber bevor ich Ihnen nicht von der Sache berichtet habe, werde ich keinen Schlaf finden. Danach gehe ich zu Bett. Aber keine Unterbrechungen! Einverstanden?«

»Einverstanden«, sagte der Verleger, und »Einverstanden« stimmten wir alle ein. Und nun begann der Zeitreisende mit seiner Geschichte, wie ich sie hier dargelegt habe. Anfangs saß er zurückgelehnt in seinem Sessel und sprach müde. Später wurde er lebhafter. Während ich all dies aufschreibe, empfinde ich nur zu deutlich, wie unzureichend Feder und Tinte und insbesondere mein überaus beschränktes Talent in der Lage sind, das Berichtete angemessen wiederzugeben. Sie werden sicher ein höchst aufmerksamer Leser sein, und doch können Sie weder das bleiche, ehrliche Gesicht des Erzählers im hellen Schein der kleinen Lampe sehen noch den Tonfall seiner Stimme hören. Sie werden keine Vorstellung haben vom wechselhaften Mienenspiel je nach Wendung seiner Geschichte! Wir Zuhörer saßen überwiegend im Schatten, denn die Kerzen im Rauchsalon brannten nicht, und nur das Gesicht des Journalisten und die Beine des Stummen Mannes knieabwärts bekamen etwas Licht ab. Anfangs sahen wir einander gelegentlich an, später hörten wir ganz damit auf und blickten nur noch dem Zeitreisenden ins Gesicht.

3

»Letzten Donnerstag hatte ich einigen von Ihnen etwas zu den Grundlagen der Zeitmaschine erzählt und in der Werkstatt das noch unfertige Objekt gezeigt. Und da steht es auch jetzt, etwas beschädigt von der Reise. Einer der Elfenbeinstäbe ist zerbrochen und eine Metallschiene verbogen, ansonsten ist es ganz gut in Schuss. Ich wollte die Maschine eigentlich am Freitag fertig haben, doch nachdem ich am Freitag die Montage fast abgeschlossen hatte, stellte ich fest, dass eine der Nickelstangen genau zweieinhalb Zentimeter zu kurz geraten war. Ich musste sie ersetzen, weshalb ich das Ding erst heute Morgen fertigstellen konnte. Um zehn Uhr am Vormittag war die allererste Zeitmaschine einsatzbereit. Ich klopfte sie noch einmal ab, zog alle Schrauben nach, gab der Quarzstange einen letzten Tropfen Öl und stieg in den Sattel. Ein Selbstmörder, der sich eine Pistole an die Schläfe hält, sieht wohl ähnlich bang dem nächsten Schritt entgegen, wie ich es tat. Ich ergriff den Starthebel mit der einen Hand, den Hebel zum Stoppen mit der anderen, betätigte den ersten und gleich darauf den zweiten. Mir wurde ganz schwindlig, ich hatte das alptraumhafte Gefühl eines tiefen Falls. Dann sah ich mich um, im Labor war alles unverändert. War überhaupt etwas passiert? Einen Moment lang vermutete ich, mein Verstand habe mich hinters Licht geführt, dann bemerkte ich die Uhr. Noch gerade eben, so schien mir, hatte sie auf kurz nach zehn gestanden, und jetzt war es beinahe halb vier!

Ich holte tief Luft, biss die Zähne zusammen, packte den Starthebel mit beiden Händen und fuhr ruckend los. Das Labor verschwamm vor meinen Augen und wurde dunkel. Mrs Watchett kam herein und ging auf die Tür zum Garten zu, offenkundig ohne mich zu sehen. Sie brauchte wohl etwa eine Minute von einer Tür zur anderen, doch in meiner Wahrnehmung schoss sie wie eine Rakete durch den Raum. Ich drückte den Hebel ganz nach unten. Als habe man eine Lampe ausgemacht, war es Nacht und schon im nächsten Moment wieder Morgen. Im Labor wurde alles zunehmend undeutlich und schummrig. Die Nacht von morgen brach schwarz herein, dann wurde es wieder Tag, dann wieder Nacht, wieder Tag, schneller und schneller. Ein gluckerndes Rauschen erfüllte meine Ohren und eine seltsame, dumpfe Verwirrung senkte sich auf meinen Geist.

Was genau man beim Zeitreisen empfindet, werde ich Ihnen nicht recht vermitteln können, fürchte ich. Es ist überaus unangenehm. Man fühlt sich hilflos, als würde man in einer Achterbahn kopfüber dahinrasen. Dazu kommt noch das schreckliche Gefühl, jeden Moment mit Wucht irgendwo gegenzuprallen. Mit zunehmendem Tempo empfand ich den Wechsel von Tag und Nacht wie das Schlagen eines schwarzen Flügels. Die verschwommenen Konturen des Labors lösten sich bald ganz von meiner Wahrnehmung, und ich sah die Sonne eilig über den Himmel hüpfen, pro Minute einmal quer hindurch, und mit jeder Minute verging ein Tag. Ich nahm an, das Labor sei zerstört worden und ich somit ins Freie gelangt. Flüchtig glaubte ich ein Baugerüst zu erkennen, aber ich war bereits viel zu schnell unterwegs, um irgendein bewegliches Objekt erkennen zu können. Die lahmste Schnecke der Welt zischte einfach an mir vorbei. Der blitzartige Wechsel von Dunkelheit und Licht schmerzte extrem in den Augen. Dann sah ich im Verlauf dieser periodischen Dunkelphasen den Mond rasch alle Phasen von Neumond bis Vollmond durchlaufen und die kreisenden Sterne schwach glimmen. Während ich dahinfuhr und immer noch schneller wurde, verschmolz der Pulsschlag von Tag und Nacht zu einem anhaltenden Grau; der Himmel nahm ein wunderbar tiefes Blau an, eine herrlich leuchtende Farbe wie zur Zeit der Morgendämmerung; die hin und her ruckende Sonne wurde zu einem Feuerstreifen, einem leuchtenden Bogen im All, der Mond zu einem blasser schwankenden Band, und von den Sternen sah ich nichts bis auf einen gelegentlich im Blau flackernden grellen Kreis.

Die Landschaft war neblig-verschwommen. Ich befand mich noch immer an dem Hang, auf dem jetzt das Haus steht, seine Flanke stieg trüb und grau über mir auf. Ich sah Bäume wachsen und sich wie Dampfwolken wandeln, eben noch braun, nun grün. Sie wuchsen, breiteten sich aus, erzitterten und schieden dahin. Ich sah, wie riesige Gebäude sich zart und schön erhoben und wieder vergingen wie Träume. Die gesamte Erdoberfläche wirkte verändert – sie schmolz und zerfloss vor meinen Augen. Die kleinen Zeiger meiner Zifferblätter, die die Geschwindigkeit anzeigten, rotierten schneller und schneller. Nun bemerkte ich, dass der Sonnengürtel von einer Sonnenwende zur nächsten in gerade mal einer Minute oder noch weniger Zeit auf und ab wogte, dass ich folglich binnen einer Minute ein ganzes Jahr zurücklegte, und minütlich blitzte der weiße Schnee um die Erde und verschwand wieder, um kurz vom satten Grün des Frühlings abgelöst zu werden.

Die unangenehmen Empfindungen vom Start waren jetzt nicht mehr so intensiv. Sie wandelten sich schließlich in eine Art überspanntes Hochgefühl. Ich bemerkte durchaus ein holpriges Schwanken der Maschine, das ich mir nicht zu erklären wusste, doch mein Geist war zu verwirrt, um sich näher damit zu befassen, und so schleuderte ich mich mit anwachsendem Wahnsinn in die Zukunft hinein. Zuerst dachte ich kaum ans Anhalten, dachte abseits dieser ungewohnten Eindrücke kaum an irgendetwas. Doch schon bald bildeten sich ganz neuartige Erfahrungen in meinem Bewusstsein – eine bestimmte Neugierde und mit ihr eine große Angst –, die schließlich ganz von mir Besitz ergriffen. Welch erstaunliche Entwicklungen der Menschheit, welch wunderbare Fortschritte unserer primitiven Zivilisation, so dachte ich, könnten sich vor mir auftun, würde ich die verschwommene, schwer fassbare Welt, die vor meinen Augen im ständigen Wandel dahinraste, erst näher betrachten! Ich sah, wie große, herrliche Gebäude sich um mich erhoben, gewaltiger als jeglicher Bau unserer Zeit, und doch wie aus Glimmer und Dunst errichtet. Ich sah ein satteres Grün die Hänge hinabfließen und dort ohne winterliche Pause verweilen. Selbst durch den Schleier meiner Verwirrtheit erschien mir die Erde sehr schön. Und so war mein Verstand nunmehr bereit, die Reise anzuhalten.

Das besondere Risiko lag darin, dass ich in dem Raum, den ich und meine Maschine einnahmen, mit Materie kollidieren konnte. Solange ich mit hoher Geschwindigkeit durch die Zeit reiste, war das kaum von Bedeutung. Ich war gleichsam gasförmig, glitt wie Wasserdampf durch die Lücken in der mir begegnenden Materie! Aber indem ich anhielt, lief ich Gefahr, mich Molekül für Molekül in mir unbekannter Substanz zu verhaken; anhalten bedeutete, meine Atome derart eng in Kontakt mit denen des Hindernisses zu bringen, dass die Folge eine starke chemische Reaktion sein konnte, möglicherweise gar eine heftige Explosion, die mich und meinen Apparat aus allen denkbaren Dimensionen hinausschleuderte – ins gänzlich Unbekannte. Dass dies geschehen konnte, war mir beim Bau der Maschine immer wieder in den Sinn gekommen, doch ich nahm es stets frohgemut als unumgängliches Risiko hin – als Risiko, dem ein Mann sich stellen muss! Nun, da dieses Risiko ganz konkret geworden war, sah ich ihm weit weniger frohgemut entgegen. Ganz unmerklich hatten die völlige Fremde um mich herum, das unangenehme Schwanken und Dröhnen der Maschine und vor allem die Empfindung unausgesetzten Fallens meinen Nerven sehr zugesetzt. Ich sagte mir, ich würde niemals mehr anhalten können, und in einem Anfall von Überreiztheit beschloss ich, es sofort zu tun. Wie ein hektischer Tölpel zerrte ich am Hebel, und siehe da, das Gerät tat einen heftigen Ruck und schleuderte mich kopfüber durch die Luft.

In meinen Ohren tat es einen Donnerschlag. Einen Moment lang muss ich benommen gewesen sein. Um mich herum hagelte es unbarmherzig, und ich saß neben der umgestürzten Maschine auf weichem Rasen. Noch erschien mir alles grau, doch bald fiel mir auf, dass das Getöse in meinen Ohren verschwunden war. Ich blickte um mich. Ich befand mich auf einer Art kleinem Rasenstück, es war von Rhododendronbüschen umgeben, und ich bemerkte, dass die rosa und violetten Blüten unter den Schlägen der Hagelkörner reihenweise abfielen. Der aufprallende, tanzende Hagel hing als Wolke um die Maschine und zog wie Dunst den Boden entlang. Rasch war ich nass bis auf die Haut. ›Netter Empfang für einen Mann‹, sagte ich, ›der endlose Jahre gereist ist, um euch zu besuchen.‹

Dann dachte ich, wie dumm ich doch war, mich so durchnässen zu lassen. Ich stand auf und sah mich um. Eine riesige Figur, wohl aus irgendeinem weißen Stein gehauen, zeichnete sich vage im Hageldunst hinter den Rhododendronbüschen ab. Die übrige Welt jedoch blieb verborgen.

Was ich fühlte, lässt sich kaum beschreiben. Ließ der Hagelschauer etwas nach, konnte ich die weiße Figur besser erkennen. Sie war sehr groß, eine silberne Birke reichte ihr nur bis zur Schulter. Sie war aus weißem Marmor und hatte in etwa die Form einer geflügelten Sphinx, nur dass die Flügel nicht seitlich angelegt waren, sondern ausgebreitet, sodass sie zu schweben schien. Der Sockel war wohl aus Bronze und dick mit Grünspan bedeckt. Durch Zufall war ihr Gesicht mir zugewendet, die blinden Augen schienen mich zu beobachten, auf den Lippen lag der Hauch eines Lächelns. Die Witterung hatte der Figur mächtig zugesetzt, das ließ sie auf trostlose Weise krank wirken. Ich stand da und betrachtete sie für einen kurzen Moment – eine halbe Minute vielleicht oder auch eine halbe Stunde. Je nachdem, wie stark der Hagel fiel, schien sie näherzukommen oder zurückzuweichen. Schließlich löste ich meinen Blick kurz von ihr und sah, dass der Hagelvorhang fadenscheinig geworden war und der Himmel sich mit Aussicht auf Sonnenschein aufklarte.

Ich blickte wieder zu der weißen Gestalt empor, und mit einem Mal wurde mir bewusst, wie überaus tollkühn meine Reise doch war. Was käme zum Vorschein, wenn dieser dunstige Vorhang ganz verschwand? Was mochte der Menschheit inzwischen zugestoßen sein? Was, wenn Grausamkeit zur allgemeinen Lust geworden war? Was, wenn der Mensch zwischenzeitlich alles Mannhafte eingebüßt und sich in eine brutale, gefühllose und unermesslich starke Gattung verwandelt hatte? Mich würde man für ein urwüchsiges wildes Tier halten können, besonders schrecklich und abstoßend aufgrund seiner ähnlichen äußeren Gestalt – für eine ekelhafte Kreatur, die sofort totgeschlagen gehörte.

Inzwischen sah ich andere gewaltige Formen – riesige Gebäude mit verschlungenen Brüstungen und hohen Säulen und daneben einen bewaldeten Hang, der durch den nachlassenden Sturm auf mich zu kroch. Panische Angst ergriff mich. Ich stürzte mich auf die Zeitmaschine und mühte mich ab, sie wieder in Gang zu bekommen. Unterdessen drangen erste Sonnenstrahlen durch das Ungewitter. Der graue Niederschlag wurde fortgekehrt und löste sich auf wie das Spukkleid eines Gespensts. Über mir im tiefen Blau des sommerlichen Himmels lösten sich letzte braune Wolkenfetzen in Wohlgefallen auf. Die großen Gebäude um mich herum ragten nun klar und deutlich empor, feucht-glänzend vom Unwetter und weiß konturiert durch die noch nicht geschmolzenen Hagelkorn-Ansammlungen auf den Simsen. Ich sah mich einer fremden Welt hilflos ausgeliefert. Ich fühlte mich, wie sich ein Vogel in der klaren Luft fühlen mag, der die Schwingen des zum Sturzflug bereiten Falken über sich weiß. Ich war rasend vor Angst. Ich atmete tief durch, biss die Zähne zusammen und zerrte noch einmal mit aller Macht an der Maschine. Auf mein verzweifeltes Hantieren hin kippte sie in aufrechte Position und traf mich dabei übel am Kinn. Mit einer Hand auf dem Sattel und der anderen am Hebel stand ich heftig keuchend da und wollte wieder aufsteigen.

Doch da ich nun wieder über die Möglichkeit zum eiligen Rückzug verfügte, kehrte mein Mut zurück. Mit mehr Neugierde und weniger Angst blickte ich auf diese Welt der fernen Zukunft. In einer runden Öffnung hoch oben in der Wand des vordersten Hauses sah ich eine Gruppe von Leuten, die prächtige weiche Gewänder trugen. Sie hatten mich bereits erblickt, ihre Gesichter waren mir zugewendet.

Dann hörte ich Stimmen näherkommen. Durch die Büsche bei der weißen Sphinx sah ich die Köpfe und Schultern herbeieilender Männer. Einer von ihnen trat auf einen Pfad, der direkt zum kleinen Rasenstück führte, auf dem ich mit meiner Maschine stand. Die kleine Gestalt – sie war vielleicht einen Meter zwanzig groß – trug eine violette Tunika mit einem Ledergürtel um die Hüfte. Seine Füße steckten in Sandalen oder Halbstiefeln – ich konnte es nicht genau ausmachen –, seine Beine waren nackt bis zum Knie, sein Kopf war unbedeckt. Als ich dies registrierte, fiel mir zum ersten Mal auf, wie warm die Luft war.

Ich empfand ihn als wunderschöne und anmutige, zugleich unbeschreiblich fragile Gestalt. Sein gerötetes Gesicht ließ mich an eine schöne Ausprägung von Schwindsucht denken – an diese fiebrige Schönheit, von der man immer wieder hört. Bei seinem Anblick fasste ich mit einem Mal wieder Mut. Ich ließ die Maschine los.

4

Kurz darauf standen wir uns gegenüber, ich und diese fragile Gestalt aus der Zukunft. Er kam direkt auf mich zu und lachte mich an. Mir fiel sofort auf, dass er keinerlei Anzeichen von Furcht erkennen ließ. Dann wendete er sich zu den beiden anderen, die ihn begleiteten, und unterhielt sich in einer sonderbaren, sehr sanften und wohltönenden Sprache mit ihnen.

Andere kamen hinzu, und bald umstand mich ein Grüppchen von vielleicht acht bis zehn dieser bezaubernden Geschöpfe. Einer sprach mich an. Komischerweise dachte ich, dass meine Stimme zu rau und zu tief für sie sein mochte. Also schüttelte ich den Kopf – einmal, und dann, indem ich auf meine Ohren wies, ein zweites Mal. Er trat einen Schritt vor, zögerte und berührte dann meine Hand. Daraufhin spürte ich weitere weiche kleine Finger auf Rücken und Schulter. Sie wollten sich davon überzeugen, dass ich keine Einbildung war. All dies war in keiner Weise beunruhigend. Im Gegenteil, etwas an diesen hübschen kleinen Leuten flößte mir Vertrauen ein – ihre würdige Sanftmut, ihre irgendwie kindliche Leichtigkeit. Davon abgesehen wirkten sie so zart, dass ich die gesamte Truppe mühelos wie Kegel hätte hinwegfegen können. Allerdings warnte ich sie mit rascher Geste, als ich ihre kleinen rosa Hände die Zeitmaschine befingern sah. Zum Glück erkannte ich noch rechtzeitig eine mögliche Gefahr. Ich griff in das Gestänge der Maschine, schraubte die kleinen Hebel für ihren Antrieb ab und steckte sie in die Tasche. Den Leuten wieder zugekehrt, überlegte ich, wie ich mich wohl mit ihnen verständigen konnte.

Und da ich sie mir nun näher betrachtete, fielen mir weitere Eigenheiten ihrer porzellanhaften Schönheit auf. Der Ansatz ihres lockigen Haars endete abrupt an Wangen und Hals, die Gesichter waren vollkommen unbehaart, ihre Ohren überaus winzig. Ihre Münder waren klein, die Lippen leuchtend rot und ziemlich schmal, die Kinne klein und spitz. Die Augen waren groß und sanft, und ich mag jetzt überheblich wirken, aber mir fiel noch auf, dass sie sich nicht in der Weise für mich interessierten, wie ich das von ihnen erwartet hätte.

Da sie keinerlei Anstalten machten, sich mit mir zu verständigen, sondern nur lächelnd um mich herumstanden und sich sanft einander etwas zuflüsterten, ergriff ich die Initiative. Ich wies auf die Zeitmaschine und auf mich selbst. Kurz musste ich überlegen, wie ich ›Zeit‹ zum Ausdruck bringen sollte, dann wies ich auf die Sonne. Sofort griff eine hübsche kleine Gestalt in weiß-lila karierter Kleidung meine Geste auf und überraschte mich mit der Nachahmung von Donnergeräusch.

Einen kurzen Moment stutzte ich, obwohl die Bedeutung seiner Geste offensichtlich war. Ich musste plötzlich denken, ob diese Geschöpfe wohl strohdumm waren? Sie werden kaum ermessen, wie sehr mich dieser Gedanke verstörte. Ich war ja immer davon ausgegangen, dass die Menschen um das Jahr Achthundertzweitausend uns in Wissen, Kunst und einfach allem kolossal weit voraus sein würden. Unversehens stellte mir einer von ihnen eine Frage, die etwa dem geistigen Niveau eines fünfjährigen Kindes entsprach – er wollte doch tatsächlich wissen, ob ich im Gewitter von der Sonne herabgekommen sei! Meine Meinung von ihnen, die ich mir aufgrund ihrer Kleidung, ihrer Feingliedrigkeit und zarten Gesichtszüge gebildet hatte, fiel in sich zusammen. Eine Welle der Enttäuschung durchfuhr mich. Kurz dachte ich, ich hätte die Zeitmaschine ganz umsonst gebaut.

Ich nickte, wies auf die Sonne und ahmte ein Donnergrollen so realistisch nach, dass sie erschraken. Sie wichen allesamt einen Schritt zurück und verneigten sich. Dann trat einer lachend auf mich zu mit einer Kette aus wunderschönen, mir ausnahmslos unbekannten Blumen und legte sie mir um den Hals. Dieser Einfall wurde mit herzlichem Applaus bedacht, und schon stürzten alle los auf der Suche nach Blumen, die sie mir lachend zuwarfen, bis ich von Blüten fast ganz bedeckt war. Dergleichen haben Sie nie gesehen, Sie können sich daher kaum vorstellen, welch zarte und herrliche Blumen in zahllosen Jahren der Zucht geschaffen wurden. Dann schlug einer vor, ihr Spielzeug gleich im nächsten Gebäude auszustellen, und so führte man mich vorbei an der weißen Marmorsphinx – die mich die ganze Zeit beobachtet zu haben schien, lächelnd angesichts meiner Verwunderung – zu einem großen, grauen Bau aus verwittertem Stein. Während ich so ging, dachte ich überaus belustigt daran, mit welch froher Erwartung ich mir eine ernste, hochgeistige Nachwelt ausgemalt hatte.

Das Gebäude hatte einen mächtigen Eingang und war auch insgesamt riesig groß. Gebannt war ich natürlich insbesondere von der wachsenden Anzahl kleiner Leute und den großen Portalen, die sich düster und geheimnisvoll vor mir auftaten. Die Welt, die ich über ihre Köpfe hinweg wahrnahm, empfand ich als verschlungenes Dickicht aus herrlichen Sträuchern und Blumen, als lange vernachlässigten und doch nicht verwilderten Garten. Ich sah einige seltsame weiße Blumen spitz aufragen, deren wächserne Blütenblätter einen Durchmesser von vielleicht dreißig Zentimetern hatten. Sie wuchsen verstreut, wie zufällig inmitten der bunten Pflanzenvielfalt, aber wie gesagt, da hatte ich sie noch nicht näher betrachtet. Die Zeitmaschine stand verlassen auf dem Rasenstück zwischen den Rhododendronbüschen.

Der Bogen des Eingangs war reich mit Verzierungen versehen. Natürlich konnte ich mir keinen näheren Eindruck von dieser Arbeit verschaffen, aber während ich hindurchging, wirkten sie entfernt wie Ornamente der alten Phönizier auf mich, außerdem fiel mir auf, dass sie sehr stark beschädigt und verwittert waren. Am Eingang empfingen mich weitere buntgekleidete Leute, dann traten wir ein, ich in schmutziger Kleidung des 19. Jahrhunderts, ein wahrhaft grotesker Anblick, mit Blumen behängt inmitten einer wogenden Menge hellbunter Gewänder und weißglänzender Glieder, umgeben von einem klangvollen Trubel aus Gelächter und fröhlichem Schwatzen.

Das große Eingangstor führte in einen entsprechend großen, braun getäfelten Saal. Die Decke lag im Schatten, die teils farbig verglasten, teils unverglasten Fenster sorgten für gedämpftes Licht. Der Boden bestand aus riesigen Blöcken eines sehr harten weißen Metalls – Blöcken, nicht Platten oder Fliesen, und er war, offenbar durch das Umherlaufen vergangener Generationen, so ausgetreten, dass an vielbegangenen Stellen tiefe Rinnen entstanden waren. Quer zur Längsachse standen zahllose Tische aus polierten Steinplatten, die etwa dreißig Zentimeter hoch waren und auf denen sich Obst türmte. Manches identifizierte ich als so etwas wie überdimensionale Himbeeren und Orangen, das allermeiste aber war mir unbekannt.

Zwischen den Tischen lagen allerhand Kissen verstreut. Auf sie setzten sich meine Begleiter und forderten mich auf, es ihnen gleichzutun. Ganz unfeierlich begannen sie das Obst mit der Hand zu essen. Schale, Stängel und so weiter warfen sie durch seitliche runde Öffnungen an den Tischen. Ich zögerte nicht, ihrem Beispiel zu folgen, denn ich hatte Hunger und Durst. Unterdessen blickte ich mich in aller Ruhe im Saal um.

Was mir dabei wohl am meisten ins Auge stach, war seine Baufälligkeit. Die bunten Glasfenster mit ausschließlich geometrischen Mustern waren an vielen Stellen zerbrochen und die Vorhänge am unteren Saalende hingen voller Staub. Auch sah ich, dass am Marmortisch direkt neben mir eine Ecke abgebrochen war. Und doch machte alles insgesamt einen sehr wohlhabenden und pittoresken Eindruck. In dem Saal saßen wohl ein paar hundert Leute zu Tisch. Die meisten waren so nah sie konnten zu mir herangerückt und beobachteten mich neugierig aus glänzenden Äuglein über ihr Essen hinweg. Alle trugen den gleichen weichen und doch festen Seidenstoff.

Obst war übrigens ihre einzige Nahrung. Diese Leute aus der fernen Zukunft waren strenge Vegetarier, und obwohl ich mich manches Mal nach einem Stück Fleisch sehnte, gab es auch für mich, solange ich unter ihnen war, nur Obst. Später stellte ich fest, dass Pferde, Rinder, Schafe und Hunde es dem Ichthyosaurus gleichgetan hatten und ausgestorben waren. Das Obst allerdings war köstlich. Eine Sorte, die während meines gesamten Aufenthalts dort verfügbar war – eine mehlige Frucht mit dreiseitiger Schale –, schmeckte mir besonders gut, von ihr ernährte ich mich hauptsächlich. Anfangs wunderte ich mich über all die vielen seltsamen Früchte und Blumen, später wurde mir ihre Bedeutung allmählich klar.

Aber erst einmal wieder zurück zu meiner Obstmahlzeit in der fernen Zukunft. Kaum war mein Hunger fürs erste gestillt, unternahm ich entschlossen einen Versuch, die Sprache meiner neuen Freunde zu lernen. Das musste ganz klar meine nächste Aufgabe sein. Für den Anfang bot sich dazu das Obst an, also hielt ich eine Frucht hoch und gab allerhand fragende Laute und Gesten von mir. Ich hatte aber erhebliche Probleme, mich verständlich zu machen. Zunächst riefen meine Bemühungen nur staunende Blicke und herzhaftes Lachen hervor, bald jedoch schien ein kleines Wesen mit blondem Haar meine Absicht zu erfassen und nannte einen Namen. Man redete drauflos und diskutierte das Thema in aller Gründlichkeit, während meine ersten Versuche im Artikulieren der ausnehmend hübschen Laute ihrer Sprache nur zu großer Belustigung führten. Doch ich fühlte mich wie ein Lehrer inmitten von Kindern, blieb beharrlich und gebot schließlich über eine gewisse Anzahl an Substantiven. Dann gelangten wir zu den Demonstrativpronomen und sogar zum Verb ›essen‹. Doch es ging langsam voran, und die kleinen Leute wurden bald müde und entzogen sich meiner Fragerei, und so entschied ich nach Lage der Dinge, dass sie mir ihren Unterricht in kleinen Dosen und ganz nach Lust und Laune erteilen sollten. Und diese Dosen waren wirklich sehr klein, wie ich bald feststellen sollte, denn noch nie war ich derart trägen und rasch ermüdenden Leuten begegnet.

Was mich an meinen kleinen Gastgebern bald befremdete, war ihr sehr begrenztes Interesse. Mit erregten Rufen des Erstaunens kamen sie zu mir wie Kinder, doch wie Kinder ließen sie auch bald wieder von mir ab und machten sich auf zu irgendeinem anderen Spielzeug. Als das Mahl und meine ersten Gesprächsversuche hinter mir lagen, fiel mir auf, dass nahezu all jene fort waren, die mich anfangs umringt hatten. Auffallend war auch, wie rasch mir selbst diese kleinen Gestalten gleichgültig wurden. Als mein Hunger gestillt war, ging ich durch das Portal erneut nach draußen in die Sonne. Und ständig liefen mir weitere Wesen aus der Zukunft über den Weg, die mich ein kleines Stück begleiteten, schwatzten und über mich lachten, freundlich lächelten und gestikulierten und mich dann wieder mir selbst überließen.

Abendliche Ruhe hatte sich ausgebreitet, als ich aus dem großen Saal trat, und die warme Glut der untergehenden Sonne erfüllte den Ort. Anfangs war ich sehr irritiert. Alles unterschied sich so völlig von der Welt, die ich kannte – sogar die Blumen. Das große Gebäude, aus dem ich getreten war, lag am Hang eines breiten Flusstals, doch der Verlauf der Themse hatte sich um etwa eine Meile verschoben. Ich beschloss, auf die Kuppe eines Hügels in vielleicht anderthalb Meilen Entfernung zu steigen, von wo aus sich dieser unser Planet im Jahr Achthundertzweitausendsiebenhundertundeins besser überblicken ließ. Denn das war, wie ich dazusagen sollte, das Datum, das die kleine Skala an meiner Maschine anzeigte.

Auf meinem Weg achtete ich auf jedes Anzeichen, das dazu dienen mochte, mir den Zustand verfallener Pracht zu erklären, in dem sich die Welt befand – denn verfallen war sie. Ein Stück den Hügel hinauf zum Beispiel befand sich ein großer Haufen Granit, der von massenhaft Aluminium zusammengehalten wurde. Es war ein riesiges Labyrinth aus steilen Mauern und Trümmern, und mittendrin wuchs büschelweise eine herrliche pagodenförmige Pflanze, womöglich eine Nesselart, aber mit wunderbar braun gefärbten Blättern, die nicht brannten. Es handelte sich offenkundig um die aufgegebenen Überreste irgendeines gewaltigen Gebäudes, dessen einstige Funktion sich mir jedoch nicht erschloss. An diesem Ort sollte ich später ein sehr merkwürdiges Erlebnis haben – als Vorzeichen einer noch viel seltsameren Entdeckung –, aber davon werde ich zu gegebener Zeit berichten.

Von einer Terrasse aus, auf der ich kurz pausierte, blickte ich mich einer plötzlichen Eingebung folgend um und stellte fest, dass nirgendwo kleine Häuser zu sehen waren. Anscheinend hatte das Einfamilienhaus und mit ihm vielleicht sogar das Familienleben aufgehört zu existieren. Da und dort standen palastartige Gebäude inmitten des Grüns, doch die für unsere englische Landschaft so charakteristischen Häuser und Hütten waren verschwunden.

›Kommunismus‹, sagte ich zu mir selbst.

Diesem Gedanken schloss sich unmittelbar ein anderer an. Ich betrachtete das halbe Dutzend kleiner Gestalten, die mir folgten. Da wurde mir schlagartig bewusst, dass alle die gleiche Art Kleidung trugen, alle das gleiche unbehaarte weiche Gesicht und den gleichen mädchenhaften Körperbau hatten. Es mag seltsam erscheinen, dass mir das bislang nicht aufgefallen war, doch seltsam war hier einfach alles. Nun erkannte ich glasklar: In der Kleidung, in Gestalt, Benehmen und einfach allem, was uns Heutigen die Geschlechter unterscheiden lässt, glich sich dieses Zukunftsvolk völlig. Und die Kinder waren in meinen Augen nichts weiter als Miniaturausgaben ihrer Eltern. Daraus schloss ich, dass die Kinder jener Zeit außerordentlich frühreif sein mussten, zumindest körperlich, und sah mich in dieser Annahme später vielfach bestätigt.

Angesichts der Ruhe und Sicherheit, in der die Leute lebten, fand ich, dass diese starke Ähnlichkeit der Geschlechter im Grunde zu erwarten gewesen war, denn die Stärke des Mannes und die Sanftheit der Frau, die Institution der Familie und die Ausdifferenzierung der Berufe sind ja nur gebotene Reaktionen auf ein von physischer Gewalt geprägtes Zeitalter. Wo die Bevölkerung ausgewogen und zahlreich ist, sind zu viele Geburten für den Staat eher von Übel denn ein Segen; wo Gewalt selten und für Nachwuchs immer gesorgt ist, gibt es weniger Bedarf – eigentlich gar keinen Bedarf –, an klaren Familienstrukturen, und die Differenzierung der Geschlechter mit Blick auf die Bedürfnisse der Kinder wird entbehrlich. Erste Anzeichen davon lassen sich bereits in unserer Zeit erkennen, und in dieser fernen Zukunft war der Prozess abgeschlossen. Ich darf daran erinnern, dass dies meine Vermutungen zu jenem Zeitpunkt waren. Später lernte ich begreifen, wie wenig sie der Wirklichkeit entsprachen.

Während ich über diese Dinge nachsann, zog ein gefälliges kleines Bauwerk meinen Blick auf sich, es sah aus wie ein Brunnen unter einer Kuppel. Wie seltsam, dass es immer noch Brunnen gab, ging mir durch den Kopf, dann nahm ich den Faden meiner Überlegungen wieder auf. Weiter hügelaufwärts gab es keine großen Gebäude mehr, und da ich offenbar über eine wundersame Ausdauer beim Gehen verfügte, war ich irgendwann zum ersten Mal ganz allein. Ich fühlte mich ungewöhnlich frei und abenteuerlustig und stieg weiter hinauf bis zur Kuppe.

Dort fand ich einen Sitz aus einem gelben Metall vor, das ich nicht kannte, es war stellenweise von rötlichem Rost zerfressen und halb von weichem Moos bedeckt, die geschnitzten Armlehnen hatten die Form von Greifenköpfen. Ich ließ mich auf ihm nieder und genoss das Panorama unserer alten Welt im Dämmerlicht dieses langen Tages. Eine so herrliche Aussicht hatte ich selten erlebt. Die Sonne war bereits hinter den Horizont gesunken und der Westen war goldflammend, waagerecht durchzogen von einigen violetten und blutroten Streifen. Unten lag das Tal der Themse, das der Fluss wie ein glänzendes Stahlband durchzog. Ich hatte bereits von den großen Palästen erzählt, die inmitten des bunten Laubs vereinzelt dastanden, manche als Ruine, andere noch bewohnt. Hier und da hob sich eine weiße oder silbrige Form aus der grünen Ödnis der Erde, da und dort zeigte sich die strenge Linie irgendeiner Kuppel oder eines Obelisken. Es gab keine Hecken, keinerlei Hinweise auf Eigentumsrechte, nichts, was auf Ackerbau hindeutete; die gesamte Erde war ein Garten geworden.

Während ich so schaute, begann ich das Gesehene zu interpretieren, und im Verlauf des Abends zeichnete sich für mich etwa folgende Deutung ab. (Später stellte ich fest, dass dies nur halb der Wahrheit entsprach – oder nur dem Hauch eines winzigen Bruchstücks der Wahrheit.)

Ich dachte, dass ich auf die Menschheit im Stadium ihres Verfalls gestoßen war. Der rote Untergang der Sonne ließ mich an den Untergang des Menschen denken. Zum ersten Mal empfand ich hier einen seltsamen Zusammenhang mit den gesellschaftlichen Bestrebungen unserer heutigen Zeit. Recht besehen ist es jedoch nur eine logische Folge. Stärke entwickelt sich aus der Not; Sicherheit führt zu Schwäche. Die Arbeit an der Verbesserung der Lebensbedingungen – eben der Zivilisationsprozess, der das Leben zunehmend sicherer macht – hatte sich stetig auf einen Höhepunkt zu bewegt. Eine geeinte Menschheit hatte wieder und wieder über die Natur gesiegt. Dinge, von denen wir heute nur träumen können, waren zu Projekten geworden, die beherzt angepackt und vorangetrieben worden waren. Und worin all dies gemündet war, sah ich nun vor mir!

Das Gesundheitswesen und die Landwirtschaft von heute befinden sich im Grunde auf einem primitiven Niveau. Die Wissenschaft unserer Zeit hat erst ein kleines Stück vom weiten Feld menschlicher Krankheiten beackert, arbeitet jedoch sehr beharrlich und konsequent an der Ausweitung ihrer Tätigkeit. Im Acker- und Gartenbau wird gelegentlich ein Unkraut ausgerottet, hier und da gelingt auch die Züchtung einer nutzbringenden Pflanze, doch die meisten überlässt man einfach dem Gang der Dinge. Unsere bevorzugten Pflanzen- und Tierarten – und wie wenige sind das – verbessern wir durch stetige Zuchtwahl und erhalten mal einen neuen, besseren Pfirsich, mal kernlose Weinbeeren, schönere und größere Blumen oder eine zweckmäßigere Rinderrasse. Wir verbessern sie nur schrittweise, weil unsere Vorstellung vom Ideal unklar und zögerlich ist und unser Wissen sehr begrenzt und weil sich in unseren ungeschickten Händen auch die Natur als scheu und langsam erweist. Eines Tages wird all dies zunehmend besser organisiert sein. Diese Entwicklung wird manchem Widerstand zum Trotz nicht aufzuhalten sein. Die gesamte Welt wird dann schlau und gebildet sein und an einem Strang ziehen; immer schneller wird all dies auf die Unterwerfung der Natur zusteuern. Schließlich werden wir vernünftig und behutsam das Gleichgewicht innerhalb der Tier- und Pflanzenwelt vollkommen unseren menschlichen Bedürfnissen angepasst haben.

In dem Zeitraum nun, den meine Maschine überwunden hatte, muss diese Anpassung vonstattengegangen sein, und zwar umfassend und endgültig. Die Luft war frei von Mücken, der Boden ganz ohne Unkraut und Pilzbewuchs. Überall wuchsen Früchte und wunderbare Blumen, herrliche Schmetterlinge flogen umher. Die Präventivmedizin wirkte allumfassend. Krankheiten waren ausgerottet. Während meines gesamten Aufenthalts fielen mir keinerlei Anzeichen irgendeiner ansteckenden Krankheit auf. Und später werde ich noch darauf zu sprechen kommen, wie nachhaltig sich dieser Wandel selbst auf Fäulnis- und Verwesungsprozesse auswirkte.

Auch gesellschaftlich war man enorm vorangekommen. Ich sah, dass die Menschen in edlen Behausungen lebten und prächtige Kleidung trugen, zugleich war mir noch niemand begegnet, der einer Arbeit nachging. Nichts deutete auf Konflikte sozialer oder wirtschaftlicher Natur hin. Handel, Werbung, Verkehr, all das Treiben, das unsere Welt bestimmt, war abwesend. Es liegt nahe, dass mich an diesem goldenen Abend eine Ahnung vom Menschheitsparadies ergriff. Das problematische Bevölkerungswachstum hatte man in den Griff bekommen, so glaubte ich, und jetzt stieg die Zahl der Erdenbürger nicht weiter an.

Doch aus derart veränderten Bedingungen ergeben sich unweigerlich Schritte der Anpassung. Worin liegt denn, außer die Biologie wäre eine Ansammlung von Irrtümern, der Antrieb aller menschlichen Intelligenz und Tatkraft? In Entbehrung und Freiheit. Vor diesem Hintergrund überleben die Aktiven, Starken und Geschickten und gehen Schwächere unter, kommt es auf den Zusammenschluss tüchtiger Männer an, auf Selbstbeherrschung, Geduld und Entschlossenheit. Und die Institution der Familie und die Gefühle, die sie mit sich bringt, heftige Eifersucht, Zärtlichkeit für die Sprösslinge, elterliche Aufopferung, all dies hat seine Rechtfertigung in den enormen Gefahren, denen der Nachwuchs ausgesetzt ist. Aber wo sind sie jetzt, diese enormen Gefahren? Und so entsteht und gedeiht eine Haltung, die sich gegen eheliche Eifersucht wendet, gegen blinde Mutterliebe, gegen Leidenschaften gleich welcher Art – alles überflüssig nunmehr, lauter Zeug, das als störend empfunden wird, Überbleibsel von vorgestern, Misstöne inmitten kultivierter Lebensart.

Ich dachte an die schwächliche Konstitution der Leute, an ihre geringe Intelligenz und all die vielen großen Ruinen und sah mich in meiner Überzeugung bestärkt, dass die Natur restlos besiegt worden sein musste. Denn nach der Schlacht tritt Stille ein. Die Menschheit war stark, intelligent und voller Energie gewesen, und sie hatte ihre gesamte Kraft darauf verwendet, ihre Lebensumstände zu verändern. Was diese Veränderungen mit sich brachten, zeigte sich nun.

Im Zeichen vollkommener Behaglichkeit und Sicherheit wandelte sich diese ruhelose Energie, die unsere Stärke ist, in Schwäche. Schon in unserer Zeit erweisen sich manche Neigungen und Begierden, die einmal überlebensnotwendig gewesen waren, als permanente Quelle des Scheiterns. Wagemut und Kampfeslust zum Beispiel sind dem zivilisierten Menschen nicht mehr sonderlich von Nutzen, eher hinderlich sogar. Und in einem Zustand der Ausgewogenheit und Sicherheit wäre geistige wie physische Machtausübung fehl am Platz. Seit ewiger Zeit, so dachte ich, hatten hier keine Kriege oder Übergriffe mehr gedroht, keine Gefahren durch wilde Tiere; es gab schon lange keine Krankheiten mehr, die die Robustheit auf die Probe stellten, und keinen Anlass zur Arbeit. Für ein solches Leben sind die sogenannten Schwachen ebenso gut gerüstet wie die Starken und damit gar nicht mehr schwach. Sie sind sogar im Vorteil, denn die Starken fallen ihrer Energie zum Opfer, für die es kein Ventil mehr gibt. Zweifellos war die erlesene Schönheit der Gebäude, die ich sah, das Ergebnis eines letzten Aufbrandens dieser nunmehr nutzlosen Energie, bevor die Menschheit in der vollkommenen Harmonie ihrer Lebensumstände aufging – die Zierde jenes Siegs, mit dem der große Friede begann. Dies ist seit jeher das Schicksal von Tatkraft in Zeiten der Sicherheit: Sie findet Gefallen an Kunst und Erotik, dann erschlafft sie, dann folgen Schwäche und Verfall.

Am Ende erlischt selbst dieser künstlerische Drang – und in der Zeit, die ich sah, stand er kurz vor dem Erlöschen. Sich mit Blumen schmücken, tanzen, singen im Sonnenschein: So viel und sonst nichts war vom künstlerischen Feuer geblieben. Selbst dies verklingt letztlich noch in behaglicher Untätigkeit. Uns bearbeitet ständig der Schleifstein von Schmerz und Zwang, und hier, so schien es mir, war dieser verhasste Schleifstein schließlich zerbrochen!

Während ich dort in der zunehmenden Dunkelheit stand, glaubte ich mit dieser einfachen Erklärung das Problem der Welt gelöst, das Geheimnis dieser netten Leute vollständig gelüftet zu haben. Möglicherweise hatten ihre Kontrollen zur Begrenzung des Bevölkerungswachstums zu gut angeschlagen, vielleicht hatte ihre Zahl sich nicht eingependelt, sondern abgenommen. Das wäre eine Erklärung für die leerstehenden Ruinen gewesen. Sehr einfach war meine Erklärung, und sehr einleuchtend – so wie es falsche Theorien gern an sich haben!

5

Während ich über den allzu vollkommenen Triumph der Menschheit nachsann, erhob sich im Nordosten aus einem Schwall silbernen Lichts gelb und prall der Vollmond. Die rosigen kleinen Gestalten in der Ebene verschwanden, eine Eule flatterte geräuschlos vorbei und die kalte Abendluft ließ mich frösteln. Ich beschloss, wieder hinabzusteigen und mir einen Schlafplatz zu suchen.

Ich hielt Ausschau nach dem mir bereits bekannten Gebäude. Dann schweifte mein Blick zu der Statue der weißen Sphinx auf dem Bronzesockel, die mit zunehmendem Licht des aufgehenden Mondes immer deutlicher zu erkennen war. Ich sah die silberne Birke neben ihr. Da war das Gewirr der Rhododendronbüsche, schwarz im bleichen Licht, und dort das kleine Rasenstück. Ich betrachtete es erneut. Ein irritierender Zweifel ließ mich erschaudern. ›Nein‹, sagte ich entschieden zu mir selbst, ›das war nicht das Rasenstück.‹

Und doch war es das Rasenstück. Schließlich war ihm das weiße, kränkliche Gesicht der Sphinx zugewendet. Können Sie sich vorstellen, was ich empfand, als ich die Lage ganz begriffen hatte? Nein, das können Sie nicht. Die Zeitmaschine war nicht mehr da!

Sofort und wie ein Schlag ins Gesicht überfiel mich die Sorge, ich könnte von meinem eigenen Zeitalter abgeschnitten sein und wäre dieser seltsamen neuen Welt hilflos ausgeliefert. Allein der Gedanke daran bereitete mir geradezu körperliche Qualen. Ich spürte, wie es mich an der Gurgel packte und mir die Luft zum Atmen nahm. Im nächsten Moment lief ich voller Panik mit großen Sprüngen den Hügel hinab. Einmal stürzte ich kopfüber und zog mir eine Schnittwunde im Gesicht zu. Das Blut zu stillen, blieb keine Zeit, ich stand auf und lief weiter, während es mir warm das Kinn hinabrann. Die ganze Zeit über sagte ich mir: ›Sie wurde nur ein wenig zur Seite geschoben, unter die Büsche, damit sie nicht im Weg steht.‹ Und doch rannte ich, so schnell ich konnte. Mit der Gewissheit, die manchmal übermäßiger Angst entspringt, war mir die ganze Zeit klar, wie töricht diese Beteuerung war, wusste ich instinktiv, dass ich nicht mehr an die Maschine herankam. Das Atmen tat mir weh. Für die gesamte Strecke von der Hügelkuppe bis zum kleinen Rasenstück, um die zwei Meilen, brauchte ich geschätzt zehn Minuten. Und das, obwohl ich kein junger Bursche mehr bin. Beim Laufen schimpfte ich laut darüber, mit welch dummer Arglosigkeit ich mich von der Maschine entfernt hatte, womit ich nur knappe Atemluft verschwendete. Ich schrie laut, doch niemand antwortete. In dieser mondhellen Welt regte sich kein einziges Lebewesen.

Am Rasenstück angekommen, bestätigten sich meine schlimmsten Befürchtungen. Von der Maschine war weit und breit nichts zu sehen. Mir wurde ganz schwach und kalt angesichts der leeren Stelle inmitten des schwarzen Gestrüpps. Aufgebracht lief ich umher, als könne das Ding in irgendeiner Ecke versteckt sein, dann hielt ich, mit den Händen den Kopf umklammert, plötzlich inne. Über mir ragte die Sphinx auf ihrem Bronzesockel empor, weiß, glänzend, kränklich, im Licht des aufgehenden Mondes. Sie schien höhnisch zu grinsen angesichts meiner Verzweiflung.

Ich hätte mich mit der Vorstellung beruhigen können, dass die kleinen Leute den Apparat irgendwo für mich untergestellt hatten, wäre ich mir ihrer physischen wie geistigen Beschränktheit nicht so sicher gewesen. Dies eben machte mich so verzweifelt: das Gefühl von der Existenz einer bislang unvermuteten Macht, auf deren Geheiß meine Erfindung verschwunden war. Eines wusste ich allerdings mit Gewissheit: Die Maschine konnte nicht in der Zeit bewegt worden sein, es sei denn, irgendein anderes Zeitalter hätte eine exakte Kopie von ihr hergestellt. So wie die Hebel eingebaut sind – ich werde Ihnen das System später noch zeigen –, lässt sich die Maschine unmöglich ohne diese in Gang setzen. Sie war fortgeschafft und versteckt worden, jedoch nur im Raum. Aber wo konnte sie sein?

Ich muss ziemlich außer mir geraten sein. Ich weiß noch, dass ich zwischen den mondbeschienenen Büschen wie toll um die Sphinx herumlief und dabei irgendein weißes Tier aufschreckte, das ich im trüben Licht für ein kleines Reh hielt. Ich erinnere mich außerdem, dass ich später am Abend mit geballten Fäusten auf die Büsche einschlug, bis meine Knöchel von den umgeknickten Zweigen aufgerissen waren und bluteten. Schluchzend und tobend vor Seelenqual ging ich daraufhin zu dem mächtigen steinernen Gebäude herüber. Der große Saal war dunkel, still und verlassen. Auf dem unebenen Boden glitt ich aus und stürzte über einen der Tische aus Malachit, wobei ich mir beinahe das Schienbein brach. Ich entzündete ein Streichholz und trat durch die staubigen Vorhänge, von denen ich Ihnen bereits erzählt habe.

Dahinter stieß ich auf einen zweiten großen Saal voller Kissen, auf denen rund zwanzig der kleinen Leute schliefen. Dass ich erneut bei ihnen erschien, fanden sie zweifellos sehr sonderbar, so wie ich mit unartikulierten Lauten und im flackernden Licht eines zischelnden Streichholzes plötzlich aus dem stillen Dunkel vor sie trat. Streichhölzer waren ihnen nämlich nicht mehr bekannt. ›Wo ist meine Zeitmaschine?‹, legte ich los, dabei plärrte ich wie ein zorniges Kind, griff nach ihnen und rüttelte sie allesamt wach. Ich muss sie sehr befremdet haben. Einige lachten, die meisten allerdings wirkten tief erschrocken. Als ich sie um mich herum dastehen sah, ging mir durch den Sinn, dass ich erneut Angst in ihnen auszulösen versuchte und damit wohl das Albernste tat, was man unter diesen Umständen tun konnte. Denn nach ihrem Verhalten tagsüber zu schließen, hatten sie Gefühle der Angst offenbar ganz vergessen.

Das Streichholz warf ich eilig weg, dann stapfte ich erneut durch den Speisesaal, wobei ich einem der Leute einen Stoß versetzte, und ging hinaus in den Mondschein. Ich hörte Schreckensschreie und wie kleine Füße wild umherrannten und stolperten. Ich erinnere mich nicht mehr, was ich alles tat, während der Mond den Himmel emporstieg.

Mit diesem Verlust hatte ich nicht gerechnet, deswegen machte er mich nun wohl so rasend. Ich fühlte mich hoffnungslos abgeschnitten von meinesgleichen – wie ein seltsames Tier in einer unbekannten Welt. Ich muss mächtig getobt und geschrien, gegen Gott und mein Los gewettert haben. Das Gefühl totaler Erschöpfung im Verlauf dieser langen Verzweiflungsnacht ist mir in Erinnerung geblieben, dass ich jede noch so unmögliche Stelle absuchte, zwischen mondbeschienenen Ruinen umhertappte und im tiefsten Dunkel auf unheimliche Gestalten stieß. Und dass ich schließlich nahe der Sphinx auf dem Boden lag und jämmerlich weinte. Außer meinem Elend war mir nichts mehr geblieben. Dann schlief ich ein, und als ich wieder aufwachte, war es heller Tag, direkt vor mir hüpften ein paar Spatzen auf dem Rasen herum.

Der Morgen war frisch, ich setzte mich auf und versuchte mich zu erinnern, wie ich hierher gelangt war und weshalb ich ein so tiefgreifendes Gefühl von Verlassenheit und Verzweiflung empfand. Dann trat mir alles ins Bewusstsein. Im klaren Licht des Tages konnte ich meiner Lage wieder besser ins Angesicht schauen. Ich erkannte die Unbesonnenheit meiner nächtlichen Raserei und vermochte wieder vernünftig nachzudenken. ›Geh einmal vom Schlimmsten aus‹, sagte ich. ›Nimm an, dass die

Maschine endgültig verloren ist – zerstört womöglich. Selbst in diesem Fall muss ich Ruhe und Geduld bewahren. Ich muss den Leuten näherkommen und verstehen, wie sich mein Verlust genau abgespielt hat, ich muss schauen, wie ich an Material und Werkzeug gelange, um mir am Ende vielleicht eine neue Maschine bauen zu können.‹ Das war meine einzige Hoffnung, eine sehr bescheidene, aber es war immer noch besser als Verzweiflung. Und letztlich war die Welt hier doch sehr schön und wunderlich.

Vielleicht war die Maschine aber auch nur fortgeschafft worden. Wie auch immer, ich musste ruhig und gelassen bleiben, das Versteck ausfindig machen und sie mit List oder Gewalt zurückerlangen. So erhob ich mich denn und schaute mich nach einer Gelegenheit zum Baden um. Ich fühlte mich erschöpft, steif und schmutzig von der Reise. Der Tag war frisch, sodass ich mich selbst auch frisch fühlen wollte. Meine Erregung hatte sich inzwischen gelegt. Als ich mich an mein Vorhaben machte, wunderte ich mich über meine so heftige Ereiferung während der vergangenen Nacht. Sorgsam überprüfte ich den Boden des kleinen Rasenstücks. Indem ich mich so gut ich es vermochte an die kleinen Leute wandte, die des Weges kamen, vertat ich einige Zeit mit nutzlosen Befragungen. Niemand wollte meine Gesten begreifen, einige waren vollkommen stumpf, andere glaubten, ich mache Spaß, und lachten. Ich musste mich extrem zusammenreißen, um ihnen nicht in ihre hübschen lachenden Gesichter zu schlagen. Es war ein törichter Impuls, doch der aus Angst und blinder Wut gezeugte Teufel war schwer zu zügeln und weiter eifrig bemüht, meine Verwirrtheit auszunutzen. Der Rasen gab bessere Auskunft. Ich entdeckte eine Furche etwa in der Mitte zwischen dem Sockel der Sphinx und den Spuren meiner Tritte an der Stelle, wo ich nach meiner Ankunft an der umgekippten Maschine gezerrt hatte. Dort gab es weitere Schleifspuren ringsum und seltsam schmale Fußabdrücke, wie ich sie mir von Faultieren vorstellte. Dies lenkte meine Aufmerksamkeit auf den Sockel. Ich hatte wohl schon gesagt, dass er aus Bronze war. Er war kein schlichter Klotz, sondern an allen Seiten reich versehen mit tief eingelassenen gerahmten Platten. Ich ging hin und klopfte daran. Der Sockel war hohl. Meine gründliche Untersuchung der Platten ergab, dass sie mit den Rahmen nicht fest verbunden waren. Griffe oder Schlüssellöcher gab es nicht, doch möglicherweise ließen sich die Platten von innen öffnen, wenn sie, wie ich vermutete, Türen waren. Eins war mir nunmehr ganz klar. Es bedurfte keiner allzu großen Fantasie für die Schlussfolgerung, dass sich meine Zeitmaschine im Innern des Sockels befand. Wie sie allerdings dorthin gelangt war, das war das nächste Problem.

Durch die Büsche und unter einigen blühenden Apfelbäumen sah ich die Köpfe zweier orange gekleideter Leute näherkommen. Ich wandte mich ihnen lächelnd zu und winkte sie heran. Sie kamen, und indem ich auf den Bronzesockel wies, versuchte ich ihnen meine Bitte begreiflich zu machen, ihn zu öffnen. Doch auf meine Geste reagierten sie sogleich sehr seltsam. Ich weiß nicht, wie ich Ihnen ihre Mienen beschreiben soll. Stellen Sie sich vor, Sie bedienen sich einer empfindsamen Dame gegenüber einer äußerst unanständigen Geste – und wie sie dann schaut. Sie gingen davon wie unter dem Eindruck der schlimmstmöglichen Beleidigung. Als nächstes versuchte ich es mit einem putzigen kleinen Kerl in Weiß, mit genau demselben Ergebnis. Irgendwie schämte ich mich über mich selbst angesichts seiner Reaktion. Aber ich wollte nun einmal an die Zeitmaschine heran und unternahm einen zweiten Anlauf. Als er sich jedoch wie die anderen von mir abwandte, packte mich der Zorn. Ich brauchte drei Schritte, um ihn einzuholen, ergriff ihn am Kragen und zerrte ihn in Richtung Sphinx. Dann sah ich den Schrecken und Abscheu auf seinem Gesicht und ließ ihn umgehend los.

Doch geschlagen gab ich mich nicht. Mit der Faust schlug ich gegen die Bronzeplatten. Mir war, als hörte ich von drinnen ein Geräusch – genauer gesagt glaubte ich ein Kichern gehört zu haben –, aber ich hatte mich wohl getäuscht. Dann holte ich einen großen Kieselstein vom Fluss, den ich als Hammer benutzte, bis ich ein Stück von der Verzierung flachgeschlagen hatte und der Grünspan absplitterte. Mein wild entschlossenes Hämmern müssen die zierlichen kleinen Leute im Umkreis einer Meile gehört haben, doch es blieb ohne Folgen. Ich sah, wie eine ganze Ansammlung auf den Hängen stand und mir verstohlen zusah. Schließlich setzte ich mich erhitzt und müde nieder, um die Stelle zu bewachen. Doch ich war zu unruhig für längeres Wachehalten, dazu bin ich zu sehr ein Mann des Westens. Ich kann mich jahrelang mit einer Aufgabe befassen, aber vierundzwanzig Stunden untätig warten – das ist etwas anderes.

Nach einer Weile stand ich auf und begann ziellos durch die Büsche erneut in Richtung Hügel zu laufen. ›Geduld‹, sagte ich mir. ›Wenn du deine Maschine wiederhaben möchtest, musst du diese Sphinx in Ruhe lassen. Wenn man dir die Maschine wegnehmen will, ist das Verbeulen ihrer Bronzeplatten wenig sinnvoll, im anderen Fall bekommst du sie zurück, sobald du sie darum bitten kannst. Umgeben von lauter unbekannten Dingen vor solch einem Rätsel zu sitzen, bringt gar nichts, da steigert man sich nur in einen Wahn. Öffne dich dieser Welt. Lerne ihre Eigenarten kennen, beobachte sie, hüte dich vor allzu raschen Mutmaßungen über ihr Wesen. Am Ende wird sich dir alles erschließen.‹ Und mit einem Mal wurde mir die Komik der Situation bewusst: der Gedanke, dass ich mich jahrelang intensiv damit befasst hatte, in die Zukunft zu gelangen, die ich nun mit aller Macht wieder verlassen wollte. Ich hatte mir selbst die komplizierteste und aussichtsloseste Falle gestellt, die je ein Mensch erdacht hat. Obwohl es auf meine Kosten ging, konnte ich nicht anders: Ich musste lauthals lachen.

Während ich den großen Palast durchquerte, hatte ich den Eindruck, dass die kleinen Leute mich mieden. Entweder war das nur eingebildet oder es mochte etwas mit meinem Gehämmer an den Bronzeplatten zu tun haben. Jedenfalls war ich mir sicher, dass sie mir aus dem Weg gingen. Ich trug Sorge, mir nichts anmerken zu lassen und ihnen auch nicht weiter nachzulaufen, und nach ein, zwei Tagen waren die Dinge wieder ins Lot gebracht. Ich gab mir größte Mühe im Erlernen ihrer Sprache und erweiterte mein Wissen in verschiedene Richtungen. Entweder entgingen mir gewisse Feinheiten oder ihre Sprache war wirklich sehr schlicht – sie bestand fast ausschließlich aus Substantiven und Verben. Über abstrakte Begriffe verfügte sie kaum oder gar nicht und auch nur über wenige bildliche Wendungen. Ihre Sätze waren im Allgemeinen sehr simpel aus zwei Wörtern gebildet, und etwas anderes als einfachste Aussagen konnte ich weder mitteilen noch verstehen. Ich entschied, meine Gedanken zur Zeitmaschine und zum Geheimnis der Bronzetüren unter der Sphinx in eine entlegene Ecke meines Gedächtnisses zu verbannen, bis meine fortschreitenden Kenntnisse mich wieder von selbst zu ihnen führten. Ein gewisses Gefühl, das Ihnen einleuchten mag, hielt mich allerdings im Umkreis weniger Meilen um den Ort meiner Ankunft fest.

So weit mein Blick reichte, gab es überall dieselbe üppige Fülle wie im Tal der Themse. Von jedem Hügel aus, den ich bestieg, sah ich den gleichen Überfluss an prächtigen Gebäuden mit großer Stil- und Materialvielfalt, das gleiche Dickicht immergrüner Pflanzen, die gleichen blütenübersäten Bäume und Baumfarne. Da und dort glänzten silbrig Gewässer, weiter hinten erhob sich die Landschaft zu blauen, wellenförmigen Hügeln, um darauf in der Klarheit des Himmels zu entschwinden. Eine Besonderheit, die bald mein Interesse erregte, waren diverse kreisrunde Brunnen, die mir zum Teil außerordentlich tief erschienen. Einer befand sich an dem Pfad den Hügel hinauf, den ich bei meinem ersten Ausflug bestiegen hatte. Wie die anderen hatte er eine merkwürdig gearbeitete Bronzeeinfassung und eine kleine Kuppel zum Schutz vor Regen. Wenn ich auf dem Rand dieser Brunnen saß und in ihre dunklen Schächte hinabblickte, konnte ich keinerlei Wasser schimmern sehen und auch mit einem brennenden Streichholz keinen Lichtreflex erzeugen. Doch aus allen hörte ich ein bestimmtes Geräusch hinaufschallen: so ein umpf–umpf–umpf wie das Stampfen einer großen Maschine, und am Flackern meiner Streichhölzer erkannte ich, dass ein beständiger Luftzug die Schächte hinabströmte. Und als ich einmal ein Stückchen Papier in eines dieser Löcher warf, segelte es nicht sanft hinab, sondern wurde rasch eingesogen und entschwand meinem Blick.

Nach einer Weile begann ich, diese Brunnen mit den hohen Türmen in Verbindung zu bringen, die verstreut an den Hängen standen, denn über ihnen flimmerte die Luft oftmals in der Weise, wie man es von Sommertagen am sengend heißen Strand kennt. In der Summe der Beobachtungen deutete für mich alles auf ein weitläufiges unterirdisches Belüftungssystem hin, wobei mir allerdings keine rechte Idee kommen wollte, wozu genau es existierte. Zunächst neigte ich dazu, es mit den Sanitäranlagen dieser Leute in Verbindung zu bringen. Dieser Schluss lag nahe, war aber vollkommen falsch.

An dieser Stelle muss ich eingestehen, dass ich während meiner Zeit in der echten Zukunft sehr wenig über Kanalisationssysteme, Beförderungsmittel und dergleichen Annehmlichkeiten erfuhr. Manche Entwürfe von Utopien und kommenden Zeiten, die ich gelesen habe, äußern sich sehr detailreich über die Architektur, das Sozialgefüge und so weiter. An derlei Details gelangt man ganz leicht, solange die gesamte Welt nur in der Einbildung existiert; inmitten von Gegebenheiten wie den dort vorgefundenen jedoch bleiben sie dem Reisenden vollkommen unzugänglich. Stellen Sie sich vor, ein Neger kommt direkt aus

Zentralafrika nach London und was er nach der Rückkehr seinem Stamm darüber berichten würde! Was wüsste er von Eisenbahngesellschaften und sozialen Bewegungen, von Telefon und Telegrafie, Paketdiensten, Postanweisungen und dergleichen? Wir wären immerhin gern bereit, ihm all dies zu erklären! Und wie viel von seinen neuen Erfahrungen würde er einem daheim sitzenden Freund vermitteln und glaubhaft machen können? Bedenken Sie noch, wie gering der Unterschied zwischen einem Neger und einem Weißen unserer Zeit ist und wie enorm dagegen die Kluft zwischen mir und jenen Leuten des Goldenen Zeitalters! Mir war bewusst, dass so manches der Bequemlichkeit diente, was sich meinem Blick verschloss. Doch vom sehr allgemeinen Eindruck durchautomatisierter Strukturen abgesehen kann ich Ihnen, so fürchte ich, den Unterschied kaum vor Augen führen.

Im Bereich des Bestattungswesens etwa entdeckte ich keine Krematorien noch irgendwelche Hinweise auf Grabstätten. Ich hielt es jedoch für möglich, dass es Friedhöfe (oder Krematorien) irgendwo jenseits des Radius meiner Erkundungsgänge gab. Dies war erneut eine Frage, die ich mir bewusst stellte, und in diesem Punkt blieb meine Neugierde zunächst vollkommen auf sich zurückgeworfen. Die Sache ließ mir jedoch keine Ruhe, und in diesem Zusammenhang fiel mir bald etwas auf, das mich noch mehr irritierte: dass es in diesem Volk keinerlei Alte und Schwache gab.

Ich muss gestehen, dass mich meine erste Theorie über die automatisierte Zivilisation und eine dekadente Menschheit nicht sehr lange befriedigte. Noch aber kam ich auf keine andere. Lassen Sie mich meine Probleme benennen. Die wenigen großen Paläste, die ich erkundet hatte, waren reine Wohneinheiten, riesige Speisesäle und Schlafstätten. Nirgendwo stieß ich auf Maschinen oder Geräte gleich welcher Art. Und doch trugen diese Leute Kleidung aus hübschen Stoffen, die von Zeit zu Zeit ersetzt werden musste, und ihre Sandalen waren zwar schmucklos, doch ihre Metallteile überaus fein gearbeitet. Irgendwie musste so etwas doch produziert werden. Die kleinen Leute legten aber keinerlei Schaffensdrang an den Tag. Es gab keine Läden, keine Werkstätten, keine Hinweise auf Warenverkehr. Ihre gesamte Zeit verbrachten sie mit harmlosen Spielen, Baden im Fluss, Liebesneckereien, Obst essen und schlafen. Wie all dies in Gang gehalten wurde, blieb mir verborgen.

Doch nun wieder zurück zur Zeitmaschine: Irgendjemand, wer auch immer, hatte sie in den Sockel der weißen Sphinx geschafft. Wieso? Ich hatte nicht den leisesten Schimmer einer Idee. Und dann diese Brunnen ohne Wasser, diese flirrenden Türme. Es erschloss sich mir einfach nicht. Es ging mir – wie soll ich sagen? Stellen Sie sich vor, Sie haben eine Inschrift vor sich mit etlichen Sätzen in klar verständlicher Muttersprache, aber zwischendrin immer wieder Sätzen aus Wörtern und sogar Buchstaben, die Ihnen vollkommen unbekannt sind. Nun, genau so bot sich mir die Welt des Jahres Achthundertzweitausendsiebenhundertundeins am dritten Tag meines Besuchs dar!

An diesem Tag schloss ich auch noch eine Art Freundschaft. Ich sah gerade einigen der kleinen Leute beim Baden in flachem Gewässer zu, als einer von ihnen von einem Krampf geplagt den Fluss hinabzutreiben begann. Die Hauptströmung war ziemlich schnell, doch selbst für einen mittelmäßigen Schwimmer nicht zu stark. Es vermittelt Ihnen eine Vorstellung vom befremdlichen Defizit dieser Kreaturen, wenn ich Ihnen sage, dass niemand auch nur den geringsten Versuch unternahm, dieses matt um Hilfe rufende kleine Ding zu retten, das da vor ihren Augen ertrank. Als ich das bemerkte, streifte ich rasch meine Kleidung ab, watete an eine Stelle etwas weiter abwärts, erwischte die arme Maus und zog sie wohlbehalten an Land. Ich rieb ihr ein wenig die Glieder, dann war sie wieder bei Bewusstsein, und ich verließ sie mit dem guten Gefühl, dass ihr nichts weiter zugestoßen war. Ich hatte bereits eine so geringe Meinung von ihresgleichen, dass ich mit keinerlei Dankbarkeit von ihr rechnete. Darin freilich täuschte ich mich.

Dies war am Morgen geschehen. Am Nachmittag begegnete ich meiner kleinen Frau – die sie wohl war –, als ich von einer Erkundungstour zu meinem Basisplatz zurückkehrte. Sie empfing mich mit Freudenrufen und überreichte mir einen großen Blumenkranz, den sie offenkundig für mich und niemand sonst geflochten hatte. Dies bewegte mich tief. Und sehr wahrscheinlich hatte ich mich einsam gefühlt. Jedenfalls dankte ich ihr nach Kräften für diese Gabe. Bald saßen wir nebeneinander in einer kleinen Steinlaube, vertieft ins Gespräch, das im Wesentlichen aus Lächeln bestand. Die Zugewandtheit dieses Geschöpfs bewegte mich, wie wenn es ein Kind gewesen wäre.

Wir reichten einander Blumen, sie küsste meine Hände, und ich küsste die ihren. Dann versuchte ich mit ihr zu reden und erfuhr, dass sie Weena hieß, was mir gut zu ihr zu passen schien, wenngleich ich nicht wusste, was der Name bedeutete. Das war der Beginn einer seltsamen Freundschaft, die eine Woche lang anhielt und deren Ende – ich später noch erzähle!

Sie war wie ein Kind. Sie wollte mir nicht von der Seite weichen. Sie versuchte mir überall hin zu folgen, und auf meiner nächsten Erkundungstour tat es mir von Herzen leid, als sie nicht mehr hinterherkam, schließlich erschöpft zurückblieb und mir traurig nachrief. Doch hier ging es um Probleme im Weltmaßstab. Ich war nicht für eine kleine Tändelei in die Zukunft gekommen, sagte ich mir. Ihr Kummer war gleichwohl sehr groß, wenn ich sie zurückließ; dann machte sie mir manchmal wüste Vorhaltungen, und unterm Strich bereitete mir ihre Anhänglichkeit wohl ebenso viel Verdruss wie Behagen. Und doch war sie mir irgendwie ein großer Trost. Ich dachte, dass sie nur aus kindlicher Liebe so an mir hing. Erst als es zu spät war, wurde mir bewusst, was ich ihr mit jeder Trennung antat. Und was sie mir bedeutete, begriff ich ebenfalls erst wirklich, als es zu spät war. Denn allein durch ihre augenscheinliche Sympathie für mich und ihre schlaffen, aussichtslosen Bekundungen der Zuneigung bewirkte dieses kleine Puppengeschöpf, dass ich meine Rückkunft ins Umfeld der weißen Sphinx mit der Zeit beinahe als Heimkehr empfand und nach ihrer weißgoldenen Gestalt Ausschau hielt, kaum dass ich über den Hügel war.

Ebenfalls durch sie erfuhr ich, dass die Welt doch nicht frei von Angst war. Am helllichten Tage war Weena ohne Angst und vollkommen arglos mir gegenüber; einmal hatte ich ihr im Scherz entsetzliche Grimassen geschnitten, über die sie nur lachte. Doch vor dem Dunkel fürchtete sie sich, vor Schatten und schwarzen Objekten. Dunkelheit war für sie das pure Grauen. Nichts sonst löste eine derart leidenschaftliche Empfindung aus, was mich nachdenklich und achtsam werden ließ. So entdeckte ich, dass es diese kleinen Leute nach Einbruch der Dunkelheit in ihre großen Gebäude zog, wo sie wie Tiere aneinandergedrängt schliefen. Wenn man ohne Licht bei ihnen eintrat, versetzte sie das in Aufruhr. Nachts habe ich nie jemanden draußen vor der Tür gesehen oder dass einer drinnen allein schlief. Doch ich war noch immer zu schwer von Begriff, um mir einen Reim auf diese Angst zu machen, und zu Weenas Leidwesen legte ich mich beharrlich abseits dieser schlummernden Menge zur Ruhe.

Das bekümmerte sie sehr, und schließlich widerstand ich ihrer skurrilen Zuneigung nicht länger, und fünf Nächte unserer Bekanntschaft einschließlich der letzten schlief sie bei mir mit meinem Arm als Kopfkissen. Aber wenn ich von ihr erzähle, gerät mir meine eigene Geschichte aus dem Blick. Es war wohl in der Nacht vor ihrer Rettung, dass ich bei Tagesanbruch durch etwas geweckt wurde. Ich hatte schlecht geschlafen und sehr unangenehm geträumt, dass ich ertrunken war und Seeanemonen mit ihren weichen Tentakeln über mein Gesicht strichen.

Ich fuhr aus dem Schlaf hoch mit dem seltsamen Gefühl, dass irgendein gräuliches Tier eben aus meiner Kammer geeilt war. Ich versuchte wieder einzuschlafen, doch ich fühlte mich unruhig und unbehaglich. Es war jene graue Stunde, in der die Dinge langsam aus der Dunkelheit emporsteigen, in der alles farblos und klar konturiert ist und gleichwohl unwirklich. Ich stand auf, ging hinab in den großen Saal und trat hinaus auf die Steinplatten vor dem Palast. Ich dachte, ich könne ja aus der Not eine Tugend machen und dem Sonnenaufgang zuschauen.

Der Mond ging unter, sein schwindendes Licht und ein erster Anflug der Morgendämmerung ergaben zusammen ein gespenstisches Halbdunkel. Das Gebüsch war schwarz wie Tinte, der Boden dunkelgrau, der Himmel farblos und trostlos. Und oben auf dem Hügel glaubte ich Gespenster zu erblicken. Als ich den Hang genauer betrachtete, sah ich drei Mal weiße Gestalten. Zwei Mal meinte ich eine weiße, affenartige Kreatur rasch den Hügel hochlaufen zu sehen, und einmal sah ich nahe den Ruinen, wie ein ganzer Trupp einen dunklen Körper forttrug. Sie hatten es eilig. Was weiter mit ihnen geschah, konnte ich nicht sehen, sie schienen im Gebüsch zu verschwinden, aber bedenken Sie, dass in der Dämmerung alles weiterhin nur undeutlich zu erkennen war. Mich überkam jenes Ihnen wohl geläufige unklare frühmorgendliche Kältegefühl. Ich misstraute dem, was ich sah.

Als der Himmel im Osten heller wurde, der Tag anbrach und mit ihm die klaren Farben in die Welt zurückkehrten, betrachtete ich die Szenerie noch einmal ganz genau. Doch von meinen weißen Gestalten war nichts geblieben. Sie waren nichts als Ausgeburten des Halbdunkels. ›Es müssen Gespenster gewesen sein‹, sagte ich, ›aus welcher Zeit wohl?‹ Denn ich musste an einen hübschen Einfall von Grant Allen denken, der mich belustigte. Wenn viele Generationen von Menschen sterben und Gespenster hinterlassen, so Allen, wird die Welt irgendwann überfüllt sein von ihnen. Nach dieser Theorie wären es rund achthunderttausend Jahre später endlos viele, da war es kein Wunder, wenn man gleich vier auf einmal sah. Doch dieser Spaß war unbefriedigend, und ich dachte den ganzen Morgen hindurch an diese Gestalten, bis sie durch die Rettung Weenas aus meinem Kopf verbannt wurden. Sie erinnerten mich vage an das weiße Tier, das ich bei meiner ersten besessenen Suche nach der Zeitmaschine aufgeschreckt hatte. Dass nun Weena an ihre Stelle trat, war angenehm. Und doch sollten sie bald in noch viel schrecklicherer Weise Macht über meine Gedanken gewinnen.

Ich hatte, glaube ich, bereits gesagt, dass das Klima dieses Goldenen Zeitalters um vieles heißer war als unseres. Erklären kann ich es nicht. Vielleicht war die Sonne heißer oder ihr Abstand zur Erde geringer. Die gängige Annahme ist, dass die Kraft der Sonne in Zukunft immer weiter abnimmt. Aber wer mit Theoremen wie dem von Darwin dem Jüngeren nicht vertraut ist, übersieht, dass sich Planeten letztlich allesamt wieder auf ihr Zentralgestirn zubewegen. Tritt diese Katastrophe ein, so wird die Sonne mit erneuter Energie erstrahlen, und es mag sein, dass dieses Schicksal einen der erdähnlichen Planeten ereilt hat. Aus welchem Grund auch immer, Tatsache ist, dass die Sonne viel heißer brannte, als wir es gewohnt sind.

Nun, eines sehr heißen Morgens – meinem vierten, glaube ich – suchte ich in einer gigantischen Ruine unweit des großen Hauses, in dem ich schlief und aß, gerade Schutz vor der Hitze und dem grellen Licht, als etwas Sonderbares geschah: Beim Herumklettern zwischen zerfallenem Mauerwerk entdeckte ich einen schmalen Korridor, dessen Ende und Seitenfenster durch hinabgestürzte Steinmassen verschüttet waren. Im Vergleich zu der Helligkeit draußen erschien er mir zunächst undurchdringlich dunkel. Ich betrat ihn tastend, denn der Wechsel von Licht zu Finsternis ließ bunte Sternchen vor mir schwirren. Plötzlich stockte ich wie gebannt. Funkelnd durch die Reflexion des Lichts von draußen blickte mich aus dem Dunkel ein Augenpaar an.

Die natürliche Urangst vor wilden Tieren befiel mich. Ich ballte die Fäuste und erwiderte standhaft den stechenden Blick dieser Augen. Ich wagte nicht, mich abzuwenden. Dann machte ich mir bewusst, in welch vollkommener Sicherheit die Menschheit hier zu leben schien. Und dann erinnerte ich mich ihrer seltsamen Panik vor der Dunkelheit. Ich zügelte meine Angst einigermaßen, trat einen Schritt vor und sagte etwas. Ich verhehle nicht, dass ich meine raue Stimme kaum unter Kontrolle hatte. Ich streckte meine Hand aus und berührte etwas Weiches. Sofort glitten die Augen zur Seite, und etwas Weißes lief an mir vorbei. Das Herz schlug mir bis zum Hals, ich blickte mich um und sah eine affenartige Gestalt mit seltsam gesenktem Kopf über den sonnenbeschienenen Platz hinter mir laufen. Sie prallte gegen einen Granitblock, geriet ins Taumeln und tauchte unversehens in den schwarzen Schatten unterhalb eines anderen Trümmerhaufens.

Natürlich bekam ich nur einen flüchtigen Eindruck von ihr, aber ich sah, dass sie weißgrau war und seltsam große, gräulichrote Augen hatte, außerdem befand sich flachsblondes Haar auf Kopf und Rücken. Aber wie gesagt, um mehr erkennen zu können, ging das alles zu schnell für mich. Ich vermag nicht einmal zu sagen, ob sie auf allen Vieren lief oder nur mit tief hinabhängenden Armen. Ich besann mich kurz und folgte ihr dann in den zweiten Trümmerhaufen. Erst sah ich nichts, doch nach einiger Zeit in völliger Dunkelheit gelangte ich zu solch einer runden, brunnenartigen Öffnung – ich hatte Ihnen bereits davon erzählt –, die eine umgestürzte Säule halb bedeckte. Da kam mir plötzlich ein Gedanke. Konnte dieses Ding durch den Schacht entschwunden sein? Ich entzündete ein Streichholz, blickte hinab und sah ein kleines, weißes Wesen mit großen, glänzenden

Augen, das mich unverwandt anschaute, während es zurückwich. Ich erschauderte. Es glich ganz einer menschlichen Spinne! Es kletterte die Mauer hinab, und nun erst sah ich einige metallene Sprossen für Füße und Hände, die eine Art Leiter den Schacht hinab bildeten. Dann verbrannte mir das Streichholz die Finger, ich ließ es fallen, wobei es erlosch, und als ich das nächste entzündet hatte, war das kleine Monster verschwunden.

Ich weiß nicht, wie lange ich dort saß und in dieses Loch hinunterstarrte. Erst nach einiger Zeit rang ich mich zu der Überzeugung durch, dass das Ding, das ich gesehen hatte, ein Menschenwesen war. Ganz allmählich dämmerte mir nun, wie es wirklich war: dass der Mensch keine einheitliche Gattung geblieben war, sondern zwei verschiedene Arten ausgeprägt hatte; dass meine anmutigen Kinder der Oberwelt nicht die einzigen Nachfahren unseres Geschlechts waren, dass vielmehr auch diese bleiche, vulgäre Nachtgestalt, die da vor mir aufgeblitzt war, ein Erbe sämtlicher Zeitalter war.

Ich dachte an die flimmernden Türme und meine Theorie eines unterirdischen Belüftungssystems. Ich begann dessen wahre Bedeutung zu erahnen. Und dieser Lemur, so fragte ich mich, wie passte der in meinen Entwurf einer perfekt austarierten Ordnung? In welcher Beziehung stand er zu der trägen Gelassenheit der schönen Oberweltler? Und was verbarg sich da unten am Fuß dieses Schachtes? Ich saß auf dem Rand des Brunnens und sagte mir, dass ich keinerlei Furcht zu haben brauche und dass ich zur Aufklärung meiner Probleme dort hinabsteigen müsse. Beim Gedanken daran wurde mir angst und bange! Während ich noch zögerte, kamen zwei der schönen Oberwelt-Leute verliebt tändelnd aus dem Licht des Tages in den Schatten gelaufen. Der Mann verfolgte die Frau und warf im Laufen Blumen nach ihr.

Dass sie mich den Brunnen hinabblicken sahen, den Arm auf die umgekippte Säule gestützt, schien sie zu beunruhigen. Anscheinend galt es als ungehörig, diese Öffnungen auch nur zu beachten; denn als ich auf das Loch neben mir wies und dazu eine Frage in ihrer Sprache zu formulieren versuchte, stieg ihre Unruhe noch einmal sichtlich, und sie wandten sich ab. Meine Streichhölzer allerdings erweckten ihre Neugierde, und zu ihrem Vergnügen entzündete ich ein paar. Ich unternahm einen neuen Anlauf wegen des Brunnens und scheiterte wieder. So verließ ich sie denn, um zu Weena zurückzukehren und zu schauen, was von ihr in Erfahrung zu bringen war. Doch mein Verstand rotierte bereits; meine Mutmaßungen und Eindrücke formten sich zu einem ganz neuen Bild. Jetzt erschloss sich mir die Bedeutung dieser Brunnen und der Entlüftungstürme, das Geheimnis der Gespenster, ganz zu schweigen davon, dass ich der Bedeutung der Bronzetore und dem Schicksal der Zeitmaschine auf der Spur war! Und noch sehr vage kam mir eine Idee hinsichtlich der Lösung des wirtschaftlichen Problems, das mich so hatte rätseln lassen.

So stellte sich mir die Lage nunmehr dar: Diese zweite Gattung Mensch lebte unterirdisch. Drei Umstände im Besonderen ließen mich vermuten, dass ihr seltenes Erscheinen an der Erdoberfläche daraus resultierte, dass sie seit Langem an ein Leben unter Tage gewöhnt waren. Da war zunächst ihr bleiches Aussehen, wie man es von den meisten Tieren kennt, die vorwiegend im Dunkeln leben – etwa die weißen Fische in den Höhlen von Kentucky. Des Weiteren sind diese großen Augen mit der Eigenschaft, Licht zu reflektieren, ein verbreitetes Merkmal von nachtaktiven Wesen – man denke nur an Eulen oder Katzen. Und schließlich diese offenkundige Verwirrtheit bei Sonnenschein, diese hastige und dabei so tapsig-unbeholfene Flucht ins Schattige und die eigentümliche Kopfhaltung bei Tageslicht – all dies sprach für die Annahme einer extrem empfindlichen Netzhaut.

Zudem musste die Erde unter meinen Füßen sehr stark untertunnelt sein, und diese Gänge waren der Lebensraum der neuen Gattung. Dass es praktisch überall die Hänge entlang außer im Flusstal diese Entlüftungsschächte und Brunnen gab, belegte, wie weit verzweigt sie waren. Drängte sich da nicht die Annahme auf, dass in eben dieser künstlichen Unterwelt all die Arbeit verrichtet wurde, die zum Wohlergehen der Tageslicht-Gattung erforderlich war? Der Gedanke war so einleuchtend, dass ich ihm sogleich anhing und im Folgenden nach Gründen zum *Wie* dieser Aufspaltung der menschlichen Art suchte. Ich nehme an, dass Sie meine Theorie in ihren Grundzügen bereits erahnen, und doch musste ich sehr bald erkennen, dass sie der Wahrheit keineswegs nahekam.

Ausgehend von den Problemen unseres eigenen Zeitalters erschien es mir zunächst sonnenklar, dass die ganze Situation von der zunehmenden Kluft zwischen Kapitalist und Arbeiter herzuleiten war, die wir aktuell nur als sozial bedingte Zeiterscheinung empfinden. Das wird Ihnen zweifellos ziemlich grotesk, ja ganz unglaublich vorkommen, und doch weist bereits jetzt so mancher Sachverhalt in diese Richtung. Man tendiert dazu, die weniger vorzeigbaren Einrichtungen der Zivilisation unter die Erde zu verlegen, ich denke da an die U-Bahn in London, an neue elektrische Bahnlinien, an Unterführungen, an unterirdische Arbeitsräume und Restaurants – sie breiten sich aus und werden immer zahlreicher. Offenbar, so dachte ich, war diese Tendenz derart bestimmend geworden, dass die Industrie ihr Anrecht auf den Himmel allmählich ganz verwirkt hatte. Womit ich meine, dass sie in zunehmender Tiefe immer größere unterirdische Produktionsstätten geschaffen hatte, in denen sie immer mehr Zeit verbrachte, bis letzten Endes …! Lebt denn ein Arbeiter aus dem East-End nicht bereits heute unter derart künstlich geschaffenen Bedingungen, dass er von der Erdoberfläche praktisch verbannt ist?

Der den reicheren Leuten innewohnende Hang, sich abzuschotten – zweifellos eine Folge ihrer wachsenden Bildung und der breiter werdenden Kluft zwischen ihnen und der ungehobelten Art der Armen –, hat bereits dazu geführt, dass erhebliche Teile der Landfläche zu ihren Gunsten gesperrt wurden. So ist im Umland von London rund die Hälfte der schönen Landstriche gegen Besitzstörung abgeriegelt. Und genau diese zunehmende Kluft – die mit der Dauer und den Kosten höherer Bildungswege ebenso zu tun hat wie mit den für die Reichen vermehrten und zunehmend verlockenden Gelegenheiten zu kultivierter Lebensart – wird diese Durchlässigkeit zwischen den Klassen, diese Möglichkeit zum Aufstieg durch Heirat, die derzeit noch die Spaltung unserer Spezies an den Trennlinien sozialer Schichten verzögert, immer seltener werden lassen. Letztlich wird es oben auf der Erde die Begüterten geben, deren Leben ganz im Zeichen von Vergnügen, Komfort und Schönheit steht, und unter der Erde die Habenichtse, die Arbeiterklasse, die sich ihren Arbeitsbedingungen beständig anpassen wird. Wenn sie einmal dort sind, werden sie ohne Zweifel Abgaben für die Belüftung ihrer Höhlen zahlen müssen, und das nicht zu knapp; im Fall, dass sie sich weigern, müssten sie verhungern oder ersticken. Wer sich als zu schwach oder als aufsässig erweist, würde sterben, und am Ende, wenn alles austariert ist, werden sich die Überlebenden an die Bedingungen ihrer Existenz unter Tage gewöhnt haben und dort ebenso zufrieden leben wie die Leute der Oberwelt in ihrer Sphäre. Mir schien es, dass die verfeinerte Schönheit wie die fahle Blässe eine ganz natürliche Folge davon war.

Der große Sieg der Menschlichkeit, von dem ich geträumt hatte, stellte sich meinem Geist nun anders dar. Es war gar kein Sieg der Erziehung zum Sittlichen und des allgemeinen Zusammenwirkens, wie ich ihn im Sinn gehabt hatte. Stattdessen sah ich eine wahre Aristokratie, die mit vollendeter Wissenschaft gerüstet war und das industrielle System von heute an seinen logischen Endpunkt geführt hatte. Ihr Sieg war nicht allein ein

Sieg über die Natur, sondern ein Sieg über Natur und Mitmensch. Beachten Sie bitte, dass dies meine Annahme zu dieser Zeit war. Ich hatte keinen praktischen Reiseführer nach Art der utopischen Romane. Ich mag vollkommen falsch liegen mit meiner Erklärung. Ich halte sie noch immer für die plausibelste. Doch selbst unter dieser Voraussetzung musste die austarierte Zivilisation, die letztlich erreicht worden war, ihren Gipfelpunkt seit Langem überschritten haben und seither tief gesunken sein. Die allzu vollkommene Sicherheit der Oberweltler hatte sie einem schleichenden Prozess der Verkümmerung ausgesetzt, einem allgemeinen Schwinden von Körpergröße, Kraft und Intelligenz. Das begriff ich bereits mehr als deutlich. Was mit den Unterirdischen passiert war, blieb mir noch verschlossen, doch was ich bislang von den Morlocks gesehen hatte – denn so wurden diese Wesen genannt –, ließ mich denken, dass die Veränderungen im menschlichen Erscheinungsbild weit tiefgreifender waren als unter den Eloi, der schönen Gattung, die ich bereits kannte.

Dann kamen missliche Zweifel auf. Warum hatten die Morlocks mir die Zeitmaschine weggenommen? Ich war mir nämlich sicher, dass sie dies getan hatten. Und: Wenn die Eloi die Herren waren, warum konnten sie mir die Maschine nicht wiedergeben? Und warum hatten sie alle so schreckliche Angst vor der Dunkelheit? Wie schon gesagt, fragte ich erneut Weena über die Unterirdischen aus, wurde jedoch wiederum enttäuscht. Erst verstand sie meine Fragen nicht, dann wollte sie mir nicht antworten. Sie erschauderte, als sei ihr das Thema unerträglich. Und als ich sie bedrängte, vielleicht ein bisschen hart, brach sie in Tränen aus. Mit Ausnahme meiner eigenen waren dies die einzigen Tränen, die ich im Goldenen Zeitalter je zu Gesicht bekam. Als ich sie fließen sah, vergaß ich schlagartig meine Unruhe wegen der Morlocks und trug nur noch Sorge, dass diese Zeichen menschlichen Erbguts aus Weenas Augen wichen.

Und sehr bald lächelte sie wieder und klatschte in die Hände, als ich feierlich ein Streichholz entzündete.

6

Es mag Ihnen seltsam erscheinen, doch es vergingen zwei Tage, bis ich der neuentdeckten Spur auf dem offenkundig richtigen Weg weiter nachgehen konnte. Diese bleichen Gestalten erfüllten mich mit wahrem Abscheu. Sie hatten ganz die verblasste Farbe von Würmern und den in Alkohol konservierten Objekten im Zoologischen Museum. Dazu fühlten sie sich ekelhaft kalt an. Meine Abscheu unterlag wohl stark dem Einfluss der Eloi, deren Abneigung gegen die Morlocks ich zu teilen begann.

In der folgenden Nacht schlief ich nicht gut. Wahrscheinlich war ich gesundheitlich etwas angeschlagen. Unruhe und Zweifel bedrückten mich. Ein, zwei Mal überkam mich ein heftiges Angstgefühl, das ich mir nicht hinreichend erklären konnte. Ich weiß noch, wie ich mich still und leise in den großen Saal schlich, in dem die kleinen Leute bei Mondschein schliefen – in dieser Nacht war Weena unter ihnen –, und mich durch ihre Anwesenheit wieder beruhigte. Eben dort fiel mir ein, dass der Mond in den nächsten Tagen durch sein letztes Viertel gehen musste und die Nächte dunkler würden, sodass häufiger mit dem Auftauchen dieser scheußlichen Kreaturen aus der Tiefe zu rechnen wäre, dieser bleichen Lemuren, dieses neuen Gewürms, das an die Stelle des alten getreten war. Und an diesen beiden Tagen ließ mir das Gefühl keine Ruhe, dass ich mich vor einer unumgänglichen Pflicht drückte. Ich war überzeugt, dass ich die Zeitmaschine nur zurückerlangte, wenn ich mutig daranging, die geheimnisvollen Vorgänge da unter der Erde zu durchschauen. Noch aber mochte ich mich diesem Rätsel nicht stellen. Hätte ich nur einen Gefährten gehabt, es wäre etwas anderes gewesen. Doch ich war so schrecklich allein und mir grauste schon davor, ins Dunkel des Brunnens hinabklettern zu müssen. Ich weiß nicht, ob Sie das nachempfinden können, aber ich hatte ständig das Gefühl, dass hinter meinem Rücken eine Gefahr lauert.

Es mag an dieser Unrast, dieser Verunsicherung gelegen haben, dass ich den Radius meiner Erkundungstouren immer weiter ausdehnte. Als ich nach Südwesten in Richtung des Hügellands ging, das heute Combe Wood heißt, fiel mir weit hinten, dort, wo in unserer Zeit Banstead liegt, ein gewaltiges grünes Gebäude auf, das von ganz anderer Art war als alles, was ich an Bauten bis dahin gesehen hatte. Es war größer als die größten mir bekannten Paläste und Ruinen, und die Fassade war orientalisch gestaltet: Die Mauern hatten den Glanz und auch die blassgrüne, ins Bläuliche spielende Färbung einer bestimmten Sorte chinesischen Porzellans. Dieses spezielle Aussehen ließ auf eine spezielle Nutzung schließen, und ich wäre gern hingegangen, um dies zu erkunden. Doch es wurde allmählich spät, und eine lange, ermüdende Wegstrecke hatte mich in diese Gegend geführt; daher beschloss ich, mir das Abenteuer für den nächsten Tag aufzusparen, und kehrte zurück zur kleinen Weena, die mich freundlich empfing und liebkoste. Am nächsten Morgen jedoch musste ich mir eingestehen, dass mein Interesse am Grünen Porzellanpalast glatter Selbstbetrug war, der als Vorwand diente, ein Erlebnis, vor dem mir graute, noch einen Tag länger aufzuschieben. Ich beschloss, den Abstieg nun unverzüglich anzugehen, und machte mich gleich in der Frühe auf zu einem Brunnen in der Nähe der Granit- und Aluminiumruinen.

Klein-Weena begleitete mich. Tänzelnd lief sie neben mir her bis zum Brunnen, doch als sie sah, wie ich mich über die Öffnung beugte und hinabschaute, schien sie höchst irritiert. ›Mach's gut, kleine Weena‹, sagte ich, küsste sie, setzte sie ab und begann hinter der Brüstung nach den Kletterhaken zu tasten. Ziemlich eilig, wie ich gern zugebe, denn ich hatte Angst, dass mich mein Mut direkt wieder verließ! Erst sah sie mir voller Staunen dabei zu. Dann stieß sie einen herzzerreißenden Schrei aus, kam hergeeilt und begann mit ihren kleinen Händen an mir zu zerren. Vermutlich fühlte ich mich durch ihren Widerstand erst recht ermuntert fortzufahren. Ich schüttelte sie ab, vielleicht ein bisschen grob, und befand mich im nächsten Moment im Brunnenschacht. Ich sah ihr schmerzerfülltes Gesicht über der Brüstung und lächelte ihr beruhigend zu. Dann richtete ich meine Aufmerksamkeit ganz auf die nicht sehr stabilen Haken, an denen ich mich festhielt.

Ich musste einen etwa zweihundert Meter tiefen Schacht hinunter. Möglich wurde der Abstieg durch Metallstäbe, die aus der Brunnenwand ragten, doch weil man diese für wesentlich kleinere und leichtere Wesen als mich ausgelegt hatte, war ich vom Klettern rasch verkrampft und erschöpft. Und nicht nur das! Plötzlich verbog sich einer der Stäbe unter meinem Gewicht, sodass ich beinahe in die Finsternis unter mir hinabgestürzt wäre. Einen Moment lang hing ich an nur einer Hand, und nach diesem Zwischenfall gönnte ich mir keine Verschnaufpause mehr. Obwohl mir Arme und Rücken überaus wehtaten, kletterte ich die steile Wand hinab, so schnell ich konnte. Wenn ich hinaufblickte, sah ich die Öffnung, eine kleine blaue Scheibe, in der ein Stern zu sehen war und Klein-Weenas Kopf als schwarzes rundes Etwas. Das dumpfe Maschinengeräusch dröhnte immer lauter und beklemmender zu mir hinauf. Bis auf die kleine Scheibe da oben war alles total finster, und als ich noch einmal hinaufsah, war Weena verschwunden.

Mein Unbehagen bereitete mir Qualen. Ich überlegte hin und her, ob ich den Schacht wieder hinaufklettern und die Unterwelt sich selbst überlassen sollte, und während ich diesen Gedanken wälzte, stieg ich doch immer weiter hinab. Ich fühlte mich unglaublich erleichtert, als sich endlich ein kleines Stück rechts von mir ganz schwach eine schmale Seitenöffnung in der Wand abzeichnete. Ich schwang mich hinein und stellte fest, dass es der Zugang zu einem engen, waagerechten Tunnel war, in dem ich mich hinlegen und eine Pause machen konnte. Das war auch längst überfällig. Meine Arme schmerzten, mein Rücken war verkrampft, und weil ich die ganze Zeit hindurch schreckliche Angst vor einem Sturz gehabt hatte, bebte ich am ganzen Leib. Überdies hatte die anhaltende Finsternis meine Augen sehr strapaziert. Die Luft war erfüllt vom Dröhnen und Surren einer Apparatur, die Luft in den Schacht hinunterpumpte.

Ich weiß nicht, wie lange ich dort lag. Mich weckte eine weiche Hand, die mein Gesicht berührte. Im Dunkel fuhr ich hoch, griff nach meinen Streichhölzern, und nachdem ich hastig eines angezündet hatte, erkannte ich drei bucklige weiße Gestalten ähnlich jener, die ich oben in der Ruine gesehen hatte, während sie hektisch vor dem Licht floh. Da sie in einer für mich undurchdringlichen Schwärze lebten, waren ihre Augen ungewöhnlich groß und empfindlich wie die Pupillen von Tiefseefischen und reflektierten auch in gleicher Weise das Licht. Zweifellos konnten sie mich in dieser vollkommenen Dunkelheit erkennen, und sie schienen, abgesehen vom Licht, auch keinerlei Furcht vor mir zu haben. Kaum hatte ich jedoch ein Streichholz entzündet, um sie zu erkennen, stürzten sie davon und verschwanden in dunkle Kanäle und Tunnel, aus denen mich ihre Augen unheimlich anfunkelten.

Ich rief ihnen etwas zu, aber ihre Sprache war offenbar anders als die des Oberwelt-Volks; so blieb ich denn ganz auf mich allein gestellt, und noch immer dachte ich daran, hier gar nichts zu erkunden, sondern gleich die Flucht zu ergreifen. Doch ich sagte mir: ›Jetzt gibt es kein Zurück mehr‹, und während ich mich durch den Gang vorantastete, wurde der Lärm der Maschinen immer lauter. Bald darauf wichen die Wände um mich herum, ich erreichte einen großen, weiten Raum, und mit Hilfe eines weiteren Streichholzes sah ich, dass ich mich in einer riesigen gewölbten Höhle befand, die sich weit jenseits meines Lichtscheins tief in die Finsternis hinein erstreckte. Erkennen konnte ich ja nur, was mein brennendes Zündholz von ihr erhellte.

Meine Erinnerung ist zwangsläufig vage. Riesige Umrisse wie von großen Maschinen erhoben sich aus dem matten Schein und warfen groteske schwarze Schatten, in denen undeutlich geisterhafte Morlocks vor dem blendenden Licht Schutz suchten. Dort war es übrigens sehr stickig und schwül, in der Luft hing ganz leicht der Brodem frisch vergossenen Blutes. Ein Stück entfernt stand ein kleiner Tisch aus weißem Metall und auf ihm lag etwas, das ganz nach einer Mahlzeit aussah. Die Morlocks aßen also Fleisch! Ich weiß noch, wie ich mich damals fragte, welches große Tier sich wohl hatte halten können, von dem das rote Bratenstück dort stammte. Es war alles kaum definierbar: der starke Geruch, die großen, unkenntlichen Umrisse, die ekelerregenden Gestalten, die sich im Schatten verborgen hielten und nur darauf lauerten, dass es dunkel wurde, um sich mir wieder zu nähern! Dann war das Streichholz niedergebrannt, es versengte meine Finger und taumelte als roter Punkt ins schwarze Nichts.

Später ging mir durch den Kopf, wie denkbar schlecht ausgerüstet ich für ein solches Erlebnis war. Als ich mit meiner Zeitmaschine aufgebrochen war, tat ich dies in der törichten Annahme, die Menschen der Zukunft würden uns in allen Fragen der Ausstattung gewiss unendlich weit voraus sein. Ich war ohne Waffen gekommen, ohne Medikamente, ohne etwas zu rauchen – der Tabak fehlte mir manchmal bitterlich –, selbst ohne ausreichend Streichhölzer. Hätte ich doch wenigstens an eine Kodak-Kamera gedacht! Ich hätte diesen flüchtigen Blick in die Unterwelt rasch aufgenommen und später in Ruhe untersuchen können. So aber stand ich einzig mit den Waffen und Kräften da, die die Natur mir verliehen hatte: meine Hände, Füße und Zähne. Außer diesen hatte ich nur noch vier letzte Streichhölzer.

Ich hatte Angst, mich zwischen all diesen Maschinen im Dunkel voranzutasten, und erst jetzt erkannte ich mit dem letzten Rest Feuerschein, dass mein Vorrat an Streichhölzern zur Neige ging. Bis zu diesem Moment war mir überhaupt nicht in den Sinn gekommen, sparsam mit ihnen umzugehen, und fast die halbe Schachtel hatte ich darauf verschwendet, die Oberweltler, denen Feuer unbekannt war, in Erstaunen zu versetzen. Nun hatte ich, wie gesagt, nur noch vier Stück übrig, und während ich in der Dunkelheit stand, berührte eine Hand die meine, schmale Finger betasteten mein Gesicht, und ein überaus widerlicher Geruch stieg mir in die Nase. Mir war, als hörte ich ringsum das Atemgeräusch einer ganzen Ansammlung dieser entsetzlichen kleinen Wesen. Ich spürte, wie man mir die Streichholzschachtel in der Hand sanft zu entwinden versuchte und andere Hände von hinten an meiner Kleidung zupften. Das Gefühl, von diesen unsichtbaren Gestalten derart inspiziert zu werden, war unsagbar grässlich. Sehr heftig überfiel mich im Finstern die plötzliche Erkenntnis, dass ich von ihrer Lebens- und Denkungsart überhaupt nichts wusste. So laut ich konnte, schrie ich sie an. Sie stoben davon, doch ich spürte, wie sie sich mir sogleich wieder näherten. Sie griffen forscher nach mir und verständigten sich in einem seltsamen Flüsterton. Ein heftiger Schauder überkam mich, ich schrie wiederum heulend auf. Diesmal hielt sich ihr Schreck in Grenzen, ein eigentümliches Lachgeräusch entwich ihnen, während sie erneut näher herankamen. Ich will gestehen, dass ich furchtbare Angst hatte. Ich beschloss, noch ein Streichholz zu entzünden und im Schutz seiner Flamme zu flüchten. So tat ich, und indem ein Stück

Papier aus meiner Tasche das Licht etwas länger am Leben hielt, kam ich auf meinem Rückzug Richtung enger Tunnel gut voran. Doch kurz vor diesem erlosch die Flamme, und in der Finsternis hörte ich die mir eilig nachsetzenden Morlocks rascheln wie der Wind im Laub und wie Regentropfen mit den Füßen trommeln.

Gleich hatten mehrere Hände nach mir gegriffen, und es bestand kein Zweifel daran, dass sie mich wieder zurückschaffen wollten. Ich entzündete ein weiteres Streichholz und hielt es ihnen in die geblendeten Gesichter. Sie können sich kaum vorstellen, wie abstoßend unmenschlich sie aussahen – diese bleichen Gesichter ohne Kinn mit ihren großen, lidlosen grau-rosa Augen! –, wie sie mich so blind und verwundert anstierten. Doch sie zu betrachten nahm ich mir keine Zeit, das sag' ich Ihnen: Ich floh weiter, und nach Erlöschen des zweiten Streichholzes entzündete ich mein drittes. Es war fast niedergebrannt, als ich den Einstieg in den Schacht erreichte. Ich legte mich an der Kante nieder, denn vom Heraufdröhnen der großen Pumpe wurde mir ganz schwindelig. Dann tastete ich nach den seitlich herausstehenden Haken, als plötzlich von hinten nach meinen Füßen gegriffen und ich mit Gewalt zurückgezerrt wurde. Ich setzte mein letztes Streichholz in Gang … es ging sofort wieder aus. Doch meine Hände hatten bereits die Kletterstangen im Griff, mit brutalen Tritten befreite ich mich aus den Klauen der Morlocks und kletterte eilig den Schacht hinauf, während sie blinzelnd zu mir hinaufglotzten – alle bis auf einen kleinen Kerl, der mir ein Stück folgte und beinahe meinen Schuh erbeutet hätte.

Dieser Aufstieg nahm und nahm kein Ende. Auf den letzten fünf bis zehn Metern befiel mich eine entsetzliche Übelkeit. Nur unter größten Mühen hielt ich mich fest. Auf den letzten Metern kämpfte ich verzweifelt gegen dieses Ohnmachtsgefühl an. Mehrmals wurde mir ganz schummrig im Kopf, mir war, als würde ich tief hinabstürzen. Schließlich gelangte ich doch noch irgendwie über den Brunnenrand und wankte aus der Ruine in den blendenden Schein der Sonne. Ich fiel aufs Gesicht. Selbst die Erde roch süß und rein. Dann erinnere ich mich noch, dass Weena mir Hände und Ohren küsste und ich die Stimmen anderer Eloi vernahm. Dann verlor ich eine Zeit lang das Bewusstsein.

7

Nun allerdings schien ich in einer übleren Lage zu sein als zuvor. Bislang hatte ich, außer während der Verzweiflungsnacht nach dem Verlust der Zeitmaschine, Kraft aus der Hoffnung gezogen, irgendwann doch noch zu entkommen, aber durch die neuen Entdeckungen geriet diese Hoffnung ins Wanken. Bislang hatte ich geglaubt, nur die kindliche Einfalt dieser kleinen Leute gegen mich zu haben sowie irgendwelche unbekannten Gewalten, die ich nur verstehen lernen musste, um sie überwinden zu können; mit den Morlocks und ihrer widerwärtigen Art war nun aber ein gänzlich neuer, irgendwie unmenschlicher und unheilvoller Faktor hinzugetreten. Ich verabscheute sie instinktiv. Bis hierhin hatte ich mich wie jemand gefühlt, der in eine Grube gefallen war: Meine Sorge betraf die Grube und wie man aus ihr hinausgelangte. Nun fühlte ich mich wie ein Tier in der Falle, dessen Feind bald erschiene, um es zu holen.

Welchen Feind ich fürchtete, mag Sie verwundern: Es war die Dunkelheit des Neumondes. Einige mir zunächst unverständliche Bemerkungen Weenas über die Dunklen Nächte hatten diese Furcht in mir ausgelöst. Was mit den kommenden Dunklen Nächten gemeint sein konnte, war jetzt nicht mehr allzu schwer zu erraten. Es war abnehmender Mond, die Dunkelheit währte mit jeder Nacht länger. Und wenigstens im Ansatz erklärte sich mir nun auch die Angst der kleinen Oberweltler vor dem Dunkel. Ich spekulierte, was für schändliche Untaten das sein mochten, die die Morlocks bei Neumond verübten. Ich war nun ziemlich sicher, dass meine zweite Annahme völlig falsch war. Die Leute der Oberwelt mögen einst die begünstigte Aristokratie gewesen sein und die Morlocks ihre geistlosen Diener, doch damit war es längst vorbei. Die zwei Gattungen, die sich aus der menschlichen Evolution ergeben hatten, befanden sich auf dem Weg hinab zu einem gänzlich neuen Verhältnis zueinander oder waren bereits dort angekommen. Wie einst die karolingischen Könige waren die Eloi zu einer nur mehr schönen Nutzlosigkeit verkommen. Noch waren sie als Herren der Erde geduldet, da den Morlocks, die seit zahllosen Generationen unterirdisch lebten, der helllichte Tag an der Oberfläche zunehmend unerträglich geworden war. Und die Morlocks produzierten die Kleidung für sie, folgerte ich, und kümmerten sich auch sonst weiter um ihre Grundversorgung, vielleicht weil sie es seit alters her gewohnt waren, ihnen dienstbar zu sein. Sie taten es, so wie ein stehendes Pferd mit dem Huf scharrt oder ein Mann mit Jagdgewehr zum Vergnügen Tiere schießt: weil alte, längst überholte Verhaltensweisen sich ihrem Organismus eingeprägt hatten. Doch zweifellos hatte sich die alte Ordnung schon teilweise in ihr Gegenteil verkehrt. Die Rachegöttin der Schwächlich-Zarten näherte sich unaufhaltsam. Vor Ewigkeiten, Tausende Generationen zuvor, hatte der Mensch seinen Bruder aus der Behaglichkeit und dem Sonnenschein verdrängt. Und nun kehrte dieser Bruder als ein anderer zurück! Eine vergessene Lektion hatten die Eloi bereits neu zu lernen begonnen. Die Angst wurde ihnen wiederum vertraut. Und auf einmal fiel mir das Fleisch wieder ein, das ich in der Unterwelt gesehen hatte. Es ist schon seltsam, auf welche Weise es mir in den Sinn gekommen war: nicht als Folge meiner fließenden Gedanken, sondern gleichsam wie eine von außen an mich gerichtete Frage. Ich versuchte mir sein Erscheinungsbild vor Augen zu führen. Auf undeutliche Weise erinnerte es mich an etwas, doch was genau es war, konnte ich damals nicht sagen.

Wie sehr die kleinen Leute auch ihrer geheimnisvollen Angst hilflos ausgesetzt waren: Ich war erheblich robuster. Ich bin ein Produkt unserer Zeit, dieser Hochphase des Menschengeschlechts, in der Angst nicht mehr lähmt und das Geheimnis seinen Schrecken verloren hat. Ich wenigstens würde mich verteidigen. Unverzüglich beschloss ich, Waffen zu organisieren sowie einen festen Platz zum Schlafen. Mit einem solchen Ort als Stützpunkt konnte ich dieser fremden Welt wieder mit etwas mehr jener Zuversicht begegnen, die ich verloren hatte, als mir bewusst geworden war, was für Kreaturen ich nachts daliegend ständig ausgesetzt war. Mir war, als würde ich erst wieder schlafen können, wenn meine Bettstatt vor ihnen sicher war. Mich schauderte vor Entsetzen bei der Vorstellung, wie sehr sie mich wohl schon unter die Lupe genommen hatten.

Den ganzen Nachmittag streifte ich durch das Tal der Themse, fand jedoch keine Stelle, die meiner Vorstellung von Unzugänglichkeit entsprach. Gebäude und Bäume erschienen mir allesamt leicht zugänglich für geschickte Kletterer wie die Morlocks, die sie angesichts ihrer Schächte sein mussten. Dann erinnerte ich mich der hohen Türmchen am Grünen Porzellanpalast, dessen Mauern so vor Glanz schimmerten. Am Abend ging ich die Hügel hinauf Richtung Südwesten, Weena trug ich wie ein Kind auf meinen Schultern. Die Entfernung hatte ich auf sieben bis acht Meilen geschätzt, es waren aber wohl eher an die achtzehn. Ich hatte diesen Ort erstmals eines diesigen Nachmittags gesehen, an dem die Entfernungen trügerisch verkürzt gewirkt hatten. Noch dazu hatte sich einer meiner Absätze gelockert und ein Nagel drang durch die Sohle – es waren bequeme alte Schuhe, die ich nur zu Hause trug –, sodass ich hinkte. Die Sonne war längst untergegangen, als ich die Silhouette des Palastes vor mir sah, schwarz vor dem bleichen Gelb des Himmels.

Weena hatte sich anfangs voller Begeisterung von mir tragen lassen, doch nach einer Weile wollte sie heruntergelassen werden. Sie lief neben mir her und flitzte gelegentlich davon, um Blumen zu pflücken, die sie mir in die Taschen steckte. Meine Taschen waren Weena schon lange ein Rätsel gewesen, doch schließlich hatte sie entschieden, dass sie eine kuriose Art Vase für Blumenschmuck darstellten. Jedenfalls nutzte sie sie zu diesem Zweck. Da fällt mir etwas ein! Vorhin beim Umziehen fand ich in meiner Jacke …«

Der Zeitreisende hielt inne, steckte seine Hand in die Tasche und legte schweigend zwei verwelkte Blumen auf den kleinen Tisch, die sehr großen weißen Malven ähnelten. Dann setzte er seine Schilderung fort.

»Während sich Abendstille über die Welt legte und wir über den Hügelkamm in Richtung Wimbledon gingen, wurde Weena müde und wollte in das Gebäude aus grauem Stein zurückkehren. Ich aber wies auf die fernen Türmchen des Grünen Porzellanpalasts und versuchte ihr begreiflich zu machen, dass wir dort Zuflucht fänden vor dem, was ihr Angst einflößte. Sie kennen den großen Stillstand, der sich vor Einbruch der Dunkelheit über alles senkt? Selbst der Wind fährt nicht mehr durch die Bäume. Für mich ist diese Abendstille immer angefüllt mit Erwartung. Der Himmel war klar, fern und wolkenlos bis auf ein paar waagerechte Streifen weit hinten dort, wo die Sonne niedergegangen war. Nun, an jenem Abend nahm die Erwartung die Farbe meiner Ängste an. In dieser düsteren Stille erschienen mir meine Sinne übernatürlich geschärft. Mir war, als könne ich sogar die Hohlheit des Bodens unter meinen Füßen spüren, ja könne fast durch ihn hindurch die Morlocks in ihrem Ameisenbau umherlaufen und auf die Nacht warten sehen. In meiner Erregung stellte ich mir vor, dass sie mein Eindringen in ihre Erdlöcher als Kriegserklärung auffassten. Und warum hatten sie mir meine Zeitmaschine weggenommen?

So gingen wir weiter durch die Stille, und die Nacht dämmerte heran. Das helle Blau in der Ferne schwand, und ein Stern nach dem anderen war zu sehen. Der Boden verdunkelte sich, die Bäume wurden schwarz. Angst und Müdigkeit übermannten Weena. Ich nahm sie in die Arme, redete mit ihr und streichelte sie. Dann, es war nun noch dunkler geworden, legte sie ihre Arme um meinen Hals, schloss die Augen und drückte ihr Gesicht fest an meine Schulter. So gingen wir einen langen Hang hinab in ein Tal, wo ich in der Dunkelheit beinahe ein Flüsschen übersehen hätte. Ich durchwatete es und stieg auf der anderen Seite des Tals wieder hinan, vorbei an einer Anzahl von Schlafbauten sowie einer Statue – ein Faun oder so etwas, nur ohne Kopf. Auch hier standen Akazien. Morlocks hatte ich bislang keine gesehen, aber die Nacht war noch jung und die dunkleren Stunden vor Aufgang des abnehmenden Mondes standen erst bevor.

Von der nächsten Hügelkuppe aus sah ich einen dichten Wald, der sich groß und schwarz vor mir ausbreitete. Dies ließ mich zaudern. Weder zur Rechten noch zur Linken konnte ich sein Ende erkennen. Ich war erschöpft und hatte wundgescheuerte Füße. Ich blieb stehen, ließ Weena behutsam von meiner Schulter hinab und setzte mich auf den Rasen. Den Grünen Porzellanpalast konnte ich nicht mehr sehen und war unschlüssig, in welche Richtung ich gehen sollte. Ich betrachtete den dichten Wald und überlegte, was in ihm wohl verborgen sein mochte. Unter diesem dichten Gewirr von Ästen hätte man die Sterne nicht mehr im Blick. Selbst wenn dort keine andere Gefahr lauerte – eine Gefahr, die sich meine Fantasie gar nicht erst ausmalen sollte –, wären dort all die Wurzeln, über die man stolperte, und Baumstämme, gegen die man stieß. Nach den

Aufregungen des Tages war auch ich sehr müde, also entschied ich, ihn zu meiden und die Nacht unter freiem Himmel auf dem Hügel zu verbringen.

Weena schlief zum Glück tief und fest. Ich hüllte sie vorsichtig in meine Jacke und setzte mich neben sie, um den Mondaufgang abzuwarten. Der Abhang war still und verlassen, nur im Dunkel des Waldes regte sich hier und da ein Lebewesen. Über mir schienen die Sterne, denn die Nacht war klar. Mit ihrem Funkeln spendeten sie mir Trost. Jedoch waren alle geläufigen Sternbilder vom Himmel verschwunden: Jene langsame Entwicklung, die sich über hundert Menschenalter unmerklich vollzieht, hatte sie längst zu unvertrauten Anordnungen umgruppiert. Nur die Milchstraße, so schien mir, war noch dasselbe zerfledderte Band aus Sternenstaub wie ehedem. Südwärts (nach meinem Gefühl) stand ein sehr heller roter Stern, den ich nicht kannte; er war sogar noch prächtiger als bei uns der grüne Sirius. Und inmitten dieser vielen funkelnden Lichtpunkte leuchtete ein heller Planet gütig und stet wie das Gesicht eines alten Freundes.

Angesichts all dieser Sterne erschienen mir meine eigenen Sorgen und die ganze Schwere des irdischen Lebens plötzlich ganz klein. Ich dachte, wie unvorstellbar fern sie waren, und an ihren langsamen, unabänderlichen Lauf, der in einer unbekannten Vergangenheit begann und in eine unbekannte Zukunft führte. Ich dachte an den großen Zyklus der Präzession, den die Erdachse durchläuft. Vierzig Mal nur hatte sich diese stille Rotation vollzogen in all den Jahren, die ich durchreist hatte. Und während dieser wenigen Rotationen waren alle Leistungen, alle Traditionen, die komplexen Institutionen, die Nationen, Sprachen, Literaturen, Bestrebungen, selbst die Erinnerung an den Menschen, wie ich ihn kannte, hinweggefegt worden. An deren Stelle waren die schwächlichen Geschöpfe getreten, die ihre hohe Abstammung vergessen hatten, und diese weißen Dinger, vor denen mir so sehr graute. Dann dachte ich an die große Angst, die zwischen den beiden Gattungen stand, und zum ersten Mal wurde mir mit einem plötzlichen Schauder bewusst, was das für Fleisch gewesen sein konnte, das ich gesehen hatte. Doch das war einfach zu schrecklich! Ich sah zur schlafenden kleinen Weena neben mir, ihr Gesicht weiß und sternengleich unter den Sternen, und verwarf den Gedanken sogleich wieder.

In dieser langen Nacht versuchte ich so gut es ging nicht an die Morlocks zu denken und vertrieb mir die Zeit damit, mir einzubilden, in den neuen Sternbildern Überreste der alten Konstellationen ausfindig machen zu können. Der Himmel blieb bis auf gelegentliche Dunstwolken weiterhin sehr klar. Sicher nickte ich auch ein paarmal ein. Im Verlauf meiner Nachtwache wurde der östliche Himmel matt wie vom Widerschein eines bleichen Feuers, dann stieg der abnehmende Mond auf, schmal, spitz und weiß. Und dicht hinter ihm, ihn einholend und überflutend, kam die Morgendämmerung, fahl zunächst, dann zunehmend rosa und warm. Kein Morlock hatte sich uns genähert. Auch auf dem Hügel hatte ich in dieser Nacht nicht einen gesehen. Und in der Zuversicht des neu angebrochenen Tages glaubte ich fast, dass meine Angst abwegig gewesen war. Ich stand auf und bemerkte, dass mein Fuß mit dem lockeren Absatz am Knöchel geschwollen war und an der Ferse wehtat. Ich setzte mich wieder hin, zog meine Schuhe aus und warf sie weg.

Ich weckte Weena, und wir gingen hinunter in den Wald, der jetzt grün und freundlich war, nicht mehr schwarz und bedrohlich. Wir fanden Früchte, die wir zum Frühstück aßen. Bald begegneten wir anderen jener zierlichen Wesen, sie lachten und tanzten in der Sonne, als hätten sie von so etwas wie Nacht noch nie gehört. Und da musste ich wieder an das Fleisch denken, das ich gesehen hatte. Ich war mir nun sicher, woher es stammte, und aus tiefster Seele hatte ich Mitleid mit diesem kläglichen letzten Rinnsal, das vom großen Strom der Menschheit geblieben war. Irgendwann im Verlauf des menschlichen Niedergangs musste den Morlocks die Nahrung knapp geworden sein. Möglicherweise hatten sie sich von Ratten und anderen Schädlingen ernährt. Schon heute sind die Menschen in der Wahl ihrer Nahrung längst nicht mehr so anspruchsvoll und wählerisch wie früher – und weit weniger als Affen. Ihre Voreingenommenheit gegenüber Menschenfleisch ist kein tief verankerter Instinkt. So konnten denn diese unmenschlichen Abkömmlinge der Menschen …! Ich versuchte, die Sache mit wissenschaftlichem Zugriff zu betrachten. Letzten Endes waren sie weniger menschlich und uns ferner als unsere kannibalischen Vorfahren vor drei-, viertausend Jahren. Und die Intelligenz, die diesen Befund zur Qual gemacht hätte, war ihnen abhandengekommen. Warum sollte mich das also bekümmern? Diese Eloi waren nichts als Mastvieh, das die ameisenhaften Morlocks hielten und erlegten – wahrscheinlich sogar direkt züchteten. Und Weena, die tanzte neben mir!

Dann versuchte ich mich des in mir aufsteigenden Grauens zu erwehren, indem ich das Ganze als drastische Strafe für menschlichen Egoismus betrachtete. Der Mensch war es zufrieden gewesen, sorglos und fröhlich auf Kosten anderer zu leben, hatte sich damit herausgeredet und auf die Fahne geschrieben, dass es ein Erfordernis sei, und im Lauf der Zeit hatte sich dieses Erfordernis gegen ihn selbst gerichtet. Ich versuchte sogar, mich auf Carlyles Spuren in Verachtung zu üben gegenüber dieser kläglichen Aristokratie im Niedergang. Doch diese Geisteshaltung war mir unmöglich. Mochte ihr Intellekt auch noch so stark verfallen sein, die Eloi hatten zu viel Menschliches an sich, um ihnen mein Mitgefühl verweigern zu können, sodass ich notgedrungen Anteil nahm an ihrem Niedergang und ihrer Angst.

Ich hatte zu dieser Zeit nur sehr unklare Vorstellungen davon, wie es weitergehen sollte. Erst einmal musste ich für einen sicheren Zufluchtsort sorgen und Waffen aus Metall oder Stein ersinnen und bauen. Dies duldete keinen Aufschub. Im nächsten Schritt hoffte ich an Material zum Feuermachen zu gelangen, sodass ich eine Fackel als Waffe zur Hand hätte, denn nichts, so wusste ich, bot besseren Schutz gegen die Morlocks. Danach brauchte ich irgendeine Vorrichtung zum Aufbrechen der Bronzetüren unterhalb der weißen Sphinx. Ich dachte da an einen Rammbock. Würde ich nur mit einer Fackel in der Hand durch diese Türen gelangen, so sollte ich die Zeitmaschine schon ausfindig machen und flüchten können, davon war ich überzeugt. Die Morlocks hielt ich nicht für kräftig genug, sie sehr weit fortschaffen zu können. Weena, so hatte ich beschlossen, wollte ich in unsere Zeit mitbringen. Und während ich solcherlei Pläne in meinem Kopf wälzte, schritt ich weiter auf das Gebäude zu, das ich uns in Gedanken schon zur Wohnung gewählt hatte.

8

Als wir den Grünen Porzellanpalast gegen Mittag erreichten, sah ich, dass er unbewohnt und weitgehend verfallen war. Nur spitze Glasstücke ragten noch aus den Fenstern, und große Platten der grünen Verkleidung waren aus ihren verrosteten Halterungen gefallen. Der Palast lag weit oben auf einem grasbewachsenen Hügel, und als ich vor dem Betreten nach Nordosten blickte, sah ich zu meiner Überraschung eine breite Flussmündung, fast schon Bucht, wo nach meiner Einschätzung einmal Wandsworth und Battersea gelegen haben mussten. Damals dachte ich – ohne allerdings diesen Gedanken je weiterzuverfolgen –, was wohl mit den Meeresbewohnern darin geschehen war oder noch geschah.

Das Material des Palastes erwies sich nach näherer Prüfung tatsächlich als Porzellan, und an seiner Fassade sah ich eine Inschrift aus unbekannten Schriftzeichen. Ich dachte, einigermaßen töricht, dass mir Weena bei der Entzifferung vielleicht helfen könne, erfuhr jedoch nur, dass sie selbst von der Grundidee des Schreibens keinerlei Begriff hatte. Auf mich wirkte sie wohl immer menschlicher, als sie tatsächlich war, vielleicht weil ihre Zuneigung so menschlich war.

Hinter den großen Türflügeln, die zerbrochen waren und offenstanden, fanden wir anstelle der üblichen Halle eine lange Galerie, in die durch etliche Seitenfenster Licht fiel. Mein erster Eindruck war der eines Museums. Auf dem gefliesten Boden lag eine dicke Staubschicht, und eine beachtliche Anzahl diverser Gegenstände war in gleicher Weise grau bedeckt. Dann bemerkte ich etwas, das hager und unheimlich in der Mitte der Halle stand und offenkundig der untere Teil eines gewaltigen Skeletts war. Am Stand seiner Füße erkannte ich, dass es sich um irgendein ausgestorbenes Tier nach Art des Megatheriums handelte. Der Schädel und die oberen Knochen lagen daneben im dicken Staub, und an einer Stelle, wo es durch ein Loch im Dach hereingetropft hatte, war ein ganzes Stück ausgehöhlt. Etwas weiter in der Galerie stand das riesig-gewölbte Skelett eines Brontosaurus. Meine Museums-Vermutung war bestätigt. Auf dem Weg Richtung Wand sah ich so etwas wie leicht schräg abfallende Gestelle, und nachdem ich die Staubschicht entfernt hatte, sah ich altvertraute Glasvitrinen unserer Zeit vor mir. Der ordentliche Erhaltungsgrad einiger Objekte darin ließ darauf schließen, dass sie luftdicht verschlossen waren.

Wir standen eindeutig in den Ruinen einer modernen Version des South-Kensington-Museums! Hier befand sich augenscheinlich die Paläontologische Abteilung, und sie musste eine vorzügliche Fossilien-Sammlung beherbergt haben. Auch wenn der unvermeidliche Verfallsprozess eine Zeit lang hatte hinausgezögert werden können und die Abtötung von Bakterien und Pilzen neunundneunzig Prozent seiner Wirkung eingebüßt hatte, so war er, extrem langsam zwar, doch auch extrem verlässlich an all diesen Schätzen am Werk gewesen. Hier und da entdeckte ich Spuren der kleinen Leute in Gestalt seltener Fossilien, die zerbrochen worden waren oder aufgefädelt an Schilfrohr hingen. In einigen Fällen waren auch die Vitrinen gewaltsam entfernt worden – von den Morlocks, wie ich annahm. In dem Raum war es sehr still. Der dicke Staub dämpfte unsere Schritte. Weena, die einen Seeigel auf der Neigung einer Vitrinenscheibe hinabgerollt hatte, kam kurz darauf, während ich mich umsah, zu mir, griff still nach meiner Hand und blieb neben mir stehen.

Anfangs war ich so überrascht angesichts dieses alten Denkmals aus einer Ära des Geistes, dass ich gar nicht die Möglichkeiten erwog, die es bot. Sogar meine Sorge um die Zeitmaschine trieb mich etwas weniger um.

Nach der Größe des Bauwerks zu schließen musste dieser Grüne Porzellanpalast weit mehr als eine Paläontologische Sammlung umfassen; historische Abteilungen womöglich, vielleicht gar eine Bibliothek! Sie wären für mich, zumindest in meiner derzeitigen Lage, weit interessanter als diese Schau zerbröselnder Urwelt-Geologie. Beim Erkunden stieß ich auf eine weitere kurze Galerie, die quer zur anderen verlief. Sie präsentierte Mineralien, und als ich einen Brocken Schwefel erblickte, war mein nächster Gedanke: Schießpulver. Ich fand jedoch kein Salpeter und insgesamt keinerlei Nitrate. Ohne Zweifel hatten sie sich schon vor Ewigkeiten aufgelöst. Aber der Schwefel ging mir nicht mehr aus dem Kopf und setzte eine Gedankenkette in Gang. Für den übrigen Bestand dieser Galerie interessierte ich mich kaum, obwohl die Objekte hier von allen insgesamt am besten erhalten waren. Ich bin kein Fachmann für Mineralogie und ging daher einen stark zerstörten Gang entlang, der parallel zu der Halle verlief, durch die ich hereingekommen war. Diese Abteilung hatte sich offenkundig der Naturgeschichte gewidmet, doch alles war längst bis zur Unkenntlichkeit entstellt. Ein paar schwarz-schrumpelige Überreste ausgestopfter Tiere, vertrocknete Präparate in Gläsern, die einst Spiritus enthalten hatten, zu braunem Staub zerfallene Pflanzen: Das war alles! Ich bedauerte dies, denn zu gern hätte ich den Prozess der Anpassungen nachvollzogen, der letztlich zum Sieg über die belebte Natur geführt hatte. Als nächstes kamen wir zu einer Galerie von schlichtweg ungeheuren Ausmaßen, in die jedoch wenig Licht fiel und deren Boden sich von der Stelle, an der wir sie betreten hatten, leicht abwärts neigte. In regelmäßigen Abständen hingen weiße Kugellampen von der Decke – viele rissig oder zersprungen –, was darauf schließen ließ, dass dieser Ort einmal künstlich beleuchtet worden war. Hier war ich schon eher in meinem Element, denn ich stand inmitten zahlreicher großer Maschinen; sie waren alle stark rostzerfressen und oftmals kaputt, doch manche noch ziemlich vollständig erhalten. Wie Sie wissen, habe ich eine Schwäche für Mechanik, und so verspürte ich den Drang, mich länger hier aufzuhalten, umso mehr, als mir die allermeisten Maschinen Rätsel aufgaben und ich nur vage vermuten konnte, wozu sie gedient hatten. Würde ich diese Rätsel lösen können, so dachte ich, dann wäre ich im Besitz von Kräften, die mir im Kampf gegen die Morlocks von Nutzen sein konnten.

Plötzlich drückte sich Weena eng an mich, so plötzlich, dass sie mich erschreckte. Wäre sie nicht gewesen, dann hätte ich vermutlich gar nicht bemerkt, dass der Boden der Galerie schräg abfiel.* Das Ende, durch das ich eingetreten war, befand sie genau auf Erdniveau und erhielt Licht durch sporadisch auftretende schmale Fensterschlitze. Je weiter man hineinging, desto geringer wurde der Abstand zwischen dem Gelände draußen und den Fenstern, bis sich vor ihnen schließlich trichterförmige

* Es kann natürlich auch sein, dass nicht der Boden schräg abfiel, sondern dass das Museum in den Hang des Hügels gebaut war. – Anm. des Herausgebers.

Erdausbuchtungen befanden, durch die man nur noch oben einen schmalen Spalt Tageslicht sah. Ich war langsam vor mich hin gegangen, gedanklich ganz von den Maschinen absorbiert, sodass mir das allmähliche Nachlassen des Lichts nicht zu Bewusstsein gelangt war, bis mir Weenas zunehmende Besorgnis auffiel. Da sah ich, dass die Galerie an ihrem hinteren Ende in tiefster Dunkelheit lag. Ich hielt inne, sah um mich und erkannte, dass die Staubschicht dünner war und ihre Oberfläche nicht ganz eben. Weiter hinten im Dunkel schien eine Anzahl kleiner schmaler Fußspuren sie beschädigt zu haben. Da stieg wieder das Gefühl in mir hoch, dass die Morlocks hier irgendwo sein mussten. Mir wurde bewusst, dass ich mit einer wissenschaftlichen Untersuchung der Maschinen nur Zeit vertat. Ich erinnerte mich daran, dass es schon spät am Nachmittag war und ich noch immer keine Waffe, kein Obdach und kein Mittel zum Feuermachen hatte. Und dann hörte ich von ganz hinten im Dunkel der Galerie ein sonderbares Getrappel und die gleichen seltsamen Geräusche wie zuvor unten im Brunnen.

Ich ergriff Weenas Hand. Dann hatte ich eine plötzliche Eingebung, ließ Weena stehen und wendete mich einer Maschine zu, aus der ein Hebel etwa wie bei einem Stellwerk herausragte. Ich kletterte auf den Führerstand, nahm den Hebel in beide Hände und bog ihn mit aller Kraft zur Seite. Weena, die einsam im Mittelgang stand, begann plötzlich zu wimmern. Ich hatte die Stabilität des Hebels ganz gut eingeschätzt, denn nach einer Minute Krafteinwirkung brach er ab, und ich ging wieder zu ihr mit einem Prügel in der Hand, der es, so fand ich, mit jedem mir unterkommenden Morlock-Schädel würde aufnehmen können. Und wie sehr es mich gelüstete, einen Morlock oder mehr zu töten. Wie unmenschlich, mögen Sie denken, einen Nachfahren der eigenen Gattung töten zu wollen! Doch diesen Gebilden gegenüber menschlich zu empfinden, war mir irgendwie unmöglich. Nur mein Widerwille, Weena allein zu lassen, sowie das sichere Gefühl, meiner Zeitmaschine zu schaden, wenn ich mein Mordgelüst erst einmal zu stillen begann, hielten mich davon ab, direkt in die Galerie zu stürmen und die Bestien umzubringen, die ich dort gehört hatte.

Mit dem Prügel in der einen Hand und Weena an der anderen verließ ich diese Galerie und ging in eine andere, noch größere, die mich auf den ersten Blick an eine mit zerfetzten Fahnen vollgehängte Armee-Kapelle erinnerte. Die zu beiden Seiten hinabhängenden braunen und kohlschwarzen Fetzen, so erkannte ich bald, waren verrottete Überreste von Büchern. Sie waren längst zerfallen, und nichts von dem, was darin einmal gedruckt gestanden hatte, war noch zu erkennen. Da und dort allerdings lagen verzogene Deckel und rissige Metallbeschläge herum, deren Botschaft klar zutage lag. Wäre ich ein Schriftgelehrter, dann hätte ich vielleicht über die Vergeblichkeit jeglichen Trachtens sinniert. So aber überkam mich mit aller Macht das Gefühl, welch ungeheure Verschwendung von Zeit und Mühe diese trostlose Ansammlung vergammelten Papiers zum Ausdruck brachte. Ich will gestehen, dass mir dabei in erster Linie die *Philosophical Transactions* sowie meine eigenen siebzehn Abhandlungen über Wellenoptik in den Sinn kamen.

Nachdem wir nun eine breite Treppe emporgestiegen waren, gelangten wir in eine Galerie, die sich wohl einmal der technischen Chemie gewidmet hatte. Und hier machte ich mir Hoffnungen auf nützliche Funde. Von einer Ecke abgesehen, in der das Dach eingestürzt war, befand sich die Galerie in einem guten Zustand. Gespannt trat ich an jede unbeschädigte Vitrine. Und schließlich entdeckte ich in einem der tatsächlich luftdicht verschlossenen Fächer eine Schachtel voller Streichhölzer. Sehr gespannt probierte ich sie aus. Sie funktionierten tadellos, sie waren nicht einmal feucht. Ich drehte mich zu Weena um. ›Tanz‹, rief ich ihr in ihrer Sprache zu. Denn nun hatte ich sie, eine Waffe gegen die schrecklichen Wesen, die wir so fürchteten. Und so führte ich zu Weenas großer Freude auf der dicken Staubschicht dieses verlassenen Museums feierlich einen selbst kreierten Tanz auf, zu dem ich vergnügt *The Land of the Leal* pfiff. Er war eine Mischung aus züchtigem Cancan, Stepptanz, Schleiertanz (soweit dies die Schöße meiner Jacke zuließen) und eigener Eingebung. Schließlich bin ich, wie Sie wissen, von Natur aus erfinderisch.

Noch jetzt denke ich, wie überaus sonderbar es war, dass diese Streichholzschachtel solch undenklich lange Zeit unbeschadet überstanden hatte, und welch Glücksfall für mich. Kurioserweise stieß ich auf eine weitere, noch unwahrscheinlichere Substanz, nämlich Kampfer. Ich entdeckte es in einem verschlossenen Glas, das wohl durch reinen Zufall wirklich luftdicht versiegelt geblieben war. Zunächst hielt ich es für Paraffin und brach das Glas daraufhin auf. Doch der Kampfergeruch war unverkennbar. Inmitten des allgemeinen Verfalls hatte diese flüchtige Substanz womöglich Tausende von Jahrhunderten überdauern können. Das ließ mich an eine Sepiazeichnung denken, die ich einmal gesehen hatte und die mit der Tinte eines fossilen Belemniten ausgeführt worden war, der vor Millionen Jahren ums Leben gekommen und versteinert sein musste. Ich war drauf und dran, den Kampfer wegzuwerfen, doch da fiel mir ein, dass er leicht entzündlich ist und mit großer, heller Flamme brennt, also eine hervorragende Kerze abgibt, und so steckte ich ihn in die Tasche. Sprengstoff fand ich allerdings nicht und auch keinerlei Hilfsmittel zum Aufbrechen der Bronzetüren. Noch war meine eiserne Brechstange das nützlichste Utensil, auf das ich gestoßen war. Gleichwohl verließ ich diese Galerie ausgesprochen hochgestimmt.

Ich kann Ihnen nicht die ganze Geschichte dieses langen Nachmittags erzählen. Es wäre eine große Kraftanstrengung, mir all meine Erkundungen in der exakten Abfolge ins Gedächtnis zu rufen. Ich erinnere mich an eine lange Galerie rostender

Rüstungen und wie ich zögerte, meine Brechstange gegen ein Beil oder Schwert einzutauschen. Auf keinen Fall hätte ich beides tragen können, und letztlich vertraute ich meiner Eisenstange als Mittel gegen die Bronzetüren. Dort gab es viele Geschütze, Pistolen und Gewehre. Die meisten waren nichts als Rosthaufen, aber etliche bestanden aus irgendeinem neuen Material und waren noch gut erhalten. Was immer jedoch an Patronen oder Schießpulver dagewesen sein mochte, war zu Staub zerfallen. Eine Ecke sah ich, die ganz verkohlt und zertrümmert war, vielleicht, so dachte ich, weil Exponate in die Luft gegangen waren. An anderer Stelle waren zahlreiche Götzenbilder aufgereiht – polynesische, mexikanische, griechische, phönizische, aus wohl jeglichem Land der Erde. Und hier folgte ich einem unwiderstehlichen Verlangen und schrieb meinen Namen auf die Nase eines aus Speckstein gefertigten Wundertiers südamerikanischer Herkunft, an dem ich besonderen Geschmack gefunden hatte.

Als es Abend wurde, ließ mein Interesse nach. Ich durchstreifte sämtliche Galerien, sie alle waren staubig, still, oft stark beschädigt, die Ausstellungsstücke teils nichts als Haufen aus Rost und Kohle, teils besser erhalten. In einem Saal stand ich plötzlich vor dem Modell einer Zinnmine und entdeckte dabei durch reinen Zufall in einer luftdicht verschlossenen Vitrine zwei Stangen Dynamit! ›Heureka!‹, rief ich und schlug die Vitrine freudig kaputt. Dann kamen mir Zweifel. Ich zögerte. Dann entschied ich mich für eine kleine Seitengalerie und probierte sie aus. Nie habe ich eine solche Enttäuschung verspürt wie in jenen fünf, zehn, fünfzehn Minuten, in denen ich vergeblich darauf wartete, dass sie explodierten. Die Dinger waren natürlich Attrappen, wie ich mir aufgrund ihrer Gestalt leicht hätte denken können. Ich glaube wirklich, dass ich andernfalls ganz sicher sofort losgeeilt wäre, um die Sphinx und die Bronzetüren zu zerstören und mit ihnen (wie sich zeigen sollte) jegliche Chance, die Zeitmaschine wiederzuerlangen.

Im Anschluss, meine ich, gelangten wir in einen kleinen offenen Innenhof des Palastes. Er war grasbewachsen, und drei Obstbäume standen dort. Hier machten wir eine Pause und stärkten uns. Kurz vor Sonnenuntergang begann ich über unsere Lage nachzudenken. Die Nacht brach über uns herein, und noch immer war der unzugängliche Rückzugsort nicht gefunden. Doch darüber machte ich mir kaum noch Sorgen, schließlich verfügte ich über etwas, das den vielleicht besten Schutz vor den Morlocks bot: Streichhölzer! Außerdem hatte ich den Kampfer in meiner Tasche für den Fall, dass ich eine lodernde Flamme brauchte. Das Beste für uns, so schien mir, wäre, die Nacht im Schutz eines Feuers im Freien zu verbringen. Am Morgen wollte ich mir dann die Zeitmaschine zurückholen. Dazu verfügte ich zur Stunde zwar nur über meine Brechstange, doch ich hatte inzwischen einiges dazugelernt und nun eine gänzlich andere Ansicht den Bronzetüren gegenüber. Bis dahin hatte ich vor ihrer gewaltsamen Öffnung insbesondere wegen ihres Geheimnisses dahinter zurückgeschreckt. Ihre Stabilität hatte von Anfang an keinen großen Eindruck auf mich gemacht, und ich hoffte darauf, dass meine Eisenstange ihren Dienst schon nicht ganz versagen würde.

9

Die Sonne schaute noch ein Stück über dem Horizont hervor, als wir aus dem Palast traten. Ich hatte beschlossen, die weiße Sphinx früh am nächsten Morgen zu erreichen, und wollte dazu vor Einbruch der Dunkelheit den Wald durchqueren, der mich auf dem Hinweg aufgehalten hatte. Mein Plan war, in dieser Nacht möglichst weit voranzukommen und dann ein Feuer zu machen, in dessen Schutz wir schlafen konnten. Zu diesem Zweck las ich unterwegs auf, was an Ästen und trockenem Gras zu finden war, und hatte bald beide Arme voller Zeug. Derart beladen, kamen wir langsamer voran, als ich erwartet hatte, zudem war Weena müde. Mir setzte der Schlafmangel allmählich auch zu, sodass es schon richtig dunkel war, als wir den Wald erreichten. Auf dem buschbewachsenen Hügel an seinem Rand wollte Weena Halt machen, denn sie fürchtete die Finsternis vor uns. Doch ein seltsames Gefühl drohenden Unglücks, das mir eine Warnung hätte sein sollen, zog mich weiter. Ich hatte nun eine Nacht und zwei Tage ohne Schlaf verbracht, war fiebrig und überreizt. Ich spürte den Schlaf im Nacken und mit ihm die Morlocks.

Während wir noch zögerten, sah ich zwischen den schwarzen Büschen hinter uns drei kauernde Gestalten, deren Konturen sich schwach gegen das Dunkel abzeichneten. Um uns war nichts als Gestrüpp und hohes Gras, und so, wie sie uns hinterherschlichen, fühlte ich mich nicht geschützt. Der Weg durch den Wald, so schätzte ich, war wohl nicht länger als eine Meile. Wenn wir durch ihn hindurch auf den kahlen Hügel gelangten, hätten wir dort, wie mir schien, einen weit sichereren Rastplatz. Mit meinen Streichhölzern und dem Kampfer, dachte ich, würde ich uns den Weg durch den Wald schon leuchten können. Allerdings war klar, dass ich, um die Hände für das Anzünden der Streichhölzer frei zu haben, mein Feuerholz nicht mitnehmen konnte. So legte ich es denn widerstrebend ab. Dann aber ging mir durch den Kopf, dass ich es zur Bestürzung unserer Freunde da hinten anzünden könnte. Welch grässliche Torheit ich damit beging, sollte mir noch klarwerden; erst einmal erschien es mir als geschickte Maßnahme zur Deckung unseres Rückzugs.

Ich weiß nicht, ob Sie sich jemals überlegt haben, was Flammen dort, wo keine Menschen sind und das Klima gemäßigt, für ein seltenes Ding sein müssen. Sonnenstrahlen sind kaum stark genug, um einen Brand zu erzeugen, selbst wenn Tautropfen als Brenngläser dienen, wie es in den Tropen manchmal der Fall ist. Ein Blitzschlag mag etwas versengen und verkohlen, doch ein richtiges Feuer entwickelt sich kaum einmal daraus. Faulige Pflanzen mögen gelegentlich durch Gärungshitze ins Schwelen geraten, doch selten entwickelt sich dies zum Brand. Zudem war auf der Erde in dieser Zeit des Niedergangs die Kunst des Feuermachens in Vergessenheit geraten. Die roten Zungen, die an meinem Holzstoß emporleckten, waren für Weena gänzlich neu und ungewohnt.

Sie wollte hinlaufen und mit ihnen spielen. Wenn ich sie nicht zurückgehalten hätte, so hätte sie sich womöglich sogar hineingeworfen. Doch ich schnappte sie mir und stürzte mich all ihrer Gegenwehr zum Trotz mutig in den Wald. Ein kurzes Stück leuchtete der Schein meines Feuers den Weg. Als ich mich kurz darauf umblickte, sah ich durch das Stammgewirr, dass die Flamme vom Holzstoß auf einige angrenzende Büsche übergesprungen war und eine gebogene Feuerlinie über das Gras den Hügel hinaufkroch. Ich lachte darüber und wandte mich wieder den dunklen Bäumen vor mir zu. Es war stockfinster, und Weena klammerte sich krampfhaft an mich, doch nachdem sich die Augen an das Dunkel gewöhnt hatten, genügte mir das wenige Licht, um den Baumstämmen auszuweichen. Über mir war alles tiefschwarz, nur hier und da schien weit oben durch eine Lücke etwas blauer Himmel zu uns herab. Streichhölzer entzündete ich nicht, denn ich hatte keine Hand frei. In der linken hielt ich meine Kleine, in der rechten die Eisenstange.

Eine Weile hörte ich nur die knackenden Zweige unter meinen Füßen, das sanfte Rauschen der Luft über mir sowie meinen eigenen Atem und das Pochen des Pulses in den Ohren. Dann glaubte ich Getrappel um mich herum wahrzunehmen. Verbissen schritt ich voran. Das Getrappel wurde zunehmend deutlicher, und dann vernahm ich eben die merkwürdigen Laute und Stimmen wie zuvor in der Unterwelt. Es waren offenkundig einige Morlocks, und sie kamen immer näher an mich heran. Eine Minute später spürte ich denn auch, wie nach meiner Jacke gegriffen wurde, dann nach meinem Arm. Weena erschauderte heftig und verstummte.

Es wurde Zeit für ein Streichholz. Doch um an eines zu gelangen, musste ich sie runterlassen. Das tat ich, und während ich in meiner Tasche kramte, entspann sich im Dunkel um meine Knie herum ein Kampf, bei dem sie vollkommen still blieb und nur wieder dieses seltsame Gurren der Morlocks zu hören war. Und weiche Händchen krochen mir über Jacke und Rücken bis hinauf zum Hals. Da ging zischelnd das Streichholz an. Ich hielt sein Licht hoch und sah zwischen den Bäumen die weißen Rücken der davonrennenden Morlocks. Ich zerrte ein Stück Kampfer aus der Tasche, das ich mit dem letzten Rest Streichholzflamme anzünden wollte. Dann sah ich zu Weena. Sie lag da, an meine Beine geklammert und ganz reglos, mit dem Gesicht auf der Erde. In plötzlicher Angst beugte ich mich zu ihr hinab. Sie schien nur ganz schwach zu atmen. Ich entzündete das Kampfer-Stückchen und warf es zu Boden. Während es zerbröselte und aufloderte und so die Morlocks und die Schatten abwehrte, kniete ich nieder und nahm sie hoch. Der Wald ringsum schien erfüllt vom Rumoren und Geflüster einer gewaltigen Meute!

Weena war offenbar ohnmächtig geworden. Ich legte sie behutsam auf meine Schulter, stand auf, um weiterzugehen, und da wurde mir etwas Schreckliches bewusst. Beim Manövrieren mit den Streichhölzern und Weena hatte ich mich mehrfach gedreht und nun keine leise Ahnung mehr, in welcher Richtung mein Weg lag. Nur eines war sicher, nämlich dass ich auch wieder dem Grünen Porzellanpalast zugewandt sein konnte. Kalter Schweiß brach aus mir hervor. Ich musste sehr rasch eine Entscheidung treffen. Ich beschloss, ein Feuer zu machen und an Ort und Stelle zu lagern. Ich legte die noch immer reglose Weena auf einen moosbewachsenen Baumstamm und begann sehr eilig – denn mein erstes Stück Kampfer war fast heruntergebrannt – Äste und Laub zu sammeln. Da und dort leuchteten mir aus der Dunkelheit rings um mich her die Augen der Morlocks wie Karfunkel entgegen.

Der Kampfer flackerte und erlosch. Ich entzündete ein Streichholz, und als es aufflammte, sah ich zwei weiße Gestalten, die sich Weena genähert hatten, eilig davonstürmen. Einer von ihnen war vom Licht so geblendet, dass er direkt in mich hineinlief, und ich spürte, wie seine Knochen unter meinem Faustschlag litten. Er schrie auf vor Schmerz, wankte ein Stück und fiel hin. Ich entzündete noch ein Stück Kampfer und sammelte weiter Feuerholz. Dabei fiel mir auf, wie trocken teilweise das Laub über mir war, denn seit meiner Ankunft mit der Zeitmaschine etwa eine Woche zuvor hatte es nicht geregnet. Statt weiter zwischen den Bäumen nach herabgefallenen Zweigen zu suchen, hüpfte ich nun hoch und riss ein paar Äste ab. Sehr bald hatte ich ein mächtig qualmendes Feuer aus grünem Holz und trockenen Ästen und konnte so meinen Kampfervorrat schonen. Dann widmete ich mich Weena, die neben meiner Eisenkeule lag. Mit allen Mitteln versuchte ich sie wieder zum Leben zu erwecken, doch sie lag da wie tot. Ich konnte nicht einmal genau sagen, ob sie atmete oder nicht.

Jetzt schlug der Rauch des Feuers zu mir herüber, was mich wohl mit einem Mal ganz benommen machte. Zudem hingen noch die Kampferschwaden in der Luft. Feuerholz brauchte ich nun für rund eine Stunde nicht nachzulegen. Nach der ganzen Anstrengung war ich sehr erschöpft und setzte mich hin. Der Wald war erfüllt von einem einschläfernden, mir unverständlichen Gemurmel. Ich glaubte, nur eben kurz weggenickt zu sein, als ich die Augen öffnete. Aber alles war dunkel, und überall spürte ich die Hände der Morlocks. Ich schüttelte ihre zudringlichen Finger ab und suchte in meiner Tasche eilig nach der Streichholzschachtel, doch – sie war weg! Die Morlocks griffen wiederum zu und rangen mit mir. Sofort wusste ich, was geschehen war. Ich hatte geschlafen und mein Feuer war ausgegangen. Die Bitterkeit des Todes drang in meine Seele. Der ganze Wald schien vom Geruch des brennenden Holzes erfüllt. Ich wurde am Hals, den Haaren und den Armen gepackt und zu Boden gezerrt. Es war unbeschreiblich grausig, diese Ansammlung weicher Kreaturen im Dunkel auf mir zu spüren. Ich fühlte mich wie in einem riesigen Spinnennetz gefangen. Ich wurde überwältigt und sank zurück. Ich spürte, wie kleine Zähne mir in den Hals bissen. Ich rollte mich herum und gelangte dabei mit der Hand an meine Eisenstange. Das verlieh mir Kraft. Ich kämpfte mich auf die Beine, schüttelte die menschenhaften Ratten ab, packte die Stange fest und schlug hin, wo immer ich ihre Gesichter vermutete. Ich spürte, wie Fleisch und Knochen unter meinen Schlägen nachgaben, und war kurz darauf frei.

Mich überkam das eigentümliche Triumphgefühl, das sich so oft nach harten Gefechten einstellt. Ich wusste, dass wir beide, Weena und ich, verloren waren, doch ich beschloss, dass die Morlocks für ihr Fleisch bezahlen sollten. Ich stand, einen Baum im Rücken, da und fuchtelte mit meiner Eisenstange. Der ganze Wald war erfüllt von ihrem Aufruhr und Geschrei. Eine Minute verging. Ihre Stimmen klangen nun noch erregter, und sie bewegten sich immer hektischer. Doch keiner kam in meine Reichweite. Ich stand da und blinzelte in die Dunkelheit. Da verspürte ich mit einem Mal ein Stück Hoffnung. Hatten die Morlocks etwa Angst? Und unmittelbar darauf geschah etwas Seltsames. In der Dunkelheit begann es irgendwie zu leuchten. Sehr undeutlich begann ich die Morlocks um mich herum zu erkennen – drei übel zugerichtet zu meinen Füßen –, und dann stellte ich ungläubig staunend fest, dass die anderen in einem unablässigen Strom, wie es schien, an mir vorbeirannten und im Wald vor mir verschwanden. Und ihre Rücken wirkten nicht länger weiß, sondern rötlich. Während ich verblüfft dastand, sah ich einen kleinen roten Funken durch ein Fleckchen Sternenhimmel zwischen den Ästen fliegen und verschwinden. Da begriff ich, was es mit dem Geruch brennenden Holzes auf sich hatte, dem einschläfernden Gemurmel, das sich nun zu heftig erregtem Brüllen steigerte, mit dem roten Leuchten und dem Fortrennen der Morlocks.

Ich trat hinter meinem Baum hervor, blickte zurück und sah zwischen den schwarzen Masten der vorderen Bäume die Flammen des brennenden Waldes. Es war der erste Brand, dem ich je ausgesetzt war. Ich blickte mich nach Weena um, doch sie war fort. Das Knistern und Prasseln hinter mir, das donnernde Bersten der in Flammen aufgehenden Bäume ließen mir kaum Zeit zum Überlegen. Mit der Eisenstange in der Hand folgte ich den Morlocks. Es war ein knappes Rennen. Einmal schoben sich die Flammen zu meiner Rechten derart rasch an mir vorbei, dass sie mir den Weg abschnitten und ich nach links ausweichen musste. Schließlich jedoch erreichte ich eine kleine Lichtung, im selben Moment kam ein Morlock auf mich zu gestolpert, lief an mir vorbei und weiter mitten ins Feuer hinein!

Und nun bot sich mir der wohl unheimlichste und grausigste Anblick während meiner Zeit in der Zukunft. Das ganze Gelände war vom Feuerschein taghell erleuchtet. In seiner Mitte befand sich eine kleine Erhebung, eine Art Grabhügel mit einem versengten Weißdornbusch oben drauf. Dahinter erstreckte sich ein weiterer Arm brennenden Waldes, aus dem bereits gelbe Flammen züngelten, wodurch die Lichtung von einer Feuerwand eingeschlossen wurde. Auf dem Hügel befanden sich rund dreißig, vierzig Morlocks, von Feuer und Hitze geblendet, die vor Bestürzung umherstolperten und einander anrempelten.

Dass sie praktisch blind waren, begriff ich zunächst nicht und hieb, rasend vor Angst, mit meiner Stange ungestüm auf alle in meiner Nähe ein, wobei ich einen tötete und mehrere andere zu Krüppeln schlug. Doch dann sah ich, wie einer sich vor dem roten Himmel unter den Weißdorn vortastete, ich hörte ihr Klagegeschrei und verstand nun, wie ganz und gar hilflos sie dem Feuer preisgegeben waren, weshalb ich nicht weiter auf sie eindrosch.

Da und dort kam noch einer auf mich zu gewankt und ließ mich vor Ekel derart erschaudern, dass ich rasch zusah, ihm auszuweichen. Einmal ließen die Flammen etwas nach, und ich fürchtete, dass die ruchlosen Kreaturen mich gleich wieder sehen könnten. Ich überlegte, dem zuvorzukommen, indem ich den Kampf selbst aufnahm und ein paar umbrachte, doch da flammte das Feuer wieder hell auf und ich hielt mich zurück. Ich lief auf dem Hügel herum, umgeben von Morlocks und ihnen ständig ausweichend, auf der Suche nach einer Spur von Weena. Doch Weena war verschwunden.

Schließlich setzte ich mich auf der Hügelkuppe nieder und sah dieser befremdlichen, unfassbaren Blindentruppe zu, wie sie, vom Feuerschein traktiert, umhertastete und sich gegenseitig Urlaute zurief. Sich kräuselnde Rauchschwaden zogen über den Himmel, und durch die seltenen Risse in diesem roten Firmament schienen fern, als gehörten sie einem anderen Universum an, die kleinen Sterne. Zwei, drei Morlocks kollidierten mit mir, mit Fausthieben wehrte ich sie, noch immer zitternd, ab.

Den größten Teil der Nacht hindurch war ich überzeugt, in einem Alptraum zu stecken. Ich zwackte mich und schrie in dem verzweifelten Wunsch, zu erwachen. Ich traktierte den Boden mit den Händen, stand auf und setzte mich wieder, streunte etwas herum und setzte mich erneut. Dann begann ich mir die Augen zu reiben und zu Gott zu flehen, mich erwachen zu lassen. Drei Mal sah ich, wie Morlocks in Todesqualen ihre Köpfe senkten und in die Flammen rannten. Doch endlich erhob sich über der nachlassenden Feuerröte, über den dahinziehenden Schwaden dunklen Rauchs wie den nunmehr weißen oder schwarzen Baumstümpfen sowie den verbliebenen bleichen Kreaturen das weiße Licht des Tages.

Ich machte mich wiederum auf Spurensuche nach Weena, doch nichts war zu finden. Es war klar, dass sie ihren armen kleinen Leib im Wald zurückgelassen hatten. Ich kann gar nicht beschreiben, wie sehr mich der Gedanke beruhigte, dass er dem schrecklichen Los seiner mutmaßlichen Bestimmung entronnen war. Bei diesem Gedanken war ich drauf und dran, unter den hilflosen Biestern um mich her ein Massaker anzurichten, doch ich riss mich zusammen. Der kleine Hügel war, wie ich bereits sagte, eine Art Insel im Wald. Von dort oben konnte ich durch einen Rauchschleier nun den Grünen Porzellanpalast ausmachen und war damit orientiert, in welcher Richtung die weiße Sphinx lag. Und so verließ ich bei Tagesanbruch, was an verfluchten Seelen noch dort umherkroch und stöhnte, wickelte mir etwas Gras um die Füße, und inmitten rauchender Asche und umgeben von schwarzen, im Innern noch nachglimmenden Baumstümpfen schleppte ich mich davon auf das Versteck der Zeitmaschine zu. Ich kam nur langsam voran, denn ich war völlig entkräftet und hinkte, und der schreckliche Tod der kleinen Weena ließ mich das tiefste Elend durchleiden. Der Kummer war überwältigend. Jetzt, in diesem altvertrauten Zimmer, empfinde ich es mehr als bösen Nachhall eines Traums denn als realen Verlust. An jenem Morgen jedoch fühlte ich mich wiederum gänzlich verlassen und furchtbar allein. Ich begann an mein Haus hier zu denken, an diesen Kamin, an manche von Ihnen, und diese Gedanken nährten eine Sehnsucht, die körperlich schmerzte.

Als ich aber unter dem heiteren Morgenhimmel meinen Weg durch die rauchende Asche nahm, machte ich eine Entdeckung.

In meiner Hosentasche befanden sich noch ein paar einzelne Streichhölzer. Sie mussten aus der Schachtel gerutscht sein, bevor diese verlorenging.

10

Gegen acht, neun Uhr am Morgen erreichte ich den Sitz aus gelbem Metall, von dem aus ich am Abend meiner Ankunft auf diese Welt geschaut hatte. Ich dachte an meine voreiligen Schlüsse an jenem Abend und musste angesichts meiner damaligen Zuversicht sehr lachen. Vor mir lag dieselbe herrliche Aussicht, dasselbe üppige Grün, lagen dieselben prächtigen Paläste und großartigen Ruinen, und derselbe silbrige Fluss trieb zwischen seinen fruchtbaren Ufern dahin. Die bunten Gewänder der zierlich schönen Leute wandelten da und dort zwischen den Bäumen umher. Manche sah ich genau an der Stelle baden, wo ich Weena gerettet hatte, das versetzte mir mit einem Mal einen schmerzlichen Stich. Und wie Kleckse auf der Landschaft erhoben sich die Kuppeln über den Eingängen zur Unterwelt. Inzwischen wusste ich, was mit all der Schönheit der Oberweltler einherging. Ihr Tag verlief höchst angenehm, so angenehm wie der Tag von Nutztieren auf der Weide. Wie das Vieh kannten sie keine Feinde und mussten sich um nichts kümmern. Und dann nahmen sie das gleiche Ende.

Bekümmert dachte ich, wie kurz doch der Traum vom menschlichen Geist gewesen war. Dieser Geist hatte Selbstmord begangen. Unbeirrt hatte er auf Glück und Bequemlichkeit gesetzt, auf eine harmonische Gesellschaft, deren Parole Sicherheit und Beständigkeit lautete, und er hatte seine Ziele erreicht – um letztlich bei dem hier zu enden. Irgendwann mussten Leben und Besitz den Zustand nahezu vollständiger Sicherheit erreicht haben. Der Reiche brauchte nicht mehr um Wohlstand und Glück zu bangen, der kleine Mann nicht um sein Leben und seine Arbeit. Zweifellos hatte es in dieser vollkommenen Welt kein Arbeitslosenproblem gegeben und keine ungelöste soziale Frage. Was eine enorme Ruhe mit sich brachte.

Wir übersehen gern das Naturgesetz, dass geistige Anpassungsfähigkeit stets aus Wandel, Gefahr und Verwerfungen resultiert. Ein Tier, das in völligem Einklang mit seiner Umwelt lebt, ist nichts als ein Mechanismus. Der Intelligenz bedient sich die Natur erst dann, wenn Gewohnheit und Instinkt nicht mehr hinreichen. Wo sich nichts ändert und auch kein Anlass dazu besteht, gibt es keine Intelligenz. Nur Tiere, die ganz vielfältigen Entbehrungen und Gefahren ausgesetzt sind, verfügen über Intelligenz.

So hatten denn wohl die Oberweltler ihre schwächliche Schönheit ausgeprägt und die Unterweltler ihre rein mechanische Betriebsamkeit. Doch dieser ideale Zustand hatte, gerade wegen seiner mechanischen Vollkommenheit, eines Faktors entbehrt – der absoluten Beständigkeit. Im Lauf der Zeit muss die Versorgung der Unterwelt, wie immer sie realisiert worden war, ins Stocken geraten sein. Mutter Not, die man einige tausend Jahre hindurch ferngehalten hatte, kehrte zurück, und zwar zunächst nach unten. Da die Unterweltler über Maschinen verfügten, die trotz all ihrer Perfektion ein wenig Verstandeskraft erforderten, besaßen sie, wenn auch sonst weniger menschliche Wesensart, doch wohl unweigerlich mehr Initiative als die Oberweltler. Und als sie kein anderes Fleisch mehr hatten, griffen sie zu dem, das ihnen seit alters her verboten gewesen war. So also deutete ich abschließend die Welt des Jahres Achthundertzweitausendsiebenhundertundeins. Mit dieser Erklärung mag ich ganz und gar falsch liegen. Mir aber haben sich die Dinge derart dargestellt, deshalb erzähle ich Ihnen alles genau so.

Nach den Strapazen, Aufregungen und Schrecken der vergangenen Tage genoss ich meinem Kummer zum Trotz diesen

Sitzplatz, die friedvolle Aussicht und die warme Sonne. Ich war sehr müde und döste bald mitten im Herumspekulieren ein. Als ich mich dabei erwischte, nahm ich dies als Aufforderung, streckte mich auf dem Rasen aus und fiel in einen langen, wohltuenden Schlaf.

Kurz vor Sonnenuntergang wachte ich auf. Angst, im Schlaf von den Morlocks überfallen zu werden, hatte ich nun nicht mehr. Ich streckte mich und machte mich den Hügel hinab auf den Weg zur weißen Sphinx. In der einen Hand hielt ich die Brechstange, die andere spielte mit den Streichhölzern in meiner Tasche.

Was sich mir nun aber darbot, kam gänzlich unerwartet. Als ich auf den Sockel der Sphinx zuging, sah ich, dass die Bronzetüren offen standen. Sie waren in Vertiefungen hinabgesenkt.

Vor ihnen hielt ich inne; ich zögerte einzutreten.

Drinnen war ein kleiner Raum, und leicht erhöht in einer Ecke stand die Zeitmaschine. Die kleinen Hebel dazu hatte ich in der Tasche. Nach all meiner gründlichen Vorbereitung zum Erstürmen der weißen Sphinx war das hier schlichtweg eine Kapitulation. Ich warf die Eisenstange fort, beinahe traurig, dass sie nicht zum Einsatz gekommen war.

Während ich auf das Portal zuging, durchfuhr mich plötzlich ein Gedanke. Einmal, wenigstens, durchschaute ich den Gedankengang der Morlocks. Ich hätte lachen mögen, verkniff es mir aber, trat durch den bronzenen Rahmen und auf die Zeitmaschine zu. Überrascht stellte ich fest, dass sie sorgsam geölt und gereinigt worden war. Später vermutete ich, dass die Morlocks sie sogar teilweise auseinandergenommen hatten, um auf ihre beschränkte Art hinter den Zweck der Maschine zu gelangen.

Als ich nun dastand und sie überprüfte – meine Erfindung nur zu berühren war schon ein Vergnügen –, geschah genau das, was ich erwartet hatte. Plötzlich glitten die Bronzeplatten nach oben und knallten scheppernd in die Umrahmung. Ich saß im Dunkeln – in der Falle. So glaubten die Morlocks. Worüber ich schadenfroh kichern musste.

Schon konnte ich sie leise lachen hören, während sie auf mich zukamen. Sehr gelassen versuchte ich, ein Streichholz zu entzünden. Ich brauchte nur die Hebel anzubringen, um wie von Geisterhand zu entschwinden. Eine Kleinigkeit jedoch hatte ich nicht bedacht. Die Streichhölzer waren von jener üblen Sorte, die sich nur an der Schachtel entzünden ließ.

Sie können sich denken, wie rasch meine Gelassenheit verflog. Die kleinen Bestien rückten mir auf den Leib. Eine berührte mich. Im Dunkeln holte ich mit den Hebeln kräftig zum Schlag gegen sie aus und machte mich daran, den Sitz der Maschine zu besteigen. Eine Hand nach der anderen schnappte nach mir. Ich musste meine Hebel gegen ihre zudringlichen Finger verteidigen und zugleich nach den Stiften tasten, auf die sie gehörten. Einen hätten sie mir doch tatsächlich fast entrissen. Als er meiner Hand entglitt, stieß ich im Finstern mit dem Kopf zu – ich hörte den Schädel des Morlocks widerhallen –, da hatte ich ihn wieder. Hier, bei diesem letzten Gerangel ging es, denke ich, noch knapper zur Sache als bei dem Kampf im Wald.

Schließlich aber waren die Hebel aufgesteckt und umgelegt. Die sich anklammernden Hände glitten von mir ab. Bald wich die Dunkelheit von meinen Augen. Wieder war ich von dem bereits beschriebenen grauen Licht und Getöse umgeben.

II

Ich habe Ihnen schon von der Übelkeit und Verwirrung berichtet, die mit dem Zeitreisen einhergeht. Und diesmal saß ich nicht ordentlich im Sattel, sondern seitwärts und instabil. Eine unbestimmte Zeit lang klammerte ich mich an die schaukelnde, zitternde Maschine ohne rechtes Gefühl für die Fahrt, und als es mir gelang, einen Blick auf die Zifferblätter zu werfen, war ich erstaunt zu sehen, wo ich angelangt war. Ein Zifferblatt zeigt die Tage an, eins zählt sie nach Tausenden, eins nach Millionen und eines nach Tausend Millionen Jahren. Nun hatte ich die Hebel aber falsch betätigt und fuhr weiter voran in die Zukunft, und als ich schließlich auf die Anzeige blickte, sah ich, dass der Tausenderzeiger munter kreiste wie der Sekundenzeiger einer Uhr – in Richtung Zukunft.

Während der Weiterfahrt ging mit der Erscheinung der Dinge eine seltsame Veränderung vor sich. Erst wurde das pulsierende Grau dunkler, dann setzte – obwohl ich noch immer mit ungeheurer Geschwindigkeit fuhr – dieser zuckende Wechsel von Tag und Nacht wieder ein, der an sich auf ein geringeres Tempo hinweist, und zwar zunehmend deutlicher. Dies stellte mich zunächst vor ein Rätsel. Der Wechsel von Tag und Nacht ging immer langsamer vonstatten, ebenso der Zug der Sonne über den Himmel, bis sie sich über Jahrhunderte zu dehnen schienen. Schließlich lag ein beständiges Dämmerlicht über der Erde, ein Dämmerlicht, das nur durchbrochen wurde, wenn hier und da ein Komet über den trüben Himmel zog. Der Lichtstreifen, der die Sonne angezeigt hatte, war längst verschwunden, denn die Sonne ging nicht mehr richtig unter – sie hob und senkte sich nur im Westen und wurde immer größer und röter. Vom Mond war nichts mehr zu sehen. Der Umlauf der Sterne hatte sich zunehmend verlangsamt, bis sie nur noch als kriechende Lichtpunkte erschienen. Zuletzt, irgendwann bevor ich anhielt, blieb die Sonne rot und gewaltig reglos über dem Horizont stehen, eine riesige Kuppel, die eine dumpfe Hitze verströmte und bisweilen vorübergehend ganz erlosch. Einmal leuchtete sie für einen kleinen Moment wieder etwas heller, nur um sehr rasch wieder in ihr trübes rotes Glosen zu verfallen. Aufgrund dieser Verlangsamung ihres Aufs und Abs, so folgerte ich, war der Gezeitenwechsel zum Stillstand gelangt. Die Erde rotierte nicht länger und kehrte der Sonne immer nur eine Seite zu, eben so, wie sich in unserer Zeit der Mond der Erde zuwendet. Ich begann, sehr vorsichtig eingedenk meines früheren Sturzflugs, die Umkehr meiner Fahrtrichtung einzuleiten. Immer langsamer kreisten die Zeiger, bis der für die Tausender stillzustehen schien und der für die Tage sich nicht mehr nur schemenhaft auf der Skala abzeichnete. Und noch langsamer, bis die unscharfen Konturen einer trostlosen Bucht sichtbar wurden.

Ich hielt behutsam an, blieb auf der Zeitmaschine sitzen und schaute mich um. Der Himmel war nun nicht mehr blau. In nordöstlicher Richtung war er schwarz wie Tinte, und in seinem Dunkel schienen hell und unbewegt die blassweißen Sterne. Über mir war er dunkelrot und sternenlos, und gegen Südosten hellte er sich zu einem leuchtenden Scharlachrot auf, wo der gewaltige Sonnenball halb verdeckt am Horizont stand, rot und regungslos. Die Felsbrocken um mich herum waren grell-rötlich, und Anzeichen von Leben erkannte ich auf den ersten Blick nur in der grünwuchernden Vegetation, die in südöstlicher Richtung jeden Geländevorsprung bedeckte. Es war genau das satte Grün, das man von Waldmoos oder Höhlenflechten kennt: von Pflanzen, die wie diese in stetigem Halblicht gedeihen.

Die Maschine stand an einem leicht abfallenden Strand. Die See erstreckte sich nach Südwesten bis zum Horizont, der sich grell gegen den fahlen Himmel abhob. Es gab keinerlei Brandung oder Wellen, denn kein Windhauch regte sich. Nur eine leichte, glatte Dünung stieg und fiel wie sanfter Atem, womit sie anzeigte, dass das ewige Meer noch in Bewegung war und lebte. Und am Ufer, wo sich gelegentlich das Wasser brach, gab es starke Salzverkrustungen, eine rosa Schicht unter dem dunkelroten Himmel. In meinem Kopf empfand ich ein Druckgefühl, und ich bemerkte, dass ich sehr schnell atmete. Das Gefühl rief die Erfahrung meiner einzigen Bergwanderung wach, und daraus schloss ich, dass die Luft dünner sein musste, als sie es heute ist.

Aus weiter Ferne die einsame Bucht hinauf hörte ich einen gellenden Schrei, und ich sah, wie eine Art riesiger weißer Schmetterling schräg aufflog, emporflatterte und kreisend hinter einer Hügelkette verschwand. Das Geräusch, das er von sich gab, war so grässlich, dass es mich schüttelte und ich auf meiner Maschine eine stabilere Sitzhaltung einnahm. Als ich mich erneut umblickte, sah ich ziemlich nah vor mir, wie sich langsam auf mich zubewegte, was ich für einen rötlichen Felsbrocken gehalten hatte. Da erkannte ich, dass das Ding in Wirklichkeit ein monströses Krebsvieh war. Können Sie sich das vorstellen, einen Krebs so groß wie der Tisch dort, der seine vielen Beine langsam und zögerlich voranschiebt, seine großen Scheren wiegt, mit seinen Fühlern lang wie Kutscherpeitschen winkt und tastet und dessen Stielaugen zu beiden Seiten seiner Panzerung Sie anfunkeln? Sein Rücken war zerfurcht und gespickt mit wunderlichen Buckeln, manche Stellen waren grünlich verkrustet. Beim Näherkommen sah ich die zahlreichen Tastborsten seines diffizilen Mauls flirren und zucken.

Während ich noch diese unheimliche Erscheinung anstarrte, die da auf mich zukroch, fühlte ich ein Kitzeln auf der Wange, als sei eine Fliege dort gelandet. Ich versuchte sie mit der Hand zu verscheuchen, doch sie war sofort wieder da, und direkt dahinter hatte ich eine am Ohr. Ich schlug danach und erwischte etwas Fadenähnliches, das sich meiner Hand rasch wieder entzog. Vor Ekel erschaudernd drehte ich mich um und sah, dass ich nach dem Fühler eines weiteren Riesenkrebses gefasst hatte, der direkt hinter mir stand. Seine bösen Augen rollten auf ihren Stielen, sein Maul triefte vor Appetit und seine algenverschmierten plumpen Riesenscheren senkten sich auf mich herab. Sofort hatte ich meine Hand am Hebel und brachte einen Monat Zeitabstand zwischen mich und diese Ungetüme. Doch ich befand mich noch am selben Strand, und als ich anhielt, sah ich sie klar und deutlich. Zu Dutzenden krochen sie im trüben Licht inmitten der sattgrün bewachsenen Flächen umher.

Ich vermag die Atmosphäre äußerster Trostlosigkeit nicht zu beschreiben, die über der Welt lag. Der rote Himmel im Osten, die nördliche Schwärze, das tote Salzmeer, der steinige Strand voll dieser schändlichen Monster, die da mühsam umherkrauchten, das eintönige, giftig wirkende Grün des Flechtenbewuchses, die dünne Luft, die den Lungen zusetzte: all dies trug zu dem furchtbaren Eindruck bei. Ich bewegte mich einhundert Jahre voran, und da war dieselbe rote Sonne – etwas größer, etwas schwächer –, dasselbe öde Meer, dieselbe kühle Luft und dieselbe Ansammlung derber Krustentiere, die zwischen grünem Gras und roten Felsen dahinkroch. Und am westlichen Himmel sah ich eine blasse gewölbte Linie wie die eines riesigen Neumonds.

So reiste ich mit allerhand Zwischenstopps in Riesensprüngen von tausend und mehr Jahren, dem Geheimnis des Erdenschicksals auf der Spur. Fasziniert sah ich die Sonne am Westhimmel immer größer und blasser werden und das Leben auf der alten Erde langsam verebben. Zuletzt, mehr als dreißig Millionen Jahre in der Zukunft, bedeckte der gigantische rotglühende Sonnenball annähernd ein Zehntel des trüben Himmels. Da hielt ich erneut an, denn das Krebsgewimmel war verschwunden und der rote Strand wirkte, vom grünen Lebermoos und den Flechten abgesehen, unbelebt. Nun aber war er weiß gesprenkelt. Eiseskälte befiel mich. Vereinzelte Flocken kamen herabgewirbelt. Nordöstlich glänzte Schnee im Sternenlicht des schwarzen Himmels, und ich sah eine sanft geschwungene Kette rosigweißer Hügel. Die Meeresufer waren eisgesäumt, weiter draußen trieben größere Eisschollen umher; doch der überwiegende Teil des Salzmeers, tiefrot unter der nie vergehenden Sonne, war nicht zugefroren.

Ich sah mich um auf der Suche nach verbliebenen Spuren tierischen Lebens. Aufgrund eines unbestimmten Angstgefühls blieb ich im Sattel meiner Maschine sitzen. Doch ich sah nichts, das sich regte, auf dem Land nicht und nicht im Himmel oder Meer. Allein die schmierige grüne Schicht auf den Felsen belegte, dass das Leben nicht ganz erloschen war. Eine flache Sandbank erhob sich aus dem Meer, und das Wasser war vom Strand zurückgewichen. Mir war, als hätte ich auf dieser Sandbank irgendein dunkles Objekt hinplumpsen sehen, aber nichts bewegte sich mehr, solange ich dorthin schaute, und so nahm ich an, dass mein Auge mich getäuscht hatte und das schwarze Objekt wohl nur ein Stein gewesen war. Die Sterne am Himmel leuchteten überaus hell und funkelten dabei nur ganz schwach.

Plötzlich bemerkte ich, dass sich die westliche Umrisslinie der Sonne verändert hatte, dass in ihrer Wölbung eine Einbuchtung entstanden war. Ich sah zu, wie sie größer wurde. Eine Minute vielleicht starrte ich entgeistert auf dieses schwarze Etwas, das sich über das Tageslicht schob, dann wurde mir klar, dass hier eine Sonnenfinsternis einsetzte. Entweder der Mond oder der Planet Merkur zog über die Sonnenscheibe hinweg. Natürlich dachte ich zunächst an den Mond, doch vieles veranlasste mich zu der Vermutung, dass ich tatsächlich den sehr erdnahen Durchgang eines inneren Planeten sah.

Und die Dunkelheit nahm rasch zu; ein kalter Wind begann in auffrischenden Böen aus Ost zu wehen, und die weißen Flocken fielen dichter. Vom Meeresufer her war ein Plätschern und Säuseln zu hören. Von diesen leblosen Geräuschen abgesehen war die Welt still. Still? Diese Stille zu beschreiben, ist nahezu unmöglich. All die menschlichen Laute, das Blöken von Schafen, die Rufe der Vögel, die ganze Betriebsamkeit, die die Geräuschkulisse unseres Lebens bildet – nichts davon gab es mehr. Während die Dunkelheit zunahm, tanzten die Schneeflocken immer heftiger vor meinen Augen, und die Luft wurde spürbar kälter. Am Ende verschwanden nach und nach, einer nach dem anderen, die weißen Gipfel der fernen Hügel in der Finsternis. Die Brise erhob sich zum heulenden Wind. Ich sah, wie der Zentralschatten der Eklipse in meine Richtung vorrückte. Einen Augenblick später waren nur noch die blassen Sterne zu erkennen. Lichtlose Finsternis trat ein. Der Himmel war vollkommen schwarz.

Mich packte das Grauen angesichts dieser allumfassenden Dunkelheit. Die Kälte, die mir ins Mark drang, und die Schmerzen beim Atmen setzten mir schwer zu. Ich bibberte, und mir wurde sterbensübel. Da erschien wie ein feuerroter Bogen am Himmel der Rand der Sonne. Ich stieg aus der Maschine, um mich wieder ein wenig zu fangen. Ich taumelte und sah mich nicht in der Lage, die Rückreise anzutreten. Während ich so elend und verwirrt dastand, sah ich gegen den Hintergrund des roten Wassers erneut das sich bewegende Ding auf der Sandbank – diesmal gab es keinen Zweifel, dass sich da etwas bewegte. Das Ding war rund, groß wie ein Fußball vielleicht oder womöglich auch größer, und Tentakel hingen an ihm herab; vor dem blutrot wogenden Wasser hob es sich schwarz ab und hüpfte stoßweise umher. Da spürte ich, dass mir die Sinne schwanden. Doch die entsetzliche Furcht, in diesem entrückten, grausigen Dämmerlicht hilflos dazuliegen, hielt mich auf den Beinen, bis ich meinen Sitz bestiegen hatte.

12

So kehrte ich zurück. Lange Zeit muss ich bewusstlos auf der Maschine gesessen haben. Wieder setzte die zuckende Aufeinanderfolge von Tagen und Nächten ein, die Sonne wurde wieder golden, der Himmel blau. Ich konnte freier atmen. Die Konturen der Erde befanden sich unentwegt in Bewegung. Die

Zeiger meiner Zifferblätter drehten sich rückwärts. Schließlich sah ich wieder verschwommene Umrisse von Gebäuden, Zeugnisse einer Menschheit im Niedergang. Auch diese veränderten sich und vergingen, und andere kamen. Kurz darauf, als der Millionenzeiger auf null stand, drosselte ich das Tempo. Ich erkannte unsere eigene gewöhnliche und vertraute Architektur wieder, der Tausenderzeiger kehrte zur Ausgangsstellung zurück, Nacht und Tag wechselten zunehmend langsamer. Dann umgaben mich wieder die altvertrauten Wände meines Labors. Ganz behutsam verlangsamte ich nun die Apparatur.

Dabei sah ich etwas, das mir seltsam erschien. Ich hatte Ihnen, glaube ich, erzählt, dass im Moment meiner Abreise, bevor ich das Tempo mächtig anzog, Mrs Watchett durch das Zimmer gegangen war, und zwar in meiner Wahrnehmung schnell wie eine Rakete. Bei meiner Rückkehr passierte ich erneut diese Minute, in der sie das Labor durchquerte. Diesmal allerdings erlebte ich jede ihrer Bewegungen in ihrer exakten Umkehrung. Die Tür zum Garten öffnete sich, sie glitt umstandslos durchs Labor, mit dem Rücken voran, und verschwand durch die Tür, durch die sie seinerzeit eingetreten war. Direkt davor hatte ich ganz kurz Hillyer zu sehen geglaubt, doch er schoss vorbei wie der Blitz.

Dann hielt ich die Maschine an und erkannte um mich herum das vertraute Labor mitsamt meinen Werkzeugen und Geräten, wie ich sie verlassen hatte. Äußerst wacklig stieg ich vom Gefährt und setzte mich auf meine Bank. Einige Minuten lang zitterte ich am ganzen Leib, dann wurde ich ruhiger. Mich umgab wieder meine alte Werkstatt, vollkommen unverändert. Ich hätte hier eingeschlafen sein und das alles nur geträumt haben können.

Und doch, nicht ganz! Die Maschine war von der südöstlichen Ecke des Labors aus gestartet. Wieder zum Stillstand gekommen war sie in der nordwestlichen Ecke, vor der Wand, wo Sie sie gesehen haben. Und das entspricht exakt der Entfernung zwischen dem kleinen Rasenstück und dem Sockel der weißen Sphinx, in den die Morlocks meine Maschine geschafft hatten.

Eine Zeit lang war mein Hirn wie benebelt. Dann stand ich auf und kam durch den Korridor hierher, hinkend, weil meine Ferse noch immer schmerzte, außerdem fühlte ich mich überaus schmutzig. Auf dem Tisch neben der Tür sah ich die *Pall Mall Gazette* liegen. Ich erkannte darauf das Datum von heute, dann schaute ich auf die Uhr und sah, dass es kurz vor acht war. Ich hörte Ihre Stimmen und das Klappern von Tellern. Ich zögerte – ich fühlte mich so elend und schwach. Dann aber roch es verlockend nach gutem, nahrhaftem Fleisch, und ich öffnete die Tür hier. Der Rest ist Ihnen bekannt. Ich habe mich gewaschen, etwas gegessen und Ihnen nun meine Geschichte erzählt.

Ich weiß«, sagte er nach einer Pause, »dass Ihnen all dies völlig unglaublich erscheinen muss. Für mich ist jedoch nur eins unglaublich, nämlich dass ich heute Abend hier in diesem vertrauten Zimmer sitze, in Ihre freundlichen Gesichter schaue und Ihnen von diesen sonderbaren Abenteuern berichte.«

Er sah zum Mediziner. »Nein. Ich kann nicht erwarten, dass Sie mir glauben. Halten Sie es für gelogen – oder eine Prophezeiung. Ich habe das wohl alles nur in meiner Werkstatt geträumt. Sehen Sie's so, dass ich so lange Vermutungen über die Geschicke unserer Rasse angestellt habe, bis ich diesen Roman ausgebrütet habe. Behandeln Sie meine Beteuerung, das alles wahr ist, einfach als Kunstgriff zum Erhöhen der Spannung. Und nun das Ganze als Geschichte betrachtet – was halten Sie davon?«

Er griff nach seiner Pfeife und begann sie in altgewohnter Weise auf dem Rost des Kamins kräftig auszuklopfen. Einen Moment lang herrschte Stille, dann war das Knarren von Stühlen zu vernehmen und das Scharren von Schuhen auf dem Teppich. Ich löste meinen Blick vom Gesicht des Zeitreisenden und sah ins Rund der Zuhörer. Sie saßen im Dunkeln, umschwebt nur von kleinen Lichtpunkten. Der Mediziner schien ganz in die Betrachtung unseres Gastgebers vertieft zu sein. Der Verleger blickte unverwandt auf die Spitze seiner Zigarre – der sechsten. Der Journalist fingerte nach seiner Uhr. Die anderen saßen, soweit ich mich erinnere, reglos da.

Der Verleger erhob sich seufzend. »Wie überaus schade, dass Sie kein Literat sind!«, sagte er und legte dem Zeitreisenden die Hand auf die Schulter.

»Sie glauben es nicht?«

»Tja …«

»Ich hab's mir gedacht.«

Der Zeitreisende wendete sich uns zu. »Wo sind die Streichhölzer?«, fragte er. Er entzündete eins, zog an seiner Pfeife und sagte dabei: »Um ehrlich zu sein … Ich kann es selbst kaum glauben … Und doch …«

Mit stumm forschendem Blick musterte er die verwelkten weißen Blumen auf dem kleinen Tisch. Dann drehte er die Hand, in der er die Pfeife hielt, und ich sah, dass er einige halb verheilte Wunden an seinen Knöcheln betrachtete.

Der Mediziner stand auf, trat an die Lampe und untersuchte die Blumen. »Das Gynoeceum ist sonderbar«, sagte er. Der Psychologe beugte sich neugierig vor und langte mit der Hand nach einem Exemplar.

»Verdammt, es ist ja schon viertel vor eins«, sagte der Journalist. »Wie kommen wir jetzt nach Hause?«

»Am Bahnhof gibt es reichlich Droschken«, sagte der Psychologe.

»Das ist schon seltsam«, sagte der Mediziner, »aber ich kann doch tatsächlich die Ordnung dieser Blumen nicht genau bestimmen. Darf ich sie mitnehmen?«

Der Zeitreisende zögerte. Dann sagte er plötzlich: »Auf keinen Fall.«

»Woher haben Sie sie wirklich?«, fragte der Mediziner.

Der Zeitreisende legte seine Hand an die Stirn. Er sprach wie jemand, der sich an etwas zu erinnern versucht, das ihm entfallen ist. »Weena hat sie mir während meiner Zeitreise in die Tasche gesteckt.« Sein Blick schweifte durchs Zimmer. »Teufel auch, alles entschwindet mir. Dieses Zimmer und Sie und dass alles wieder so ist wie gewohnt überfordert mein Erinnerungsvermögen. Habe ich je eine Zeitmaschine gebaut oder das Modell einer Zeitmaschine? Oder träume ich all das nur? Das Leben ist ein Traum, heißt es, ein hübsch armseliger Traum zuweilen – aber noch einen zweiten, bei dem nichts zueinander passt, ertrage ich nicht. Was für ein Wahnsinn. Und von wo stammt der Traum? … Ich muss diese Maschine sehen. Wenn es denn eine gibt!«

Eilig schnappte er sich die Lampe, die heftig aufloderte, als er sie durch die Tür in den Korridor trug. Wir folgten ihm. Ohne Zweifel, dort im flackernden Schein der Lampe stand die Zeitmaschine, massig, hässlich und schief, ein Ding aus Metall, Ebenholz, Elfenbein und lichtdurchlässigem Quarz. Es erwies sich als stabil – denn ich streckte die Hand aus und berührte sein Gestänge –, hatte Dreckspuren und Flecken auf den Elfenbeinteilen, etwas Gras und Moos an den unteren Bauteilen, und eine Stange war stark verbogen.

Der Zeitreisende stellte die Lampe auf der Bank ab und strich mit der Hand über die demolierte Stange. »Alles wieder in Ordnung«, sagte er. »Die Geschichte, die ich Ihnen erzählt habe, ist wahr. Es tut mir leid, dass Sie mit mir hinaus in die Kälte mussten.« Er griff nach der Lampe, und vollkommen schweigsam kehrten wir in den Rauchsalon zurück.

Er begleitete uns in die Diele und half dem Verleger in den Mantel. Der Mediziner sah ihm prüfend ins Gesicht und sagte ihm nach kurzem Zögern, dass er an Überarbeitung leide, woraufhin dieser schallend lachte. Ich weiß noch gut, wie er in der offenen Haustür stand und uns »Gute Nacht« hinterherrief.

Ich fuhr im Wagen des Verlegers mit. Er hielt die Erzählung für einen »hübschen Schwindel«. Ich selbst vermochte zu keinem Urteil zu gelangen, so fantastisch und unglaublich war die Geschichte, die so glaubhaft und sachlich vorgebracht worden war. Fast die ganze Nacht lag ich wach und dachte darüber nach. Ich nahm mir vor, den Zeitreisenden am nächsten Tag noch einmal aufzusuchen. Man sagte mir, er sei im Labor, und da mir sein Haus vertraut war, ging ich zu ihm hinauf. Doch im Labor war niemand. Einen Moment lang betrachtete ich die Zeitmaschine, streckte meine Hand aus und berührte den Hebel, woraufhin die klobige, so massiv wirkende Konstruktion wie ein Zweig im Wind zu schwanken begann. Ihre Anfälligkeit jagte mir einen gewaltigen Schreck ein, und irgendwie musste ich an meine Kindheit denken, als ich nichts tun durfte, ohne vorher zu fragen. Ich ging durch den Korridor wieder zurück. Der Zeitreisende empfing mich im Rauchsalon. Er war gerade aus seinen Privaträumen gekommen. In der einen Hand hielt er eine kleine Kamera, in der anderen einen Rucksack. Er lachte, als er mich sah, und streckte mir zur Begrüßung den Ellbogen entgegen. »Ich bin gerade furchtbar beschäftigt«, sagte er, »mit dem Ding da drin.«

»Das ist also alles kein Jux?«, sagte ich. »Sie reisen wirklich durch die Zeit?«

»Ja, wirklich und wahrhaftig.« Und er sah mir offen in die Augen. Er zögerte. Sein Blick schweifte durch den Raum. »Ich brauche nur eine halbe Stunde«, sagte er. »Ich weiß, warum Sie gekommen sind, und es ist furchtbar nett von Ihnen. Da liegen ein paar Zeitschriften. Essen Sie zu Mittag mit mir, und danach werde ich Ihnen unwiderleglich beweisen, dass man in die Zeit reisen kann, samt Belegproben und allem. Wenn Sie mich nun kurz entschuldigen wollen?«

Ich willigte ein, ohne die Tragweite seiner Worte ganz zu erfassen. Er nickte und ging durch den Korridor. Ich hörte die Tür zum Labor zufallen, setzte mich auf einen Stuhl und nahm eine Tageszeitung zur Hand. Was mochte er bis zum Mittag wohl noch vorhaben? Plötzlich wurde ich durch eine Anzeige daran erinnert, dass ich um zwei mit Richardson, dem Verleger, verabredet war. Ich sah auf die Uhr und dachte, dass ich den Termin gerade noch einhalten konnte. Ich stand auf und ging durch den Korridor, um dem Zeitreisenden Bescheid zu geben.

Als ich die Türklinke ergriff, hörte ich einen Schrei, der überraschend abbrach, dann ein Knacken und einen dumpfen Schlag. Ein Luftstoß kam mir beim Öffnen der Tür entgegen, und von drinnen hörte ich das Geräusch zu Boden fallender Glasscherben. Der Zeitreisende war nicht da. Einen kurzen Moment lang glaubte ich inmitten eines wirbelnden Klumpens aus Holz und Messing eine geisterhaft-verschwommene Gestalt sitzen zu sehen – eine Gestalt, die so durchsichtig war, dass der Tisch voller Konstruktionszeichnungen hinter ihr sehr deutlich zu erkennen war; doch dieses Trugbild verschwand, während ich mir noch die Augen rieb. Die Zeitmaschine war fort. Eine Staubwolke sank nieder, ansonsten war die hintere Ecke des Labors leer. Eine Scheibe des Dachfensters war offenkundig eingedrückt worden.

Mein Erstaunen kannte keine Grenzen. Ich wusste, dass etwas Außergewöhnliches geschehen war, hätte im Moment aber keinesfalls näher benennen können, was. Während ich entgeistert dastand, wurde die Tür zum Garten geöffnet, und der Diener trat ein.

Wir blickten einander an. Dann setzten die Gedanken wieder ein. »Ist Mister … dort rausgegangen?«, fragte ich.

»Nein, Sir. Da ist niemand langgekommen. Ich dachte, er wäre hier.«

Da begriff ich. Richardson zu versetzen nahm ich in Kauf und blieb, um auf den Zeitreisenden zu warten, auf die zweite, vielleicht noch verrücktere Geschichte und die Proben und Fotografien, die er mitbringen würde. Allmählich aber fürchte ich, dass das Warten darauf kein Ende nehmen wird. Der Zeitreisende ist vor drei Jahren verschwunden. Und er ist, wie inzwischen jedermann weiß, niemals zurückgekehrt.

Epilog

Uns bleiben nur Mutmaßungen. Wird er jemals wiederkommen? Es könnte auch sein, dass er sich der Vergangenheit zugewendet hat und unter Blut trinkende, zottelige Steinzeitmenschen geraten ist, in die Untiefen des Kreidemeers oder unter abstruse Saurier, die gewaltigen Reptilienviecher des Jura. Vielleicht gar spaziert er – wenn ich das einmal so sagen darf – gerade über ein von Plesiosauriern bevölkertes oolithisches Korallenriff oder am Ufer eines einsamen Salzwassersees des Trias entlang. Oder ist er vorausgereist in ein weniger fernes Zeitalter, in dem Menschen noch Menschen sind, die die Rätsel unserer Zeit jedoch geklärt und ihre größten Probleme gelöst haben? Ins Mannesalter unserer Rasse: denn ich persönlich kann mir nicht vorstellen, dass diese moderne Zeit mit ihren kümmerlichen Experimenten, rudimentären Theorien und dem allgemeinen Unfrieden tatsächlich der Gipfel menschlicher Entwicklung sein soll! Ich persönlich, wie gesagt. Er, so weiß ich – denn schon lange bevor es die Zeitmaschine gab hatten wir über diese Frage diskutiert –, hatte keine gute Meinung vom ›Fortschritt der Menschheit‹ und sah im Zuwachs zivilisatorischer Errungenschaften nur eine Anhäufung von Unverstand, die unweigerlich auf ihre Urheber zurückfallen und sie letztlich zerstören muss. Wenn das stimmt, bleibt uns nur, einfach weiterzuleben, als sei dem nicht so. Für mich jedoch ist die Zukunft noch dunkel und leer – ein gewaltiges Unwissen, an wenigen Stellen zufällig erhellt durch die Erinnerung an seinen Bericht. Und ein Trost ist mir, dass ich zwei seltsame weiße Blumen aufbewahre – vertrocknet inzwischen, braun, platt und brüchig – als Zeugnis dafür, dass selbst, wenn Verstand und Kraft einmal versiegt sein werden, Dankbarkeit und Empfindung füreinander in den Herzen der Menschen weiterleben.

Die Insel des Dr. Moreau

(1896)

Einleitung

Am 1. Februar 1887 ging die *Lady Vain* durch Kollision mit einem Wrack verloren, als sie sich etwa auf 1° südlicher Breite und 107° westlicher Länge befand.

Am 5. Januar 1888 – das heißt elf Monate und vier Tage später – wurde mein Onkel Edward Prendick, ein Privatmann, der mit Sicherheit in Callao an Bord der *Lady Vain* gegangen war und für ertrunken gehalten wurde, unter 5° 3' südlicher Breite und 101° westlicher Länge in einem kleinen, offenen Boot aufgefischt, dessen Name unlesbar war, das aber vermutlich zu dem vermissten Schoner *Ipecacuanha* gehört hatte. Sein Bericht klang so seltsam, dass man ihn für wahnsinnig hielt. Später erklärte er, vom Moment des Verlassens der *Lady Vain* an, könne er sich an nichts mehr erinnern. Sein Fall wurde damals als ein merkwürdiges Beispiel für Gedächtnisschwund infolge physischer und geistiger Überanstrengung unter Psychologen viel besprochen. Die folgende Erzählung fand der Unterzeichnete, sein Neffe und Erbe, unter seinen Papieren; sie war jedoch von keiner ausdrücklichen Bitte um Veröffentlichung begleitet.

Die einzige Insel, von der man in der Gegend, wo mein Onkel aufgefunden wurde, weiß, ist *Noble's Isle*, eine kleine unbewohnte vulkanische Insel. Sie wurde 1891 von *IMS Scorpion* besucht. Eine Schar von Matrosen landete, fand aber nichts Lebendiges außer merkwürdigen weißen Nachtfaltern, einigen Schweinen und Kaninchen und ein paar ziemlich eigentümlichen Ratten. Von diesen nahm man keine Exemplare mit. Also bleibt diese Erzählung in ihrem wesentlichsten Punkt unbestätigt. Dies vorausgeschickt, scheint es mir ungefährlich, diese unheimliche Geschichte im Einklang, wie ich glaube, mit den Absichten meines Onkels an die Öffentlichkeit zu bringen. Wenigstens das lässt sich mit Gewissheit sagen: Mein Onkel verschwand auf etwa 50 südlicher Breite und 1050 westlicher Länge aus den Augen der Menschen, und er erschien nach elf Monaten in derselben Gegend des Ozeans wieder. Während der Zwischenzeit muss er auf irgendeine Weise gelebt haben. Und es hat sich herausgestellt, dass der Schoner namens *Ipecacuanha* mit dem betrunkenen Kapitän John Davis tatsächlich im Januar 1887 mit einem Puma und anderen Tieren an Bord von Arica ausgelaufen ist: Das Fahrzeug war in verschiedenen Häfen der Südsee wohlbekannt, und es verschwand (mit einer beträchtlichen Ladung Kopra an Bord) endgültig aus diesen Meeren, als es im Dezember 1887, zu einem Zeitpunkt, der völlig zu meines Onkels Erzählung stimmt, von Banya aus seinem unbekannten Schicksal entgegensegelte.

Charles Edward Prendick

I
Im Rettungsboot der *Lady Vain*

Ich habe nicht die Absicht, dem, was bereits über den Verlust der *Lady Vain* geschrieben wurde, noch etwas hinzuzufügen. Wie jedermann weiß, kollidierte sie zehn Tage nach ihrer Ausfahrt aus Callao mit einem Wrack. Das Langboot wurde nach achtzehn Tagen von I. M. Kanonenboot *Myrtle* mit sieben Mann von der Mannschaft aufgefischt, und die Geschichte ihrer Leiden und Entbehrungen ist fast ebenso bekannt geworden wie der weit schrecklichere Fall der *Medusa*. Ich habe jedoch der bereits veröffentlichten Geschichte der *Lady Vain* eine andere, ebenso grauenhafte und jedenfalls viel merkwürdigere hinzuzufügen. Man hat bisher angenommen, die vier Leute, die in dem Rettungsboot waren, seien umgekommen. Aber das ist nicht richtig. Ich habe den besten Beweis für diese Behauptung: Ich bin einer von den vier Leuten.

Aber zunächst muss ich feststellen, dass im Rettungsboot niemals vier Leute gewesen sind; die Zahl betrug drei. Constans, den »der Kapitän in die Gig springen sah« *(Daily News*, 17. März 1887), erreichte uns zu unserem Glück, zu seinem Unglück nicht. Er sprang aus dem Gewirr von Tauen unter den Streben des zerschmetterten Bugspriets heraus; ein kleines Tau fasste seinen Absatz, als er lossprang, und er hing einen Augenblick mit dem Kopf nach unten, dann fiel er und schlug auf einem Block oder Balken auf, der im Wasser schwamm. Wir ruderten zu ihm, aber er kam nicht wieder an die Oberfläche.

Ich sage, zum Glück für uns erreichte er uns nicht, und ich könnte beinahe hinzufügen, zum Glück auch für ihn, denn wir hatten nur ein kleines Fass Wasser und etwas nass gewordenen Schiffszwieback bei uns – so plötzlich war der Alarm gewesen, so unvorbereitet das Schiff auf jeden Unglücksfall. Wir meinten, die Leute im Langboot seien besser versorgt (freilich scheint das nicht der Fall gewesen zu sein), und wir versuchten sie zu rufen. Sie konnten uns nicht hören, und als sich am anderen Tage der Sprühnebel aufklärte – was erst nach Mittag geschah –, war nichts mehr von ihnen zu sehen. Wegen des Schaukelns des Bootes war es uns nicht möglich aufzustehen, um uns umzublicken. Die See ging in hohen Wogen, und nur mit Mühe gelang es uns, ihnen die Spitze des Boots entgegenzuhalten. Die zwei anderen Leute, die sich mit mir zusammen gerettet hatten, waren ein Mann namens Helmar, wie ich ein Passagier, und ein Matrose, dessen Namen ich nicht mehr weiß, ein kurzer, stämmiger Mann, der stotterte.

Wir trieben hungernd und, nachdem uns das Wasser ausgegangen war, von einem unerträglichen Durst gequält, acht Tage lang umher. Nach dem zweiten Tage legte sich die See zu glasiger Ruhe. Der Leser kann sich diese acht Tage wohl kaum vorstellen. Nach dem ersten Tage sprachen wir nur noch wenig miteinander; wir lagen auf unseren Plätzen im Boot und starrten auf den Horizont oder beobachteten mit Augen, die von Tag zu Tag weiter und hohler wurden, das Elend und die Schwäche, die unsere Gefährten überwältigten. Die Sonne war erbarmungslos. Das Wasser ging am vierten Tag aus, und uns kamen schon die schlimmsten Gedanken; aber ich glaube, erst am sechsten gab Helmar dem Ausdruck, woran wir alle drei dachten. Unsere Stimmen waren so trocken und dünn, dass wir uns zueinander hinneigten und mit den Worten sparsam umgingen. Ich widersetzte mich mit aller Macht; mir wäre es lieber gewesen, wir hätten das Boot angebohrt und wären zusammen unter den Haien umgekommen, die uns folgten. Aber als Helmar sagte, wenn man seinem Vorschlag folge, hätten wir zu trinken, schloss der Matrose sich ihm an.

Ich wollte aber kein Los ziehen, und nachts flüsterte der Matrose immer wieder mit Helmar, und ich saß im Bug, mein Klappmesser in der Hand – freilich zweifle ich, ob ich das Zeug zum Kampf in mir gehabt hätte. Am Morgen stimmte ich Helmars Vorschlag zu, und wir warfen einen Groschen, um den Überzähligen zu finden.

Das Los fiel auf den Matrosen, aber er war der Stärkste von uns und wollte sich nicht fügen; er griff Helmar an. Sie rangen miteinander und standen dabei auf. Ich kroch durchs Boot zu ihnen hin und wollte Helmar helfen, indem ich den Matrosen am Bein packte; aber der Matrose stolperte, weil das Boot so schwankte, und die beiden fielen auf den Rand und rollten zusammen über Bord. Sie sanken wie die Steine. Ich erinnere mich, dass ich darüber lachte und mich wunderte, warum ich lachte. Das Lachen packte mich wie etwas, das gar nicht zu mir gehörte, sondern von außen kam.

Ich lag, ich weiß nicht, wie lange, auf einer der Ruderbänke und dachte, wenn ich nur die Kraft hätte, wollte ich bis zur Besinnungslosigkeit Meerwasser trinken, um schnell zu sterben. Und während ich noch so dalag, sah ich ein Segel über den Horizont zu mir herankommen, aber ich betrachtete es völlig unbeteiligt, als handle es sich um ein Bild. Mein Geist muss sich in anderen Sphären bewegt haben, und doch besinne ich mich ganz deutlich auf alles, was geschah. Ich erinnere mich, wie mein Kopf mit den Wellen schwankte und wie der Horizont mit dem Segel darüber auf und nieder tanzte. Aber ich entsinne mich nicht minder deutlich, dass ich überzeugt war, ich sei tot, und dass ich dachte, welch bitterer Hohn es sei, dass diese Leute, die nur um so wenig zu spät kamen, mich nicht mehr lebendig vorfinden würden.

Eine endlose Zeit, so schien es mir, lag ich mit meinem Kopf auf der Ruderbank und beobachtete den tanzenden Schoner – es war ein kleines Schiff, vorn und hinten wie ein Schoner getakelt –, der aus dem Meer herankam. Er lavierte in immer weiteren Bogen hin und her, denn er segelte hart am Wind. Es fiel mir keinen Augenblick ein, die Aufmerksamkeit auf mich zu lenken, und ich erinnere mich an nichts mehr deutlich, bis ich mich in einer kleinen Kabine wiederfand. Ich habe eine dunkle Erinnerung, dass ich das Fallreep hinaufgehoben wurde und ein großes, rotes Gesicht sah, das mit Sommersprossen bedeckt und von rotem Haar umgeben war und mich von der Reling her anstarrte. Ich hatte auch den zusammenhanglosen Eindruck, ein dunkles Gesicht mit merkwürdigen Augen zu erkennen, die mir ganz nahe waren; aber das hielt ich für einen Alp, bis ich es wiedersah. Ich entsinne mich ferner, dass mir irgendetwas eingeflößt wurde. Und das ist alles.

2
Der Mann, der nirgendwohin fuhr

Die Kabine, in der ich mich befand, war klein und ziemlich unsauber. Ein noch junger Mann mit Flachshaar, einem borstigen, strohfarbenen Schnurrbart und hängender Unterlippe saß bei mir und hielt mein Handgelenk. Eine Minute lang blickten wir einander an, ohne zu sprechen. Er hatte wässrige, graue, merkwürdig ausdruckslose Augen.

Dann hörte ich genau über uns ein Geräusch, wie wenn eine eiserne Bettstelle umhergeworfen würde, und dann das leise, wütende Knurren eines großen Tieres. Zugleich sprach der Mann wieder.

Er wiederholte seine Frage: »Wie fühlen Sie sich?«

Ich glaube, ich sagte, dass ich mich ganz wohl fühlte. Ich konnte mich nicht besinnen, wie ich hierhergekommen war. Er muss mir die Frage vom Gesicht abgelesen haben, denn ich selbst brachte kein Wort hervor.

»Sie wurden in einem Boot gefunden – am Verhungern. Auf dem Boot stand der Name *Lady Vain*, und auf dem Bordrand waren Blutflecken.« Zu gleicher Zeit fiel mein Blick auf meine

Hand: Sie war so dünn, dass sie wie ein schlaffer Hautsack voll loser Knochen aussah, und die ganze Sache mit dem Boot fiel mir wieder ein.

»Nehmen Sie hiervon«, sagte er und gab mir etwas von einem gefrorenen roten Zeug.

Es schmeckte wie Blut, aber es schien mich zu stärken.

»Sie haben Glück gehabt«, sagte er, »dass Sie von einem Schiff mit einem Arzt an Bord aufgenommen wurden.« Er lallte ein wenig und sprach mit einem leichten Lispeln.

»Was für ein Schiff ist das hier?«, fragte ich langsam, von meinem langen Schweigen heiser.

»Es ist ein kleiner Kauffahrer von Arica und Callao. Ich habe nicht gefragt, woher es ursprünglich gekommen ist. Aus dem Land der Narren vermutlich. Ich selber bin Passagier von Arica. Der Esel, dem es gehört – er ist zugleich Kapitän und heißt Davis –, hat sein Patent verloren oder so was. Sie kennen den Menschenschlag – nennt das Ding *Ipecacuanha*. Freilich, wenn viel See ist und kein Wind, da läuft es ganz ordentlich.«

Da begann oben der Lärm von Neuem: ein knurrendes Brummen und zugleich die Stimme eines menschlichen Wesens. Dann befahl eine andere Stimme einem »gottverlassenen Idioten«, er solle aufhören.

»Sie waren fast tot«, sagte mein Gegenüber. »Es hing wirklich an einem Haar. Aber ich habe Ihnen einiges eingegeben. Sehen Sie die Einstiche am Arm? Injektionen. Sie sind seit fast dreißig Stunden ohnmächtig gewesen.«

Ich kam nur langsam zu mir. Jetzt lenkte mich das Bellen einer Hundemeute ab. »Kann ich feste Nahrung zu mir nehmen?«, fragte ich.

»Und mir haben Sie's zu verdanken«, sagte er. »Das Hammelfleisch kocht schon.«

»Ja«, sagte ich mit Zuversicht, »ich könnte ein wenig Hammelfleisch essen.«

»Aber«, sagte er mit einem leichten Zögern, »wissen Sie, ich möchte um mein Leben gern erfahren, wie es kam, dass Sie allein in dem Boot waren.« Ich glaubte in seinen Augen einen gewissen Verdacht zu entdecken.

»Dieses verdammte Geheul!«

Er verließ die Kabine plötzlich, und ich hörte ihn heftig mit jemandem schelten, der ihm in Rotwelsch zu antworten schien. Es klang, als endete die Sache mit Schlägen, aber darin, glaube ich, täuschten sich meine Ohren. Dann rief er den Hunden zu und kam in die Kabine zurück.

»Nun?«, fragte er in der Tür. »Sie wollten gerade anfangen, mir alles zu erzählen.«

Ich nannte ihm meinen Namen, Edward Prendick, und legte ihm dar, wie ich mich auf die Naturwissenschaft verlegt hatte, um die Langeweile meiner behaglichen Unabhängigkeit loszuwerden. Das schien ihn zu interessieren. »Ich habe selber ein wenig Naturwissenschaft getrieben – habe meine Biologie auf der Universität gemacht, dem Regenwurm den Eierstock rausgeholt und der Schnecke die Radula und all das. Himmel! Es sind zehn Jahre her. Aber fahren Sie fort, fahren Sie fort – erzählen Sie mir von dem Boot.«

Er war offenbar bezüglich der Aufrichtigkeit meiner Erzählung befriedigt, obgleich ich in knappen Sätzen berichtete – denn ich fühlte mich furchtbar schwach –, und als sie zu Ende war, kam er sofort auf das Thema der Naturwissenschaft und seine eigenen biologischen Studien zurück. Er begann mich genau nach der Tottenham Court Road und der Gower Street zu befragen. »Existiert Cablatzi noch? Was für ein Laden das war!« Er war offenbar ein sehr durchschnittlicher Student der Medizin gewesen, und unaufhaltsam steuerte er das Thema Vergnügungslokale an. Er erzählte mir ein paar Anekdoten. »Alles aufgegeben«, sagte er. »Vor zehn Jahren. Was für ein lustiges Leben! Aber ich habe einen Esel aus mir gemacht … Hab' mir alles verbaut, eh' ich einundzwanzig war. Ich kann mir denken, jetzt ist alles anders ... Aber ich muss mal nach dem Esel von Koch sehen, was er mit Ihrem Hammelfleisch macht!«

Das Knurren oben begann so plötzlich und mit so wilder Wut von Neuem, dass es mich erschreckte. »Was ist das?«, rief ich ihm nach, aber die Tür hatte sich geschlossen. Er kam mit dem gekochten Hammelfleisch zurück, und ich war von dem appetitlichen Duft so erregt, dass ich den Lärm des Tieres bald vergaß.

Nach einem Tag abwechselnden Schlafens und Essens war ich so weit erholt, dass ich aus meiner Koje steigen, an das Bullauge treten und die grünen Wellen sehen konnte, die mit uns Schritt zu halten versuchten. Montgomery – so hieß der flachshaarige Mann – kam wieder herein, als ich dort stand, und ich bat ihn um Kleider. Er lieh mir ein paar Segeltuchsachen von sich, denn die, die ich im Boot getragen hatte, sagte er, waren über Bord geworfen worden. Sie saßen mir ziemlich lose, denn er war breit gebaut und langgliedrig.

Er gab mir zu verstehen, der Kapitän liege fast volltrunken in seiner Kabine. Als ich die Kleider annahm, begann ich ihn über das Ziel des Schiffes zu befragen. Das Schiff solle nach Hawaii fahren, müsse ihn aber erst an Land bringen.

»Wo?«, fragte ich.

»Auf einer Insel ... Ich lebe da. Soweit ich weiß, hat sie keinen Namen.«

Er starrte mich mit hängender Unterlippe an und sah plötzlich so eigensinnig und abweisend aus, dass mir schien, er wolle meinen Fragen ausweichen. Ich war so diskret und fragte nicht weiter.

3
Das unheimliche Gesicht

Wir verließen die Kabine. An der Kajütstreppe stießen wir auf einen Mann, der uns den Weg versperrte. Er stand, den Rücken gegen uns gekehrt, auf der Schiffsleiter und spähte über die Scherstöcke der Luke. Es war ein missgestalteter, kurzer, breiter, plumper Kerl mit einem Buckel, behaartem Nacken und zwischen die Schultern gesunkenem Kopf. Er war in dunkelblaue Serge gekleidet und hatte merkwürdig dickes, grobes, schwarzes Haar. Ich hörte die unsichtbaren Hunde wütend knurren, und alsbald duckte er sich und stieß gegen die Hand, die ich ausgestreckt hatte, um ihn abzuwehren. Er drehte sich mit tierischer Behändigkeit um.

Auf irgendeine unbestimmte Weise widerte mich dieses Gesicht zutiefst an. Es war seltsam entstellt, sprang vor und erinnerte dunkel an eine Schnauze; der große, halboffene Mund zeigte so starke weiße Zähne, wie ich sie noch nie in einem menschlichen Munde gesehen hatte. Die Augen waren an den Rändern blutunterlaufen, und kaum ein Streif Weiß blieb um die nussbraunen Pupillen. Eine seltsame Glut und Aufregung spiegelte sich in diesem Gesicht.

»Zum Henker!«, sagte Montgomery. »Warum gehst du nicht aus dem Wege?« Der Mann mit dem schwarzen Gesicht sprang ohne ein Wort zur Seite.

Ich stieg weiter hinauf und starrte ihn dabei instinktiv an. Montgomery blieb einen Moment am Fuß der Treppe stehen. »Du weißt, du hast hier nichts zu suchen«, sagte er bedächtig. »Dein Platz ist vorn.«

Der Mann mit dem schwarzen Gesicht kauerte nieder. »Sie … wollen mich vorn nicht haben.« Er sprach langsam, mit einem wunderlichen, heiseren Klang in der Stimme.

»So, sie wollen dich vorn nicht haben!«, sagte Montgomery mit drohender Stimme. »Aber ich sage dir, du gehst!« Er war nahe daran, noch etwas hinzuzufügen, blickte aber plötzlich zu mir auf und folgte mir die Leiter hinauf. Ich hatte stillgestanden und blickte zurück, noch immer maßlos über die groteske Hässlichkeit dieses schwarzgesichtigen Geschöpfes erstaunt. Ich hatte nie zuvor ein so abstoßendes und fremdartiges Gesicht gesehen, und dennoch – so widersprüchlich es klingt – hatte ich zur gleichen Zeit die merkwürdige Empfindung, als sei ich irgendwie *doch* schon genau den Zügen und Gebärden begegnet, die mich jetzt entsetzten. Später fiel mir ein, dass ich das Geschöpf wahrscheinlich gesehen hatte, als ich an Bord gehoben wurde, doch befriedigte das meinen Argwohn, es schon früher irgendwo erblickt zu haben, kaum. Aber wie man ein so eigentümliches Gesicht vor Augen gehabt und vergessen haben kann, wann und wo das war, das ging über meine Vorstellungskraft.

Die Bewegung, die Montgomery machte, um mir zu folgen, lenkte meine Aufmerksamkeit ab, und ich wandte mich und sah mich auf dem glatten Deck des kleinen Schoners um.

Ich war durch die Töne, die ich gehört hatte, schon halb auf den Anblick, der sich mir bot, vorbereitet. Trotzdem hatte ich noch nie ein so schmutziges Deck gesehen. Es war mit Rübenabfall, Fetzen von grünem Zeug und unbeschreiblichem Schmutz bedeckt. An den Hauptmast waren mit Ketten eine Horde grauer Hetzhunde gefesselt, die jetzt gegen mich zu springen und zu bellen begannen, und am Besanmast war ein riesiger Puma in einen kleinen eisernen Käfig gesperrt, der so eng war, dass sich das Tier nicht einmal umdrehen konnte. Ferner gab es auf Steuerbord einige große Ställe, die unzählige Kaninchen enthielten, und ein einzelnes Lama war vorn in eine viel zu kleine Kiste gequetscht. Die Hunde hatten Lederriemen um die Schnauzen. Das einzige menschliche Wesen auf Deck war ein hagerer, schweigsamer Seemann, der das Steuer bediente.

Die geflickten, schmutzigen Treibsegel standen straff vor dem Winde; überhaupt schien das kleine Schiff all seine Segel gesetzt zu haben. Der Himmel war klar, die Sonne schon auf halbem Wege am westlichen Horizont; lange, schaumgekrönte Wogen begleiteten uns. Wir gingen am Steuermann vorbei Richtung Backbord und blickten auf das Wasser, das schäumend unter dem Stern hervorlief, und auf die Blasen, die im Kielwasser tanzten und verschwanden. Ich drehte mich um und blickte das ekelerregende Schiffsdeck entlang.

»Ist das eine Meeresmenagerie?«, fragte ich.

»Sieht fast so aus«, sagte Montgomery.

»Wozu die wilden Tiere? Als Handelsware? Meint der Kapitän, er wird sie irgendwo in der Südsee loswerden?«

»Es sieht so aus, nicht wahr?«, sagte Montgomery und wandte sich wieder dem Kielwasser zu.

Plötzlich hörten wir von der Schottluke her einen Schrei und einen Schwall von Flüchen, und der ungestalte Mensch mit dem schwarzen Gesicht kletterte eilig herauf. Dicht hinter ihm folgte ein untersetzter, rothaariger Mann mit einer weißen Mütze. Beim Anblick des Ersteren wurden die Hetzhunde, mittlerweile alle des Bellens müde, auf einmal rasend vor Wut, heulten und zerrten an ihren Ketten. Der Schwarze wich zurück, und das gab dem Rothaarigen Zeit, ihn einzuholen und ihm einen furchtbaren Stoß zwischen die Schulterblätter zu versetzen. Der arme Teufel sackte zusammen wie ein gefällter Ochs und rollte unter die tobenden Hunde. Es war sein Glück, dass ihnen das Maul verbunden war. Der Rothaarige grunzte triumphierend, taumelte und geriet, wie mir schien, in ernstliche Gefahr, entweder rückwärts die Kajütstreppe hinunterzustürzen oder nach vorne über sein Opfer zu stolpern.

Als der zweite Mann erschien, fuhr Montgomery heftig auf. »Sachte da vorn!«, rief er warnend. Ein paar Matrosen erschienen am Bug.

Der Mann mit dem schwarzen Gesicht rutschte unter den Pfoten der Tiere umher und jaulte mit merkwürdiger Stimme.

Niemand versuchte ihm zu helfen. Die Tiere taten ihr Bestes, ihn zu zerreißen, indem sie mit den Schnauzen nach ihm stießen. Ihre geschmeidigen grauen Leiber vollführten einen behänden Tanz über der plumpen Gestalt. Die Matrosen vorn riefen ihnen zu, als sei das ein großer Spaß. Montgomery stieß einen zornigen Ausruf aus und ging weiter über das Deck. Ich folgte ihm.

In der nächsten Sekunde hatte sich der Mann mit dem schwarzen Gesicht aufgerafft und taumelte vorwärts. Er stolperte bei den Wanten, blieb keuchend stehen und sah sich über die Schulter weg nach den Hunden um. Der Rothaarige lachte zufrieden.

»Hören Sie, Kapitän«, sagte Montgomery, stärker lispelnd als gewöhnlich, während er den Rothaarigen bei den Ellenbogen packte. »Das geht nicht.«

Ich stand hinter Montgomery. Der Kapitän drehte sich halb um und sah ihn mit den stumpfen und feierlichen Augen eines Betrunkenen an. »Was geht nicht?«, fragte er; und nachdem er Montgomery eine Minute lang schläfrig ins Gesicht geblickt hatte, fügte er hinzu: »Verdammter Knochensäger!«

Mit einer plötzlichen Bewegung wollte er die Arme freischütteln, und nach zwei wirkungslosen Versuchen steckte er die mit Sommersprossen bedeckten Hände in die Seitentaschen.

»Der Mann ist Passagier«, sagte Montgomery. »Ich rate Ihnen, die Hände von ihm zu lassen.«

»Gehen Sie zur Hölle!«, rief der Kapitän laut. Plötzlich drehte er sich um und taumelte zur Seite. »Ich tu', was ich will, auf meinem eigenen Schiff«, sagte er.

Montgomery hätte ihn jetzt gehen lassen können – da der Kerl nun einmal betrunken war. Aber er wurde nur noch blasser und folgte dem Kapitän zur Reling.

»Hören Sie, Kapitän«, sagte er. »Der Mann da soll nicht misshandelt werden. Er ist gequält worden, seit er an Bord kam.«

Eine Minute lang blieb der Kapitän sprachlos, benebelt von seinen alkoholischen Dünsten. »Verdammter Knochensäger!«, war alles, was er dazu zu sagen hatte.

Ich konnte sehen, dass Montgomery von jenem langsamen, hartnäckigen Temperament war, das sich allmählich aufheizt, bis es zur Weißglut kommt und sich nie wieder bis zum Gleichmut abkühlt; und ich sah auch, dass dieser Streit seit einiger Zeit schwelte. »Der Mann ist betrunken«, warf ich ein. »Sie werden nichts ausrichten.«

Montgomery zog seine hängende Lippe hässlich schief. »Er ist immer betrunken. Meinen Sie, das entschuldigt ihn, wenn er seine Passagiere angreift?«

»Mein Schiff«, begann der Kapitän, indem er die Hand unsicher gegen die Käfige hob, »war ein sauberes Schiff. Sehen Sie's jetzt an.« Es war sicherlich alles andere als sauber. »Mannschaft«, fuhr der Kapitän fort, »saubere, ehrbare Mannschaft.«

»Sie waren bereit, die Tiere mitzunehmen.«

»Ich wollt', mir wär' Ihre höllische Insel nie vor Augen gekommen. Was zum Teufel … brauchen Sie Tiere für so eine Insel? Und dann Ihr Mann da … Wohlverstanden, wenn er 'n Mann wär'. Das ist 'n Verrückter. Und er hatte hinten nichts zu suchen. Meinen Sie, das ganze Satansschiff gehört Ihnen?«

»Ihre Leute begannen den armen Teufel zu quälen, sowie er an Bord kam.«

»Er ist wirklich 'n Teufel, 'n hässlicher Teufel. Meine Leute können ihn nicht ausstehen. Ich kann ihn nicht ausstehn. Keiner von uns kann ihn ausstehn. Und Sie auch nicht.«

Montgomery wandte sich ab. »Sie lassen den Mann auf jeden Fall in Frieden«, sagte er und nickte beim Sprechen mit dem Kopf.

Aber jetzt wollte der Kapitän keine Ruhe geben. Er erhob die Stimme: »Wenn er noch mal auf diesen Teil vom Schiff kommt, kehr' ich ihm die Gedärme nach außen, das sag' ich Ihnen. Ich schneid' ihm seine verdammten Gedärme raus. Für wen halten Sie sich eigentlich, dass Sie mir sagen wollen, was ich tun soll? Ich sag's Ihnen, ich bin Kapitän auf dem Schiff – Kapitän und Eigentümer. Ich bin das Gesetz hier, das sag' ich Ihnen – das Gesetz und die Propheten. Ich hab' mich verpflichtet, einen Mann und seinen Diener nach Arica und wieder zurück zu bringen und noch ein paar Tiere mitzunehmen. Ich hab' mich nie verpflichtet, einen wildgewordenen Teufel und einen albernen Knochensäger zu transportieren, einen …«

Nun, einerlei, wie er Montgomery nannte. Ich sah, dass dieser einen Schritt vorwärts tat, und trat dazwischen. »Er ist betrunken«, sagte ich. Der Kapitän begann noch schlimmer zu schimpfen. »Hören Sie auf«, sagte ich, während ich mich scharf zu ihm wandte, denn ich hatte in Montgomerys Gesicht Gefahr gesehen. Damit lenkte ich den Wortschwall auf mich selber.

Ich war jedoch froh, etwas zu verhindern, was einer Schlägerei gefährlich nahekam, selbst um den Preis, der betrunkenen Wut des Kapitäns ausgesetzt zu sein. Ich glaube nicht, dass ich je zuvor so viel gemeine Worte in einem so ununterbrochenen Redestrom von den Lippen irgendeines Menschen hatte sich ergießen hören, obgleich ich genügend in exzentrischer Gesellschaft verkehrt hatte. Einiges ertrug ich nur schwer, obgleich ich ein Mann von mildem Temperament bin. Aber auf jeden Fall hatte ich, als ich dem Kapitän Einhalt gebot, vergessen, dass ich nur ein Stück menschlichen Strandguts war, von meinen Hilfsquellen abgeschnitten, mit unbezahlter Passage, nichts als ein Obdachloser, der von der Güte – oder dem spekulativen Unternehmungsgeist des Schiffseigners – abhängig war. Er erinnerte mich mit beträchtlichem Nachdruck daran. Aber trotz allem hatte ich eine Prügelei verhütet.

4
An Bord des Schoners

An diesem Abend wurde nach Sonnenuntergang Land gesichtet. Montgomery deutete an, es sei sein Ziel. Es war zu fern, als dass man Einzelheiten hätte erkennen können; mir erschien es einfach als ein schmaler Streifen dunklen Blaus auf der undeutlichen blaugrauen See. Eine Rauchsäule stieg fast senkrecht von ihm zum Himmel auf.

Der Kapitän war nicht an Deck, als das Land gesichtet wurde. Nachdem er seiner Wut gegen mich Luft gemacht hatte, war er hinuntergetaumelt, und es hieß, er habe sich auf dem Boden seiner Kabine schlafen gelegt. Der Maat übernahm das Kommando. Es war der hagere, schweigsame Mensch, den wir am Steuerrad gesehen hatten. Offenbar war auch er auf Montgomery schlecht zu sprechen. Er nahm nicht die geringste Notiz von uns beiden. Wir saßen nach ein paar vergeblichen Anläufen zu einem Gespräch mit ihm in verdrießlichem Schweigen da. Es fiel mir auch auf, dass die Mannschaft meinen Gefährten und seine Tiere merkwürdig unfreundlich ansah. Montgomery sagte nicht, was er mit diesen Geschöpfen vorhatte und wo sein Ziel lag, und obgleich meine Neugier wuchs, drängte ich ihn nicht. Wir blieben auf dem Hinterdeck und unterhielten uns, bis der Himmel mit Sternen dicht besät war. Abgesehen von einem gelegentlichen Geräusch am gelb erleuchteten Vorderdeck und hin und wieder einer Bewegung der Tiere war die Nacht sehr still. Der Puma lag zusammengekauert und beobachtete uns mit leuchtenden Augen: Ein dunkler Haufen im Winkel seines Käfigs. Die Hunde schienen zu schlafen. Montgomery zog ein paar Zigarren hervor.

Er sprach in einem Ton halb schmerzlicher Erinnerung mit mir von London und stellte allerlei Fragen über Veränderungen, die eingetreten waren. Er sprach wie ein Mann, der sein Leben dort geliebt hatte und plötzlich und unwiderruflich davon losgerissen worden war. Ich plauderte, so gut ich konnte, über dieses und jenes. Immer deutlicher wurde mir bewusst, wie seltsam er war, und während ich mit ihm sprach, blickte ich ihm beim schwachen Licht der Kompasslaterne hinter mir in das merkwürdige bleiche Gesicht. Dann sah ich aufs dunkle Meer hinaus, wo seine kleine Insel in der Finsternis verborgen lag.

Dieser Mann, so schien mir, war eigens aus der Unendlichkeit gekommen, um mir das Leben zu retten. Morgen sollte er von Bord gehen und wieder aus meinem Dasein verschwinden. Selbst unter alltäglichen Umständen hätte mich das ein wenig nachdenklich gestimmt. Aber es war allein schon so sonderbar, dass ein gebildeter Mann auf dieser unbekannten kleinen Insel wohnte, und dazu kam die merkwürdige Fracht. Ich ertappte mich dabei, wie ich die Frage des Kapitäns wiederholte: Was wollte er mit den Tieren? Und warum hatte er getan, als gehörten sie nicht ihm, als ich erstmals von ihnen sprach? Und dann hatte auch sein Diener etwas Bizarres an sich, das mir tiefen Eindruck gemacht hatte. Diese Umstände umgaben den Mann mit einer Aura des Geheimnisvollen. Sie nahmen meine Fantasie gefangen und lähmten mir die Zunge.

Gegen Mitternacht erstarb unser Gespräch über London, und wir standen Seite an Seite und lehnten uns über die Reling und starrten verträumt über die schweigende, sternenbeleuchtete See, und jeder folgte seinen eigenen Gedanken. Es war die geeignete Atmosphäre zur Äußerung von Gefühlen, und ich brachte meine Dankbarkeit zum Ausdruck.

»Wenn ich es sagen darf«, sagte ich nach einer Weile, »Sie haben mir das Leben gerettet.«

»Zufall«, sagte er, »nichts als Zufall.«

»Ich danke lieber dem greifbaren Werkzeug des Zufalls.«

»Danken Sie niemandem. Sie waren in Not, und ich hatte das Wissen, und ich habe Ihnen Injektionen gemacht und Sie gefüttert. Mir war langweilig, und ich wollte etwas zu tun haben. Wenn ich an dem Tag etwa abgehetzt gewesen wäre, oder mir hätte Ihr Gesicht nicht gefallen, tja – es ist eine interessante Frage, wo Sie da jetzt wohl wären.«

Das dämpfte meine Stimmung ein wenig. »Auf jeden Fall –«, begann ich.

»Es ist Zufall, sage ich Ihnen«, unterbrach er mich, »wie alles im Leben. Nur die Esel wollen das nicht einsehen. Warum bin ich jetzt hier – von der Zivilisation ausgestoßen –, statt ein glücklicher Mann zu sein und alle Freuden Londons zu genießen? Einfach, weil ich – vor elf Jahren – in einer Nebelnacht für zehn Minuten den Kopf verloren hatte.« Er hielt inne.

»Ja?«, sagte ich.

»Das ist alles.«

Wir versanken wieder in Schweigen. Dann lachte er. »Dieses Sternenlicht hat etwas, was einem die Zunge löst. Ich bin ein Esel, und doch hätte ich gute Lust, es Ihnen zu erzählen.«

»Was Sie mir auch erzählen, Sie können sich drauf verlassen, dass ich's für mich behalte … Wenn Sie das meinen.«

Er setzte schon an, dann aber schüttelte er zweifelnd den Kopf. »Lassen Sie's«, sagte ich. »Mir ist's einerlei. Schließlich ist es besser, Sie behalten Ihr Geheimnis. Sie gewinnen nichts außer ein wenig Erleichterung, wenn ich Ihr Geheimnis achte. Wenn nicht … was dann?«

Er brummte unentschieden. Ich spürte, dass ich ihn an einer schwachen Stelle, in einer redseligen Stimmung gepackt hatte; aber, um die Wahrheit zu sagen, ich war nicht neugierig, zu erfahren, was einen jungen Studenten der Medizin aus London vertrieben haben konnte. Ich habe Fantasie. Ich zuckte die Schultern und wandte mich ab. Am Backbord lehnte eine stille, schwarze Gestalt und beobachtete die Sterne. Es war Montgomerys unheimlicher Begleiter. Er blickte bei meiner Bewegung schnell über die Schulter und sah dann wieder weg.

Es mag Ihnen als eine unbedeutende Kleinigkeit erscheinen, aber ich war wie vom Schlag getroffen. Das einzige Licht in unserer Nähe kam von einer Laterne am Steuer. Das Geschöpf wandte sich für den Bruchteil einer Sekunde gegen diese Beleuchtung, und ich sah, dass die Augen, die mich anblickten, blassgrün funkelten.

Ich wusste damals nicht, dass – zumindest ein rötliches – Leuchten in menschlichen Augen nicht selten ist. Mir kam das ganz und gar unmenschlich vor. Diese schwarze Gestalt mit ihren Feueraugen stürzte all meine Begriffe und Empfindungen um, und einen Moment traten mir die vergessenen Schrecken der Kindheit wieder vor Augen. Dann verschwand dieses Entsetzen so schnell, wie es gekommen war. Eine wunderliche schwarze Menschengestalt, eine Gestalt ohne besonderen Belang, beugte sich über die Reling und betrachtete das Sternenlicht, und ich hörte, wie Montgomery zu mir sprach.

»Ich denke, wir gehen hinein«, sagte er, »wenn Sie hiervon genug haben.«

Ich antwortete ihm benommen. Wir gingen hinunter, und er wünschte mir an der Tür meiner Kabine gute Nacht.

Ich hatte ein paar sehr unerfreuliche Träume. Der abnehmende Mond ging spät auf. Sein Licht warf einen blassen, weißen Strahl durch meine Kabine und zeichnete auf die Planken bei meiner Koje eine unheimliche Lichtfigur. Dann wachten die Hetzhunde auf und begannen zu heulen und zu bellen, sodass ich vor der Dämmerung des Sonnenaufgangs kaum mehr Schlaf fand.

5
Der Mann, der nicht wusste, wohin gehen

Am frühen Morgen – es war der zweite Morgen, nach dem ich mich erholt hatte, und, so glaube ich, der vierte, seit ich aufgefunden worden war – erwachte ich aus einem Wirbel aufwühlender Träume, Träume von Kanonen und heulendem Pöbel, und ich hörte heiseres Rufen über mir. Ich rieb mir die Augen und lauschte auf den Lärm, ohne zunächst zu wissen, wo ich war. Dann vernahm ich das Trappeln nackter Füße, den Lärm schwerer Gegenstände, die umhergeworfen wurden, und ein heftiges Kreischen und Rasseln von Ketten; hierauf das Geräusch des Wassers, als das Schiff plötzlich gewendet wurde. Eine schäumende gelbgrüne Welle schlug an dem kleinen runden Fenster vorbei. Ich schlüpfte eilig in meine Kleider und ging an Deck.

Als ich die Leiter heraufkam, sah ich gegen den rötlichen Himmel – denn die Sonne ging gerade auf – den breiten Rücken und das rote Haar des Kapitäns und über ihm den Puma, der an einem Flaschenzug baumelte, welcher am Giekbaum des Besanmastes hing. Das arme Tier schien furchtbare Ängste auszustehen und kauerte am Boden seines kleinen Käfigs. »Über Bord damit!«, schrie der Kapitän. »Über Bord damit! Wir wollen das Schiff bald wieder sauber haben.«

Er stand mir im Weg, sodass ich ihn notwendigerweise streifen musste, um an Deck zu kommen. Er drehte sich erschrocken um und stolperte ein paar Schritte zurück, um mich anzustarren. »Hallo!«, sagte er stumpfsinnig, und dann begannen seine Augen zu funkeln. »Ah, das ist Mister – Mister –?«

»Prendick«, sagte ich.

»Prendick, zum Henker!«, sagte er. »Beendigt – Prendick – Beendigt!«

Es lohnte nicht, dem Grobian zu antworten. Aber was er dann tat, hatte ich nicht erwartet. Er streckte die Hand zum Fallreep, wo Montgomery mit einem untersetzten, weißhaarigen Mann in schmutzigem blauem Flanell stand, der offenbar gerade an Bord gekommen war. »Da hinaus, Mister Beendigt. Da hinaus«, brüllte der Kapitän.

Montgomery und sein Gefährte drehten sich um, während er schrie.

»Was meinen Sie damit?«, fragte ich.

»Da hinaus, Mister Beendigt – das meine ich. Über Bord, Mister Beendigt – und zwar flott. Wir machen das Schiff klar, das ganze Satansschiff sauber. Und Sie gehen über Bord.«

Ich starrte ihn verblüfft an. Warum eigentlich nicht?, dachte ich mir. Die Aussicht auf eine Reise als einziger Passagier mit diesem zanksüchtigen Trinker war alles andere als verlockend. Ich wandte mich zu Montgomery.

»Kann Sie nicht aufnehmen!«, sagte Montgomerys Gefährte kurzangebunden.

»Sie können mich nicht aufnehmen?«, stammelte ich erschrocken. Er hatte das vierschrötigste und entschlossenste Gesicht, das ich je erblickt hatte.

»Sehen Sie«, begann ich, indem ich mich zum Kapitän wandte.

»Über Bord«, sagte der Kapitän. »Dieses Schiff steht nicht länger Tieren und Kannibalen und noch Schlimmerem zur Verfügung. Über Bord gehen Sie, Mr. Beendigt. Wenn die Sie nicht haben wollen, dann saufen Sie eben ab. Aber Sie gehen! Mit Ihren Freunden. Ich bin mit dieser Satansinsel für alle Ewigkeit fertig, amen! Ich hab' genug davon.«

»Aber Montgomery«, wandte ich mich um.

Er biss sich auf die Unterlippe und wies resigniert mit dem Kopf auf den weißhaarigen Mann neben sich, um seine Ohnmacht anzudeuten.

»Für Sie werde ich gleich sorgen«, sagte der Kapitän.

Dann begann ein merkwürdiger Streit im Dreieck. Abwechselnd wandte ich mich vom einen zum andern, erst an den

Weißhaarigen, er möge mich an Land lassen, und dann an den Kapitän, er solle mich an Bord behalten. Ich schrie selbst den Matrosen Bitten zu. Montgomery sagte kein Wort; er schüttelte nur den Kopf. »Sie gehen über Bord, das sag' ich Ihnen«, war der Refrain des Kapitäns. »Zum Henker mit dem Gesetz! Hier bin ich König.«

Schließlich, muss ich gestehen, brach mir die Stimme mitten in einem furchtbaren Fluch. Ein Anfall verzweifelter Wut schüttelte mich, und ich ging nach hinten, wo ich finster ins Nichts starrte.

Inzwischen kamen die Matrosen mit der Arbeit des Ausschiffens von Gepäck und Käfigen schnell vorwärts. Ein großes Langboot lag an der Leeseite des Schoners, und dahinein wurde die merkwürdige Sammlung von Gütern befördert. Noch sah ich die Hilfskräfte von der Insel, die das Gepäck in Empfang nahmen, nicht, denn der Rumpf des Bootes war mir durch den Schiffsbauch verborgen.

Weder Montgomery noch sein Gefährte nahmen die geringste Notiz von mir, sondern sie halfen den vier oder fünf Matrosen, die Ladung zu löschen, und gaben Anweisungen. Der Kapitän ging nach vorn und störte mehr, als dass er half. Ich war abwechselnd verzweifelt und zu allem entschlossen. Ein- oder zweimal konnte ich, als ich so dastand und wartete, dem Impuls nicht widerstehen, über meine ausweglose Situation zu lachen. Ich fühlte mich umso elender, als ich kein Frühstück gegessen hatte. Hunger und Mangel an Blutkörperchen nehmen einem Mann alle Mannheit. Ich merkte ziemlich klar, dass ich nicht Kraft genug hatte – weder um mich zu widersetzen, wenn der Kapitän mich wirklich vertreiben wollte, noch um mich Montgomery und seinem Gefährten aufzudrängen. So wartete ich untätig auf das Schicksal, und die Arbeit des Ausladens von Montgomerys Besitz in das Boot ging weiter, wie wenn ich nicht vorhanden gewesen wäre.

Endlich war man damit fertig, und ich wurde gegen meinen – allerdings nur schwachen – Widerstand zum Fallreep geschleppt. Da bemerkte ich das seltsame Aussehen der braunen Gesichter der Leute, die bei Montgomery im Boote waren. Aber das Boot war jetzt vollgeladen und wurde eilig abgestoßen. Ein breiter werdender Spalt grünen Wassers erschien unter mir, und ich drängte mit aller Kraft rückwärts, um nicht kopfüber hinunterzustürzen.

Die Leute im Boot stießen spöttische Rufe aus, und ich hörte Montgomery auf sie fluchen. Und dann schob der Kapitän mich mithilfe des Maats und eines der Matrosen nach hinten zum Heck. Dort war das Rettungsboot der *Lady Vain* angebunden; es war voll Wasser, hatte keine Ruder und war ganz ohne Vorräte. Ich weigerte mich, hinunterzusteigen, und warf mich in meiner ganzen Länge aufs Deck. Schließlich schwangen sie mich an einem Strick hinunter – denn sie hatten keine Leiter – und schnitten mich los.

Ich trieb langsam vom Schoner weg. Wie gelähmt beobachtete ich, wie sich alle Hände an die Takelage legten, und langsam, aber sicher drehte sich das Schiff in den Wind. Die Segel flatterten und bauschten sich dann auf, als der Wind hineinfasste. Ich starrte die verwitterten Planken an, die sich steil über mich neigten. Und dann zog der Schoner aus meinem Gesichtskreis fort.

Ich wandte nicht einmal den Kopf, um ihm zu folgen. Erst konnte ich kaum glauben, was geschehen war. Ich kauerte mich am Boden des Bootes hin und starrte betäubt und leer auf das öde und ölige Meer. Dann wurde mir klar, dass ich wieder in dieser meiner jetzt halb unter Wasser stehenden kleinen Hölle war. Als ich über Bord zurückblickte, sah ich, wie der rothaarige Kapitän mich vom Backbord aus verhöhnte; und als ich mich zur Insel wandte, sah ich, dass sich das Langboot bereits dem Ufer näherte.

Plötzlich wurde mir die Grausamkeit dieser Aussetzung klar. Ich hatte keine Möglichkeit, das Land zu erreichen, wenn ich das Boot nicht antrieb. Man muss bedenken, dass ich noch schwach war von der Zeit im Boot; ich war ausgelaugt und matt, sonst hätte ich mehr Mut gehabt. Nun aber begann ich plötzlich zu schluchzen und zu weinen, wie ich es nicht mehr getan hatte, seit ich ein kleines Kind war. Mir liefen die Tränen das Gesicht herunter. In leidenschaftlicher Verzweiflung schlug ich mit den Fäusten auf das Wasser im Boot und stieß wild gegen den Bordrand. Ich betete laut zu Gott, er möge mich sterben lassen.

6
Die verdächtigen Bootsleute

Aber die Insulaner bekamen, als sie mich so dahintreiben sahen, Mitleid mit mir. Ich wurde sehr langsam nach Osten getragen, schräg auf die Insel zu, und plötzlich sah ich mit ungläubiger Erleichterung das Boot wenden und zu mir zurückfahren. Es war schwer beladen, und als es herankam, konnte ich sehen, dass Montgomerys Gefährte mit dem weißen Haar und den breiten Schultern mit den Hunden und mehreren Packkisten zusammengedrängt im Heck saß. Dieser Mensch starrte mich fest an, ohne sich zu rühren oder zu sprechen. Der Krüppel mit dem schwarzen Gesicht, der neben dem Pumakäfig im Bug kauerte, starrte mich ebenso unbeweglich an. Außerdem waren noch drei Leute vorhanden, seltsame, tierisch aussehende Gesellen, die von den Hetzhunden wild angeknurrt wurden. Montgomery steuerte und brachte das Boot zu mir her; er stand auf und befestigte meine Bootsleine an seiner Ruderpinne, um mich ins Schlepptau zu nehmen – denn es war kein Platz an Bord.

Ich hatte mich mittlerweile von meinem Schrecken erholt und beantwortete seinen Ruf, als er herankam, ziemlich beherzt.

Ich sagte ihm, das Boot sei fast voll, und er reichte mir einen Schöpfer. Ich wurde nach hinten geschleudert, als das Seil zwischen den beiden Booten sich plötzlich spannte. Eine Zeit lang hatte ich mit dem Schöpfen zu tun.

Erst als ich das Wasser entfernt hatte – das Boot war im Übrigen vollständig heil –, hatte ich Muße, mir die Leute im Langboot wieder anzusehen.

Der Weißhaarige blickte mich noch immer unverwandt an, aber, wie es mir jetzt vorkam, mit einem Ausdruck von Besorgnis. Als meine Augen den seinen begegneten, blickte er auf den Hund nieder, der ihm zwischen den Knien saß. Es war, wie ich schon sagte, ein mächtig gebauter Mann mit schöner Stirn und etwas derben Zügen, aber seine Augen zeigten das merkwürdige Überhängen der Haut über die Lider, wie es oft mit den vorrückenden Jahren kommt, und die herabgezogenen Mundwinkel gaben ihm den Ausdruck kampflustiger Entschlossenheit. Er sprach mit Montgomery in zu leisem Ton, als dass ich seine Worte hätte verstehen können. Von ihm wanderten meine Augen zu den drei Bootsleuten: Es war eine seltsame Mannschaft. Ich sah nur ihre Gesichter, aber in ihren Gesichtern lag etwas – ich weiß nicht, was –, das mir eine wunderliche Aufwallung von Widerwillen verursachte. Ich sah sie fest an, und der Ekel verging nicht, obgleich ich nicht einsah, was ihn veranlasste. Es schienen mir braunhäutige Menschen zu sein, aber ihre Glieder waren sonderbarerweise in dünnes, schmutziges weißes Zeug gehüllt – bis hinunter zu den Fingern und Füßen. Ich habe Männer nie so eingewickelt gesehen, und Frauen nur im Osten. Sie trugen auch Turbane, und darunter hervor blickten mich ihre gnomenhaften Gesichter an, Gesichter mit vorspringendem Unterkiefer und glänzenden Augen. Sie hatten schlichtes schwarzes Haar, fast wie Pferdehaar, und wie sie da saßen, schienen sie an Größe alle Menschenrassen zu überragen, die ich je gesehen habe. Der weißhaarige Mann, der, wie ich wusste, gute sechs Fuß maß, war im Sitzen einen Kopf kleiner als der Kleinste von den dreien. Später stellte ich fest, dass in Wirklichkeit keiner größer war als ich, aber ihr Rumpf war abnorm lang und die Schenkelpartie kurz und merkwürdig gebogen. Auf jeden Fall war es eine verblüffend hässliche Gesellschaft, und über ihren Köpfen, unter der vorderen Rahe, blickte mich der Mann mit dem schwarzen Gesicht an, dessen Augen im Dunkel leuchteten.

Als ich sie anstarrte, begegneten sie meinem Blick, und dann wandten sie sich einer nach dem anderen ab, und von nun an blickten sie mich merkwürdig verstohlen an. Mir kam der Gedanke, ich könnte sie vielleicht belästigen, und ich widmete meine Aufmerksamkeit der Insel, der wir uns näherten.

Sie war niedrig und mit dichter Vegetation bedeckt, hauptsächlich einer Palmenart, die mir neu war. An einem Punkt stieg dünner weißer Rauch schräg in eine ungeheure Höhe und verästelte sich dann wie eine Daunenfeder. Wir waren jetzt im Halbrund einer weiten Bucht, zu deren beiden Seiten sich ein niedriges Vorgebirge erhob. Der Strand war schmutziger grauer Sand und stieg steil zu einem Hügelrücken empor, der etwa sechzig bis siebzig Fuß über dem Wasserspiegel lag und unregelmäßig mit Bäumen und Unterholz bewachsen war. Auf halbem Weg zu der Anhöhe befand sich eine viereckig angelegte, bunte Steinmauer, die, wie ich später herausfand, zum Teil aus Korallen, zum Teil aus bimssteinartiger Lava gebaut war. Zwei strohgedeckte Dächer ragten aus dieser Mauer heraus.

Ein Mann stand am Wasserrand und erwartete uns. Als wir noch weitab waren, glaubte ich, noch andere und sehr groteske Geschöpfe auf dem Abhang in die Gebüsche huschen zu sehen; sie waren jedoch verschwunden, als wir näher kamen. Dieser Mann war von mittlerer Größe und hatte ein schwarzes, negroides Gesicht, einen großen, fast lippenlosen Mund, ungewöhnlich dünne Arme, lange, dünne Füße und O-Beine, und er stand da, den schweren Kopf vorgeschoben, und starrte uns an. Er war wie Montgomery und sein weißhaariger Gefährte in Jackett und Hose aus blauer Serge gekleidet.

Als wir noch näher kamen, begann dieses Wesen auf dem Strand hin und her zu laufen und die groteskesten Bewegungen zu machen. Auf ein Kommandowort von Montgomery sprangen die vier Leute im Langboot mit sonderbar linkischen Bewegungen auf und holten die Segel ein. Montgomery steuerte einen schmalen, kleinen Anlegeplatz an, der in den Strand gegraben war. Dann eilte der Mann auf dem Strand zu uns. Dieser Anlegeplatz war eigentlich nichts als ein Graben, der bei diesem Flutstand gerade lang genug war, um das Langboot aufzunehmen.

Ich hörte den Bug auf dem Sand knirschen, hielt mein Boot mit der Schöpfkelle vom Steuerruder des großen ab, band das Tau los und landete. Die drei eingemummten Männer kletterten mit ungeheuer plumpen Bewegungen auf den Sand hinaus und begannen sofort unter Mithilfe des Mannes am Strand die Ladung zu löschen. Mir fielen besonders die sonderbaren Beinbewegungen der drei bandagierten Bootsleute auf – sie waren nicht steif, aber irgendwie merkwürdig verrenkt, beinahe so, als säßen die Gelenke verkehrt. Die Hunde knurrten diese Leute weiter an und zerrten an ihren Ketten, als der weißhaarige Mann mit ihnen an Land ging.

Die drei großen Burschen sprachen miteinander in sonderbaren Gutturallauten, und der Mann, der am Strande auf uns gewartet hatte, begann aufgeregt auf sie einzureden – in einer fremden Sprache, wie mir schien –, als sie die Hand an einige beim Heck aufgehäufte Ballen legten. Irgendwo hatte ich eine solche Stimme schon gehört, aber ich konnte mich nicht besinnen, wo. Der weißhaarige Mann stand da, bändigte sechs Hunde und schrie Befehle, die ihren Lärm übertönten. Montgomery ging gleichfalls an Land, und alle begannen mit dem Löschen. Ich war aufgrund meines langen Fastens und der Sonne, die mir auf den bloßen Kopf brannte, zu schwach, um Hilfe anzubieten.

Plötzlich schien sich der Weißhaarige meiner Gegenwart zu erinnern, und er trat zu mir. »Sie sehen aus«, sagte er, »als hätten Sie kaum etwas gefrühstückt.«

Seine kleinen Augen glänzten schwarz unter den schweren Brauen. »Da muss ich mich entschuldigen. Sie sind jetzt unser Gast, und wir müssen es Ihnen behaglich machen – obgleich Sie ungebeten kamen, wie Sie wissen.«

Er sah mir scharf ins Gesicht. »Montgomery sagt, Sie sind ein gebildeter Mann, Mr. Prendick – er meint, Sie verstehen etwas von den Naturwissenschaften. Darf ich fragen, was das bedeutet?«

Ich sagte ihm, ich hätte einige Jahre auf dem Royal College of Science studiert und unter Huxley ein wenig biologische Forschungen getrieben. Da hob er leicht die Augenbrauen.

»Das ändert die Lage ein wenig, Mr. Prendick«, sagte er mit einer Spur mehr Achtung in der Stimme. »Zufällig sind wir hier Biologen. Dies ist eine biologische Station – gewissermaßen.« Sein Auge ruhte auf den Leuten in Weiß, die den Pumakäfig auf Rollen zu dem ummauerten Hof hinaufschleppten. »Wenigstens ich und Montgomery sind Biologen«, fügte er hinzu.

Und dann: »Wann Sie von hier wieder fortkommen können, weiß ich nicht. Wir liegen abseits aller Schiffsrouten. Wir sehen nur alle Jubeljahre einmal ein Schiff.«

Er ließ mich unvermittelt stehen, ging den Strand hinauf und betrat, glaube ich, den ummauerten Hof. Die beiden anderen Leute waren gemeinsam mit Montgomery beschäftigt, auf einem niedrigen Karren Pakete aufzutürmen. Das Lama und die Kaninchenställe waren noch im Boot, die Hetzhunde noch an die Ruderbänke gefesselt. Als der Haufen vollständig war, fassten alle drei an dem Karren an und begannen, die tonnenschwere Last bergan zu schieben. Dann verließ Montgomery sie, kam zu mir zurück und hielt mir die Hand hin.

»Ich für meinen Teil«, sagte er, »bin froh. Der Kapitän war ein Esel. Der hätte Ihnen die Hölle heiß gemacht.«

»Sie«, sagte ich, »haben mich zum zweiten Mal gerettet.«

»Das kommt darauf an. Sie werden auf dieser Insel noch Augen machen, das verspreche ich Ihnen. Ich würde gut aufpassen, wohin ich ginge, wenn ich Sie wäre. Er ...« Er zögerte und schien doch nicht aussprechen zu wollen, was ihm auf den Lippen lag. »Könnten Sie mir mit diesen Kaninchen helfen?«, fragte er.

Was er mit den Kaninchen tat, war sonderbar. Ich watete mit ihm ins Wasser und half ihm, einen von den Käfigen an Land zu ziehen. Kaum war das geschehen, so öffnete er die Tür, kippte den Behälter und schüttete dessen lebenden Inhalt auf den Boden. Die Tiere fielen in einem wirren Haufen eins übers andere. Er klatschte in die Hände, und sofort sprangen sie, vielleicht zwanzig oder dreißig, den Strand hinauf davon. »Wachst und mehrt euch, meine Freunde«, sagte Montgomery. »Füllt die Insel. Bislang haben wir hier ein wenig Mangel an Fleisch gehabt.«

Während ich die Kaninchen verschwinden sah, kehrte der Weißhaarige mit einer Brandy-Flasche und etwas Zwieback zurück. »Für den ersten Hunger, Prendick«, sagte er in weit vertraulicherem Ton als vorher.

Ich machte keine Umstände, sondern fiel sofort über den Zwieback her, während der Weißhaarige Montgomery noch etwa weitere zwanzig Kaninchen befreien half. Drei große Käfige jedoch folgten dem Puma zum Haus hinauf. Den Brandy rührte ich nicht an, denn ich bin seit meiner Geburt Abstinenzler gewesen.

7
Die verschlossene Tür

Der Leser wird vielleicht verstehen, dass ich zunächst nicht erkannte, wie seltsam dies und jenes in meiner Umgebung war, da ich selbst so viel Merkwürdiges erlebt hatte und meine

Lage das Ergebnis so unerwarteter Abenteuer war. Ich folgte dem Lama den Strand hinauf, und Montgomery kam mir nach und bat mich, nicht die Steinumfriedung zu betreten. Ich bemerkte nun, dass der Puma in seinem Käfig und die Pakete außerhalb des Eingangs zu diesem Viereck abgesetzt worden waren.

Ich wandte mich um und sah, dass das Langboot jetzt leer war und wieder hinausgestoßen und dann auf den Strand gezogen wurde; der Weißhaarige kam auf uns zu. Er redete Montgomery an.

»Und jetzt kommt das Problem: der ungebetene Gast. Was wollen wir mit ihm anfangen?«

»Er versteht etwas von der Naturwissenschaft«, sagte Montgomery.

»Mich juckt's, wieder an die Arbeit zu gehen – mit all dem Nachschub«, sagte der Weißhaarige und nickte zur Steinmauer hin. Seine Augen leuchteten auf.

»Das kann ich mir denken«, erklärte Montgomery in einem Tone, der alles andere als herzlich war.

»Wir können ihn nicht da hinüberschicken, und wir haben nicht die Zeit, eine neue Hütte zu bauen. Und auf keinen Fall können wir ihn jetzt schon ins Vertrauen ziehen.«

»Ich bin in Ihrer Hand«, sagte ich. Ich hatte keine Ahnung, was er mit »da hinüber« meinte.

»Ich habe an das Gleiche gedacht«, antwortete Montgomery. »Wir hätten mein Zimmer mit der Tür nach außen …«

»Natürlich«, sagte der ältere Mann sofort, sah Montgomery an, und wir alle gingen auf die Ummauerung zu. »Es tut mir leid, dass ich Geheimnisse machen muss, Mr. Prendick – aber Sie müssen bedenken, dass Sie ungeladen kamen. Unsere kleine Niederlassung enthält ein Geheimnis, eine Art Blaubart-Zimmer. Eigentlich nichts Schlimmes – für einen vernünftigen Mann. Aber momentan – wir kennen Sie nicht …«

»Selbstverständlich«, sagte ich, »ich wäre ein Narr, wollte ich an einem Mangel an Vertrauen Anstoß nehmen.«

Er verzog seinen schweren Mund zu einem schwachen Lächeln – er gehörte zu jenen trägen Menschen, die mit niedergezogenen Mundwinkeln lächeln – und verbeugte sich. Am Haupteingang zur Ummauerung gingen wir vorüber – ein schweres Holztor in eisernem Rahmen, das verschlossen war. Die Ladung des Langboots lag davor aufgehäuft, und an der Ecke befand sich eine kleine Tür, die ich vorher nicht bemerkt hatte. Der Weißhaarige zog einen Schlüsselbund aus der Tasche seines schmierigen blauen Jacketts, öffnete diese Tür und trat ein. Die vielen Schlüssel und die Tatsache, dass er alles sorgfältig abschloss, obwohl er es ständig überwachen konnte, wirkten eigentümlich.

Ich folgte ihm und betrat ein kleines, einfach, aber nicht unbehaglich eingerichtetes Zimmer, dessen innere Tür, die leicht angelehnt war, auf einen gepflasterten Hof führte. Diese innere Tür schloss Montgomery sofort. Eine Hängematte hing im dunkleren Winkel des Zimmers, und ein kleines vergittertes Fenster ohne Glas öffnete sich zum Meer hinunter.

Dies, sagte mir der Weißhaarige, sollte mein Zimmer sein, und die innere Tür, die er, wie er sagte, »aus Furcht vor Unfällen« von der anderen Seite verschließen werde, sei meine Grenze zum Innenhof. Er machte mich auf einen bequemen Schiffsstuhl vor dem Fenster aufmerksam und auf eine Reihe von Büchern – hauptsächlich, wie ich sah, chirurgische Werke und Ausgaben der griechischen und lateinischen Klassiker, die ich nicht ohne Schwierigkeiten lesen kann – auf einem Bücherbrett bei der Hängematte. Er verließ das Zimmer durch die äußere Tür, als wolle er vermeiden, die innere noch einmal zu öffnen.

»Wir nehmen hier in der Regel unsere Mahlzeiten ein«, sagte Montgomery, und dann ging er dem anderen nach. »Moreau«, hörte ich ihn rufen, achtete aber wohl im ersten Moment nicht darauf. Als ich dann die Bücher von dem Brett in die Hand nahm, kam es mir plötzlich zu Bewusstsein: Wo hatte ich den Namen Moreau schon gehört?

Ich setzte mich vor das Fenster, nahm die Zwiebackschnitten heraus, die mir noch blieben, und aß sie mit ausgezeichnetem Appetit. »Moreau?«

Durchs Fenster sah ich einen dieser merkwürdigen Leute in Weiß eine Kiste den Strand entlangziehen. Dann verbarg ihn der Fensterrahmen. Hinter mir hörte ich bald darauf, wie jemand einen Schlüssel ins Schloss steckte und drehte. Nach einer weiteren kleinen Weile hörte ich durch die verschlossene Tür den Lärm der Hetzhunde, die vom Strand heraufgebracht worden waren. Sie bellten nicht, aber sie schnüffelten und knurrten sonderbar. Ich konnte das rasche Trippeln ihrer Füße hören und Montgomery, der sie beruhigte.

Die strikte Geheimhaltung, mit der diese beiden Männer das Gebäude umgaben, machte mir tiefen Eindruck, und eine Zeit lang dachte ich darüber und über die mir unerklärliche Vertrautheit des Namens Moreau nach. Aber launisch, wie das menschliche Gedächtnis ist, konnte ich diesen wohlbekannten Namen nicht in seinen rechten Zusammenhang einfügen. Meine Gedanken wanderten zu der undefinierbaren Wunderlichkeit des ungestalten und weißbandagierten Mannes am Strande. Ich hatte noch nie einen solchen Gang, so sonderbare Bewegungen gesehen. Ich entsann mich, dass keiner von diesen Leuten mit mir gesprochen hatte, obgleich ich die meisten dabei ertappt hatte, wie sie mich von Zeit zu Zeit merkwürdig verstohlen anblickten, ganz anders als die unverdorbenen Wilden, die einen offenen Blick haben. Ich fragte mich, welche Sprache sie redeten. Sie hatten alle einen außerordentlich schweigsamen Eindruck gemacht, und wenn sie sprachen, klangen ihre Stimmen unsicher. Was war mit ihnen nicht in Ordnung? Dann fielen mir wieder die Augen von Montgomerys hässlichem Diener ein.

Gerade als ich an ihn dachte, kam er herein. Er war jetzt in Weiß gekleidet und trug ein kleines Teebrett mit etwas Kaffee und gekochtem Gemüse darauf. Ich konnte kaum einen Schauder des Widerwillens unterdrücken, als er sich liebenswürdig verbeugte und das Teebrett vor mir auf den Tisch stellte.

Dann war ich plötzlich starr vor Staunen. Unter dem strähnigen schwarzen Haar lugten spitze Ohren hervor, die mit feinem braunem Pelz bedeckt waren!

»Ihr Frühstück, Häer«, sagte er. Ich starrte ihm sprachlos ins Gesicht. Er drehte sich um und ging zur Tür, während er mich sonderbar über die Schulter hinweg ansah.

Ich folgte ihm mit den Augen, und dabei stieg mir durch eine Schliche unbewusster Gehirntätigkeit die Wortfolge in den Kopf: »Die Moreau – Gräber ...« Wie? »Die Moreau –?« Ah, mein Gedächtnis schweifte um zehn Jahre zurück. Die »Moreau-Gräuel«. Die Worte trieben einen Moment zusammenhanglos in meinem Geist, und dann sah ich sie in roten Lettern auf einer lederfarbenen Broschüre, deren Lektüre einst so manchem Schauder über den Rücken gejagt hatte. Und dann fiel mir alles wieder ein. Die längst vergessene Broschüre trat mir mit erschreckender Lebhaftigkeit vor den Geist. Ich war noch ein Junge gewesen damals, und Moreau, glaube ich, etwa fünfzig; ein bedeutender und eigenwilliger Physiologe, in wissenschaftlichen Kreisen bekannt wegen seiner ungewöhnlichen Fantasie und rücksichtslosen Direktheit in der Diskussion. War dies derselbe Moreau? Er hatte einige sehr erstaunliche Tatsachen über Blutaustausch veröffentlicht, und er war bekannt durch wertvolle Arbeiten über krankhaftes Wachstum. Dann brach seine Karriere plötzlich ab. Er musste England verlassen. Ein Journalist mit der vorsätzlichen Absicht, sensationelle Enthüllungen zu machen, verschaffte sich Zutritt zu seinem Laboratorium; durch einen grausigen Zufall – sofern es einer war – wurde seine bestürzende Broschüre bekannt. Am Tage ihrer Veröffentlichung entkam ein elender Hund, dem die Haut abgezogen und der auch sonst verstümmelt war, aus Dr. Moreaus Haus.

Es war in der Sauregurkenzeit, und ein prominenter Redakteur, ein Vetter des erwähnten Journalisten, appellierte an das Gewissen der Nation. Nicht zum ersten Mal wandte sich das Gewissen gegen die Methoden der Forschung. Der Doktor wurde einfach aus dem Lande gebuht. Vielleicht hatte er's verdient, aber ich meine noch immer, die laue Unterstützung seiner Mitforscher und der Verrat der großen Masse der Wissenschaftler waren eine schmähliche Sache. Doch waren einige seiner Experimente nach dem Bericht des Journalisten leichtfertig und grausam gewesen. Er hätte vielleicht seinen sozialen Frieden erkaufen können, wenn er seine Untersuchungen aufgegeben hätte, aber offenbar waren sie ihm wichtiger. So dürfte es wohl den meisten Menschen ergehen, die einmal dem überwältigenden Zauber der Forschung erlegen sind. Und er war unverheiratet und hatte daher nichts als seine eigenen Interessen zu berücksichtigen.

Ich war überzeugt, dass dies derselbe Mann war. Alles wies darauf hin. Mir ging auf, zu welchem Zweck der Puma und die anderen Tiere, die sich jetzt mit dem Gepäck in der Ummauerung hinter dem Hause befanden, bestimmt waren; und ein seltsamer, schwacher Geruch, der Duft von etwas Vertrautem, ein Geruch, der mir bisher nur undeutlich bewusst gewesen war, trat plötzlich in die vorderste Reihe meiner Gedanken. Es war der antiseptische Geruch des Operationszimmers. Ich hörte den Puma durch die Mauer hindurch knurren, und einer der Hunde schrie auf, als würde er geschlagen.

Andererseits lag – besonders für einen Wissenschaftler – in der Vivisektion nichts so Furchtbares, das diese Heimlichkeit erklärt hätte. Und plötzlich fielen mir die spitzen Ohren und leuchtenden Augen bei Montgomerys Begleiter wieder ein. Ich starrte hinaus aufs grüne Meer, das unter einer auffrischenden

Brise schäumte, und ließ diese und andere seltsame Erinnerungen der letzten paar Tage an mir vorbeiziehen.

Was sollte das alles bedeuten? Eine verschlossene Ummauerung auf einer einsamen Insel, ein bekannter Wissenschaftler, der Vivisektionen durchführte, und diese verkrüppelten und verrenkten Menschen?

8
Der Schrei des Pumas

Montgomery unterbrach meine wirren Fantastereien und argwöhnischen Vermutungen, und sein sonderbarer Diener folgte ihm mit einem Tablett, auf dem sich Brot, etwas Gemüse und andere Esswaren, eine Flasche Whisky, ein Krug Wasser, drei Gläser und Messer befanden. Ich besah mir dieses seltsame Geschöpf von der Seite und merkte, dass es mich mit seinen wunderlichen, rastlosen Augen beobachtete. Montgomery verkündete, er wolle mit mir frühstücken, Moreau sei jedoch durch vorbereitende Arbeiten zu sehr in Anspruch genommen.

»Moreau!«, sagte ich. »Den Namen kenne ich.«

»Den Teufel kennen Sie ihn!«, sagte er. »Wie dumm von mir, ihn zu nennen. Ich hätt's mir denken können. Auf jeden Fall wird er Ihnen eine Ahnung von unseren Geheimnissen geben. Whisky?«

»Nein, danke – ich bin Abstinenzler.«

»Ich wollte, ich wär's gewesen. Aber es nützt nichts, die Tür zu verschließen, wenn der Gaul erst gestohlen ist. Das verdammte Zeug ist schuld, dass ich hier bin. Und 'ne Nebelnacht. Ich hielt es damals für ein Glück, als Moreau mir anbot, mich mitzunehmen. Es ist seltsam …«

»Montgomery«, sagte ich plötzlich, als sich die äußere Tür schloss, »warum hat Ihr Diener spitze Ohren?«

»Verdammt!«, sagte er, an seinem ersten Bissen kauend. Er starrte mich einen Moment an, und dann wiederholte er: »Spitze Ohren?«

»Kleine Spitzen«, sagte ich so ruhig wie möglich, aber mein Atem stockte, »und ein feiner schwarzer Pelz an den Rändern.«

Er schenkte sich mit großem Bedacht Whisky und Wasser ein. »Ich hatte den Eindruck, als verdecke sein Haar die Ohren.«

»Ich sah sie, als er sich neben mir bückte, um den Kaffee auf den Tisch zu stellen, den Sie mir schickten. Und seine Augen leuchten im Dunkeln.«

Mittlerweile hatte Montgomery sich von der Überrumpelung durch meine Frage erholt. »Ich habe mir doch immer gedacht«, sagte er überlegt, und sein Lispeln verstärkte sich, »dass etwas mit seinen Ohren ist. Nach der Art, wie er sie verdeckt hält … Wie sahen sie aus?«

Ich war überzeugt, dass seine Unwissenheit gespielt war. Und doch konnte ich dem Mann nicht gut sagen, dass ich ihn für einen Lügner hielt. »Spitz«, sagte ich, »ziemlich klein und pelzig – ausgesprochen pelzig. Aber der ganze Mann ist eines der seltsamsten Wesen, die mir je vor Augen gekommen sind.«

Ein scharfer, heiserer Schrei tierischen Schmerzes drang aus dem Hof hinter uns. Der tiefe Klang und die Lautstärke ließen auf den Puma schließen. Ich sah Montgomery zusammenzucken.

»Ja?«, sagte er.

»Wo haben Sie das Geschöpf aufgelesen?«

»Ah – San Francisco … Es ist eine hässliche Kreatur, das gebe ich zu. Mit halbem Verstand, wissen Sie. Kann sich nicht besinnen, wo er hergekommen ist. Aber ich bin an ihn gewöhnt, wissen Sie. Wir beide. Was für einen Eindruck macht er auf Sie?«

»Er ist unnatürlich«, sagte ich. »Er hat etwas … Halten Sie mich nicht für albern, aber ich habe ein unangenehmes Gefühl, alles zieht sich in mir zusammen, wenn er mir nahe kommt. Es ist etwas … kurz, er hat etwas Teuflisches.«

Montgomery hatte mit dem Essen aufgehört. »Komisch«, sagte er. »Das kann ich nicht finden.«

Er begann wieder zu essen. »Ich hatte keine Ahnung davon«, sagte er kauend. »Die Mannschaft auf dem Schoner … muss auch so empfunden haben … Setzten dem armen Teufel ganz schön zu … Haben Sie den Kapitän gesehen?«

Plötzlich heulte der Puma wieder, diesmal schmerzlicher. Montgomery fluchte leise. Es reizte mich, ihn wegen der Leute am Strande zu befragen. Dann stieß das arme Tier drinnen eine Reihe kurzer, scharfer Schreie aus.

»Ihre Leute am Strande«, sagte ich, »was für eine Rasse ist das?«

»Ausgezeichnete Kerle, nicht wahr?«, erwiderte Montgomery abwesend und runzelte die Stirn, als das Tier scharf aufschrie. Ich sagte nichts mehr. Es folgte ein weiterer Schrei, schlimmer als der vorige. Montgomery sah mich mit seinen stumpfen grauen Augen an und trank noch etwas Whisky. Er versuchte mich in eine Diskussion über den Alkohol zu ziehen und beteuerte, er habe mir damit das Leben gerettet. Er schien Gewicht darauf legen zu wollen, dass ich ihm mein Leben verdankte. Ich antwortete ihm zerstreut. Dann war unser Mahl zu Ende, und das ungestalte Monstrum mit den spitzen Ohren räumte ab. Montgomery ließ mich wieder allein im Zimmer. Er war die ganze Zeit in einem Zustand kaum unterdrückter Gereiztheit wegen des Geheuls des vivisezierten Pumas. Er sprach von seinen schwachen Nerven und überließ die auf der Hand liegende Erklärung für diesen Zustand mir.

Ich fand selber, dass die Schreie an die Nerven gingen, und sie nahmen an Tiefe und Intensität zu, als der Nachmittag vorrückte. Ihre beständige Wiederholung brachte mich schließlich aus dem Gleichgewicht. Ich warf eine Horaz-Übersetzung, in der ich gelesen hatte, hin und begann, die Fäuste zu ballen, mir auf die Lippen zu beißen und im Zimmer hin und her zu gehen. Dann hielt ich mir die Ohren zu.

Die aufwühlende Wirkung dieser Schreie wuchs beständig, sie wurden schließlich zu einem so vollendeten Ausdruck des Leidens, dass ich es in dem geschlossenen Raum nicht mehr aushielt. Ich trat aus der Tür in die schläfrige Hitze des Spätnachmittags hinaus, ging am Haupteingang vorbei – der, wie ich sah, wieder verschlossen war – und bog um die Mauerecke.

Das Schreien klang draußen noch lauter. Es war, als hätte aller Schmerz der Welt eine Stimme gefunden. Und doch – hätte ich gewusst, dass im Nebenzimmer solcher Schmerz zugefügt wurde, und wäre er stumm ertragen worden, ich glaube – das geht mir seither immer wieder durch den Kopf –, ich hätte es ganz gut aushalten können. Erst wenn das Leiden Ausdruck findet und unsere Nerven erbeben macht, quält uns das Mitleid. Aber trotz des hellen Sonnenscheins und der grünen Fächer der Bäume, die sich in der kühlenden Seebrise wiegten, schien mir die Welt eine Wirrsal zu sein, bevölkert mit schwarzen und roten Phantasmen, bis ich außer Hörweite des Hauses und der bunten Mauer war.

9
Unheimliche Begegnungen

Ich wanderte durch das Gestrüpp, das den Hügel hinter dem Hause bedeckte, und achtete kaum darauf, wohin ich ging. Ich kam durch den Schatten dichter, geradstämmiger Bäume und befand mich alsbald auf der andern Seite des Hügelrückens, wo ich zu einem Bach niederstieg, der durch ein enges Tal floss. Ich stand still und horchte. Die Entfernung oder die dazwischenliegenden Dickichtmassen erstickten jeden Schall, der vielleicht noch aus der Ummauerung drang. Die Luft war still. Dann tauchte raschelnd ein Kaninchen auf und sprang den Hang vor mir hinauf und davon. Ich zögerte und setzte mich an den Rand des Schattens.

Die Stelle war hübsch. Der Bach war in der üppigen Vegetation der Ufer verborgen; nur an einer Stelle sah ich einen dreieckigen Ausschnitt seines glitzernden Wassers. Auf der anderen Seite entdeckte ich durch den bläulichen Nebel hindurch eine Wildnis von Bäumen und Schlinggewächsen und darüber das leuchtende Blau des Himmels. Hier und dort bezeichnete ein weißer oder roter Fleck die Blüte einer Luftpflanze. Ich ließ meine Augen eine Zeit lang über diese Szenerie wandern, und dann begann ich von Neuem an die sonderbaren Eigenheiten von Montgomerys Diener zu denken. Aber es war zu heiß, um zusammenhängend zu denken; und bald verfiel ich in einen unruhigen Dämmerzustand zwischen Schlafen und Wachen.

Daraus weckte mich nach, ich weiß nicht wie langer Zeit, ein Rascheln in den Büschen am anderen Ufer. Einen Moment lang sah ich nichts als die wogenden Spitzen der Farne und Kräuter. Dann erschien plötzlich etwas am Ufer des Baches – erst konnte ich nicht erkennen, was es war. Es beugte den Kopf zum Wasser und begann zu trinken. Dann sah ich, dass es ein Mensch war, der wie ein Tier auf allen vieren ging!

Er war in bläuliches Tuch gekleidet, hatte kupferfarbene Haut und schwarzes Haar. Es schien, als wäre groteske Hässlichkeit das unabänderliche Merkmal dieser Insulaner. Ich konnte das Schlürfen hören, als der Mensch trank.

Ich beugte mich vor, um ihn besser zu sehen, und ein Stück Lava, das meine Hand gelöst hatte, kollerte den Hang hinunter. Er blickte schuldbewusst auf, und seine Augen begegneten den meinen. Sofort sprang er auf die Füße, wischte sich mit seiner plumpen Hand den Mund und sah mich an. Seine Beine waren kaum halb so lang wie sein Rumpf. Wir starrten uns verwirrt an und verharrten so wohl eine Minute lang. Dann schlich der Kerl durch die Büsche rechts von mir davon, wobei er ein- oder zweimal stehen blieb, um zurückzublicken; ich hörte das Geräusch des Laubes in der Ferne schwächer werden und ersterben.

Noch lange, nachdem er verschwunden war, blieb ich sitzen und starrte in die Richtung, die er eingeschlagen hatte. Meine schläfrige Ruhe war dahin.

Ich erschrak über ein Geräusch hinter mir, wandte mich um und sah den nickenden weißen Schwanz eines Kaninchens den Hang hinauf verschwinden. Ich sprang auf die Füße.

Die Erscheinung dieses seltsamen, halbtierischen Geschöpfes vorhin hatte plötzlich die Stille des Nachmittags belebt. Ich sah mich nervös um und bedauerte, dass ich unbewaffnet war. Dann fiel mir ein, dass der Mensch, den ich eben gesehen hatte, in bläuliches Tuch gekleidet war, dass er nicht nackt war, wie es ein Wilder gewesen wäre, und ich versuchte mir deshalb einzureden, dass er ein friedliches Wesen sein müsse, trotz der stumpfen Wildheit seines Gesichts.

Und doch hatte mich die Erscheinung stark beunruhigt. Ich ging den Hang nach links hinauf, wendete den Kopf und spähte zwischen den Baumstämmen hindurch. Warum sollte ein Mensch auf allen vieren gehen und Wasser schlürfen? Gleich darauf hörte ich wieder ein tierisches Klagen, und da ich es für das des Pumas hielt, wandte ich mich um und ging in der dem Geräusch diametral entgegengesetzten Richtung davon. Das führte mich zum Bach hinunter, den ich überschritt; dann bahnte ich mir einen Weg durch das Unterholz.

Mich erschreckte ein großer, leuchtendroter Fleck am Boden, und als ich ihn näher betrachtete, sah ich, dass es eine sonderbare Schwammart war, verästelt und runzlig wie eine blättrige Flechte; aber bei der Berührung zerfloss sie zu Schleim. Und dann traf ich im Schatten einiger Farne auf etwas Unerfreuliches, den Kadaver eines Kaninchens, der mit glitzernden Fliegen bedeckt, aber noch warm war; der Kopf war abgerissen. Ich blieb beim Anblick des verspritzten Blutes erschrocken stehen. Hier war zumindest einer der Besucher der Insel umgebracht worden!

Spuren weiterer Gewalttaten gab es nicht. Es sah aus, als sei das Kaninchen plötzlich angegriffen und getötet worden. Und als ich die Überreste anstarrte, überlegte ich, wie die Sache wohl geschehen war. Die unbestimmte Angst, die ich verspürte, seit ich das unmenschliche Gesicht des Mannes am Bach gesehen hatte, wurde deutlicher, als ich dort stand. Ich erkannte, wie verwegen ich gewesen war, mich unter dieses unbekannte Volk zu wagen. Das Dickicht ringsum verwandelte sich in meiner Fantasie. Jeder Schatten wurde ein Hinterhalt, jedes Rascheln eine Drohung. Unsichtbare Wesen schienen mich zu beobachten.

Ich beschloss, zur Ummauerung am Strande zurückzugehen. Ich machte rasch kehrt und brach heftig – vielleicht sogar rasend – durch die Büsche, begierig, wieder offene Weite vor mir zu haben.

Ich hielt gerade rechtzeitig inne, um nicht auf eine Lichtung hinauszulaufen, die vom Sturz eines Baumes herrührte; Sämlinge schossen hoch und rangen um den leeren Raum, und dahinter hatte sich das Dickicht von Stämmen, Schlingpflanzen und Schwamm und Blütenflecken schon wieder geschlossen. Vor mir, auf den morschen Überresten eines riesigen gestürzten Baums, hockten, noch ohne meine Nähe zu ahnen, drei groteske menschliche Gestalten. Eine war offenbar weiblich. Die beiden anderen waren Männer. Sie waren nackt, bis auf scharlachfarbene Tuchbinden um die Mittelpartie, und ihre Haut war von stumpfer, rötlichgrauer Farbe, wie ich sie noch bei keinem Wilden gesehen hatte. Sie hatten volle, grobe Gesichter ohne Kinn, fliehende Stirnen und spärliches, borstiges Haar auf den Köpfen. Nie hatte ich bestialischer aussehende Geschöpfe gesehen.

Sie sprachen, oder wenigstens einer der Männer sprach zu den beiden anderen, und alle drei waren zu vertieft gewesen, um auf das Rascheln zu achten, als ich näher kam. Sie wiegten Kopf und Schultern. Die Worte des Sprechers sprudelten rasch und schlampig hervor, und obgleich ich sie deutlich hören konnte,

konnte ich nicht verstehen, was der Mann sagte. Er schien mir ein kompliziertes Rotwelsch zu sprechen. Plötzlich wurde seine Artikulation schriller; er breitete die Hände aus und erhob sich.

Da begannen die anderen im Chor einzufallen, während sie gleichfalls aufstanden, die Hände ausbreiteten und sich im Rhythmus ihres Singsangs hin und her wiegten. Mir fiel die abnorme Kürze ihrer Beine und die Schwerfälligkeit ihrer Füße auf. Alle drei begannen sich langsam im Kreis zu bewegen und mit den Füßen zu stampfen und die Arme zu schwingen; eine Art Melodie schlich sich in ihre rhythmische Rezitation, und ein Refrain war herauszuhören – er klang etwa wie »Alula« oder »Balula«. Ihre Augen begannen zu funkeln, und ihre hässlichen Gesichter erhellten sich und zeigten den Ausdruck einer unheimlich wirkenden Freude. Aus ihren lippenlosen Mündern tropfte Speichel.

Plötzlich, als ich noch ihre ungelenken Bewegungen beobachtete, merkte ich zum ersten Mal klar, was mich so verstört hatte, was mir die beiden unvereinbaren und widerstreitenden Eindrücke äußerster Fremdartigkeit und seltsamster Vertrautheit vermittelt hatte. Die drei mit diesem geheimnisvollen Ritus beschäftigten Geschöpfe besaßen zwar menschliche Gestalt, erinnerten jedoch auf die seltsamste Weise an Haustiere. All diese Geschöpfe trugen trotz ihrer menschlichen Form und trotz der Andeutung von Kleidung in sich, in ihren Bewegungen, im Ausdruck ihrer Gesichter, in ihrem ganzen Wesen das unverkennbare Zeichen eines Tiers: Immer wieder musste ich bei ihrem Anblick an Schweine denken.

Ich stand da, überwältigt von dieser verblüffenden Entdeckung, und dann stürzten die furchtbarsten Fragen auf mich ein. Die Geschöpfe begannen in die Luft zu springen, erst eines und dann auch die anderen; sie schrien und grunzten. Dann glitt eines aus und stand einen Moment auf allen vieren; freilich erhob es sich sofort. Aber der flüchtige Blick auf das tierhafte Wesen dieser Ungeheuer war genug.

Ich wandte mich so geräuschlos wie möglich um und erstarrte vor Angst, entdeckt zu werden, jedes Mal, wenn ein Zweig knackte oder ein Blatt raschelte, als ich in die Büsche zurückwich. Es dauerte lange, ehe ich mich frei zu bewegen wagte.

Mein einziger Gedanke war im Moment, von diesen widerlichen Geschöpfen fortzukommen, und ich achtete nicht darauf, dass ich auf einen kaum erkennbaren Pfad zwischen den Bäumen geraten war. Dann, als ich plötzlich über eine kleine Lichtung kam, sah ich mit Entsetzen zwei stämmige Beine zwischen den Bäumen, die mit geräuschlosen Schritten parallel zu meinem Weg gingen. Kopf und Oberleib waren hinter einem Gewirr von Schlingpflanzen verborgen. Ich blieb unvermittelt stehen. Die Füße ebenfalls. Ich hatte solche Angst, dass ich den Impuls zu jäher Flucht nur mit größter Mühe beherrschte.

Dann blickte ich scharf hin und erkannte durch das verschlungene Netzwerk Kopf und Rumpf der Kreatur, die ich hatte trinken sehen. Das Wesen bewegte den Kopf. In seinen Augen blitzte es smaragden, als es mich aus dem Schatten der Bäume heraus ansah, ein Aufleuchten, das verschwand, als es den Kopf wieder wandte. Es stand einen Moment regungslos, und dann begann es leichtfüßig durch die grüne Wildnis zu laufen. Im nächsten Moment war es im Gebüsch verschwunden. Ich konnte es nicht sehen, aber ich spürte, dass es stehen geblieben war und mich wieder beobachtete.

Was um alles in der Welt war das – Mensch oder Tier? Was wollte es von mir? Ich hatte keine Waffe, nicht einmal einen Stock. Flucht wäre Wahnsinn gewesen. Immerhin fehlte dem Wesen der Mut, mich anzugreifen. Ich biss die Zähne zusammen und ging geradewegs darauf zu. Ich wollte die Furcht nicht zeigen, die mir das Rückgrat lähmte. Ich zwängte mich durch ein Dickicht großer, weißblütiger Büsche und sah das Ungeheuer zwanzig Meter dahinter; es blickte mich über die Schulter an und zögerte. Ich ging einen oder zwei Schritte weiter und sah ihm fest in die Augen.

»Wer bist du?«, fragte ich. Es versuchte, meinem Blick zu begegnen.

»Nein!«, sagte es plötzlich, wandte sich und sprang von mir fort ins Unterholz. Dann wandte es sich von Neuem und starrte mich an. Seine Augen glänzten hell aus der Dämmerung unter den Bäumen.

Mir klopfte das Herz im Halse, aber ich fühlte, dass meine einzige Chance die Flucht nach vorne war, und ich ging unverwandt auf das Wesen zu. Es wandte sich wieder und verschwand im dunklen Gesträuch. Noch einmal meinte ich, das Glitzern seiner Augen zu erkennen. Doch dann konnte ich nichts mehr sehen.

Zum ersten Mal wurde mir klar, welche Folgen die späte Stunde für mich haben konnte. Die Sonne war schon seit einigen Minuten untergegangen, die schnelle Dämmerung der Tropen verblich am östlichen Himmel, und ein erster Nachtfalter flatterte mir still am Kopf vorbei. Wollte ich nicht die Nacht inmitten der unbekannten Gefahren des geheimnisvollen Waldes verbringen, so musste ich zur Ummauerung zurückeilen.

Der Gedanke an eine Rückkehr an diesen schmerzerfüllten Zufluchtsort war mir äußerst zuwider, aber noch unangenehmer war die Vorstellung, im Freien von der Dunkelheit überrascht zu werden und von allem, was dieses Dunkel verbergen mochte. Ich warf noch einen Blick in die blauen Schatten, die dieses merkwürdige Geschöpf verschlungen hatten, und suchte dann den Weg hinunter zum Bach zurück, wobei ich, meiner Meinung nach, die Richtung einschlug, aus der ich gekommen war.

Ich strebte, von all diesen Dingen beunruhigt, ungeduldig vorwärts und befand mich plötzlich auf einem ebenen Platz unter zersplitterten Bäumen. Die farblose Klarheit, die der Sonnenuntergangsröte folgte, wurde dunkler. Der blaue Himmel färbte sich intensiver, und die kleinen Sterne erschienen einer nach dem anderen; die Zwischenräume zwischen den Bäumen, die Lücken im Busch, die im blauen Tageslicht nebelblau gewesen waren, wurden schwarz und geheimnisvoll.

Ich eilte weiter. Jede Farbe verlosch. Die Baumwipfel hoben sich tintenschwarz von dem leuchtendblauen Himmel ab, und alles, was sich darunter befand, verschmolz in gestaltlosem Dunkel. Dann wurden die Bäume spärlicher, das strauchige Unterholz üppiger. Schließlich kam ich auf eine einsame Lichtung, die mit weißem Sand bedeckt war, und dann folgte wieder eine Strecke verwachsenen Buschwerks.

Ich erschrak vor einem leisen Rascheln zu meiner Rechten. Erst dachte ich, es sei Einbildung, denn sooft ich stillstand, war alles ruhig, nur die Abendbrise strich durch die Baumwipfel. Wenn ich dann wieder weiterging, folgte meinen Schritten etwas wie ein Echo.

Ich zog mich vom Dickicht zurück, hielt mich auf offenem Grund und versuchte hin und wieder dieses Wesen, wenn es existierte, durch plötzliche Wendungen zu überraschen, sobald es an mich heranschlich. Ich sah nichts, und trotzdem wuchs das Gefühl, dass noch jemand da war, beständig. Ich ging schneller und kam nach einiger Zeit zu einem sanften Hügelrücken; ich überschritt ihn, wandte mich scharf und blickte von der anderen Seite unverwandt hinauf. Der Rand stand schwarz und scharfumrissen vor dem dunklen Himmel.

Und gleich darauf schob sich einen Moment lang eine unförmige Masse vor die Himmelslinie und verschwand gleich wieder. Ich war überzeugt, dass mich mein braungesichtiger Gegner neuerlich beschlich. Und zugleich erlangte ich die unangenehme Gewissheit, dass ich den Weg verloren hatte.

Eine Zeit lang irrte ich, von den unsichtbaren Schritten verfolgt, in hoffnungsloser Ungewissheit weiter. Was es auch war, dem Wesen fehlte es entweder an Mut, mich anzugreifen, oder es wartete, um mich an einer günstigen Stelle zu packen. Ich hielt mich sorgsam auf offenem Terrain. Ab und zu drehte ich mich um und horchte, und dann versuchte ich mir einzureden, dass mein Verfolger die Jagd aufgegeben habe oder nichts als eine Ausgeburt meiner aufgeregten Fantasie sei. Da hörte ich das Rauschen des Meeres. Ich beschleunigte meine Schritte, dann lief ich, und sofort hörte ich hinter mir ein Stolpern.

Ich drehte mich ruckartig um und starrte auf die Bäume hinter mir. Ein schwarzer Schatten schien sich mit einem anderen zu vereinigen. Ich horchte, ohne mich zu rühren, und hörte nichts als das Pochen des Blutes in meinen Ohren. Ich dachte, meine Nerven seien überspannt und meine Fantasie täusche mich; ich wandte mich entschlossen wieder dem Rauschen des Meeres zu.

Nach etwa einer Minute erreichte ich eine kahle niedrige Landzunge, die in das düstere Wasser hineinragte. Die Nacht war ruhig und klar, und der Widerschein der Sterne zitterte im ruhigen Heben des Meeres. Weit draußen leuchtete die Brandung auf einem unregelmäßigen Band von Riffen in einem bleichen, eigenartigen Licht. Ich sah, wie sich im Westen das Zodiakallicht mit dem gelben Glanz des Abendsterns mischte. Die Küste fiel gegen Osten ab, und nach Westen zu war sie durch den Rücken des Vorgebirges verborgen. Dann besann ich mich auf die Tatsache, dass der Strand bei Moreaus Haus nach Westen zu lag.

Hinter mir brach ein Ast, und ich hörte ein Rascheln. Ich wandte mich um und stand vor den dunklen Bäumen. Ich konnte nichts sehen – und dennoch sah ich zu viel. Jeder Umriss im Dunkel wurde zu einer unheilvollen, lauernden Gestalt. So stand ich vielleicht eine Minute lang, und dann wandte ich mich, immer noch mit einem Auge auf den Bäumen, nach Westen, um über die Landzunge hinüberzugehen. Und sowie ich mich rührte, bewegte sich auch einer der Schatten und folgte mir.

Mein Herz schlug rasch. Dann wurde die weite Fläche einer sich nach Westen öffnenden Bucht sichtbar, und ich stand wieder still. Der geräuschlose Schatten hielt einige Meter hinter mir. Ein kleiner Lichtpunkt glänzte, vielleicht zwei Meilen weit weg, an der ferneren Biegung des Ufers, und die graue Fläche der Sandbucht lag blass unter dem Sternenlicht. Um an den Strand zu kommen, musste ich durch den Wald gehen, wo die Schatten lauerten, und dann einen mit Sträuchern bewachsenen Hang hinuntersteigen.

Ich konnte das Wesen jetzt etwas deutlicher sehen. Es war kein Tier, denn es stand aufrecht. Da öffnete ich den Mund zum Sprechen, hatte aber einen Kloß im Hals, der mir die Stimme erstickte. Ich versuchte es noch einmal und rief: »Wer ist da?« Es kam keine Antwort. Ich ging einen Schritt weiter. Das Wesen rührte sich nicht; spannte nur jeden Muskel. Mein Fuß stieß an einen Stein.

Da kam mir eine Idee. Ohne die Augen von der schwarzen Gestalt vor mir abzuwenden, bückte ich mich und hob den Stein auf. Aber bei meiner Bewegung wandte sich das Wesen unvermittelt, wie ein Hund, und schlich schräg ins Dunkel hinein. Dann fiel mir ein Schuljungenmittel gegen große Hunde ein; ich knotete den Stein in mein Taschentuch und schlang es mir ums Handgelenk. Ich hörte eine Bewegung im Unterholz, als ob das Wesen auf dem Rückzug sei. Da ließen meine Anspannung und Erregung plötzlich nach; mir brach der Schweiß aus, und ich begann zu zittern, als mein Gegner floh und ich diese Waffe in der Hand hatte.

Es dauerte einige Zeit, ehe ich den Entschluss fassen konnte, durch die Bäume und Büsche an der Flanke der Landzunge zum Strand hinunterzugehen. Schließlich lief ich los, und als ich aus dem Dickicht auf den Sand hinausrannte, hörte ich jemand anderen mir krachend nachstürzen.

Da verlor ich vor Angst vollständig den Kopf und begann den Sand entlangzulaufen. Sofort hörte ich das schnelle Geräusch weicher verfolgender Füße. Ich stieß einen wilden Schrei aus und verdoppelte meine Geschwindigkeit. Ein paar dunkle, schwarze Wesen, etwa drei- oder viermal so groß wie Kaninchen, hüpften vom Strand zu den Büschen hinauf, als ich vorüberlief. Solange ich lebe, werde ich an das Grauen dieser Verfolgungsjagd denken. Ich lief nah am Rande des Wassers und hörte von Zeit zu Zeit das Klatschen der Füße, die mich einholten. Fern, hoffnungslos fern war das gelbe Licht. Die Nacht um mich herum war schwarz und still. Klatsch, klatsch, kamen die Füße näher. Ich fühlte, wie mir die Luft ausging, denn ich war völlig untrainiert; der Atem pfiff, wenn ich ihn einzog, und in der Seite fühlte ich messerscharfen Schmerz. Ich wusste, das Wesen würde mich, lange bevor ich die Ummauerung erreichte, einholen – und verzweifelt und nach Atem ringend drehte ich mich um, stürzte darauf zu und traf es, als es herankam – traf es mit all meiner Kraft. Der Stein rutschte dabei aus der Schlinge heraus.

Als ich mich umwandte, erhob sich das Geschöpf, das auf allen vieren gelaufen war, und das Geschoss schlug genau gegen seine linke Schläfe. Der Schädel dröhnte laut, und der Tiermensch stürzte auf mich zu, warf mich mit den Händen zurück, stolperte an mir vorbei und stürzte kopfüber auf den Sand, mit dem Gesicht ins Wasser. Und dort blieb er liegen.

Ich konnte mich nicht dazu überwinden, mich dem schwarzen Haufen zu nähern. Ich ließ ihn dort liegen, wo das Wasser sich unter den stillen Sternen um ihn herum kräuselte, und setzte meinen Weg fort, auf das gelbe Licht des Hauses zu. Und dann hörte ich plötzlich mit Erleichterung das jämmerliche Klagen des Pumas, das Geräusch, das mich ursprünglich hinausgetrieben hatte, diese geheimnisvolle Insel zu erforschen. Obgleich ich schwach und furchtbar ermattet war, nahm ich all meine Kraft zusammen und begann wieder, auf das Licht zuzulaufen. Mir war, als riefe mich eine Stimme.

10
Der Schrei des Menschen

Als ich mich dem Haus näherte, sah ich, dass Licht aus der offenen Tür meines Zimmers drang; und dann hörte ich aus dem Dunkel neben dem gelben Viereck Montgomery rufen: »Prendick.«

Ich lief weiter. Gleich darauf hörte ich ihn wieder. Ich antwortete mit einem schwachen »Hallo!«, und im nächsten Moment war ich bis zu ihm hingestolpert.

»Wo sind Sie gewesen?«, fragte er und hielt mich in Armeslänge von sich weg, sodass mir das Licht aufs Gesicht fiel. »Wir haben beide so viel zu tun gehabt, dass wir Sie bis vor einer halben Stunde vergessen hatten.«

Er führte mich ins Zimmer und setzte mich in den Schiffsstuhl. Eine Zeit lang war ich vom Licht geblendet. »Wir dachten nicht, dass Sie sich aufmachen würden, unsere Insel zu erforschen, ohne uns etwas zu sagen«, meinte er. Und dann: »Ich hatte Angst! Aber … was … He!«

Denn meine letzte Kraft wich von mir, und mir fiel der Kopf vorn auf die Brust. Ich glaube, er empfand eine gewisse Befriedigung, als er mir Brandy gab. »Um Gottes willen«, sagte ich, »machen Sie die Tür zu.«

»Sie sind ein paar von unseren Kuriositäten begegnet, wie?«, fragte er. Er verschloss die Tür und wandte sich mir wieder zu. Er stellte mir keine Fragen, aber er gab mir noch etwas Brandy mit Wasser und drängte mich, zu essen. Ich war am Rande des Zusammenbruchs. Montgomery erklärte vage, er habe vergessen, mich zu warnen, und fragte mich kurz, wann ich das Haus verlassen und was ich gesehen hätte. Ich antwortete ihm ebenso kurz in fragmentarischen Sätzen. »Sagen Sie mir, was das alles bedeutet«, bat ich, den Tränen nahe.

»Es ist nichts Schlimmes«, sagte er. »Aber mir scheint, Sie haben für einen Tag genug gesehen.« Der Puma stieß plötzlich einen scharfen Schmerzensschrei aus. Da fluchte er leise. »Ich lass' mich hängen«, sagte er, »wenn's hier nicht ebenso schlimm ist wie in der Gower Street mit den Katzen.«

»Montgomery«, fragte ich, »was war das für ein Wesen, das mir nachkam? War es ein Tier, oder war es ein Mensch?«

»Wenn Sie heut Nacht nicht schlafen«, antwortete er, »haben Sie morgen früh den Verstand verloren.«

Ich stand auf. »Was war das für ein Wesen, das mir nachkam?«, fragte ich.

Er blickte mir gerade in die Augen und verzog den Mund. Seine Augen, die eine Minute zuvor lebhaft ausgesehen hatten, wurden stumpf. »Nach Ihrer Beschreibung«, sagte er, »scheint mir, war es ein Schreckgespenst.«

Ich fühlte eine stürmische Gereiztheit, die so rasch verging, wie sie gekommen war. Ich warf mich wieder in den Stuhl und presste die Hände gegen die Stirn. Der Puma heulte von Neuem auf.

Montgomery trat von hinten an mich heran und legte mir die Hand auf die Schulter. »Hören Sie, Prendick«, sagte er. »Ich hatte nicht vor, Sie allein auf unsere wunderliche Insel hinauswandern zu lassen. Aber es ist nicht so schlimm, wie's Ihnen scheint, Mann. Die Nerven sind Ihnen durchgegangen. Ich will Ihnen etwas geben, damit Sie schlafen. Das ... das wird noch stundenlang so weitergehen. Sie müssen einfach schlafen, sonst garantiere ich für nichts.«

Ich antwortete nicht. Ich beugte mich nach vorn und bedeckte das Gesicht mit den Händen. Gleich darauf kam er mit einer dunklen Flüssigkeit zurück. Ich nahm sie ohne Widerstand, und er half mir in die Hängematte.

Als ich aufwachte, war es heller Tag. Eine Zeit lang blieb ich liegen und starrte auf das Dach über mir. Die Sparren, bemerkte ich, waren aus Schiffsrippen gemacht. Dann drehte ich den Kopf und sah ein Mahl für mich auf dem Tisch bereitstehen. Ich merkte, dass ich hungrig war, und wollte aus der Hängematte herausklettern; sie kam meiner Absicht zuvor, drehte sich um, und ich landete auf allen vieren auf dem Boden.

Ich stand auf und setzte mich an den Tisch. Ich hatte ein Gefühl der Schwere im Kopf und zunächst nur die unbestimmteste Erinnerung an die Dinge, die am Abend vorher geschehen waren. Die Morgenbrise blies erfrischend durch das Fenster, und das Frühstück vermehrte die Empfindung physischen Behagens. Plötzlich öffnete sich die Tür hinter mir, die innere Tür, die in den ummauerten Hof führte. Ich wandte mich und sah Montgomerys Gesicht. »Alles in Ordnung?«, fragte er. »Ich hab' furchtbar viel zu tun.« Und er schloss die Tür wieder. Später entdeckte ich, dass er sie zu versperren vergessen hatte.

Dann besann ich mich auf seinen Gesichtsausdruck am Abend vorher, und damit wurde die Erinnerung an alles, was ich erlebt hatte, wieder ganz klar. Gerade als ich wieder Furcht empfand, hörte ich einen Schrei von drinnen. Aber diesmal war es nicht der Schrei eines Pumas.

Ich legte den Bissen nieder, den ich eben an die Lippen führen wollte, und horchte. Stille – nur die Morgenbrise flüsterte. Ich kam zu dem Schluss, meine Ohren hätten mich getäuscht.

Nach einer langen Pause begann ich wieder zu essen, war aber immer noch hellhörig. Dann vernahm ich etwas anderes, sehr schwach und leise, dennoch wühlte es mich tiefer auf als alles, was ich bisher von den Gräueln hinter der Mauer gehört hatte. Diesmal war ein Irrtum über die dumpfen, gebrochenen Töne nicht möglich, ebenso wenig ein Zweifel über ihren Ursprung; denn es war ein Stöhnen, das von Schluchzen und qualvollem Keuchen unterbrochen wurde. Diesmal war es kein Tier. Es war ein menschliches Wesen auf der Folter.

Und als mir das klar war, stand ich auf, war in drei Schritten an der Tür zum Hof und stieß sie auf.

»Prendick, Mann! Halt!«, rief Montgomery dazwischenspringend. Ein erschreckter Hund bellte auf und knurrte. Ich sah

Blut in der Abflussrinne, teils braun, teils scharlachrot, und ich roch den eigentümlichen Geruch der Karbolsäure. Dann sah ich durch eine offene Tür im gedämpften Licht eine unförmige Masse, die mühsam auf ein Gestell gebunden war: vernarbt, rot und bandagiert. Und dann erschien, diesen Anblick verdeckend, das Gesicht des alten Moreau, weiß und furchtbar.

Im Nu hatte er mich mit einer Hand, die rot besudelt war, an der Schulter gefasst, herumgedreht und kopfüber in mein Zimmer zurückgeschleudert. Er packte mich, als wäre ich ein kleines Kind. Ich fiel zu Boden, und die Tür schlug zu und verbarg mir sein erregtes und verzerrtes Gesicht. Dann hörte ich, wie der Schlüssel im Schloss gedreht wurde und Montgomery schimpfte.

»Die Arbeit eines Lebens ruinieren!«, hörte ich Moreau sagen.

»Er versteht nichts davon«, beschwichtigte ihn Montgomery; was er dann sagte, konnte ich nicht hören.

»Ich habe jetzt keine Zeit«, sagte Moreau.

Mehr hörte ich nicht. Ich stand auf und zitterte; mein Geist wurde von den furchtbarsten Ahnungen durchzuckt. War es möglich, dachte ich, dass Moreau Menschen vivisezierte? Die Frage traf mich wie ein Blitz aus heiterem Himmel. Und plötzlich verdichtete sich das Grauen in meiner Seele zu einer lebhaften Empfindung der Gefahr, in der ich mich befand.

11
Die Jagd auf den Menschen

Mir fiel ein, dass die äußere Tür meines Zimmers noch offen stand, was meine Hoffnung auf Rettung wider alle Vernunft aufkeimen ließ. Ich war jetzt überzeugt, absolut überzeugt, dass Moreau ein menschliches Wesen viviseziert hatte. Die ganze Zeit über, seit ich seinen Namen gehört hatte, hatte ich versucht, das tierhafte Wesen der Insulaner mit seinen Gräueln in Verbindung zu bringen; und jetzt, so meinte ich, durchschaute ich alles. Moreaus Werke über Blutübertragung fielen mir wieder ein. Diese Geschöpfe, die ich gesehen hatte, waren die Opfer eines entsetzlichen Experiments!

Diese elenden Schurken hatten mich nur zurückhalten wollen, um mich mit ihrem gespielten Vertrauen zu ködern und mir dann ein furchtbareres Schicksal zu bereiten als der Tod, mit Qualen und der schrecklichsten Erniedrigung, die denkbar war – um mich, eine verlorene Seele, ein Tier, den anderen ihrer Kreaturen hinzuzufügen. Ich sah mich nach einer Waffe um. Nichts. Dann drehte ich in einer Eingebung den Schiffsstuhl um, setzte den Fuß darauf und riss die Seitenlatte herunter. Zufällig bekam ich mit dem Holz einen Nagel heraus, der darin steckte und der lächerlichen Waffe eine Spur von Gefährlichkeit verlieh. Ich hörte draußen Schritte und stieß die Tür schnell und heftig auf. Montgomery stand keinen Meter davon entfernt. Er hatte die äußere Tür verschließen wollen.

Ich hob meine Nagelstange und schlug gegen sein Gesicht, aber er sprang zurück. Ich zögerte einen Moment, dann wandte ich mich und floh um die Hausecke. »Prendick! Mensch!«, hörte ich ihn erstaunt rufen. »Machen Sie keine Dummheiten, Mann!«

Noch eine Minute, dachte ich, und er hätte mich eingeschlossen, meinem Schicksal ausgeliefert wie die Versuchstiere in einer Klinik. Er kam um die Ecke herum, denn ich hörte ihn »Prendick!« rufen. Dann begann er, mir nachzulaufen, wobei er mir allerlei nachrief.

Diesmal lief ich blindlings nach Nordosten, in eine andere Richtung als bei meinem ersten Ausflug. Einmal blickte ich, als ich so den Strand hinauflief, über die Schulter zurück und sah Montgomerys Diener. Ich rannte wütend den Hang hinauf, hinüber, und wandte mich dann nach Osten, in ein felsiges Tal, das auf beiden Seiten mit Gebüsch gesäumt war. Ich lief vielleicht eine Meile ununterbrochen; mein Atem flog, und das Blut pochte mir in den Ohren. Als ich nichts mehr von Montgomery und seinem Diener hörte, schlug ich, da ich mich der Erschöpfung nahe fühlte, einen scharfen Haken, nach dem Strande zu, wie mir schien, und legte mich im Schutz eines Röhrichts nieder.

Dort blieb ich lange Zeit, zu ängstlich, um mich zu rühren, ja zu ängstlich, um einen Plan zu fassen. Die Sonne brannte hernieder, und um mich herum, in dieser wilden Landschaft, herrschte Stille; das einzige Geräusch in meiner Nähe war das dünne Summen einiger kleiner Mücken, die mich entdeckt hatten. Dann wurde ich mir eines schläfrigen Geräusches bewusst, das wie tiefes Atmen klang – das Rauschen des Meeres auf dem Strande.

Nach etwa einer Stunde hörte ich Montgomery weit im Norden meinen Namen rufen. Darüber begann ich einen Plan auszuhecken. Wie ich zu diesem Zeitpunkt meinte, war die Insel nur von zwei Vivisektoren und ihren Opfern bewohnt. Ein paar davon konnten sie, wenn es nötig werden sollte, ohne Zweifel dazu zwingen, sie bei meiner Verfolgung zu unterstützen. Ich wusste, sowohl Moreau wie Montgomery hatten Revolver; und abgesehen von einer schwachen Tannenholzlatte, die mit einem kleinen Nagel versehen war – dem Spottbild einer Keule –, war ich unbewaffnet.

So blieb ich liegen, wo ich lag, bis ich an Essen und Trinken denken musste. Und erst in dem Moment ging mir die Hoffnungslosigkeit meiner Lage auf. Ich wusste nicht, wie ich etwas zu essen bekommen sollte; ich verstand auch zu wenig von Botanik, um irgendwelche essbaren Wurzeln oder Früchte zu entdecken. Ich hatte keinerlei Hilfsmittel, um die paar Kaninchen auf der Insel zu fangen. Je mehr ich meine Lage bedachte, umso trostloser erschien sie mir. Schließlich fielen mir in meiner Verzweiflung die Tiermenschen ein, denen ich begegnet war. Nacheinander besann ich mich auf alle, die ich gesehen hatte, und versuchte, mich daran zu erinnern, ob einer so ausgesehen hatte, als würde er mir vielleicht helfen.

Dann hörte ich plötzlich einen Hetzhund bellen, und damit wurde mir eine neue Gefahr bewusst. Ich hatte keine Zeit mehr zum Nachdenken. Ich raffte meine Nagellatte auf und stürzte aus meinem Versteck jäh in Richtung Meer. Ich entsinne mich eines Gebüsches dorniger Pflanzen mit Stacheln, die wie Federmesser stachen. Blutend und mit zerrissenen Kleidern kam ich zu einer kleinen Bucht, die sich nach Norden öffnete. Ich ging, ohne zu zögern, geradewegs ins Wasser und stand gleich darauf knietief in einer schwachen Strömung. Schließlich kletterte ich am westlichen Ufer wieder heraus und kroch, während mir das Herz laut schlug, in ein Farndickicht, um den Ausgang abzuwarten. Ich hörte den Hund – es war nur einer – näher kommen und bellen, als er die Dornen erreichte. Dann hörte ich nichts mehr und wiegte mich in der Hoffnung, dass ich entkommen war.

Die Minuten vergingen, die Zeit zog sich hin, und nach einer Stunde der Sicherheit fasste ich wieder neuen Mut.

Mittlerweile hatte ich weniger Angst und fühlte mich nicht mehr so elend. Denn ich hatte gleichsam die Grenze des Schreckens und der Verzweiflung überschritten. Ich wusste, dass mein Leben praktisch verloren war, und dieses Wissen erlaubte mir, alles zu wagen. Ich hatte sogar den Wunsch, von Angesicht zu Angesicht mit Moreau zusammenzutreffen. Und ich hielt mir vor Augen, dass mir ein Weg der Flucht vor der Qual immer offen blieb – sie konnten mich nicht gut daran hindern, mich selbst zu ertränken. Ich war schon nahe dran, aber ein merkwürdiger Wunsch, das Abenteuer zu Ende zu führen, eine unerklärliche Neugier hielten mich zurück. Ich streckte meine Glieder, die von den Dornenstichen wund waren, aus und blickte um mich auf die Bäume; und plötzlich fiel mein Auge auf ein schwarzes Gesicht, das mich beobachtete.

Ich sah, dass es das affenartige Geschöpf war, das dem Boot am Strand entgegengekommen war. Der Kerl hing am schrägen

Stamm einer Palme. Ich griff nach meinem Stock und sprang vor ihm auf. Er begann zu schwatzen. »Du, du, du«, war alles, was ich zunächst verstehen konnte. Plötzlich ließ er sich vom Baum fallen, bog die belaubten Zweige auseinander und starrte mich neugierig an.

Ich fühlte diesem Geschöpf gegenüber nicht den gleichen Widerwillen, den ich bei meinen Begegnungen mit den anderen Tiermenschen empfunden hatte. »Du«, sagte er, »im Boot.« Also war er ein Mensch – wenigstens ebenso sehr Mensch wie Montgomerys Diener –, denn er konnte reden.

»Ja«, sagte ich, »ich bin im Boot gekommen. Vom Schiff.«

»Oh!«, sagte er, und seine glänzenden, rastlosen Augen musterten mich, meine Hände, den Stock, den ich trug, meine Füße, die zerfetzten Stellen an meinem Rock und die Schnitte und Schrammen, die ich von den Dornen davongetragen hatte. Ihn schien etwas zu verwirren. Seine Augen glitten auf meine Hände zurück. Er hob seine eigene Hand und zählte langsam: »Eins, zwei drei, vier, fünf – äh?«

Ich begriff noch nicht, was er meinte. Später sollte ich entdecken, dass ein großer Teil dieser Tiermenschen entstellte Hände hatte, denen bisweilen bis zu drei Finger fehlten. Da ich aber damals glaubte, dies sei ein Gruß, tat ich das Gleiche. Er grinste mit ungeheurer Befriedigung. Dann wanderte sein schneller, schweifender Blick wieder umher. Er machte eine rasche Bewegung und verschwand. Die Farne schlugen da, wo er gestanden hatte, zusammen.

Ich folgte ihm und war erstaunt, ihn mit seinem dürren Arm an einem Strick von Schlingpflanzen schwingen zu sehen, der aus dem Laub oben niederhing. Er wandte mir den Rücken zu.

»Hallo!«, sagte ich.

Er landete mit einem wirbelnden Sprung auf dem Boden und stand vor mir. »Hör mal«, fragte ich, »wo kann ich etwas zu essen bekommen?«

»Essen!«, sagte er. »Essen Menschennahrung jetzt.« Und seine Blicke schweiften wieder zu der Lianenschaukel. »Bei den Hütten.«

»Aber wo sind die Hütten?«

»Oh!«

»Ich bin neu hier, weißt du.«

Da drehte er sich um und ging mit schnellem Schritt davon. Alle seine Bewegungen waren merkwürdig rasch. »Komm mit«, sagte er. Ich ging mit ihm, um das Abenteuer zu Ende zu führen. Ich dachte, die Hütten, wo er und andere vom Tiervolk wohnten, wären primitive Behausungen. Ich würde die Tiermenschen vielleicht freundlich gesinnt finden, könnte vielleicht von ihrem Geist Besitz ergreifen. Ich wusste noch nicht, wie weit sie das menschliche Erbe vergessen hatten, das ich ihnen zuschrieb.

Mein affenartiger Begleiter trabte neben mir her; seine Hände hingen nieder, sein Kiefer war vorgeschoben. Ich fragte mich, wie es wohl um sein Gedächtnis bestellt sein mochte. »Wie lange bist du schon auf dieser Insel?«, fragte ich.

»Wie lange?«, sagte er. Und nachdem ich die Frage wiederholt hatte, hielt er drei Finger hoch. Das Geschöpf war nicht viel mehr als ein Idiot. Ich versuchte herauszubekommen, was er damit meinte, und anscheinend bereitete ihm das große Pein. Nach noch einer oder zwei Fragen lief er plötzlich von mir weg und sprang nach einer Frucht, die von einem Baume hing. Er riss eine Handvoll stachliger Hülsen herunter und ging essend weiter. Das sah ich mit Befriedigung, denn nun wusste ich, wo Nahrung zu finden war. Ich versuchte es noch mit ein paar anderen Fragen, aber er schnatterte rasche Antworten, die meinen Fragen oft ganz entgegenliefen. Ein paar passten, andere waren wie von einem Papagei.

Ich beobachtete meinen Begleiter so scharf, dass ich kaum auf den Pfad achtete, dem wir folgten. Plötzlich kamen wir zu

Bäumen, die ganz verkohlt und braun waren, und dann in eine öde, kahle Gegend, die mit gelbweißer Inkrustation bedeckt war, über die beißender Rauch trieb. Zu unserer Rechten sah ich über einem nackten Felsrücken die blaue Fläche des Meeres. Der Pfad wand sich plötzlich in eine enge Schlucht, zwischen knotigen Massen schwärzlicher Lava hindurch. Dahinein gingen wir.

Der Gang wirkte nach dem blendenden Sonnenlicht und dem Widerschein vom schwefligen Boden außerordentlich dunkel. Die Wände ragten steil empor, der Pfad wurde immer enger. Grüne und rote Flecken schwammen mir vor Augen. Mein Führer stand plötzlich still. »Zu Hause«, sagte er, und ich stand auf dem Boden eines Schlundes, der mir erst absolut finster erschien. Ich hörte einige seltsame Geräusche und rieb mir mit den Knöcheln der linken Hand die Augen. Ich wurde mir eines üblen Geruchs bewusst, der an einen schlecht gereinigten Affenkäfig erinnerte. Im Hintergrund öffnete sich der Fels wieder auf einen sanften Hang sonnenbeleuchteten Grüns, und zu beiden Seiten drang das Licht durch einen engen Schacht in das Dunkel.

12
Die Sprecher des Gesetzes

Dann berührte etwas Kaltes meine Hand. Ich fuhr heftig zusammen und sah dicht vor mir ein blassrosa Wesen, das den Eindruck eines gescholtenen und verschüchterten Kindes machte. Das Geschöpf hatte die milden, aber abstoßenden Züge eines Faultiers, dieselbe niedere Stirn und die langsamen Bewegungen. Als sich meine Augen an die Dunkelheit gewöhnt hatten, sah ich deutlicher. Das kleine faultierartige Geschöpf stand da und starrte mich an. Mein Führer war verschwunden.

Ich befand mich in einem Gang zwischen hohen Lavamauern; auf beiden Seiten bildeten geflochtene Seegrasmatten, Palmenfächer und Rohre, die gegen den Felsen lehnten, rohe und undurchdringlich dunkle, höhlenartige Verschläge. Der Weg, der sich dazwischen die Schlucht hinaufwand, war kaum drei Ellen breit und mit Haufen von faulendem Fruchtmark und anderem Abfall bestreut. Daher stammte also der Gestank.

Das kleine rosige Faultiergeschöpf blinzelte mich noch an, als mein Affenmensch wieder erschien und mir winkte. Unterdessen kroch ein schwerfälliges Ungeheuer aus einer der Höhlen weiter oben in dieser seltsamen Straße, und da stand es nun vor dem hellen Grün im Hintergrund und starrte mich an. Ich zögerte – hatte gute Lust, den Weg, den ich gekommen war, zurückzustürzen –, und dann fasste ich, entschlossen, das Abenteuer zu Ende zu führen, meinen Nagelstock etwa in der Mitte und folgte meinem Führer in das kleine übel riechende Loch.

Es war ein Raum von der Form eines halben Bienenkorbs, und gegen die Felsmauer an der Innenseite war ein Haufen verschiedener Früchte, Kokosnüsse und anderes aufgeschichtet. Einige plumpe Gefäße aus Lava und Holz standen am Boden umher, eins auch auf einem roh gezimmerten Schemel. Feuer gab es keines. Im dunkelsten Winkel der Hütte saß eine unförmige, dunkle Masse, die »He!« grunzte, als ich hereinkam, und mein Affenmensch stand im schwachen Licht der Tür und hielt mir eine gespaltene Kokosnuss hin, als ich in den anderen Winkel kroch und mich hinhockte. Ich nahm sie und begann trotz meiner Angst und der fast unerträglichen Stickigkeit der Höhle so heiter wie möglich daran zu nagen. Das kleine rosige Faultierwesen stand in der Öffnung der Hütte, und ein weiteres Geschöpf mit einem grauen Gesicht und glänzenden Augen starrte ihm über die Schulter.

»He!«, tönte es aus dem geheimnisvollen Haufen gegenüber. »Es ist ein Mensch! Es ist ein Mensch!«, verkündete mein Führer. »Ein Mensch, ein Mensch, ein lebendiger Mensch wie ich.«

»Hör auf!«, sagte die Stimme aus dem Dunkel und grunzte. Ich knabberte in beklemmender Stille an meiner Kokosnuss. Ich spähte scharf in die Dunkelheit, konnte aber nichts erkennen. »Es ist ein Mensch«, wiederholte die Stimme. »Will er bei uns leben?« Es war eine heisere Stimme mit einem eigenartigen, pfeifenden Beiklang, aber die englische Aussprache war merkwürdig gut.

Der Affenmensch sah mich an, als erwarte er eine Antwort.

»Er will bei euch leben«, sagte ich.

»Es ist ein Mensch. Er muss das Gesetz lernen.«

Allmählich nahm die unförmige Masse vor mir Gestalt an: Dieses Geschöpf schien bucklig zu sein. Dann sah ich, dass der Eingang von zwei weiteren Köpfen verdunkelt wurde. Meine Hand fasste den Stock fester. Das Wesen im Dunkel wiederholte lauter: »Sage die Worte.« Ich hatte seine letzte Bemerkung überhört. »Nicht auf allen vieren gehen, das ist das Gesetz.« Es wiederholte sie in einer Art Singsang.

Ich war verwirrt. »Sage die Worte«, erklärte auch der Affenmensch, und die Gestalten am Eingang stimmten drohend mit ein. Ich merkte, dass ich diese idiotische Formel wiederholen musste. Und dann begann eine wahnsinnige Zeremonie. Die Stimme im Dunkel intonierte Zeile für Zeile eine tolle Litanei, und ich und die anderen mussten sie nachsagen. Dabei wiegten sie sich hin und her und schlugen mit den Händen auf die Knie, und ich folgte ihrem Beispiel. Mir war, als sei ich tot und befände mich in einer anderen Welt. Die Dunkelheit, nur hie und da ein Lichtfleck, diese absonderlichen Gestalten, und alle wiegten sich im Chor und sangen:

»Nicht auf allen vieren gehen; das ist das Gesetz. Sind wir nicht Menschen?«

»Nicht das Wasser schlürfen; das ist das Gesetz. Sind wir nicht Menschen?«

»Weder Fleisch noch Fisch essen; das ist das Gesetz. Sind wir nicht Menschen?«

»Nicht von Bäumen Rinde reißen; das ist das Gesetz. Sind wir nicht Menschen?«

»Keine anderen Menschen jagen; das ist das Gesetz. Sind wir nicht Menschen?«

Und so fort, vom Verbot dieser Akte der Torheit bis zu dem, was ich damals für das denkbar Tollste, Unmöglichste hielt. Eine Art rhythmischer Ekstase befiel uns alle; wir sangen und wiegten uns schneller und wiederholten dieses erstaunliche Gesetz. Äußerlich hatte mich die Raserei dieser Tiermenschen erfasst, aber tief in mir rangen Gelächter und Ekel miteinander. Eine lange Liste von Verboten wurde vorgetragen, und dann änderte sich die Litanei:

»*Sein* ist das Haus des Schmerzes.«

»*Sein* ist die Hand, die schafft.«

»*Sein* ist die Hand, die verwundet.«

»*Sein* ist die Hand, die heilt.«

Und so ging es eine weitere endlose Aufzählung hindurch, meist für mich ganz unverständliches Zeug über *ihn*, wer er auch sein mochte. Mir kam das alles vor wie ein Traum, aber noch nie hatte ich im Traum Gesang gehört.

»*Sein* ist der Blitz«, sangen wir. »*Sein* ist das tiefe, salzige Meer.«

Mir kam der furchtbare Gedanke, Moreau könne, nachdem er diese Menschen in Tiere verwandelt hatte, in ihre verkümmerten Gehirne das Gebot der Vergötterung seiner Person eingepflanzt haben. Aber ich sah zu deutlich rings um mich weiße Zähne und starke Klauen, als dass ich darum mit dem Singen aufgehört hätte. »*Sein* sind die Sterne am Himmel.«

Schließlich war der Gesang zu Ende. Ich sah das Gesicht des Affenmenschen vor Schweiß glänzen, und da meine Augen nun ans Dunkel gewöhnt waren, sah ich die Gestalt im Winkel deutlicher. Sie war groß wie ein Mensch, aber wie ein Skyeterrier mit stumpfem grauem Haar bedeckt. Was war sie? Was waren sie alle? Stellen Sie sich vor, Sie wären von den furchtbarsten Krüppeln und Wahnsinnigen umgeben, die man ersinnen kann, und Sie werden ein wenig von meinen Empfindungen verstehen, als mich diese grotesken Karikaturen umringten.

»Er ist ein Fünfmensch, ein Fünfmensch, ein Fünfmensch … wie ich«, sagte der Affenmensch.

Ich hielt meine Hände hin. Das graue Geschöpf im Winkel beugte sich vor. »Nicht auf allen vieren gehen; das ist das Gesetz. Sind wir nicht Menschen?«, fragte er. Er streckte eine seltsam entstellte Klaue aus und betastete meine Finger. Sie fühlte sich beinahe wie der Huf eines Hirsches an. Ich hätte vor Entsetzen aufschreien mögen. Das Gesicht kam näher, und die Augen blickten nach meinen Nägeln, und ich sah mit bebendem Ekel, dass es weder das Gesicht eines Menschen noch das eines Tieres war, sondern nichts als eine Masse grauen Haars mit drei Wölbungen, die Augen und Mund markierten.

»Er hat kleine Nägel«, sagte das graue Geschöpf in seinen haarigen Bart. »Das ist gut.«

Er ließ meine Hand fallen, und instinktiv fasste ich meinen Stock. »Iss Wurzeln und Kräuter – es ist Sein Wille«, sagte der Affenmensch.

»Ich bin der Sprecher des Gesetzes«, erklärte die graue Gestalt. »Hierher kommen alle, die neu sind, um das Gesetz zu lernen. Ich sitze im Dunkel und sage das Gesetz.«

»So ist es«, stimmte eines der Tiere an der Tür zu.

»Arg sind die Strafen für die, die das Gesetz brechen. Keiner entkommt.«

»Keiner entkommt«, sagte das Tiervolk, und sie blickten sich verstohlen an.

»Keiner, keiner«, rief der Affenmensch. »Keiner entkommt. Sieh! Ich habe einmal etwas Geringfügiges getan, etwas Unrechtes. Ich schnatterte, schnatterte, sprach nicht mehr. Niemand konnte verstehen. Ich bin verbrannt, hab' ein Mal auf der Hand. Er ist groß. Er ist gut.«

»Keiner entkommt«, sagte das graue Wesen im Winkel.

»Keiner entkommt«, wiederholte das Tiervolk, und sie sahen sich von der Seite an.

»Was du willst, wissen wir nicht«, sagte der Sprecher des Gesetzes. »Wir werden es sehen. Manche wollen Dingen folgen, die sich bewegen, wollen wachen und schleichen, warten und springen, töten und beißen, beißen tief und reich, saugen das Blut … Das ist schlimm. ›Keine anderen Menschen jagen; das ist das Gesetz. Sind wir nicht Menschen? Weder Fleisch noch Fisch essen; das ist das Gesetz. Sind wir nicht Menschen?‹«

»Keiner entkommt«, sagte ein scheckiges Vieh, das vor der Tür stand.

»Manche wollen mit Zähnen und Händen die Wurzeln der Pflanzen ausreißen«, sagte der Sprecher des Gesetzes, »und in der Erde schnüffeln … Das ist schlimm.«

»Keiner entkommt«, brummte der Mann an der Tür.

»Andere schälen die Rinde von den Bäumen, und manche kratzen die Gräber der Toten auf; manche kämpfen mit Stirn oder Füßen und Klauen; manche beißen plötzlich ohne Anlass; manche lieben die Unsauberkeit.«

»Keiner entkommt«, sagte der Affenmensch und kratzte sich die Wade.

»Keiner entkommt«, sagte auch das kleine rosige Faultierwesen.

»Die Strafe ist hart und folgt auf dem Fuß. Also lerne das Gesetz. Sag die Worte«, und sofort begann er mit der ganzen seltsamen Litanei vom Gesetz noch einmal, und wieder begannen ich und all diese Geschöpfe uns zu wiegen und zu singen. Mir wirbelte der Kopf von all dem Gegröle und dem stickigen Gestank, aber ich hielt aus und hoffte, ich würde schon eine

Gelegenheit zum Einschreiten finden. »Nicht auf allen vieren gehen; das ist das Gesetz. Sind wir nicht Menschen?«

Wir machten einen solchen Lärm, dass ich von dem Aufruhr draußen nichts merkte, bis einer, ich glaube, es war einer von den beiden Schweinemenschen, die ich schon gesehen hatte, den Kopf über dem kleinen rosigen Faultierwesen hereinsteckte und aufgeregt etwas rief, was ich nicht verstand. Sofort verschwanden alle, die am Eingang der Hütte gestanden hatten, mein Affenmensch stürzte hinaus, das Wesen, das im Dunkel gesessen hatte, folgte ihm – ich merkte noch, dass es groß und wuchtig war und mit silbrigem Haar bedeckt –, und ich blieb allein.

Da hörte ich, ehe ich noch die Öffnung erreichte, das Bellen eines Spürhundes.

Im nächsten Moment stand ich außerhalb der Hütte, meine Stuhllatte in der Hand; jeder Muskel an mir bebte. Vor mir sah ich die buckligen Rücken von vielleicht zwanzig Tiermenschen, die missgestalteten Köpfe eingezogen. Sie gestikulierten aufgeregt. Andere halbtierische Gesichter blickten fragend aus den Hütten. Als ich in die Richtung schaute, wohin sie zeigten, sah ich durch den Nebel unter den Bäumen hinter dem Ende des Höhlengangs die dunkle Gestalt und das furchtbare weiße Gesicht Moreaus. Er hielt den springenden Hetzhund zurück; und dicht hinter ihm kam Montgomery, den Revolver in der Hand.

Einen Moment stand ich schreckgebannt still.

Ich wandte mich um und sah den Gang hinter mir von einem ungestalten Tier mit riesigem grauem Gesicht und blinzelnden kleinen Augen versperrt, das auf mich zukam. Ich blickte umher und sah zu meiner Rechten, etwa sechs Meter vor mir, einen schmalen Spalt in der Felswand, durch den ein Lichtstrahl schräg in die Schatten fiel. »Halt!«, rief Moreau, als ich darauf zuschritt. »Haltet ihn!« Da wandte sich erst ein Gesicht mir zu, und dann sahen mich alle an. Zum Glück arbeitete ihr Tierverstand nur langsam.

Ich rannte mit der Schulter gegen eines der tollpatschigen Geschöpfe, das sich umdrehte, um zu sehen, was Moreau meinte, und schleuderte es gegen ein anderes. Ich fühlte, wie seine Hände herumflogen, nach mir griffen und mich verfehlten. Das kleine rosige Faultierwesen stürzte auf mich zu, ich warf es um, zerriss ihm das hässliche Gesicht mit dem Nagel an meinem Stock, und eine Minute darauf kletterte ich einen steilen Seitenpfad empor, eine Art schrägliegenden Schacht, der aus der Schlucht führte. Ich hörte hinter mir Heulen und Rufen: »Fangt ihn!«, »Haltet ihn!«, und das Geschöpf mit dem grauen Gesicht erschien hinter mir und zwängte seine Riesenmasse in den Spalt. »Weiter, weiter!«, heulten sie. Ich kletterte den engen Spalt im Felsen hinauf und kam auf dem mit schwefelhaltigem Gestein bedeckten Platz westlich vom Dorf der Tiermenschen heraus.

Dieser Spalt war mein Glück, denn der enge, sich schräg heraufschlängelnde Weg muss die nächsten Verfolger aufgehalten haben. Ich lief über die weißgelbe Fläche und einen steilen Hang hinunter durch spärliches Gesträuch und kam weiter unten zu einer mit hohem Schilf bewachsenen Ebene. Dahindurch arbeitete ich mich in ein dunkles, dichtes Gebüsch, dessen Boden schwarz und feucht war. Als ich in das Schilf hineintauchte, erschienen meine ersten Verfolger aus dem Spalt. Die Luft dröhnte hinter mir und um mich von drohenden Rufen. Ich hörte das Krachen des Schilfs und hin und wieder das Knistern eines brechenden Zweiges. Einige von den Geschöpfen brüllten wie aufgeregte Raubtiere. Links von mir bellte der Spürhund. Ich hörte Moreau und Montgomery aus derselben Richtung rufen. Ich wandte mich scharf nach rechts. Mir schien noch, als hörte ich, wie Montgomery mir zuschrie, um mein Leben zu laufen.

Plötzlich gab der weiche und sumpfige Boden unter mir nach; ich war verzweifelt, stürzte jäh hin, arbeitete mich durch den knietiefen Morast und kam so zu einem gewundenen Pfad, der durch hohes Schilf führte. An einer Stelle sprangen drei seltsame, rosige, hüpfende Tiere, etwa so groß wie Katzen, vor meinen Füßen auf. Diesem Pfad folgte ich bergauf, über einen zweiten freien Platz mit weißer Inkrustation, und tauchte dann wieder in einen Schilfgürtel.

Dann machte der Weg plötzlich eine Biegung und führte am Rand eines steilwandigen Spalts entlang, der unvermutet wie ein Grenzgraben in einem englischen Park dalag. Ich lief noch mit aller Kraft, und ich sah diesen Abgrund erst, als ich bereits kopfüber durch die Luft flog.

Ich fiel mit Unterarmen und Kopf in Dornen und stand mit blutendem Gesicht und einem zerrissenen Ohr auf. Ich war in eine steile Schlucht gestürzt, die dornig und felsig und von einem Nebel erfüllt war, der mich in Streifen umzog. Ein schmaler Bach, aus dem dieser Nebel stieg, durchfloss in Windungen die Schlucht. Ich war erstaunt über diesen dünnen Nebel mitten im vollen Glanz des Tageslichts, aber ich hatte keine Zeit, stillzustehen und mich zu wundern. Ich wandte mich nach rechts, flussabwärts, weil ich hoffte, so zum Meer zu kommen und mich dort notfalls ertränken zu können. Erst später merkte ich, dass ich im Fallen meinen Stock verloren hatte.

Dann wurde die Schlucht etwas enger, und ich stieg achtlos in den Bach. Ich sprang ziemlich schnell wieder heraus, denn das Wasser war fast kochendheiß. Ich sah auch, dass ein dünner, schwefliger Schaum auf dem wirbelnden Wasser trieb. Fast unmittelbar darauf kam eine Biegung, und ich sah den blauen Horizont. Auf dem nahen Meer blitzte das Sonnenlicht in Myriaden von Facetten. Ich sah den Tod vor mir. Aber ich schwitzte und war atemlos, und ich spürte, wie das warme Blut angenehm durch meine Adern floss. Ja, ich frohlockte sogar, dass ich meinen Verfolgern entgangen war. Ich hatte nicht die Kraft, mein Leben zu beenden. Ich blickte zurück, woher ich gekommen war.

Ich lauschte. Abgesehen vom Summen der Mücken und vom Zirpen einiger kleiner Insekten, die durch die Dornen hüpften, war die Luft absolut still. Dann hörte ich, sehr leise, das Bellen eines Hundes und ein Schnattern und Schwatzen, den Knall einer Peitsche und Stimmen. Sie wurden lauter, dann wieder schwächer. Der Lärm zog den Bach hinauf und erstarb. Einstweilen war die Jagd vorüber.

Aber ich wusste jetzt, welche Hilfe ich von den Tiermenschen zu erwarten hatte.

13
Eine Unterredung

Ich wandte mich wieder um und ging zum Meer hinunter. Der heiße Bach erweiterte sich zu einem seichten, bewachsenen Delta, in dem eine Menge von Krebsen und langgliedrigen, vielbeinigen Geschöpfen bei meinem Nahen davonkroch. Ich ging bis zum Rande des Salzwassers; erst dann fühlte ich mich sicher. Ich drehte mich um und blickte, die Arme in die Hüften gestemmt, auf das dichte Grün hinter mir, in das die Schlucht wie eine dampfende Wunde hineinschnitt. Aber, wie gesagt, ich war zu aufgeregt und – wenn auch jemand, der die Gefahr nie gekannt hat, mir vielleicht nicht glauben mag – zu verzweifelt, um zu sterben.

Dann fiel mir ein, dass mir noch eine Möglichkeit blieb. Konnte ich nicht, während Moreau und Montgomery und ihr bestialischer Pöbel mich durch die Insel jagten, am Strand entlanggehen, bis ich zu dem ummauerten Hof kam? Einen Flankenmarsch um sie herum machen und dann vielleicht mit einem Stein aus der lose gebauten Mauer das Schloss der kleineren Tür zerschmettern und sehen, was ich finden konnte – Messer, Pistole, oder sonst etwas –, um mit ihnen zu kämpfen, wenn sie zurückkehrten?

Ich wandte mich also nach Westen und ging am Meeresrand entlang. Die untergehende Sonne blendete mich mit ihren heißen Strahlen. Die leichte Flut des Stillen Ozeans lief mit leisem Murmeln ein.

Plötzlich fiel die Küste nach Süden ab, und die Sonne war zu meiner Rechten. Dann sah ich unvermutet weit vor mir erst eine und dann mehrere Gestalten aus den Büschen auftauchen – Moreau mit seinem grauen Spürhund, dann Montgomery und noch zwei andere. Ich blieb stehen.

Sie sahen mich und begannen zu gestikulieren und auf mich zuzulaufen. Ich beobachtete ihr Nahen. Die beiden Tiermenschen kamen herbeigerannt, um mir den Weg zum Gebüsch abzuschneiden. Montgomery lief geradewegs auf mich zu. Moreau folgte langsamer mit dem Hund.

Schließlich raffte ich mich auf, wandte mich seewärts und lief direkt ins Wasser. Das Wasser war erst sehr seicht. Ich war dreißig Meter weit draußen, ehe mir die Wellen bis an die Hüften reichten. Undeutlich sah ich, wie kleine Meerestiere vor meinen Füßen aufschreckten.

»Was treiben Sie, Mann?«, rief Montgomery.

Ich wandte mich, bis an die Brust im Wasser stehend, um und starrte ihn an.

Montgomery stand atemlos am Rande des Wassers. Sein Gesicht war leuchtend rot vor Anstrengung, sein langes Flachshaar hing ihm wirr um den Kopf, und seine hängende Unterlippe gab die unregelmäßigen Zähne frei. Moreau kam gerade herzu, das Gesicht bleich und entschlossen, und der Hund, den er an der Leine führte, bellte mich an. Beide Männer trugen schwere Peitschen. Weiter oben am Strand warteten und glotzten die Tiermenschen.

»Was ich treibe? Ich will mich ertränken«, sagte ich.

Montgomery und Moreau sahen sich an. »Warum?«, fragte Moreau.

»Weil das besser ist, als mich von Ihnen foltern zu lassen.«

»Ich sagte es Ihnen ja«, bemerkte Montgomery, und Moreau sprach im Flüsterton mit ihm.

»Warum meinen Sie, dass ich Sie foltern werde?«, fragte Moreau.

»Wegen der Dinge, die ich gesehen habe«, sagte ich. »Und wegen der Geschöpfe da hinten.«

»Still!«, sagte Moreau und hob die Hand.

»Ich will nicht«, sagte ich. »Sie waren Menschen: Was sind sie jetzt? Ich wenigstens will nicht wie sie enden.« Ich sah an den beiden vorbei. Am Strand standen M'ling, Montgomerys Diener, und eines von den weißbandagierten Tieren aus dem Boot. Weiter oben sah ich im Schatten der Bäume meinen kleinen Affenmenschen und hinter ihm noch andere undeutliche Gestalten.

»Wer sind diese Geschöpfe?«, fragte ich, indem ich auf sie zeigte und meine Stimme mehr und mehr erhob. »Sie waren Menschen – Menschen wie Sie, Menschen, die Sie zu Sklaven gemacht haben und die Sie noch fürchten. – Ihr, die ihr mich hört«, schrie ich, zeigte auf Moreau und rief die Tiermenschen an: »Ihr, die ihr mich hört! Seht ihr nicht, dass euch diese Menschen noch fürchten, dass sie in Angst vor euch umhergehen? Warum also fürchtet ihr sie? Ihr seid viele …«

»Um Gottes willen«, rief Montgomery, »hören Sie auf, Prendick!«

»Prendick!«, rief Moreau.

Beide schrien durcheinander, als wollten sie meine Stimme übertönen. Und hinter ihnen drohten die starren Gesichter der Tiermenschen; ihre Hände hingen herunter, ihre Schultern waren hochgezogen. Es schien, wie ich mir damals dachte, als versuchten sie, mich zu verstehen und sich auf etwas von ihrer menschlichen Vergangenheit zu besinnen.

Ich schrie weiter, ich weiß kaum mehr, was. Moreau und Montgomery könnten ohne Weiteres getötet werden; sie seien nicht zu fürchten: Das hauptsächlich setzte ich dem Tiervolk in den Kopf – zu meinem eigenen Schaden, wie sich später herausstellen sollte. Ich sah den grünäugigen Mann mit den dunklen Lumpen, der mir am Abend meiner Ankunft begegnet war, aus den Bäumen hervorkommen, und andere folgten ihm, um mich besser zu hören.

Schließlich hielt ich inne, weil mir die Luft ausging.

»Hören Sie mich einen Moment an«, sagte Moreau mit fester Stimme, »und dann erklären Sie uns, was Sie wollen.«

»Gut«, sagte ich.

Er hustete, dachte nach und rief dann: »Latein, Prendick! Schlechtes Latein! Schuljungenlatein! Aber versuchen Sie zu verstehen. *Hic non sunt homines, sunt animalia qui nos habemus* … viviseziert. Ein Vermenschlichungsprozess. Ich will's Ihnen erklären. Kommen Sie an Land.«

»Das Wasser wird gerade hinter Ihnen tief und ist voller Haie.«

»Genau das Richtige für mich«, sagte ich. »Kurz und beinahe schmerzlos.«

»Warten Sie.« Er nahm etwas Glitzerndes aus der Tasche und warf es vor seine Füße. »Das ist ein geladener Revolver«, sagte er. »Montgomery hier wird das Gleiche tun. Jetzt gehen wir den Strand hinauf, bis Sie die Entfernung für sicher halten. Dann kommen Sie und nehmen Sie die Revolver.«

»Nein. Sie haben noch einen dritten.«

»Überlegen Sie sich die Sache, Prendick. Erstens habe ich Sie nie gebeten, auf diese Insel zu kommen; zweitens hatten wir Sie gestern Nacht narkotisiert; hätten wir Ihnen etwas antun wollen, dann wäre das doch eine viel bessere Gelegenheit gewesen; und drittens, jetzt, wo Ihre Panik vorüber ist und Sie ein wenig denken können – sehen Sie doch Montgomery an; ist er wirklich der, für den Sie ihn halten? Wir haben Sie zu Ihrem Wohl gejagt. Weil diese Insel voller … feindlicher Phänomene ist.

Warum sollten wir Sie erschießen wollen, wenn Sie uns gerade anboten, sich zu ertränken?«

»Warum haben Sie Ihre … Leute auf mich gehetzt?«

»Wir waren überzeugt, dass wir Sie fangen und außer Gefahr bringen könnten. Danach verließen wir den Pfad – um Sie zu retten.«

Ich dachte nach. Es konnte stimmen. Dann fiel mir etwas anderes ein.

»Aber ich habe«, sagte ich, »in der Ummauerung …«

»Das war der Puma.«

»Hören Sie, Prendick«, sagte Montgomery, »Sie sind ein Esel. Kommen Sie aus dem Wasser, nehmen Sie die Revolver und lassen Sie mit sich reden. Wir können dann auch nicht mehr tun, als wir jetzt schon könnten.«

Ich will gestehen, dass ich Moreau, ja, noch immer misstraute und ihn fürchtete. Aber Montgomery war ein Mann, dem ich glaubte.

»Gehen Sie den Strand hinauf«, sagte ich, als ich nachgedacht hatte, und fügte hinzu: »Und heben Sie die Hände.«

»Das kann ich nicht«, sagte Montgomery mit einem erklärenden Nicken über die Schulter. »Zu würdelos.«

»Dann gehen Sie zu den Bäumen hinauf«, antwortete ich, »wie Sie wollen.«

»So ein albernes Getue«, sagte Montgomery.

Er und Moreau drehten sich um und gingen auf die sechs oder sieben Geschöpfe zu, die dort im Sonnenlicht standen und Schatten warfen und sich bewegten und doch so unglaublich unreal waren. Montgomery knallte mit der Peitsche nach ihnen, und sofort wandten sich alle ab und flohen blindlings in den Wald. Und als Montgomery und Moreau sich genügend weit entfernt hatten, watete ich an Land, nahm die Revolver auf und prüfte sie. Um mich gegen jedwede Überlistung zu sichern, entlud ich einen, zielte damit auf einen Lavaklumpen und hatte die

Befriedigung, den Stein zerpulvert und den Strand mit Blei bespritzt zu sehen.

Noch zögerte ich einen Moment.

»Ich will's wagen«, erklärte ich schließlich, und mit einem Revolver in jeder Hand ging ich den Strand hinauf auf sie zu.

»So ist's besser«, sagte Moreau unverblümt. »Sie haben mir ohnehin schon den Tag mit Ihren verdammten Hirngespinsten verdorben.«

Und mit einem Anflug von Verachtung, der mich demütigte, machten er und Montgomery kehrt und gingen mir schweigend voran.

Die Tiermenschen standen noch immer verwundert hinter den Bäumen. Ich ging so unbefangen wie möglich an ihnen vorbei. Einer fuhr auf und wollte mir folgen, aber er zog sich zurück, als Montgomery mit der Peitsche knallte. Die anderen blieben schweigend stehen – sie beobachteten mich. Vielleicht waren sie einmal Tiere gewesen. Aber ich hatte noch nie gesehen, dass Tiere zu denken versuchten.

14
Doktor Moreau erklärt

»Und jetzt, Prendick, will ich es Ihnen erklären«, sagte Doktor Moreau, nachdem wir gegessen und getrunken hatten. »Ich muss gestehen, Sie sind der tyrannischste Gast, den ich je bewirtet habe. Ich warne Sie, dies ist das Letzte, was ich tue, um Ihnen gefällig zu sein. Das nächste Mal, wenn Sie mit Selbstmord drohen, werde ich nicht mehr tun, was Sie verlangen – selbst um den Preis einiger persönlicher Unannehmlichkeiten.«

Er saß in meinem Schiffsstuhl, eine halb aufgerauchte Zigarre in den weißen, geschickt aussehenden Fingern. Das Licht der Lampe fiel auf sein weißes Haar; er blickte durch das kleine

Fenster in den Sternenschein hinaus. Ich saß ihm so fern wie möglich, den Tisch zwischen uns, die Revolver zur Hand. Montgomery war nicht anwesend. Ich wünschte nicht, sie in einem so kleinen Zimmer beide gegen mich zu haben.

»Sie geben zu, dass das vivisezierte menschliche Wesen, wie Sie es nennen, schließlich doch nur der Puma ist?«, fragte Moreau. Er hatte mich in das innere Zimmer geführt, um mich davon zu überzeugen, dass die Schreie, die ich gehört hatte, nicht von einem Menschen stammten.

»Es ist der Puma«, sagte ich, »noch lebendig, aber zerschnitten und verstümmelt; und ich hoffe, lebendiges Fleisch nie wieder in einem solchen Zustand zu sehen. Von allen gemein…«

»Einerlei«, erwiderte Moreau. »Wenigstens verschonen Sie mich mit diesem jugendlichen Abscheu. Montgomery war genauso. Sie geben zu, es ist der Puma. Jetzt seien Sie ruhig, während ich Ihnen meinen physiologischen Vortrag halte.« Und alsbald begann er im Ton eines Mannes, der sich höchlich langweilt, wurde dann etwas lebhafter und setzte mir sein Werk auseinander. Er sprach sehr einfach und überzeugend. Hin und wieder verriet seine Stimme etwas Sarkasmus. Bald war mir heiß vor Scham über unsere Auseinandersetzung.

Die Geschöpfe, die ich gesehen hatte, waren keine Menschen, waren nie Menschen gewesen. Es waren Tiere – vermenschlichte Tiere –, Triumphe der Vivisektion.

»Sie vergessen, was ein geschickter Vivisektor mit lebendigen Wesen alles vermag«, sagte Moreau. »Ich für mein Teil kann mir nicht erklären, warum das, was ich hier getan habe, nicht schon früher versucht wurde. Kleine Experimente sind natürlich gemacht worden – Amputationen, Zungenschnitte, Exzisionen. Natürlich wissen Sie, dass der Chirurg Schielen hervorrufen wie auch heilen kann. Ferner kann man durch Exzisionen eine ganze Reihe von sekundären Veränderungen, Pigmentstörungen, Modifikationen des Trieblebens, Wandlungen in der Sekretion der

Fettgewebe bewirken. Ich zweifle nicht, dass Sie von diesen Dingen gehört haben?«

»Natürlich«, sagte ich. »Aber diese Ihre scheußlichen Geschöpfe ...«

»Alles zu seiner Zeit«, sagte er mit einer wegwerfenden Handbewegung. »Ich fange erst an. Das sind triviale Fälle der Veränderung. Die Chirurgie vermag Besseres als das. Es gibt sowohl ein Aufbauen wie ein Niederreißen und Verändern. Sie haben vielleicht von einer ganz gewöhnlichen Operation gehört, die man bei Fällen durchführt, bei denen die Nase arg entstellt wurde. Man schneidet ein Stück Haut aus der Stirn, klappt es auf die Nase herunter, und es verheilt in der neuen Lage. Dabei handelt es sich um eine Verpflanzung an ein und demselben Tier. Transplantation frisch gewonnenen Materials von einem anderen Tier ist gleichfalls möglich – bei Zähnen, zum Beispiel. Die Verpflanzung von Haut und Knochen erfolgt, um die Heilung zu erleichtern. Der Chirurg legt mitten in die Wunde Hautstückchen, die von einem anderen Tier genommen sind, oder Knochenfragmente von einem frisch getöteten Tier. Hunters Hahnensporn – vielleicht haben Sie davon gehört – wuchs am Nacken eines Stiers an. Denken Sie auch an die Rhinozerosratten der Algierzuaven – Monstren, die man erzeugte, indem man ein Stück vom Schwanz einer gewöhnlichen Ratte auf ihre Schnauze verpflanzte und es dort anheilen ließ.«

»Künstliche Ungeheuer!«, sagte ich. »Also wollen Sie mir sagen ...«

»Ja. Diese Geschöpfe, die Sie gesehen haben, sind neu gestaltete und geformte Tiere. Dem – dem Studium der Bildung lebendiger Formen – ist mein Leben gewidmet gewesen. Ich habe jahrelang studiert und gewinne beständig an Wissen. Ich sehe, Sie schauen entsetzt drein, und doch erzähle ich Ihnen nichts Neues. Das alles lag schon vor Jahren im Bereich der Möglichkeiten der praktischen Anatomie, aber niemand hatte die Verwegenheit, daran zu rühren. Ich kann nicht nur die äußere Form eines Tieres verändern. Auch die Physiologie, den Stoffwechsel des Geschöpfes kann man einer dauernden Modifikation unterwerfen; sicherlich sind Ihnen die Impfung und andere Methoden der Inokulation mit lebendem oder totem Stoff vertraut. Ähnlich verhält es sich mit der Transfusion des Blutes, von der ich ausgegangen bin. Das alles sind vertraute Verfahren. Weniger bekannt und wahrscheinlich weit umfassender waren die Operationen jener mittelalterlichen Ärzte, die Zwerge und Krüppel und Schauungeheuer erzeugten; von ihrer Kunst haben sich noch einige Spuren in der Präliminarbehandlung des jungen Seiltänzers oder Schlangenmenschen erhalten. Victor Hugo schildert sie in *L'Homme qui rit* … Aber vielleicht wird jetzt klar, was ich meine. Sie beginnen einzusehen, dass es möglich ist, Gewebe von einem Teil eines Tieres auf einen anderen oder von einem Tier auf ein anderes zu übertragen, seine chemischen Reaktionen und Wachstumsmethoden zu ändern, die Gelenke seiner Gliedmaßen zu modifizieren und es sogar in seiner innersten Struktur zu verwandeln?

Und doch ist dieser außerordentliche Wissenszweig von modernen Forschern nie methodisch und gesondert untersucht worden, bis ich mich seiner annahm! Die meisten Beispiele, die Ihnen einfallen werden, sind gleichsam zufällig demonstriert worden – von Tyrannen, Verbrechern, von Pferde- und Hundezüchtern, von allerlei ungeübten, ungeschickten Menschen, die für ihre eigenen, unmittelbaren Zwecke arbeiteten. Ich war der Erste, der diese Frage, in der antiseptischen Chirurgie wohlbewandert und mit wirklich wissenschaftlicher Kenntnis der Gesetze des Wachstums, in Angriff genommen hat.

Und doch sollte man annehmen, dass derartiges schon heimlich betrieben worden sein muss. Wesen wie die siamesischen Zwillinge … Und in den Gewölben der Inquisition. Ohne Frage war ihr Hauptziel kunstgerechtes Foltern, aber wenigstens einige der Inquisitoren müssen eine Spur von wissenschaftlichem Forschungsdrang gehabt haben.«

»Aber«, sagte ich. »Diese Dinger – diese Tiere *sprechen*!«

Er sagte: »Ja« und ging dazu über, auseinanderzusetzen, dass die Möglichkeiten der Vivisektion nicht bloß auf physische Metamorphose beschränkt seien. Ein Schwein könne erzogen werden. Die geistige Struktur sei weit weniger festgelegt als die körperliche. Die Wissenschaft des Hypnotismus biete die Möglichkeit, alte Instinkte durch neue Suggestionen zu ersetzen, die auf die ererbten fixen Ideen aufgepfropft werden oder sie verdrängen. Vieles von dem, was wir moralische Erziehung nennen, sei eine solche künstliche Veränderung und Perversion des Instinkts; Kampflust werde in mutige Selbstaufopferung umgebildet, unterdrückte Sinnlichkeit in religiöse Erregung. Und der große Unterschied zwischen Mensch und Affe liege im Kehlkopf, sagte er, in der Unfähigkeit, fein unterschiedene Klangsymbole zu formen, durch die das Denken unterstützt werde. Darin konnte ich ihm nicht beistimmen, aber Moreau beachtete meinen Einwand überhaupt nicht. Er wiederholte, es sei so, und fuhr im Bericht über seine Arbeit fort.

Aber ich fragte ihn, warum er die menschliche Gestalt zum Modell genommen habe. In dieser Wahl schien mir damals und scheint mir noch jetzt eine tiefe Bosheit zu liegen.

Er gestand, er habe die Form zufällig gewählt.

»Ich hätte ebenso gut darauf hinarbeiten können, Schafe in Lamas und Lamas in Schafe zu verwandeln. Ich vermute, irgendetwas in der menschlichen Gestalt appelliert mächtiger an die künstlerische Veranlagung, als es eine tierische Form kann. Aber ich habe mich nicht darauf beschränkt, Menschen zu machen. Ein- oder zweimal ...« Er schwieg eine Weile. »Diese Jahre! Wie sie hingeglitten sind! Und da habe ich einen ganzen Tag verschwendet, um Ihnen das Leben zu retten, und jetzt verschwende ich eine Stunde, um meine Haltung zu erklären!«

»Aber«, sagte ich, »ich verstehe noch immer nicht. Wo bleibt Ihre Rechtfertigung dafür, dass Sie all diese Schmerzen verursachen? Das Einzige, was in meinen Augen die Vivisektion entschuldigen könnte, wäre eine Anwendung …«

»Ganz recht«, sagte er. »Aber Sie sehen, ich bin anderer Meinung. Wir vertreten verschiedene Grundsätze. Sie sind Materialist.«

»Ich bin *kein* Materialist«, begann ich hitzig.

»In meinen Augen – in meinen Augen. Denn gerade diese Frage des Schmerzes trennt uns. Solange ein sichtbarer oder hörbarer Schmerz Ihnen Übelkeit verursacht, solange Ihre eigenen Schmerzen Sie treiben, solange Schmerz für Sie mit Sünde zusammenhängt, so lange, sage ich Ihnen, sind Sie ein Tier, das etwas weniger dunkel fühlt, was jedes andere Tier auch fühlt. Dieser Schmerz …«

Ich zuckte über solche Sophisterei die Achsel.

»Oh! Aber es ist eine solche Kleinigkeit. Ein Geist, der sich dem, was die Wissenschaft uns zu lehren hat, wahrhaft öffnet, muss einsehen, dass es eine Kleinigkeit ist. Vielleicht kommt außer auf diesem kleinen Planeten, diesem Fleck kosmischen Staubes, den man längst nicht mehr sähe, ehe man den nächsten Stern erreichte – vielleicht, sage ich, kommt dies, was wir Schmerz nennen, sonst nirgends vor. Aber die Gesetze, die wir tastend suchen … Ach, selbst auf unserer Erde, selbst unter lebenden Wesen, was ist da der Schmerz?«

Er zog, während er sprach, ein kleines Federmesser aus der Tasche, öffnete die kleinere Klinge und rückte seinen Stuhl so, dass ich seinen Schenkel sehen konnte. Dann wählte er bedachtsam eine Stelle, stieß das Messer in sein Bein und zog es wieder heraus.

»Ohne Zweifel haben Sie derlei schon gesehen. Es tut nicht so weh wie ein Nadelstich. Aber was zeigt es? Im Bereich des Muskels ist Schmerzempfindung nicht nötig und nicht vorhanden;

sie ist nur wenig nötig in der Haut, und nur hier und dort gibt es auf dem Schenkel schmerzempfindliche Stellen. Der Schmerz ist nichts anderes als unser innerer ärztlicher Ratgeber, um uns zu warnen und anzustacheln. Nicht alles lebendige Fleisch ist schmerzempfindlich, auch nicht alle Nerven sind es, nicht einmal alle Empfindungsnerven. In den Empfindungen des Sehnervs gibt es keine Spur von Schmerz, wirklichem Schmerz. Wenn Sie den Sehnerv verwunden, sehen Sie nur Lichtblitze, genau wie eine Erkrankung des Gehörnervs nur Summen in den Ohren hervorruft. Pflanzen fühlen keinen Schmerz; die niederen Tiere – es kann sein, dass solche Tiere wie der Seestern und der Krebs keinen Schmerz empfinden. Und dann die Menschen: Je intelligenter sie werden, mit umso mehr Intelligenz werden sie für ihr eigenes Wohlbefinden sorgen, und umso weniger werden sie den Stachel nötig haben, der sie vor Gefahr warnen soll. Ich habe noch von keinem nutzlosen Ding gehört, das nicht durch die Evolution früher oder später aus dem Dasein ausgemerzt worden wäre. – Sie etwa? Und der Schmerz wird nutzlos.

Und dann bin ich ein religiöser Mensch, Prendick, wie es jeder vernünftige Mensch sein muss. Vielleicht bilde ich mir ein, mehr von den Wegen des Schöpfers dieser Welt gesehen zu haben als Sie – denn ich habe auf *meine* Weise mein ganzes Leben lang nach seinen Gesetzen gesucht, während Sie, wie ich höre, Schmetterlinge gesammelt haben. Und ich sage Ihnen, Schmerz und Lust haben mit Himmel und Hölle nichts zu tun. Schmerz und Lust – bah! Was ist Ihre Theologenekstase anderes als Mohammeds Huri im Dunkel? Dieser Wert, den Männer und Frauen auf Schmerz und Lust legen, Prendick, ist das Zeichen des Tiers in ihnen – das Zeichen des Tiers, von dem sie gekommen sind. Schmerz! Schmerz und Lust – sie gibt es nur, solange wir uns im Staube winden …

Sie sehen, ich bin mit diesen Forschungen genau den Weg gegangen, den sie mich führten. Ich stellte eine Frage, ersann eine Methode, eine Antwort zu bekommen, und stieß auf – eine neue Frage. War dies oder das möglich? Sie können sich vorstellen, was das für einen Forscher heißt, was für eine intellektuelle Leidenschaft ihn überkommt. Sie können sich jedoch nicht vorstellen, was für einen seltsamen, farblosen Genuss diese geistigen Wünsche schaffen. Das Wesen da vor Ihnen ist kein Tier mehr, kein Mitgeschöpf, sondern ein Problem. Mitleid – alles, was ich davon weiß, ist, dass ich vor Jahren daran litt. Ich wollte – das war das Einzige, was ich wollte – die äußerste Grenze der Gestaltungsmöglichkeit in einer lebenden Form finden.«

»Aber«, sagte ich, »die Sache ist ein Gräuel –«

»Bis auf diesen Tag hab' ich mich um die Ethik der Angelegenheit noch nie bekümmert. Das Studium der Natur macht den Menschen schließlich so gewissenlos, wie die Natur selbst ist. Ich bin vorwärts gegangen, ohne mich um irgendetwas anderes zu kümmern als um die Frage, die ich verfolgte, und das Material ist … in die Höhlen dort gewandert … Es ist fast elf Jahre her, dass wir hierherkamen, ich und Montgomery und sechs Kanaken. Ich erinnere mich an die grüne Stille der Insel und des Ozeans um uns, als wäre es gestern gewesen. Die Insel schien auf mich zu warten.

Die Vorräte wurden gelandet, und das Haus wurde gebaut. Die Kanaken errichteten bei der Schlucht ein paar Hütten. Ich machte mich hier mit dem, was ich mitgebracht hatte, an die Arbeit. Erst passierten ein paar unangenehme Dinge. Ich begann mit einem Schaf und tötete es nach anderthalb Tagen, weil mir das Skalpell ausglitt; ich nahm ein anderes Schaf und machte daraus ein Wesen voll Schmerz und Furcht und ließ es dann, zum Heilen verbunden, liegen. Es erschien mir ganz menschlich, als ich fertig war, aber später war ich unzufrieden damit; es erinnerte sich an mich und hatte unvorstellbare Angst und nur einen Schafsverstand. Je mehr ich es ansah, umso missglückter schien es mir, bis ich das Ungeheuer schließlich aus seinem Elend erlöste. Diese Tiere ohne Mut, diese angstgeplagten, schmerzgetriebenen Wesen ohne einen Funken kämpferischer Energie, mit der sie der Qual entgegentreten können – die taugen nicht zur Umwandlung in Menschen.

Dann nahm ich einen Gorilla, und daraus machte ich, indem ich mit unendlicher Sorgfalt arbeitete und Schwierigkeit nach Schwierigkeit überwand, meinen ersten Menschen. Die ganze Woche lang formte ich Tag und Nacht an ihm. Hauptsächlich das Gehirn musste umgebildet, viel musste hinzugefügt, viel geändert werden. Ich fand, der Gorilla sei ein schönes Beispiel des negroiden Typus, als ich fertig war und er bandagiert, gebunden und reglos vor mir lag. Erst als es sicher war, dass er am Leben bleiben würde, verließ ich ihn und fand Montgomery so ziemlich in der gleichen Verfassung vor, in der Sie jetzt sind. Er hatte Schreie gehört, als das Tier menschlich wurde, Schreie wie die, die Sie so verstörten. Ich zog ihn anfangs nicht ganz ins Vertrauen. Und auch die Kanaken hatten etwas gemerkt. Sie waren bei meinem Anblick vor Angst außer sich. Montgomery gewann ich für mich – wie auch immer, aber ich und er, wir hatten schwer zu tun, die Kanaken am Davonlaufen zu hindern. Schließlich taten sie's doch, und so verloren wir die Jacht. Ich habe viele Tage damit zugebracht, den Affenmenschen zu unterrichten – im Ganzen drei oder vier Monate lang. Ich brachte ihm ein paar Brocken Englisch bei, vermittelte ihm einen Begriff vom Zählen, lehrte ihn sogar das Alphabet lesen. Aber da war er langsam – freilich, Idioten, die ich's ebenfalls gelehrt habe, waren mitunter noch langsamer. Er war geistig ein unbeschriebenes Blatt, hatte keine Erinnerung mehr an das, was er gewesen war. Als seine Wunden geheilt waren und er nur noch etwas steif war, sich aber bereits ein wenig unterhalten konnte, brachte ich ihn dahinter und stellte ihn den Kanaken als interessantes Strandgut vor.

Sie hatten erst furchtbare Angst vor ihm – was mich ziemlich beleidigte, denn ich bildete mir etwas auf ihn ein –, aber sein

Wesen schien so sanftmütig, dass sie ihn nach einiger Zeit aufnahmen und seine Erziehung fortsetzten. Er lernte schnell, ahmte seine Lehrmeister nach und passte sich an. Er baute sich eine Hütte, die mir besser schien als die Schuppen der Kanaken. Unter den Jungen war einer so etwas wie ein Missionar, und der lehrte das Geschöpf lesen und vermittelte ihm einige Grundbegriffe von Moral, aber es scheint, die Sitten des Tieres waren nicht ganz so, wie man wünschen sollte.

Ich ruhte einige Tage von der Arbeit aus und hatte Lust, einen Bericht über die ganze Sache zu schreiben, um die englische Physiologie aufzurütteln. Dann traf ich das Geschöpf hoch in einem Baum sitzend, wie es auf zwei von den Kanaken einschnatterte, die ihn geärgert hatten. Ich drohte ihm, sagte ihm, ein solches Vorgehen sei nicht menschenwürdig, weckte sein Schamgefühl und entschloss mich, Besseres zu machen, ehe ich meine Arbeit in England vorstellte. Ich habe Besseres hervorgebracht, aber irgendwie verkümmern die Geschöpfe wieder, das zähe Tierfleisch ist stärker, wächst nach … Ich gedenke immer noch, Besseres zu machen. Dieser Puma …

Das ist also die Geschichte. All die Kanakenjungen sind jetzt tot. Einer fiel vom Langboot über Bord, und einer starb an einer Wunde an der Ferse, die er sich irgendwie mit Pflanzensaft infiziert hatte. Drei gingen mit der Jacht durch und ertranken, wie ich vermute und hoffe. Der Letzte … wurde getötet. Nun – ich habe sie ersetzt. Montgomery trieb's erst ziemlich wie Sie, dann …«

»Was wurde aus dem Letzten?«, fragte ich scharf. »Dem Kanaken, der getötet wurde?«

»Die Sache ist die, nachdem ich eine Anzahl menschlicher Geschöpfe gemacht hatte, stellte ich ein Wesen her …« Er zögerte.

»Ja?«, sagte ich.

»Es wurde getötet.«

»Ich verstehe nicht«, sagte ich. »Wollen Sie etwa sagen …«

»Ja – es tötete den Kanaken. Es tötete verschiedenes andere, was es zu fassen bekam. Wir machten ein paar Tage Jagd darauf. Es kam durch einen Zufall frei – ich hatte nie daran gedacht, es fortzulassen. Es war nicht fertig. Es war nur ein Experiment: Ein gliederloses Geschöpf mit einem furchtbaren Gesicht, das sich nach Schlangenart am Boden wand. Es war ungeheuer stark und rasend vor Schmerz, und es bewegte sich schaukelnd wie ein Tümmler. Es lauerte ein paar Tage im Wald und vernichtete alles, was ihm begegnete, bis wir es jagten. Und dann verkroch es sich im nördlichen Teil der Insel, und wir teilten uns, um es einzukreisen. Montgomery bestand darauf, mit mir zu kommen. Der Kanake hatte eine Flinte, und als seine Leiche gefunden wurde, war einer der Läufe zu einem S gebogen und beinahe durchgebissen … Montgomery erschoss das Untier … Seither habe ich mich an das Ideal des Menschen gehalten – abgesehen von ein paar Kleinigkeiten.«

Er verstummte. Ich saß schweigend da und sah sein Gesicht an.

»So habe ich im Ganzen zwanzig Jahre lang – wenn ich die neun Jahre in England zähle – gearbeitet, und dennoch ist da etwas, was mich unzufrieden lässt, was mich zu weiteren Versuchen herausfordert. Bisweilen erhebe ich mich über mein Niveau, bisweilen sinke ich darunter, aber nie erreiche ich das, wovon ich träume. Die menschliche Gestalt kann ich jetzt beinahe mit Leichtigkeit formen, sodass sie geschmeidig und anmutig ist oder derb und stark; aber oft hab' ich Mühe mit den Händen und Klauen – heikle Dinge, die ich nicht zu frei zu formen wage. Aber meine Hauptschwierigkeit liegt in der subtilen Veredlung und Umbildung des Gehirns. Die Intelligenz ist oft merkwürdig niedrig, und sie weist unerklärliche, unerwartete Lücken auf. Am schlimmsten ergeht es mir jedoch mit dem Sitz der Gefühle. Ich weiß nicht, wo er liegt, ich komme nicht daran heran. Wünsche, Sehnsuchtsäußerungen, Instinkte, die der Menschlichkeit Abbruch tun, ein seltsames verborgenes Reservoir, das plötzlich ausbricht und das ganze Wesen des Geschöpfes mit Wut, Hass oder Furcht überschwemmt. Diese meine Geschöpfe erschienen Ihnen seltsam und unheimlich, sowie Sie anfingen, sie zu beobachten; aber mir erscheinen sie, wenn ich sie gerade gemacht habe, unbestreitbar menschlich. Erst wenn ich sie später beobachte, beginne ich zu zweifeln. Erst stiehlt sich der eine, dann der andere tierische Zug wieder an die Oberfläche und springt mir ins Auge … Aber ich werde noch siegen. Jedes Mal, wenn ich ein lebendes Geschöpf ins Bad des brennenden Schmerzes tauche, sage ich mir: Diesmal will ich das Tier ganz auslöschen, diesmal will ich ein vernünftiges Wesen schaffen. Was sind schließlich zehn Jahre? Am Menschen ist hunderttausend Jahre lang geschaffen worden.«

Er dachte nach. »Aber ich komme der Sache näher. Dieser mein Puma …«

Nach einem Schweigen: »Und sie entwickeln sich wieder rückwärts. Sobald ich meine Geschöpfe sich selbst überlasse, beginnt das Tier sich wieder geltend zu machen …«

Ein weiteres langes Schweigen.

»Und dann bringen Sie die Wesen, die Sie machen, in diese Höhlen?«, fragte ich.

»Sie gehen von selbst hin. Ich werfe sie hinaus, sobald ich das Tier in ihnen zu fühlen beginne, und dann wandern sie gleich dorthin. Sie fürchten alle dies Haus und mich. Was Sie da drüben gesehen haben, ist eine Parodie der Menschheit. Montgomery weiß darüber Bescheid, denn er kümmert sich darum. Er hat einen oder zwei von den Geschöpfen zu unserem Dienst abgerichtet. Er schämt sich, aber er hat ein paar von diesen Bestien beinahe lieb. Das ist seine Sache, nicht meine. Wenn ich sie sehe, quält mich nur das Gefühl des Misserfolgs. Ich interessiere mich nicht für sie. Ich denke mir, sie folgen der Richtung, die der Kanaken-Missionar ihnen vorgegeben hat, und ihr Leben gleicht der Karikatur eines vernünftigen Lebens – die armen Bestien! Sie haben etwas, das sie das Gesetz nennen. Sie singen Hymnen. Sie bauen ihre Hütten, sammeln Früchte und heiraten sogar. Aber ich durchschaue das alles, sehe ihnen bis in die Seelen, und sehe nichts als die Seelen von Tieren, Tieren, die untergehen – und die Lust, zu leben und zufrieden zu sein … Und doch sind sie merkwürdig. Kompliziert, wie alles Lebendige. Sie haben so etwas wie Ehrgeiz, der teils aus Eitelkeit, teils aus übermäßiger Geschlechtserregung, teils aus überschüssiger Neugier entstanden sein dürfte. Mir ist es nur Hohn … Ich habe einige Hoffnung mit diesem Puma; ich habe an seinem Kopf und Gehirn schwer gearbeitet …«

»Und jetzt«, sagte er nach einem langen Schweigen, während dessen jeder seinen eigenen Gedanken folgte, »was meinen Sie? Haben Sie immer noch Angst vor mir?«

Ich schaute ihn an und sah nur einen Mann mit weißem Gesicht und weißem Haar und ruhigen Augen. Abgesehen von seiner Heiterkeit, beinahe einem Anflug, von Schönheit, der von der gesetzten Ruhe und von seinem stattlichen Körperbau herrührte, sah er aus wie hundert andere behagliche alte Herren. Dann schauderte mir. Als Antwort auf seine zweite Frage hielt ich ihm die beiden Revolver hin.

»Behalten Sie sie«, sagte er und gähnte. Er stand auf, sah mich einen Moment an und lächelte. »Sie haben zwei ereignisreiche Tage gehabt«, sagte er. »Ich würde etwas Schlaf anraten. Freut mich, dass alles bereinigt ist. Gute Nacht.«

Er sann einen Moment nach, dann ging er zur inneren Tür hinaus. Ich drehte sofort den Schlüssel in der äußeren.

Ich setzte mich noch einmal und blieb eine Zeit lang in flauer Stimmung sitzen, so müde, dass ich einfach nicht weiterdenken konnte. Das schwarze Fenster starrte mich wie ein Auge an. Zuletzt raffte ich mich auf, blies die Lampe aus und stieg in die Hängematte. Ich schlief sehr bald ein.

15
Über das Tiervolk

Ich wachte früh auf. Moreaus Erklärung stand vom Moment meines Erwachens an klar und deutlich vor meinem Geist. Ich stieg aus der Hängematte und ging zur Tür, um mich zu vergewissern, dass der Schlüssel umgedreht war. Dann untersuchte ich das Fenstergitter und fand es fest eingefügt. Dass diese menschenartigen Geschöpfe in Wirklichkeit nur tierische Ungeheuer, bloße Parodien auf Menschen waren, erfüllte mich mit einer vagen Ungewissheit über ihre Möglichkeiten, die viel schlimmer war als eindeutige Furcht. Es klopfte an der Tür, und ich hörte M'lings gedehnte, unartikulierte Art zu sprechen. Ich steckte einen der Revolver in die Tasche, hielt die Hand darauf und öffnete ihm.

»Guten Morgen, Häer«, sagte er, während er außer dem gewohnten Gemüsefrühstück noch ein schlecht gekochtes Kaninchen hereinbrachte. Montgomery folgte ihm. Als er sich umsah und die Haltung meines Arms erblickte, verzog er den Mund zu einem schiefen Lächeln.

Der Puma wurde an diesem Tag nicht »behandelt«, er sollte heilen; aber Moreau, der sehr eigenbrötlerische Gewohnheiten hatte, kam nicht zu uns. Ich sprach mit Montgomery, um klarere Vorstellungen von der Art und Weise zu bekommen, wie das Tiervolk lebte. Besonders war ich begierig, zu erfahren, wie Moreau und Montgomery die unmenschlichen Ungeheuer davon abhielten, über sie herzufallen, und auch davon, sich gegenseitig zu zerreißen.

Er erklärte mir, seine und Moreaus relative Sicherheit beruhe auf der Begrenztheit des geistigen Gesichtskreises dieser Ungeheuer. Trotz ihrer verstärkten Intelligenz und trotz des allmählichen Wiedererwachens ihrer tierischen Instinkte hatten sie gewisse fixe Ideen, die Moreau ihrem Geist eingepflanzt hatte und die ihre Vorstellungen absolut einschränkten. Sie wurden regelrecht hypnotisiert, und ihnen wurde gesagt, gewisse Dinge seien unmöglich und gewisse Dinge dürften nicht getan werden, und diese Verbote waren so in ihre geistige Struktur verwoben, dass sie praktisch jenseits von jeder Möglichkeit des Ungehorsams oder der Anfechtung standen. In gewissen Dingen jedoch, in denen der alte Instinkt mit Moreaus Befehlen kämpfte, waren sie weniger stabil. Eine Reihe von Vorschriften, die »das Gesetz« hieß – ich hatte sie ja bereits gehört –, rang in ihren Geistern mit den tief eingewurzelten, stets rebellischen Forderungen ihrer tierischen Natur. Dieses Gesetz, erfuhr ich, wiederholten und – brachen sie immer. Montgomery und Moreau waren besonders darauf bedacht, sie davon abzuhalten, Blut zu kosten und auf den Geschmack zu kommen. Dies, so fürchteten sie, würde verheerende Folgen haben.

Montgomery sagte mir, das Gesetz erfahre, besonders unter den katzenartigen Tiermenschen, mit Einbruch der Nacht eine merkwürdige Schwächung; dann sei das Tier am stärksten; mit der Dämmerung entstünde ein Abenteuergeist in ihnen; sie wagten Dinge, von denen sie am Tage nie zu träumen schienen. Dies erklärte auch, wieso der Leopardenmensch mir am Abend meiner Ankunft nachgeschlichen war. Aber während dieser ersten Tage meines Aufenthalts brachen die Tiermenschen das Gesetz nur verstohlen; am Tage achteten sie durchaus die mannigfaltigen Verbote.

Und hier sollte ich vielleicht ein paar allgemeine Tatsachen über die Insel und das Tiervolk einfügen. Die Insel hatte unregelmäßige Umrisse, lag niedrig über dem weiten Meer und war insgesamt etwa sieben oder acht Quadratmeilen groß.*

Sie war vulkanischen Ursprungs und auf drei Seiten von Korallenriffen umsäumt. Einige Fumarolen im Norden und

* Diese Schilderung trifft in jeder Hinsicht auf *Noble's Isle* zu. – C. E. P.

eine heiße Quelle waren die einzigen Spuren der Kräfte, die sie vor langer Zeit geschaffen hatten. Hin und wieder war das leichte Zittern eines Erdbebens zu merken, und zuweilen wurde die Rauchsäule durch Dampfstrahlen in drehende Bewegung versetzt. Aber das war alles. Die Bevölkerung der Insel, sagte mir Montgomery, zählte jetzt mehr als sechzig dieser seltsamen Geschöpfe von Moreaus Kunst, die kleineren Monstrositäten, die im Unterholz lebten und nicht von menschlicher Gestalt waren, nicht mitgerechnet. Im Ganzen hatte er etwa hundertundzwanzig gemacht, aber viele waren gestorben; und andere waren wie das sich windende, beinlose Wesen, von dem Moreau mir erzählt hatte, gewaltsam umgekommen. Als Antwort auf meine Frage sagte Montgomery, die Tiermenschen hätten tatsächlich Nachkommenschaft, doch sterbe sie meist. Es gab kein Beispiel für die Vererbung der erworbenen menschlichen Charakteristika. Wenn sie am Leben blieben, holte Moreau sie und prägte ihnen menschliche Form auf. Die weiblichen Wesen waren weniger zahlreich als die männlichen und hatten, trotz der vom Gesetz eingeschärften Monogamie, viel unter heimlicher Verfolgung zu leiden.

Es wäre mir unmöglich, diese Tiermenschen im Einzelnen zu beschreiben – mein Auge ist auf Einzelheiten nicht trainiert –, und unglücklicherweise kann ich nicht zeichnen. Am auffallendsten war vielleicht das Missverhältnis zwischen den Beinen dieser Geschöpfe und der Länge ihres Rumpfes; und doch – so relativ sind unsere Begriffe von Schönheit – gewöhnte mein Auge sich an ihre Formen, und schließlich stimmte ich ihrer Überzeugung bei, dass meine eigenen langen Schenkel unproportioniert seien. Ein weiterer Punkt war die Neigung des Kopfes und die unförmige und unmenschliche Krümmung der Wirbelsäule. Selbst dem Affenmenschen fehlte jene S-Kurve des Rückens, die die menschliche Gestalt so anmutig macht. Die meisten hatten krumme Schultern, und ihre kurzen, schwächlichen Vorderarme hingen an der Seite herab. Nur wenige waren stark behaart – wenigstens bis zum Schluss meines Aufenthalts auf der Insel.

Besonders unschön waren ihre Gesichter, die fast alle vorstehende Backenknochen hatten, um die Ohren herum missgestaltet waren und große und vorspringende Nasen zeigten; das Haar war sehr pelzig oder sehr borstig, und die Augen waren oft seltsam gefärbt oder eigenartig stechend. Keiner konnte lachen, obgleich der Affenmensch ein schnatterndes Kichern hören ließ. Außer diesen allgemeinen Zeichen hatten ihre Köpfe wenig gemein; jeder bewahrte die Art seiner besonderen Spezies; das Menschliche verzerrte, aber verbarg nicht den Leoparden, Ochsen, die Sau oder das andere Tier oder die Tiere, aus denen das Geschöpf gebildet worden war. Auch die Stimmen waren sehr verschieden. Die Hände waren stets schlecht geformt; und obgleich mich einige durch ihre unerwartete Ähnlichkeit mit Menschenhänden überraschten, hatten fast alle zu wenige oder zu viele Finger, waren an den Nägeln grob und ohne Tastempfindlichkeit.

Die beiden furchtbarsten Tiermenschen waren mein Leopardenmensch und ein Geschöpf, das aus einer Hyäne und einem Schwein gemacht war. Größer als diese waren die drei Stiermenschen, die das Boot ruderten. Dann kamen der Silberhaarmensch, der zugleich Sprecher des Gesetzes war, M'ling und ein satyrartiges Geschöpf aus Affe und Ziege. Ferner gab es noch drei Schweinemänner und eine Schweinefrau, ein Rhinozeros-Stutengeschöpf und mehrere andere Weibchen, deren Herkunft ich nicht feststellen konnte. Mehrere waren Wolfwesen, eines ein Bärenbulle, einer ein Bernhardiner-Hund-Mensch. Den Affenmenschen habe ich schon geschildert, und dann war da noch eine besonders abscheuliche (und übel riechende) Frau, die aus Füchsin und Bärin gemacht war und die ich von Anfang an hasste. Sie war angeblich eine leidenschaftliche Priesterin des

Gesetzes. Zu den kleineren Geschöpfen zählten gewisse fleckige Junge und mein kleines Faultierwesen. Aber genug davon!

Erst empfand ich entsetzliches Grauen vor diesen Tieren; ich fühlte allzu deutlich, dass sie noch Tiere waren; aber unmerklich gewöhnte ich mich an sie, und obendrein rührte mich Montgomerys Haltung ihnen gegenüber. Er war so lange mit ihnen zusammen gewesen, dass er sie nun fast als normale menschliche Wesen ansah – seine Londoner Tage erschienen ihm nur noch als glorreiche, aber unwiederbringliche Vergangenheit. Nur etwa einmal im Jahre fuhr er nach Arica, um mit Moreaus Agenten, einem Tierhändler, zu verhandeln. Er traf in dieser Ansiedlung spanischer Mischlinge wohl kaum auf den schönsten Typus von Menschen. Die Leute auf dem Schiff, sagte er mir, seien ihm zuerst genauso fremdartig erschienen wie mir die Tiermenschen – unnatürlich langbeinig, flachgesichtig, mit fliehenden Stirnen, argwöhnisch, gefährlich und kaltherzig. Kurz, er mochte keine Menschen. Mir gegenüber, meinte er, sei ihm das Herz warm geworden, weil er mir das Leben gerettet hatte.

Es kam mir vor, als hege er eine heimliche Zärtlichkeit für einige dieser verwandelten Tiere, eine perverse Sympathie, die er aber zunächst vor mir zu verschleiern versuchte.

Der Mann mit dem schwarzen Gesicht, sein Diener M'ling, der Erste vom Tiervolk, der mir begegnet war, lebte nicht bei den anderen, sondern in einer kleinen Hundehütte an der Hinterseite der Ummauerung. Das Geschöpf war kaum so intelligent wie der Affenmensch, aber viel folgsamer, und es sah vom ganzen Tiervolk am menschlichsten aus. Montgomery hatte ihn abgerichtet, Nahrung zuzubereiten und überhaupt alle kleinen häuslichen Dienste zu verrichten, die nötig waren. Er war ein kompliziertes Ergebnis von Moreaus furchtbarer Geschicklichkeit – ein Bär, der mit Hund und Ochs vermischt war, und eines seiner am sorgfältigsten hergestellten Geschöpfe. Er behandelte

Montgomery mit seltsamer Zärtlichkeit und Hingabe; bisweilen beachtete Montgomery das, klopfte ihm auf die Schulter, rief ihn mit halb spöttischen, halb scherzhaften Namen, sodass er vor Vergnügen sprang; bisweilen misshandelte er ihn, besonders, wenn er sich an den Whisky herangemacht hatte, stieß ihn, schlug ihn, bewarf ihn mit Steinen oder brennendem Zunder. Aber, ob er ihn gut oder schlecht behandelte, M'ling liebte nichts so sehr, wie seinem Herrn nahe zu sein.

Ich sage, ich gewöhnte mich an das Tiervolk, und tausend Dinge, die mir unnatürlich und abstoßend erschienen waren, wurden mir natürlich und alltäglich. Ich glaube, alles im Leben erhält seine Farbe von der Durchschnittsfärbung unserer Umgebung: Montgomery und Moreau waren zu eigenartig und individuell, als dass ich meine allgemeinen Eindrücke von der Menschheit scharf umrissen bewahren hätte können. Ich sah wohl eines der massigen Stiergeschöpfe, die im Boot gearbeitet hatten, schwerfällig durch das Gebüsch gehen und ertappte mich, dass ich mich fragte und mich zu entsinnen bemühte, worin es sich von einem wirklich menschlichen Bauerntölpel unterschied, der von seiner stumpfsinnigen Arbeit nach Hause trabte; oder ich sah das verschlagene wölfische Gesicht der Füchsin-Bärin-Frau, das in seiner Listigkeit seltsam menschlich war, und meinte gar, ich hätte es schon in irgendeiner Stadtgasse gesehen.

Und doch erkannte ich hin und wieder unzweifelhaft und unbestreitbar das Tier in diesen Geschöpfen. Ein hässlicher Mann, ein buckliger, menschlicher Wilder, der im Eingang einer der Höhlen hockte, streckte die Arme aus und gähnte und zeigte mit erschreckender Plötzlichkeit scharfkantige Schneidezähne und säbelartige Eckzähne, blank wie Messer. Oder wenn ich auf einem schmalen Weg mit vorübergehender Verwegenheit einer geschmeidigen, weiß umwickelten Frauengestalt ins Auge blickte, sah ich plötzlich (mit einem Anfall von Widerwillen), dass sie eine schlitzartige Pupille hatte, oder mir fiel, wenn ich niederblickte, der krumme Fingernagel auf, mit dem sie ihre Hülle zusammenhielt. Es ist übrigens merkwürdig, und ich kann es absolut nicht erklären, dass diese unheimlichen Geschöpfe, die Weibchen, meine ich, in den ersten Tagen meines Aufenthalts ihre abstoßende Plumpheit instinktiv fühlten und infolgedessen eine mehr als menschliche Rücksicht auf Anstand und Schicklichkeit entfalteten.

16
Wie das Tiervolk Blut kostete

Aber meine Unerfahrenheit als Schriftsteller schlägt durch, und ich schweife von meiner eigentlichen Erzählung ab. Als ich mit Montgomery gefrühstückt hatte, führte er mich über die Insel, um mir die Fumarole und die Quelle des heißen Baches zu zeigen, in dessen kochendes Wasser ich am Tag zuvor geraten war. Wir hatten beide Peitschen und geladene Revolver mit. Als wir durch ein belaubtes Dickicht gingen, hörten wir den Schrei eines Kaninchens. Wir standen still und lauschten, aber wir hörten nichts mehr und wanderten weiter, und bald vergaßen wir den Zwischenfall. Montgomery machte mich auf einige kleine, rosige Tiere mit langen Hinterbeinen aufmerksam, die durch das Buschwerk sprangen. Er sagte mir, das seien von Moreau erdachte Geschöpfe, die er aus der Nachkommenschaft des Tiervolks gemacht habe. Er hatte gemeint, sie würden als Fleischnahrung dienen können, aber die Angewohnheit der Kaninchen, ihre Jungen zu verschlingen, war hier durchgebrochen und hatte diese Absicht vereitelt. Mir waren schon während meiner Mondscheinflucht vor dem Leopardenmann und einmal auch am Tage vorher, als mich Moreau verfolgte, einige von diesen Geschöpfen begegnet. Zufällig sprang eines, das uns ausweichen wollte, in das Wurzelloch eines vom Winde gefällten Baumes. Ehe es wieder herausklettern konnte, gelang es uns, es zu fangen. Es fauchte wie eine Katze, kratzte, stieß kräftig mit den Hinterbeinen und versuchte zu beißen, aber seine Zähne waren zu schwach, es langte nur zu einem schmerzlosen Kneifen. Mir schien es ein ziemlich hübsches kleines Geschöpf zu sein, und da Montgomery behauptete, es zerstöre nie den Rasen durch Wühlen und sei sehr sauber, konnte ich es mir gut als Ersatz für das gewöhnliche Kaninchen in herrschaftlichen Parks vorstellen.

Wir sahen auch unterwegs noch einen Baumstumpf, dessen Rinde in langen Streifen abgerissen und der stark zersplittert war. Darauf machte Montgomery mich aufmerksam. »Nicht von Bäumen Rinde reißen; das ist das Gesetz«, sagte er. »Daraus machen sich einige viel!«, fügte er ironisch hinzu. Darauf, glaube ich, trafen wir den Satyr und den Affenmenschen. Der Satyr war wohl einer Erinnerung Moreaus an das klassische Altertum entsprungen. Das Gesicht zeigte einen schafsartigen Ausdruck, seine Stimme war ein scharfes Blöken, seine unteren Extremitäten sahen bockbeinig aus. Er nagte an der Schote einer Hülsenfrucht, als er an uns vorbeikam. Beide grüßten Montgomery.

»Heil«, sagten sie, »dem anderen mit der Peitsche!«

»Jetzt ist ein dritter mit einer Peitsche da«, sagte Montgomery. »Also nehmt euch besser in acht!«

»Ist er nicht gemacht?«, sagte der Affenmensch. »Er sagte – er sagte, er sei gemacht.«

Der Satyrmensch sah mich neugierig an. »Der dritte mit der Peitsche, der, der weinend ins Meer läuft, hat ein dünnes weißes Gesicht.«

»Er hat eine dünne lange Peitsche«, sagte Montgomery.

»Gestern blutete und weinte er«, erklärte der Satyr.

»Du weinst und blutest nie. Der Herr weint und blutet nie.«

»Elender Bettler!«, rief Montgomery. »Wenn du nicht aufpasst, wirst du weinen und bluten.«

»Er hat fünf Finger; er ist ein Fünfmensch wie ich«, sagte der Affenmensch.

»Kommen Sie mit, Prendick«, meinte Montgomery und nahm meinen Arm; ich ging mit ihm weiter.

Der Satyr und der Affenmensch standen da und beobachteten uns und machten weitere Bemerkungen.

»Er sagt nichts«, stellte der Satyr fest. »Menschen haben Stimmen.«

»Gestern fragte er mich nach etwas zum Essen«, sagte der Affenmensch. »Er wusste nichts.« Dann sprachen sie unhörbar leise, und ich hörte den Satyr lachen.

Auf unserem Rückweg sahen wir das tote Kaninchen. Der rote Leib des armen kleinen Tieres war in Stücke zerrissen, viele von den Rippen entblößt, und die Wirbelsäule ohne Zweifel benagt.

Da stand Montgomery still. »Guter Gott!«, sagte er, bückte sich und hob einige der zermalmten Halswirbel auf, um sie genauer zu prüfen. »Guter Gott!«, wiederholte er. »Was kann das heißen?«

»Einer Ihrer Fleischfresser hat sich seiner früheren Gewohnheiten erinnert«, meinte ich nach einer Pause. »Dieser Halswirbel ist durchgebissen.«

Er stand da, mit weißem Gesicht, verzerrten Lippen und großen Augen. »Das gefällt mir nicht«, sagte er langsam.

»Ich habe etwas Ähnliches gesehen«, sagte ich, »am ersten Tag, als ich angekommen war.«

»Zum Teufel! Was?«

»Ein Kaninchen, dem der Kopf abgerissen war.«

»Am Tag, als sie ankamen?«

»Am Tag, als ich ankam. Im Gebüsch hinter der Ummauerung, als ich abends rausging. Der Kopf war vollständig abgerissen.«

Er pfiff lange und leise.

»Und ich habe sogar eine Idee, welches von Ihren Tieren das getan hatte. Es ist nur ein Verdacht, wissen Sie. Ehe ich das Kaninchen fand, sah ich eines Ihrer Ungeheuer aus dem Bache trinken.«

»Schlürfen?«

»Ja.«

»Nicht das Wasser schlürfen; das ist das Gesetz. Die Bestien kümmern sich viel ums Gesetz, wie – wenn Moreau nicht gerade herumläuft?«

»Es war der Tiermensch, der mich gejagt hat.«

»Natürlich«, sagte Montgomery. »Das gehört zu dieser Art von Fleischfressern. Nach dem Fressen trinken sie. Wegen des Blutgeschmacks, wissen Sie.«

»Wie sah das Vieh aus?«, fragte er. »Würden Sie's wiedererkennen?« Er sah sich um; er stand vor dem Rest des toten Kaninchens, und seine Augen schweiften durch das schattige Grün, über die Verstecke und Hinterhalte des Waldes, die uns umgaben. »Der Blutgeschmack«, sagte er noch einmal.

Er zog seinen Revolver heraus, prüfte die Patronen und steckte ihn wieder ein. Dann begann er an seiner Unterlippe zu nagen.

»Ich glaube, ich würde das Tier wiedererkennen. Ich habe es betäubt. Es müsste eine schöne Beule an der Stirn haben.«

»Aber dann müssen wir *beweisen*, dass es das Kaninchen getötet hat«, sagte Montgomery. »Ich wollte, ich hätte die Kaninchen nie mitgebracht.«

Ich wäre weitergegangen, aber er blieb stehen und zerbrach sich den Kopf wegen des zerfleischten Kaninchens. Ich ging weiter, bis die Reste des Kaninchens nicht mehr zu sehen waren.

»Kommen Sie!«, rief ich.

Dann wachte er auf und kam zu mir. »Sie sehen«, sagte er fast flüsternd, »man muss ihnen allen das Verbot einbläuen, irgendetwas zu essen, was frei herumläuft. Wenn ein solches Tier zufällig Blut gekostet hat …«

Wir gingen schweigend weiter. »Ich möchte wissen, was passiert ist«, sagte er vor sich hin. Dann nach einer Pause wieder:

»Ich habe neulich etwas Törichtes getan. Mein Diener da … dem hab' ich gezeigt, wie man ein Kaninchen häutet und kocht. Es ist merkwürdig … Ich sah, wie er sich die Hände leckte … Daran habe ich noch nie gedacht.«

Und dann: »Dem müssen wir ein Ende machen. Ich muss es Moreau sagen.«

Er konnte auf unserer Heimwanderung an nichts anderes denken.

Moreau nahm die Sache noch ernster als Montgomery, und ich brauche kaum zu sagen, dass mich die offensichtliche Bestürzung der beiden ansteckte. »Wir müssen ein Exempel statuieren«, sagte Moreau. »Ich für meinen Teil zweifle nicht, dass der Leopardenmensch der Sünder war. Aber wie können wir es beweisen? Ich wollte, Montgomery, Sie hätten Ihren Appetit auf Fleisch bezwungen und keine so aufregende Neuigkeiten eingeführt. Wir können dadurch noch in die Klemme kommen.«

»Ich bin ein Esel gewesen«, antwortete Montgomery. »Aber jetzt ist es geschehen. Und Sie sagten, ich könnte die Kaninchen haben, wie Sie wohl wissen.«

»Wir müssen die Sache sofort untersuchen«, sagte Moreau. »Ich denke, M'ling wird für sich selber sorgen können?«

»Ich bin M'lings nicht so sicher«, erwiderte Montgomery. »Eigentlich sollte ich ihn besser kennen.«

Am Nachmittag gingen Moreau, Montgomery, ich und M'ling über die Insel zu den Hütten in der Schlucht. Die beiden Wissenschaftler und ich waren bewaffnet. M'ling trug das kleine Beil, das er benutzte, um Feuerholz zu spalten, und ein paar Drahtschlingen. Moreau hatte sich ein großes Kuhhirtenhorn über die Schulter gehängt. »Sie werden eine Versammlung der Tiermenschen sehen«, sagte Montgomery. »Es ist ein hübscher Anblick.« Moreau sprach unterwegs kein Wort, aber seine Miene war grimmig.

Wir kamen durch die Schlucht, in der der Heißwasserbach dampfte, und folgten dem verschlungenen Pfad durch das Rohrgebüsch, bis wir eine weite Fläche erreichten, die mit einer dicken gelben, pulvrigen Substanz bedeckt war; ich glaube, es war Schwefel. Hinter einer mit Unkraut bewachsenen Böschung glitzerte das Meer. Wir kamen zu einer flachen, ovalen Lichtung, und hier machten wir vier halt. Dann stieß Moreau ins Horn und brach die schläfrige Stille des tropischen Nachmittags. Er musste starke Lungen haben. Der dröhnende Schall wuchs und wuchs infolge der Echos bis zu einer zuletzt ohrenbetäubenden Intensität. »Ah«, machte Moreau, als er das krumme Instrument wieder sinken ließ.

Sofort krachte es im gelben Schilf, und Stimmen erschallten aus den dichten, grünen Dschungeln, die den Morast bedeckten, durch den ich am Tag vorher gelaufen war. Dann erschienen an drei oder vier Punkten die grotesken Gestalten der Tiermenschen am Rande der schwefligen Fläche und eilten auf uns zu. Ich konnte mich eines schleichenden Grauens nicht erwehren, als ich erst einen und dann den andern aus den Bäumen und dem Schilf hervortraben und mit schlenkernden Bewegungen über den heißen Staub daherkommen sah. Aber Moreau und Montgomery standen ganz ruhig da, und ich hielt mich dicht neben ihnen. Der Erste, der bei uns ankam, war der Satyr, seltsam unreal, obgleich er einen Schatten warf und mit den Hufen den Staub aufwirbelte; hinter ihm kroch ein monströser Lümmel aus dem Gebüsch, ein Mischwesen aus Pferd und Rhinozeros, das einen Strohhalm kaute; dann erschienen die Schweinefrau und zwei Wolfsfrauen; dann die Füchsin-Bärin-Hexe mit den roten Augen im spitzen, roten Gesicht und dann weitere – alle liefen eilig. Wenn sie herankamen, verbeugten sie sich demütig vor Moreau und begannen, ohne Rücksicht aufeinander, Fragmente aus der zweiten Hälfte der Gesetzeslitanei zu singen. »*Sein* ist die Hand, die verwundet, *Sein* ist die Hand, die heilt«, und so weiter.

Sobald sie bis auf eine bestimmte Entfernung – vielleicht dreißig Meter – herangekommen waren, machten sie halt, beugten sich auf Knie und Ellbogen und streuten sich den heißen Staub über die Köpfe. Man stelle sich die Szene vor, wenn man kann! Wir drei blau gekleideten Männer standen mit unserem ungestalten, schwarzgesichtigen Begleiter auf einer weiten Fläche sonnenbeleuchteten, gelben Staubes unter blendend blauem Himmel, und um uns dieser Kreis kauernder und gestikulierender Monstrositäten, einige fast menschlich, einige wie Krüppel, einige so seltsam verrenkt, dass sie Gestalten aus unseren wildesten Träumen glichen. Und dahinter auf einer Seite das Schilf, auf der andern ein dichter Wirrwarr von Palmen, die uns von der Schlucht mit den Hütten trennten, und im Norden der dunstige Horizont des Großen Ozeans.

»Zweiundsechzig, dreiundsechzig«, zählte Moreau. »Es fehlen noch vier.«

»Ich sehe den Leopardenmenschen nicht«, sagte ich.

Darauf stieß Moreau noch einmal in das große Horn, und bei dem Schall wanden sich alle Tiermenschen am Boden. Da kam aus dem Rohrdickicht, dicht gegen den Boden gedrückt und bemüht, hinter Moreaus Rücken in den Kreis seiner sich in den Staub werfenden Genossen zu gelangen, der Leopardenmensch geschlichen. Ich sah, dass seine Stirn eine Beule trug. Der Letzte vom Tiervolk, der eintraf, war der kleine Affenmensch. Die bereits anwesenden Tiere, denen noch heiß war vom Kriechen, schossen giftige Blicke gegen ihn.

»Aufhören«, sagte Moreau mit seiner festen, lauten Stimme, und die Tiermenschen setzten sich auf ihre Hintern und ruhten von ihrer Anbetung aus.

»Wo ist der Sprecher des Gesetzes?«, fragte Moreau, und das haarige graue Ungeheuer beugte das Gesicht in den Staub.

»Sage die Worte«, befahl Moreau, und alsbald begann die ganze kniende Versammlung sich hin und her zu wiegen, den

Schwefel mit den Händen aufzuwühlen, erst mit der Rechten, dann mit der Linken, und ihre seltsame Litanei noch einmal zu singen.

Als sie sagten: »Weder Fleisch noch Fisch essen; das ist das Gesetz«, hielt Moreau seine dünne, weiße Hand hoch. »Halt!«, rief er, und eine absolute Stille senkte sich über alle.

Ich glaube, alle wussten und fürchteten, was nun kam. Ich blickte rings auf ihre seltsamen Gesichter. Als ich sah, wie sie sich wanden, und die verstohlene Furcht in den glänzenden Augen entdeckte, wunderte ich mich, wie ich sie je hatte für Menschen halten können.

»Das Gesetz ist gebrochen worden«, sagte Moreau.

»Keiner entkommt«, rief das gesichtslose Geschöpf mit dem silbrigen Haar. »Keiner entkommt«, wiederholte der kniende Kreis des Tiervolks.

»Wer ist es?«, rief Moreau und blickte rings in ihre Gesichter und knallte mit der Peitsche. Mir schien, das Hyänenschwein sah bedrückt aus, ebenso der Leopardenmensch. Moreau blieb vor diesem Geschöpf stehen; es wand sich vor ihm in unendlicher Qual.

»Wer ist es?«, wiederholte Moreau mit Donnerstimme.

»Böse ist der, der das Gesetz bricht«, sang der Sprecher des Gesetzes.

Moreau blickte dem Leopardenmenschen in die Augen und schien die Seele selber aus dem Geschöpf herauszuziehen.

»Wer das Gesetz bricht …«, sagte Moreau, während er den Blick von seinem Opfer abwandte und sich zu uns drehte. Mir schien, dass in seiner Stimme ein Anflug von Triumph lag.

»… geht zurück in das Haus des Schmerzes«, riefen sie alle; »geht zurück in das Haus des Schmerzes, o Herr!«

»Zurück in das Haus des Schmerzes – zurück in das Haus des Schmerzes«, schnatterte der Affenmensch, als wäre ihm die Vorstellung angenehm.

»Hörst du's?«, fragte Moreau, indem er sich wieder an den Verbrecher wandte. »Mein Freun… Hallo!«

Denn der Leopardenmensch war, sowie Moreaus Auge ihn nicht mehr bannte, stracks von den Knien aufgesprungen und stürzte jetzt mit flammenden Augen – seine katzenartigen Fangzähne blitzten unter den Lippen hervor – auf seinen Peiniger zu. Ich bin überzeugt, nur der Wahnsinn unerträglicher Furcht hatte diesen Angriff eingeben können. Sämtliche der sechzig Ungeheuer um uns herum schienen sich zu erheben. Ich zog den Revolver. Die beiden Gestalten stießen zusammen. Ich sah Moreau vom Schlage des Leopardenmenschen zurücktaumeln. Rings um uns erhob sich ein furchtbares Schreien und Heulen. Einen Moment glaubte ich, es sei eine allgemeine Empörung.

Ich sah das wütende Gesicht des Leopardenmenschen, der an mir vorbeirannte. M'ling folgte ihm auf den Fersen. Ich sah die gelben Augen des Hyänenschweins vor Aufregung blitzen; es sah aus, als sei es halb entschlossen, mich anzufallen. Auch der Satyr funkelte mich über die krummen Schultern des Hyänenschweins an. Ich hörte Moreaus Pistole krachen und sah den Feuerstrahl durch den Tumult zucken. Die ganze Menge schwenkte herum, und auch ich wurde von dieser Bewegung mitgerissen. In der nächsten Sekunde lief ich, ein Einzelner in einer tobenden, schreienden Schar, hinter dem fliehenden Leopardenmenschen her.

Das ist alles, was ich bestimmt sagen kann. Ich sah, wie der Leopardenmensch auf Moreau einschlug, und dann wirbelte alles um mich herum, bis ich Hals über Kopf davonlief.

M'ling war der Erste, dem Flüchtling knapp auf den Fersen. Hinter ihm liefen, schon mit lang heraushängenden Zungen, in großen Sprüngen, die Wolfsfrauen. Das Schweinevolk folgte und quietschte vor Aufregung; dann kamen die beiden Stiermenschen in ihren weißen Bandagen. Dahinter rannte dann Moreau in einem Knäuel von Tiervolk; sein breitrandiger Strohhut war ihm davongeflogen, den Revolver hielt er in der Hand, sein dünnes weißes Haar wehte in der Luft. Das Hyänenschwein lief im gleichen Schritt neben mir her und sah mich aus seinen Raubtieraugen verstohlen an; die anderen kamen trappelnd und schreiend hinter uns.

Der Leopardenmensch brach durch das hohe Schilf, das hinter ihm zurückschnellte und M'ling ins Gesicht peitschte. Wir anderen, die wir hinterdreinliefen, fanden einen ausgetretenen Pfad vor, als wir das Gebüsch erreichten. Die Jagd ging vielleicht eine Viertelmeile weit durch das Gebüsch und tauchte dann in ein dichteres Dickicht hinein, das uns beträchtlich aufhielt, obgleich wir in geschlossener Formation durchbrachen

Laubmassen schnellten uns ins Gesicht, tückische Schlingpflanzen fingen uns unterm Kinn oder schlangen sich um unsere Knöchel, dornige Pflanzen hakten sich zugleich in Kleider und Fleisch und zerrissen uns die Haut.

»Hier ist er auf allen vieren durchgebrochen«, keuchte Moreau, der jetzt gerade vor mir war.

»Keiner entkommt«, sagte der Wolfbär und lachte mir frohlockend vor Jagdlust ins Gesicht.

Wir stürmten weiter, diesmal über Felsbrocken, und sahen unser Wild vor uns, wie es auf allen vieren davonlief und uns über die Schulter her anknurrte. Da heulte das Wolfsvolk vor Wonne. Das Geschöpf war noch bekleidet, und in der Ferne sah sein Gesicht noch menschlich aus, aber die Haltung der vier Gliedmaßen war die einer Katze, und das verstohlene Senken der Schulter verriet deutlich die Angst des gejagten Tieres. Es sprang über einige gelb blühende Dornenbüsche und war verschwunden. M'ling war beinahe über den Platz hinüber.

Die meisten von uns kamen nicht mehr so schnell vorwärts wie am Beginn der Jagd und waren in gleichmäßiges Schritttempo gefallen. Ich sah, als wir über den offenen Platz liefen, dass die Meute sich aus einer Kolonne in eine langgezogene Linie verwandelt hatte. Das Hyänenschwein lief noch dicht neben mir und beobachtete mich im Laufen, wobei es die Schnauze von Zeit zu Zeit zu einem knurrenden Lachen verzog.

Am Rande der Felsfläche hatte der Leopardenmensch, der merkte, dass er auf die Landzunge zulief, auf der er mich am Abend meiner Landung beschlichen hatte, im Unterholz einen Haken geschlagen. Aber Montgomery hatte das Manöver gesehen und machte ebenfalls kehrt.

So half ich keuchend, gegen Felsen taumelnd, von Dornenranken zerrissen, behindert von Farnen und Schilf, bei der Verfolgung des Leopardenmenschen, der das Gesetz gebrochen hatte, und das Hyänenschwein lief wild lachend mir zur Seite. Ich stolperte vorwärts, der Kopf wirbelte mir, und das Herz pochte gegen meine Rippen, ich war zu Tode erschöpft und wagte doch nicht, die anderen aus dem Auge zu verlieren, um nicht mit diesem furchtbaren Gefährten allein zu bleiben. Ich stolperte trotz unendlicher Ermattung und trotz der brütenden Hitze des tropischen Nachmittags weiter.

Und schließlich ließ die Wut der Verfolger nach. Wir hatten das elende Geschöpf in einem Winkel der Insel eingeschlossen. Moreau ordnete uns, die Peitsche in der Hand, in eine unregelmäßige Linie, und wir rückten jetzt langsam vor, während wir einander dabei zuriefen, und bildeten einen Kordon um unser Opfer. Es lauerte geräuschlos und unsichtbar in den Büschen, durch die ich bei jener nächtlichen Verfolgung vor ihm geflohen war.

»Ruhig!«, rief Moreau, »ruhig!«, als wir das Gewirr von Unterholz erreichten und das Tier einschlossen.

»Achtung, dass er uns nicht entwischt!«, tönte Montgomerys Stimme hinter uns aus dem Dickicht.

Ich stand auf dem Hang über dem Gebüsch. Montgomery und Moreau gingen unten am Strand entlang. Langsam drangen wir durch das Flechtwerk von Zweigen und Laub vor. Der Leopardenmensch verhielt sich still.

»Zurück in das Haus des Schmerzes, in das Haus des Schmerzes, in das Haus des Schmerzes!«, bellte die Stimme des Affenmenschen ungefähr zwanzig Meter rechts von mir.

Als ich das hörte, vergab ich dem armen Geschöpf alle Furcht, die es mir eingeflößt hatte. Ebenfalls rechts von mir brachen unter dem schweren Tritt des Pferderhinozeros die Äste, und die Zweige schnellten zurück. Dann sah ich plötzlich durch das gezackte Laub hindurch im Halbdunkel unter dem üppigen Grün das Geschöpf, das wir jagten. Ich blieb stehen. Es hatte sich so klein wie möglich gemacht und blickte mich mit seinen leuchtenden grünen Augen an.

Es mag als ein seltsamer Widerspruch erscheinen – ich kann die Tatsache nicht erklären –, aber jetzt, da ich das Wesen dort in seiner ganz und gar tierischen Haltung sah, mit funkelnden Augen, das unvollkommen ausgebildete Gesicht vor Angst verzerrt, da empfand ich wieder, wie menschlich es doch war. Noch einen Moment, und die anderen Verfolger mussten es sehen, und es würde überwältigt und gefangen, um noch einmal die furchtbaren Qualen innerhalb der Ummauerung zu erfahren. Rasch zog ich den Revolver heraus, zielte zwischen die angsterfüllten Augen und feuerte.

In diesem Augenblick sah das Hyänenschwein das Geschöpf, warf sich mit einem gierigen Schrei darauf und schlug ihm blutdürstige Zähne in den Nacken. Rings um mich schwankten und krachten die grünen Massen des Dickichts, als das Tiervolk herbeistürzte. Ein Gesicht nach dem andern tauchte auf.

»Töten Sie's nicht, Prendick«, rief Moreau. »Töten Sie's nicht!« Und ich sah, wie er sich bückte, als er unter dem Laub der großen Farne durchbrach.

Im nächsten Moment hatte er das Hyänenschwein mit dem Griff seiner Peitsche zurückgeschlagen, und er und Montgomery hielten das aufgeregte fleischfressende Tiervolk, besonders M'ling, von dem noch zuckenden Leichnam ab. Das haarige graue Wesen kroch, nach der Leiche schnüffelnd, unter meinem Arm durch. Die anderen Tiere stießen mich beiseite, um besser sehen zu können.

»Verdammt, Prendick!«, rief Moreau. »Ich wollte ihn haben.«

»Tut mir leid«, sagte ich, obgleich es mir nicht leid tat. »Es ist wie von allein geschehen.« Ich fühlte mich krank vor Anstrengung und Aufregung. Ich drehte mich um, arbeitete mich aus dem Haufen des mich umdrängenden Tiervolkes heraus und ging allein den Hang hinauf zum höher gelegenen Teil der Landzunge. Ich hörte Moreaus gebieterische Stimme und knackende Geräusche, als die drei weiß bandagierten Stiermenschen das Opfer zum Wasser hinunterschleppten.

Es war eine gute Gelegenheit, allein zu sein. Das Tiervolk bekundete eine ganz menschliche Neugier für die Leiche und folgte ihr in dichter Schar; die Geschöpfe knurrten und beschnüffelten sie, als die Stiermenschen sie den Strand hinunterschleiften. Ich ging zu der Landzunge und beobachtete die Stiermenschen, wie sie, schwarz vor dem Abendhimmel, die schwere Last ins Meer hinaustrugen, und wie eine Eingebung überkam mich die Einsicht in die unsägliche Zwecklosigkeit der Vorgänge auf dieser Insel. Am Strand zwischen den Felsen unter mir standen der Affenmensch, das Hyänenschwein und noch ein paar andere vom Tiervolk um Moreau und Montgomery herum. Sie waren alle äußerst aufgeregt und flossen über von Beteuerungen ihrer Treue gegen das Gesetz. Und doch war ich absolut überzeugt, dass das Hyänenschwein am Töten der Kaninchen beteiligt gewesen war. Eine seltsame Gewissheit überkam mich, dass ich hier – wenn auch in groben Umrissen und bizarren Formen – im Kleinen die ganze Bilanz des menschlichen Lebens vor mir hatte, das ganze Zusammenspiel von Instinkt, Vernunft und Schicksal in seiner einfachsten Form. Der Leopardenmensch war zufällig zugrunde gegangen. Das war der ganze Unterschied.

Die armen Tiere! Ich begann die gemeinere Seite von Moreaus Grausamkeit zu sehen. Ich hatte bisher noch nicht an den Schmerz und die Unruhe gedacht, die diese armen Opfer befielen, nachdem sie aus Moreaus Händen entlassen waren. Mir hatte nur vor den Stunden und Tagen der unmittelbaren Peinigung im Hause geschaudert. Aber jetzt schien mir das der geringere Teil. Vorher waren sie Tiere gewesen; ihre Instinkte waren ihrer Umgebung angepasst und sie selbst so glücklich, wie lebendige Wesen nur sein können. Jetzt stolperten sie in den Fesseln der Menschlichkeit dahin, lebten in einer Angst, die niemals schwand, von einem Gesetz gequält, das sie nicht verstanden; ihre halbmenschliche Existenz begann in Qualen, war ein einziger langer, innerer Kampf, eine einzige ständige Furcht vor Moreau – und wozu? Die Nutzlosigkeit regte mich auf.

Hätte Moreau irgendein verständliches Ziel gehabt, so hätte ich wenigstens ein wenig mit ihm sympathisieren können. So empfindlich gegen den Schmerz bin ich nicht. Ich hätte ihm vielleicht sogar teilweise verziehen, wenn sein Motiv Hass gewesen wäre. Aber er war so verantwortungslos, so absolut gleichgültig. Seine Wissbegierde, seine tollen, ziellosen Forschungen trieben ihn vorwärts, und die von ihm geschaffenen Wesen wurden ausgesetzt, um kaum länger als ein Jahr zu leben; um zu kämpfen, zu irren und zu leiden; um schließlich in Schmerzen zu sterben. Sie waren elend, der alte tierische Hass drängte sie, sich gegenseitig zu bedrohen; nur das Gesetz hielt sie von einem kurzen, heißen Kampf und der klaren Entscheidung ihrer natürlichen Feindseligkeit zurück.

In diesen Tagen entsprach meine Furcht vor dem Tiervolk meiner persönlichen Angst vor Moreau. Ich verfiel in einen krankhaften, leidenden Zustand, der in meinem Geist dauernde Narben zurückgelassen hat. Ich muss gestehen, dass ich den Glauben an die Gesundheit der Welt verlor, als ich sah, dass diese Welt die schmerzhafte Unordnung dieser Insel duldete.

Ein blindes Schicksal, ein ungeheurer, erbarmungsloser Mechanismus schien dieses Dasein zu formen, und Moreau (durch seine Leidenschaft für die Forschung), Montgomery (durch seine Leidenschaft für das Trinken), ich und das Tiervolk mit seinen Instinkten und geistigen Beschränkungen wurden erbarmungslos, unvermeidlich in dem unendlich komplizierten, nie ruhenden Räderwerk zerrieben und zermalmt. Aber dieser Zustand kam nicht über Nacht … Ich glaube, ich greife ein wenig vor, wenn ich jetzt schon davon rede.

17
Eine Katastrophe

Nach kaum sechs Wochen hatte ich jede Empfindung außer Abneigung und Widerwillen gegen die schändlichen Experimente Moreaus verloren. Mein einziger Gedanke war, von diesen furchtbaren Karikaturen der Schöpfung fortzukommen, zurück zur frischen und gesunden Betriebsamkeit der Menschen. Meine anfängliche Freundschaft mit Montgomery vertiefte sich nicht. Seine lange Trennung von den Menschen, das heimliche Laster des Trinkens, seine offenbare Sympathie für das Tiervolk machten ihn mir verhasst. Mehrere Male ließ ich ihn allein zu den Tiermenschen gehen. Ich vermied den Verkehr mit ihnen auf jede mögliche Weise. Ich verbrachte einen immer größeren Teil meiner Zeit am Strand und sah nach einem erlösenden Segel aus, das nie erschien, bis uns eines Tages ein entsetzliches Unheil befiel, das meine unheimliche Umgebung entscheidend veränderte.

Es war etwa sieben oder acht Wochen nach meiner Landung – eher mehr, denke ich, obgleich ich mich nie bemüht hatte, das Zeitgefühl nicht zu verlieren –, als diese Katastrophe hereinbrach. Es war am frühen Morgen – etwa gegen sechs. Ich war früh aufgestanden und hatte gefrühstückt; der Lärm dreier Tiermenschen, die Holz in den ummauerten Hof trugen, hatte mich aufgeweckt.

Nach dem Frühstück ging ich zu dem offenen Tor der Ummauerung, stand eine Weile dort, rauchte eine Zigarette und genoss die Frische des Morgens. Bald kam Moreau um die Ecke und grüßte mich. Er ging an mir vorbei, und ich hörte, wie er hinter mir sein Laboratorium aufschloss und betrat. Ich hatte mich mittlerweile so an die Gräuel dieses Orts gewöhnt, dass ich ohne eine Spur von Erregung hörte, wie für das Pumaopfer ein neuer Tag der Qual begann. Das Tier empfing seinen Peiniger mit einem Schrei, der dem einer wütenden Amazone glich.

Dann geschah etwas. Was es war, weiß ich bis zum heutigen Tag nicht genau. Ich hörte hinter mir einen scharfen Schrei, einen Sturz, wandte mich um und sah ein furchtbares Gesicht auf mich losstürzen, kein menschliches, kein tierisches, sondern ein höllisches, braun, mit roten verästelten Narben übersät, aus denen rote Tropfen traten, die lidlosen Augen flackernd. Ich warf meinen Arm in die Höhe, um den Hieb abzuwehren, der mich mit solcher Wucht kopfüber zu Boden schleuderte, dass ich mit gebrochenem Arm liegen blieb; und das mit Scharpie und rotgefleckten Bandagen umwickelte Ungeheuer sprang über mich fort. Ich überschlug mich mehrmals und rollte den Strand hinunter, versuchte mich aufzusetzen und brach vollends zusammen. Dann erschien Moreau; sein massiges weißes Gesicht sah schrecklich aus, das Blut tropfte ihm von der Stirne; in der einen Hand trug er einen Revolver. Er sah mich kaum an, sondern stürzte hinter dem Puma her.

Ich versuchte mich auf den anderen Arm zu stützen und setzte mich auf. Die umwickelte Gestalt lief schon in einiger Entfernung in großen Sätzen und Sprüngen den Strand entlang, und Moreau folgte ihr. Sie wandte den Kopf und sah ihn; dann schlug der Puma plötzlich einen Haken und stürzte auf die

Büsche los. Er gewann mit jedem Schritt an Vorsprung. Ich sah ihn in das Unterholz hineintauchen, und Moreau, der schräg am Waldrand entlanglief, um ihn abzufangen, feuerte und fehlte, als er verschwand. Dann stürzte auch Moreau sich in die grüne Wildnis.

Ich starrte ihnen nach, und dann flammte der Schmerz in meinem Arm auf. Ich rappelte mich stöhnend auf. Montgomery erschien angezogen und mit dem Revolver in der Hand im Tor.

»Großer Gott, Prendick!«, sagte er, ohne zu merken, dass ich verletzt war. »Die Bestie ist los! Hat die Kette aus der Mauer gerissen. Haben Sie sie gesehen?« Dann rief er scharf, als er sah, dass ich nach meinem Arm griff: »Was ist?«

»Ich stand im Tor«, antwortete ich.

Er trat heran und betrachtete meinen Arm. »Blut auf dem Ärmel«, sagte er und streifte den Flanell zurück. Er steckte die Waffe in die Tasche, befühlte sorgfältig meinen Arm und führte mich ins Haus. »Ihr Arm ist gebrochen«, sagte er; und dann: »Erzählen Sie mir genau, was geschehen ist.«

Ich erzählte ihm, was ich gesehen hatte, erzählte in abgehackten Sätzen mit Lücken des Schmerzes dazwischen, und er verband mir indessen den Arm sehr geschickt und schnell. Er legte mir eine Binde um die Schulter, trat zurück und sah mich an. »Das wird gehen«, sagte er. »Und jetzt?« Er dachte nach. Dann ging er hinaus und verschloss die Tore der Ummauerung. Er blieb einige Zeit fort.

Mich beschäftigte hauptsächlich mein Arm. Der Zwischenfall erschien mir nur als eines mehr von vielen furchtbaren Dingen. Ich setzte mich in den Schiffsstuhl und, ich muss es gestehen, verfluchte die Insel von Herzen. Ich fühlte einen brennenden Schmerz in meinem Arm, als Montgomery wieder erschien.

Sein Gesicht war ziemlich bleich, und wenn er den Mund öffnete, war das Zahnfleisch seines Unterkiefers deutlicher zu sehen als jemals zuvor. »Ich habe ihn weder gesehen noch gehört«, sagte er. »Ich habe mir gedacht, vielleicht braucht er meine Hilfe.« Er starrte mich mit seinen ausdruckslosen Augen an. »Das war eine starke Bestie«, erklärte er. »Sie riss die Fesseln einfach aus der Mauer.«

Er trat ans Fenster, dann an die Tür, und dort drehte er sich zu mir um. »Ich werde ihm nachgehen«, sagte er. »Wir haben noch einen Revolver, den werde ich Ihnen hierlassen. Um Ihnen die Wahrheit zu sagen, ich bin ziemlich besorgt.«

Er holte die Waffe und legte sie vor mir auf den Tisch, dann ging er hinaus. Seine Besorgnis hatte mich angesteckt. Ich blieb nicht lange sitzen, als er fort war. Ich nahm den Revolver in die Hand und trat zur Tür.

Der Morgen war still wie der Tod. Kein Windhauch rührte sich, die See lag da wie poliertes Glas, der Himmel war leer, der Strand verlassen. In meinem erregten, ja fiebrigen Zustand bedrückte mich diese Stille.

Ich versuchte zu pfeifen, und die Melodie erstarb. Ich fluchte noch einmal – das zweite Mal an diesem Morgen. Dann ging ich an die Ecke der Ummauerung und spähte über den grünen Busch, der Moreau und Montgomery verschluckt hatte, ins Land hinein. Wann würden sie zurückkehren, und wie?

Plötzlich erschien weit oben am Strand ein kleiner grauer Tiermensch, lief zum Wasserrand hinunter und begann, umherzuspritzen. Ich schlenderte zum Tor zurück, dann wieder zur Ecke, und so begann ich wie ein Posten auf Wache auf und ab zu schreiten. Einmal blieb ich stehen, als ich Montgomerys ferne Stimme hörte; sie rief: »Ooo – heee … Moreau!« Mein Arm schmerzte weniger, war aber sehr heiß. Ich spürte, dass ich Fieber hatte, und war durstig. Mein Schatten wurde kürzer. Ich beobachtete die ferne Gestalt, bis sie sich wieder entfernt hatte. Würden Moreau und Montgomery je zurückkehren? Drei Seevögel begannen um irgendeine gestrandete Köstlichkeit zu kämpfen.

Dann hörte ich weit hinter der Ummauerung einen Revolverschuss. Eine lange Stille, und dann knallte es nochmals. Dann ertönte in größerer Nähe ein gellender Schrei, und wieder folgte ein furchtbares Schweigen. Meine unglückliche Fantasie begann zu arbeiten und quälte mich. Dann ertönte plötzlich ganz in der Nähe ein Schuss.

Ich rannte erschreckt an die Ecke und sah Montgomery, das Gesicht blutrot, das Haar wirr, seine Hose am Knie zerrissen. Sein Gesicht drückte tiefe Bestürzung aus. Hinter ihm schlich der Tiermensch M'ling, und an M'lings Kiefern zeigten sich einige ominöse braune Flecken.

»Ist er gekommen?«, fragte er.

»Moreau?«, sagte ich. »Nein.«

»Mein Gott!« Der Mann war atemlos, er schluchzte fast nach Luft. »Gehen Sie wieder hinein«, sagte er und nahm meinen Arm. »Sie sind alle wie toll. Was kann geschehen sein? Ich weiß es nicht. Ich will's Ihnen erzählen, wenn ich wieder Luft bekomme. Wo ist Brandy?«

Er hinkte vor mir ins Zimmer und setzte sich in den Schiffsstuhl. M'ling warf sich vor der Tür hin und begann wie ein Hund zu keuchen. Ich brachte Montgomery etwas Brandy und Wasser. Er saß da und starrte ausdruckslos vor sich hin, während er wieder zu Atem zu kommen suchte. Nach einigen Minuten begann er mir zu erzählen, was geschehen war.

Er war der Spur Moreaus und seines Opfers eine Strecke weit gefolgt. Sie war zuerst wegen der abgebrochenen Zweige und zermalmten Büsche deutlich genug, weiße Fetzen waren von den Bandagen des Pumas gerissen, und da und dort war das Laub der Sträucher und des Unterholzes mit Blut beschmiert. Auf dem steinigen Grund am Bach, wo ich den Tiermenschen hatte trinken sehen, hatte er jedoch die Spur verloren und war dann ziellos nach Westen weitergewandert, stets Moreaus Namen rufend. Dann war M'ling mit einem leichten Beil zu ihm gestoßen. M'ling hatte nichts von der Puma-Affäre gesehen, hatte Holz gefällt und ihn rufen gehört. Sie gingen zusammen weiter. Zwei Tiermenschen kamen und spähten durchs Unterholz zu ihnen hin, und zwar mit so seltsamen Bewegungen und in einer derart verstohlenen Haltung, dass Montgomery erschrak. Er rief sie an, und sie flohen schuldbewusst. Er hörte auf, ihnen nachzurufen, und beschloss, nachdem er eine Zeit lang unentschlossen umhergewandert war, die Hütten des Tiervolks aufzusuchen.

Er fand die Schlucht verlassen.

Da er immer ängstlicher wurde, machte er sich auf den Heimweg. Da begegnete er den beiden Schweinemenschen, die ich am Abend meiner Ankunft hatte tanzen sehen; sie waren am Munde blutbefleckt und sehr erregt. Sie brachen prasselnd durch die Farne und standen mit wilden Gesichtern still, als sie ihn sahen. Er knallte etwas zaghaft mit der Peitsche nach ihnen, und alsbald stürzten sie auf ihn los. Nie zuvor hatte ein Tiermensch das gewagt. Einen schoss er durch den Kopf, auf den andern warf sich M'ling, und die beiden wälzten sich ringend auf dem Boden. M'ling überwältigte die Bestie, und Montgomery erschoss auch sie, während sie sich unter M'lings Griff wand. M'ling hatte ihr die Zähne in den Hals gegraben, und Montgomery hatte einige Mühe, ihn fortzureißen.

Dann eilten sie zu mir zurück. Unterwegs war M'ling plötzlich in ein Dickicht gestürzt und hatte einen stämmigen Panthermenschen herausgejagt, der gleichfalls blutbefleckt war und an einer Fußwunde lahmte. Diese Bestie war eine Strecke weit gelaufen und hatte sich dann gestellt; Montgomery erschoss auch sie – ich fand, ein wenig leichtfertig.

»Was soll das alles heißen?«, fragte ich.

Montgomery schüttelte den Kopf und wandte sich von Neuem dem Brandy zu.

18
Moreaus Auffindung

Als Montgomery das dritte Glas Brandy hinunterstürzte, schritt ich ein. Er war schon mehr als halb betrunken. Ich sagte ihm, Moreau müsse mittlerweile etwas Ernstes passiert sein, sonst wäre er zurückgekehrt, und es sei an der Zeit festzustellen, was ihm zugestoßen sei. Montgomery erhob einige schwache Einwände und stimmte mir schließlich bei. Wir aßen ein wenig, und dann brachen wir alle drei auf.

Vielleicht liegt es an dem Zustand der Spannung, in dem ich mich damals befand, aber noch jetzt ist jener Aufbruch in die heiße Stille des tropischen Nachmittags in meinem Gedächtnis merkwürdig lebendig. M'ling ging voran, seine Schultern hatte er hochgezogen, und sein unheimlicher schwarzer Rücken bewegte sich in raschen Zuckungen, wenn er stehen blieb und erst auf die eine und dann auf die andere Seite des Weges starrte. Er war unbewaffnet. Sein Beil hatte er verloren, als er und sein Herr den Schweinemenschen begegnet waren. Wenn es zum Kampf kam, waren die Zähne seine Waffen. Montgomery folgte mit stolpernden Schritten, die Hände in den Taschen, das Gesicht gesenkt; er war betrunken, verdrossen und grollte mir, weil ich ihm den Brandy weggenommen hatte. Mein linker Arm lag in einer Binde – zum Glück mein linker –, und ich trug meinen Revolver in der Rechten.

Wir folgten einem schmalen Pfad durch das dichte Unterholz und gingen nach Nordwesten. Und plötzlich blieb M'ling stehen; er schien vor Wachsamkeit erstarrt zu sein. Montgomery stolperte fast über ihn und blieb dann auch stehen. Wir hörten Stimmen zwischen den Bäumen und Schritte, die sich näherten.

»Er ist tot«, sagte eine tiefe vibrierende Stimme.

»Er ist nicht tot, er ist nicht tot«, schnatterte eine andere.

»Wir haben's gesehen, wir haben's gesehen«, sagten mehrere Stimmen.

»Hallo!«, rief Montgomery plötzlich. »Hallo ihr da!«

»Zum Henker!«, sagte ich und fasste meine Pistole fester.

Es folgte eine Stille, dann knackte es erst hier, dann dort in dem wirren Gestrüpp, und dann erschien ein halbes Dutzend Gesichter, unheimliche Gesichter, von einem unheimlichen Leuchten erhellt. M'ling gab ein knurrendes, kehliges Geräusch von sich. Ich erkannte den Affenmenschen – ich hatte auch seine Stimme schon erkannt – und zwei von den weiß umwickelten, braungesichtigen Geschöpfen, die ich in Montgomerys Boot gesehen hatte. Bei ihnen waren die zwei scheckigen Bestien und das graue, schrecklich krumme Geschöpf, das das Gesetz vorsprach, mit den schweren grauen Augenbrauen und den grauen Locken, die ihm von einem Mittelscheitel aus auf die schräge Stirn niederhingen – ein schweres, gesichtsloses Wesen mit seltsamen roten Augen, das uns aus dem Grün neugierig ansah.

Eine Zeit lang sprach niemand. Dann schluckte Montgomery: »Wer ... sagte, er sei tot?«

Der Affenmensch sah das haarige graue Wesen schuldbewusst an. »Er ist tot«, erklärte dieses Ungeheuer. »Sie haben es gesehen.«

Immerhin wirkten diese Tierwesen nicht bedrohlich. Sie schienen eher von Furcht gelähmt und verwirrt zu sein. »Wo ist er?«, fragte Montgomery.

»Da hinten«, zeigte das graue Ungeheuer.

»Gibt es noch ein Gesetz?«, fragte der Affenmensch. »Soll noch immer dies und das bleiben? Ist er wirklich tot?« »Gibt es noch ein Gesetz?«, wiederholte der in Weiß. »Gibt es ein Gesetz, du andrer mit der Peitsche? Er ist tot«, sagte das haarige graue Wesen. Und sie standen alle da und beobachteten uns.

»Prendick«, sagte Montgomery und richtete die stumpfen Augen auf mich. »Er ist offenbar – tot.«

Ich war während dieses Gesprächs hinter ihm gestanden. Ich erkannte plötzlich, wie es nun um die Tiermenschen bestellt war. Ich trat plötzlich vor und erhob die Stimme: »Kinder des Gesetzes«, sagte ich, »er ist *nicht* tot.«

M'ling wandte seine scharfen Augen auf mich. »Er hat seine Gestalt gewechselt – er hat den Leib gewechselt«, fuhr ich fort. »Eine Zeit lang werdet ihr ihn nicht sehen. Er ist ... dort« – ich zeigte nach oben – »wo er euch beobachten kann. Ihr könnt ihn nicht sehen. Aber er kann euch sehen. Fürchtet das Gesetz.«

Ich blickte sie offen an. Sie wichen zurück. »Er ist groß, er ist gut«, sagte der Affenmensch und blickte furchtsam zwischen den dichten Bäumen nach oben.

»Und das andere Ding?«, fragte ich.

»Das Ding, das blutete und schreiend und schluchzend lief – das ist auch tot«, sagte das graue Wesen und sah mich an.

»Das ist gut«, grunzte Montgomery.

»Der andere mit der Peitsche«, begann das graue Wesen.

»Nun?«, fragte ich.

»Sagte, er ist tot.«

Aber Montgomery war noch nüchtern genug, um zu verstehen, warum ich Moreaus Tod leugnete. »Er ist nicht tot«, sagte er langsam. »Absolut nicht tot. Nicht mehr tot als ich.«

»Einige«, erklärte ich, »haben das Gesetz gebrochen. Sie werden sterben. Einige sind gestorben. Zeigt uns jetzt, wo sein alter Leib liegt. Der Leib, den er wegwarf, weil er ihn nicht mehr nötig hatte.«

»Hier geht der Weg, Mann, der ins Meer ging«, sagte das graue Wesen.

Und unter der Führung dieser sechs Geschöpfe marschierten wir durch die Wildnis der Farne und Lianen und Baumstämme nach Nordwesten. Dann ertönte ein Schreien und Krachen unter den Zweigen, und ein kleiner rosiger Homunkulus stürzte kreischend vorbei. Unmittelbar dahinter erschien ein wildes Ungeheuer, blutbespritzt, in jäher Verfolgung begriffen, und es war fast bei uns, ehe es seinen Lauf hemmen konnte. Das graue

Wesen sprang zur Seite; M'ling stürzte knurrend auf das Untier los und wurde beiseite geschleudert; Montgomery feuerte, fehlte, senkte den Kopf, warf die Arme hoch und wandte sich zur Flucht. Ich schoss ebenfalls, und die Bestie kam noch ein Stück vorwärts; ich feuerte noch einmal blindlings auf das hässliche Gesicht. Im Feuerstoß sah ich, wie das Leben aus den Zügen schwand. Das Gesicht war eingefallen. Trotzdem stürzte das Tier an mir vorbei, fasste Montgomery, hielt ihn, stürzte mit ihm vornüber und riss ihn zuckend mit sich – im Todeskampf.

Ich war mit M'ling, der toten Bestie und dem gestürzten Mann allein. Montgomery erhob sich langsam und starrte benebelt auf den zerschmetterten Tiermenschen neben ihm. Bei diesem Anblick wurde er beträchtlich nüchterner. Er rappelte sich auf. Dann sah ich das graue Wesen vorsichtig durch die Bäume zurückkehren.

»Sieh«, sagte ich und zeigte auf das tote Tier, »ist das Gesetz nicht lebendig? Das kommt vom Bruch des Gesetzes.«

Das graue Geschöpf blickte auf die Leiche. »Er schickt das Feuer, das tötet«, sagte der Sprecher des Gesetzes mit seiner tiefen Stimme, einen Teil des Rituals wiederholend.

Die anderen sammelten sich ringsherum und starrten eine Zeit lang auf das tote Ungeheuer.

Schließlich näherten wir uns dem westlichen Ende der Insel. Wir fanden die benagte und verstümmelte Leiche des Pumas, dessen Schulterblatt von einer Kugel zerschmettert war, und vielleicht zwanzig Meter weiter entdeckten wir endlich, was wir suchten. Moreau lag auf einem niedergetrampelten Rasenfleck mit dem Gesicht nach unten in einem Schilfgebüsch. Eine Hand war fast vom Handgelenk getrennt, das Silberhaar mit Blut bespritzt. Der Kopf war mit den Ketten des Pumas eingeschlagen worden. Das geknickte Schilf unter ihm war mit Blut beschmiert. Seinen Revolver konnten wir nicht finden. Montgomery drehte den Leichnam um.

Mit der Hilfe von sieben Tiermenschen – denn er war schwer – trugen wir Moreau zur Ummauerung zurück. Von Zeit zu Zeit legten wir eine Rast ein. Die Nacht wurde dunkel. Zweimal hörten wir unsichtbare Geschöpfe heulend und kreischend an unserer kleinen Schar vorbeiziehen, und einmal erschien das kleine, rosige Faultiergeschöpf, starrte uns an und verschwand wieder. Aber wir wurden nicht mehr angegriffen. An den Toren der Ummauerung verließ uns unsere Gesellschaft vom Tiervolk – und M'ling ging mit den anderen. Wir schlossen uns ein und brachten dann Moreaus zerfleischten Leichnam in den Hof, wo wir ihn auf einen Haufen Buschholz legten.

Dann gingen wir ins Laboratorium und machten allem ein Ende, was wir dort noch lebend vorfanden.

19
Montgomerys Feiertag

Als wir damit fertig waren, uns gewaschen und gegessen hatten, gingen Montgomery und ich in mein kleines Zimmer und besprachen zum ersten Mal unsere Lage ernsthaft. Es war fast Mitternacht. Montgomery war beinahe nüchtern, aber sehr verstört. Er hatte merkwürdig stark unter dem Einfluss von Moreaus Persönlichkeit gestanden. Ich glaube nicht, dass er je daran gedacht hatte, Moreau könne sterben. Dieses Unheil bewirkte den plötzlichen Zusammenbruch aller Gewohnheiten, die in den zehn oder mehr monotonen Jahren seines Aufenthalts auf der Insel ein Teil seiner Natur geworden waren. Er redete zusammenhangloses Zeug, beantwortete meine Fragen verkehrt und schweifte zu allgemeinen Fragen ab.

»Diese alberne Welt«, sagte er. »Was für eine Wirrsal das alles ist! Ich habe überhaupt kein Leben gehabt. Ich möchte wissen, wann es endlich anfängt. Sechzehn Jahre von Kindermädchen und Schulmeistern nach Belieben eingeschüchtert, fünf Jahre hab' ich mich in London mit der Medizin abgeplagt – schlechtes Essen, schäbige Wohnung, schäbige Kleider, schäbige Laster –, ein Schnitzer – ich wusste es nicht besser –, und auf diese viehische Insel verjagt. Zehn Jahre hier! Wozu das alles, Prendick? Sind wir Seifenblasen, die ein kleines Kind bläst?«

Es war schwer, diesem irren Gerede beizukommen. »Woran wir jetzt denken müssen«, sagte ich, »ist, wie wir von dieser Insel fortkommen.«

»Was nützt es, wenn ich fortkomme? Ich bin ein Ausgestoßener. Wo soll ich hin? Für *Sie* ist das alles ganz schön und gut, Prendick. Der arme alte Moreau! Wir können ihn nicht da liegen lassen … So, wie die Dinge stehen, werden sie ihm die Knochen abnagen … Und außerdem, was soll aus dem anständigen Teil des Tiervolks werden?«

»Nun«, sagte ich, »lassen wir das für morgen. Ich habe gedacht, wir sollten das Buschholz zu einem Scheiterhaufen schichten und seine Leiche – und alles andere verbrennen … Was aber wird mit dem Tiervolk geschehen?«

»Ich weiß es nicht. Ich vermute, dass alle, die aus Bestien gemacht sind, früher oder später wahre Esel aus sich machen werden. Wir können die Gesellschaft nicht schlachten. Oder? Das gibt Ihnen wohl *Ihre* Art von Menschlichkeit ein? Aber sie werden sich ändern. Sie ändern sich sicher.«

Er redete in dieser Weise unzusammenhängend weiter, bis ich schließlich merkte, wie mir die Geduld riss. »Himmel und Hölle!«, rief er über solche Unverschämtheit. »Können Sie denn nicht einsehen, dass ich schlimmer dran bin als Sie?« Und er stand auf und holte den Brandy. »Trinken Sie«, sagte er, als er zurückkam. »Sie auf Logik pochender, bleichgesichtiger Heiliger von 'nem Atheisten, trinken Sie.«

»Nein«, sagte ich und beobachtete grimmig sein Gesicht unter dem gelben Paraffinlicht, als er sich in sein geschwätziges

Elend trank. Ich erinnere mich, dass er mich entsetzlich anwiderte. Er ging zu einer rührseligen Verteidigung des Tiervolks und M'lings über. M'ling, sagte er, sei das einzige Wesen, das sich je etwas aus ihm gemacht habe. Und plötzlich kam ihm ein Gedanke.

»Ich mach' mir den Garaus!«, sagte er, kam stolpernd auf die Füße und packte die Brandyflasche. Ich hatte eine plötzliche Intuition: Jetzt wusste ich, was er wollte. »Sie geben der Bestie nichts zu trinken!«, rief ich, stand auf und trat ihm entgegen.

»Bestie!«, sagte er. »Sie sind die Bestie. Er trinkt seinen Schnaps wie ein Christ. Gehen Sie mir aus dem Weg, Prendick!«

»Um Gottes willen«, sagte ich.

»Gehen Sie … aus dem Weg!«, brüllte er und zog plötzlich den Revolver.

»Schön«, sagte ich und trat zur Seite. Ich hatte Lust, mich auf ihn zu stürzen, als er die Hand auf den Türgriff legte, aber der Gedanke an meinen lädierten Arm hielt mich zurück. »Sie sind zum Tier geworden. So gehen Sie nur zu Ihresgleichen.«

Er stieß die Tür auf und stand, mir halb zugewandt, teils im gelben Lampenlicht, teils im bleichen Glanz des Mondes; die Augenhöhlen unter den borstigen Augenbrauen waren wie schwarze Flecken. »Sie sind ein elender Heuchler, Prendick, Sie alter Esel! Sie haben immer Angst und leiden an Einbildungen. Wir stehen auf des Messers Schneide. Ich bin entschlossen, mir morgen den Hals durchzuschneiden. Aber heut lass' ich's mir gutgehen!«

Er wandte sich ab und ging ins Mondlicht hinaus. »M'ling«, rief er. »M'ling, alter Freund!«

Drei dunkle Geschöpfe kamen im Silberlicht am Rand des fahlen Strandes heran, eines weiß bandagiert, die beiden anderen schwarze Flecken, die ihm folgten. Sie standen still und starrten ins Dunkel. Dann sah ich M'lings krumme Schultern, als er um die Ecke des Hauses herumkam.

»Trinkt«, rief Montgomery. »Trinkt, ihr Bestien! Trinkt und seid Menschen. Verdammich, ich bin der Gescheiteste! Das hat Moreau vergessen. Das ist die letzte Vollendung. Trinkt, sag' ich euch.« Die Flasche in der Hand schwingend, lief er in einem schnellen Trab nach Westen, und M'ling lief zwischen ihm und den drei undeutlichen Gestalten, die folgten.

Ich trat an die Tür. Ich sah, wie Montgomery stehen blieb und M'ling einen Schluck puren Brandys gab, und die fünf Gestalten verschmolzen zu einem einzigen verschwommenen Fleck. »Singt«, hörte ich Montgomery rufen, »singt alle zusammen: ›Zum Henker mit dem alten Prendick!‹ ... So ist's recht. Jetzt noch einmal: ›Zum Henker mit dem alten Prendick.‹«

Die dunkle Gruppe zerfiel in fünf einzelne Gestalten, die langsam das Band des leuchtenden Strandes entlangtorkelten. Jeder heulte, wie es ihm behagte, kläffte Schimpf gegen mich oder machte allem Luft, was ihm der Brandy eingab.

Dann hörte ich Montgomerys ferne Stimme rufen: »Rechtsherum!«, und sie verschwanden schreiend und heulend im schwarzen Dickicht der Bäume landeinwärts. Langsam, sehr langsam, wurde es wieder still. Der friedliche Glanz der Nacht war wiederhergestellt. Der Mond war jetzt über den Meridian hinüber und wanderte nach Westen. Er war voll und sehr hell und zog durch den leeren blauen Himmel. Der Schatten der Mauer lag mir, eine Elle breit und von tintiger Schwärze, zu Füßen. Das Meer im Osten war grau, dunkel und geheimnisvoll, und zwischen dem Meer und dem Schatten glitzerte und funkelte der graue Sand aus vulkanischem Glas und Kristallen, als bestünde er aus Diamanten. Hinter mir leuchtete die Paraffinlampe heiß und rot.

Dann schloss ich die Tür, versperrte sie und ging in den Hof, wo Moreau neben seinen letzten Opfern lag – neben den Hetzhunden und dem Lama und noch einigen elenden Bestien. Sein massiges Gesicht, ruhig selbst noch nach diesem furchtbaren

Tode, starrte, die harten Augen geöffnet, zum toten weißen Mond hinauf. Ich setzte mich auf den Rand des Abflusses, und die Augen auf diesen gespenstischen Haufen von Licht und unheimlichen Schatten gerichtet, begann ich Pläne zu schmieden.

Am Morgen wollte ich einige Vorräte sammeln und sie in dem kleinen Boot verstauen, dann Feuer an den Scheiterhaufen legen und noch einmal in die Trostlosigkeit der See hinausziehen. Ich ahnte, dass es für Montgomery keine Hilfe gab; dass er eigentlich verwandt war mit diesem Tiervolk, untauglich für die menschliche Gesellschaft. Ich weiß nicht, wie lange ich dort saß und plante. Es muss wohl eine Stunde gewesen sein. Dann wurde mein Grübeln durch Montgomerys Rückkehr unterbrochen. Ich hörte ein Schreien aus vielen Kehlen, einen Aufruhr triumphierender Rufe, der zum Strand hinunterzog – ein Heulen und Schreien und aufgeregtes Kreischen, das nahe am Rande des Wassers innezuhalten schien. Der Lärm schwoll an und klang ab; ich hörte schwere Schläge und das splitternde Krachen von Holz, aber das beunruhigte mich in diesem Moment noch nicht. Ein Gesang in schaurigen Dissonanzen erklang.

Meine Gedanken kehrten zu der geplanten Flucht zurück. Ich stand auf, holte die Lampe und ging in einen Schuppen, in dem ich ein paar Tonnen gesehen hatte. Dann interessierte mich der Inhalt einiger Zwiebackdosen, und ich öffnete eine. Aus dem Augenwinkel heraus sah ich plötzlich eine rote Gestalt und drehte mich scharf um.

Hinter mir lag der Hof, im Mondlicht deutlich schwarz und weiß, mit dem Haufen von Buschholz und Scheiten, auf dem Moreau und seine verstümmelten Opfer übereinandergeschichtet waren. Sie schienen einander in einem letzten rachedürstenden Ringkampf gepackt zu haben. Moreaus Wunden klafften schwarz in die Nacht, und das Blut, das herabgetropft war, bildete schwarze Lachen auf dem Sande. Dann sah ich die Ursache des Phantoms: einen roten Schein, der über die Mauer gegenüber zog und tanzte. Ich deutete ihn falsch, meinte, es sei ein Widerschein von der flackernden Lampe, und wandte mich wieder den Vorräten zu. Ich stöberte herum, so gut es ein einarmiger Mensch vermag, fand dieses und jenes brauchbare Ding und legte alles für den morgigen Aufbruch beiseite. Ich konnte mich nur langsam bewegen, und die Zeit verstrich schnell. Bald erschien das erste Tageslicht.

Das Singen erstarb und wich einem Lärmen, das plötzlich zu einem Tumult wurde. Ich hörte Rufe: »Mehr, mehr!«, dann klang es wie ein Streit, und dann ertönte ein wilder Schrei. Die Art der Geräusche änderte sich so, dass meine Aufmerksamkeit gefesselt wurde. Ich ging in den Hof hinaus und horchte. Dann folgte, messerscharf inmitten all der Verwirrung, der Knall eines Revolvers.

Ich stürzte sofort durch mein Zimmer an die kleine Tür. Dabei hörte ich einige der Kisten hinter mir niedergleiten und auf den Boden des Schuppens donnern. Glas klirrte. Aber ich kümmerte mich nicht darum. Ich stieß die Tür auf und blickte hinaus.

Oben am Strand, neben dem Bootshaus, brannte ein Feuer, das Funken in die ungewisse Dämmerung sandte. Darum herum drängte sich eine Masse schwarzer Gestalten. Ich hörte Montgomery meinen Namen rufen. Sofort lief ich mit dem Revolver in der Hand auf dieses Feuer zu. Ich sah den Feuerstoß aus Montgomerys Revolver noch einmal dicht am Boden. Montgomery war hingefallen. Ich rief mit all meiner Kraft und schoss in die Luft.

Ich hörte jemanden rufen. »Der Herr!« Der verworrene schwarze Haufen zerfiel, die einzelnen Gestalten stoben auseinander, das Feuer leuchtete auf und sank zusammen. Die Schar des Tiervolks floh in plötzlicher Panik vor mir den Strand hinauf. In meiner Aufregung feuerte ich auf ihre Rücken, als sie zwischen den Büschen verschwanden. Dann wandte ich mich zu der schwarzen Masse am Boden.

Montgomery lag auf dem Rücken, und der graue, haarige Tiermensch hockte über seinem Körper. Die Bestie war tot, hielt aber noch Montgomerys Hals mit ihren krummen Klauen umklammert. Unmittelbar daneben lag M'ling ganz still auf seinem Gesicht; sein Nacken war durchgebissen, und er hielt den oberen Teil der zerschmetterten Brandyflasche in der Hand. Zwei weitere Gestalten lagen nah beim Feuer, die eine regungslos, die andere hob, stoßweise stöhnend, dann und wann langsam den Kopf und ließ ihn wieder fallen.

Ich packte den grauen Tiermenschen und zerrte ihn von Montgomerys Körper herunter; seine Klauen ließen den zerrissenen Hals nur widerstrebend los.

Montgomery war schwarz im Gesicht und atmete kaum noch. Ich spritzte ihm Seewasser ins Antlitz und bettete seinen Kopf auf meinen ausgebreiteten Rock. M'ling war tot. Das verwundete Geschöpf am Feuer – es war ein Wolfmensch mit bärtigem, grauem Gesicht – lag, wie ich sah, mit dem Oberkörper auf dem noch glühenden Holz. Das elende Ding war so furchtbar verletzt, dass ich mich erbarmte und ihm eine Kugel gab. Das andere Tier war einer von den weiß bandagierten Stiermenschen. Es war tot.

Das Feuer neben mir war zusammengesunken, und nur verkohlte Holzscheite glühten noch in der Mitte, gemischt mit der grauen Asche des Buschholzes. Ich fragte mich, woher Montgomery dieses Holz hatte. Dann sah ich, dass die Dämmerung angebrochen war. Der Himmel war heller geworden, der untergehende Mond erblasste und stand glanzlos im leuchtenden Tagesblau. Der Himmel war im Osten rot umrändert.

Plötzlich hörte ich hinter mir einen dumpfen Knall und ein Zischen; ich sah mich um und sprang mit einem Schreckensschrei auf die Füße. Große wirbelnde Massen schwarzen Rauchs quollen aus der Ummauerung empor, und durch die sich drehenden, dunklen Qualmfetzen schossen flackernde Fäden blutroter Flammen. Dann fing das Strohdach Feuer. Ich sah, wie die Flammen das Stroh erfassten. Ein Feuerstrahl schnellte aus dem Fenster meines Zimmers hervor.

Ich wusste sofort, was geschehen war. Ich entsann mich des Krachs, den ich gehört hatte. Als ich Montgomery zu Hilfe geeilt war, hatte ich die Lampe umgestoßen.

Ich erkannte, wie aussichtslos es war, irgendetwas aus dem ummauerten Hof retten zu wollen. Mein Fluchtplan fiel mir wieder ein, und ich wandte mich rasch und blickte dahin, wo die beiden Boote auf dem Strande gelegen hatten. Sie waren fort! Zwei Beile lagen neben mir im Sand, Splitter und Holzstücke waren rings verstreut, und die Asche des Feuers gloste rauchend in der Dämmerung. Montgomery hatte die Boote verbrannt, um sich an mir zu rächen und unsere Rückkehr zu den Menschen zu verhindern.

Ein plötzlicher Wutkrampf schüttelte mich. Am liebsten hätte ich ihm den Schädel eingeschlagen, wie er mir da hilflos zu Füßen lag. Dann bewegte sich plötzlich seine Hand – so schwach, so jämmerlich, dass meine Wut verschwand. Er stöhnte und öffnete einen Moment die Augen.

Ich kniete neben ihm nieder und hob seinen Kopf. Er starrte schweigend in die Dämmerung; dann begegnete sein Blick meinen Augen. Die Lider fielen. »Leid«, sagte er dann mit Anstrengung. Es schien, als versuchte er zu denken. »Das Letzte«, murmelte er, »das Letzte von dieser albernen Welt. Was für eine Wirrsal …«

Ich horchte. Sein Kopf sank hilflos zur Seite. Ich dachte, etwas Wasser könnte ihn beleben, aber es war kein Trinkwasser zur Hand. Er schien plötzlich schwerer zu werden. Mir wurde das Herz kalt.

Ich beugte mich nieder und steckte die Hand durch den Riss in seinem Hemd. Er war tot; und gerade, als er starb, tauchte der Rand der Sonne weiß glühend im Osten über der Bucht auf, schleuderte Strahlen über den Himmel und verwandelte das dunkle Meer in einen wogenden Aufruhr blendenden Lichts. Wie eine Glorie umgaben die Strahlen das eingefallene Gesicht.

Ich ließ Montgomerys Kopf sanft auf das notdürftige Kissen gleiten, das ich für ihn gemacht hatte, und stand auf. Vor mir lag die glitzernde Öde des Meeres, die furchtbare Einsamkeit, unter der ich schon so viel gelitten hatte; hinter mir die Insel unter dem Sonnenaufgang – das Tiervolk blieb still und unsichtbar. Die Ummauerung brannte mit all ihren Vorräten und ihrer Munition lichterloh, plötzliche Flammenstrahlen schossen empor, ich hörte stoßweises Prasseln und hin und wieder einen Knall. Der schwere Rauch trieb den Strand hinauf von mir fort und wälzte sich dicht über den fernen Baumwipfeln zu den Hütten in der Schlucht. Neben mir lagen die verkohlten Reste der Boote und die fünf Leichen.

Dann kamen aus den Büschen drei Tiermenschen mit krummen Schultern, vorgeschobenen Köpfen, ungestalten, linkisch ausgestreckten Händen und forschenden, unfreundlichen Augen und traten mit zögernden Gesten auf mich zu.

20
Allein mit dem Tiervolk

Ich trat diesen Leuten – und zugleich mit ihnen meinem Schicksal – entgegen, einarmig, denn mein anderer Arm war ja gebrochen. In der Tasche hatte ich einen Revolver, den ich bereits zweimal abgefeuert hatte. Zwischen den Holzsplittern, die auf dem Strand verstreut waren, lagen die beiden Äxte, die man benutzt hatte, um die Boote zu zerschlagen. Hinter mir strömte langsam die Flut herein.

Nichts als Mut konnte mir helfen. Ich blickte den herankommenden Ungeheuern offen ins Gesicht. Sie mieden meine Augen, und ihre zitternden Nüstern witterten die Leichen, die hinter mir auf dem Strande lagen. Ich machte ein halbes Dutzend Schritte, hob die blutbefleckte Peitsche auf, die unter der Leiche des Wolfmenschen lag, und knallte damit.

Sie standen still und starrten mich an. »Grüßt«, sagte ich. »Beugt euch!«

Sie zögerten. Einer fiel in die Knie. Ich wiederholte meinen Befehl, das Herz schlug mir im Hals, und ich ging auf sie zu. Noch einer kniete nieder, und dann auch die beiden anderen.

Ich ging zu den Leichen, hielt aber das Gesicht den drei knienden Tiermenschen zugewandt, wie ein Schauspieler, der die Bühne hinaufgeht und dabei das Publikum ansieht.

»Sie haben das Gesetz gebrochen«, sagte ich und setzte den Fuß auf den Sprecher des Gesetzes. »Sie sind erschlagen worden. Selbst der Sprecher des Gesetzes. Selbst der andere mit der Peitsche. Groß ist das Gesetz! Kommt und seht.«

»Keiner entkommt!«, sagte einer der Tiermenschen, trat vor und glotzte.

»Keiner entkommt«, wiederholte ich. »Also hört und tut, wie ich befehle.« Sie standen auf und blickten sich gegenseitig fragend an.

»Kommt her«, befahl ich.

Ich hob die Beile auf, drehte Montgomery um, nahm seinen Revolver, der noch mit zwei Patronen geladen war, beugte mich nieder, um die Taschen zu durchsuchen, und fand noch ein halbes Dutzend Patronen.

»Nehmt ihn«, sagte ich, stand auf und deutete mit der Peitsche, »nehmt ihn, tragt ihn hinaus, und werft ihn ins Meer.«

Sie kamen heran, offenbar noch immer in Angst vor Montgomery, aber noch mehr in Angst vor meiner knallenden roten Peitsche, und nach einigem Zögern und Warten, einigem Peitschenknallen und Rufen hoben sie den Leichnam vorsichtig auf, trugen ihn zum Wasser hinunter und gingen platschend ins gleißende, wogende Meer. »Weiter«, sagte ich, »weiter – tragt ihn weit!«

Sie gingen bis zu ihren Achselhöhlen ins Wasser, standen dann still und sahen mich an. »Lasst ihn los«, sagte ich, und Montgomerys Leiche verschwand spritzend. Etwas in meiner Brust zog sich zusammen. »Gut!«, sagte ich mit brüchiger Stimme, und sie kamen eilig und ängstlich zum Rande des Wassers zurück, lange schwarze Spuren im Silber zurücklassend. Am Strand blieben sie stehen, wandten sich um und starrten ins Meer, als erwarteten sie, dass Montgomery sich alsbald daraus erhebe und Rache fordere.

»Jetzt diese«, sagte ich und zeigte auf die anderen Leichen.

Sie hüteten sich, der Stelle nahe zu kommen, wo sie Montgomery ins Wasser geworfen hatten: Stattdessen trugen sie die toten Tiermenschen vielleicht hundert Meter weit schräg über den Strand, ehe sie hinauswateten und sie versenkten.

Als ich zusah, wie sie M'lings zerfleischte Überreste aufluden, hörte ich hinter mir einen leichten Schritt, wandte mich schnell um und sah das große Hyänenschwein vielleicht ein Dutzend Meter von mir entfernt. Es hielt den Kopf gesenkt, die funkelnden Augen auf mich gerichtet, die steifen Hände geballt und eng an seine Seiten gepresst. Es blieb in seiner geduckten Haltung stehen, als ich mich umdrehte, und wandte die Augen ein wenig ab.

Einen Moment standen wir Aug' in Auge. Ich ließ die Peitsche fallen und griff nach der Pistole in meiner Tasche. Denn ich gedachte diese Bestie – die furchtbarste von allen, die jetzt noch auf der Insel waren – beim ersten Anlass, der sich mir bot, zu töten. Es mag hinterhältig erscheinen, aber ich war dazu entschlossen. Ich hatte vor ihr viel mehr Angst als vor irgendwelchen anderen vom Tiervolk. Ihr Leben, das wusste ich, war eine dauernde Bedrohung des meinen.

Ich brauchte ein paar Sekunden, bis ich mich gesammelt hatte. Dann rief ich: »Grüße! Beuge dich!«

Seine Zähne blitzten, und es knurrte mich an. »Wer bist du, dass ich …«

Vielleicht ein wenig zu krampfhaft zog ich meinen Revolver, zielte und feuerte rasch. Ich hörte das Tier aufschreien, sah es zur Seite laufen und sich wenden; da wusste ich, dass ich gefehlt hatte, und zog den Hahn zum zweiten Schuss mit dem Daumen zurück. Aber das Ungeheuer lief schon Hals über Kopf hakenschlagend davon, und ich wollte keinen zweiten Fehlschuss riskieren. Hin und wieder blickte es sich über die Schulter nach mir um. Es lief den Strand entlang und verschwand unter den treibenden Massen dichten Rauchs, die noch aus der brennenden Ummauerung strömten. Eine Zeit lang stand ich da und starrte ihm nach. Ich wandte mich wieder meinen drei gehorsamen Tiermenschen zu und gab ihnen ein Zeichen, die Leiche fallen zu lassen, die sie noch trugen. Dann ging ich zu der Stelle neben dem Feuer zurück, wo die Leichen gelegen hatten, und bewarf sie so lange mit Sand, bis die braunen Blutflecken aufgesogen und verborgen waren.

Ich entließ meine drei Diener mit einer Handbewegung und ging den Strand hinauf ins Dickicht. Den Revolver trug ich in der Hand, die Peitsche mit den Beilen in meine Armbinde gehängt. Ich wollte allein sein, um die Lage zu überdenken, in der ich mich jetzt befand.

Etwas Furchtbares, das mir erst allmählich klarzuwerden begann, war, dass es jetzt auf der ganzen Insel keinen sicheren Ort mehr gab, wo ich allein sein und mich ausruhen und schlafen konnte. Ich hatte mich seit meiner Landung wieder erstaunlich gut erholt, aber ich neigte noch zu Nervosität und dazu, unter jeder großen Anstrengung zusammenzubrechen. Ich wusste, ich hätte über die Insel gehen und mich beim Tiervolk niederlassen sollen, um mir so dessen Vertrauen zu sichern. Aber mir versagte das Herz. Ich ging an den Strand zurück, wandte mich nach Osten und wanderte zu einer Landzunge, von der aus eine schmale Düne aus Korallensand zum Riff hinaus verlief. Dort konnte ich mich hinsetzen und nachdenken, den Rücken zum

Meer. Hier konnte ich nicht überrascht werden, und hier saß ich, das Kinn auf den Knien, die Sonne brannte mir auf den Kopf, meine Angst wuchs, und ich überlegte, wie ich bis zur Stunde meiner Befreiung (wenn sie je anbrechen sollte) weiterleben könnte. Ich versuchte, die ganze Situation ruhig zu überblicken, aber es war unmöglich, die Sache ohne Aufregung zu betrachten.

Ich begann im Geist die Gründe von Montgomerys Verzweiflung Revue passieren zu lassen. »Sie werden sich ändern«, hatte er erklärt. »Sie werden sich sicher ändern.« Und Moreau – was hatte Moreau gesagt? »Das zähe Tierfleisch ist stärker, wächst allmählich wieder nach …« Dann dachte ich wieder an das Hyänenschwein. Ich war überzeugt, dass die Bestie mich töten würde, wenn nicht ich sie tötete … Der Sprecher des Gesetzes war tot – umso schlimmer! … Sie wussten jetzt, dass wir mit den Peitschen erschlagen werden konnten, wie sie erschlagen wurden …

Spähten sie schon aus den grünen Massen der Farne und Palmen da drüben zu mir her? Lauerten sie, bis ich ihnen über den Weg lief? Verschworen sie sich gegen mich? Was hatte ihnen das Hyänenschwein gesagt? Meine Fantasie vergaloppierte sich in einem Morast haltloser Befürchtungen.

Meine Gedankengänge wurden durch den Schrei von Meeresvögeln gestört, die auf einen schwarzen Gegenstand zuflogen, der in der Nähe der Ummauerung auf dem Sand gestrandet war. Ich wusste, was für ein Gegenstand es war, aber mir fehlte der Mut, zurückzugehen und die Vögel zu vertreiben. Ich begann in der entgegengesetzten Richtung den Strand entlangzugehen, um so zur östlichen Ecke der Insel zu gelangen und mich der Schlucht mit den Hütten zu nähern, ohne mich den Gefahren des Dickichts auszusetzen.

Nachdem ich etwa eine halbe Meile am Strand zurückgelegt hatte, sah ich, dass einer meiner drei Tiermenschen aus den

Büschen auf mich zukam. Ich war von meinen Einbildungen so nervös, dass ich sofort meinen Revolver zog. Selbst die versöhnlichsten Gesten des Geschöpfes konnten mich nicht beruhigen.

Es zögerte, als es sich näherte. »Geh weg«, rief ich. Die kriechende Haltung des Geschöpfs erinnerte sehr an einen Hund. Es zog sich ein wenig zurück, ganz wie ein Hund, den man nach Hause schickt, stand still und sah mich mit braunen Hundeaugen flehend an. »Geh weg«, wiederholte ich. »Komm mir nicht nahe.«

»Darf ich dir nicht nahe kommen?«, fragte er.

»Nein. Geh weg«, beharrte ich und griff nach der Peitsche. Dann nahm ich die Peitsche zwischen die Zähne und bückte mich nach einem Stein, und damit vertrieb ich das Geschöpf.

So kam ich unbehelligt zur Schlucht des Tiervolks, versteckte mich zwischen dem Unkraut und dem Schilf, die diesen Spalt vom Meere trennten, und beobachtete die, welche erschienen. Ich versuchte, an ihren Gesten und ihrer Erscheinung zu erkennen, wie Moreaus und Montgomerys Tod und die Zerstörung des Hauses des Schmerzes auf sie gewirkt hatte. Ich weiß jetzt, wie töricht meine Feigheit war. Wäre ich ebenso mutig gewesen wie am frühen Morgen, hätte ich Moreaus Zepter fassen und über das Tiervolk herrschen können. Aber ich versäumte die Gelegenheit und sank herab zur Stellung eines bloßen Führers unter meinesgleichen.

Gegen Mittag kamen einige Tiermenschen und hockten sich im Sand in die Sonne. Die gebieterischen Stimmen von Hunger und Durst siegten über meine Furcht. Ich kam aus den Büschen hervor und ging, den Revolver in der Hand, zu diesen sitzenden Gestalten hinunter. Eine, eine Wolfsfrau, wandte den Kopf und sah mich an; die anderen taten es ihr nach. Niemand versuchte aufzustehen und mich zu grüßen. Ich fühlte mich zu schwach und zu müde, um darauf zu bestehen, und ließ es einfach geschehen.

»Ich will etwas zu essen«, sagte ich beinahe entschuldigend, als ich näher kam.

»In den Hütten gibt es zu essen«, sagte ein Ochsenebermensch schläfrig und wandte seinen Blick von mir.

Ich ging an ihnen vorbei und in den Schatten der fast verlassenen Schlucht hinunter. Der widerliche Geruch schlug mir entgegen. In einer leeren Hütte aß ich einige Früchte, nachdem ich ein paar halbvermoderte Zweige und Ruten vor den Eingang gelehnt und mich mit dem Gesicht diesem zugewendet hatte; ich behielt den Revolver in der Hand, und da die Erschöpfung der letzten dreißig Stunden mich übermannte, überließ ich mich einem leichten Schlummer, denn ich vertraute darauf, dass die lockere Barrikade, die ich errichtet hatte, sofort zusammenbrechen und genug Geräusch verursachen würde, um mich vor einer Überrumpelung zu schützen.

21
Die Verwilderung des Tiervolks

So wurde ich einer vom Tiervolk auf Dr. Moreaus Insel. Als ich erwachte, war es dunkel um mich. Der Arm schmerzte mich. Ich setzte mich auf und fragte mich zunächst, wo ich war. Draußen hörte ich raue Stimmen. Dann sah ich, dass meine Barrikade fort und der Eingang zur Hütte frei war. Der Revolver lag noch in meiner Hand.

Ich hörte dicht neben mir etwas atmen und sah, dass da jemand kauerte. Ich hielt den Atem an und versuchte zu sehen, wer es war. Das Wesen begann sich langsam zu bewegen. Dann strich mir etwas Weiches und Warmes und Feuchtes über die Hand.

All meine Muskeln zogen sich zusammen. Ich riss meine Hand weg. Ein Schreckensschrei blieb mir in der Kehle stecken.

Dann wurde mir klar, was geschehen war, sodass ich meine Finger am Revolver ruhen ließ.

»Wer ist da?«, fragte ich mit heiserem Flüstern, den Revolver noch erhoben.

»Ich, Herr.«

»Wer bist du?«

»Sie sagen, jetzt gibt es keinen Herrn mehr. Aber ich weiß, ich weiß. Ich trug die Leichen ins Meer, o Mann, der ins Meer ging, die Leichen derer, die du erschlagen hast. Ich bin dein Sklave, Herr.«

»Bist du der, dem ich am Strande begegnet bin?«

»Eben der, Herr.«

Das Geschöpf war offenbar treu und harmlos, denn es hätte mich im Schlaf überfallen können. »Es ist gut«, sagte ich und hielt ihm die Hand zu einem weiteren leckenden Kuss hin. Ich wurde mir darüber klar, was seine Gegenwart bedeutete, und mein Mut kehrte zurück. »Wo sind die anderen?«, fragte ich.

»Sie sind wahnsinnig. Sie sind Narren«, sagte der Hundemensch. »Eben jetzt reden sie da draußen. Sie sagen: Der Herr ist tot; der andere mit der Peitsche ist tot. Der andere, der ins Meer ging, ist – wie wir sind. Wir haben keinen Herrn, keine Peitschen, kein Haus des Schmerzes mehr. Das ist zu Ende. Wir lieben das Gesetz und wollen es halten; aber nie wieder gibt es Schmerz, Herren oder Peitschen. So sagen sie. Aber ich weiß, Herr, ich weiß.«

Ich tastete ins Dunkel und tätschelte dem Hundemenschen den Kopf. »Es ist gut«, sagte ich noch einmal.

»Bald wirst du sie alle erschlagen«, meinte der Hundemensch.

»Bald«, antwortete ich, »werde ich sie alle erschlagen. Alle außer denen, die du verschonst, alle sollen erschlagen werden.«

»Was der Herr töten will, das tötet der Herr«, sagte der Tiermensch mit einer gewissen Befriedigung in der Stimme.

»Und damit ihre Sünden wachsen«, sagte ich, »lass sie in ihrer Torheit leben, bis ihre Zeit reif ist. Lass sie nicht wissen, dass ich der Herr bin.«

»Des Herrn Wille ist lieblich«, sagte der Hundemensch.

»Aber einer hat gesündigt«, erklärte ich. »Ihn will ich töten, wo immer ich ihn finde. Wenn ich dir sage: ›*Das ist er*‹, dann sieh zu, dass du ihn erwischst. – Und jetzt will ich zu den Männern und Frauen gehen, die versammelt sind.«

Einen Moment wurde der Eingang der Hütte verdunkelt, als der Hundemensch hinausging. Dann folgte ich und stellte mich fast genau dort auf, wo ich gestanden hatte, als ich Moreau und seinen Hetzhund während meiner Verfolgung gehört hatte. Aber jetzt war es Nacht, und die ganze dunstige Schlucht rings um mich war schwarz, und dahinter sah ich statt eines grünen, sonnenbeleuchteten Hangs ein rotes Feuer vor mir, vor dem sich bucklige Gestalten hin und her bewegten. Weiter hinten standen die dichten Bäume wie eine schwarze Mauer. Der Mond glitt gerade am Rand der Schlucht entlang, und wie eine Stange stieg vor seinem Gesicht die Rauchsäule empor, die ewig aus der Fumarole der Insel strömte.

»Geh neben mir«, sagte ich, als ich mich aufmachte, und Seite an Seite gingen wir den schmalen Pfad hinunter, ohne uns um die Wesen zu kümmern, die uns aus den Hütten heraus ansahen.

Keiner am Feuer erhob sich, um mich zu grüßen. Die meisten beachteten mich – ostentativ – nicht. Ich blickte mich nach dem Hyänenschwein um, aber es war nicht da. Es kauerten insgesamt vielleicht zwanzig Tiermenschen dort und starrten ins Feuer oder sprachen miteinander.

»Er ist tot, er ist tot, der Herr ist tot«, sagte die Stimme des Affenmenschen rechts von mir. »Das Haus des Schmerzes – es gibt kein Haus des Schmerzes mehr.«

»Er ist nicht tot«, sagte ich mit lauter Stimme. »Eben jetzt beobachtet er uns.«

Das erschreckte sie. Zwanzig Augenpaare blickten mich an.

»Das Haus des Schmerzes ist fort«, sagte ich. »Es wird wiederkommen. Den Herrn könnt ihr nicht sehen. Und doch hört er euch eben jetzt zu.«

»Wahr, wahr!«, sagte der Hundemensch.

Die Tiermenschen wurden durch meine Sicherheit schwankend. Ein Tier kann wild und listig sein, aber um eine Lüge zu sagen, dazu gehört ein wirklicher Mensch. »Der Mann mit dem verbundenen Arm spricht ein seltsames Wort«, sagte einer vom Tiervolk.

»Ich sage euch, es ist so«, erklärte ich. »Der Herr und das Haus des Schmerzes werden wiederkommen. Wehe dem, der das Gesetz bricht!«

Sie blickten einander fragend an. Mit gespielter Gleichgültigkeit begann ich müßig mit meinem Beil auf den Boden vor mir zu schlagen. Ich merkte, wie sie nach den tiefen Schnitten sahen, die ich in den Rasen machte.

Dann erhob der Satyr einen Einwand; ich antwortete ihm, und dann warf eines der gefleckten Wesen etwas ein, und es entspann sich eine lebhafte Diskussion um das Feuer herum. Mit jedem Moment fühlte ich mich sicherer. Ich sprach jetzt weniger stockend, ohne die Aufregung, die mich anfangs gehemmt hatte. Im Verlauf von etwa einer Stunde hatte ich wirklich einige von den Tiermenschen von der Wahrheit meiner Behauptungen überzeugt und die meisten anderen dazu gebracht, an ihrer Ansicht zu zweifeln. Ich hielt die Augen offen, um meinen Feind, das Hyänenschwein, zu entdecken, aber es erschien nicht. Hin und wieder erschreckte mich eine verdächtige Bewegung, aber meine Zuversicht wuchs rasch. Als dann der Mond vom Zenit niederstieg, begann einer der Zuhörer nach dem anderen zu gähnen (und sie zeigten im Licht des sinkenden Feuers die seltsamsten Zähne), und einer nach dem anderen zogen sie sich in die Höhlen der Schlucht zurück. Und ich fürchtete die Stille und das Dunkel und ging mit ihnen, denn ich wusste, ich war bei mehreren von ihnen sicherer als bei einem allein.

So begann der längere Teil meines Aufenthalts auf Doktor Moreaus Insel. Aber von dieser Nacht bis zum Schluss geschah, abgesehen von unzähligen kleinen, unangenehmen Einzelheiten und von der Qual einer unaufhörlichen Unruhe, nur eines, was zu berichten ist. Also will ich nur von diesem entscheidenden Ereignis erzählen, das sich während der zehn Monate zutrug, die ich als Vertrauter dieser halbmenschlichen Bestien verlebte. Vieles haftet mir im Gedächtnis, was ich berichten könnte, Dinge, die zu vergessen ich freudig meine rechte Hand hergäbe. Rückblickend erscheint es mir seltsam, wie schnell ich mich an die Art dieser Wesen anpasste und meine Zuversicht wiedergewann. Ich bekam natürlich Streit, und ich könnte noch ein paar Narben von Bisswunden herzeigen, aber die Tiermenschen hatten bald einen gesunden Respekt vor meiner Art, Steine zu werfen, und vor meinem Beil. Und mein Bernhardinerhundemensch war mir ein treuer Freund und leistete mir unschätzbare Dienste. Die Rangordnung der Tiermenschen gründete sich einfach auf die Fähigkeit, möglichst tiefe Wunden beizubringen. Ja, ich kann – ohne Eitelkeit, hoffe ich – sagen, dass ich unter ihnen so etwas wie eine hervorragende Stellung einnahm. Einer oder zwei von ihnen, die ich bei verschiedenen Streitigkeiten ziemlich arg zugerichtet hatte, trugen mir das nach, aber ihr Groll machte sich, meist hinter meinem Rücken und in sicherer Entfernung wegen meiner Geschosse, in Grimassen Luft.

Das Hyänenschwein mied mich, und ich war stets auf der Hut vor ihm. Mein treuer Hundemensch hasste und fürchtete es intensiv. Ich glaube wirklich, dass das die Wurzel seiner Anhänglichkeit war. Mir war bald klar, dass jenes Ungeheuer Blut gekostet hatte wie der Leopardenmensch. Es bereitete sich ein Lager irgendwo im Walde und wurde zum Einzelgänger. Einmal versuchte ich, das Tiervolk zur Jagd darauf zu bewegen, aber mir fehlte die notwendige Autorität. Immer wieder versuchte ich, die Höhle des Hyänenschweins zu beschleichen und es unvermutet zu überfallen, aber stets war es auf der Hut, sah oder witterte mich und lief fort. Und es machte durch sein Lauern jeden Waldpfad für mich und meine Verbündeten gefährlich. Der Hundemensch wagte kaum, meine Seite zu verlassen.

Im ersten Monat war das Tiervolk so menschlich, dass ich für zwei oder drei Tierwesen außer meinem Hundefreund sogar freundschaftliche Duldung empfand. Das kleine, rosige Faultiergeschöpf entfaltete eine sonderbare Liebe zu mir und begann, mir überallhin zu folgen. Der Affenmensch jedoch plagte mich. Er nahm aufgrund seiner fünf Finger an, er sei meinesgleichen, und schnatterte ewig auf mich ein, schnatterte heillosen Unsinn. Eines an ihm unterhielt mich ein wenig. Er hatte eine fantasievolle Art, neue Worte zu bilden. Ich glaube, er stellte sich vor, sinnlose Namen herzuplappern sei gleichbedeutend mit richtigem Sprechen. Das nannte er »große Dinge«, im Unterschied zu »kleinen Dingen« – den vernünftigen Alltagsinteressen des Lebens. Wenn ich einmal eine Bemerkung machte, die er nicht verstand, dann lobte er sie sehr, bat mich, sie noch einmal zu sagen, lernte sie auswendig und wiederholte sie – hier und dort mit einem verkehrten Wort – vor allen Sanfteren vom Tiervolk. Was klar und verständlich war, verachtete er. Ich erfand ein paar sehr sonderbare »große Dinge« für seinen speziellen Gebrauch. Ich glaube jetzt, er war das albernste Geschöpf, das mir je begegnet ist; er hatte auf die wundervollste Art die verschiedensten Torheiten des Menschen entwickelt, ohne eine Spur von der natürlichen Narrheit eines Affen zu verlieren.

So ging es mir in den ersten Wochen meiner Einsamkeit unter diesen Bestien. In dieser Zeit achteten sie die vom Gesetz eingeführten Sitten und benahmen sich mit Anstand. Einmal fand ich wieder ein zerrissenes Kaninchen – das Hyänenschwein war der

Täter, davon bin ich überzeugt –, aber das war alles. Erst gegen Mai merkte ich eine zunehmende Veränderung in ihrer Sprache und Haltung; ihre Aussprache wurde heiserer, und sie redeten auch nicht mehr so gerne. Das Schnattern meines Affenmenschen nahm an Umfang zu, wurde aber immer unverständlicher, immer affenartiger. Einige von den anderen schienen ihre Gewalt über die Sprache ganz zu verlieren, obgleich sie noch erfassten, was ich ihnen sagte. Kann man sich vorstellen, wie die einst klare und genaue Sprache gleichsam ausgehöhlt wird, Gestalt und Klangwert verliert und wieder zu bloßen Schallmassen wird! Auch der aufrechte Gang bereitete den Tiermenschen wachsende Schwierigkeit. Obgleich sie sich offenbar schämten, traf ich doch hin und wieder den einen oder anderen, wie er gerade auf den Zehen und Fingerspitzen lief und ganz außerstande war, sich wieder aufzurichten. Sie bewegten sich unbeholfener, tranken schlürfend, aßen nagend, wurden mit jedem Tag gemeiner. Ich verstand besser denn je, was Moreau mit »zäher Tiernatur« gemeint hatte. Sie wurden wieder zu Tieren, und zwar sehr rasch.

Einige von ihnen – die Pioniere waren, wie ich mit einiger Überraschung bemerkte, lauter Weibchen – begannen den Anstand zu missachten – zumeist absichtlich. Andere verstießen sogar öffentlich gegen die Institution der Monogamie. Die Tradition des Gesetzes verlor sichtbar an Kraft. Mein Hundemensch wurde unmerklich immer mehr wieder zum Hund; Tag für Tag wurde er stummer, behaarter. Ich merkte den Übergang vom beinahe menschlichen Gefährten an meiner Seite zum schnappenden Hund kaum. Da die Gleichgültigkeit und Desorganisation von Tag zu Tag zunahm, wurde die Schlucht mit ihren Wohnungen, die nie sehr sauber gewesen waren, so ekelhaft, dass ich sie verließ, über die Insel ging und mir mitten in den Ruinen von Moreaus Behausung aus Zweigen eine Hütte baute. Die Erinnerung an den Schmerz, fand ich, schützte den Ort am besten vor dem Tiervolk.

Es wäre unmöglich, jede Phase der Rückwandlung dieser Ungeheuer im Einzelnen zu schildern; zu erzählen, wie sie Tag für Tag die Ähnlichkeit mit dem Menschen verloren; wie sie die Bandagen und Hüllen abwarfen und schließlich jeden Fetzen von Kleidung fallen ließen; wie sich das Haar auf ihren entblößten Gliedern auszubreiten begann; wie ihre Stirnen niedriger wurden und ihre Gesichter vortraten; wie mir die quasimenschliche Vertrautheit, die ich in den ersten Monaten meiner Einsamkeit gegenüber einigen von ihnen empfunden hatte, in der Erinnerung ein Gräuel wurde.

Der Wandel war langsam und unaufhaltsam. Für sie wie für mich kam er ohne bestimmten Anstoß. Ich bewegte mich noch immer ungefährdet unter ihnen, weil die Rückverwandlung in das Tierische so allmählich vor sich ging. Aber ich begann zu fürchten, dass der letzte, entscheidende Ruck nun bald kommen müsse. Mein Bernhardinermensch folgte mir zur Ummauerung, und seine Wachsamkeit ermöglichte es mir, zuzeiten beinahe in Frieden zu schlafen. Das kleine Faultierwesen wurde scheu und verließ mich, um noch einmal zu seinem natürlichen Leben unter den Baumzweigen zurückzukehren.

Natürlich entarteten diese Geschöpfe nicht zu solchen Tieren, wie der Leser sie in zoologischen Gärten gesehen hat – zu gewöhnlichen Bären, Wölfen, Tigern, Ochsen, Schweinen und Affen. Immer noch hatte ein jedes etwas Fremdartiges an sich; in jedem hatte Moreau ein oder mehrere Tiere miteinander verschmolzen; eins war vielleicht hauptsächlich bärenartig, ein anderes katzenartig, ein drittes stierartig, aber jedes war mit anderen Geschöpfen vermischt – eine Art allgemeinen Tierseins drang aber durch die spezifischen Anlagen hindurch. Und die schwindenden Anzeichen des Menschlichen erschreckten mich immer noch hin und wieder, vielleicht ein momentanes Wiedererwachen der Sprache, eine unerwartete Behändigkeit der Vorderfüße, ein erbärmlicher Versuch, aufrecht zu gehen.

Auch ich muss seltsame Wandlungen durchgemacht haben. Die Kleider hingen in gelben Fetzen an mir herab, durch deren Risse die wettergegerbte Haut leuchtete. Mein Haar wurde lang und verfilzte sich. Man sagt mir, meine Augen hätten noch immer einen seltsamen Glanz, seien wachsam und flink.

Zuerst verbrachte ich die Tagesstunden am südlichen Strand, wo ich nach einem Schiff ausschaute, auf ein Schiff hoffte und um ein Schiff betete. Ich rechnete darauf, die *Ipecacuanha* werde im Lauf des Jahres zurückkommen, aber sie kam nicht. Fünfmal sah ich Segel und dreimal Rauch, aber nie streifte ein Schiff die Insel. Ich hatte stets ein Feuer bereit, aber ohne Zweifel erklärte man es sich, sofern man es sah, immer mit dem vulkanischen Charakter der Insel.

Erst im September oder Oktober begann ich daran zu denken, ein Floß zu bauen. Mittlerweile war mein Arm geheilt, und ich konnte wieder beide Hände gebrauchen. Zuerst fand ich meine Hilflosigkeit entsetzlich. Ich hatte nie Zimmermannsarbeit oder dergleichen getan, und ich verbrachte Tag um Tag damit, Holz zu fällen und zusammenzubinden. Ich hatte keine Taue und fand nichts, womit ich Stricke hätte machen können; keines der zahlreichen Schlinggewächse war geschmeidig und stark genug, und all meine wissenschaftliche Bildung half mir nichts. Ich verbrachte mehr als zwei Wochen damit, unter den schwarzen Ruinen der Ummauerung und auf dem Strande, wo die Boote verbrannt worden waren, nach Nägeln und anderen kleinen Metallstücken zu suchen, die nützlich sein konnten. Hin und wieder beobachtete mich ein Tiergeschöpf und sprang davon, wenn ich es rief. Es kam eine Zeit der Gewitterstürme und heftigen Regen, die eine Arbeit sehr verzögerte – aber schließlich wurde mein Floß fertig.

Ich war entzückt davon. Aber mit einem Mangel an praktischem Sinn, der mir stets alles verdorben hat, hatte ich es eine Meile oder mehr vom Strand entfernt gebaut, und ehe ich es zum Wasser hinuntergeschleppt hatte, war das Ding in Stücke gefallen. Vielleicht ist es gut, dass es mir erspart blieb, es vom Stapel zu lassen. Aber damals war meine Verzweiflung über den Misserfolg so groß, dass ich einige Tage einfach am Strande saß und aufs Wasser starrte und an den Tod dachte.

Aber ich wollte noch nicht sterben, und ein Zwischenfall warnte mich auf unmissverständliche Weise davor, die Tage so verstreichen zu lassen – denn jeder neue Tag erhöhte die Gefährlichkeit der Tiergeschöpfe. Ich lag im Schatten der Ummauerung und starrte aufs Meer hinaus, als ich erschrak, weil etwas Kaltes die Haut meiner Ferse berührte. Ich fuhr herum und sah, wie mir das kleine, rosige Faultiergeschöpf ins Gesicht blinzelte. Es hatte die Sprache und seine Behändigkeit längst verloren, das strähnige Haar des kleinen Tiers wurde von Tag zu Tag dichter, und seine steifen Klauen wuchsen immer schiefer. Es machte ein stöhnendes Geräusch, als es meine Aufmerksamkeit geweckt hatte, ging ein kleines Stück zu den Büschen hin und blickte zu mir zurück.

Zuerst verstand ich nicht, aber dann schien mir, als wolle es, ich sollte ihm folgen, und schließlich ging ich ihm langsam nach – denn der Tag war heiß. Als es die Bäume erreichte, kletterte es hinauf, denn unter den schwingenden Lianen konnte es sich besser vorwärts bewegen als auf dem Boden.

Und plötzlich stieß ich auf einem zertrampelten Rasenfleck auf eine furchtbare Szenerie. Mein Bernhardinergeschöpf lag tot auf dem Boden, und bei seiner Leiche kauerte das Hyänenschwein, riss mit missgestalteten Klauen an dem zitternden Fleisch und nagte daran und knurrte vor Vergnügen. Als ich herankam, hob das Ungeheuer die flackernden Augen zu mir auf, seine Lippen traten bebend von den blutbefleckten Zähnen zurück, und es knurrte drohend. Es fürchtete sich nicht, noch schämte es sich; die letzte Spur menschlicher Beimischung war verschwunden. Ich ging noch einen Schritt weiter, blieb stehen und zog meinen Revolver.

Die Bestie machte keine Anstalten zum Rückzug. Aber sie legte die Ohren zurück, ihr Haar sträubte sich, und der Leib krümmte sich zusammen. Ich zielte zwischen die Augen und feuerte. Im selben Moment sprang das Ungeheuer auf mich los, und ich wurde wie ein Kegel umgeworfen. Es griff mit seinen verkrüppelten Klauen nach mir und schlug mich ins Gesicht. Sein Sprung trug es über mich weg. Ich fiel unter seinem Hinterleib, aber zum Glück hatte ich es getroffen, und es war im Sprung verendet. Ich kroch unter der unsauberen Last hervor, stand zitternd auf und starrte die zuckende Leiche an. Diese Gefahr wenigstens war vorüber. Aber dies, das war mir klar, war nur der Erste einer Reihe von Rückfällen, die kommen mussten.

Ich verbrannte beide Leichen auf einem Scheiterhaufen aus Buschholz. Jetzt freilich sah ich, dass mein Tod nur eine Frage der Zeit wäre, wenn ich die Insel nicht verließe. Die Bestien waren mittlerweile mit ein oder zwei Ausnahmen aus der Schlucht fortgezogen und hatten sich nach ihrem Geschmack in den Dickichten der Insel ein Lager gesucht. Nur wenige schweiften am Tage umher; die meisten schliefen, und einem Neuankömmling wäre die Insel verlassen erschienen; aber nachts erdröhnte die Luft hässlich von ihren Rufen und ihrem Geheul. Ich hatte fast Lust, ein Blutbad unter ihnen anzurichten – Fallen zu bauen oder mit meinem Messer gegen sie zu kämpfen. Hätte ich genug Patronen besessen, so hätte ich nicht gezögert, mit dem Töten zu beginnen. Jetzt konnten von den gefährlichen Fleischfressern kaum noch zwanzig übrig sein; die Tapfersten von ihnen waren tot. Nach dem Tode dieses armen Hundes, meines letzten Freundes, nahm ich auch bis zu einem gewissen Grade die Gewohnheit an, am Tage zu schlafen, um nachts auf der Hut zu sein. Ich baute meine Höhle in den Mauern von Moreaus Haus so um, dass alles, was etwa einzudringen versuchte, beträchtlichen Lärm machen musste. Die Geschöpfe hatten auch vergessen, wie man Feuer machte, und ihre Furcht davor zurückgewonnen. Ich versuchte noch einmal, diesmal voller Schaffenskraft, ein Floß für meine Flucht zusammenzuzimmern.

Ich stieß auf tausend Schwierigkeiten. Ich bin ein außerordentlich ungeschickter Mensch, aber schließlich gelang es mir doch, ein halbwegs solides Floß zusammenzubasteln, denn diesmal gab ich auf die Stärke acht. Das einzige unüberwindliche Hindernis war, dass ich kein Gefäß für Trinkwasser hatte. Ich hätte mich sogar in der Töpferei versucht, aber auf der Insel gab es keinen Ton. Ich ging grübelnd hin und her und versuchte mit aller Macht, diese letzte Schwierigkeit zu lösen. Bisweilen gab ich mich wilden Ausbrüchen der Wut hin und zerhackte und zersplitterte in meiner unerträglichen Gereiztheit irgendeinen unglücklichen Baum. Aber mir fiel nichts ein.

Und dann kam ein Tag, ein wundervoller Tag, den ich in Ekstase verbrachte. Ich sah ein Segel im Südwesten, das kleine Segel eines Schoners, und alsbald zündete ich einen großen Haufen von Buschholz an und stand in dessen Hitze und in der Hitze der Mittagssonne daneben und spähte nach dem Schiff. Den ganzen Tag lang beobachtete ich dieses Segel und aß und trank nichts, sodass mir der Kopf wirbelte; und die Tiere kamen und starrten mich an, und es war, als wunderten sie sich, und sie gingen wieder weg. Das Boot war noch fern, als die Nacht kam. Die ganze Nacht hindurch rackerte ich mich ab, um mein Feuer hell und hoch zu halten, und die Augen der Bestien leuchteten verwundert aus dem Dunkel. In der Morgendämmerung lag das Segel näher, und ich sah, dass es sich um das schmutzige Rahsegel eines kleinen Boots handelte. Meine Augen waren müde, und ich starrte und konnte ihnen nicht glauben. Zwei Menschen waren im Boot, der eine saß im Bug, der andere am Steuer. Aber das Boot segelte merkwürdig. Der Bug war nicht vor den Wind gestellt; es gierte hin und her und fiel ab.

Als der Tag heller wurde, winkte ich den Leuten mit dem letzten Fetzen meiner Jacke; aber sie beachteten mich nicht und saßen einander noch immer still gegenüber. Ich ging zum niedrigsten Punkt des Vorgebirges und gestikulierte und rief. Es kam keine Antwort, und das Boot beharrte in seinem ziellosen Lauf und trieb langsam, sehr langsam in die Bucht. Plötzlich flog aus dem Boot ein großer weißer Vogel auf, und keiner der beiden Männer rührte sich oder beachtete ihn. Der Vogel kreiste herum und schwebte mit weit ausgebreiteten Flügeln über mich hin.

Da hörte ich auf zu rufen und setzte mich auf der Landzunge hin und stützte das Kinn in die Hände und starrte hinaus. Langsam, langsam trieb das Boot nach Westen vorbei. Ich wäre hinausgeschwommen, aber irgendetwas, eine kalte, unbestimmte Furcht hielt mich zurück. Nachmittags wurde der Kahn von der Flut hereingespült, und er blieb hundert Meter westlich von den Ruinen der Ummauerung liegen.

Die Männer darin waren tot, waren schon so lange tot, dass sie in Stücke zerfielen, als ich das Boot auf die Seite kippte und sie herauszerrte. Einer hatte einen Schopf roten Haars wie der Kapitän der *Ipecacuanha*, und auf dem Boden des Boots lag eine schmutzige weiße Mütze. Als ich bei dem Boot stand, kamen drei der Bestien aus den Büschen geschlichen und schnüffelten an mir herum. Mich überkam einer meiner Ekelanfälle. Ich stieß das kleine Boot den Strand hinunter und kletterte an Bord. Zwei von den Bestien waren Wolftiere, und sie kamen mit bebenden Nüstern und glitzernden Augen heran; die dritte war das furchtbare Mischwesen aus Bär und Bulle.

Als ich sie so herankommen sah und sie einander anknurren hörte, befiel mich ein wildes Grauen. Ich wandte ihnen den Rücken zu, strich das Segel und begann aufs Meer hinauszupaddeln. Ich konnte es nicht über mich bringen zurückzublicken.

Aber ich blieb diese Nacht zwischen Riff und Insel liegen, und am nächsten Morgen steuerte ich die Mündung des Baches an und füllte das leere Fass an Bord mit Wasser. Dann sammelte ich mit meinem letzten Rest an Geduld einen Vorrat an Früchten und tötete mit meinen letzten drei Patronen zwei Kaninchen. Währenddessen hatte ich das Boot aus Furcht vor den Ungeheuern an einem Vorsprung des Riffs verankert.

22
Der Mensch allein

Am Abend fuhr ich los und trieb mit einem leichten Wind aus Südwesten langsam und stetig aufs Meer hinaus, und die Insel wurde kleiner und kleiner, und die schlanke Rauchsäule schrumpfte in der Hitze des Sonnenuntergangs zu einer immer dünner werdenden Linie zusammen. Der Ozean stieg rings um mich und verbarg jenen niedrigen, dunklen Fleck vor meinen Augen. Das Tageslicht, die Glorie der Sonne, strömte zögernd aus dem Himmel ab, wurde wie ein leuchtender Vorhang beiseitegezogen, und schließlich blickte ich in jenen blauen Abgrund der Unendlichkeit, den der Sonnenschein verbirgt, und sah die schwebenden Scharen der Sterne. Das Meer war still, der Himmel war still; ich war allein mit der Nacht und der Stille.

So trieb ich drei Tage lang, aß und trank sparsam, sann über alles nach, was mir begegnet war, und wünschte gar nicht sehr, wieder Menschen zu sehen. Ein einziger unsauberer Fetzen hing an mir herab, mein Haar war ein dichtes Gewirr. Ohne Zweifel hielten meine Retter mich für einen Wahnsinnigen. Es ist seltsam, aber ich empfand keinen Wunsch, zu den Menschen zurückzukehren. Ich war nur froh, von der Scheußlichkeit der Inselungeheuer fort zu sein. Und am dritten Tag las mich eine Brigg auf, die von Apia nach San Francisco unterwegs war. Weder der Kapitän noch der Maat wollten meine Erzählung glauben, und sie meinten, Einsamkeit und Gefahr hätten mich um den Verstand gebracht. Und aus Furcht, andere würden derselben Meinung sein, erzählte ich mein Abenteuer nicht weiter und sagte, ich erinnerte mich an nichts, was mir zwischen dem Untergang der *Lady Vain* und dem Zeitpunkt, an dem ich aufgefischt wurde, zugestoßen war.

Ich musste mit äußerster Umsicht handeln, um mich vor dem Verdacht des Wahnsinns zu bewahren. Die Erinnerung an das Gesetz, an die beiden toten Seeleute, an die Hinterhalte des Dunkels, an die Leiche im Schilf verfolgte mich. Und so unnatürlich es scheint, mit meiner Rückkehr zu den Menschen verstärkten sich nicht Zuversicht und Sympathie, die ich erwartet hatte, sondern jene Ungewissheit und Furcht, die ich während meines Aufenthalts auf der Insel erlebt hatte. Niemand wollte mir glauben, ich kam den Menschen beinahe so wunderlich vor, wie ich dem Tiervolk vorgekommen war. Ich habe vielleicht von der natürlichen Wildheit meiner Gesellschaft einiges angenommen.

Man sagt, die Angst sei eine Krankheit, und in gewisser Weise kann ich bezeugen, dass nun seit mehreren Jahren eine rastlose Furcht in meinem Geiste wohnt, eine rastlose Furcht, wie sie etwa ein halbgezähmtes Löwenjunges fühlen mag. Meine Störung nahm die seltsamste Form an. Ich konnte nicht wirklich glauben, dass die Männer und Frauen, denen ich begegnete, nicht auch nur Angehörige eines anderen, noch erträglich menschlichen Tiervolks waren, Tiere, die ebenfalls alsbald zurückgleiten müssten, erst dieses tierische Anzeichen zeigen würden und dann jenes. Aber ich habe meinen Fall einem sehr fähigen Mann anvertraut, der auch Moreau gekannt hatte und meiner Geschichte halb zu glauben schien, einem Spezialisten für Geisteskrankheiten – und er hat mir sehr geholfen.

Obgleich ich nicht erwarte, dass mich das Grauen jener Insel jemals ganz verlassen wird, so liegt es doch meistens weit im Hintergrunde meines Geistes – als eine bloß ferne Wolke, eine Erinnerung an ein schwaches Unbehagen; aber manchmal kommen Zeiten, da breitet sich die kleine Wolke aus und verdunkelt den ganzen Himmel. Dann sehe ich mich nach meinen Mitmenschen um. Und ich gehe in Furcht einher. Ich sehe scharfe und helle Gesichter, andere stumpf oder gefährlich und wieder andere unstet und unaufrichtig; keine, die die ruhige Herrschaft einer vernünftigen Seele verraten. Ich habe die Empfindung, als steige das Tier in ihnen empor, deutlicher noch als bei den Bewohnern der Insel. Ich weiß, dass dies eine Täuschung ist, dass diese Männer und Frauen um mich wirkliche Männer und Frauen sind, immer Männer und Frauen waren, völlig vernünftige Wesen, erfüllt von menschlichen Wünschen und zärtlicher Sorge, vom Instinkt losgelöst und nicht etwa Sklaven eines beliebigen Gesetzes – ganz andere Wesen als das Tiervolk. Und doch schrecke ich vor ihnen zurück, vor ihren neugierigen Blicken, ihren Fragen und ihrer Hilfe; und ich sehne mich von ihnen fort und möchte allein sein.

Aus diesem Grunde lebe ich nahe am weiten, freien Unterland, und ich kann dorthin entfliehen, wenn diese Wolke über mir ist; und dann erscheint mir das Unterland unter dem windgepeitschten Himmel lieblich und frisch. Als ich in London lebte, war das Grauen nahezu unerträglich; ich konnte den Menschen nicht entkommen; ihre Stimmen drangen durch die Fenster; verschlossene Türen waren nur ein schwacher Schutz. Ich ging wohl auf die Straßen hinaus, um meine Täuschung zu bekämpfen, und herumschweifende Weiber miauten mir nach, Männer blickten mich verstohlen und misstrauisch an, müde, blasse Arbeiter gingen vorbei, mit bellendem Husten, stumpfen Augen und schnellen Schritten, wie verwundetes Wild, das schweißt, alte Leute, gebeugt und matt, zogen an mir vorbei und sprachen knurrend mit sich selber, und ein zerlumpter Schwarm höhnender Kinder hüpfte auf nichts achtend hinterdrein. Dann floh ich in eine Kapelle, und selbst dort war mir so, als schwatze der Priester »große Dinge«, wie es der Affenmensch getan hatte; oder in eine Bibliothek, und dort schienen mir die gespannten Gesichter über den Büchern nur wie geduldige Geschöpfe, die auf Beute warteten. Besonders ekelhaft waren mir die leeren, ausdruckslosen Gesichter der Leute in Zügen und Omnibussen; sie schienen mir so wenig meine Mitgeschöpfe zu sein, wie es Leichen wären, sodass ich nicht zu reisen wagte, wenn ich nicht sicher war, allein zu sein. Und sogar ich schien mir kein vernünftiges Wesen zu sein, sondern nur ein Tier, das von einer seltsamen Verwirrung in seinem Gehirn geplagt wird, sodass es wie ein von der Drehkrankheit befallenes Schaf allein wandern muss.

Diese Stimmung befällt mich jetzt aber – ich danke Gott – seltener. Ich habe mich aus dem Gewirr der Städte und Volksmengen zurückgezogen und verbringe meine Tage mit dem Lesen gelehrter Bücher – helle Fenster in diesem unseren Leben, erleuchtet von den glänzenden Seelen der Menschen. Ich sehe wenig Fremde und habe nur einen kleinen Haushalt. Meine Tage widme ich der Lektüre und chemischen Experimenten, und ich verbringe manche der klaren Nächte mit dem Studium der Astronomie. Bei der Betrachtung der glitzernden Scharen des Himmels habe ich – freilich weiß ich nicht, wie es kommt und warum – das Gefühl unendlichen Friedens und Schutzes. Dort, meine ich, in den ungeheuren und ewigen Gesetzen der Materie, und nicht in den täglichen Sorgen und Sünden und Sehnsüchten der Menschen, muss für das, was mehr als Tier in uns ist, Trost und Hoffnung liegen. Ich hoffe – sonst könnte ich nicht leben. Und so endet meine Erzählung – in Hoffnung und Einsamkeit.

Edward Prendick

Krieg der Welten

(1898)

»Wer aber soll hausen in jenen Welten, falls sie bewohnt sind? … Sind wir oder sie die Herren des Alls? … Und ist dies alles dem Menschen gemacht?«

(Kepler, zitiert in DIE ANATOMIE DER MELANCHOLIE*)*

Erstes Buch

Die Ankunft der Marsianer

I
Der Vorabend des Krieges

In den letzten Jahren des 19. Jahrhunderts hätte niemand geglaubt, dass Intelligenzen, größer als die menschliche und doch ebenso sterblich, diese Welt neugierig observierten; dass sie die Menschen prüften und studierten, während diese ihren Angelegenheiten nachgingen, und zwar in fast ebensolcher Nahsicht, wie ein Mensch unter dem Mikroskop die flüchtigen Wesen studiert, die in einem Tropfen Wasser umherwimmeln und sich vermehren. In grenzenlosem Behagen liefen die Menschen geschäftig auf diesem Erdball umher, völlig gelassen im festen Glauben daran, dass man alles im Griff hatte. Möglich, dass es die Infusionstierchen unter dem Mikroskop ebenso hielten. Niemand verschwendete einen Gedanken daran, dass von den älteren Himmelskörpern im Weltraum den Menschen Gefahr drohen könnte, oder dachte allenfalls an sie, um die Vorstellung von Leben auf ihnen als unmöglich oder ganz unwahrscheinlich abzutun. Wenn man sich heute in Erinnerung ruft, wie über so manches damals gedacht wurde, muss man sich wundern. Im äußersten Fall stellten sich die Erdbewohner vor, dass es andere Menschen auf dem Mars gab, die ihnen möglicherweise unterlegen wären und eine Forschungsmission bereitwillig empfingen. Doch betrachteten Geister, uns etwa so überlegen wie unser Verstand demjenigen des Viehs, gewaltige, kalte, gefühllose Verstandeskräfte, weit hinten im Schlund des Weltalls diese Erde mit neidischem Blick und schmiedeten so langsam wie beharrlich ihre Pläne gegen uns. Und zu Beginn des 20. Jahrhunderts zerplatzte das große Trugbild.

Der Mars, ich muss den Leser wohl kaum daran erinnern, kreist in einer mittleren Entfernung von 140 000 000 Meilen um die Sonne, und er empfängt von der Sonne kaum halb so viel Licht und Wärme wie unser Planet. Sofern die Nebularhypothese zutrifft, ist er älter als die Erde, und lange bevor diese aufgehört hatte, sich zu verdichten, muss auf seiner Oberfläche bereits Leben aufgetreten sein. Da der Mars nicht einmal ein Siebtel des Volumens der Erde hat, dürfte er verhältnismäßig rasch abgekühlt sein bis auf eine Temperatur, bei der sich Leben ausprägen kann. Er verfügt über Luft und Wasser und bietet auch sonst alles, was Lebensformen ihr Dasein ermöglicht.

Doch so eitel ist der Mensch und durch seine Eitelkeit so blind geworden, dass sich bis ans Ende des 19. Jahrhunderts kein Autor je zu der Möglichkeit geäußert hat, dort könne sich intelligentes Leben weit oder doch immerhin klar über dem irdischen Niveau ausgeprägt haben. Auch wurde aus der Tatsache, dass der Mars älter ist als die Erde, kaum ein Viertel ihrer Oberfläche hat und weiter von der Sonne entfernt ist, nie der notwendige Schluss gezogen, dass das Leben dort nicht nur eher begonnen hat, sondern sich auch eher dem Ende zuneigt.

Die zunehmende Abkühlung, die eines Tages auch über unseren Planeten kommen wird, ist bei unserem Nachbarn bereits weit fortgeschritten. Seine physische Beschaffenheit ist kaum enträtselt, doch wir wissen heute, dass selbst im Bereich seines Äquators die Tageshöchstwerte kaum die Temperaturen unserer kältesten Winter erreichen. Die Luft ist dort viel dünner als bei uns, seine Meere haben sich so weit zurückgebildet, dass sie nur noch ein Drittel der Oberfläche bedecken, und durch den langsamen Wechsel seiner Jahreszeiten sammeln sich an beiden Polen gewaltige Schneemassen an, die wieder schmelzen und dabei stets aufs Neue die gemäßigten Zonen überschwemmen. Jenes letzte Stadium der Auszehrung, das uns noch so unglaublich fern ist, bereitet den Bewohnern des Mars längst Probleme. Der unmittelbare Handlungsdruck hat ihre geistigen Fähigkeiten geschärft, ihre Kräfte erhöht und ihre Herzen verhärtet. Mit ihren Apparaturen und Geistesgaben, von denen wir selbst nicht einmal träumen können, blicken sie nun ins Weltall, und da sehen sie in nächster Nähe, nur 35 000 000 Meilen sonnenwärts entfernt, einen Morgenstern der Hoffnung, unseren eigenen, wärmeren Planeten, grün vor Vegetation und grau vor Wasser, mit einer wolkenbedeckten Atmosphäre, die Fruchtbarkeit verheißt, und zwischen den Wolkenfeldern freier Sicht auf breite Abschnitte besiedelten Landes und enge Meere voller Schiffe.

Und wir Menschen, die Bewohner dieser Erde, müssen ihnen als mindestens so andersartige und niedere Wesen erscheinen wie uns die Affen und Lemuren. Der kluge Teil der Menschheit hat längst begriffen, dass das Leben ein unentwegter Kampf ums Dasein ist, und auf dem Mars sieht man dies wohl ebenso. Deren Welt ist schon viel weiter abgekühlt und unsere noch reich bevölkert, wenngleich mit Lebewesen, die für sie nichts als minderwertige Tiere darstellen. So bleibt ihnen denn als einzige Rettung vor der Vernichtung, die Generation für Generation schleichend näher rückt, den Krieg sonnenwärts zu tragen.

Bevor wir zu streng über sie urteilen, müssen wir uns vor Augen halten, welch skrupellose und totale Zerstörung unsere eigene Gattung ins Werk gesetzt hat, nicht nur bei ausgestorbenen Tieren wie dem Bison oder dem Dodo, sondern auch bei unterlegenen Rassen. Ihrer Menschengestalt zum Trotz wurden die Tasmanier in einem von europäischen Einwanderern geführten Ausrottungskrieg binnen fünfzig Jahren völlig von der Erde getilgt. Sind wir solche Apostel des Erbarmens, dass wir uns beklagen könnten, wenn die Marsianer uns in demselben Geist bekriegen?

Die Marsianer – deren mathematische Kenntnisse den unsrigen offenkundig weit überlegen sind – scheinen ihre Landung sehr exakt berechnet und ihre Vorbereitungen in nahezu völliger Einmütigkeit getroffen zu haben. Wären unsere Instrumente dazu in der Lage gewesen, so hätten wir schon viel früher im 19. Jahrhundert erkennen können, welches Unheil sich da zusammenbraute. Männer wie Schiaparelli beobachteten den roten

Planeten – ist es übrigens nicht seltsam, dass der Mars seit Jahrhunderten als Stern des Krieges gilt? –, doch sie missdeuteten die ständigen Veränderungen auf der von ihnen so sorgsam kartografierten Oberfläche. In dieser ganzen Zeit müssen sich die Marsianer bereitgemacht haben.

Während der Opposition von 1894 wurde auf dem angestrahlten Teil der Scheibe ein großes Licht registriert, erst im Lick-Observatorium, dann von Perrotin in Nizza, schließlich von weiteren Beobachtern. Englische Leser erfuhren davon durch die *Nature*-Ausgabe vom 2. August. Ich neige zu der Ansicht, dass dieses Leuchten von einer riesigen Kanone herrührte, aufgestellt in einer gewaltigen Senke ihres Planeten, von wo aus sie ihre Schüsse auf uns abfeuerten. Sonderbare, noch ungedeutete Verschattungen wurden während der nächsten beiden Oppositionen nahe der Stelle dieses Ausbruchs gesichtet.

Vor sechs Jahren dann brach der Sturm über uns los. Als der Mars sich der Opposition näherte, gab Lavelle auf Java über die Leitung der astronomischen Meldestelle die unglaubliche Mitteilung von einer gewaltigen Explosion weißglühenden Gases auf dem Planeten durch. Das war am 12. gegen Mitternacht geschehen; und das Spektroskop, das er sofort zum Einsatz brachte, deutete auf eine glühende Gasmasse hin, im Wesentlichen Wasserstoff, die sich mit enormer Geschwindigkeit auf die Erde zubewegte. Dieser Feuerstrahl war gegen Viertel nach zwölf nicht mehr zu sehen. Lavelle verglich ihn mit einer ungeheuren Stoßflamme, die mit einem Mal heftig aus dem Planeten schoss »wie entzündetes Gas aus einem Geschütz«.

Diese Formulierung erwies sich als denkbar passend. Am nächsten Tag allerdings war in den Zeitungen bis auf eine kleine Meldung im *Daily Telegraph* nichts über das Thema zu lesen, und so war die Welt ohne Kenntnis von einer der schlimmsten Gefahren, die die Menschheit je bedroht hat. Vielleicht hätte auch ich nichts von der Eruption erfahren, wäre ich nicht in

Ottershaw dem bekannten Astronomen Ogilvy begegnet. Die Nachricht hatte ihn ganz munter werden lassen, und im Überschwang seiner Empfindungen lud er mich ein, in der nächstfolgenden Nacht gemeinsam mit ihm den roten Planeten einer gründlichen Prüfung zu unterziehen.

Trotz allem, was seither passiert ist, erinnere ich mich noch sehr genau an jene Nachtwache: an das still-schwarze Observatorium, den matten Lichtschein, den die dunkle Laterne auf den Boden in der Ecke warf, das beständige Ticken des Uhrwerks am Teleskop, den kleinen Spalt im Dach – ein länglicher Schlund, durch den der Sternennebel zog. Ogilvy ging umher, nicht sichtbar, doch hörbar. Beim Blick durchs Teleskop sah man einen tiefblauen Kreis, in dem der kleine runde Planet schwebte. Ganz zart wirkte er, so hell und reglos, leicht gekerbt von querlaufenden Streifen und nicht vollkommen kreisrund. Er war so klein, so silbrig-warm – ein Stecknadelkopf aus Licht! Es schien, als zittere er, doch dies rührte vom Teleskop her, das vibrierte, wenn es mithilfe des Uhrwerks neu auf den Planeten ausgerichtet wurde.

Während ich hindurchsah, schien der Planet größer und wieder kleiner zu werden, näherzukommen und zurückzuweichen, doch dies lag allein an meinem müden Auge. Vierzig Millionen Meilen war er von uns entfernt – mehr als vierzig Millionen Meilen des Nichts. Wenige Menschen sind sich der immensen Leere bewusst, in der der Staub des stofflichen Universums schwebt.

Im Sichtfeld dicht neben ihm, so weiß ich noch, befanden sich drei schwache Lichtpunkte, drei teleskopische Sterne unendlich fern, und drum herum war nichts als die gähnende Finsternis des leeren Alls. Man kennt die Finsternis, wie sie in einer sternklaren Frostnacht herrscht. Durchs Teleskop betrachtet wirkt sie noch weit tiefer. Und für mich nicht zu erkennen, weil es so fern und klein war, bewegte es sich schnell und unaufhaltsam über diese unglaubliche Entfernung auf mich zu, kam es über Tausende von Meilen mit jeder Minute näher, jenes Ding, das zu uns gesandt wurde, das Ding, das der Erde so viel Not und Unglück und Tod bescheren sollte. Nicht im Traum hätte ich mir dies ausmalen können, als ich so durch das Teleskop blickte, niemand auf Erden hätte sich auch nur im Traum dieses unfehlbare Geschoss ausmalen können.

In dieser Nacht stob ein weiteres Mal Gas aus dem fernen Planeten hervor. Ich habe es gesehen. Den roten Blitz am Rand, die minimale Auswölbung am Umriss, eben als die Uhr Mitternacht schlug; ich erzählte Ogilvy davon, er nahm meinen Platz ein. Die Nacht war warm und ich hatte Durst, daher streckte ich die müden Beine und tastete mich durch die Dunkelheit zum kleinen Tisch mit dem Siphon, während Ogilvy aufschrie, als er den auf uns zufliegenden Gasstrahl sah.

In dieser Nacht machte sich ein weiteres unsichtbares Geschoss auf den Weg vom Mars zur Erde, fast auf die Sekunde genau vierundzwanzig Stunden nach dem ersten. Ich erinnere mich, wie ich dort in der Finsternis am Tisch saß; grüne und rote Flecken schwebten mir vor den Augen. Ich hätte gern ein Streichholz gehabt, um rauchen zu können, und mir fehlte eine rechte Vorstellung von der Bedeutung des winzigen Schimmers, den ich gesehen hatte, und all den Folgen, die sich bald für mich daraus ergeben sollten. Ogilvy blieb noch bis eins am Teleskop, dann hatte er genug, wir steckten die Laterne an und gingen hinüber zu seinem Haus. Unter uns in der Dunkelheit befanden sich die Hunderte Bewohner von Ottershaw und Chertsey in friedlichem Schlaf.

Ogilvy äußerte in dieser Nacht lauter Mutmaßungen zur Beschaffenheit des Mars und spottete über die volkstümliche Ansicht, dass er Bewohner habe, die uns Zeichen sendeten. Seiner Ansicht zufolge ging vielleicht ein heftiger Meteoritenschauer auf dem Planeten nieder oder ein gewaltiger Vulkanausbruch fand gerade statt. Er wies mich darauf hin, wie unwahrscheinlich es sei, dass die Evolution auf zwei benachbarten Planeten denselben Verlauf genommen habe.

»Die Wahrscheinlichkeit für irgendetwas Menschenähnliches auf dem Mars liegt bei eins zu einer Million«, sagte er.

Hunderte von Menschen in den Observatorien sahen in dieser und der folgenden Nacht gegen Mitternacht die Flamme, auch in der Nacht darauf und so weiter insgesamt zehn Nächte lang, eine Flamme pro Nacht. Warum nach der zehnten keine weiteren Schüsse mehr folgten, hat auf der Erde niemand zu erklären versucht. Vielleicht bereiteten die zum Abschuss verwendeten Gase den Marsianern Beschwerden. Dichte Wolken aus Staub und Rauch, die auf der Erde durch ein leistungsstarkes Teleskop als unbeständige kleine graue Flecken zu erkennen waren, legten sich über die klare Atmosphäre des Planeten und tauchten seine vertraute Erscheinung in Dunkel.

Die Tageszeitungen nahmen schließlich doch noch Notiz von den Störungen, und überall erschienen gern gelesene Artikel über die Vulkane auf dem Mars. Ich weiß noch, dass das Satireblatt *Punch* dies zum Anlass für eine politische Karikatur nahm. Und ohne dass es jemand ahnte waren die Geschosse, die die Marsianer auf uns abgefeuert hatten, mit vielen Meilen pro Sekunde im leeren Schlund des Alls unterwegs Richtung Erde, kamen Stunde für Stunde, Tag für Tag näher und näher. Heute bin ich geradezu fasziniert davon, wie die Menschen im Zeichen dieser heranrasenden Gefahr weiterhin so emsig dahinlebten, wie sie es taten. Ich erinnere mich, wie Markham strahlte, nachdem er als Chefredakteur der Illustrierten, für die er zu dieser Zeit arbeitete, eine neue Fotografie des Planeten an Land gezogen hatte. Die Menschen von heute haben kaum einen Begriff von der Themenfülle und dem Unternehmungsgeist der Presse im 19. Jahrhundert. Ich selbst lernte damals eifrig Radfahren und arbeitete an einer Reihe von Schriften, in denen ich mich mit dem mutmaßlichen Wandel von Moralvorstellungen mit fortschreitender Kulturentwicklung befasste.

Eines Abends (das erste Geschoss war damals wohl keine 10 000 000 Meilen mehr entfernt) ging ich mit meiner Frau spazieren. Der Himmel war sternenklar, ich erklärte ihr die Tierkreiszeichen und zeigte ihr den Mars, einen zenitwärts kriechenden hellen Lichtpunkt im Visier zahlreicher Teleskope. Es war ein warmer Abend. Auf dem Rückweg ging eine Gruppe Ausflügler aus Chertsey oder Isleworth singend und musizierend an uns vorbei. Die oberen Fenster der Häuser waren erleuchtet, denn die Leute gingen zu Bett. Vom Bahnhof in der Ferne war das Geräusch rangierender Züge zu hören, ein Klirren und Rumpeln, das die Distanz fast zu einer Melodie abmilderte. Meine Frau machte mich auf das Leuchten der roten, grünen und gelben Signallichter aufmerksam, die gegen den Himmel in einem Rahmen hingen. Alles wirkte so sicher und ruhig.

2
Die Sternschnuppe

Dann kam die Nacht der ersten Sternschnuppe. Früh am Morgen sah man sie in östlicher Richtung über Winchester hinwegschießen, eine Flammenlinie hoch oben in der Atmosphäre. Hunderte müssen zugesehen und es für eine gewöhnliche Sternschnuppe gehalten haben. Albin hielt fest, sie habe einen grünlichen Streif hinter sich hergezogen, der einige Sekunden lang glühte. Denning, unsere größte Kapazität in Sachen Meteoriten, gab an, dass sie sich bei ihrem Erscheinen in einer Höhe von etwa neunzig bis hundert Meilen befunden habe. Nach seiner Einschätzung sei sie rund einhundert Meilen östlich von ihm niedergegangen.

Ich war zu diesem Zeitpunkt gerade zu Hause und schrieb in meinem Arbeitszimmer; und obwohl meine Balkontür Richtung Ottershaw weist und die Jalousie hochgezogen war (denn damals blickte ich so gern in den nächtlichen Himmel), bekam ich nichts davon mit. Und doch muss dieses seltsamste Objekt, das je aus dem Weltraum zur Erde gelangt ist, just als ich dort saß niedergegangen sein, vor meinen Augen, hätte ich sie nur im rechten Moment gehoben. Manche, die ihren Flug verfolgt hatten, sagten, ein zischendes Geräusch sei damit einhergegangen. Ich habe nichts dergleichen gehört. In Berkshire, Surrey und Middlesex müssen viele Menschen Zeuge gewesen sein und allenfalls gedacht haben, dass da wieder einmal ein Meteorit zur Erde stürzt. In dieser Nacht hielt es offenbar niemand der Mühe wert, nach der herabgeflogenen Masse zu schauen.

Doch am Morgen stand der arme Ogilvy, der die Sternschnuppe gesehen hatte und überzeugt war, dass irgendwo zwischen Horsell, Ottershaw und Woking ein Meteorit lag, sehr früh auf mit dem Ziel, ihn zu finden. Und fündig wurde er kurz nach Tagesanbruch, ganz in der Nähe der Sandgruben. Durch den Aufschlag des Geschosses war ein riesiges Loch entstanden, Sand und Kies waren mit großer Wucht ringsumher über die Heide geschleudert worden, noch eineinhalb Meilen entfernt sah man sie in Haufen daliegen. In östlicher Richtung brannte das Heidekraut, und dünner blauer Rauch stieg vor der Dämmerung auf.

Das Ding lag fast vollständig von Sand bedeckt zwischen den verstreuten Splittern einer Tanne, die es bei der Landung zu Kleinholz gemacht hatte. Der offen daliegende Teil sah aus wie ein riesiger Zylinder, den eine dicke, schuppige, graubraune Verkrustung überzog und seine Konturen im Unklaren ließ. Er hatte einen Durchmesser von knapp dreißig Metern. Ogilvy trat an den Klumpen heran, überrascht von seiner Größe und erst recht von seiner Form, da Meteoriten zumeist ganz oder annähernd rund sind. Er war von seinem Flug durch die Luft gleichwohl noch immer so heiß, dass man nicht allzu nah an ihn herantreten konnte. Ein rumpelndes Geräusch aus dem Zylinder führte er auf das ungleichmäßige Abkühlen seiner Oberfläche zurück; denn da war ihm noch nicht in den Sinn gekommen, dass er hohl sein könnte.

Am Rand der Grube, die das Ding sich selbst gegraben hatte, blieb er stehen und blickte unverwandt auf sein seltsames Aussehen, verblüfft insbesondere über seine ungewöhnliche Form und Farbe und bereits mit einem unbestimmten Gefühl, dass sich sein Eintreffen mit irgendeiner Absicht verband. Der frühe Morgen war herrlich still, und die Sonne, die eben auf die Kiefern in Richtung Weybridge schien, wärmte schon. Er erinnerte sich nicht, an diesem Morgen bereits Vogelgezwitscher gehört zu haben, kein Lüftchen regte sich und außer dem leisen Rumpeln aus dem Innern des Zylinders war nichts zu hören. Er war ganz allein auf der Heide.

Da bemerkte er mit einem Mal voller Schrecken, dass sich am kreisrunden Rand des Zylinderendes ein Stück der grauen Schlacke, dieser den Meteoriten überziehenden aschigen Verkrustung löste. Sie fiel bröckchenweise ab und rieselte hinab in den Sand. Plötzlich brach ein großes Stück herunter und schlug mit derartiger Wucht auf, dass sein Herz bis zum Hals schlug.

Eine Minute lang begriff er kaum, was dies zu bedeuten hatte, und der extremen Hitze zum Trotz kletterte er in die Grube bis dicht an den Klumpen heran, um das Ding besser zu erkennen. Noch immer sah er im Abkühlen eine mögliche Erklärung für das Bröckeln, doch gegen diese Annahme sprach der Umstand, dass die Asche ausschließlich vom Ende des Zylinders abbrach.

Und dann bemerkte er, dass sich das kreisrunde obere Ende des Zylinders ganz langsam um seine eigene Achse drehte. Die Bewegung war derart sacht, dass er sie nur entdeckte, weil ihm auffiel, dass ein schwarzer Fleck, der fünf Minuten zuvor noch direkt zu erkennen gewesen war, nun auf der anderen Seite der Kreislinie stand. Und weiterhin begriff er kaum, worauf dies hindeutete, als er ein leises Kratzgeräusch vernahm und sah, wie der schwarze Fleck ein paar Zentimeter vorruckte. Da durchzuckte ihn die Erkenntnis. Der Zylinder war ein künstliches Objekt – hohl – mit einem Ende, das sich herausdrehte! Etwas im Innern des Zylinders schraubte die Spitze ab!

»Du lieber Himmel!«, sagte Ogilvy. »Da steckt ja ein Mensch drin – Menschen! Halb zu Tode geröstet! Die sich zu retten versuchen!«

Und schon hatte er rasch kombiniert und eine Verbindung zwischen dem Ding und dem Blitz auf dem Mars hergestellt.

Der Gedanke an das eingesperrte Geschöpf peinigte ihn, sodass er ganz die Hitze vergaß und auf den Zylinder zutrat, um beim Drehen zu helfen. Zum Glück jedoch hielt ihn die dumpfe Strahlung so auf Distanz, dass er sich die Hände an dem noch immer glühenden Metall nicht versengte. Einen Moment lang stand er unschlüssig da, dann drehte er sich um, kletterte aus der Grube und lief so schnell er konnte nach Woking. Das war etwa gegen sechs Uhr. Er begegnete einem Fuhrmann, dem er sich mitzuteilen versuchte, doch was er zu erzählen hatte, war ebenso irritierend wie sein Aussehen – seinen Hut hatte er in der Grube verloren –, dass der Mann einfach weiterfuhr. Auch bei dem Wirt, der eben die Tür seiner Schenke nahe Horsell Bridge aufschloss, hatte er keinen Erfolg. Der Kerl hielt ihn für einen entsprungenen Irren und machte einen erfolglosen Versuch, ihn in seiner Schankstube einzuschließen. Das brachte ihn ein Stück zur Besinnung, und als er den in London tätigen Journalisten Henderson in seinem Garten sah, rief er über den Zaun hinweg nach ihm und verschaffte sich Gehör.

»Henderson«, rief er, »haben Sie eigentlich letzte Nacht diese Sternschnuppe gesehen?«

»Wieso?«, fragte Henderson.

»Sie liegt jetzt bei Horsell auf der Weide.«

»Donnerwetter!«, sagte Henderson. »Ein niedergegangener Meteorit! Nicht schlecht.«

»Aber es ist allemal mehr als ein Meteorit. Es ist ein Zylinder – ein künstlicher Zylinder, Mensch! Und in dem steckt was drin.«

Mit seinem Spaten in der Hand beugte sich Henderson etwas vor.

»Was ist los?«, fragte er. Er war auf einem Ohr taub.

Ogilvy erzählte ihm alles, was er gesehen hatte. Henderson brauchte eine Weile, um zu begreifen. Dann ließ er seinen Spaten fallen, schnappte nach seiner Jacke und trat auf die Straße. Die beiden Männer liefen sofort zurück zur Weide, wo der Zylinder noch in der gleichen Position dalag. Doch die Geräusche aus seinem Innern waren verstummt, und zwischen der Spitze und dem Rumpf des Zylinders war ein schmaler Ring aus glänzendem Metall zu sehen. Durch ihn strömte leise zischend Luft hinein oder heraus.

Sie lauschten, schlugen mit einem Stock auf das fleckig versengte Metall, und da nichts zur Antwort kam, schlussfolgerten sie, dass der Mensch oder die Menschen darin bewusstlos oder tot waren.

Die beiden konnten nun freilich gar nichts tun. Sie riefen etwas, das Trost und Hoffnung spenden sollte, und gingen wieder zurück in den Ort, um Hilfe zu holen. Das muss ein Anblick gewesen sein, wie sie sandverschmiert, erregt und zerzaust bei strahlender Sonne die kleine Straße entlanggelaufen kamen, während die Kaufleute eben ihre Läden aufsperrten und die Leute ihre Schlafzimmerfenster öffneten. Henderson begab sich direkt in den Bahnhof, um die Neuigkeit nach London zu telegrafieren. In Zeitungsartikeln waren die Leser bereits auf den Erhalt einer derartigen Nachricht eingestimmt worden.

Um acht Uhr hatten sich etliche Jungs und unbeschäftigte Männer Richtung Weide aufgemacht, um sich die »toten Menschen vom Mars« anzusehen. In dieser Form machte das Ereignis die Runde. Ich erfuhr gegen Viertel vor neun davon durch den Zeitungsjungen, bei dem ich mir den *Daily Chronicle* besorgte. Ich war natürlich bestürzt und machte mich unverzüglich auf den Weg über die Brücke von Ottershaw in Richtung der Sandgruben.

3
Auf der Weide bei Horsell

Dort stand ein Grüppchen von vielleicht zwanzig Leuten um das gewaltige Loch mit dem Zylinder darin. Wie das mitten im Boden steckende riesige Objekt aussah, habe ich bereits geschildert. Gras und Kies drum herum wirkten versengt wie aufgrund einer plötzlichen Explosion. Zweifellos hatte der Aufprall eine Stichflamme erzeugt. Henderson und Ogilvy waren nicht vor Ort. Ich nehme an, dass sie im Bewusstsein, aktuell nichts tun zu können, zum Frühstücken zu Henderson nach Hause gegangen waren.

Am Rand der Grube saßen vier oder fünf Jungs, ließen die Beine baumeln und hatten – bis ich diesem Treiben ein Ende setzte – ihren Spaß daran, Steine nach dem Riesending zu werfen. Nachdem ich mit ihnen geredet hatte, begannen sie inmitten der Umherstehenden Fangen zu spielen.

Unter ihnen befanden sich zwei Radfahrer, ein Aushilfsgärtner, der gelegentlich für mich arbeitete, ein Mädchen mit einem Baby auf dem Arm, Schlachter Gregg mit seinem kleinen Sohn und zwei, drei Nichtsnutze und Handlanger, die sich für gewöhnlich in Bahnhofsnähe herumtrieben. Gesprochen wurde sehr wenig. Kaum ein normaler Mensch hatte damals in England auch nur die leiseste Ahnung von Astronomie. Die meisten gafften einfach still auf das große, abgeflachte Ende des Zylinders, an dem sich, seit Ogilvy und Henderson gegangen waren, nichts verändert hatte. Die allgemeine Erwartung, einen Haufen verkohlter Leichen vorzufinden, wurde angesichts dieser leblosen Masse sicher enttäuscht. Manche gingen fort, während ich da war, andere Leute kamen. Ich kletterte in die Grube und hatte das Gefühl, dass es unter meinen Füßen leise rumorte. An der Spitze immerhin drehte sich nichts mehr.

Erst als ich ganz nahe dran war, wurde mir die Fremdartigkeit dieses Objekts recht bewusst. Auf den ersten Blick war es kaum spannender als ein umgekippter Karren oder ein quer über die Straße gestürzter Baum. Weniger sogar, eigentlich. Es sah aus wie ein rostiger Leuchtturm. Man musste schon über einige Fachkenntnis verfügen, um zu erkennen, dass die grauen Ablagerungen auf dem Ding kein gewöhnliches Oxyd waren und dass das gelblich-weiße Metall, das in dem Spalt zwischen Kappe und Zylinder schimmerte, einen unvertrauten Farbton hatte. Der Begriff »extraterrestrisch« hätte den meisten Schaulustigen nichts gesagt.

Zu dieser Zeit war ich mir bereits ganz sicher, dass das Ding vom Planeten Mars gekommen war, doch ich hielt es für unwahrscheinlich, dass irgendein Lebewesen darin steckte. Die Drehbewegung konnte eine Automatik bewirkt haben. Anders als Ogilvy glaubte ich aber weiterhin, dass es Lebewesen auf dem Mars gab. Schon spielte ich mit dem Gedanken, dass sich womöglich Manuskripte darin befanden, welche Probleme uns ihre Übersetzung bereiten würde, ob wir im Innern wohl Münzen und Modelle fänden und so weiter. Es war aber doch ein wenig zu groß, um mir dieser Vorstellung gewiss sein zu können. Ungeduldig sah ich dem Moment entgegen, da es sich öffnete. Weil sich weiterhin nichts tat, ging ich gegen elf nach Maybury zu mir nach Hause, von allerhand derlei Gedanken erfüllt. Doch es fiel mir schwer, mit meiner theoretischen Studie voranzukommen.

Am Nachmittag herrschte auf der Weide ein anderes Treiben. Die frühen Ausgaben der Abendblätter hatten ganz London mit riesigen Schlagzeilen aufgeschreckt:

BOTSCHAFT VOM MARS ERHALTEN
BERICHT AUS WOKING SORGT FÜR AUFSEHEN

und dergleichen mehr. Zudem hatte Ogilvys Mitteilung über das telegrafische Netzwerk der Astronomen jedes Observatorium in den drei Königreichen in erhöhte Bereitschaft versetzt.

Ein halbes Dutzend oder noch mehr Mietgespanne vom Bahnhof Woking standen auf der Straße bei den Sandgruben, ein Einspänner aus Chobham sowie eine recht herrschaftliche Kutsche. Zu ihnen gesellten sich allerhand Fahrräder. Außerdem mussten sehr viele Leute trotz der Hitze zu Fuß aus Woking und Chertsey gekommen sein, sodass insgesamt ein erhebliches Getümmel herrschte, in dem auch einige farbenfroh gekleidete Damen auszumachen waren.

Es war extrem heiß, ohne ein Wölkchen am Himmel oder den leisesten Windzug, allein ein paar einzelne Kiefern spendeten Schatten. Das Heidekraut brannte nicht mehr, doch die Ebene Richtung Ottershaw war schwarz so weit das Auge reichte, und noch immer schlängelte sich Rauch schnurgerade aus ihr empor. Ein geschäftstüchtiger Händler aus der Chobham Road hatte seinen Sohn mit einer Wagenladung grüner Äpfel und Ingwerbier hergeschickt.

Als ich an den Rand der Grube trat, sah ich, dass sich einige Männer in ihr befanden: Henderson, Ogilvy und ein großer Blonder – Stent, der Astronom des Königs, wie ich später erfuhr – samt einigen Arbeitern, die Schaufeln und Spitzhacken schwangen. Stent befehligte sie mit klarer, hoher Stimme. Er stand auf dem Zylinder, der sich offenbar deutlich abgekühlt hatte; sein Gesicht war hochrot und schweißüberströmt, und er schien sich über irgendetwas zu ärgern.

Der Zylinder war nun weitgehend freigelegt, nur sein unteres Ende steckte noch in der Erde. Als Ogilvy mich inmitten der gaffenden Menge am Rand der Grube stehen sah, rief er mich zu sich herunter und fragte, ob es mir etwas ausmache, nach dem Gutsherrn Lord Hilton Ausschau zu halten.

Die anwachsende Menge, sagte er, behindere sie zunehmend bei ihren Grabungsarbeiten, besonders die Jungen. Ein leichtes Geländer müsse aufgestellt werden, das die Leute auf Distanz hielt. Er erzählte mir, dass aus dem Innern weiterhin ab und zu ein schwaches Rumpeln dringe, dass es den Arbeitern jedoch nicht gelungen sei, das Objekt oben aufzuschrauben, da sie es nirgendwo zu fassen bekämen. Seine Außenhaut erwies sich als außerordentlich dick, und es war möglich, dass die leisen Geräusche, die wir vernahmen, von einem lautstarken Tumult im Innern herrührten.

Seiner Bitte kam ich sehr gern nach, denn so würde ich zu den glücklichen Zuschauern zählen, die sich vor der geplanten Umzäunung aufhalten durften. Zu Hause traf ich Lord Hilton nicht an, doch es hieß, dass man ihn mit dem Sechs-Uhr-Zug ab Waterloo Station aus London zurückerwarte; und da es erst etwa Viertel nach fünf war, ging ich heim, aß eine Kleinigkeit und begab mich zum Bahnhof, um ihn abzupassen.

4
Der Zylinder öffnet sich

Als ich zur Weide zurückkehrte, ging die Sonne eben unter. Verstreute Grüppchen eilten aus Richtung Woking herbei, und ein, zwei Leute kamen wieder zurück. Die Menge um die Grube herum – einige hundert Menschen vielleicht – war angewachsen und zeichnete sich schwarz gegen den zitronengelben Himmel ab. Laute Stimmen waren zu hören, und an der Grube schien es irgendein Gerangel zu geben. Unheimliche Vorstellungen gingen mir durch den Kopf. Als ich näherkam, hörte ich Stents Stimme:

»Zurück! Zurück!«

Ein Junge kam auf mich zugerannt.

»Das bewegt sich«, sagte er im Vorüberlaufen, »dreht sich immer weiter auf. Ich mag das nicht. Da geh ich lieber nach Hause.«

Ich näherte mich der Menge. Es schienen wirklich um die zwei-, dreihundert Leute zu sein, die einander schubsten und anrempelten, besonders aktiv waren die wenigen Damen unter ihnen.

»Er ist in die Grube gestürzt!«, rief einer.

»Zurück!«, sagten welche.

Die Menge schwankte etwas, ich zwängte mich hindurch. Alle wirkten sehr erregt. Aus der Grube vernahm ich ein eigentümliches Summgeräusch.

»Hören Sie!«, sagte Ogilvy. »Helfen Sie mir, diese Idioten abzudrängen. Schließlich wissen wir überhaupt nicht, was in diesem verdammten Ding drinsteckt!«

Ich sah einen jungen Mann – er war Verkäufer in Woking, glaube ich –, der auf dem Zylinder stand und aus dem Loch zu klettern versuchte. Die Menge hatte ihn hineingestoßen.

Das Ende des Zylinders wurde von innen aufgeschraubt. Fast zwei Fuß ragte die glänzende Schraube bereits hervor. Jemand stolperte gegen mich, und nur mit Glück konnte ich verhindern, auf das Ende der Schraube zu stürzen. Ich drehte mich um, und genau in diesem Moment muss sich die Schraube gelöst haben, denn mit ohrenbetäubendem Scheppern fiel die Kappe des Zylinders in den Kies. Ich versetzte jemandem hinter mir einen Stoß mit dem Ellbogen, dann wandte ich mich wieder dem Ding zu. Einen Moment lang wirkte der kreisrunde Hohlraum völlig schwarz. Mich blendete die untergehende Sonne.

Wohl jedermann erwartete, dass nun ein Mensch herauskam – vielleicht nicht ganz in der Art wie wir Erdenmenschen, doch im Großen und Ganzen menschlich. Ich jedenfalls tat es. Nach einer Weile sah ich, wie sich im Schatten etwas rührte: grau aufsteigende Bewegungen, eine über der anderen, und dann zwei leuchtende Scheiben – wie Augen. Etwas wie eine kleine graue Schlange, ungefähr so dick wie ein Spazierstock, kroch nun aus der sich wälzenden Mitte empor und bewegte sich durch die Luft auf mich zu – dann ein zweites.

Mich schauderte. Hinter mir hörte ich eine Frau laut aufkreischen. Ich drehte mich halb um, behielt jedoch den Zylinder im Blick, aus dem nun weitere Tentakel herauslugten, und begann mir einen Weg fort vom Rand der Grube zu bahnen. Ich sah, wie das Erstaunen auf den Gesichtern der Menschen um mich herum in Entsetzen umschlug. Von allen Seiten hörte ich unartikulierte Schreie. Alles drängte nach hinten. Ich sah, wie sich der Verkäufer noch immer zum Grubenrand emporzukämpfen versuchte. Dann stand ich allein da und bemerkte, wie die Leute auf der anderen Seite der Grube fortrannten, unter ihnen Stent. Ich blickte wieder zum Zylinder, und da packte mich das kalte Grausen. Starr vor Schreck stand ich da und staunte.

Ein massiger runder grauer Körper, etwa so groß wie ein Bär, erhob sich langsam und beschwerlich aus dem Zylinder. Als er herausragte und Licht auf ihn fiel, glänzte er wie feuchtes Leder.

Zwei große dunkle Augen blickten mich unverwandt an. Die Masse um sie herum, der Kopf dieses Dings, war rund und bildete so etwas wie ein Gesicht. Unterhalb der Augen war ein Mund, dessen lippenloser Rand zitterte und keuchte und Speichel absonderte. Die gesamte Kreatur wogte und vibrierte heftig. Ein dünnes tentakelartiges Gliedmaß griff über den Rand des Zylinders, ein zweites wedelte durch die Luft.

Wer nie einen lebenden Marsianer gesehen hat, macht sich kaum einen Begriff von seiner entsetzlichen Erscheinung. Der seltsam V-förmige Mund mit seiner spitz zulaufenden Oberlippe, das Fehlen von Augenbrauen, das Fehlen eines Kinns unterhalb der keilförmigen Unterlippe, das pausenlose Zittern seines Mundes, die gorgonenhaft gefügten Tentakeln, das japsende Atemholen in einer für die Lunge ungewohnten Atmosphäre, die aufgrund der größeren Gravitation auf der Erde sichtlich schwerfallenden und schmerzenden Bewegungen und insbesondere die ungemeine Intensität der riesigen Augen – all dies wirkte direkt bedrohlich, penetrant, unmenschlich, entstellt und monströs. Die ölige braune Haut hatte etwas Pilzartiges, und in der plumpen Trägheit der mühsamen Bewegungen lag etwas unbeschreiblich Garstiges. Schon bei dieser ersten Begegnung, gleich auf den ersten Blick, war ich von Furcht und Ekel übermannt.

Mit einem Mal war die Missgeburt fort. Sie war über den Rand des Zylinders gestürzt und mit einem Geräusch wie beim Aufklatschen einer großen Menge Leder in der Grube gelandet. Ich hörte, wie es einen seltsam heiseren Schrei von sich gab, sofort erschien eine weitere dieser Kreaturen dunkel im tiefen Schatten der Öffnung.

Ich wandte mich ab und rannte wie besessen auf die nächste Baumgruppe in etwa hundert Metern Entfernung zu; doch ich lief kreuz und quer und stolperte immer wieder, denn mein Blick konnte sich nicht von diesen Dingern lösen.

Zwischen jungen Kiefern und Ginsterbüschen hielt ich keuchend an und wartete die weitere Entwicklung ab. Die Weide um die Sandgruben herum war voller Menschen, die wie ich voller Angst und zugleich auch fasziniert dastanden und auf die Kreaturen blickten, besser gesagt auf den gehäuften Kies am Rand der Grube, in der sie sich befanden. Und dann sah ich, erneut voller Entsetzen, etwas Rundes, Schwarzes am Rand der

Grube auf und ab hüpfen. Es war der Kopf des hineingefallenen Verkäufers, der sich vor der glimmenden Sonne im Westen jedoch nur als kleines rundes Objekt abzeichnete. Jetzt hatte er Schulter und Knie heraufgebracht, schien aber wieder abzugleiten, bis nur noch sein Kopf zu sehen war. Plötzlich verschwand er, und mir war, als sei ein schwacher Schrei zu mir gedrungen. Kurz verspürte ich den Impuls, hinzugehen und ihm zu helfen, doch dem widersetzte sich meine Angst.

Zu sehen war nun nichts mehr, die tiefe Grube und der vom Einschlag des Zylinders aufgeworfene Sand verdeckten alles. Wer jetzt aus Richtung Chobham oder Woking die Straße entlanggekommen wäre, hätte über den Anblick gestaunt, der sich ihm bot: eine abnehmende Schar von vielleicht hundert oder mehr Menschen, die einen großen, unregelmäßigen Kreis bildeten, in Straßengräben, hinter Büschen, Gattern und Hecken standen, kaum miteinander sprachen und dann nur mittels kurzer, erregter Rufe, und unverwandt auf ein paar Sandhäufchen blickten. Der Ingwerbier-Karren zeichnete sich als kurioses Relikt schwarz vor dem glutroten Himmel ab, und in den Sandgruben standen einige verlassene Fuhrwerke mitsamt ihren Pferden, die aus Hafersäcken fraßen oder mit den Hufen scharrten.

5
Der Hitzestrahl

Nach diesem meinem ersten Eindruck von den Marsianern, die im Zylinder von ihrem Planeten zur Erde gekommen und ihm entstiegen waren, lähmte eine Art Zauber mein weiteres Handeln. Ich blieb knietief im Heidekraut stehen und blickte starr zum aufgeworfenen Sand, der sie verbarg. Ein Kampf zwischen Angst und Neugierde tobte in mir.

Ich wagte mich nicht erneut vor an die Grube und wollte doch so furchtbar gern einen Blick in sie hineinwerfen. Ich begann daher in weitem Bogen umherzugehen auf der Suche nach einem Aussichtspunkt, wobei ich unausgesetzt zu den Sandhaufen blickte, die mir die Sicht auf diese Neuankömmlinge nahmen. Einmal zuckte ein Gewirr schmaler schwarzer Peitschenstriemen wie die Arme eines Kraken vor der untergehenden Sonne auf und verschwand sogleich wieder, danach wurde Stück für Stück eine dünne Stange emporgefahren, an deren Spitze sich eine Scheibe befand, die sich holprig drehte. Was nur ging dort vor sich?

Die Zuschauer hatten sich überwiegend zu zwei Gruppen zusammengefunden – einer kleinen Ansammlung in Richtung Woking und einem Trupp in Richtung Chobham. Sie befanden sich offenkundig in demselben Zwiespalt wie ich. Nur wenige standen ganz in meiner Nähe. Zu einem Mann trat ich hin – er war, wie ich sah, ein Nachbar von mir, auch wenn ich nicht wusste, wie er hieß – und sprach ihn an. Wobei es nicht gerade der rechte Moment war für ein ordentliches Gespräch.

»Was für grässliche *Biester!*«, sagte er. »Herr im Himmel! Was für grässliche Biester!« Er wiederholte das immer wieder.

»Haben Sie einen Mann in der Grube gesehen?«, fragte ich, doch er gab keine Antwort. Wir standen eine Zeit lang schweigend nebeneinander, während wir uns umblickten, und dass wir einander Gesellschaft leisteten, empfanden wir wohl beide als irgendwie tröstlich. Dann verlagerte ich meinen Standort auf eine kleine Kuppe, die mir einen Höhengewinn von einem Meter oder mehr verschaffte, und als ich mich wenig später nach dem Nachbarn umschaute, sah ich ihn in Richtung Woking fortgehen.

Mit sinkender Sonne setzte die Dämmerung ein, solange ereignete sich nichts. Die Gruppe weit hinten links in Richtung Woking schien anzuwachsen, von dort hörte ich nun leises Gemurmel. Der in Richtung Chobham stehende kleine Trupp ging auseinander. Bei der Grube gab es kaum Anzeichen von Bewegung.

Dies wohl vor allem flößte den Leuten Mut ein, und die Neuzugänge aus Woking trugen sicher auch dazu bei, dass wiederum Zuversicht aufkam. Während es allmählich dunkelte, war jedenfalls eine langsame, wenn auch nicht stetige Bewegung auf die Sandgruben zu bemerkbar, eine Bewegung, die noch an Sogkraft gewann, da die abendliche Stille rund um den Zylinder beständig blieb. Aufrechte schwarze Gestalten wagten sich zu zweit oder dritt vor, machten halt, schauten, rückten wiederum vor und bildeten auf diese Weise eine spärliche, unregelmäßige Sichelform, die mit ihren Spitzen bald die gesamte Grube zu umschließen versprach. Auch ich begann mich von meiner Seite her auf die Grube zuzubewegen.

Dann sah ich, dass einige Kutschfahrer und andere mutig in die Sandgruben gegangen waren, und hörte Hufgeklapper und das Knirschen von Rädern. Ich sah einen Burschen mit dem Apfelkarren fortzuckeln. Und dann bemerkte ich eine Gruppe Männer, die aus Richtung Horsell kam und etwa dreißig Meter von der Grube entfernt war; der vorderste schwang eine weiße Fahne.

Das war die Abordnung. Eilig war eine Beratung einberufen worden, und da die Marsianer ungeachtet ihres abstoßenden Aussehens offenkundig intelligente Wesen waren, hatte man beschlossen, ihnen durch Signale, mit denen man sich näherte, zu zeigen, dass auch wir intelligent waren.

Flappflapp machte die Fahne, erst nach rechts, dann nach links. Sie waren zu weit entfernt, als dass ich jemanden erkennen konnte, später erfuhr ich, dass neben anderen Ogilvy, Stent und Henderson an diesem Verständigungsversuch mitwirkten. Diese kleine Gruppe hatte, indem sie voranging, sozusagen eine Schlaufe in die nunmehr fast geschlossene Kreislinie von Menschen gezogen, und eine Anzahl schwarzdunkler Gestalten folgte ihnen in gebührendem Abstand.

Plötzlich blitzte es hell auf, und grünlich leuchtender Rauch entwich der Grube in drei kompakten Wolken, die eine nach der anderen senkrecht in den windstillen Himmel aufstiegen.

Dieser Rauch (oder vielleicht ist Flamme der bessere Ausdruck dafür) war so grell, dass der dunkelblaue Himmel oben und das mit schwarzen Kiefern bestandene schemenhaft-braune Weideland in Richtung Chertsey sich mit dem Aufsteigen der Wolken schlagartig zu verdunkeln schienen und weiterhin erheblich dunkler wirkten, nachdem diese längst abgezogen waren. Gleichzeitig war ein leises Zischgeräusch zu hören.

Jenseits der Grube stand der kleine Keil aus Leuten mit der weißen Fahne an der Spitze, zum Stillstand gebracht durch dieses Phänomen, ein Knäuel aufrechter kleiner schwarzer Formen auf schwarzem Grund. Während die grüne Wolke aufstieg, blitzten ihre Gesichter fahlgrün auf, nur kurz und rasch wieder nachlassend. Dann ging das Zischen allmählich in ein Summen über, in ein lautes, anhaltend dröhnendes Geräusch. Langsam erhob sich eine gewölbte Form aus der Grube, die einen schwach glimmenden Lichtstrahl auszusenden schien.

Mit einem Mal schossen richtige Flammen aus der losen Ansammlung von Menschen hervor, die grell leuchtend von einem auf den nächsten übersprangen. Es war, als ob eine Art unsichtbarer Strahl sie getroffen und zu weißen Flammen entzündet hatte. Es war, als ob sämtliche Männer schlagartig in Brand gesetzt worden waren.

Dann sah ich sie im Licht ihrer eigenen Vernichtung taumeln und stürzen und dass jene, die ihnen noch zu helfen versucht hatten, fortrannten.

Ich sah ungläubig zu und begriff noch gar nicht recht, dass sich der Tod Mann für Mann die kleine Gruppe dort hinten vornahm. Ich empfand nur, dass etwas ganz Unheimliches vor sich ging. Ein greller Lichtblitz zuckte fast lautlos auf, und ein Mann stürzte der Länge nach hin und blieb reglos liegen. Kaum hatte der unsichtbare Hitzestrahl sie getroffen, standen die Kiefern in Flammen, und mit jedem dumpfen Treffer wurde ein trockener Ginsterbusch zum Feuerball. Und weit hinten Richtung Knaphill sah ich Bäume und Hecken in Flammen und dass Holzhäuser plötzlich Feuer fingen.

Rasch und unaufhaltsam rauschte es dahin, dieses flammende Morden, dieses unsichtbare, unabwendbare Hitzeschwert. An den Büschen, die es in Brand setzte, sah ich es auch auf mich zukommen, doch ich war zu verblüfft und betäubt, um mich rühren zu können. Ich hörte das Knistern des Feuers in den Sandgruben und den plötzlichen Aufschrei eines Pferdes, der sofort wieder verstummte. Dann war es, als würde ein unsichtbarer, doch glühend heißer Finger zwischen mir und den Marsianern durch die Heide fahren, und entlang einer Bogenlinie jenseits der Sandgruben qualmte und knisterte die dunkle Erde überall. Weit hinten zur linken Seite, wo die Straße vom Bahnhof Woking über das Heideland führt, stürzte etwas laut krachend zu Boden. Unmittelbar darauf verebbte das Zischen und Summen, und das kuppelförmige schwarze Objekt sank langsam außer Sicht zurück in die Grube.

All dies war derart rasch vor sich gegangen, dass ich nur reglos dastehen konnte, vollkommen entgeistert und von den Lichtblitzen ganz geblendet. Hätte dieser Tod sein Werk einmal rundherum verrichtet, so wäre ich ihm in meiner Lähmung unvermeidlich zum Opfer gefallen. Doch er ging vorüber und verschonte mich, und die Nacht war plötzlich wieder finster und beklemmend.

Die hügelige Weide wirkte nun beinahe tiefschwarz, außer dort, wo ihre Fahrbahnen sich grau und bleich unter dem tiefblauen Abendhimmel abzeichneten. Es war dunkel und plötzlich menschenleer. Oben hatten sich die Sterne versammelt, und gen Westen war der Himmel noch immer hellblass und grünlich-blau. Die Wipfel der Kiefern und die Dächer von Horsell standen spitz und schwarz vor dem westlichen Abendschein. Von den Marsianern und ihren Gerätschaften war nichts zu sehen bis auf diese dünne Stange, an der sich ihr rastloser Spiegel drehte. Noch immer qualmten und glommen da und dort Gebüsche und einzelne Bäume, und aus den Häusern in Richtung Bahnhof Woking züngelten Flammen in die Stille der Abendluft.

Sonst hatte sich nichts geändert, nur dies und ein furchtbares Staunen. Die kleine Gruppe schwarzer Flecken mit der weißen Fahne war vom Erdboden getilgt, und die abendliche Stille, so schien mir, war kaum gestört worden.

Mir wurde bewusst, dass ich auf dieser dunklen Weide war, hilflos, ungeschützt und allein. Und mit einem Mal war sie da, wie ein Wesen, das mich von außen befiel – die Angst.

Mit Mühe drehte ich mich um und lief stolpernd durch das Heidekraut.

Die Angst, die ich verspürte, war keine Angst der Vernunft, sie war eine panische Furcht nicht allein vor den Marsianern, sondern auch vor all der mich umgebenden Dunkelheit und Stille. Sie löste in mir eine derartige Mutlosigkeit aus, dass ich beim Dahinlaufen wimmerte wie ein Kind. Ich hatte mich abgewandt, und nun wagte ich nicht mehr zurückzublicken.

Ich erinnere mich noch der sicheren Empfindung, dass ein Spiel mit mir getrieben wurde, dass gleich, unmittelbar bevor ich mich in Sicherheit wähnen durfte, dieser geheimnisvolle Tod – schnell wie das Licht – aus dem Krater des Zylinders springen, sich auf mich stürzen und dahinraffen werde.

6
Der Hitzestrahl in der Chobham Road

Es ist bis heute ungeklärt, was die Marsianer in die Lage versetzt, so rasch und lautlos Menschen zu morden. Viele glauben, dass sie in einem Behältnis praktisch ohne jede Leitfähigkeit eine enorme Hitze erzeugen können. Diese enorme Hitze leiten sie in einem Parallelstrahl auf jedes gewünschte Objekt mithilfe eines geschliffenen Parabolspiegels unbekannter Bauart, vergleichbar dem Parabolspiegel eines Leuchtturms, der einen Lichtstrahl hinausschickt. Doch niemand konnte dies bislang im Einzelnen belegen. Gleich wie es geschieht, zentral dafür ist auf jeden Fall, dass ein Hitzestrahl zur Anwendung kommt – Hitze sowie unsichtbares statt sichtbares Licht. Alles Entzündliche geht durch den Kontakt mit ihm sogleich in Flammen auf, Blei zerfließt wie Wasser, er macht Eisen weich, bricht und schmilzt Glas, und trifft er auf Wasser, wird es sogleich zu Dampf.

An jenem Abend lagen beinahe vierzig Menschen unter dem Sternenlicht um die Grube herum, verkohlt und bis zur Unkenntlichkeit entstellt, und die ganze Nacht hindurch war das Weideland von Horsell bis Maybury wie ausgestorben und in Flammen.

Die Nachricht von diesem Gemetzel erreichte Chobham, Woking und Ottershaw vermutlich etwa zur gleichen Zeit. In Woking waren die Läden bereits geschlossen, als die Tragödie sich zutrug, und etliche Menschen, Verkäufer und allerhand andere, gingen angelockt von den Geschichten, die sie gehört hatten, über die Horsell Bridge und nahmen die Straße zwischen den Hecken, die letztlich zum Weideland führt. Man hat sie vor Augen, die jungen Leute, herausgeputzt nach einem arbeitsreichen Tag, die wie bei jeder solchen Gelegenheit die Neuigkeit zum Anlass nehmen, gemeinsam loszuspazieren und dabei ein wenig herumzutändeln. Es fällt wohl leicht, sich das Stimmengewirr auf der Straße in der Abenddämmerung vorzustellen …

Zu diesem Zeitpunkt freilich wussten nur sehr wenige Menschen in Woking, dass sich der Zylinder geöffnet hatte, obwohl der arme Henderson bereits einen Boten per Fahrrad zum Postamt geschickt hatte zwecks Übermittlung einer Sondernachricht ans Abendblatt.

Als jene Gesellen zu zweit oder dritt aufs offene Feld kamen, trafen sie auf lauter Grüppchen von Leuten, die erregt miteinander sprachen und auf den Drehspiegel oberhalb der Sandgruben blickten, und die Neuankömmlinge waren zweifellos bald angesteckt von der hier entstandenen Aufregung.

Um halb neun, als die Abordnung ausgelöscht wurde, mögen sich dreihundert oder mehr Menschen dort befunden haben, außerdem noch jene, die die Straße verlassen hatten, um weiter an die Marsianer heranzurücken. Auch drei Polizisten waren vor Ort, unter ihnen ein berittener. Sie gaben sich den Anweisungen Stents folgend größte Mühe, die Leute zurückzudrängen und sie daran zu hindern, sich dem Zylinder zu nähern. Rücksichtslose, aufgedrehte Typen, die jedes Getümmel zum Anlass für Lärm und derbe Späße nehmen, gaben Unmutslaute von sich.

In dem Vorgefühl, dass es zu Zusammenstößen kommen könnte, hatten Stent und Ogilvy gleich nach dem Auftauchen der Marsianer von Horsell aus die Kaserne telegrafisch benachrichtigt und zum Schutz dieser seltsamen Kreaturen vor gewaltsamen Übergriffen um eine Kompanie Soldaten gebeten. Danach waren sie zurückgekehrt, um jenen unglückseligen Vorstoß anzuführen. Die Schilderung ihres Todesumstands aus Sicht der Umherstehenden deckte sich mit meiner eigenen Wahrnehmung: die drei grünen Rauchwolken, der tiefe Summton und die Feuerblitze.

Für diese Menge war die Situation jedoch viel brenzliger gewesen als für mich. Sie rettete allein jener Sandwall, der den Hitzestrahl weiter unten abhielt. Wäre der Parabolspiegel nur wenige Meter höhergefahren worden, so wäre heute niemand mehr am Leben, der von all dem berichten könnte. Sie sahen die Blitze und die hinsinkenden Männer und wie eine gleichsam unsichtbare Hand die Büsche in Brand setzte, während sie sich in der Dämmerung auf sie zubewegte. Mit einem Pfeifton, der das Summen aus der Grube übertönte, fuhr der Strahl sodann dicht über ihre Köpfe hinweg, entzündete die Wipfel der Buchen entlang der Straße, zertrümmerte Ziegel, ließ Fensterscheiben splittern und ihre Rahmen in Flammen aufgehen und pulverisierte ein Stück vom Giebel eines Hauses nahebei.

Inmitten dieses plötzlichen Einschlags, des Zischens und Glosens der entzündeten Bäume schien die von Panik erfasste Menge einen Moment lang zögerlich zu schwanken. Funken und brennende Zweige fielen nun auf die Straße, einzelne Blätter wie kleine Flammenstöße. Hüte und Kleider fingen Feuer. Dann schallten laute Rufe von der Weide herüber. Man hörte Kreischen und Brüllen, und auf einmal kam ein Polizist zu Pferde durch das Wirrwarr galoppiert; er hielt seinen Kopf mit beiden Händen und schrie.

»Sie kommen!«, rief eine Frau, und sofort wendeten sich alle um und drängelten sich durch die im Weg Stehenden, um zurück nach Woking zu gelangen. Kopflos wie eine Herde Schafe stoben sie auseinander. Wo die Straße zwischen den hohen Böschungen eng und dunkel wurde, staute sich die Menge, dort kam es zu verzweifelten Kämpfen. Nicht alle kamen heil davon; mindestens drei Personen, zwei Frauen und ein kleiner Junge, wurden umgestoßen und zu Boden getrampelt, wo sie inmitten des Schreckens und der Finsternis starben.

7
Wie ich nach Hause gelangte

An meine eigene Flucht habe ich keinerlei Erinnerung, außer dass ich gegen Bäume rannte und über das Heidekraut stolperte. Alles um mich herum erlag den unsichtbaren Schrecken der Marsianer; das erbarmungslose Hitzeschwert schien auf und ab zu sausen und in der Luft herumzufuchteln, bevor es sich senken und mich totschlagen würde. Zwischen der Kreuzung und Horsell erreichte ich die Straße und lief auf ihr bis zur Kreuzung vor.

Schließlich konnte ich nicht mehr weiter; ich war erschöpft von all der Aufregung und meiner Flucht, ich strauchelte und stürzte am Straßenrand. Das war nahe der Brücke über den Kanal beim Gaswerk. Ich fiel und blieb still liegen.

Dort muss ich eine ganze Weile geblieben sein.

Ich setzte mich auf, ganz durcheinander. Einen Moment lang begriff ich nicht recht, wie ich hierhingelangt war. Die Furcht war von mir abgefallen wie ein Kleidungsstück. Mein Hut war fort und der Kragen vom Knopf gerissen. Wenige Minuten zuvor waren allein drei Dinge für mich real gewesen: die Unermesslichkeit der Nacht, des Alls und der Natur, meine eigene Schwäche und Pein sowie das Nahen des Todes. Nun schien etwas umgeschlagen zu sein, und das veränderte blitzartig die Wahrnehmung. Es war kein allmählicher Wechsel von einem Bewusstseinszustand in einen anderen. Ich war sofort wieder ganz der Alte – ein netter, gewöhnlicher Bürger. Die still daliegende Weide, mein Impuls zur Flucht, die aufzuckenden Flammen, mir kam es vor wie nur geträumt. Ich fragte mich, ob all dies denn wirklich geschehen war? Ich konnte es nicht glauben.

Ich erhob mich und nahm unsicher den steilen Anstieg der Brücke. In meinem Kopf war nichts als Verwunderung. Aus Muskeln und Nerven schien jegliche Kraft gewichen. Ich sage offen, dass ich wankte wie ein Betrunkener. Ein Kopf erschien über der

Brückenwölbung und die Gestalt eines Arbeiters, der einen Korb trug, kam mir entgegen, ein kleiner Junge lief neben ihm. Im Vorübergehen wünschte er mir eine gute Nacht. Ich wollte ihn ansprechen, tat es aber nicht. Ich erwiderte seinen Gruß mit nichtssagendem Genuschel und ging weiter über die Brücke.

Über die Maybury-Brücke brauste südwärts eine Lokomotive, ein wogendes Spektakel aus feurig-weißem Rauch mit einem Rattenschwanz voll erleuchteter Fenster – ratter, ratter, polter, klapp, und weg war sie. Eine undeutlich zu erkennende Gruppe von Leuten unterhielt sich am Gitter vor einem der Häuser in der hübschen Giebelbauzeile namens Oriental Terrace. Alles war so wirklich und vertraut. Und das Erlebte vorbei! Es war drastisch, fantastisch! Derlei konnte doch gar nicht sein, sagte ich mir.

Vielleicht bin ich ein Mensch mit überbordenden Stimmungen. Ich weiß nicht, inwieweit mein Empfinden da im Bereich des Normalen liegt. Manchmal leide ich unter einem sehr heftigen Gefühl, von mir selbst und der Welt gänzlich losgelöst zu sein; dann scheine ich alles von außen wahrzunehmen, von einem Ort in unvorstellbarer Ferne, jenseits von Raum und Zeit, jenseits von allem, was einen beschäftigt und betrübt. Diese Empfindung hatte ich in dieser Nacht sehr stark. Das kam zu meinem Traum noch hinzu.

Doch Kummer bereitete das schiere Missverhältnis zwischen dieser Klarheit und dem dort drüben keine zwei Meilen entfernt umherjagenden Tod. Vom Gaswerk her ertönte geschäftiges Treiben, und überall ging die elektrische Beleuchtung an. Bei der Gruppe von Leuten blieb ich stehen.

»Gibt es was Neues von der Weide?«, fragte ich.

Am Gitter standen zwei Männer und eine Frau.

»Was?«, sagte einer der Männer, mir zugewandt.

»Ob's was Neues von der Weide gibt«, sagte ich.

»Kommen Sie da denn nicht grad her?«, fragten die Männer.

»Das mit der Weide macht die Leute ganz kirre«, sagte die Frau durchs Gitter. »Was issen da eigentlich los?«

»Haben Sie denn nichts von den Marsmenschen gehört?«, sagte ich. »Den Marswesen?«

»Mehr als genug«, sagte die Frau durchs Gitter, »besten Dank.« Alle drei lachten.

Ich war beschämt und wütend. Ich versuchte ihnen zu berichten, was ich gesehen hatte, und schaffte es nicht. Sie lachten erneut über meine holprigen Sätze.

»Sie werden noch mehr davon hören«, sagte ich und ging nach Hause.

Am Eingang bekam meine Frau einen Schreck, so erschöpft sah ich aus. Ich ging ins Esszimmer, setzte mich, trank einen Schluck Wein, und als ich mich einigermaßen gesammelt hatte, erzählte ich ihr, was ich gesehen hatte. Das Essen, eine kalte Mahlzeit, stand bereits auf dem Tisch und blieb dort unangerührt stehen, während ich meine Geschichte loswurde.

»Eins muss man sagen«, versuchte ich die von mir geweckte Sorge zu beschwichtigen, »etwas so Träges wie diese Wesen ist mir noch nicht über den Weg gekrochen. Sie werden die Grube halten und die Menschen töten, die sich ihnen nähern, aber sie schaffen es nicht aus ihr heraus … Nur was für ein Grauen!«

»Schatz, nicht!«, sagte meine Frau stirnrunzelnd und legte ihre Hand auf meine.

»Armer Ogilvy!«, sagte ich. »Dass er tatsächlich tot da draußen liegen soll!«

Immerhin fand meine Frau meine Erlebnisse glaubwürdig. Als ich sah, wie totenbleich sie war, hörte ich sofort auf zu reden.

»Sie könnten hierherkommen«, sagte sie wieder und wieder.

Ich drängte ihr ein Glas Wein auf und versuchte sie zu beruhigen.

»Sie können sich kaum bewegen«, sagte ich.

Ich begann sie und mich selbst zu trösten, indem ich wiederholte, was Ogilvy mir an Argumenten für die Unmöglichkeit genannt hatte, als Marsianer auf der Erde dauerhaft existieren zu können. Ich betonte besonders die Probleme der Gravitation. Auf der Erdoberfläche ist die Gravitation dreimal so stark wie auf dem Mars. Ein Marsianer wäre hier entsprechend dreimal schwerer als auf dem Mars, bei gleichbleibender Muskelkraft. Er müsste seinen eigenen Körper wie ein Bleigewicht empfinden. Das war die einhellige Meinung. Die *Times* etwa wies genau wie der *Daily Telegraph* am nächsten Morgen darauf hin, und beide übersahen, genau wie ich, zwei Einflüsse, die das offenbar stark relativierten.

Die Atmosphäre der Erde, so wissen wir jetzt, enthält viel mehr Sauerstoff bzw. weit weniger Argon (eine Frage der Sichtweise) als die Atmosphäre des Mars. Die kräftigende Wirkung all dieses Sauerstoffs auf die Marsianer hatte im Verhältnis zu ihrem erhöhten Gewicht unstreitig einen stark ausgleichenden Effekt. Zudem übersahen wir alle den Umstand, dass die Marsianer über enormen technischen Verstand verfügten, mit dem sie in der Lage sein sollten, zur Not ganz ohne Muskelkraft auszukommen.

Damals jedoch bedachte ich diese Punkte nicht, und so schätzte ich die Chancen der Invasoren völlig falsch ein. Mit Wein und Essen auf dem heimischen Tisch und bestrebt, meine Frau zu beruhigen, wurde ich in meinem Urteil unwillkürlich immer kühner und gewisser.

»Sie haben eine Dummheit begangen«, sagte ich mit meinem Weinglas in der Hand. »Sie sind gefährlich, weil sie zweifellos selbst schreckliche Angst haben. Vielleicht hatten sie gedacht, kein Leben auf der Erde vorzufinden – jedenfalls kein intelligentes. Im allerschlimmsten Fall«, sagte ich, »wirft man eine Bombe in die Grube, dann sind sie alle tot.«

Aufgrund der so enorm aufregenden Ereignisse befand sich meine Auffassungskraft offenkundig in einem Zustand höchster Reizbarkeit. Ich erinnere mich an diesen Esstisch auch heute noch mit äußerster Klarheit. Das hübsche Gesicht meiner lieben Frau, das mich unter dem rosa Lampenschirm ängstlich anschaut, das weiße Tischtuch, reich eingedeckt mit Silber und Glas – denn in jenen Tagen gönnte sich auch ein philosophischer Schriftsteller so manchen Luxus –, das tiefrote Weinglas in meiner Hand, all dies sehe ich fotografisch genau vor mir. An seinem Ende saß ich, rührte mit einer Zigarette in einer Schale Nüsse herum, bedauerte Ogilvys Übereilung und beklagte die kurzsichtige Furchtsamkeit der Marsianer.

So mochte ein ehrbarer Dodo auf Mauritius hochherrschaftlich in seinem Nest gehockt und nach dem Eintreffen jenes Schiffs voll kaltblütiger Seeleute auf der Suche nach tierischer Nahrung die Lage bewertet haben. »Morgen picken wir die alle zu Tode, Schatz.«

Ich wusste es nicht, doch dies sollte meine letzte anständige Mahlzeit vor einer ganzen Reihe absonderlicher und furchtbarer Tage sein.

8
Freitagabend

Unter all dem Seltsamen und Wundervollen, das an diesem Freitag geschah, fiel mir besonders auf, wie das Alltagsleben unseres Sozialgefüges auf die ersten Anzeichen etlicher Vorkommnisse reagierte, die eben dieses Sozialgefüge gänzlich zu Fall bringen sollten. Hätte man am Freitagabend einen Zirkel genommen und einen Kreis mit einem Radius von fünf Meilen um die Sandgruben von Woking gezogen, so hätte man darin kaum einen Menschen angetroffen, dessen Gefühle und Gewohnheiten von den Neuankömmlingen irgendwie tangiert worden wären – Angehörige von Stent und den tot auf der

Weide liegenden Radfahrern und Londonern einmal ausgenommen. Natürlich hatten viele vom Zylinder gehört und sprachen bei Gelegenheit über ihn, doch sorgte er nicht annähernd für so viel Aufsehen, das etwa ein Ultimatum an Deutschland erregt hätte.

In London bewertete man an diesem Abend das Telegramm des armen Henderson, das beschrieb, wie das Geschoss allmählich aufgeschraubt wurde, als Zeitungsente, und sein Abendblatt entschied sich gegen eine Sonderausgabe, nachdem es ihn telegrafisch um eine sachliche Bestätigung gebeten und nicht erhalten hatte – der Mann war tot.

Selbst innerhalb des Fünfmeilenkreises blieben die Menschen überwiegend teilnahmslos. Vom Verhalten der Männer und der Frauen, mit denen ich sprach, habe ich bereits berichtet. Überall in der Region nahmen die Leute ihre Mittags- und Abendmahlzeiten ein; Arbeiter widmeten sich nach Feierabend ihrem Garten, Kinder wurden zu Bett gebracht, junge Leute schlenderten turtelnd durch die Gassen, Studenten saßen über ihre Bücher gebeugt.

Durchaus möglich, dass auf den Straßen des Dorfes so manches gemunkelt wurde, dass das neue Thema die Thekengespräche beherrschte und da und dort ein Bote oder gar ein Augenzeuge der jüngsten Geschehnisse für allerhand Wirbel, Geschrei und hektische Betriebsamkeit sorgte; doch im Wesentlichen nahm der Alltag aus arbeiten, essen, trinken und schlafen seinen gewohnten Gang wie seit endlosen Jahren – als gäbe es keinen Planeten Mars am Himmel. So war es selbst am Bahnhof Woking, in Horsell und Chobham.

Am Eisenbahnknotenpunkt Woking erhielten noch zu später Stunde Züge Ein- und Ausfahrt, andere wurden rangiert, Fahrgäste stiegen aus und warteten, alles verlief ganz wie gehabt. Obwohl nur Smith dazu berechtigt war, verkaufte auch noch ein Junge aus der Stadt Zeitungen mit den Meldungen des Nachmittags. In das Rattern der Waggons und das gellende Pfeifen der Lokomotiven von den Gleisen mischten sich ihre Rufe: »Männer vom Mars!« Gegen neun Uhr betraten erregte Männer mit unerhörten Nachrichten den Bahnhof und sorgten für nicht mehr Aufregung, als Trunkenbolde es getan hätten. Die nach London dahinrumpelnden Leute blickten durch die Abteilfenster hinaus in die Dunkelheit und sahen nichts als einen gelegentlich aufflackernden, dann wieder verlöschenden Lichtschein aus Richtung Horsell, ein rotes Leuchten und einen dünnen Rauchschleier, der über die Sterne hinwegzog, und sie dachten, dass da allenfalls Heideland Feuer gefangen hatte. Allein am Randgebiet der Weide war einige Unruhe bemerkbar. An der Gemeindegrenze von Woking brannten ein halbes Dutzend Landhäuser. In den Häusern der drei Dörfer war in sämtlichen zur Weide hinausgehenden Fenstern das Licht entzündet, und die Leute blieben bis zum Tagesanbruch wach.

Neugierige Menschentrauben, die sich in ihrer Zusammensetzung änderten, aber nicht auflösten, tummelten sich auf den Brücken von Chobham und Horsell. Ein paar Abenteurer gingen, wie man später erfuhr, in die Dunkelheit hinein und robbten sich recht nah bis an die Marsianer heran, doch keiner kehrte zurück, denn hier und da schwebte ein Lichtkegel wie vom Suchscheinwerfer eines Kriegsschiffes über die Weide, worauf der Hitzestrahl nicht lange auf sich warten ließ. Davon abgesehen war dieses große Weidegebiet einsam und verlassen, die verkohlten Leichen blieben die sternenklare Nacht hindurch und auch noch den ganzen nächsten Tag dort liegen. Viele Leute vernahmen ein hämmerndes Geräusch aus der Grube.

Das war die Lage am späten Freitagabend. In der Mitte dieser Zylinder, der wie ein Giftpfeil in der Haut unseres alten Planeten Erde steckte. Doch das Gift war noch kaum wirksam.

Drum herum ein Flecken stillen Weidelands, das stellenweise glomm und auf dem hier und da in verdrehter Haltung dunkle, schlecht erkennbare Objekte lagen. Da und dort brannte ein Busch oder Baum. Dieses Gebiet umgab ein Ring aus gespannter Erwartung, und über diesen Ring hinaus hatte sich die Entzündung noch nicht ausgebreitet. Im Rest der Welt floss der Strom des Lebens dahin wie seit unvordenklichen Zeiten. Das Fieber des Krieges, das bald Venen und Arterien verstopfen, Nerven lähmen und das Gehirn zerstören sollte, musste sich erst noch ausbreiten.

Die Marsianer hämmerten und rumorten die ganze Nacht hindurch. Rastlos, unermüdlich machten sie ihre Maschinen einsatzbereit, und immer wieder stieg eine Wolke grünlichweißen Rauchs in den sternenklaren Himmel empor.

Gegen elf zog eine Kompanie Soldaten durch Horsell, postierte sich um den Rand der Weide und bildete so einen Sperrgürtel. Später marschierte eine zweite Kompanie durch Chobham und bezog nördlich der Weide Stellung. Vor ihnen waren bereits einige Offiziere aus der Inkerman-Kaserne an der Weide eingetroffen, und einer, Major Eden, wurde als vermisst gemeldet. Der Oberst des Regiments kam um Mitternacht an die Brücke von Chobham und stellte der Menge eifrig Fragen. In der Militärführung hatte man den Ernst der Angelegenheit offensichtlich erkannt. Gegen elf, so stand es am nächsten Tag in den Morgenblättern, brach eine Schwadron leichte Kavallerie mit zwei Maxim-Geschützen sowie rund vierhundert Mann des Cardigan-Regiments von Aldershot auf.

Wenige Sekunden nach Mitternacht sah die Menge in der Chertsey Road in Woking in Richtung Nordwest einen Stern in den Kiefernwald fallen. Er war grünlich und strahlte hell wie ein sommerlicher Blitz. Das war der zweite Zylinder.

9
Der Kampf beginnt

Der Samstag bleibt mir in Erinnerung als Tag der Ungewissheit. Auch war es ein Tag allgemeiner Mattigkeit, es war heiß und schwül, das Barometer schwankte unaufhörlich, wie mir berichtet wurde. Ich hatte nur wenig geschlafen – meine Frau war da erfolgreicher – und stand früh auf. Vor dem Frühstück trat ich in meinen Garten und lauschte aufmerksam, doch aus Richtung der Weide regte sich bis auf eine Lerche nichts.

Der Milchmann kam wie gewohnt. Ich hörte das Klappern seines Wagens und ging ums Haus zum Seiteneingang, um ihn nach dem aktuellen Stand der Dinge zu befragen. Er erzählte mir, dass in der Nacht das Militär die Marsianer umstellt habe und man Geschütze erwarte. Dann hörte ich – ein vertrautes, beruhigendes Geräusch – einen Zug nach Woking fahren.

»Sie werden nicht getötet«, sagte der Milchmann, »wenn es sich irgendwie vermeiden lässt.«

Ich sah meinen Nachbarn bei der Gartenarbeit, plauderte eine Weile mit ihm und schlenderte zum Frühstücken zurück ins Haus. Es war ein ganz alltäglicher Morgen. Mein Nachbar war der Ansicht, die Truppen würden noch im Lauf des Tages die Marsianer entweder gefangen nehmen oder vernichten.

»Jammerschade, dass sie niemanden an sich heranlassen«, sagte er. »Man wüsste doch gern, wie sie auf einem anderen Planeten leben. Wir könnten ein bisschen was von ihnen lernen.«

Er trat an den Zaun und reichte mir eine Hand voll Erdbeeren, denn er gärtnerte nicht nur begeistert, sondern gab auch großzügig ab. Dabei erzählte er mir, dass der Kiefernwald beim Golfplatz von Byfleet brenne.

»Dort soll«, sagte er, »noch so eins dieser verdammten Dinger niedergegangen sein – Nummer zwei. Als wäre eins nicht schon genug. Die Versicherungsfritzen werden hübsch was zahlen müssen, bis da alles wieder in Ordnung ist.« Er lachte herzhaft, während er dies sagte. Der Wald brenne immer noch, sagte er und wies auf eine Rauchwolke. »Das wird man noch tagelang heiß unter den Füßen spüren, wegen der dicken Schicht aus Kiefernnadeln und Rasen«, sagte er und ließ sich noch betrübt zum »armen Ogilvy« aus.

Nach dem Frühstück beschloss ich, die Arbeit sein zu lassen und stattdessen zur Weide zu gehen. Unter der Eisenbahnbrücke stieß ich auf eine Gruppe Soldaten – Sappeure, dachte ich, Männer mit kleinen runden Mützen und offenstehenden schmutzigen roten Jacken, unter denen ihre blauen Hemden zu sehen waren, in dunklen Hosen und wadenlangen Stiefeln. Sie sagten mir, dass niemand über den Kanal dürfe, und als ich die Straße entlang zur Brücke blickte, sah ich einen Mann vom Cardigan-Regiment dort Wache stehen. Ich unterhielt mich eine Weile mit den Soldaten und erzählte ihnen von meiner Begegnung mit den Marsianern am Abend zuvor. Keiner hatte die Marsianer zu Gesicht bekommen und also nicht die geringste Vorstellung von ihnen, weshalb sie mich mit Fragen löcherten. Sie sagten, sie hätten keine Ahnung, wer den Truppeneinsatz angeordnet habe; ihrer Vermutung nach sei es im Eliteregiment der Horse Guards zu einem Disput gekommen. Der gewöhnliche Sappeur ist erheblich beschlagener als der gemeine Soldat, und so erörterten sie die seltsamen Begleitumstände des eventuellen Kampfes mit einigem Scharfsinn. Ich beschrieb ihnen den Hitzestrahl, woraufhin sie zu diskutieren begannen.

»Klarer Fall, unterm Schutzschild rankriechen und die im Sturm nehmen«, sagte einer.

»Ach komm!«, sagte ein anderer. »Was soll dich vor so ’ner Hitze schützen? Heizt dir doch alles eher noch mehr ein! Wir müssen so nah wie’s das Gelände zulässt ran und einen Graben ziehen.«

»Einen Graben, ich fass es nicht! Du immer mit deinen Gräben. Hättest als Kaninchen auf die Welt kommen sollen, Snippy.«

»Wie war das noch, die haben überhaupt keine Hälse?«, fragte plötzlich ein dritter, ein nachdenklicher kleiner Dunkler, der Pfeife rauchte.

Ich wiederholte meine Beschreibung.

»Tintenfische sind das für mich«, sagte er. »Menschenfischer sagt man so schön – Fischekämpfer muss es diesmal heißen!«

»Biester wie die umzubringen ist kein Mord«, sagte der, der zuerst gesprochen hatte.

»Ballern wir einfach ein paar Granaten auf die Mistdinger, und weg sind sie«, sagte der kleine Dunkle. »Keiner weiß, was die noch anstellen.«

»Und wo hast du deine Granaten?«, sagte der erste. »Wir dürfen keine Zeit vertun. Direkt drauf losstürmen, das ist mein Rat, und zwar jetzt gleich.«

So diskutierten sie. Nach einer Weile ließ ich sie stehen und ging zum Bahnhof, um mir jedes nur verfügbare Morgenblatt zu besorgen.

Doch ich will den Leser nicht mit einer Schilderung dieses langen Vormittags und des noch längeren Nachmittags langweilen. Ich kam nicht einmal in Sichtweite der Weide, denn selbst die Kirchtürme von Horsell und Chobham befanden sich in den Händen des Militärs. Die Soldaten, die ich befragte, wussten überhaupt nichts, die Offiziere taten geheimnisvoll und geschäftig. Die Leute in der Stadt, so stellte ich fest, fühlten sich durch die Gegenwart des Militärs wieder sicherer, und von Tabakhändler Marshall erfuhr ich nun, dass unter den Toten auf der Weide sein Sohn lag. Auf Anordnung der Soldaten hatten die Bewohner am Ortsrand von Horsell ihre Häuser schließen und verlassen müssen.

Gegen zwei kehrte ich zum Mittagessen heim, sehr müde, weil der Tag wie gesagt extrem heiß und drückend war. Am

Nachmittag nahm ich zur Erfrischung ein kühles Bad. Um halb fünf ging ich zum Bahnhof, um mir eine Abendzeitung zu besorgen, denn die Morgenblätter hatten nur sehr fehlerhaft von der Ermordung Stents, Hendersons, Ogilvys und all der anderen berichtet. Doch wieder stand dort kaum etwas, das ich nicht bereits wusste. Die Marsianer ließen nicht den kleinsten Zipfel von sich sehen. Sie schienen umtriebig zu sein in ihrer Grube, Hammerschläge waren zu hören, und fast unausgesetzt stieg Rauch empor. Offenkundig trafen sie Vorkehrungen zu einem Kampf. »Erneut wurden Versuche der Kontaktaufnahme unternommen, jedoch ohne Erfolg«, so stand es gleichlautend in den Zeitungen. Ein Sappeur erzählte mir, ein Mann habe von einem Graben aus eine Fahne an langer Stange geschwenkt. Die Marsianer nahmen von diesem Bestreben etwa so viel Notiz wie unsereiner vom Muhen einer Kuh.

Ich muss zugeben, dass mich der Anblick all dieser Waffen und Zurüstungen stark faszinierte. In Gedanken nahm ich den Kampf bereits auf und schlug die Eindringlinge mithilfe einer ganzen Reihe wirksamer Maßnahmen zurück. Schuljungenträume von Schlacht und Heldentum lebten sich darin aus. Als besonders fairen Kampf empfand ich das damals nicht. Allzu hilflos wirkten sie mir da unten in ihrer Grube.

Gegen drei Uhr war von Chertsey oder Addlestone her in regelmäßigen Abständen das Donnern eines Geschützes zu hören. Ich erfuhr, dass der schwelende Kiefernwald, in den der zweite Zylinder gefallen war, beschossen wurde in der Hoffnung, das Objekt zerstören zu können, bevor es sich öffnete. Es war schon nach fünf, als ein Feldgeschütz in Chobham eintraf, das gegen den ersten Trupp Marsianer zum Einsatz kommen sollte.

Gegen sechs saß ich eben mit meiner Frau im Gartenhaus beim Abendbrot und ereiferte mich über die bevorstehende Schlacht, als ich eine dumpfe Explosion von der Weide her vernahm und direkt hinterher eine Salve Geschützfeuer. Dieser folgte ein heftig scheppernder Krach ganz in unserer Nähe, der den Boden erzittern ließ. Ich stürzte hinaus auf den Rasen und sah, dass die Wipfel der Bäume beim Oriental College rot und qualmend in Flammen standen und der Turm der kleinen Kirche daneben einstürzte. Der Spitzturm der Moschee war verschwunden, und das Dach des Colleges sah aus, als wäre dort eine Hundert-Tonnen-Granate am Werk gewesen. Einer unserer Kaminschlote barst wie durch einen Geschütztreffer, brach ab, und ein Stück von ihm polterte die Dachziegel hinab und bildete einen Haufen roter Trümmer auf dem Blumenbeet vor dem Fenster meines Arbeitszimmers.

Meine Frau und ich standen verwundert da. Dann begriff ich, dass nun, wo das College nicht länger im Weg stand, der Hitzestrahl der Marsianer bis zum Kamm des Maybury Hill reichen musste.

Daraufhin ergriff ich den Arm meiner Frau und zerrte sie umstandslos auf die Straße. Als nächstes schnappte ich mir das Dienstmädchen und sagte, dass ich den Koffer, um den sie Geschrei erhob, selbst von oben herunterholen würde.

»Hier können wir unmöglich bleiben«, sagte ich, und während ich redete, wurde auf der Weide schon wieder kurz geschossen.

»Aber wo sollen wir denn hin?«, sagte meine Frau voller Panik.

Verwirrt dachte ich nach. Dann erinnerte ich mich meiner Verwandtschaft in Leatherhead.

»Leatherhead!«, schrie ich in den plötzlichen Lärm hinein.

Sie blickte den Hügel hinab. Die Leute traten verwundert aus ihren Häusern.

»Und wie sollen wir nach Leatherhead kommen?«, fragte sie.

Am Fuß des Hügels sah ich einen Trupp Kavallerie unter der Eisenbahnbrücke entlangreiten; drei Männer galoppierten durch das offene Tor des Oriental House, zwei andere stiegen vom Pferd und begannen von Haus zu Haus zu laufen. Die Sonne, die durch den von den Baumwipfeln aufsteigenden Qualm schien, wirkte blutrot und warf auf alles einen unvertraut grellen Schein.

»Bleibt hier stehen«, sagte ich, »hier kann euch nichts passieren.« Dann ging ich sofort zum »Spotted Dog«, weil ich wusste, dass der Gastwirt Pferd und Wagen besaß. Ich rannte, denn ich hatte im Gefühl, dass sich auf dieser Seite des Hügels sehr bald jedermann auf den Weg machte. An seinem Tresen fand ich den Wirt, der von den Vorgängen hinter seinem Haus überhaupt nichts mitbekommen hatte. Ein Mann, der mit dem Rücken zu mir stand, sprach mit ihm.

»Kostet ein Pfund«, sagte der Gastwirt, »und ich hab' keinen, der Sie fährt.«

»Ich gebe Ihnen zwei«, sagte ich über die Schulter des Fremden hinweg.

»Wozu das?«

»Und bis Mitternacht bringe ich alles zurück«, sagte ich.

»Himmel!«, sagte der Wirt. »Warum diese Hektik? Ich verkauf 'ne Schweinehälfte. Zwei Pfund, und Sie bringen's zurück? Worum geht's denn hier gerade?«

Ich erklärte ihm rasch, dass ich von zu Hause weg musste, und bekam seinen Wagen. Damals dachte ich, dass es für den Wirt nicht annähernd so dringlich sei, ebenfalls fortzugehen. Ich brachte also das Gefährt in meinen Besitz, fuhr es die Straße hinab, übergab es meiner Frau und dem Dienstmädchen, eilte ins Haus und packte ein paar Dinge von Wert zusammen, Tafelgeschirr und dergleichen. Unterdessen brannten die Buchen unterhalb des Hauses, und der Lattenzaun zur Straße hin glühte rot. Während ich so beschäftigt war, kam einer der vom Pferd gestiegenen Kavalleristen herangelaufen. Er ging von Haus zu Haus und mahnte die Leute zum Gehen. Er lief eben weiter, als ich mit meinen Schätzen in einem Tischtuch als Sack aus der Haustür trat. Ich rief ihm nach:

»Gibt's was Neues?«

Er drehte sich um, starrte mich an, schrie, dass »die in so was wie einer Abdeckhaube rausgekrochen kommen«, und lief weiter zum Tor des Hauses auf dem Kamm. Kurz verschwand er in einem jähen Wirbel schwarzen Rauchs, der über die Straße zog. Ich eilte zur Tür meines Nachbarn und klopfte, um mich davon zu überzeugen, was man mir gesagt hatte, dass er nämlich mit seiner Frau nach London abgereist und das Haus abgeschlossen war. Um wie versprochen den Koffer des Dienstmädchens zu holen, ging ich wieder rein, trug ihn hinaus und wuchtete ihn neben sie auf den Rücksitz des Wagens, dann griff ich die Zügel und schwang mich neben meine Frau auf den Fahrersitz. Kurz darauf waren wir Rauch und Lärm entkommen und trabten den Abhang gegenüber dem Maybury Hill hinab Richtung Old Woking.

Vor uns lag eine stille, sonnige Landschaft mit Weizenfeldern zu beiden Seiten der Straße und dem »Maybury Inn« mit seinem pendelnden Schild. Vor mir erkannte ich den Wagen des Arztes. Am Fuß des Hügels sah ich zurück, um noch einmal zum Hang zu blicken, den wir hinter uns ließen. Dichte schwarze Rauchschwaden, durchzuckt von rot aufblitzendem Feuer, stiegen in den windstillen Himmel empor und warfen dunkle Schatten auf die grünen Baumwipfel im Osten. Der Rauch hatte sich schon weit ausgebreitet – bis zum Kiefernwald von Byfleet im Osten und Woking im Westen. Die Straße war voller Menschen, die uns entgegenliefen. Und sehr leise, doch klar vernehmlich schallte nun das Rattern eines Maschinengeschützes durch die warme, stille Luft, das bald darauf verstummte, und immer wieder das Krachen von Gewehren. Offenbar setzten die Marsianer alles innerhalb der Reichweite ihres Hitzestrahls in Brand.

Ich bin kein geschickter Wagenlenker und musste mich rasch wieder auf das Pferd konzentrieren. Als ich mich erneut umsah, war der zweite Hügel in dichtem Rauch verborgen. Ich gab dem Pferd einen Peitschenhieb und hielt die Zügel locker, bis Woking und Send zwischen uns und diesem hellen Aufruhr lagen. Auf der Strecke von Woking nach Send überholte ich den Arzt.

10
Im Sturm

Vom Maybury Hill bis nach Leatherhead sind es etwa zwölf Meilen. Während wir die saftig grünen Wiesen jenseits von Pyrford durchquerten, hing der Duft von Heu in der Luft und zahlreiche Hundsrosen rankten sich fröhlich durch die Hecken beiderseits der Straße. Das heftige Schießen, das während unserer Fahrt vom Maybury Hill hinab eingesetzt hatte, endete so abrupt, wie es begonnen hatte, und der Abend war nun sehr friedlich und still. Ohne Zwischenfall erreichten wir Leatherhead gegen neun Uhr. Das Pferd konnte eine Stunde ausruhen, während ich mit meinen Verwandten zu Abend aß und meine Frau in ihre Obhut gab.

Die ganze Fahrt hindurch war meine Frau auffallend still gewesen, und böse Vorahnungen schienen sie zu bedrücken. Ich sprach beruhigend auf sie ein, verwies darauf, dass die Marsianer schon aufgrund ihres Gewichts kaum aus der Grube kämen und allenfalls ein kleines Stück aus ihr herauskriechen könnten; worauf sie stets nur einsilbig reagierte. Wäre da nicht mein Versprechen dem Gastwirt gegenüber gewesen, so hätte sie mich wohl gedrängt, diese Nacht in Leatherhead zu bleiben. Hätte ich es bloß getan! Ich erinnere mich noch, wie weiß ihr Gesicht bei unserem Abschied war.

Ich selbst war den ganzen Tag hindurch fieberhaft erregt gewesen. Mein Blut war erfüllt von ganz so etwas wie dem Kriegsfieber, das eine zivilisierte Gesellschaft mitunter erfasst, und im Herzen tat es mir nicht allzu sehr leid, dass ich noch in der Nacht nach Maybury zurückmusste. Ich fürchtete sogar, dass diese letzte Attacke, die ich gehört hatte, zur Eliminierung unserer Eindringlinge vom Mars geführt haben könnte. Meine Gemütsverfassung beschreibt vielleicht am besten, dass ich hoffte, bei ihrem Tod anwesend zu sein.

Es war fast elf, als ich mich auf den Rückweg machte. Die Nacht war unerwartet dunkel; nachdem ich aus dem Lichtkreis des Hauses meiner Verwandten getreten war, empfand ich sie als tiefschwarz, und es war noch immer so heiß und drückend wie am Tag. Über meinem Kopf trieben die Wolken dahin, während sich im Gebüsch um uns kein Lüftchen regte. Der Hausknecht zündete beide Lampen an. Zum Glück war mir die Straße sehr vertraut. Meine Frau stand im Licht der offenen Tür und sah mir zu, bis ich auf den Wagen sprang. Dann machte sie unvermittelt kehrt und ging hinein, sodass es an meinen dastehenden Verwandten war, mir gutes Gelingen zu wünschen.

Angesteckt von der Sorge meiner Frau, war ich zunächst selbst ein wenig bedrückt, doch sehr bald kehrten meine Gedanken zu den Marsianern zurück. Zu diesem Zeitpunkt war mir unbekannt, welchen Verlauf die abendlichen Kämpfe genommen hatten. Ich kannte nicht einmal die Umstände, die den Konflikt ausgelöst hatten. Als ich durch Ockham fuhr (denn statt über Send und Old Woking fuhr ich hier entlang zurück), sah ich am westlichen Horizont einen blutroten Schein, der langsam den Himmel emporstieg, während ich darauf zufuhr. Die dahineilenden Wolken des aufkommenden Gewitters mischten sich dort mit Unmengen schwarzen und roten Rauchs.

Die Ripley Street war menschenleer, und bis auf ein erleuchtetes Fenster oder dergleichen gab es im Ort keinerlei Anzeichen von Leben. An der Ecke der Straße Richtung Pyrford allerdings entging ich nur knapp einem Unfall, dort stand eine Gruppe von Leuten mit den Rücken zu mir. Sie sprachen mich nicht an, während ich vorüberfuhr. Ich weiß nicht, wie viel sie von dem wussten, was hinter dem Hügel geschah, und ebenso blieb mir verschlossen, ob die stillen Häuser an meiner Straße wohligen Schlaf boten oder leer und verlassen waren oder von Unruhe erfüllt dem Schrecken der Nacht entgegensahen.

Von Ripley bis kurz vor Pyrford ging es durch das Tal des Flusses Wey, hier sah ich nichts vom roten Schein. Als ich den kleinen Hügel jenseits der Kirche von Pyrford hinauffuhr, konnte ich ihn wieder erkennen, und die Bäume um mich herum erbebten aufgrund erster Vorboten des über mir aufziehenden Sturms. Dann hörte ich es hinter mir von der Kirche von Pyrford her Mitternacht schlagen, und nun erschien die Silhouette des Maybury Hill, dessen Wipfel und Dächer sich schwarz und scharf konturiert gegen das Rot abhoben.

Eben als ich dies sah, erhellte ein grellgrüner Schein die Straße vor mir, sodass ich den fernen Wald bei Addlestone erkannte. Ich spürte, wie es an den Zügeln ruckte. Ich sah, dass die dahintreibenden Wolken gleichsam von einer grünen Feuernadel durchstochen wurden, die aufblitzend sich selbst ins Licht setzte und zu meiner Linken auf eine Wiese stürzte. Es war die dritte Sternschnuppe!

Kurz nach ihrem Erscheinen zuckte blendend violett (ein extremer Kontrast) der erste Blitz des sich zusammenbrauenden Sturms herauf, und der Donner über mir detonierte laut wie eine Rakete. Das Pferd verbiss sich im Zaumzeug und ging durch.

Bis zum Fuß des Maybury Hill verläuft der Weg leicht ansteigend, und diesen holperten wir hinan. Nach Einsetzen des Gewitters folgten die Blitze derart dicht aufeinander, wie ich es noch nie erlebt hatte. Die Donnerschläge, die einer nach dem anderen zunächst seltsam knisterten, klangen mehr wie das Betriebsgeräusch einer gewaltigen elektrischen Maschine als nach dem eruptiven Widerhall, den man gewohnt ist. Das flackernde Licht blendete und verwirrte, und leichter Hagelschlag prasselte auf mein Gesicht, während ich den Abhang hinunterfuhr.

Zunächst achtete ich nur auf die Straße vor mir, dann erregte plötzlich etwas meine Aufmerksamkeit, das rasend schnell den gegenüberliegenden Hang des Maybury Hill hinabkam. Erst hielt ich es für das nasse Dach eines Hauses, doch im Licht rasch aufeinanderfolgender Blitze war deutlich eine schnelle, rollende Bewegung auszumachen. Es war eine sich sofort wieder verflüchtigende Erscheinung – ein Moment verwirrender Dunkelheit, dann waren im taghellen Blitzlicht das rote Gemäuer eines Waisenhauses nahe der Hügelkuppe, die grünen Spitzen der Kiefern und dieses ominöse Objekt klar konturiert und hell zu erkennen.

Und dieses Ding habe ich gesehen! Wie soll ich es beschreiben? Ein monströses Stativ, höher als viele Häuser, das über die jungen Kiefern hinwegschreitet und sie dabei zur Seite fegt, eine wandelnde Maschine aus glitzerndem Metall, die nun durchs Heidekraut stapft, Gelenkarme aus Stahl hängen daran, und die Wucht seiner Trampelschritte mischt sich in den Lärm des Donners. Ein Blitz, und es war deutlich zu erkennen, wie es mit zwei Beinen in der Luft über einen Weg setzte, um zu verschwinden und praktisch unmittelbar darauf mit dem nächsten Blitz hundert Meter näher wieder sichtbar zu werden. Können Sie sich einen Melkschemel vorstellen, der schwankt und heftig über die Erde hinwegtaumelt? Das war der Eindruck, der sich durch diese Blitze vermittelte. Nur dass Sie sich anstelle eines Melkschemels eine sehr große Apparatur auf einem dreibeinigen Gestell denken müssen.

Da teilten sich plötzlich die Bäume des Fichtenwaldes vor mir, so wie sich sprödes Schilfrohr teilt, durch das sich einer seinen Weg bahnt; sie knickten ab und stürzten zu Boden, und ein zweites riesiges Stativ erschien, das geradewegs auf mich zuzueilen schien. Und ich fuhr noch direkt darauf zu! Beim Anblick des zweiten Monstrums verlor ich die Beherrschung. Ich überlegte nicht lang und riss den Kopf des Pferdes heftig nach rechts, und im nächsten Moment lag der Wagen auf der Seite mit dem Pferd unter sich; die Deichsel brach mit lautem Knacken, ich wurde herausgeschleudert und schlug in einem flachen Tümpel hart auf.

Ich kroch sofort wieder hinaus und kauerte mich, noch mit den Füßen im Wasser, unter einen Ginsterbusch. Das Pferd lag regungslos da (das arme Tier hatte sich den Hals gebrochen!), und im Licht der Blitze sah ich die schwarze Masse des umgestürzten Wagens und die Silhouette des sich noch immer langsam drehenden Rades. Im nächsten Moment stelzte die gigantische Apparatur an mir vorbei und lief hügelan in Richtung Pyrford.

Von Nahem sah das Ding äußerst seltsam aus, denn es war keineswegs ein unsinniger Mechanismus, der dort entlangging. Eine Maschine war es wohl, mit metallisch hallendem Schritt und langen, gelenkigen, funkelnden Tentakeln (deren eine sich eine junge Fichte packte), die klappernd um seinen befremdlichen Korpus schlenkerten. Beim Voranschreiten hinterließ es Löcher in der Straße, und die metallene Kanzel obendrauf drehte sich hin und her und ließ unwillkürlich an einen um sich blickenden Kopf denken. Hinter dem Hauptkorpus hing wie ein großes Fischernetz eine riesige weißmetallische Masse, und während das Monstrum an mir vorbeifegte, schoss grüner Rauch aus den Gelenken seiner Glieder. Unversehens war es fort.

So viel erkannte ich damals, und alles nur vage inmitten blendender Blitze und tiefschwarzer Schatten.

Während es vorüberging, gab es einen ohrenbetäubenden, den Donner übertönenden Jubelschrei von sich – »Aluu!

Aluu!« –, kurz darauf beugte es sich gemeinsam mit seinem Gefährten in einer halben Meile Entfernung über etwas auf der Wiese. Ohne Zweifel war dieses Objekt auf der Wiese der dritte der zehn Zylinder, die sie vom Mars zu uns abgeschossen hatten.

Einige Minuten lang lag ich in der Regennacht da und beobachtete im sporadischen Licht diese monströsen Metallwesen weit hinten jenseits der Hecken bei ihrem Treiben. Leichter Hagel setzte nun ein, und ihre Konturen waren wechselweise grau-verschwommen und dann wieder in hellem Schein zu erkennen. Hier und da setzten die Blitze länger aus, dann schluckte die Nacht sie ganz.

Ich war klitschnass durch den Hagel von oben und den Tümpel unter mir. Es dauerte einige Zeit, bis sich meine verblüffte Erstarrung löste und es mir möglich war, mich die Böschung hinauf in eine trockenere Position emporzukämpfen und überhaupt einmal an die für mich so bedrohliche Gefahr zu denken.

Ganz in meiner Nähe stand die von einem Kartoffelgarten umgebene kleine Holzhütte eines Ansiedlers. Ich kämpfte mich endlich auf die Beine und lief auf diese Hütte zu, wobei ich mich duckte und jeden Schlupfwinkel nutzte. Ich hämmerte an die Tür, doch niemand reagierte darauf (wenn denn überhaupt jemand drin war). Bald ließ ich davon ab, und indem ich mir den größten Teil der Strecke über einen Graben zunutze machte, gelang es mir, bis zum Kiefernwald bei Maybury zu kriechen, ohne dass mich die monströsen Maschinen bemerkten.

Im Schutz des Waldes kam ich, nass und nunmehr fröstelnd, zügig voran auf dem Weg zu meinem Haus. Inmitten der Bäume versuchte ich den Fußpfad zu finden. Es war überaus finster im Wald, denn es blitzte jetzt nur noch seltener, und der sintflutartige Hagel fiel in Säulen durch die Lücken im dichten Laub.

Hätte ich all das Gesehene in seiner Bedeutung voll erfasst, so hätte ich mich wohl umgehend über Byfleet in Richtung

Street Cobham aufgemacht, um letztlich nach Leatherhead und somit zu meiner Frau zu gelangen. Doch in dieser Nacht hinderten mich all die Abstrusitäten sowie mein geschwächter Körper daran, denn ich war zerschlagen, erschöpft, durchnässt und vom Unwetter betäubt und geblendet.

Irgendwie wollte ich zu meinem Haus, dieser Gedanke und nichts sonst trieb mich an. Ich stolperte zwischen den Bäumen entlang, fiel in einen Graben und knallte mit den Knien gegen ein Brett, doch schließlich schlidderte ich auf die Straße, die vom Gasthaus »College Arms« hinunterführt. Ich sage ›schlidderte‹, denn das Wasser des Unwetters schwemmte den Sand als Schlammlawine den Hügel hinab. Dort in der Finsternis kollidierte ich mit einem Mann und geriet ins Taumeln.

Entsetzt schrie er auf, sprang zur Seite und rannte fort, bevor ich meine fünf Sinne soweit beisammen hatte, das Wort an ihn richten zu können. Der Sturm wütete gerade an dieser Stelle derart heftig, dass ich es nur mit größter Mühe den Hügel hinauf schaffte. Ich ging dicht am Zaun zu meiner Linken und kämpfte mich an seinen Pfählen voran.

Fast oben angelangt, stolperte ich über etwas Weiches und im Lichtschein eines Blitzes sah ich ein Bündel in schwarzem Tuch und ein Paar Stiefel vor meinen Füßen. Ich hatte mir noch gar keinen rechten Eindruck von dem Mann verschaffen können, da war das Licht bereits wieder erloschen. Ich stand vor ihm da und wartete auf den nächsten Blitz. Als er kam, sah ich, dass der Mann korpulent war und einfach, aber nicht ärmlich gekleidet; sein Kopf war unter seinem Körper verborgen, er lag zusammengekrümmt dicht am Zaun, als sei er mit Wucht dagegen geschleudert worden.

Ich überwand den Widerwillen, der bei jedem Menschen besteht, der noch nie eine Leiche angefasst hat, bückte mich, drehte ihn um und befühlte sein Herz. Eindeutig, er war tot. Er musste sich das Genick gebrochen haben. Ein dritter Blitz zuckte auf, und ich erkannte das Gesicht des Mannes. Ich sprang auf. Es war der Gastwirt des »Spotted Dog«, dessen Fahrzeug ich benutzt hatte.

Ich stieg behutsam über ihn weg und rannte weiter den Hügel hinan. An der Polizeiwache und dem »College Arms« vorbei gelangte ich zu meinem Haus. Am Hang brannte nichts, von der Weide her jedoch sah man einen roten Schein und wirbelnde Schwaden rötlichen Rauchs kämpften gegen die Hagelflut an. Soweit ich es im Schein der Blitze erkennen konnte, waren die benachbarten Häuser im Wesentlichen unversehrt. Beim »College Arms« lag ein dunkles Bündel auf der Straße.

Die Straße runter aus Richtung der Maybury Bridge hörte ich Stimmen und Fußgetrappel, aber ich hatte nicht den Mut zu rufen oder hinzugehen. Ich schloss meine Tür auf, trat ein, verschloss und verriegelte sie wieder, tastete mich zum Treppenaufgang vor und setzte mich hin. Vor meinem inneren Auge sah ich die dahinstaksenden Metallmonstren und den Leichnam, der gegen den Zaun geschleudert worden war.

Mit dem Rücken zur Wand hockte ich mich an den Fuß der Treppe und zitterte heftig.

II
Am Fenster

Ich sagte bereits, dass sich meine Gefühlsattacken irgendwie von selbst erschöpfen. Nach einer Weile fiel mir auf, dass ich kalt und nass war und sich um mich herum kleine Pfützen auf dem Treppenläufer gebildet hatten. Ich erhob mich fast mechanisch, ging ins Esszimmer und trank einen Schluck Whisky, dann machte ich mich daran, die Kleidung zu wechseln.

Anschließend ging ich hinauf in mein Arbeitszimmer, warum, weiß ich nicht. Von seinem Fenster aus sieht man über

Bäume und die Eisenbahnlinie hinweg zur Horsell-Weide. In der Eile unseres Aufbruchs hatten wir vergessen, dieses Fenster zu schließen. Der Flur war dunkel, und im Kontrast zu dem vom Fensterrahmen eingefassten Bild wirkte das Zimmer selbst undurchdringlich finster. Auf der Türschwelle blieb ich kurz stehen.

Das Gewitter war vorbei. Die Türme des Oriental College und die sie umgebenden Kiefern standen nicht mehr, und ganz weit hinten war im grellroten Licht die Weide bei den Sandgruben erkennbar. Riesige schwarze Gestalten, grotesk und unheimlich, liefen in seinem Schein geschäftig hin und her.

Es wirkte in der Tat so, als stünde in dieser Richtung das gesamte Land in Flammen – ein breiter Abhang war übersät mit kleinen Feuerzungen, die im Wind des abflauenden Sturms wankten und flatterten und einen roten Widerschein auf die am Himmel vorüberziehenden Wolken warfen. Zuweilen trieb der Rauchschleier eines Brandherds in der Nähe am Fenster vorbei und verbarg die Umrisse der Marsianer. Ich konnte nicht sehen, was sie taten, konnte ihre Formen nicht deutlich ausmachen und auch nicht die schwarzen Objekte erkennen, denen sie sich so geschäftig widmeten. Und auch das Feuer in der Nähe konnte ich nicht sehen, obwohl sein Widerschein an Wand und Decke des Arbeitszimmers tanzte. Ein penetranter harziger Brandgeruch hing in der Luft.

Lautlos schloss ich die Tür und ging sehr langsam aufs Fenster zu. Dabei weitete sich der Ausblick, bis er auf der einen Seite die Häuser am Bahnhof von Woking erkennen ließ und auf der anderen die schwarzverkohlten Kiefern von Byfleet. Da war ein Licht am Fuß des Hügels bei der Eisenbahn, nahe dem Viadukt, und etliche Häuser entlang der Maybury Road und den Straßen in Bahnhofsnähe waren ausgebrannte Ruinen. Das Licht an der Bahnlinie irritierte mich zunächst; ich sah eine schwarze Masse und rechts davon eine Reihe länglicher gelber Rechtecke. Dann erkannte ich, dass es ein zerstörter Zug war, dessen vorderer Teil geborsten war und brannte, während die Wagen weiter hinten noch auf dem Gleis standen.

Zwischen diesen drei zentralen Brandherden – den Häusern, der Eisenbahn und dem brennenden Land bei Chobham – gab es verschieden große Abschnitte dunklen Geländes, in denen es hier und da schwach glomm und rauchte. Es war ein höchst befremdlicher Anblick, diese schwarze Fläche voller Brandstellen. Sie ließ mich an die Töpferindustrie-Region bei Nacht denken. Zunächst konnte ich keinerlei Menschen erkennen, obwohl ich gezielt nach ihnen Ausschau hielt. Später sah ich im Licht am Bahnhof Woking eine Reihe schwarzer Gestalten einen nach dem anderen über das Gleis laufen.

Und das war die kleine Welt, in der ich jahrelang so geborgen gelebt hatte, dieses Flammeninferno! Was hier in den vergangenen sieben Stunden geschehen war, wusste ich noch immer nicht, und obwohl es mir langsam dämmerte, blieb mir auch der Zusammenhang zwischen diesen mechanischen Kolossen und den ihrem Zylinder entsteigenden trägen Massen verschlossen. Mit einem sonderbaren Gefühl persönlichen Unbeteiligtseins rückte ich meinen Schreibtisch ans Fenster, setzte mich und blickte auf die in Schwarz getauchte Landschaft und insbesondere hinüber zu den drei gewaltigen schwarzen Objekten, die im Lichtschein bei den Sandgruben umherliefen.

Sie wirkten überaus beschäftigt. Ich begann mich zu fragen, was sie wohl sein konnten. Waren sie verständige Mechanismen? Dass es derlei geben sollte, schien mir unmöglich. Oder befand sich in ihnen jeweils ein Marsianer, der es beherrschte, steuerte, gebrauchte, etwa so wie sich das Gehirn im Menschen befindet und über ihn gebietet? Ich begann, diese Objekte mit menschlichen Maschinen zu vergleichen, fragte mich zum ersten Mal in meinem Leben, welchen Eindruck Kriegsschiffe oder Dampfloks wohl auf ein intelligentes niederes Tier machten.

Nach dem Sturm war der Himmel klar und über dem Rauch des brennenden Landes sank der matte kleine Stecknadelkopf des Mars westwärts, als ein Soldat in meinen Garten trat. Vom Zaun her hörte ich ein leises Kratzen, und da erhob ich mich aus der Lethargie, in die ich versunken war, blickte hinunter und sah undeutlich, wie er über die Latten stieg. Beim Anblick eines anderen menschlichen Wesens fiel die Trägheit von mir ab, und ich lehnte mich erwartungsvoll aus dem Fenster.

»Pst!«, machte ich leise.

Unschlüssig verharrte er rittlings auf dem Zaun. Dann stieg er ab und kam quer über den Rasen an die Hausecke. Er ging gebeugt und mit behutsamen Schritten.

»Wer ist da?«, sagte er, ebenfalls leise. Er stand unter dem Fenster und blickte forschend herauf.

»Wo gehen Sie hin?«, fragte ich.

»Hab' keinen Schimmer.«

»Suchen Sie ein Versteck?«

»Genau.«

»Kommen Sie rein«, sagte ich.

Ich ging hinunter, entriegelte die Tür, ließ ihn ins Haus und schloss die Tür wieder ab. Sein Gesicht konnte ich nicht erkennen. Er trug keinen Hut, seine Jacke war nicht zugeknöpft.

»Mein Gott!«, sagte er, als er mir folgte.

»Was ist passiert?«, fragte ich.

»Was ist nicht passiert?« Selbst in der Dunkelheit erkannte ich seine Geste der Verzweiflung. »Ausradiert haben sie uns – einfach ausradiert«, wiederholte er immer wieder.

Er ging fast mechanisch hinter mir her ins Esszimmer.

»Nehmen Sie einen Schluck Whisky«, sagte ich und schenkte ihm ordentlich ein.

Er trank. Dann setzte er sich mit einem Mal an den Tisch, legte seinen Kopf auf die Arme und begann in einem heftigen Gefühlsausbruch wie ein kleiner Junge zu heulen und zu schluchzen. Ohne mir meiner eigenen, erst eben empfundenen Verzweiflung bewusst zu sein, stand ich neben ihm und staunte.

Es dauerte eine Weile, bis er sich wieder so weit im Griff hatte, dass er auf meine Fragen reagieren konnte, und dann antwortete er wirr und stockend. Er war Kutscher bei der Artillerie und erst gegen sieben eingesetzt worden. Zu diesem Zeitpunkt wurde auf der Weide bereits geschossen, und im Schutz eines Metallschildes soll der erste Trupp Marsianer im Kriechgang auf dem Weg zum zweiten Zylinder gewesen sein.

Später lief dieser Schild auf drei Stelzenbeinen und wurde zur ersten der drei Kampfmaschinen, die ich gesehen hatte. Das Geschütz, das der Mann fuhr, wurde nahe Horsell gefechtsbereit gemacht mit dem Befehl, die Sandgruben zu kontrollieren, und dessen Eintreffen löste letztlich die Kampfhandlung aus. Als sich die Kanoniere zur Nachhut begaben, trat sein Pferd in ein Kaninchenloch, stürzte und schleuderte ihn in eine Bodenmulde. Im selben Moment zündete das Geschütz hinter ihm, die Munition explodierte, überall um ihn herum brannte es, und er lag kurz darauf unter einem Haufen verkohlter Leichen und toter Pferde.

»Ich habe mich nicht gerührt«, sagte er, »von Sinnen vor Angst, mit dem Vorderleib eines Pferdes auf mir. Wir wurden ausradiert. Und dann der Gestank – mein Gott! Wie nach verbranntem Fleisch! Ich war am Rücken verletzt vom Sturz des Pferdes und musste daliegen, bis es mir wieder besser ging. Kurz zuvor war's noch wie auf einer Parade – und dann zack, rums, zisch! – Ausradiert!«, sagte er.

Lange lag er unter dem toten Pferd verborgen und warf verstohlene Blicke über die Weide. Die Cardigan-Männer hatten in Plänkeltaktik die Grube zu attackieren versucht und wurden einfach weggemäht. Dann hatte sich das Monstrum aufgestellt und begann inmitten der paar Flüchtenden auf der Weide hin und her zu gehen, wobei es seine kopfartige Kanzel genau wie ein Mensch mit Kappe auf dem Kopf drehte. Eine Art Arm hielt einen vertrackten Metallkasten, der grüne Funken sprühte und aus dessen Trichter der Hitzestrahl schoss.

Nach wenigen Minuten war, soweit der Soldat erkennen konnte, niemand mehr auf der Weide am Leben, und es brannte jeder Busch und Baum, der nicht zuvor bereits ein schwarzes Gerippe gewesen war. Hinter der Bodenerhebung hatte die Kavallerie gestanden, er sah nichts von ihr. Er hörte eine Zeit lang die Maxim-Geschütze rattern und dann verstummen. Den Bahnhof von Woking samt der Häusergruppe drum herum hatte sich der Riese bis zum Schluss aufgehoben; und nun kam erneut der Hitzestrahl zum Einsatz, und der Ort wurde zu einer Ansammlung brennender Ruinen. Dann stellte das Ding den Hitzestrahl ab, drehte sich von dem Artilleristen weg und wankte davon durch den schwelenden Kiefernwald, in dem sich der zweite Zylinder befand. In diesem Moment erhob sich ein zweiter funkelnder Titan aus der Grube.

Das zweite Monstrum folgte dem ersten, woraufhin der Artillerist sehr vorsichtig durch die glühende Asche des Heidekrauts Richtung Horsell zu kriechen begann. Er schaffte es lebend bis zum Straßengraben und entkam so nach Woking. Seinen Bericht konnte er jetzt nur noch hervorstammeln. Der Ort war unpassierbar. Dort schienen nur noch wenige Menschen am Leben zu sein, die meisten wahnsinnig, viele mit Brandwunden und Verbrühungen. Er machte einen Bogen um das Feuer und verbarg sich unter den sengend heißen Trümmern einer eingestürzten Wand, als einer der Marsianer-Riesen zurückkehrte. Er sah, wie dieser einen Mann verfolgte, ihn mit einer seiner stählernen Tentakel packte und seinen Kopf gegen den Stamm einer Kiefer schmetterte. Nach Einbruch der Nacht schließlich brach der Artillerist eilends zum Bahndamm auf und gelangte hinüber.

Seither hatte er sich weiter nach Maybury vorgeschlichen in der Hoffnung, näher nach London zu gelangen und damit außer

Gefahr. Die Leute versteckten sich in Gräben und Kellern, und viele Überlebende waren Richtung Woking und Send aufgebrochen. Der Mann war fast am Verdursten, als er nahe der Eisenbahnbrücke eine demolierte Wasserleitung fand, aus der das Wasser wie aus einer Quelle auf die Straße sprudelte.

Das war der Bericht, den ich stückchenweise aus ihm herausbekam. Während er erzählte und mir das Gesehene vor Augen zu führen versuchte, wurde er ruhiger. Er habe seit Mittag nichts mehr gegessen, sagte er mir gleich zu Beginn. Ich fand etwas Hammelfleisch und Brot in der Vorratskammer und brachte es ihm. Aus Angst, die Marsianer auf uns aufmerksam zu machen, entzündeten wir kein Licht, und immer wieder kamen sich unsere Hände beim Griff nach Brot oder Fleisch ins Gehege. Während er sprach, gewannen die Dinge in der Dunkelheit um uns herum an Kontur, und draußen waren die zertrampelten Büsche und Rosenstöcke zu erkennen. Es sah aus, als wären etliche Menschen oder Tiere über den Rasen gestürmt. Ich begann sein Gesicht zu erkennen, es war verdreckt und erschöpft, wie meins zweifellos auch.

Nach dem Essen gingen wir leise die Treppe hinauf in mein Arbeitszimmer und blickten wieder aus dem Fenster. Eine Nacht hatte genügt, das gesamte Tal in Asche zu legen. Die Feuer hatten sich gelegt. Wo Flammen gewesen waren, stieg nun Rauch auf; doch auf die zahllosen Ruinen zerstörter Häuser und die schwarzverkohlten Baumstümpfe, die die Nacht verhüllt hatte, schien nun trist und schrecklich das unbarmherzige Licht der Morgendämmerung. Manches war seinem Schicksal entronnen – ein weißes Eisenbahnsignal hier, das Ende eines Gewächshauses dort, weiß und intakt inmitten der Trümmer. Nie zuvor in der Geschichte der Kriegsführung hatte es eine so wahllose und allumfassende Zerstörungswut gegeben. Und vom zunehmenden Licht aus Osten beschienen, umstanden drei der metallenen Riesen die Grube, und ihre

Kanzeln drehten sich, als besähen sie sich die von ihnen angerichtete Verwüstung.

Ich hatte den Eindruck, dass die Grube vergrößert worden war, und immer wieder stieg grellgrüner Dampf aus ihr empor in den sich aufhellenden Morgenhimmel – stieg empor, wirbelte herum, zerstreute sich und verschwand.

Weiter hinten sah man die Feuersäulen von Chobham. Bei Tagesanbruch wurden sie zu Säulen blutig roten Rauchs.

12
Was ich von der Zerstörung von Weybridge und Shepperton sah

Als es zunehmend heller wurde, verließen wir das Fenster, von dem aus wir die Marsianer gesehen hatten, und gingen sehr leise wieder hinunter.

Der Artillerist meinte wie ich, dass es nicht geraten war, hier im Haus zu bleiben. Er, so sagte er, wolle sich nach London durchschlagen und wieder seinem Bataillon anschließen, Nr. 12 der Berittenen Artillerie. Mein Plan sah vor, sofort nach Leatherhead zurückzukehren. Und da mich die Stärke der Marsianer so sehr beeindruckt hatte, war ich fest entschlossen, mit meiner Frau nach Newhaven zu gehen und das Land unverzüglich zu verlassen. Denn mir war längst bewusst, dass das Umland von London unweigerlich zum Schauplatz verheerender Kämpfe werden müsse, ehe Kreaturen wie diese vernichtet werden konnten.

Nun lag aber zwischen uns und Leatherhead der dritte Zylinder mit seinen wachsamen Riesen. Wäre ich ledig, so hätte ich wohl einfach das Risiko auf mich genommen und wäre über Land losmarschiert. Doch der Artillerist brachte mich davon ab: »Seiner geschätzten Ehefrau tut man keinen Gefallen damit«, sagte er, »sie zur Witwe zu machen.« Am Ende war ich einverstanden, mit ihm zu gehen, im Schutz der Wälder nach Norden bis Street Cobham, wo wir uns trennen würden. Von dort wollte ich dann mit einem großen Umweg über Epsom weiter nach Leatherhead.

Ich wäre sofort aufgebrochen, doch mein Gefährte war einsatzerfahren und wusste es besser. Er ließ mich das Haus nach einer Feldflasche absuchen, die er mit Whisky füllte; außerdem stopften wir uns Kekspackungen und Fleischstückchen in sämtliche Taschen. Dann schlichen wir aus dem Haus und rannten so schnell es ging die schlechtgebaute Straße hinab, über die ich in der Nacht zuvor gekommen war. Die Häuser wirkten verlassen. Auf der Straße lagen dicht nebeneinander die verkohlten Leichen dreier vom Hitzestrahl getöteter Menschen. Da und dort waren aus der Hand gefallene Dinge verstreut – eine Uhr, ein Pantoffel, ein Silberlöffel und andere kleine Schätze. An der Ecke, von der aus es zum Postamt ging, lag ein mit Koffern und Möbeln beladener Karren ohne Pferd seitlich auf einem zerbrochenen Rad. Jemand hatte hastig eine Geldkassette aufgebrochen und sie unter die Trümmer geworfen.

Bis auf die Pförtnerloge des Waisenhauses, die noch immer brannte, waren die Häuser hier nicht sehr in Mitleidenschaft gezogen. Der Hitzestrahl hatte die Schornsteine abrasiert und war weitergezogen. Und doch schien es außer uns keine lebende Seele auf Maybury Hill zu geben. Der Großteil der Einwohner war, wie ich annahm, über die Straße nach Old Woking geflüchtet – die Straße, auf der ich nach Leatherhead gefahren war – oder hielten sich versteckt.

Wir gingen den Feldweg hinab an der Leiche des Mannes in Schwarz vorbei, die vom nächtlichen Hagel völlig durchnässt war, und traten am Fuß des Hügels in den Wald. Dort bahnten wir uns den Weg bis zur Eisenbahn, ohne einer Seele zu begegnen. Der Wald jenseits der Bahnstrecke war nur noch eine Ansammlung verkohlter Baumstümpfe. Die Bäume waren überwiegend umgestürzt, doch eine gewisse Anzahl stand noch aufrecht da, trostlose graue Stämme mit dunkelbraunen statt grünen Nadeln.

Auf unserer Seite hatte das Feuer nur die Bäume am Rand versengt, sie aber nicht ins Wanken bringen können. An einer Stelle hatten die Forstarbeiter noch am Samstag gearbeitet; gefällte und frisch zugesägte Stämme lagen auf einer Lichtung samt Haufen von Sägespänen neben der Sägemaschine und ihrem Motor. Direkt daneben lag eine provisorische Hütte verlassen da. An diesem Morgen wehte kein Lüftchen, und alles war auffällig still. Selbst die Vögel waren verstummt, und während wir voraneilten, sprachen der Artillerist und ich nur im Flüsterton und warfen immer wieder einen Blick über die Schulter zurück. Ein-, zweimal hielten wir an, um zu lauschen.

Nach einer Weile näherten wir uns der Straße, und bald hörten wir Hufgeklapper und sahen zwischen den Baumstämmen drei Kavalleriesoldaten langsam auf Woking zureiten. Wir riefen ihnen nach, und sie machten Halt, während wir auf sie zueilten. Es waren ein Leutnant und einfache Soldaten vom 8. Husaren-Regiment. Sie hatten ein Stativ dabei, das wie ein Theodolit aussah, aber ein Heliograph war, wie mir der Artillerist erklärte.

»Sie sind die ersten Menschen, die ich heute Morgen aus dieser Richtung kommen sehe«, sagte der Leutnant. »Was geht hier vor?«

Stimme und Miene waren voller Erwartung. Die Männer hinter ihm guckten neugierig. Der Artillerist sprang die Böschung hinab auf die Straße und salutierte.

»Geschütz gestern Nacht zerstört, Sir. Hab mich versteckt. Versuche wieder zum Bataillon zu stoßen, Sir. Schätze, dass Sie nach etwa einer halben Meile auf dieser Straße die Marsianer sichten werden.«

»Wie zum Teufel sehen die denn aus?«, fragte der Leutnant.

»Riesen in Rüstung, Sir. Dreißig Meter hoch. Drei Beine und ein Rumpf wie aus Aluminium, mächtig großer Kopf mit Deckel drauf, Sir.«

»Also bitte!«, sagte der Leutnant. »Was für ein ausgemachter Blödsinn!«

»Sie werden's ja sehen, Sir. Die haben so einen Kasten dabei, der Feuer speit und Sie totschießt.«

»Sie meinen – eine Pistole?«

»Nein, Sir«, sagte der Artillerist und beschrieb nun sehr anschaulich den Hitzestrahl. Mittendrin unterbrach ihn der Leutnant und sah zu mir hoch. Ich stand noch auf der Böschung neben der Straße.

»Haben Sie's auch gesehen?«, fragte der Leutnant.

»Alles vollkommen richtig«, sagte ich.

»Nun«, sagte der Leutnant, »dann ist es wohl geboten, dass ich mir das auch mal ansehe. Hören Sie« – zum Artilleristen –, »unser Auftrag hier ist, die Leute aus ihren Häusern zu holen. Und Sie gehen jetzt mal schön, melden sich bei Brigadegeneral Marvin und berichten ihm alles, was Sie wissen. Er ist in Weybridge. Sie finden hin?«

»Tu ich«, sagte ich, und er drehte sein Pferd wieder südwärts.

»Halbe Meile, sagten Sie?«, fragte er.

»Höchstens«, gab ich zur Antwort und wies über die Baumwipfel nach Süden. Er bedankte sich bei mir und ritt weiter. Wir haben die drei nie wieder gesehen.

Ein Stück weiter die Straße entlang stießen wir auf eine Gruppe von drei Frauen und zwei Kindern, die emsig die Hütte eines Arbeitsmannes ausräumten. Sie hatten sich einen kleinen Handwagen besorgt und beluden ihn mit schmutzigen Bündeln und abgenutztem Hausrat. Sie waren zu sehr in ihre Arbeit versunken, um uns anzusprechen, als wir vorüberkamen.

Am Bahnhof Byfleet traten wir aus dem Schutz der Kiefern und sahen das Land im Schein der Morgensonne still und friedvoll daliegen. Wir befanden uns hier weit jenseits der Reichweite des Hitzestrahls, und wäre da nicht die Totenstille in manchen Häusern gewesen und das von geschäftigem Zusammenpacken herrührende Rumpeln in anderen, außerdem das Grüppchen Soldaten, das auf der Bahnüberführung stand und auf das Gleis Richtung Woking starrte, so hätte man den Tag für einen ganz normalen Sonntag halten können.

Einige Bauernfuhrwerke und Karren knarzten über die Straße nach Addlestone, und mit einem Mal sahen wir durch ein Weidegatter weiter hinten auf einem Stückchen ebener Wiese sechs schwere Kanonen, die in gleichmäßigen Abständen aufgestellt und auf Woking gerichtet waren. Neben den Geschützen standen die Kanoniere in Bereitschaft, und nicht weit entfernt davon waren die Munitionswagen zur Hand. Die Männer standen da, als warteten sie auf Befehle.

»Sehr gut!«, sagte ich. »Einen tüchtigen Schuss kriegen sie auf jeden Fall ab.«

Der Artillerist zögerte am Gatter.

»Ich gehe mal lieber weiter«, sagte er.

Ein Stück Richtung Weybridge direkt bei der Brücke gruben etliche Männer in weißer Arbeitskleidung einen langen Schutzwall, hinter dem weitere Kanonen standen.

»Ein Kampf mit Pfeil und Bogen gegen Blitze ist das«, sagte der Artillerist. »Die haben den Feuerstrahl noch nicht gesehen.«

Offiziere, die sonst nichts zu tun hatten, standen da und blickten über die Baumwipfel nach Südwesten, und die grabenden Männer hielten ebenfalls ab und zu inne, um in dieselbe Richtung zu schauen.

Byfleet war in Aufruhr; die Leute packten, und ein Trupp Artilleristen trieb sie zur Eile an, einige zu Pferde, andere waren dazu abgestiegen. Neben weiteren Fahrzeugen wurden drei, vier schwarze Wagen der Regierung mit Kreuzen in weißem Kreis sowie ein alter Pferdeomnibus in der Dorfstraße beladen. Scharen von Menschen waren unterwegs, die meisten trugen, weil Sonntag, ihre besten Kleider. Die Soldaten hatten größte Mühe, ihnen den Ernst ihrer Lage begreiflich zu machen. Wir sahen einen runzligen alten Kerl mit einer großen Kiste und einem Dutzend oder mehr Blumentöpfen mit Orchideen, wie er an einem Korporal seinen Zorn darüber ausließ, dass er sie zurücklassen sollte. Ich blieb stehen und ergriff seinen Arm.

»Wissen Sie, was da drüben ist?«, sagte ich und wies auf die Kiefernspitzen, die die Marsianer verbargen.

»Hm?«, sagte er, zu mir gewandt. »Ich hab dem eben erklärt, was die für'n Wert haben.«

»Der Tod!«, schrie ich. »Der Tod kommt! Der Tod!« Mochte er damit anfangen, was er wollte, ich lief rasch dem Artilleristen hinterher. An der Ecke blickte ich zurück. Der Soldat war fort, der Mann stand noch immer mit seiner Kiste und den Orchideentöpfen oben drauf da und linste abwesend über die Bäume hinweg.

In Weybridge konnte uns niemand sagen, wo sich das Hauptquartier befand; im ganzen Ort herrschte ein Durcheinander, wie ich es noch in keiner Stadt je erlebt hatte. Wagen und Karren überall, das erstaunlichste Aufgebot an Transportmitteln und Gäulen. Die Herrschaften des Ortes, Männer in Golf- und Segelkleidung und ihre adretten Gattinnen, packten mit tatkräftiger Hilfe der Herumtreiber vom Fluss, die Kinder waren aufgedreht und überwiegend begeistert von dieser erstaunlichen Abweichung vom Sonntagstrott. Mittendrin hielt der würdige Gemeindepfarrer beherzt einen Frühgottesdienst; seine Glocke läutete in den Tumult hinein.

Ich und der Artillerist saßen auf der Stufe des Trinkbrunnens und bereiteten uns aus dem, was wir dabeihatten, eine passable Mahlzeit. Soldaten auf Patrouille – hier keine Artilleristen, sondern Grenadiere – mahnten die Leute, endlich fortzugehen oder sich unmittelbar nach Beginn des Beschusses in ihre Keller zu flüchten. Von der Bahnüberführung aus sahen wir, dass sich eine wachsende Schar Menschen im und um den Bahnhof ansammelte und sich Koffer und Pakete auf dem überfüllten Bahnsteig stapelten. Der normale Verkehr schien eingestellt, damit Truppen und Waffen Richtung Chertsey durchziehen konnten, und ich habe inzwischen erfahren, dass man sich um die Plätze in den später eingesetzten Sonderzügen heftige Kämpfe lieferte.

Wir blieben bis Mittag in Weybridge; um diese Zeit befanden wir uns nahe der Shepperton-Schleuse, wo die Wey in die Themse fließt. Eine Weile halfen wir zwei alten Frauen beim Beladen eines kleinen Wagens. Der Wey hat eine dreiarmige Mündung, an dieser Stelle kann man Boote mieten, außerdem geht hier eine Fähre über den Fluss. Gegenüber auf der Shepperton-Seite befand sich ein Gasthaus mit Rasenstück, dahinter erhob sich über den Bäumen der Turm der Kirche von Shepperton.

Hier stießen wir auf eine erregte und lärmende Ansammlung Geflüchteter. Bislang hatte die Flucht noch zu keiner Panik geführt, doch an dieser Stelle waren schon jetzt weit mehr Menschen, als all die hin und her fahrenden Boote übersetzen konnten. Unter schweren Lasten schnaufende Leute trafen ein, unter ihnen ein Ehepaar, das gemeinsam sogar eine kleine Gartentür trug, auf der sich ein Teil ihres Hausrats stapelte. Ein Mann sagte uns, er wolle vom Bahnhof Shepperton aus fortzukommen versuchen.

Es gab viel Geschrei, und jemand witzelte sogar herum. In der Vorstellung der Leute hier waren die Marsianer wohl einfach schreckliche Menschenwesen, die die Stadt angreifen und plündern konnten, um letztlich ganz gewiss zur Strecke gebracht zu werden. Ab und zu spähte man nervös über den Wey zu den Wiesen bei Chertsey, doch dort drüben blieb es ruhig.

Im starken Kontrast zur hiesigen, der Surrey-Seite, war jenseits der Themse alles friedlich, mit Ausnahme der Stelle, wo die Boote anlandeten. Die dort ausgestiegenen Leute marschierten den Feldweg entlang. Das große Fährboot hatte eben eine Fahrt absolviert. Drei, vier Soldaten standen auf dem Rasen des Gasthauses, schauten zu und warfen den Flüchtenden Scherzworte zu, ohne ihnen Hilfe anzubieten. Das Gasthaus hatte gemäß den gesetzlichen Öffnungszeiten geschlossen.

»Was war das?«, rief ein Flussschiffer, und »Ruhig, du Depp!«, sagte ein Mann neben mir zu einem aufjaulenden Hund. Dann war das Geräusch erneut zu hören, diesmal aus Richtung Chertsey, ein dumpfes Dröhnen – der Schlag einer Kanone.

Der Kampf begann. Fast unmittelbar darauf fielen unsichtbare Bataillone (unsichtbar wegen der Bäume) von uns aus gesehen rechts jenseits des Flusses in den Chor mit ein und schossen eine nach der anderen heftige Salven ab. Eine Frau kreischte. Angesichts des so nahen, wenn auch dem Auge entzogenen plötzlichen Kampfgeschehens hielt jedermann gebannt inne. Nichts war zu sehen außer flachen Wiesen, unbekümmert grasenden Kühen und silbrigen Kopfweiden, die reglos in der warmen Sonne standen.

»Die Soldaten werden sie aufhalten«, sagte eine Frau neben mir unschlüssig. Über den Baumwipfeln qualmte es leicht.

Dann sahen wir mit einem Mal eine Rauchwolke ein ganzes Stück den Fluss hinauf, einen Rauchschwall, der in den Himmel schoss und dort hängenblieb; schon vibrierte der Boden unter unseren Füßen, eine heftige Explosion ließ die Luft erzittern und zerschlug einige Fensterscheiben von Häusern nahebei. Wir standen verwundert umher.

»Da sind sie!«, schrie ein Mann in blauem Jersey. »Dort drüben! Sehn Sie's? Da drüben!«

Rasch hintereinander erschienen ein, zwei, drei, vier gepanzerte Marsianer weit entfernt über den kleinen Bäumen jenseits des sich nach Chertsey erstreckenden flachen Wiesengrundes und stapften eilig auf den Fluss zu. Zunächst wirkten sie wie behelmte Figürchen, die sich schnell wie fliegende Vögel voranwälzten.

Dann kam von der Seite ein fünfter auf uns zu. Ihre Panzerung funkelte in der Sonne, als sie auf die Geschütze zurasten und dabei rasch an Größe gewannen. Der von ganz links kam und noch am weitesten entfernt war, schwang einen riesigen Kasten durch die Luft, und der geisterhafte, entsetzliche Hitzestrahl, den ich bereits am Freitagabend gesehen hatte, wurde auf Chertsey gerichtet und traf die Stadt.

Beim Anblick dieser unerhörten, schnellen und furchtbaren Kreaturen wirkte die Menge am Flussufer einen Moment lang wie vor Entsetzen erstarrt. Kein Schrei oder Gekreisch war zu hören, alles blieb still. Dann ein misstönendes Geräusch und Fußgetrappel – Wasser spritzte auf. Ein Mann, der vor lauter Schreck nicht an den Reisesack auf seinen Schultern dachte, fuhr herum und versetzte mir mit der Kante seiner Last einen heftigen Stoß. Eine Frau schubste mich fort und rannte an mir vorbei. Ich folgte dem Fluchttrieb der Leute, vergaß bei aller Angst jedoch nicht das Denken. Der grässliche Hitzestrahl trieb mich um. Unter Wasser müsste man sein! Das war die Lösung!

»Geht unter Wasser!«, schrie ich, unbeachtet.

Ich kehrte wieder um und lief dem herankommenden Marsianer entgegen, lief ohne Umschweife das kiesige Uferstück hinab und stürzte mich Hals über Kopf ins Wasser. Andere taten es mir nach. Als ich an einem voll besetzten Boot vorbeigerannt kam, sprangen die Leute darin heraus. Die Steine unter meinen Füßen waren verschlammt und glitschig, und der Fluss war so seicht, dass mir das Wasser auch einige Meter weiter kaum bis zur Hüfte reichte. Und als der Marsianer nur noch wenige hundert Meter entfernt vor mir aufragte, warf ich mich hinein und tauchte ab. Das Aufklatschen der aus den Booten in den Fluss springenden Leute klang jedes Mal wie Donnerschlag in meinen Ohren. An beiden Ufern stiegen Leute eilig an Land.

Doch die Marsmaschine nahm von den da- und dorthin Flüchtenden zunächst so wenig Notiz wie etwa ein Mensch vom Getümmel in einem Ameisenhaufen, in den er hineingetreten war. Als mir die Luft ausging und ich meinen Kopf aus dem Wasser streckte, hatte sie ihre Kanzel auf die Bataillone gerichtet, die sie noch immer über den Fluss hinweg beschossen, und im Näherkommen schwang sie jenes Ding durch die Luft, das den Hitzestrahl erzeugen musste.

Unversehens stand sie am Ufer und schon mit dem nächsten Schritt mitten in ihm. Erst erreichten die Knie der beiden vorderen Beine das andere Ufer, und im nächsten Moment hatte sie sich, dicht vor Shepperton, wieder zu voller Größe erhoben. Sofort begannen die sechs Geschütze, die, was niemand am rechten Ufer wusste, hinter der äußeren Häusergrenze dieses Ortes versteckt lagen, gleichzeitig zu schießen. Das so plötzliche intensive Trommelfeuer in meiner Nähe verursachte mir Herzrasen. Das Monstrum hob eben den Kasten zur Erzeugung des Hitzestrahls, als die erste Granate sechs Meter über der Kanzel detonierte.

Ich schrie auf vor Erstaunen. Von den anderen vier Marsmonstren sah ich nichts, ich war mir ihrer auch gar nicht bewusst; meine Aufmerksamkeit galt einzig dem Geschehen direkt vor mir. Zwei weitere Granaten detonierten gleichzeitig in der Luft dicht neben dem Korpus, während sich die Kanzel gerade so drehte, dass sie die vierte Granate abbekam, ohne ihr ausweichen zu können.

Die Granate explodierte mitten im Gesicht des Dings. Die Kanzel wölbte sich, flammte auf und zerbarst zu lauter Fetzen roten Fleisches und funkelnden Metalls.

»Getroffen!«, rief ich in einer Mischung aus Aufschrei und Jubel.

Ich hörte Leute im Wasser um mich her mit Rufen darauf antworten. Im Moment dieses Triumphgefühls hätte ich aus dem Wasser springen mögen.

Der enthauptete Koloss taumelte wie ein betrunkener Riese, doch er stürzte nicht. Wie durch ein Wunder fand er sein Gleichgewicht wieder. Er schritt energisch aus und wankte nun mit hoch erhobenem Hitzestrahlkasten rasch auf Shepperton zu. Die lebende Intelligenz, der Marsianer im Innern der Kanzel, war getötet und in alle vier Winde zerstoben, das Ding war jetzt nichts mehr als ein komplexer Metallmechanismus auf Zerstörungskurs. In gerader Linie ging es ungelenkt seinen Weg. Es kollidierte mit dem Kirchturm von Shepperton, brachte ihn zum Einsturz ganz wie durch Einwirkung eines Rammbocks, wich seitlich aus, tappte weiter und stürzte mit ungeheurer Wucht außerhalb meines Sichtfelds in den Fluss.

Eine heftige Explosion erschütterte die Luft, und eine Wasserfontäne, Dampf, Schlamm und Metalltrümmer schossen himmelwärts. Als der Hitzestrahlkasten ins Wasser fiel, dampfte dieses sofort mächtig auf. Im nächsten Moment wälzte sich eine gewaltige Woge wie eine schlammige Flutwelle, nur kochend heiß, flussaufwärts um die Biegung. Ich sah, wie Leute sich ans Ufer kämpften, und hörte durch das Brodeln und Tosen, das mit dem Kollaps des Marsianers einherging, schwach ihr Schreien und Geheul.

Im ersten Augenblick beachtete ich die Hitze nicht, vergaß völlig das Gebot der Selbsterhaltung. Ich watete durch das bewegte Wasser und stieß dabei einen Mann in schwarzer Kleidung zur Seite, bis ich um die Flussbiegung sehen konnte. Ein halbes Dutzend verlassener Boote trieb ziellos auf den turbulenten Wellen umher. Den umgestürzten Marsianer sah ich weiter stromabwärts, er lag quer über dem Fluss und größtenteils unter Wasser.

Schwere Dampfwolken stiegen aus dem Trümmerhaufen empor; durch ihr wildes Gekräusel konnte ich lückenhaft und vage sehen, wie die gewaltigen Glieder aufs Wasser schlugen und dabei Schlammspritzer und Gischt in die Luft wirbelten.

Die Tentakel fuchtelten und hieben wie richtige Arme, und von der hilflosen Vergeblichkeit dieser Bewegungen abgesehen war es, als kämpfe ein verwundetes Wesen inmitten der Wellen um sein Leben. Enorme Mengen einer rötlichbraunen Flüssigkeit schossen laut zischend aus der Maschine hervor.

Ein wütendes Geheul wie das der Sirenen in unseren Fabrikstädten lenkte meine Aufmerksamkeit von diesem Todeszucken fort. Ein Mann, der neben dem Treidelpfad knietief im Wasser stand, rief mir etwas zu, das ich nicht hören konnte, und wies mit dem Finger auf etwas. Ich blickte zurück und sah, wie sich aus Richtung Chertsey am Ufer entlang die anderen Marsianer in Riesenschritten näherten. Die Geschütze von Shepperton sprachen diesmal vergeblich.

Daraufhin tauchte ich sofort unter. Ich hielt die Luft an, bis jede Bewegung schier unerträglich wurde, und quälte mich unter dem Wasserspiegel voran, solange ich konnte. Das Wasser über mir war aufgewühlt und wurde sehr rasch immer heißer.

Als ich meinen Kopf kurz aus dem Wasser hob, um Luft zu holen und die Augen von Haaren und Wasser zu befreien, stieg der Dampf als wirbelnder weißer Nebel auf, der die Marsianer zunächst gänzlich verdeckte. Der Lärm war ohrenbetäubend. Dann sah ich sie schemenhaft, riesige graue Gestalten, die im Dunst noch größer wirkten. Sie waren an mir vorbeigegangen, und zwei beugten sich eben über die schäumenden, um sich schlagenden Trümmer ihres Kameraden.

Nummer drei und vier standen neben ihm im Wasser, einer um die zweihundert Meter von mir entfernt, der andere in Richtung Laleham. Sie schwangen die Hitzestrahlgeräte hoch durch die Luft, deren zischende Strahlen da und dort auftrafen.

Die Luft war voller Lärm, laut dröhnend und verworren tobte ein Wettstreit der Geräusche – das laute Scheppern der Marsianer, das Rumpeln einstürzender Häuser, das Aufschlagen brennender Bäume, Zäune und Scheunen und das Prasseln und

Tosen der Flammen. Dichter schwarzer Rauch stieg auf und vermengte sich mit dem Dampf vom Fluss. Der Hitzestrahl wütete über Weybridge, und wo er einschlug, sah man weißglühende Blitze und sofort darauf einen rauchigen Tanz greller Flammen. Die Häuser in direkter Nähe waren noch unversehrt und harrten ihres Schicksals, düster, trist und fahl inmitten des Qualms, während hinter ihnen das Feuer sein Werk verrichtete.

Eine unbestimmte Weile stand ich bis zur Brust im nahezu kochenden Wasser da, entgeistert angesichts meiner Lage und ohne Hoffnung, ihr zu entrinnen. Durch den Rauch erkannte ich die Leute, die mit mir im Fluss gewesen waren und nun durch das Schilfgras aus dem Wasser krochen, so wie kleine Frösche vor sich nähernden Menschen durchs Gras eilen, oder zutiefst entsetzt auf dem Treidelpfad hin und her rannten.

Plötzlich schossen die weißen Blitze des Hitzestrahls bis zu mir vor. Auf seine Berührung hin brachen die Häuser zusammen und flammten auf; mit lautem Getöse wurden Bäume zu Fackeln. Der Strahl blitzte den Treidelpfad entlang und vertilgte die dort umherrennenden Menschen, dann kam er hinab zum Rand des Wassers keine fünfzig Meter entfernt von der Stelle, an der ich stand. Er fegte über den Fluss nach Shepperton, wobei das von ihm gestreifte Wasser zu einer kochenden, dampfbekrönten Dünung anschwoll. Ich ging aufs Ufer zu.

Im nächsten Moment war die gewaltige, dem Siedepunkt nahe Welle auf mich zugerast. Ich schrie laut auf. Mit Verbrühungen, halb blind und fast am Ende wankte ich durch das aufschießende, zischende Wasser dem Ufer zu. Wäre ich ins Straucheln geraten, es hätte das Ende bedeutet. Hilflos fiel ich, dem Blick der Marsianer preisgegeben, auf die breite und karge kiesige Sandbank, die sich bis zum Zusammenfluss von Wey und Themse hinzieht. Ich rechnete nur noch mit dem Tod.

Ich erinnere mich vage, dass ein Marsianer höchstens zwanzig Meter von meinem Kopf entfernt seinen Fuß aufsetzte, wie dieser tief in den lockeren Kies einsank und ihn in alle Richtungen zerstieben ließ, und dass der Fuß wieder angehoben wurde; ich erinnere mich an eine lange Phase der Ungewissheit und dass ich die vier gemeinsam die Trümmer ihres Kameraden forttragen sah, klar zunächst und bald nur noch unscharf durch einen Rauchschleier, ins Endlose hinein, wie mir schien, über eine unermessliche Fläche aus Fluss und Wiese. Und ganz allmählich wurde mir nun bewusst, dass ich wie durch ein Wunder davongekommen war.

13
Wie ich an den Vikar geriet

Nach dieser unerwarteten Lektion zur Leistungsfähigkeit irdischer Waffen zogen sich die Marsianer wieder an ihren ursprünglichen Standort auf der Horsell-Weide zurück; und in ihrer Eile sowie beladen mit den Überresten ihres zertrümmerten Kameraden hatten sie zweifellos keinen Blick mehr für solch vereinzelte und belanglose Opfer wie mich. Hätten sie ihren Kameraden liegengelassen und sich unverzüglich aufgemacht, so hätte zwischen ihnen und London nichts gestanden als eine Batterie Geschütze, und sie wären gewiss noch eher in der Hauptstadt angelangt als die Nachricht von ihrem Kommen; und ihr Eintreffen hätte so unerwartet, schrecklich und vernichtend gewirkt wie das Erdbeben, das ein Jahrhundert zuvor Lissabon zerstört hat.

Doch sie hatten es nicht eilig. Ein Zylinder folgte dem nächsten auf seinem interplanetarischen Flug; alle vierundzwanzig Stunden traf Verstärkung ein. Unterdessen hatten die Spitzen in Militär und Marine ein klares Bild von der unglaublichen Macht ihrer Gegner gewonnen und trafen ihre Vorkehrungen mit Hochdruck. Minütlich wurde ein neues Geschütz in Position gebracht, bis vor Einbruch der Dämmerung jedes Wäldchen und jede vorstädtische Landhausreihe auf den welligen Hängen um Kingston und Richmond eine schwarze Mündung in Lauerstellung barg. Und durch das – vielleicht insgesamt zwanzig Quadratmeilen umfassende – kohlschwarze, verwüstete Gebiet rund um das Basislager der Marsianer auf der Horsell-Weide, durch niedergebrannte, zerstörte Dörfer inmitten grüner Bäume, durch schwarze, qualmende Säulengänge, die tags zuvor dichter Fichtenwald gewesen waren, krochen ergebene Streifwachen mit Spiegeltelegrafen, über die sie den Männern an den Geschützen herannahende Marsianer melden sollten. Doch die Marsianer kannten inzwischen unseren Umgang mit Artillerie und die Gefahr, die von der Nähe zu Menschen ausging, und nicht einer von ihnen wagte sich weiter als eine Meile vom Zylinder fort, wollte er nicht sein Leben riskieren.

Es hatte den Eindruck, dass diese Riesen den frühen Nachmittag damit zubrachten, hin und her zu gehen und alles aus dem zweiten und dem dritten Zylinder – dem zweiten am Golfplatz von Addlestone und dem dritten in Pyrford – zur ersten Grube auf der Horsell-Weide zu schaffen. Weiter drüben, beim schwarzen Heidekraut und den weit verstreut daliegenden Häuserruinen, stand einer als Wachtposten, während die Übrigen ihre gewaltigen Kampfmaschinen verließen und in die Grube hinabstiegen. Dort waren sie unermüdlich bis tief in die Nacht hinein aktiv, und die hoch aufragende sattgrüne Rauchsäule, die ihr entstieg, war noch von den Hügeln bei Merrow aus und angeblich sogar in Banstead und Epsom Downs zu sehen.

Und während hinter mir die Marsianer ihren nächsten Ausfall vorbereiteten und vor mir die Menschheit sich zum Kampf sammelte, schlug ich mich unter unsäglichen Schmerzen und Mühen vom flammen- und rauchumtosten Weybridge in Richtung London durch.

Ich sah ein verlassenes Boot, klein und entfernt, das flussabwärts trieb; ich entledigte mich weitgehend meiner durchnässten Kleidung, folgte ihm, schnappte es mir und entkam so diesem Verderben. Im Boot waren keine Ruder, doch ich paddelte, so gut es mit meinen verbrühten Händen ging, den Fluss hinab Richtung Halliford und Walton, wobei ich nur sehr zäh vorankam und mich ständig nach hinten umblickte, wie man wohl leicht verstehen wird. Ich folgte dem Fluss in dem Gedanken, dass er mir im Fall einer Rückkehr dieser Giganten die beste Aussicht bot, ihnen zu entkommen.

Das vom gestürzten Marsianer dampfend aufgeheizte Wasser floss mit mir stromabwärts, sodass ich über eine Strecke von fast einer Meile beide Ufer kaum erkennen konnte. Einmal allerdings machte ich eine Reihe schwarzer Gestalten aus, die aus Richtung Weybridge kommend über die Wiesen liefen. Halliford wirkte wie ausgestorben, und etliche Häuser direkt am Fluss standen in Flammen. Es war unheimlich, wie still dieser Ort dalag, ganz verloren unter dem heißen blauen Himmel, und wie der Rauch und kleine Feuerfäden geradewegs in die Hitze des Nachmittags aufstiegen. Nie zuvor hatte ich brennende Häuser ohne jegliches Menschengetümmel davor gesehen. Etwas weiter rauchte und glomm das trockene Schilf am Ufer, und landeinwärts wanderte eine Feuerlinie stetig über ein abgeerntetes Stoppelfeld.

Vor Schmerzen und Erschöpfung nach all der erlittenen Gewalt und weil die Hitze so schwer auf dem Wasser lag, ließ ich mich lange einfach treiben. Dann stieg die Angst erneut in mir hoch, und ich begann wieder zu paddeln. Die Sonne verbrannte mir den unbedeckten Rücken. Als schließlich hinter einer Biegung die Brücke von Walton in Sicht kam, siegten Fieber und Mattigkeit über meine Angst, und ich ging am Middlesex-Ufer an Land und legte mich zu Tode erschöpft mitten ins hohe Gras. Ich vermute, dass es da etwa vier, fünf Uhr war. Ich erhob mich bald wieder, lief vielleicht eine halbe Meile, ohne einer Seele zu begegnen, und legte mich dann noch einmal in den Schatten einer Hecke. Wie ich mich zu erinnern glaube, habe ich während dieses letzten Stück Weges Selbstgespräche geführt. Ich hatte auch großen Durst und schimpfte mit mir, dass ich nicht mehr Wasser getrunken hatte. Seltsamerweise war ich auch wütend auf meine Frau; ich habe keine Erklärung dafür, aber mein hilfloses Begehren, nach Leatherhead zu gelangen, machte mir über die Maßen zu schaffen.

Ich erinnere mich nicht deutlich an das Eintreffen des Vikars, demnach war ich zuvor wohl eingenickt. Ich registrierte ihn als sitzende Gestalt mit rußbedeckten Ärmeln, die ihr glattrasiertes Gesicht emporgerichtet hatte und ein am Himmel tanzendes schwaches Flackern im Blick hielt. Am Himmel standen sogenannte Schäfchenwolken – endlose Reihen zarter Wölkchen wie Daunenfedern im Farbspiel des sommerlichen Abendlichts.

Ich setzte mich auf, und beim Geräusch meiner Bewegung blickte er rasch zu mir.

»Haben Sie etwas Wasser?«, fragte ich unvermittelt.

Er schüttelte den Kopf.

»Sie haben schon die ganze letzte Stunde um Wasser gebeten«, sagte er.

Einen Moment lang schwiegen wir und beäugten einander. In mir hatte er schon eine sehr seltsame Gestalt vor sich, nackt bis auf die klitschnassen Hosen und Socken, voller Brandwunden und mit rauchgeschwärztem Gesicht und Oberkörper. Er hatte ein kränkliches Gesicht mit fliehendem Kinn, sein Haar bedeckte in krausen, beinahe flachsblonden Locken eine niedrige Stirn; seine Augen waren recht groß, blassblau und ausdruckslos. Er sprach abgehackt und sah irgendwo hin an mir vorbei.

»Was bedeutet das?«, sagte er. »Was soll all dies bedeuten?«

Ich blickte ihn an und erwiderte nichts.

Er streckte eine dürre weiße Hand aus und sprach fast im Klageton weiter.

»Warum dürfen diese Dinge geschehen? Woran haben wir uns versündigt? Die Morgenandacht war vorüber, ich ging auf der

Straße dahin, um mich für den Nachmittag zu besinnen, und da – Feuer, Beben, Tod! Wie in Sodom und Gomorra! All unsere Werke zunichtegemacht, all unsere Werke … Was sind diese Marsianer?«

»Was sind wir selbst?«, antwortete ich krächzend.

Er umklammerte seine Knie und wandte mir seinen Blick wieder zu. Eine halbe Minute lang vielleicht schaute er stumm vor sich hin.

»Ich ging durch die Straßen dahin, um mich zu besinnen«, sagte er. »Und plötzlich – Feuer, Beben, Tod!«

Er verfiel wieder in Schweigen, sein Kinn sank ihm dabei fast auf die Knie.

Dann fuhr er mit der Hand umher.

»All die Werke – all die Sonntagsschulen – was haben wir getan – was hat Weybridge getan? Alles fort – alles zerstört. Die Kirche! Erst vor drei Jahren hatten wir sie wieder aufgebaut. Fort! Ausgelöscht! Warum?«

Erneute Pause, dann platzte er wieder los wie ein Verrückter.

»Der Rauch ihres Brandes geht auf ewiglich!«, rief er.

Seine Augen flackerten, und mit schmalem Finger wies er in Richtung Weybridge.

Mittlerweile hatte ich begonnen, mir über ihn klarzuwerden. Die furchtbare Tragödie, in die er verstrickt war – er war offenkundig ein Flüchtling aus Weybridge –, hatte ihn regelrecht um den Verstand gebracht.

»Ist Sunbury weit weg?«, fragte ich ihn ganz sachlich.

»Was nur sollen wir tun?«, sagte er. »Sind diese Kreaturen überall? Hat man ihnen die Erde überlassen?«

»Ist Sunbury weit weg?«

»Heute Morgen erst hielt ich den Frühgottesdienst ab –«

»Das Blatt hat sich gewendet«, sagte ich ruhig. »Sie müssen einen klaren Kopf bewahren. Noch besteht Hoffnung.«

»Hoffnung?«

»Ja. Genügend Hoffnung – trotz aller Zerstörung!«

Ich begann darzulegen, wie ich unsere Lage sah. Zunächst hörte er mir zu, doch mit der Zeit nahmen seine erwartungsvollen Augen wieder den stieren Ausdruck von zuvor an, und sein Blick schweifte von mir fort.

»Das muss der Anfang vom Ende sein«, unterbrach er mich. »Das Ende! Der große und schreckliche Tag des Herrn! Da die Menschen werden bitten die Berge und Felsen, auf sie zu stürzen und sie zu verbergen – verbergen vor dem Angesicht dessen, der da sitzet auf dem Thron.«

Ich verstand allmählich, was hier los war. Ich ließ mein gründliches Räsonieren sein, stand mühsam auf und legte ihm von oben meine Hand auf die Schulter.

»Seien Sie ein Mann!«, sagte ich. »Sie sind ja wie toll vor Angst! Wozu taugt Religion, wenn sie sich im Unglück nicht bewährt? Bedenken Sie, was Erdbeben und Überflutungen, Kriege und Vulkane der Menschheit bereits angetan haben! Dachten Sie, dass Gott Weybridge davon ausnimmt? Er ist doch kein Versicherungsvertreter.«

Eine Zeit lang saß er dumpf schweigend da.

»Aber wie entrinnen wir ihnen?«, fragte er plötzlich. »Sie sind unverwundbar, sie sind erbarmungslos.«

»Das eine nicht, und vielleicht auch nicht das andere«, gab ich zur Antwort. »Und je mächtiger sie sind, desto vernünftiger und wachsamer sollten wir sein. Dort drüben wurde einer getötet, vor nicht mal drei Stunden.«

»Getötet!«, sagte er und blickte umher. »Wie lassen sich Gottes Werkzeuge töten?«

»Ich habe es gesehen«, erzählte ich ihm weiter. »Wir sind durch Zufall mitten hineingeraten«, sagte ich, »das ist alles.«

»Was flackert denn da so am Himmel?«, fragte er mit einem Mal.

Ich sagte ihm, dass der Spiegeltelegraf Signale absetze – dass die Zeichen am Himmel von menschlicher Hilfe und Bemühung zeugten.

»Wir stecken mittendrin«, sagte ich, »so ruhig es auch wirkt. Das Flackern am Himmel spricht vom aufkommenden Sturm. Da hinten, schätze ich, sind die Marsianer, und in Richtung London, da wo sich diese Hügel nahe Richmond und Kingston erheben und die Bäume Schutz bieten, werden Erdwälle aufgeworfen und Geschütze in Stellung gebracht. Von dort werden die Marsianer bald erneut herkommen.«

Während ich noch redete, sprang er auf und ließ mich mit einer Geste innehalten.

»Hören Sie!«, sagte er.

Von den flachen Hügeln jenseits des Wassers hörten wir den dumpfen Widerhall ferner Geschütze und ganz weit hinten ein unheimliches Schreien. Dann war alles still. Ein Maikäfer kam über die Hecke gesurrt und flog an uns vorbei. Hoch im Westen hing bleich und hell der Sichelmond über dem Rauch von Weybridge und Shepperton und der heißen, stillen Pracht der untergehenden Sonne.

»Am besten gehen wir hier entlang«, sagte ich, »nach Norden.«

14
In London

Mein jüngerer Bruder war in London, als die Marsianer bei Woking landeten. Als Medizinstudent steckte er in den Vorbereitungen für eine anstehende Prüfung und bekam bis zum Samstagmorgen nichts von ihrer Ankunft mit. Die Morgenblätter vom Samstag druckten neben ausführlichen Spezialartikeln über den Mars, das Leben auf den Planeten und dergleichen ein kurzes und vage formuliertes Telegramm ab, das durch seine Kürze noch zusätzlich auffiel.

Von einer auf sie zu rückenden Menschenmenge alarmiert, so hieß es darin, hätten die Marsianer mit einem Schnellfeuergeschütz zahlreiche Leute getötet. Das Telegramm schloss mit den Worten: »So furchterregend sie auch wirken, haben sich die Marsianer doch nicht aus der Grube bewegt, in die sie gefallen sind, und scheinen dazu auch nicht in der Lage. Der Grund liegt vermutlich in der übermäßig stark auf sie wirkenden Erdanziehungskraft.« Zu Letzterem fand der Leitartikler sehr beruhigende Worte.

Natürlich nahmen das sämtliche Studenten des Vorbereitungskurses in Biologie, den mein Bruder an dem Tag besuchte, höchst interessiert zur Kenntnis, doch auf den Straßen gab es keinerlei Anzeichen von besonderer Nervosität. Am Nachmittag standen unter riesigen Schlagzeilen ein paar dürftige Informationen in den Blättern. Bis acht Uhr abends schrieben sie von den Truppenbewegungen rings um die Grube und dass der Kiefernwald zwischen Woking und Weybridge brannte, aber darüber hinaus nichts Neues. Dann wurde in einer Extraausgabe der *St. James's Gazette* vermeldet, dass der telegrafische Nachrichtenverkehr unterbrochen sei. Als Grund dafür vermutete man auf die Leitung gestürzte brennende Kiefern. Über die Kämpfe in dieser Nacht, der Nacht meiner Fahrt nach Leatherhead und zurück, wurde nichts weiter bekannt.

Mein Bruder machte sich keine Sorgen um uns, denn aus der Beschreibung in den Blättern wusste er, dass der Zylinder gut zwei Meilen von unserem Haus entfernt lag. Er überlegte, an dem Abend zu mir rüberzukommen, um, wie er sagte, die Dinger zu sehen, bevor sie getötet wurden. Gegen vier Uhr schickte er ein Telegramm, das nie bei mir ankam, den Abend verbrachte er im Varietétheater.

Auch in London gab es am Samstagabend ein heftiges Gewitter, weshalb mein Bruder in einer Droschke zur Waterloo Station fuhr. Auf dem Bahnsteig, von dem gewöhnlich der Mitternachtszug abfährt, erfuhr er nach einigem Warten, dass aufgrund eines Unfalls die Züge diese Nacht nicht bis Woking führen. Zur Art des Unfalls brachte er nichts in Erfahrung, denn selbst die Zuständigen von der Eisenbahn waren zu der Zeit nicht genau im Bilde. Im Bahnhof ging es wenig aufgeregt zu, da die Bahnbeamten – die sich allenfalls einen Motorschaden zwischen Byfleet und dem Knotenpunkt Woking vorzustellen vermochten – die Theaterzüge, die regulär durch Woking fuhren, über Virginia Water oder Guildford umleiteten. Emsig trafen sie die erforderlichen Maßnahmen zur Verlegung der Züge, die Fahrgäste zu den Sonntagsspielen in Southampton und Portsmouth brachten. Ein nächtlicher Zeitungsreporter hielt meinen Bruder fälschlicherweise für den Bahnhofsvorsteher, dem er ein klein wenig ähnelte, passte ihn ab und versuchte ihn zu befragen. Außer den Bahnbeamten brachten nur wenige Menschen den Schadensfall mit den Marsianern in Verbindung.

In einem anderen Bericht über diese Ereignisse habe ich gelesen, am Sonntagmorgen sei »ganz London durch die Nachrichten aus Woking elektrisiert« gewesen. Tatsächlich rechtfertigte nichts die Verwendung dieses extravaganten Ausdrucks. Viele Londoner erfuhren erst durch die Panik am Montagmorgen von den Marsianern. Wer von ihnen gehört hatte, brauchte eine Weile, bis er begriff, was all die hektisch durchgegebenen Telegramme in den Sonntagsblättern eigentlich besagten. Wobei die Mehrheit der Londoner Bürger gar keine Sonntagsblätter liest.

Die Neigung, sich persönlich sicher zu fühlen, ist in den Köpfen der Londoner zudem so tief verankert und jede Zeitung ständig derart voll mit Schreckensnachrichten, dass man gänzlich ungerührt Dinge wie dies hier las: »Gestern Abend gegen sieben Uhr kamen die Marsianer aus ihrem Zylinder. Durch metallene Schilde gepanzert, rückten sie vor, zerstörten den Bahnhof mitsamt den umliegenden Gebäuden vollständig und metzelten ein ganzes Bataillon Männer vom Cardigan-Regiment dahin. Einzelheiten sind nicht bekannt. Maxim-Geschütze vermochten ihrer Panzerung nichts anzuhaben; Feldgeschütze wurden von ihnen außer Gefecht gesetzt. Fliehende Artilleristen sprengten nach Chertsey. Die Marsianer scheinen langsam auf Chertsey oder Windsor vorzurücken. In West Surrey macht sich Angst breit. Um sie daran zu hindern, auf London vorzurücken, wurden Erdwälle aufgeworfen.« So las es sich in der *Sun* vom Sonntag, und ein kluger und bemerkenswert prompt erschienener »Rat und Hilfe«-Artikel im *Referee* verglich die Sache mit einem plötzlich auf ein Dorf losgelassenen Käfig voll wilder Tiere.

Niemand in London hatte nähere Kenntnis vom Wesen der gepanzerten Marsianer, und noch immer stellte man sich diese Monstren allgemein als behäbige Wesen vor: dass sie »umherkrochen« oder sich »voranquälten« – solche Wörter standen in nahezu sämtlichen frühen Berichten. Keines der Telegramme konnte jemand geschrieben haben, der ihr Vorrücken mit eigenen Augen gesehen hatte. Wenn es neue Nachrichten gab, druckten die Sonntagsblätter Sondernummern, manche sogar, wenn sie nichts Neues zu berichten hatten. Bis in den späten Nachmittag hinein gab es praktisch nichts mitzuteilen, dann machten die Behörden den Presseagenturen weitere Informationen zugänglich. Es wurde bekannt gegeben, dass die Bewohner von Walton und Weybridge sowie der gesamten Region auf den Straßen Richtung London strömten, damit hatte es sich.

Noch immer ohne Kenntnis über das Geschehen in der Nacht zuvor ging mein Bruder am Morgen in die Kirche am Foundling Hospital. Dort hörte er in Andeutungen von der Invasion reden, außerdem gab es ein besonderes Gebet für den Frieden. Nachdem er die Kirche verlassen hatte, kaufte er einen *Referee*. Was er darin las, beunruhigte ihn, und er ging erneut zur Waterloo Station, um in Erfahrung zu bringen, ob der Nachrichtenverkehr wiederhergestellt worden war. Die Leute in den Pferdeomnibussen und Kutschen, die Radfahrer und die zahllosen Passanten im Sonntagsstaat wirkten nicht so, als sorgten sie sich wegen der fremden Intelligenz, von der die Zeitungsjungen kündeten. Die Menschen waren interessiert, und wenn sie besorgt waren, so nur um die Bewohner vor Ort. Am Bahnhof hörte mein Bruder nunmehr, dass die Linien Windsor und Chertsey nicht mehr fuhren. Die Träger erzählten ihm, man habe am Morgen noch einige auffällige Telegramme von den Stationen Byfleet und Chertsey erhalten, dann aber plötzlich keine weiteren mehr. Nähere Angaben versuchte mein Bruder ihnen vergeblich zu entlocken.

»Bei Weybridge wird weiterhin gekämpft«, mehr ließ sich aus ihren Informationen nicht ableiten.

Der Zugverkehr war jetzt sehr schlecht organisiert. Etliche Menschen, die Freunde aus Orten am südwestlichen Streckennetz erwarteten, umlagerten den Bahnhof. Ein ergrauter alter Herr kam und schimpfte meinem Bruder gegenüber heftig auf die South-Western Company. »Unfähig sind die«, sagte er.

Ein paar Züge aus Richmond, Putney und Kingston trafen ein; die Menschen darin waren zu einem Bootsausflug hinausgefahren, doch die Schleusen waren geschlossen gewesen und sie fanden, dass Panik in der Luft gelegen habe. Ein Mann in blau-weißer Jacke hatte für meinen Bruder lauter befremdliche Neuigkeiten parat.

»In allem, was Räder hat, fahren Heerscharen von Menschen nach Kingston, mit Koffern voller Wertsachen und so dabei«, sagte er. »Sie kommen aus Molesey, Weybridge und Walton, und sie berichten, bei Chertsey hätten sie Kanonen gehört, schweren Beschuss, und dass berittene Soldaten ihnen zur sofortigen Flucht geraten hätten, weil die Marsianer kämen. Am Bahnhof Hampton Court haben wir Geschützfeuer gehört, aber den hielten wir für Donner. Was zum Teufel hat all das zu bedeuten? Die Marsianer können doch aus ihrer Grube gar nicht heraus, oder doch?«

Mein Bruder konnte es ihm nicht sagen.

Später bemerkte er, dass sich das unbestimmte Angstgefühl auch der U-Bahn-Fahrgäste bemächtigt hatte und dass aus Richtung der »grünen Lunge« im Südwesten der Stadt – Barnes, Wimbledon, Richmond Park, Kew und so weiter – schon zu ungewöhnlich früher Stunde die Sonntagsausflügler heimkehrten; doch nicht einer von ihnen hatte mehr als vage Gerüchte weiterzugeben. Jedermann, der hier umstieg, wirkte schlecht gelaunt.

Gegen fünf Uhr geriet die im Bahnhof aufgelaufene Menschenmenge in ungeheure Aufregung, denn die fast durchweg lahmgelegte Telegrafenverbindung zwischen den Bahnhöfen South-Eastern und South-Western war wieder intakt, zudem fuhren mit großen Geschützen beladene Güterwaggons und Abteilwagen voller Soldaten durch. Das waren die Waffen, die man von Woolwich und Chatham heraufbrachte, um Kingston zu decken. Flotte Sprüche gingen hin und her: »Die fressen euch auf!«, »Wir sind die Dompteure!« und dergleichen. Kurz darauf betrat ein Trupp Polizisten den Bahnhof und begann die Bahnsteige zu räumen. Mein Bruder ging wieder hinaus auf die Straße.

Die Kirchenglocken läuteten zur Abendandacht, und eine Gruppe Mädchen von der Heilsarmee kam singend die Waterloo Road herab. Von der Brücke aus sahen einige Müßiggänger dabei zu, wie stellenweise ein seltsamer brauner Schaum den Fluss hinabtrieb. Die Sonne ging eben unter, der Uhrturm und das Parlamentsgebäude erhoben sich vor dem denkbar friedlichsten Abendhimmel, einem goldenen Firmament mit langen Querstreifen rötlich-violetter Wolken. Von einer angetriebenen Leiche war die Rede. Einer der Männer dort, ein Reservist, wie er sagte, erzählte meinem Bruder, er habe im Westen den Spiegeltelegrafen aufblitzen sehen.

In der Wellington Street begegnete mein Bruder ein paar stämmigen Raubeinen, die eben mit noch feuchten Zeitungen und knalligen Plakaten aus Richtung Fleet Street gerannt kamen. »Furchtbare Katastrophe!«, übertönten sie einander laut schreiend auf ihrem Weg die Wellington Street entlang. »Kämpfe bei Weybridge! Die ganze Geschichte! Marsianer abgewehrt! London in Gefahr!« Drei Pence kostete meinen Bruder ein Exemplar dieses Blattes.

Da, und wirklich erst da, begriff er halbwegs, welche Gewalt und Bedrohung von diesen Monstren ausging. Er las, dass sie durchaus kein Häufchen träger kleiner Kreaturen waren, sondern Wesen, die sich enormer mechanischer Körper bedienten; dass sie sich sehr rasch fortbewegten und über eine Schlagkraft verfügten, der selbst schwerste Geschütze nicht standhielten.

Sie wurden beschrieben als »riesige, fast hundert Meter hohe spinnenartige Maschinen, die schnell wie ein Expresszug sein und extrem heiße Strahlen abfeuern können«. Getarnte Heereseinheiten überwiegend mit Feldgeschützen seien im Umland der Horsell-Weide und insbesondere zwischen dem Bezirk Woking und London in Bereitschaft gegangen. Fünf dieser Maschinen habe man in Richtung Themse marschieren sehen, eine davon sei durch glückliche Fügung zerstört worden. Im Falle der anderen habe man danebengeschossen, woraufhin der Hitzestrahl die Geschützgruppen sofort ausgelöscht habe. Von schweren Verlusten unter den Soldaten war die Rede, doch im Ton klang der Artikel zuversichtlich.

Man habe die Marsianer abwehren können; sie seien nicht unverwundbar. Sie hätten sich ins Dreieck ihrer Zylinder rund um Woking zurückgezogen. Signalgeber mit Spiegeltelegrafen rückten von allen Seiten auf sie zu. Man schaffe eilig Waffen aus Windsor, Portsmouth, Aldershot, Woolwich heran und sogar von Norden, darunter 95 Tonnen schwere Langgeschütze aus Woolwich. Insgesamt 116 Stück seien bereits in Position oder würden mit Hochdruck aufgestellt, hauptsächlich zum Schutz Londons. Nie zuvor sei in England so rasch so viel Militärgerät zusammengezogen worden.

Jeder weitere niedergehende Zylinder könne, so hoffe man, umgehend mit Sprengmaterial zerstört werden, das schnell hergestellt und verteilt werde. Ohne Zweifel, so der Bericht, ergebe sich hier ein in höchstem Maße sonderbares und ernstes Bild der Lage, doch sei die Bevölkerung angehalten, Panikmache zu vermeiden und zu unterbinden. Ohne Zweifel seien die Marsianer in extremer Weise befremdlich und furchtbar, doch hätten es unsere Millionen mit hoch geschätzt allenfalls zwanzig von ihnen zu tun.

Aufgrund der Zylindergröße hielten die Behörden es für realistisch, dass in einen Zylinder maximal fünf hineinpassten – fünfzehn insgesamt. Und mindestens einer davon sei bereits erledigt, eventuell mehr. Vor der drohenden Gefahr sei die Bevölkerung bereits hinreichend gewarnt worden, und man habe umfangreiche Maßnahmen zum Schutz der Menschen in den bedrohten Vororten im Südwesten getroffen. Mit der wiederholten Beteuerung, dass London sicher sei und die Behörden die schwierige Lage im Griff hätten, schloss diese Quasi-Bekanntmachung.

Das Papier war noch nicht getrocknet, auf dem dies in riesigen Lettern gedruckt stand, und um ein Wort der Erklärung hinzuzufügen, war keine Zeit gewesen. Mit Befremden, so mein Bruder, habe er gesehen, wie rabiat man reguläre Zeitungsartikel aus dem Satzspiegel gebrochen habe, um entsprechend Platz zu schaffen.

Die gesamte Wellington Street entlang sah man, wie Leute die rosa Seiten auseinanderfalteten und lasen, und der Strand war mit einem Mal erfüllt von den Stimmen einer Armee fliegender Händler, die es diesen Vorreitern nachmachten. Leute kletterten von den Linienwagen, um sich Exemplare zu beschaffen. Zweifellos sorgten diese Nachrichten für erhebliche Nervosität unter den Menschen, wie teilnahmslos sie zuvor auch gewesen sein mochten. Am Strand, so erzählte mein Bruder, wurden in einem Geschäft für Landkarten die Schutzblenden entfernt, und durch das Schaufenster war ein Mann in Sonntagskleidung samt zitronengelben Handschuhen zu sehen, der eilig Landkarten von Surrey an der Scheibe anbrachte.

Als er mit der Zeitung in der Hand den Strand hinab zum Trafalgar Square kam, sah mein Bruder einige der Flüchtlinge aus West Surrey. Da war ein Mann samt Frau, zwei Jungen und einigen Möbeln auf einem Karren, wie ihn Gemüsehändler verwenden. Er kam aus Richtung Westminster Bridge. Dicht hinter ihm fuhr ein Heuwagen mit fünf oder sechs ehrbar wirkenden Leuten und einigen Koffern und Bündeln darauf. Die Gesichter dieser Leute waren verhärmt, in ihrem gesamten Erscheinungsbild stachen sie gegenüber den sonntäglich herausgeputzten Menschen in den Pferdeomnibussen deutlich hervor. Modisch gekleidete Leute in Mietdroschken blickten ihnen verstohlen nach. Auf dem Platz hielten sie an, wie unschlüssig, wo es weiter langging, und fuhren schließlich in östlicher Richtung über den Strand. Ein Stück hinter diesen kam ein Mann in Alltagskleidung auf einem dieser altmodischen dreirädrigen Wagen mit kleinem Vorderrad angefahren. Sein Gesicht war schmutzig und sehr blass.

Mein Bruder bog in Richtung Victoria Station ab und begegnete etlichen solcher Leute. Ihn beschlich das Gefühl, er könne dabei auch mir über den Weg laufen. Er bemerkte, dass ungewöhnlich viele Polizisten den Verkehr regelten. Einige Flüchtlinge tauschten mit den Leuten in den Omnibussen Informationen aus. Einer beteuerte, er habe die Marsianer gesehen. »Kessel auf Stelzen, wirklich wahr, die umherstaksen wie Menschen.« Die meisten waren infolge ihrer seltsamen Erlebnisse nervös und aufgekratzt.

Hinter Victoria Station machten die Kneipen mit den Ankömmlingen reichlich Umsatz. An sämtlichen Straßenecken standen grüppchenweise Leute, lasen Zeitung, redeten aufgeregt oder glotzten diese untypischen Sonntagsbesucher an. Mit Einbruch der Nacht wurden sie immer mehr, bis es, wie mein Bruder sagte, in den Straßen schließlich herging wie auf der Hauptstraße von Epsom am Tag des großen Reitturniers. Mein Bruder sprach mehrere der Geflohenen an und erhielt zumeist unergiebige Antworten.

Keiner konnte ihm eine Auskunft zu Woking geben bis auf einen Mann, der ihm versicherte, Woking sei in der Nacht zuvor vollständig zerstört worden.

»Ich bin aus Byfleet«, sagte er; »früh am Morgen kam ein Mann auf einem Fahrrad durch den Ort und eilte von Tür zu Tür, um uns zur Flucht zu mahnen. Dann erschienen Soldaten. Wir traten vor die Tür, um zu schauen, und im Süden stiegen Rauchwolken auf – alles war voller Rauch, und nicht eine Seele kam aus dieser Richtung. Dann hörten wir die Geschütze bei Chertsey, und aus Weybridge kamen Leute. Da habe ich mein Haus verschlossen und mich aufgemacht.«

Zu dieser Zeit war man auf den Straßen allgemein der Ansicht, es sei der Unfähigkeit der Behörden anzulasten, dass sie der Eindringlinge nicht ohne all diese Misslichkeiten Herr würden.

Gegen acht Uhr war im gesamten Süden Londons heftiges Geschützfeuer zu hören. Wegen des ganzen Betriebs auf den Verkehrsadern entging es meinem Bruder, doch nachdem er sich die ruhigen Nebenstraßen entlang bis zum Fluss durchgeschlagen hatte, nahm er es deutlich wahr.

Gegen zehn lief er von Westminster zurück zu seiner Wohnung nahe dem Regent's Park. Wegen mir war er jetzt in großer Sorge, zudem beunruhigte ihn das offenkundige Ausmaß des Problems. Unweigerlich malte er sich, genau wie ich am Samstag, Details zur Kampflage aus. Er dachte an all die schweigenden Waffen in Bereitschaft, an das plötzlich so von fortziehenden Menschen geprägte Umland; er versuchte sich einhundert Meter hohe »Kessel auf Stelzen« vorzustellen.

Einige Karren voller Flüchtlinge fuhren durch die Oxford Street, ein paar mehr waren in der Marylebone Road unterwegs, doch die Nachrichten verbreiteten sich derart langsam, dass die Sonntagabend-Flaneure wie gewohnt Regent Street und Portland Place bevölkerten, wenngleich sie in Debattierrunden beisammenstanden. Und am Rand des Regent's Park lustwandelten zahlreiche stille Pärchen wie seit jeher unter den sporadischen Gaslampen dahin. Der Abend war warm, ruhig und etwas drückend; noch immer waren zeitweise Schießgeräusche zu hören, und nach Mitternacht war im Süden ein Wetterleuchten auszumachen.

Wieder und wieder las mein Bruder, was in der Zeitung stand, und rechnete in Bezug auf mich bereits mit dem Schlimmsten. Er war unruhig und streifte nach dem Abendessen erneut ziellos draußen umher. Nach der Rückkehr versuchte er sich vergebens auf seinen Prüfungsstoff zu konzentrieren. Kurz nach Mitternacht ging er zu Bett, und in den frühen Montagmorgenstunden rissen ihn pochende Türklopfer, Füßegetrappel auf der Straße, fernes Getrommel und Glockenlärm aus schrecklichen Träumen. Ein roter Widerschein tanzte an der Zimmerdecke. Einen Moment lang lag er erstaunt da und wusste nicht recht, ob der neue Tag angebrochen oder die Welt dem Wahn verfallen war. Dann sprang er aus dem Bett und lief ans Fenster.

Sein Zimmer war eine Dachkammer, und als er den Kopf zum Fenster hinausstreckte, hallten straßauf, straßab Dutzende von Echos seines krachenden Schiebefensters wider, und nächtlich zerzauste Köpfe in allen Varianten tauchten auf. Laute Rufe verlangten Antwort. »Sie kommen!«, schrie ein Polizist, der laut an die Tür schlug, »die Marsianer kommen!«, und rannte zur nächsten Tür.

Von der Kaserne an der Albany Street erscholl der Klang von Trommeln und Trompeten, und jede Kirche in Hörweite tat eifrig mit, durch wildes Sturmgeläut den Schlaf zu vereiteln.

Tore wurden knarzend geöffnet, und in den Häusern gegenüber blitzte mit einem Mal Fenster für Fenster gelb auf.

Eine geschlossene Kutsche sprengte die Straße entlang, machte an der Ecke plötzlich Radau, rasselte unterhalb des Fensters besonders laut und war mit zunehmender Entfernung bald nicht mehr zu hören. Ihr folgten unmittelbar einige Droschken, die Vorboten einer langen Prozession rasender Gefährte, die überwiegend zum Bahnhof Chalk Farm fuhren, wo die North-Western-Sonderzüge, um nicht die Steigung bis zum Bahnhof Euston hinabfahren zu müssen, ihre Fahrgäste aufnahmen.

Lange Zeit blickte mein Bruder in höchstem Maße verwundert aus dem Fenster, sah zu, wie die Polizisten der Reihe nach an die Türen pochten und ihre unbegreifliche Nachricht überbrachten. Dann wurde die Tür in seinem Rücken geöffnet, und der Bewohner des Zimmers auf der anderen Seite der Treppe trat ein. Er trug nur Hemd, Hose und Pantoffeln, die Hosenträger hingen am Bund herab, sein Haar war noch struppig vom Kissen.

»Was ist los, zum Teufel?«, fragte er. »Brennt es? Was für ein elender Krach!«

Beide streckten ihre Köpfe aus dem Fenster und spitzten die Ohren, um zu verstehen, was die Polizisten riefen. Menschen kamen aus den Seitenstraßen und standen an den Hausecken redend beisammen.

»Was zum Teufel ist da los?«, sagte der Zimmernachbar meines Bruders.

Mein Bruder antwortete ihm unbestimmt und begann sich anzuziehen, wobei er mit jedem Kleidungsstück ans Fenster eilte, um ja nichts von der anwachsenden Unruhe zu verpassen. Und nun riefen Verkäufer ungewöhnlich früh erhältlicher Zeitungen durch die Straßen:

»London in Erstickungsgefahr! Schutzwälle bei Kingston und Richmond bezwungen! Schreckliche Massaker im Themsetal!«

Und überall um ihn herum – in den Zimmern unter dem seinen, in den Häusern rechts und links und auf der Straßenseite gegenüber, hinten in den Park Terraces und in den hundert anderen Straßen dieser Ecke von Marylebone, im Bezirk Westbourne Park und in St. Pancras und weiter westlich und nördlich in Kilburn, St. John's Wood und Hampstead und im Osten in Shoreditch, Highbury, Haggerston und Hoxton, einfach überall in Londons ungeheuren Weiten von Ealing bis East Ham – rieben sich die Leute die Augen und öffneten die Fenster, um rauszuschauen und zwecklose Fragen zu stellen. Sie zogen sich hastig an, während der Angststurm aufzog und sein erster Hauch durch die Straßen wehte. So nahm die große Panik ihren Anfang. London, das sich am Sonntagabend zerstreut und träge schlafen gelegt hatte, erwachte nun früh am Montagmorgen mit einer starken Empfindung von Gefahr.

Da er von seinem Fenster aus nicht eruieren konnte, was geschehen war, ging mein Bruder hinunter und trat auf die Straße, eben als sich in der Morgendämmerung der Himmel zwischen den Dächern der Häuser rosa färbte. Die Zahl der zu Fuß oder in Wagen flüchtenden Menschen wuchs stetig an. »Schwarzer Rauch!«, hörte er Leute schreien, und wieder: »Schwarzer Rauch!« Die so einmütig geäußerte Furcht musste zwangsläufig ansteckend wirken. Während mein Bruder an der Türschwelle verharrte, kam ein Zeitungsverkäufer auf ihn zu, dem er sofort ein Exemplar abnahm. Der Mann rannte mit den übrigen weiter und verkaufte sie im Eilschritt für einen Shilling pro Stück – eine groteske Kombination aus Profit und Panik.

Und dem Blatt entnahm mein Bruder folgende katastrophale Mitteilung des Oberbefehlshabers:

»Die Marsianer sind imstande, mittels Raketen gewaltige Wolken eines giftigen schwarzen Dampfs freizusetzen. Sie haben unsere Kampfeinheiten erstickt, Richmond, Kingston und Wimbledon zerstört und rücken nun langsam auf London vor, wobei sie unterwegs alles vernichten. Sie aufzuhalten, ist unmöglich. Vor dem schwarzen Rauch schützt allein sofortige Flucht.«

Das war alles, doch es genügte. Die gesamte Bevölkerung der Sechs-Millionen-Stadt war aufgeschreckt, stolperte und rannte fort; sehr bald würde sie *en masse* nach Norden strömen.

»Schwarzer Rauch!«, wurde geschrien. »Feuer!«

Die Glocken der benachbarten Kirche bimmelten wie toll, ein Stück weiter die Straße hinauf schleuderte inmitten von Schreien und Flüchen ein unachtsam gelenkter Wagen gegen einen Wassertrog. In den Häusern rührten sich mattgelbe Lichter, und an den vorüberfahrenden Droschken loderten gelegentlich noch ungelöschte Lampen. Oben schritt die Morgendämmerung voran, klar, stetig und ruhig.

Hinter sich in den Zimmern und im Treppenhaus hörte mein Bruder eilige Schritte. Seine Vermieterin kam an die Tür, nur in Morgenrock und Schal gehüllt; ihr Mann folgte schimpfend.

Als mein Bruder die Bedeutung all dessen zu begreifen begann, ging er eilig in sein Zimmer, steckte seine gesamten Barschaften ein – insgesamt etwa zehn Pfund – und trat wieder auf die Straße.

15
Was in Surrey geschah

Während nahe Halliford der Vikar im Schutz der Hecke auf der flachen Wiese saß und mir so verrücktes Zeug erzählte, und während mein Bruder die Flüchtlinge über die Westminster Bridge strömen sah, hatten sich die Marsianer zum Angriff entschlossen. Soweit sich dies aus den öffentlich gewordenen, durchaus widersprüchlichen Berichten solide ableiten lässt, waren die meisten an diesem Abend noch bis neun Uhr mit Vorbereitungen in der Horsell-Grube beschäftigt. Sie werkelten fleißig an etwas, wobei in großem Umfang grüner Rauch entwich.

Drei allerdings krochen gegen acht Uhr aus der Grube, rückten langsamen und vorsichtigen Schrittes durch Byfleet und Pyrford bis nach Ripley und Weybridge vor und gelangten so, die sinkende Sonne hinter sich, ins Sichtfeld der sie erwartenden Bataillone. Diese Marsianer näherten sich nicht gemeinsam, sondern einer nach dem anderen im Abstand von vielleicht anderthalb Meilen zum nächsten. Sie kommunizierten miteinander durch ein sirenenartiges Geheul, das wie eine Tonleiter auf und ab stieg.

Was wir in Upper Halliford gehört hatten, waren dieses Geheul und das Feuern der Geschütze bei Ripley und St. George's Hill. Die Kanoniere bei Ripley, unerfahrene Freiwillige der Artillerie, die man niemals dort hätte einsetzen sollen, feuerten unkoordiniert eine verfrühte, wirkungslose Salve ab und flohen daraufhin zu Pferd und zu Fuß durch das verlassene Dorf. Währenddessen stieg der Marsianer, ohne seinen Hitzestrahl einzusetzen, munter über ihre Waffen hinweg, lief behutsam zwischen ihnen hindurch, überholte sie und stieß dabei unvermutet auf die Geschütze im Painshill-Park, die er zerstörte.

Demgegenüber waren die Männer von St. George's Hill besser angeführt oder einfach tüchtiger. Da ein Kiefernwald ihnen Schutz bot, schien der Marsianer, der am nächsten an ihnen dran war, nicht mit ihnen gerechnet zu haben. Akkurat wie auf einer Parade positionierten sie ihre Waffen und gaben auf knapp tausend Metern Entfernung Feuer.

Die Granaten umschwirrten den Marsianer, und man sah, wie er einige Schritte weiterging, schwankte und zu Boden fiel. Allgemeiner Jubel brach los, und die Männer luden schleunigst ihre Waffen nach. Der gestürzte Marsianer gab einen langgezogenen Heulton von sich, da erschien über den Bäumen im

Süden sofort ein zweiter funkelnder Riese und gab Antwort. Eins der drei Beine des Gestürzten schien von einer Granate zertrümmert worden zu sein. Die komplette zweite Salve landete weit vor dem Marsianer auf dem Boden, und im selben Moment richteten dessen zwei Gefährten ihre Hitzestrahlen auf die Geschützgruppe. Die Munition explodierte, die Kiefern rund um die Waffen loderten auf, und nur ein oder zwei der Männer, die bereits über den Hügelkamm rannten, kamen davon.

Danach schienen die drei sich untereinander zu beraten und zu rasten; die Kundschafter, die sie im Blick hielten, berichten, sie hätten sich die nächste halbe Stunde hindurch nicht vom Fleck gerührt. Der Marsianer, der gestürzt war, kam behäbig aus seinem Gehäuse gekrochen, eine kleine braune Gestalt, die seltsam genug aus der Entfernung an eine Frostbeule erinnerte, und machte sich sogleich daran, sein Hilfsmittel zu reparieren. Gegen neun war er damit fertig, denn da war seine Kanzel wieder über den Bäumen zu sehen.

Zu dieser Dreier-Vorhut stießen einige Minuten nach neun vier weitere Marsianer, die jeweils ein dickes schwarzes Rohr mit sich trugen. Ein ähnliches Rohr erhielten nun auch die anderen drei, und alle sieben verteilten sich in gleichmäßigen Abständen entlang einer gebogenen Linie von St. George's Hill und Weybridge bis zum Dorf Send südwestlich von Ripley.

Kaum hatten sie sich in Bewegung gesetzt, schnellten ein Dutzend Raketen auf den Hügeln vor ihnen in die Höhe und warnten die wartenden Bataillone um Ditton und Esher. Zur selben Zeit überschritten vier ihrer Kampfmaschinen, mit ähnlichen Rohren bewaffnet, den Fluss; schwarz vor dem westlichen Himmel bekamen der Vikar und ich zwei zu sehen, als wir erschöpft und schmerzgeplagt aus Halliford hinaus Richtung Norden liefen. Uns schien, als bewegten sie sich auf einer Wolke, denn ein milchweißer Nebel lag auf den Feldern und verhüllte ein Drittel ihrer Höhe.

Bei diesem Anblick gab der Vikar ein kehliges Winseln von sich und begann zu rennen; ich dagegen wusste, dass man vor einem Marsianer nicht davonlaufen sollte, schlug mich seitwärts und kroch durch feuchte Nesseln und Brombeersträucher in den breiten Graben neben der Straße. Der Vikar blickte sich um, sah, was ich tat, machte kehrt und folgte mir.

Die zwei Marsianer hielten an; der uns zunächst Stehende war Sunbury zugewandt, der weiter Entfernte, ein graues Etwas vor dem Abendstern, blickte in Richtung Staines.

Das zeitweilige Geheul der Marsianer hatte aufgehört; in dem riesigen Halbmond um ihre Zylinder herum gingen sie vollkommen geräuschlos in Position. Die beiden Spitzen dieses Halbmonds lagen zwölf Meilen auseinander. Nie zuvor seit Erfindung des Schießpulvers hatte eine Schlacht so leise begonnen. Auf uns wirkte dies in genau der Weise, wie es auch jemand von Ripley aus empfunden hätte – die Marsianer waren die alleinigen Herrscher über die hereinbrechende Nacht, und Licht kam nur vom schmalen Mond, den Sternen, dem Abendrot sowie dem rötlichen Schein von St. George's Hill und dem Wald von Painshill.

Doch auf diesen Halbmond gerichtet standen Geschütze bereit – in Staines, Hounslow, Ditton, Esher, Ockham, hinter Hügeln und Wäldern südlich des Flusses und nördlich von ihm jenseits der flachen Wiesen, wo immer eine Ansammlung Bäume oder Häuser hinreichend Schutz bot. Die Signalraketen zerbarsten, ihre Funken rieselten durch die Nacht und verschwanden, und unter allen dort erwartungsvoll harrenden Bataillonen stieg die Spannung. Die Marsianer mussten ihnen nur in die Schusslinie treten, und sofort würden jene reglosen schwarzen Umrisse von Menschen, jene im Abendschimmer so dunkel funkelnden Geschütze eine wütend tosende Schlacht entfachen.

Zweifellos war da ein Gedanke besonders, der Tausenden jener wachsamen Köpfe und auch mir ein Rätsel blieb – inwieweit die Marsianer uns Menschen verstanden. Hatten sie erfasst, dass wir Millionen organisiert und diszipliniert waren und uns zusammentaten? Oder erklärten sie sich unsere Feuersignale, die plötzlichen Stiche unserer Granaten, unser beharrliches Einkreisen ihres Lagers etwa so, wie wir uns die wütende Einmütigkeit zur Attacke in einem aufgestörten Bienenschwarm erklären? Träumten sie davon, uns austilgen zu können? (Damals wusste noch niemand, wovon sie sich ernährten.) Hundert solcher Fragen bevölkerten meinen Kopf, während ich diese riesige Wächtergestalt im Blick hatte. Und ich sah all die unbekannten und verborgenen Truppen in Richtung London vor meinem inneren Auge. Hatte man Fallgruben eingerichtet? Konnten die Pulvermühlen in Hounslow als »Fußangel« dienen? Hätten die Londoner Herz und Mut, aus ihrem gewaltigen Häusermeer ein größeres Moskau machen?

Nachdem für unser Empfinden endlos viel Zeit vergangen war, in der wir durchs Gebüsch krochen und aus ihm hervorspähten, war so etwas wie ferner Geschützdonner zu hören. Dann erneut näher dran, dann noch einmal. Da hob der Marsianer neben uns sein Rohr und gab wie mit einem Gewehr einen heftig knallenden Schuss ab, der die Erde erzittern ließ. Sein Kamerad bei Staines tat es ihm nach. Da war kein Funke oder Qualm, nur die wuchtige Detonation.

Diese stetige Abfolge heftiger Schüsse machte mich derart neugierig, dass meine Sicherheit und die verbrühten Hände für den Moment keine Rolle spielten; ich kletterte zur Hecke hoch und blickte in Richtung Sunbury. Unterdessen folgte ein zweiter Knall, und ein großes Geschoss über mir raste auf Hounslow zu. Dies hätte doch wenigstens Rauch, Feuer oder etwas dergleichen zur Folge haben müssen. Doch ich sah nichts als den dunkelblauen Himmel, an dem ein einzelner Stern hing, und den flachen weißen Nebelteppich darunter. Auch kein Einschlag war zu hören gewesen, kein darauf reagierender Schuss. Es war wieder ganz still; die Minute dehnte sich zu dreien.

»Was war da los?«, sagte der Vikar, der neben mir aufgestanden war.

»Weiß der Himmel!«, erwiderte ich.

Eine Fledermaus flatterte an uns vorbei und verschwand. In der Ferne brandete Geschrei auf und verstummte. Ich blickte wieder zum Marsianer und sah, dass er sich nun schnell und gewandt am Ufer entlang Richtung Osten bewegte.

Jeden Moment rechnete ich damit, dass ihn das Feuer einer versteckten Kampfeinheit attackierte, doch nichts störte die Ruhe des Abends. Die Kontur des enteilenden Marsianers wurde immer kleiner, schließlich hatten der Nebel und die heraufziehende Nacht sie vollends geschluckt. Wie auf ein Zeichen kletterten wir beide ein Stück weiter hinauf. In Richtung Sunbury erkannten wir eine dunkle Erscheinung, als hätte sich dort mit einem Mal ein kegelförmiger Hügel gebildet, der uns den Blick auf das Land dahinter verstellte; und weiter jenseits des Flusses war oberhalb von Walton noch eine solche Erhebung zu sehen. Diese hügelartigen Formen wurden vor unseren Augen immer flacher und breiter.

Ein plötzlicher Gedanke veranlasste mich, nach Norden zu blicken, und ich erkannte, dass sich dort ein dritter solch trübschwarzer Hügel gebildet hatte.

Alles war plötzlich ganz still geworden. Weit hinten im Südosten hörten wir in die Stille hinein, wie sich die Marsianer über ihr Hornsignal verständigten, dann erzitterte die Luft erneut vom fernen Donner ihrer Waffen. Doch die irdische Artillerie erwiderte nichts darauf.

Damals konnten wir all diese Dinge nicht verstehen, doch später erfuhr ich, was es mit den ominösen Hügeln auf sich hatte, die sich da in der Dämmerung bildeten. Jeder der Marsianer, die wie geschildert einen großen Halbmond bildeten, hatte mithilfe seines gewehrartigen Rohrs in Richtung jedes Hügels, Dickichts, Weilers oder anderen potenziellen Waffenverstecks in seinem Weg eine sehr große Büchse abgefeuert. Mancher schoss nur eine, ein anderer zwei wie im Fall desjenigen vor unseren Augen; der bei Ripley soll damals nicht weniger als fünf abgeschossen haben. Beim Aufschlagen zerbarsten diese Büchsen – sie explodierten nicht –, woraufhin umgehend ein schwerer, pechschwarzer Dampf austrat, der sich als gewaltige tiefdunkle Haufenwolke ergoss, als gasförmiger Hügel, der hinabsank und allmählich das ganze umliegende Land bedeckte. Und wer mit diesem Dampf in Berührung kam, wer seinen stechenden Dunst inhalierte, der atmete den Tod.

Er war schwer, dieser Dampf, schwerer als der dichteste Rauch, sodass er sich nach dem ersten ungestümen Aufwallen und Zerstieben infolge des Aufschlags wieder senkte und sich wie etwas Flüssiges eher denn Gasförmiges über den Boden ergoss. Er verließ die Hügel und strömte in die Täler, Gräben und Wasserläufe, ganz ähnlich wie, soweit ich weiß, Kohlendioxid aus Vulkanspalten hervorströmt. Und wo er mit Wasser in Kontakt kam, trat eine chemische Reaktion ein, und sofort war der Wasserspiegel von einem pulverartigen Schaum bedeckt, der langsam absank und weiteren nachrücken ließ. Der Schaum war vollkommen unlöslich, und angesichts der unmittelbaren Wirkung des Gases ist es schon verwunderlich, dass es möglich war, dort geschöpftes Wasser gefahrlos zu trinken. Der Dampf breitete sich nicht aus wie echtes Gas. Er flockte auf, ergoss sich zäh über abschüssiges Gelände und wurde vom Wind vor sich hergetrieben. Sehr langsam vermischte er sich mit dem Nebel und der Feuchtigkeit der Luft und sank in Form von Staub zu Boden. Ein unbekanntes Element, das im Blau des Spektrums eine Gruppe aus vier Linien bildet, spielt dabei eine Rolle; abgesehen davon wissen wir noch immer nicht das Geringste über die Beschaffenheit dieser Substanz.

Nachdem der gewaltige Schwall ausgetreten war, hielt sich der schwarze Rauch, selbst bevor er sich ganz gesenkt hatte, so dicht am Boden, dass man in fünfzehn Metern Höhe, auf Dächern und in oberen Etagen hoher Häuser sowie auf großen Bäumen seiner giftigen Wirkung entgehen konnte, wie sich noch in derselben Nacht in Street Cobham und Ditton zeigte.

Der Mann, der an ersterem Ort überlebt hat, erzählt eine wundersame Geschichte vom wogenden Dahinfließen des Dampfs und wie er vom Kirchturm aus die Häuser des Dorfes wie Gespenster aus dem tiefschwarzen Nichts ragen sah. Eineinhalb Tage blieb er dort oben, erschöpft, hungrig und von der Sonne versengt; die Erde war eine samtschwarze Fläche unter dem blauen Himmel und vor der Kulisse der Hügel in der Ferne, mit roten Dächern, grünen Bäumen und, später, schwarzverhüllten Büschen und Gattern, Scheunen, Klohäuschen und Mauern, die sich da und dort ins Sonnenlicht streckten.

Aber so war es nur in Street Cobham, wo der schwarze Brodem hängenblieb, bis er von selbst zu Boden gesunken war. In der Regel entfernten die Marsianer den Rauch, wenn er seinen Zweck erfüllt hatte, wieder aus der Luft, indem sie in ihn hineinwateten und eine Dampfdüse auf ihn richteten.

So verfuhren sie auch mit den Dampfschwaden in unserer Nähe, wie wir im Sternenlicht vom Fenster eines verlassenen Hauses in Upper Halliford aus sehen konnten, wohin wir zurückgekehrt waren. Von dort sahen wir auch die umherleuchtenden Suchscheinwerfer auf den Hügeln von Richmond und Kingston, und gegen elf klirrten die Fenster, und wir hörten die Schüsse der riesigen Belagerungswaffen, die man dort in Position gebracht hatte. Sie waren in gewissen Abständen jeweils eine Viertelstunde lang zu hören, auf gut Glück abgegeben in Richtung der unsichtbaren Marsianer bei Hampton und Ditton. Dann verschwanden die hellen Strahlenbündel des elektrischen Lichts, um einem tiefroten Schimmer zu weichen.

Dann schlug, wie ich später erfuhr, der vierte Zylinder – ein leuchtendgrüner Meteor – in Bushey Park auf die Erde. Bevor das Waffengerät auf der Hügelkette von Richmond und Kingston zum Einsatz kam, wurde weit hinten im Südwesten sporadisch geschossen, wie ich vermute von Geschützen, die noch unkoordiniert abgefeuert wurden, bis der schwarze Dampf die Artilleristen überwältigte.

Systematisch am Werk wie Menschen, die ein Wespennest ausräuchern, verteilten die Marsianer den erstickenden Dampf in der gesamten London vorgelagerten Gegend. Die Spitzen des Halbmonds weiteten sich nach und nach, bis sie schließlich eine Linie von Hanwell bis Coombe und Malden begrenzten. Die gesamte Nacht hindurch rückten sie mit ihren vernichtenden Rohren vor. Seit ihr Kamerad am St. George's Hill zu Fall gebracht worden war, gaben die Marsianer der Artillerie nicht mehr den Hauch einer Chance gegen sie. Wo immer es möglich war, versteckt Waffen gegen sie in Stellung zu bringen, wurde eine neue Büchse schwarzer Rauch entleert, und wo die Geschütze ohne Deckung dastanden, verrichtete der Hitzestrahl sein Werk.

Um Mitternacht warfen die lodernden Bäume an den Hängen von Richmond Park und der grelle Schein auf dem Hügel von Kingston ihr Licht auf ein Netzwerk aus schwarzem Rauch, der sich soweit das Auge reichte über das gesamte Themsetal erstreckte. Zwei Marsianer staksten langsam hindurch und richteten ihre zischenden Dampfdüsen hierhin und dorthin.

Den Hitzestrahl setzten sie in dieser Nacht sparsam ein, entweder weil sie nur begrenzt über die Substanzen zu seiner Erzeugung verfügten oder weil sie das Land gar nicht verwüsten, sondern nur den ihnen geltenden Widerstand brechen und niederhalten wollten. In Letzterem erreichten sie ihr Ziel ganz gewiss. Am Sonntagabend war Schluss mit dem organisierten Widerstand gegen ihr Tun. Von da an sollte keinerlei Menschengewalt mehr gegen sie ankommen, so hoffnungslos war das Vorhaben. Sogar die Mannschaften der Torpedoboote und Zerstörer, die ihre Schnellfeuergeschütze die Themse heraufgebracht hatten, weigerten sich zu halten, meuterten und kehrten wieder um. Die einzige aktive Gegenwehr, an die sich die Menschen nach dieser Nacht noch heranwagten, war das Legen von Minen und Ausheben von Fallgruben, und selbst dabei gingen sie hektisch und ungeschickt zu Werke.

Man möge und muss sich nur einmal das Schicksal jener Bataillone nahe Esher vor Augen führen, die in der Dämmerung so voller Anspannung warteten. Überlebende gab es nicht. Man stelle sich vor, wie alles wohlgeordnet dem Kommenden entgegensieht, die Offiziere auf dem Posten und wachsam, die Schützen bereit, die Munition aufgestapelt zur Hand, die Männer an den Kanonen samt Pferden und Wagen, die Gruppen zuschauender Zivilisten so nahe daneben wie sie durften, die Abendstille, die Krankenwagen und Feldlazarette mit den Verbrannten und Verletzten von Weybridge; dann der dumpfe Widerhall der von den Marsianern abgegebenen Schüsse und die klobigen Geschosse, die über die Bäume und Häuser dahinsausen und in direkter Nähe auf die Felder stürzen.

Man stelle sich nunmehr vor, wie plötzlich alle Aufmerksamkeit darauf gelenkt wird, wie sich dieses schwarze Etwas windend und wirbelnd rasch ausbreitet und rasend schnell nähert, in den Himmel emporschießt und die Dämmerung fühlbar in Finsternis taucht; wie sich ein fremder und schrecklicher Widersacher aus Dampf auf seine Opfer wirft, Menschen und Pferde von ihm eingehüllt werden, davonrennen, aufschreien, hinstürzen, die Rufe des Entsetzens, die plötzlich herrenlos dastehenden Waffen, wie Männer um Atem ringen und sich am Boden wälzen und die rasche Ausbreitung des trüben Kegels aus Rauch. Und schließlich Nacht und Auslöschung – nichts als eine stumme Masse undurchdringlichen Brodems, der seine Toten umhüllt.

Noch vor dem Morgengrauen ergoss sich der schwarze Rauch durch die Straßen von Richmond, und in einem letzten Kraftakt rief die in Auflösung begriffene Regierung die Bevölkerung Londons zur sofortigen Flucht auf.

16
Der Exodus aus London

Somit begreift man wohl die tosende Welle der Angst, die am Montag unmittelbar bei Tagesanbruch die größte Stadt der Welt durchzog – den Strom der Flucht, der sehr rasch zu einer Sturzflut anschwoll, in schäumenden Wogen um die Bahnhöfe brandete, sich an den Landungsbrücken der Themse als grässlicher Tumult aufstaute und über jeden sich bietenden Durchlass nach Norden und Osten abfloss. Gegen zehn Uhr verlor der Polizeiapparat an Zusammenhalt, gegen Mittag hatten ihn auch die Eisenbahngesellschaften eingebüßt; Struktur und Autorität erodierten, gingen erst langsam, dann zunehmend schneller in der Allgemeinheit auf.

Sämtliche Bahnlinien nördlich der Themse sowie die Mitarbeiter der South-Eastern an der Cannon Street waren bereits um die Mitternachtsstunde zum Sonntag verständigt worden, und die Züge füllten sich zusehends. Schon gegen zwei Uhr prügelten sich die Leute um einen Stehplatz im Waggon. Gegen drei wurden selbst in der Bishopsgate Street Menschen niedergetrampelt und erdrückt, einige hundert Meter oder mehr vor dem Bahnhof Liverpool Street; Revolver kamen zum Einsatz, Leute wurden erstochen, und die Polizisten, die entsandt worden waren, um das Getümmel zu steuern, schlugen den Menschen, die sie eigentlich schützen sollten, die Schädel ein.

Später am Tag, als die Lokführer und Heizer sich weigerten, nach London zurückzukehren, trieb die Dringlichkeit zur Flucht die Menschen in immer größerer Schar fort von den Bahnhöfen und hinaus auf die Straßen Richtung Norden. Gegen Mittag war ein Marsianer in Barnes gesehen worden, und eine Wolke aus langsam niedersinkendem schwarzem Rauch trieb die Themse entlang über die Ebenen von Lambeth und vereitelte durch ihr träges Nahen jegliche Flucht über die Brücken. Eine zweite Wolke zog über Ealing hinweg, wobei eine umzingelte kleine Insel voll Entronnener auf dem Castle Hill am Leben blieb, aber nicht von dort fortkam.

Nach erfolglosen Bemühungen, bei Chalk Farm auf einen Zug der North-Western zu gelangen – die Loks der Züge, in die man dort am Güterbahnhof hatte einsteigen können, *pflügten* schier durch schreiende Menschen, und ein Dutzend beherzter Männer bewahrte den Lokführer davor, von der Menge gegen seinen Heizkessel gepresst zu werden –, kämpfte sich mein Bruder zur Chalk Farm Road vor, schlängelte sich durch ein Fahrzeuggewimmel und hatte das Glück, bei der Plünderung eines Fahrradgeschäfts ganz vorn mit dabei zu sein. Der Vorderreifen des Rades, das er erwischte, bekam vom Herauszerren durchs Fenster ein Loch, dennoch saß er auf und fuhr davon, er hatte sich lediglich eine Schnittwunde zugezogen. Am steilen unteren Abschnitt Haverstock Hill hinauf war aufgrund gestürzter Pferde kein Durchkommen, und mein Bruder bog in die Belsize Road ein.

So entkam er der grassierenden Panik, fuhr die Edgware Road entlang und war, hungrig und erschöpft, doch deutlich vor der Menge gegen sieben in Edgware. Die ganze Strecke entlang standen Leute an der Straße, neugierig, staunend. Diverse Radfahrer, einige Reiter und zwei Autos überholten ihn. Eine Meile vor Edgware brach ihm die Felge, das Gefährt wurde unbrauchbar. Er ließ es am Straßenrand liegen und ging zu Fuß weiter bis ins Dorf. In der Hauptstraße des Ortes waren die Läden halb offen, die Gehsteige sowie die Eingänge und Fenster füllten sich mit Leuten, die diesem nunmehr einsetzenden Flüchtlingszug verwundert zusahen. In einem Gasthaus konnte sich mein Bruder etwas zu essen verschaffen.

Eine Zeit lang blieb er in Edgware, ohne rechte Vorstellung vom nächsten Schritt. Die Zahl der Flüchtenden nahm immer mehr zu. Viele neigten wie mein Bruder dazu, sich zunächst weiter im Ort aufzuhalten. Über die Eindringlinge vom Mars gab es nichts Neues.

Zu dieser Zeit war die Straße voller Menschen, aber noch keineswegs verstopft. Die ersten Flüchtlinge waren zumeist per Fahrrad unterwegs, bald aber kamen Autos, zwei- und vierrädrige Kutschen vorbeigeeilt und hinterließen dichte Staubwolken über der Straße nach St. Albans.

Es war vielleicht nur eine vage Eingebung, nach Chelmsford zu gehen, wo Freunde von ihm lebten, doch sie bewog meinen Bruder schließlich, ein stilles Sträßchen in Richtung Osten einzuschlagen. Bald gelangte er an einen Zaunübertritt, überquerte ihn und folgte einem Fußweg nordostwärts. Er kam an einigen Bauernhäusern und irgendwelchen kleinen Orten vorbei, deren Namen er nicht kannte. Er sah nur wenige Flüchtende, bis er auf einem Grasweg nach High Barnet zwei Frauen begegnete, die seine Gefährtinnen wurden. Er kam eben zur rechten Zeit, um sie zu retten.

Er hörte ihre Schreie, eilte um die Biegung und sah, wie zwei Männer sie mit Gewalt von dem kleinen Ponywagen zerrten, das sie lenkten, während ein dritter mit Mühe den Kopf des aufgeschreckten Ponys hielt. Die eine der beiden Frauen, eine weißgekleidete kleine Dame, schrie die ganze Zeit; die andere, dunkel und schlank, hieb mit der Peitsche in ihrer freien Hand auf den Mann ein, der ihren Arm gepackt hatte.

Mein Bruder erfasste die Situation sofort, rief etwas und war rasch zur Stelle. Einer der Männer hielt inne und wendete sich ihm zu. Mein Bruder erkannte an der Miene seines Gegners, dass ein Kampf unvermeidlich war, und weil er geschickt im

Boxen war, ging er sofort auf den Mann los und schlug ihn nieder, dass er gegen das Wagenrad stürzte.

Für die Beachtung der Box-Etikette blieb keine Zeit, mein Bruder erledigte ihn mit einem Tritt und packte den Mann, der am Arm der schlanken Dame gezerrt hatte, beim Kragen. Er hörte Hufgeklapper, die Peitsche fuhr ihm übers Gesicht, ein dritter Widersacher schlug ihm zwischen die Augen, und der Mann in seinem Griff riss sich los und rannte den Feldweg fort in die Richtung, aus der er selbst gekommen war.

Halb betäubt stand mein Bruder nun dem Mann gegenüber, der den Kopf des Pferdes gehalten hatte, und er bemerkte, dass der Wagen heftig schwankend davonfuhr; die Frauen saßen darin und blickten sich zu ihm um. Der Mann vor ihm, ein stämmiger Unhold, wollte auf ihn losgehen, er hielt ihn mit einem Schlag ins Gesicht davon ab. Er hatte jetzt niemanden mehr vor sich, wie er feststellte, machte kehrt und lief den Feldweg hinab der Kutsche hinterher, mit dem Stämmigen dicht hinter ihm; der Mann, der davongerannt und nun umgekehrt war, folgte in einiger Entfernung.

Plötzlich stolperte mein Bruder und fiel zu Boden; sein direkter Verfolger stürzte auf ihn zu, und als er sich wieder aufgerappelt hatte, standen erneut zwei Angreifer vor ihm. Er hätte wenig gegen sie ausrichten können, wäre nicht die schlanke Dame schleunigst umgekehrt und ihm zu Hilfe geeilt. Sie hatte offenbar die ganze Zeit einen Revolver dabei, doch war er im Moment des Überfalls auf sie und ihre Gefährtin unter dem Sitz verborgen gewesen. Sie gab auf etwa fünf Meter Entfernung einen Schuss ab und hätte beinahe meinen Bruder getroffen. Der weniger mutige Räuber machte sich davon, sein Kumpan folgte ihm und schimpfte dabei laut über dessen Feigheit. Beide hielten noch in Sichtweite auf dem Weg an der Stelle, wo der dritte Mann bewusstlos dalag.

»Nehmen Sie den!«, sagte die schlanke Dame und gab meinem Bruder ihren Revolver.

»Gehen Sie zurück zum Wagen«, sagte mein Bruder, der sich Blut von der aufgeplatzten Lippe wischte.

Wortlos wandte sie sich um – beide rangen nach Luft –, und gemeinsam gingen sie zur Dame in Weiß, die unter großen Mühen das verschreckte Pony im Zaum zu halten versuchte.

Die Räuber hatten offenkundig genug. Als mein Bruder zu ihnen herübersah, trollten sie sich.

»Ich setze mich da hin«, sagte mein Bruder, »wenn ich darf«, und nahm den freien Vordersitz ein. Die Dame blickte über ihre Schulter.

»Reichen Sie mir die Zügel«, sagte sie und strich dem Pony mit der Peitsche über die Flanke. Kurz darauf waren die drei Männer hinter einer Wegbiegung dem Blick meines Bruders entschwunden.

So fuhr denn mein Bruder keuchend, mit gerissener Lippe, einem blauen Fleck am Kinn und blutbesudelten Fingern unverhofft auf unbekanntem Weg mit diesen zwei Frauen dahin.

Er erfuhr, dass sie die Frau und die jüngere Schwester eines in Stanmore lebenden Chirurgen waren, der in den frühen Morgenstunden auf der Rückfahrt von einem gefährlichen Fall in Pinner an irgendeinem Bahnhof erfahren habe, dass die Marsianer vorrückten. Er sei heimgeeilt, habe die Frauen geweckt – ihre Bedienstete hatte sie zwei Tage zuvor verlassen –, etwas Verpflegung zusammengepackt, seinen Revolver unter den Sitz gelegt (zum Glück für meinen Bruder) und sie angewiesen, nach Edgware zu fahren, wo sie in den Zug steigen sollten. Er selbst habe erst noch die Nachbarn verständigen wollen, würde sie aber gegen halb fünf Uhr morgens eingeholt haben. Nun sei es fast neun und von ihm noch immer nichts in Sicht. In Edgware hätten sie aufgrund des inzwischen dort herrschenden Gedränges nicht bleiben können, und so wären sie auf diesen Seitenweg geraten.

Das war die Geschichte, die sie meinem Bruder stückweise erzählten, bis sie erneut anhielten, diesmal nahe New Barnet. Er versprach, auf jeden Fall so lange bei ihnen zu bleiben, bis sie sich zu ihrem nächsten Schritt entschlossen hätten oder der verschollene Mann zu ihnen gestoßen sei, und um ihre Zuversicht zu stärken, beteuerte er – obwohl er mit der Waffe überhaupt nicht umgehen konnte –, ein hervorragender Revolverschütze zu sein.

Am Wegrand schlugen sie eine Art Lager auf, und das Pony bediente sich an der Hecke. Mein Bruder erzählte ihnen von seiner eigenen Flucht aus London und allem, was er über diese Marsianer und ihr Treiben wusste. Die Sonne stieg weiter empor, nach einer Weile erstarb ihr Gespräch, woraufhin sich ein ungutes Vorgefühl breitmachte. Einige Menschen kamen zu Fuß des Weges, die mein Bruder nach Kräften ausfragte. Mit jeder noch so bruchstückhaften Antwort vertiefte sich sein Eindruck, dass großes Unheil über die Menschheit gekommen war, vertiefte sich seine Überzeugung, dass sie auf der Stelle weiterfliehen mussten. Er mahnte die Frauen entsprechend.

»Wir haben Geld«, sagte die Schlanke und zauderte.

Ihr Blick begegnete dem meines Bruders, und sie zauderte nicht länger.

»Ich auch«, sagte mein Bruder.

Sie erklärte, dass sie neben einer Fünf-Pfund-Note allemal dreißig Pfund in Goldmünzen dabei hätten, und befand, dass ihnen das wohl Plätze in einem Zug nach St. Albans oder New Barnet verschaffen dürfte. Mein Bruder, der den Ansturm der Londoner auf die Züge gesehen hatte, hielt dies für aussichtslos und äußerte seine eigene Idee, sich durch Essex bis Harwich vorzukämpfen und von dort ganz aus dem Land zu fliehen.

Mrs Elphinstone – so hieß die Dame in Weiß – verschloss sich allen Argumenten und rief weiterhin nach ihrem George; ihre Schwägerin jedoch war erstaunlich ruhig und besonnen und stimmte dem Vorschlag meines Bruders schließlich zu. In der Absicht, die Great North Road zu überqueren, ging es in Richtung Barnet. Mein Bruder führte das Pony, um es möglichst zu schonen.

Die Sonne am Himmel sorgte für einen überaus heißen Tag, und der dichte weißliche Sand unter den Füßen wurde zunehmend heiß und blendete, sodass sie nur sehr langsam vorankamen. Die Hecken waren grau vor Staub. Und als sie sich Barnet näherten, war ein anwachsend lautes Getöse zu hören.

Sie stießen auf immer mehr Leute. Diese blickten zumeist dumpf vor sich hin, murmelten unbestimmte Fragen, waren erschöpft, verstört und beschmutzt. Ein Mann im Abendanzug tappte mit zu Boden gerichtetem Blick an ihnen vorüber. Sie hörten ihn reden, und als sie ihm nachblickten, sahen sie, dass er sich mit der einen Hand das Haar raufte und mit der anderen nach etwas Unsichtbarem schlug. Als sein Wutanfall vorüber war, setzte er seinen Weg fort, ohne sich erneut umzuschauen.

Während die Gruppe meines Bruders auf die Kreuzung im Süden von Barnet zusteuerte, sahen sie zu ihrer Linken eine Frau, die ein Kind trug und noch zwei weitere dabeihatte, über eine Wiese in Richtung Straße laufen; dann ging ein Mann in schmutziger schwarzer Kleidung vorbei, der einen dicken Stock in der einen Hand hielt und einen kleinen Koffer in der anderen. Dann kam an der Stelle, wo der von Landhäusern gesäumte Feldweg in die Hauptstraße mündet, ein kleiner Wagen um die Biegung, den ein schwitzendes schwarzes Pony zog und ein blasser Jüngling mit staubiger Melone auf dem Kopf lenkte. Im Wagen drängten sich drei Mädchen, Fabrikarbeiterinnen aus dem East End, und einige kleine Kinder.

»Kommen wir da lang nach Edgware?«, fragte der Fahrer. Er blickte verstört um sich, sein Gesicht war weiß. Und als mein Bruder ihm sagte, dazu müsse er sich nur links halten, schwang er sofort die Peitsche, ohne einen Dank zu erwidern.

Mein Bruder bemerkte, wie zwischen den Häusern vor ihnen ein fahlgrauer Rauch oder Dunst aufstieg; er verhüllte die weiße Front einer Häuserreihe jenseits der Straße, die hinter den Landhäusern zum Vorschein kam. Mrs Elphinstone schrie plötzlich auf, weil über den Häusern vor ihnen etliche rauchig-rote Flammen in den heißen blauen Himmel emporzüngelten. Das Getöse war nun besser zu unterscheiden als Stimmenwirrwarr, Knirschen zahlreicher Räder, Rumpeln von Wagen und Hufgeklapper. Keine fünfzig Meter vor der Kreuzung machte der Feldweg eine scharfe Kurve.

»Du lieber Himmel!«, rief Mrs Elphinstone. »Wo fahren Sie uns da bloß hin?«

Mein Bruder hielt an.

Die Hauptstraße war eine brodelnde Flut von Leuten, ein reißender Strom von Menschen, die im ärgsten Gedränge nordwärts eilten. Bis zu einer Höhe von etwa fünf Metern ließ eine im Sonnenglanz weiß leuchtende gewaltige Staubwolke alles grau und verschwommen wirken. Sie wurde stets aufs Neue genährt durch die Hufe der dicht an dicht voraneilenden Pferde, durch Männer und Frauen, die zu Fuß unterwegs waren, und die Räder jeglicher Art von Gefährt.

»Platz da!«, hörte mein Bruder Stimmen rufen. »Macht Platz!«

Um an die Stelle zu gelangen, wo der Feldweg in die Straße mündete, musste man gleichsam in den Rauch eines Brandes hineinfahren; die Menge toste wie Feuer, der Staub war heiß und stechend. Und tatsächlich stand ein Stück weiter die Straße hinauf ein Landhaus in Flammen, weshalb dichter schwarzer Rauch bis auf die Straße drang und noch weiter zum Chaos beitrug.

Hinter ihnen erschienen zwei Männer. Dann eine schmutzige Frau, die ein großes Bündel trug und weinte. Ein herrenloser Retriever kam hechelnd heran und umkreiste sie zaghaft; als mein Bruder ihm drohte, floh das ängstliche, bejammernswerte Tier.

So viel man von der Straße Richtung London zwischen den Häusern zur Rechten erkannte, war sie ein lärmender Strom aus schmutzigen, hastenden Menschen, der sich zwischen den Landhäusern zu beiden Seiten aufstaute. An der Straßenecke waren die schwarzen Köpfe, die sich drängenden Formen vorübergehend gut auszumachen; waren sie dort vorbei, verschmolzen sie wiederum zu einer fliehenden Masse, die zuletzt ganz in einer Staubwolke aufging.

»Weiter! Weiter!«, schrien die Stimmen. »Platz da! Macht Platz!«

Jeder hatte einen im Rücken, der ihn voranschob. Mein Bruder stand neben dem Kopf des Ponys. Unwiderstehlich angezogen ging er Schritt für Schritt langsam den Feldweg hinab.

In Edgware war ein großes Getümmel gewesen, in Chalk Farm ein lärmender Aufruhr, doch das hier war eine regelrechte Völkerwanderung. Ein schier unvorstellbares, mit nichts zu vergleichendes Heer von Menschen war unterwegs. Die an der Ecke seitlich weggedrückten Gestalten schoben sich mit dem Rücken zurück in die Menge auf der Straße. Am Rand war man zu Fuß unterwegs, hier drohte Gefahr durch Räder, rutschte man in die Gräben ab und stolperte übereinander.

Die Karren und Wagen folgten dicht aufeinander und ließen wenig Platz für die schnelleren und ungestümeren Fahrzeuge, die ständig voranschossen, wenn sich ihnen die Gelegenheit bot, wobei sie die Leute gegen die Zäune und Gatter der Landhäuser schmetterten.

»Schneller!«, rief man überall. »Schneller! Sie kommen!«

Auf einem Wagen stand ein blinder Mann in der Uniform der Heilsarmee, er gestikulierte mit seinen Krallenfingern und brüllte »Ewigkeit! Ewigkeit!«. Seine Stimme war heiser und sehr laut, sodass mein Bruder ihn noch hörte, als er ihn inmitten des Staubs längst nicht mehr sehen konnte. Manche Leute in den überfüllten Karren schlugen dümmlich auf ihre Pferde ein und zankten sich mit anderen Fahrern; andere saßen regungslos da, starrten trostlosen Blicks ins Leere; wieder andere nagten vor Durst an ihren Händen oder lagen ausgestreckt auf dem Boden ihres Fahrzeugs. Die Trensen der Pferde waren schaumbedeckt, ihre Augen blutunterlaufen.

Da gab es Mietwagen, Kutschen, Fuhrwerke, Karren ohne Zahl; eine Postkutsche, einen Wagen der Straßenreinigung mit der Aufschrift »Gemeinde St. Pancras«, einen großen Holztransporter, voll besetzt mit harten Burschen. Ein Brauereiwagen rumpelte mit blutbespritzten Rädern vorüber.

»Aus dem Weg!«, riefen die Stimmen. »Aus dem Weg!«

»E-wigkeit! E-wigkeit!«, hallte es von der Straße hoch.

Bekümmerte, müde Frauen marschierten dahin, sie trugen feine Sachen und hatten Kinder dabei, die weinten und hinfielen; ihre zierlichen Kleider waren staubbedeckt, ihre erschöpften Gesichter tränenverschmiert. Zu vielen von ihnen gesellten sich Männer, manche hilfsbereit, manche finster und aggressiv. Im allgemeinen Gewühl drängelten sich immer wieder Obdachlose nach vorn; sie trugen schwarze Lumpen und riefen mit weit aufgerissenen Augen und lauter Stimme unflätiges Zeug. Stämmige Arbeiter schoben sich voran; elende, zerzauste Männer, ihrer Kleidung nach zu schließen Buchhalter oder Verkäufer, bahnten sich ungelenk ihren Weg; mein Bruder sah einen verletzten Soldaten, er sah Männer in Gepäckträger-Uniform, eine Jammergestalt im Nachthemd mit übergeworfener Jacke.

Doch so bunt ihre Zusammensetzung auch war, so hatten sie doch alle etwas gemein. Angst und Schmerz stand in ihren Gesichtern, Angst saß ihnen im Nacken. Ein Tumult auf der Straße, Streit um den Platz auf einem Wagen ließ die gesamte Schar ihre Schritte beschleunigen; selbst ein Mann, dem vor Angst und Entkräftung fast die Beine versagten, wurde vorübergehend mit einem Mal wieder munter. Hitze und Staub hatten dieser Menge bereits heftig zugesetzt. Die Haut der Menschen war trocken, ihre Lippen waren schwarz und aufgesprungen. Alle hatten Durst, wunde Füße und kaum noch Kraft. Und inmitten all des Lärms waren von zumeist heiseren und schwachen Stimmen Gezänk, Vorwürfe und wehklagende Seufzer zu vernehmen. Über allem erging der Refrain:

»Platz da! Macht Platz! Die Marsianer kommen!«

Nur wenige hielten an und traten aus dieser Flut hervor. Der Feldweg mündete abschüssig in die Hauptstraße, wo er sehr schmal war und den trügerischen Eindruck erweckte, aus Richtung London zu kommen. Dennoch wurden einige Menschen gleichsam in seine Mündung hineingesogen; wer nicht mehr konnte, bahnte sich unter Einsatz seiner Ellenbogen den Weg aus dem Strom heraus, tauchte nach kurzem Verschnaufen jedoch zumeist bald wieder in ihn ein. Ein kleines Stück neben dem Feldweg lag ein Mann mit nacktem Bein, das mit blutigen Lappen umwickelt war; zwei Freunde versorgten ihn. Glück für ihn, dass er Freunde hatte.

Ein kleiner Greis mit grauem Soldatenschnauzbart, der einen dreckigen schwarzen Gehrock trug, trat hinkend heraus, setzte sich an den Rand, zog einen Stiefel aus – die Socke war rot vor Blut –, entfernte ein Steinchen und humpelte weiter. Und da ließ sich ein kleines Mädchen, acht, neun Jahre alt und ganz allein, dicht bei meinem Bruder weinend neben die Hecke fallen.

»Ich kann nicht mehr! Ich kann nicht mehr!«

Mein Bruder erwachte aus seiner Apathie. Er hob das Kind auf, redete freundlich mit ihm und trug es zu Miss Elphinstone. Kaum hatte mein Bruder es berührt, wurde es wie vor Angst ganz still.

»Ellen!«, schrie eine Frau in der Menge, den Tränen nahe. »Ellen!« Und schon ließ das Kind meinen Bruder stehen, flitzte los und rief: »Mutter!«

»Sie kommen«, sagte ein Mann zu Pferde, der den Feldweg entlangritt.

»Aus dem Weg da!«, blaffte ein hoch aufragender Kutscher; und mein Bruder sah, wie ein geschlossener Wagen in den Feldweg einbog.

Die Leute drängten im Pulk nach hinten, um dem Pferd auszuweichen. Mein Bruder beförderte das Pony samt Wagen zurück an die Hecke, der Mann fuhr vorbei und hielt an der Wegbiegung an. Sein Wagen hatte eine Deichsel für zwei Pferde, doch nur eines war vorgespannt. Undeutlich inmitten des Staubs sah mein Bruder, dass zwei Männer etwas auf einer weißen Trage hinaushoben und unterhalb der Ligusterhecke behutsam aufs Gras legten.

Einer der Männer kam auf meinen Bruder zugeeilt.

»Gibt's hier irgendwo Wasser?«, fragte er. »Sein Tod steht kurz bevor, und er hat großen Durst. Es ist Lord Garrick.«

»Lord Garrick!«, sagte mein Bruder. »Der Vorsitzende Richter?«

»Wasser!«, drängte der andere.

»Wenn sie eine Leitung haben«, sagte mein Bruder, »vielleicht in einem der Häuser. Wir haben kein Wasser. Und ich bleibe auf jeden Fall hier bei meinen Leuten.«

Der Mann drängelte sich durch die Menge bis zum Tor des Eckhauses.

»Weiter!«, sagten die Menschen und schoben ihn mit sich. »Sie kommen! Weiter!«

Da wurde die Aufmerksamkeit meines Bruders auf einen Mann mit Bart und Adlergesicht gelenkt, der sich an einer kleinen Tasche abschleppte; und eben, als mein Bruder hinsah, platzte diese Tasche auf, worauf sich ein Schwall Gold-Sovereigns aus ihr ergoss, der auf dem Boden in lauter einzelne Münzen zersprang. Inmitten all der Füße und Hufe rollten sie in sämtliche Richtungen davon. Der Mann hielt an und blickte dümmlich auf den Haufen hinab, da erwischte ihn eine Wagendeichsel an der Schulter und brachte ihn aus dem Gleichgewicht. Er kreischte und wich zurück, wobei ihn ein Wagenrad streifte.

»Weg da!«, riefen alle Leute um ihn herum. »Aus dem Weg!«

Kaum war der Wagen vorüber, warf er sich mit beiden Händen auf den Münzenhaufen und begann ihn in seine Tasche zu schaufeln. Ein Pferd kam direkt auf ihn zu, er wollte sich aufrichten, doch da senkten sich bereits seine Hufe auf ihn nieder.

»Halt!«, rief mein Bruder, schob eine Frau zur Seite und langte nach der Trense des Pferdes.

Er hatte sie noch nicht gepackt, da hörte er einen Schrei unterhalb der Räder und sah im Staub die Felge über den Rücken des armen Teufels hinwegrollen. Der Fahrer des Wagens versetzte meinem Bruder einen Peitschenhieb, woraufhin dieser hinter den Wagen eilte. Ihn verwirrte das Geschrei von überallher. Inmitten seines verstreuten Geldes wand sich der Mann vor Schmerz im Staub. Er vermochte nicht aufzustehen, das Rad hatte ihm sein Rückgrat gebrochen, seine Beine lagen schlaff und leblos da. Mein Bruder erhob sich und schrie dem nächsten Fahrer etwas zu, und ein Mann auf einem schwarzen Pferd kam ihm zu Hilfe.

»Holt ihn von der Straße«, sagte er; mit seiner freien Hand bekam mein Bruder den Mann am Kragen zu fassen und zerrte ihn an die Seite. Doch der angelte noch immer nach seinem Geld, warf meinem Bruder wütende Blicke zu und hieb mit einer Faust voller Gold auf seinen Arm ein. »Weiter! Weiter!«, riefen zornige Stimmen hinter ihm. »Platz da! Macht Platz!«

Mit lautem Krachen rasselte eine Kutsche mit ihrer Deichsel in den Wagen, den der Mann zu Pferde angehalten hatte. Während mein Bruder aufsah, drehte der Mann mit dem Gold seinen Kopf und biss in die Hand, die ihn am Kragen hielt. Es tat einen Stoß, das schwarze Pferd taumelte seitwärts, und das Pferd, das den Wagen zog, drängte sich neben es. Um Haaresbreite hätte ein Pferd meinem Bruder auf den Fuß getreten. Er ließ den gestürzten Mann los und sprang zurück. Er sah, wie sich die Wut im Gesicht des armen Teufels auf dem Boden in schiere Angst wandelte, und im nächsten Moment war er außer Sicht. Mein Bruder wurde zurückgezerrt und bis hinter die Einmündung des Feldwegs geschafft, von wo er sich im reißenden Strom nur mit Mühe wieder vorankämpfte.

Er sah Miss Elphinstone, die sich die Augen zuhielt, und ein kleines Kind, das mit seinem typisch kindlichen Mangel an mitfühlender Vorstellungskraft mit großen Augen auf das staubige Etwas starrte, das schwarz und reglos dalag, von Rädern überrollt und zermalmt. »Wir kehren um!«, rief er und begann das Pony zu wenden. »Wir schaffen es nicht auf die andere Seite dieser – Hölle«, sagte er, woraufhin sie den Weg, den sie gekommen waren, hundert Meter zurückgingen, bis sie das Kampfgetümmel nicht länger sahen. Von der Biegung des Feldwegs aus sah mein Bruder das Gesicht des sterbenden Mannes im Graben unter dem Liguster, totenbleich, ausgezehrt und glänzend vor Schweiß. Die beiden Frauen saßen still da, sie hockten auf ihren Plätzen und zitterten.

Hinter der Wegbiegung hielt mein Bruder erneut an. Miss Elphinstone war überaus blass, ihre Schwägerin saß weinend da und war selbst zum »George«-Rufen zu schwach. Mein Bruder war schockiert und verwirrt. Kaum hatten sie den Rückzug angetreten, wurde ihm klar, dass ein Versuch, auf die andere Seite zu gelangen, ebenso dringlich wie unvermeidlich war. Mit plötzlicher Entschlossenheit drehte er sich zu Miss Elphinstone um.

»Wir müssen doch da lang«, sagte er und wendete das Pony erneut.

Zum zweiten Mal an diesem Tag zeigte diese junge Frau, was in ihr steckte. Um sich einen Platz im Menschenstrom zu erzwingen, warf sich mein Bruder in den Verkehr und hielt ein Droschkenpferd zurück, während sie das Pony an dessen Kopf vorbeisteuerte. Kurz blockierte ein Karren die Räder, in dessen Folge ein langes Stück Holz vom Ponywagen absplitterte. Im nächsten Moment steckten sie mittendrin und wurden vom Strom fortgetragen. Mein Bruder, der von der Peitsche des Droschkenkutschers rote Striemen auf Gesicht und Händen davontrug, stieg den Wagen hinauf und nahm der Frau die Zügel ab.

»Richten Sie den Revolver auf den Mann hinter uns«, sagte er und reichte ihr die Waffe, »für den Fall, dass er uns zu sehr bedrängt. Nein! – Richten Sie ihn auf sein Pferd.«

Dann suchte er nach einer Gelegenheit, sich rechts entlang über die Straße zu schieben. Doch nachdem er einmal im Strom war, schien er, ohne sich dessen erwehren zu können, diesem staubigen Rudel einverleibt zu sein. Sie glitten mit dem Strom durch Chipping Barnet, und sie waren schon fast wieder eine Meile von der Ortsmitte entfernt, als sie sich auf die andere Seite der Straße hinübergekämpft hatten. Lärm und Chaos waren unbeschreiblich, doch innerhalb und jenseits der Stadt gabelte sich die Straße mehrfach, wodurch sich der Druck ein Stück weit verteilte.

Sie fuhren nun Richtung Osten durch Hadley. Dort und noch etwas weiter an einer anderen Stelle stießen sie beidseits der Straße auf Scharen von Menschen, die aus dem Fluss tranken und sich manchmal mit Gewalt bis zum Wasser vorkämpften. Ein Stück weiter sahen sie von einem Hügel bei East Barnet zwei Eisenbahnen langsam hintereinander ohne Signal oder Aufsicht dahinfahren – Züge überfüllt mit Menschen, die sogar auf der Kohle hinter der Lok saßen. Sie fuhren in nördlicher Richtung auf der Strecke der Great Northern Railway. Mein Bruder mutmaßte, dass sie erst außerhalb Londons bestiegen worden sein konnten, denn zu jener Zeit hatte der rasende Ansturm der Menschen die innerstädtischen Bahnhöfe bereits lahmgelegt.

Nahe dieser Stelle wurde für den Rest des Nachmittags eine Pause eingelegt, denn die Erschütterungen des Tages hatten allen dreien über die Maßen zugesetzt. Schon machte sich ein erstes Hungergefühl breit; die Nacht war kalt, aber keiner von ihnen wagte zu schlafen. Und am Abend eilten viele Menschen auf der Straße in der Nähe ihres Rastplatzes vorüber. Sie flohen vor unbekannten Gefahren, die in Wirklichkeit vor ihnen lagen, und liefen in die Richtung, aus der mein Bruder gekommen war.

17
Die »Thunder Child«

Wäre es den Marsianern allein um Zerstörung gegangen, so hätten sie am Montag die gesamte Bevölkerung Londons auslöschen können, während sie sich langsam über die nächstliegenden Grafschaften verteilte. Nicht nur entlang der Straße durch Barnet, auch durch Edgware und Waltham Abbey, auf den Straßen nach Osten Richtung Southend und Shoeburyness sowie südlich der Themse nach Deal und Broadstairs strömte dieselbe rasende Schar dahin. Hätte man sich an diesem Junimorgen in einem Ballon im strahlenden Blau über London befunden, dann wäre einem jede nach Norden und Osten aus dem Stadtlabyrinth herausführende Straße schwarz übersät von fortströmenden Flüchtlingen erschienen, jedes Pünktchen ein menschliches Leid aus Grauen und physischem Schmerz. Im letzten Kapitel habe ich dem Bericht meines Bruders von den Geschehnissen an der Straße nach Chipping Barnet viel Platz eingeräumt, um meinen Lesern einen Eindruck davon zu vermitteln, wie es jemand erging, der eines dieser schwarzen Pünktchen war. Nie zuvor in der Geschichte der Welt war eine derart große Menschenmenge gemeinsam unterwegs und im Leid vereint gewesen. Die sagenhaften Horden der Goten und Hunnen, die gewaltigsten Armeen, die Asien je erlebt hat, sie wären nichts als ein Tropfen in diesem Strom. Und dies war kein disziplinierter Marsch; es war eine wilde Flucht – eine wilde Flucht, gewaltig und schrecklich – ohne Ordnung und ohne Ziel, sechs Millionen hastig davonstürzende Menschen ohne Waffen und Verpflegung. Es war der Anfang vom Kollaps der Zivilisation, vom Morden der Menschheit.

Direkt unter sich hätte der Ballonfahrer das weitverzweigte Straßennetz gesehen, Häuser, Kirchen, Plätze, halbmondförmige Gassen, Gärten – alles nahezu verlassen –, wie ein riesiger entfalteter Stadtplan mit *Klecksen* im Süden. Über Ealing, Richmond, Wimbledon wäre der Eindruck entstanden, als habe eine gigantische Füllfeder die Landkarte mit Tinte besudelt. Stetig und ohne Unterlass wurde jeder dieser Flecken größer und breitete sich aus, verzweigte sich dahin und dorthin, blitzschnell, staute sich vor Bodenerhebungen, ergoss sich dann rasch über abschüssiges Gelände in eine neue Senke, so wie sich ein Tintentropfen über ein Blatt Löschpapier verteilt.

Und weiter hinten jenseits der blauen Hügel, die sich südlich des Flusses erheben, gingen die funkelnden Marsianer umher, verteilten in aller Ruhe und mit System ihre Giftwolke über diesen und jenen Landstrich, beseitigten sie wieder mit ihren Dampfdüsen, wenn sie ihren Zweck erfüllt hatte, und nahmen so das eroberte Land in Besitz. Es schien ihnen dabei nicht um Ausrottung gegangen zu sein, vielmehr um eine vollständige Demoralisierung und das Brechen jeglichen Widerstands. Jedes ihnen unterkommende Munitionslager sprengten sie in die Luft, sie zerschnitten jede Telegrafenleitung und zerstörten überall die Bahnlinien. Sie machten die Menschheit handlungsunfähig. Mit der Ausweitung ihres Aktionsradius schienen sie keine Eile zu haben; an diesem Tag gelangten sie nicht über den Kernbezirk Londons hinaus. Es ist möglich, dass eine sehr erhebliche Anzahl Menschen bis zum Montagmorgen in ihren Häusern blieb. Ganz sicher jedoch starben viele daheim, indem sie am schwarzen Rauch erstickten.

Um die Mittagszeit bot der Pool of London, die Hafenregion, ein erstaunliches Schauspiel. Verlockt von den gewaltigen Geldsummen, die Flüchtende in Aussicht stellten, waren dort Dampfschiffe und Boote aller Art vor Anker gegangen, und angeblich wurden viele Menschen, die zu diesen Schiffen hingeschwommen waren, mit Bootshaken fortgestoßen und mussten ertrinken. Gegen dreizehn Uhr waren zwischen den Bögen der Blackfriars Bridge vereinzelte Reste einer Wolke schwarzen Rauchs zu sehen. Daraufhin wurde der Pool zum Schauplatz eines irren Trubels, Kämpfens und Kollidierens; längere Zeit waren zahlreiche Boote und Kähne im nördlichen Bogen der Tower Bridge eingeklemmt, und die Seemänner und Schauerleute stemmten sich gewaltsam gegen die vom Ufer her auf sie eindringenden Menschen. Manche kamen gar von oben die Brückenpfeiler hinabgeklettert.

Als eine Stunde später ein Marsianer hinter dem Uhrturm auftauchte und den Fluss hinabwatete, trieben nur noch Wrackteile am Stadtteil Limehouse vorüber.

Vom Auftreffen des fünften Zylinders erzähle ich noch. Der sechste Stern ging in Wimbledon nieder. Mein Bruder, der neben den Frauen im Wagen auf einer Wiese Wache hielt, sah seinen grünen Blitz weit hinter den Hügeln. Am Dienstag schlug sich die kleine Gruppe, noch immer zur Fahrt übers Meer entschlossen, inmitten des vor Menschen wimmelnden Landes nach Colchester durch. Es bestätigte sich die Meldung, dass die Marsianer nunmehr ganz London eingenommen hatten. Sie waren in Highgate gesichtet worden und angeblich sogar in Neasden. Mein Bruder bekam sie erst am nächsten Morgen zu Gesicht.

An diesem Tag begriffen die verstreuten Massen, wie dringlich die Versorgung mit Lebensmitteln wurde. Mit zunehmendem Hunger schwand die Rücksicht auf Eigentumsrechte. Mit Waffen in den Händen zogen Bauern los, ihre Viehställe, Kornspeicher und Feldfrüchte zu verteidigen. Zahlreiche Menschen bewegten sich nun wie mein Bruder in östlicher Richtung voran, und ein paar ganz Verzweifelte gingen zur Nahrungsbeschaffung sogar zurück nach London. Dies waren vorwiegend Leute aus den nördlichen Vororten, die den schwarzen Rauch nur vom Hörensagen kannten. Mein Bruder erfuhr, dass sich etwa die Hälfte der Regierungsmitglieder in Birmingham versammelt hatte und dass gewaltige Mengen hochexplosiven Sprengstoffs zur Verwendung in automatischen Minen vorbereitet wurden, die in den Grafschaften der Midlands verlegt werden sollten.

Ebenfalls erfuhr er, dass die Midland Railway Company das in der Panik des ersten Tages geflohene Personal ersetzt, den Betrieb wiederaufgenommen hatte und von St. Albans aus Züge in Richtung Norden einsetzte, um der Überfüllung in den Grafschaften rund um London abzuhelfen. Ein Aushang in Chipping Ongar gab zudem bekannt, dass in den nördlichen Städten große Mehlvorräte vorhanden seien und dass binnen vierundzwanzig Stunden die hungernde Bevölkerung in der Gegend mit Brot versorgt sein werde. Diese Information hielt meinen Bruder jedoch nicht von seinem Fluchtplan ab, und die drei drängten den ganzen Tag hindurch weiter ostwärts und hörten über diese Ankündigung hinaus nichts mehr von dieser Brotverteilungsmaßnahme. Im Übrigen hörte auch sonst niemand mehr irgendetwas davon. In dieser Nacht ging der siebte Stern nieder, er fiel auf Primrose Hill. Dies geschah, während Miss Elphinstone Wache hielt, denn diese Aufgabe übernahm sie im Wechsel mit meinem Bruder. Sie hat es gesehen.

Nachdem sie die Nacht in einem Weizenfeld verbracht hatten, erreichten die drei Flüchtenden am Mittwoch Chelmsford. Dort requirierte ein Gremium von Bewohnern, das sich Versorgungsausschuss nannte, das Pony als Nahrungsmittel und wollte hierfür nichts geben als das Versprechen, ihnen am nächsten Tag etwas davon abzugeben. Hier besagten Gerüchte, die Marsianer seien in Epping, und man erfuhr, dass beim erfolglosen Versuch, einen der Eindringlinge in die Luft zu jagen, die Pulvermühlen von Waltham Abbey zerstört worden seien.

Von den Kirchtürmen aus hielten die Menschen hier nach Marsianern Ausschau. Zu seinem Glück, wie sich noch herausstellte, wollte mein Bruder lieber sofort weiter zur Küste, statt auf Nahrung zu warten, obwohl alle drei großen Hunger litten. Mittags kamen sie durch Tillingham, das abgesehen von ein paar heimlichen Plünderern auf der Jagd nach Essbarem seltsamerweise ganz still und verlassen schien. Nahe Tillingham erblickten sie mit einem Mal das Meer mitsamt der denkbar erstaunlichsten Ansammlung ganz unterschiedlicher Schiffe.

Denn da die Seeleute nicht länger die Themse hinaufkonnten, steuerten sie die Küste von Essex an, fuhren nach Harwich, Walton und Clacton und weiter nach Foulness und Shoebury, um die Menschen fortzubringen. Sie bildeten eine riesige sichelförmige Linie, die in Richtung der Landspitze The Naze allmählich im Nebel verschwand. In Ufernähe lagen zahlreiche Fischkutter – englische, schottische, französische, niederländische und schwedische; es folgten Dampfschiffe von der Themse, Jachten, elektrische Boote; ganz hinten befanden sich größere Frachtschiffe, zahlreiche schmutzige Kohlenkähne, gepflegte Handelsschiffe, Viehtransporter, Passagierschiffe, Öltanker, Ozeandampfer, gar ein alter weißer Transportsegler, flotte weiße und graue Linienschiffe aus Southampton und Hamburg; und die gesamte blaue Küste am Blackwater entlang konnte mein Bruder undeutlich eine dichte Schar Boote erkennen, um die die Menschen am Strand feilschten, eine Schar, die sich am Blackwater entlang fast bis nach Maldon erstreckte.

Etwa zwei Meilen vor der Küste lag ein Panzerschiff sehr tief im Wasser, so tief, dass es auf meinen Bruder wirkte, als sei es auf Grund gelaufen. Dies war das Rammschiff *Thunder Child*. Es war das einzige zu sehende Kriegsschiff, doch weit hinten zur Rechten erhob sich über dem glatten Wasserspiegel – an diesem Tag war es windstill – eine Schlange schwarzen Rauchs als Vorbote weiterer Panzerschiffe der Ärmelkanalflotte. Unter Volldampf und klar zum Gefecht schwebten sie in weit auseinandergezogener Reihe vor der Themsemündung dahin, während die Marsianer ihr Eroberungswerk verrichteten; sie waren wachsam, konnten aber nicht eingreifen.

Beim Anblick des Meeres ergriff Mrs Elphinstone trotz allen Gutzuredens ihrer Schwägerin panische Angst. Nie zuvor sei sie aus England herausgekommen, lieber wolle sie sterben, als sich ohne jegliche Freunde auf ein fremdes Land einzulassen, und so weiter. In der Vorstellung der Ärmsten hatten die Franzosen offenbar große Ähnlichkeit mit den Marsianern. Während der zwei Tage unterwegs war sie zunehmend hysterisch, ängstlich und bedrückt geworden. Sie wollte unbedingt nach Stanmore zurück. In Stanmore seien sie immer froh und sicher gewesen. George würde in Stanmore auf sie warten.

Nur mit größter Mühe beförderten sie sie zum Strand hinunter, wo es meinem Bruder gelang, die Aufmerksamkeit einiger Männer auf einem Themse-Raddampfer auf sich zu lenken. Sie schickten ein Boot, und nach harten Verhandlungen einigte man sich auf sechsunddreißig Pfund für alle drei. Den Männern zufolge fuhr der Dampfer nach Ostende.

Es war gegen zwei Uhr, als mein Bruder am Fallreep die Summe bezahlt hatte und sich nun inmitten der Fahrgäste sicher an Bord des Dampfbootes befand. Dort gab es Essen zu kaufen, wenn auch zu Wucherpreisen, und so kamen die drei zu einer Mahlzeit, die sie auf einer der vorderen Bänke zu sich nahmen.

Es befanden sich bereits ein paar Dutzend Passagiere an Bord, die für die Überfahrt zum Teil ihr letztes Geld gegeben hatten. Doch der Kapitän lag bis fünf Uhr nachmittags am Blackwater vor Anker und nahm weitere Fahrgäste auf, bis die Decks mit den Sitzplätzen völlig überfüllt waren. Er hätte wohl noch länger gewartet, wäre nicht um diese Stunde von Süden her das Abfeuern von Waffen zu hören gewesen. Wie zur Antwort schoss das Panzerschiff draußen auf See mit einem kleinen Geschütz und hisste eine Fahnenreihe. Eine Garbe Rauch stieß aus seinen Schornsteinen.

Einige Passagiere waren der Meinung, dass das Schießen aus Richtung Shoeburyness käme, bis auffiel, dass es lauter wurde. Zugleich stiegen fern im Südosten inmitten schwarzer Rauchwolken die Masten und Takelagen dreier Panzerschiffe nacheinander aus dem Meer auf. Mein Bruder jedoch achtete sogleich wieder auf das ferne Geschützfeuer im Süden. Er glaubte aus dem grauen Dunst weit hinten eine Rauchsäule aufsteigen zu sehen.

Östlich des großen Halbrunds aus Schiffen tuckerte nunmehr der kleine Dampfer voran, und die flache Küste vor Essex wurde zunehmend bläulich-verschwommen. Da tauchte weit entfernt klein und undeutlich ein Marsianer auf, der sich aus Richtung Foulness durch den Uferschlick näherte. Als der Kapitän auf der Brücke dies sah, schimpfte er lauthals voller Angst und Wut auf sich selbst, weil er so lange zugewartet hatte, und seine Furcht schien auf die Schaufelräder abzustrahlen. Jeder an Bord des Schiffes stand nun am Geländer oder auf seinem Sitz und blickte unverwandt auf diese ferne Gestalt, die höher war als die Bäume und die Kirchtürme landeinwärts und in gemächlicher Parodie des menschlichen Gangs herankam.

Es war der erste Marsianer, den mein Bruder zu sehen bekam. Mehr verblüfft als erschreckt sah er, wie dieser Titan gezielt auf die Schiffe zusteuerte und dort, wo das Ufer abschüssig wurde, immer tiefer durchs Wasser watete. Weit hinter dem Fluss Crouch erschien nun ein zweiter, der über verkümmerte Bäume hinwegschritt, dann noch einer noch weiter weg; er stapfte durch ein glitzerndes Wattgebiet, das mitten zwischen Meer und Himmel zu schweben schien. Sie alle strebten der Küste zu, wie um die zahllosen Schiffe, die sich zwischen Foulness und The Naze drängten, an der Flucht zu hindern. Obwohl die Maschinen unermüdlich stampften und die Schaufelräder mächtig Schaum hinter sich aufwirbelten, gewann der kleine Raddampfer nur erschreckend langsam Abstand zu dieser unheilvollen Attacke.

Als er nach Nordwesten blickte, sah mein Bruder, wie das große Halbrund der Schiffe bereits vor dem sich nahenden Schrecken zu erbeben begann; reihenweise suchten Boote aneinander vorbeizukommen oder sich hinter der Breitseite eines anderen zu verbergen, die Dampfschiffe ließen ihr Signal ertönen und stießen Dampfwolken aus, Segel wurden gehisst, Landungsboote fuhren eilig kreuz und quer. Von diesem Anblick und der linkerhand heranschleichenden Gefahr war mein Bruder so in Bann geschlagen, dass ihm ganz aus dem Blick geriet, was auf dem Meer vor sich ging. Da tat der Dampfer einen Ruck (er hatte plötzlich den Kurs gewechselt, um nicht auf Grund zu laufen), was meinen Bruder kopfüber von dem Sitz schleuderte, auf dem er gestanden hatte. Rings um ihn her gab es Geschrei, Fußgetrappel und einen Hochruf, auf den leise reagiert zu werden schien. Das Dampfschiff schlingerte und mein Bruder stürzte mit den Händen voran zu Boden.

Er sprang sofort wieder auf und sah steuerbord, keine hundert Meter von ihrem krängenden, schwankenden Boot entfernt, eine riesige eiserne Masse wie die Schneide eines Pflugs das Wasser zerteilen. Zu beiden Seiten warf sie hohe Schaumwellen auf, die gegen den Dampfer prallten, woraufhin erst die Schaufelräder hilflos in die Luft ragten und dann das Deck fast bis zur Wasserlinie hinabgedrückt wurde.

Eine Dusche aus Gischt ließ meinen Bruder vorübergehend nichts erkennen. Als er wieder klare Sicht hatte, sah er, dass das Monstrum bereits vorbei war und aufs Land zuraste. Große Eisenaufbauten ragten aus diesem ungestümen Gebilde, auf dem sich nun zwei Schornsteine erhoben und einen Stoß feurigen Rauchs ausspien. Es war das Torpedoschiff *Thunder Child*, das da heraneilte, um den bedrohten Schiffen zu Hilfe zu kommen.

Mein Bruder verschaffte sich Halt auf dem schwankenden Deck, indem er sich fest an die Reling klammerte. Über den anstürmenden Leviathan hinweg blickte er wiederum zu den Marsianern. Er sah, dass alle drei nun dicht beieinander und so weit draußen im Meer standen, dass ihre drei Stützbeine fast vollständig unter Wasser waren. So tief eingesunken und so weit entfernt wirkten sie weit weniger imposant als der riesige Eisenkörper, in dessen Kielwasser der Dampfer so ohnmächtig schwankte. Die Marsianer schienen diesen neuen Widersacher verwundert zu betrachten. Für ihr Erkenntnisvermögen war dieser Riese womöglich gar einer der Ihren. Die *Thunder Child* gab keinen Schuss ab, sie fuhr nur mit voller Kraft voraus auf sie zu. Dass sie dem Feind so nahe kommen konnte, lag vermutlich eben darin begründet, dass sie nicht schoss. Die Marsianer wussten nicht, was sie mit ihr anfangen sollten. Eine Granate, und sie hätten sie mit dem Hitzestrahl prompt versenkt.

Das Schiff raste derart schnell, dass es kurz darauf die Hälfte der Strecke zwischen dem Dampfer und den Marsianern geschafft zu haben schien – eine immer kleiner werdende schwarze Masse vor dem verblassenden Horizont der Küste von Essex.

Mit einem Mal senkte der Marsianer ganz vorn sein Rohr und feuerte eine Büchse mit schwarzem Gas auf das Panzerschiff ab. Sie schlug backbord seitlich auf und setzte beim Aufprall einen pechschwarzen Strahl frei, der sich seewärts fortwälzte als entfesselter Schwall schwarzen Rauchs, dem das Panzerschiff entrinnen konnte. Für die Zuschauer auf dem flach im Wasser liegenden Dampfschiff, die auch noch in die Sonne blickten, wirkte es, als sei es bereits mitten unter den Marsianern.

Sie sahen, wie die dürren Gestalten sich trennten und auf ihrem Rückzug in Richtung Küste immer höher aus dem Wasser ragten; einer hob den kameraartigen Kasten, der den Hitzestrahl erzeugte. Er hielt ihn schräg nach unten gerichtet, und kaum hatte der Strahl das Wasser berührt, schoss eine Dampfwolke auf. So wie ein weißglühender Eisenstab Papier durchstößt, so musste der Strahl das Eisen des Schiffsrumpfs durchbohrt haben.

Eine Flamme züngelte durch den aufsteigenden Dampf, woraufhin der Marsianer ins Taumeln und Wanken geriet. Im nächsten Moment stürzte er hin, und große Mengen Wasser und Dampf schossen empor in die Luft. Die Geschütze der *Thunder Child* dröhnten inmitten des Qualms, Schüsse folgten dicht aufeinander, und ein Geschoss klatschte dicht beim Dampfschiff ins Wasser, sauste als Querschläger nordwärts auf die anderen fliehenden Schiffe zu und machte einen Kutter zu Kleinholz.

Dies aber fand keine sonderliche Beachtung. Beim Anblick des kollabierenden Marsianers begann der Kapitän auf der Brücke unartikuliert zu schreien, und die sich am Heck drängelnden Schiffspassagiere schrien allesamt wild durcheinander. Und dann schrien sie erneut. Denn hinter dem weißen Tumult kam etwas langes Schwarzes zum Vorschein, aus dessen Mittelteil Flammen aufstiegen und dessen Lüftungsanlagen und Schornsteine Feuer spien.

Die *Thunder Child* lebte noch; die Ruderanlage schien intakt zu sein, die Motoren funktionierten. Sie hielt direkt auf einen zweiten Marsianer zu und war keine hundert Meter von ihm entfernt, als der Hitzestrahl seine Wirkung tat. Mit einem Donnerschlag und grell aufblitzend flogen ihre Decks, ihre Schornsteine empor. Der Marsianer geriet ins Wanken, so heftig war die Explosion, und im nächsten Moment hatte das flammende Wrack, das in vollem Lauf weiterfuhr, ihn getroffen und wie ein Stück Pappe zerknüllt. Mein Bruder schrie unwillkürlich auf. Wieder war alles in brodelnden Dampf gehüllt.

»Zwei!«, rief der Kapitän.

Jedermann schrie nun. Vom einen Ende zum anderen war der gesamte Dampfer erfüllt von wilden Jubelrufen, in die nach dem ersten bald alle der zahlreichen Schiffe und Boote draußen auf See mit einstimmten.

Minutenlang hing der Dampf über dem Wasser und hüllte den dritten Marsianer und die Küste vollständig ein. In dieser Zeit tuckerte der Dampfer stetig aufs Meer hinaus, fort vom Kampfgetümmel; und als sich die Wolken endlich aufgelöst hatten, schob sich die hertreibende Wand aus schwarzem Rauch dazwischen, von der *Thunder Child* war nichts mehr zu erkennen und auch vom dritten Marsianer keine Spur. Die Panzerschiffe aber, die sich draußen im Meer befunden hatten, waren jetzt recht nahe und standen dem Ufer zugekehrt hinter dem Dampfer.

Das kleine Gefährt kämpfte sich weiter auf See hinaus, und die Panzerschiffe wirkten zunehmend kleiner vor dem Hintergrund der Küste, die noch immer in eine marmorartige Wolkenbank gehüllt war, die teils aus Dampf, teils aus schwarzem Rauch bestand und umherwirbelnd die seltsamsten Formen annahm. Die Flotte der Flüchtenden zerstreute sich nach Norden; zwischen den Panzerschiffen und den Dampfern hatte so mancher Kutter sein Segel gehisst. Nach einer Weile – sie hatten noch nicht die sinkende Wolkenbank erreicht – wendeten sich die Kriegsschiffe nordwärts, änderten dann abrupt ihren Kurs und entschwanden in südlicher Richtung im dichter werdenden Abendnebel. Die Küste verblasste zunehmend und war schließlich inmitten der flachen Wolkenbänke um die sinkende Sonne herum nicht mehr zu erkennen.

Plötzlich war aus dem goldenen Dunst des Abendrots Geschützdonner zu hören, und schwarze Schatten bewegten sich umher. Alles drängte an die Reling des Dampfers und spähte in die blendende Glut des Westens, doch da war nichts deutlich zu erkennen. Dichter Rauch stieg quer auf und raubte die Sicht auf die Sonne. Der Dampfer schnaufte voran, die Luft vibrierte vor banger Erwartung.

Die Sonne sank in graue Wolken, der Himmel war erst rot, dann dunkel, der Abendstern begann zu funkeln. Die Dämmerung war schon weit fortgeschritten, als der Kapitän aufschrie und mit dem Finger auf etwas zeigte. Mein Bruder schaute genau hin. Aus dem Grau schoss etwas in den Himmel, fuhr rasend schnell quer hinauf in das klare Leuchten über den Wolken im Westen; etwas Flaches, Breites und sehr Großes, das eine gewaltige Kurve beschrieb, kleiner wurde, langsam niedersank und im grauen Mysterium der Nacht wieder verschwand. Und während es dahinflog, regnete Finsternis hinab auf das Land.

Zweites Buch

Die Erde unter den Marsianern

I
Unterwegs

Um von den Erlebnissen meines Bruders zu berichten, bin ich im ersten Teil so sehr von meinen eigenen Abenteuern abgeschweift, dass der Vikar und ich die beiden letzten Kapitel hindurch in dem verlassenen Haus in Halliford verharrten, in das wir uns geflüchtet hatten, um dem schwarzen Rauch zu entkommen. An dieser Stelle will ich nun fortfahren. Wir blieben die Nacht zum Montag und den gesamten Tag hindurch – den Tag der Panik – auf einer von Tageslicht erhellten kleinen Insel, abgeschnitten vom Rest der Welt durch den schwarzen Rauch. In jenen zwei öden Tagen konnten wir nichts tun als in quälender Untätigkeit zu warten.

Große Sorgen um meine Frau trieben mich um. Ich malte mir aus, wie sie verängstigt und in Gefahr in Leatherhead saß und bereits um mich trauerte. Ich durchstreifte die Zimmer und schrie laut auf, wenn ich daran dachte, dass ich nicht zu ihr konnte und was ihr in meiner Abwesenheit alles zustoßen mochte. Mein Cousin, so wusste ich, würde sich im Ernstfall mutig zur Wehr setzen, doch fehlte ihm die Eigenschaft, eine Gefahr rasch zu erkennen und unverzüglich zu handeln. Nicht Mut war hier geboten, sondern Umsicht. Trost fand ich allein in der Annahme, dass sich die Marsianer auf London zu und also von ihnen weg bewegten. Solch spekulative Sorge ist quälend und macht dünnhäutig. Die unentwegten Stoßseufzer des Vikars gingen mir auf die Nerven; sein selbstmitleidiges Gejammer ermüdete mich. Nach ein paar wirkungslosen Ermahnungen hielt ich Abstand zu ihm und blieb in einem – offenkundig als Schulzimmer dienenden – Raum voller Globen, Bänke und Schreibhefte. Als er mir dorthin folgte, verzog ich mich in eine Abstellkammer auf dem Dachboden des Hauses, in der ich mich einschloss, um mit meinem nagenden Kummer allein zu sein.

Den ganzen Tag hindurch und noch den nächsten Vormittag hielt uns der schwarze Rauch ausweglos umschlossen. Am Sonntagabend gab es Lebenszeichen im Nachbarhaus – ein Gesicht am Fenster, flackernde Lampen, später schlug eine Tür zu. Wer diese Leute waren und was aus ihnen wurde, ist mir jedoch nicht bekannt. Am nächsten Tag bekamen wir nichts mehr von ihnen mit. Den ganzen Montagvormittag hindurch trieb der schwarze Rauch langsam in Richtung Fluss; er rückte immer näher an uns heran und wälzte sich schließlich über die Straße vor dem uns Schutz bietenden Haus.

Gegen Mittag lief ein Marsianer über die Felder und machte das Zeug unschädlich; dazu bediente er sich eines extrem heißen Dampfstrahls, der gegen die Mauern zischte, Fensterscheiben zerschlug und dem Vikar bei seiner Flucht aus dem vorderen Zimmer die Hand versengte. Als wir schließlich durch die klitschnassen Zimmer schlichen und erneut hinausblickten, wirkte das Land im Norden, als sei ein schwarzer Schneesturm darüber hinweggefegt. Dann sahen wir zum Fluss und staunten angesichts einer unerklärlichen Röte, die sich ins Schwarz der versengten Wiesen mischte.

Eine Zeit lang war uns nicht klar, was dies an unserer Lage änderte, außer dass wir keine Angst mehr vor dem schwarzen Rauch haben mussten. Später jedoch ging mir auf, dass wir nicht länger umschlossen waren und uns wieder frei bewegen konnten. Kaum hatte ich begriffen, dass uns die Flucht möglich war, steckte ich erneut voller Tatendrang. Der Vikar jedoch war ganz lethargisch und unzugänglich.

»Hier sind wir in Sicherheit«, wiederholte er ständig, »in Sicherheit.«

Ich beschloss, ihn zu verlassen – hätte ich's bloß getan! Klüger geworden durch die Ratschläge des Artilleristen, suchte ich nach Proviant und etwas zu trinken. Ich hatte eine Salbe und Verbandszeug für meine Verbrennungen gefunden, außerdem nahm ich einen Hut und ein Flanellhemd an mich, die ich in einem der Schlafzimmer gefunden hatte. Als dem Vikar aufging, dass ich drauf und dran war, allein aufzubrechen – und dass ich darin keinerlei Problem mehr für mich sah –, rappelte er sich mit einem Mal auf, um sich mir anzuschließen. Und da den Nachmittag hindurch alles ruhig blieb, machten wir uns nach meiner Schätzung gegen fünf Uhr auf den Weg über die schwarzverkohlte Straße nach Sunbury.

In Sunbury und auch immer wieder entlang der Straße lagen Leichen von Pferden und Menschen in verrenkter Haltung, umgestürzte Wagen samt ihrer Last, alles dick mit schwarzem Staub bedeckt. Dieses aschene Leichentuch ließ mich daran denken, was ich über die Zerstörung von Pompeji gelesen hatte. Ohne Zwischenfall gelangten wir nach Hampton Court, wobei uns alles so seltsam und unvertraut erschien, und in Hampton Court waren unsere Augen froh über den Anblick eines Fleckchens Rasen, das den erstickenden Schwaden entronnen war. Wir gingen durch den Bushey Park, sahen dort die Hirsche unter den Kastanien umherlaufen und in der Ferne einige Männer und Frauen in Richtung Hampton eilen. Dies waren die ersten Menschen, die wir zu Gesicht bekamen. So gelangten wir nach Twickenham.

Ein Stück hinter der Straße brannte noch immer der Wald jenseits von Ham und Petersham. Vom Hitzestrahl wie vom schwarzen Rauch war Twickenham verschont geblieben, und dort stießen wir auf weitere Leute, von denen allerdings niemand etwas Neues zu berichten wusste. Ihnen ging es überwiegend wie uns, sie nutzten die Atempause, um anderswo unterzukommen. Ich hatte den Eindruck, dass in vielen der Häuser hier noch verängstigte Bewohner steckten, die sich nicht einmal zur Flucht überwinden konnten. Auch hier sah man entlang der Straße viele Spuren einer überstürzten Flucht. Ein Knäuel aus drei kaputten Fahrrädern, in die Straße gedrückt von den Rädern nachfolgender Wagen, steht mir dabei noch besonders vor Augen. Gegen halb neun gelangten wir zur Richmond Bridge. Natürlich sahen wir zu, die exponierte Brücke möglichst rasch zu überqueren, und doch sah ich einige Meter unter mir eine Anzahl roter Klumpen im Wasser dahintreiben. Ich wusste nicht, was das war – um näher hinzuschauen, blieb keine Zeit –, und die Antwort, die ich mir zurechtlegte, war weit grässlicher, als dieser Sache entsprach. Auch hier auf der Surrey-Seite gab es schwarzen Staub, der einmal Rauch gewesen war, und Leichen – einen ganzen Stapel nahe der Zufahrt zum Bahnhof; doch nirgends war etwas von den Marsianern zu sehen, das sollte erst ein Stück weiter in Richtung Barnes der Fall sein.

In der eingetrübten Ferne sahen wir ein Grüppchen von drei Leuten, die auf einer Seitenstraße in Richtung Fluss liefen, ansonsten wirkte alles wie ausgestorben. Der Ort Richmond auf der Anhöhe stand in Flammen; außerhalb Richmonds war von schwarzem Rauch nichts zu sehen.

Als wir uns Kew näherten, sahen wir mit einem Mal davonrennende Leute, dann erschien keine hundert Meter von uns entfernt der obere Teil einer Marsianer-Kampfmaschine über den Dächern der Häuser. Angesichts dieser Gefahr verharrten wir voller Entsetzen, und hätte der Marsianer seinen Blick gesenkt, so wäre es sofort um uns geschehen gewesen. Wir hatten solche Angst, dass wir uns nicht weiter vorantrauten, machten uns seitlich davon und verbargen uns in einem Gartenhäuschen. Dort kauerte sich der Vikar hin, weinte leise und rührte sich nicht mehr vom Fleck.

Doch mein festes Vorhaben, nach Leatherhead zu gelangen, trieb mich weiter an, und in der Dämmerung wagte ich mich wieder hinaus. Ich ging durch Buschwerk, dann einen Durchlass neben einem großen frei stehenden Haus entlang und stieß so auf die Straße nach Kew. Den Vikar hatte ich im Schuppen zurückgelassen, doch er kam mir hinterhergeeilt.

Nie habe ich etwas so Tollkühnes unternommen wie diesen zweiten Aufbruch. Schließlich war klar, dass sich die Marsianer ganz in unserer Nähe befanden. Kaum hatte der Vikar mich eingeholt, da sahen wir auch schon die uns bereits bekannte oder eine andere Kampfmaschine weit drüben beim Weideland in Richtung Key Lodge. Vier, fünf kleine schwarze Gestalten hetzten vor ihr über die grün-graue Fläche, und sofort war mir klar, dass dieser Marsianer ihnen nachsetzte. Er tat drei Schritte und stand mitten unter ihnen, und sie stoben in alle Richtungen von seinen Füßen fort. Er tötete sie nicht mit dem Hitzestrahl, sondern las einen nach dem anderen auf. Dann warf er sie, wie es schien, in das große Metallbehältnis, das hinter ihm aufragte wie ein Tragkorb auf den Schultern eines Arbeiters.

Hier kam mir zum ersten Mal der Gedanke, dass die Marsianer etwas anderes im Sinn haben könnten als die Vernichtung der unterworfenen Menschheit. Wir standen einen Moment wie erstarrt da, dann kehrten wir um und flohen durch ein Tor hinter uns in einen von Mauern umgebenen Garten. Mit mehr Glück als gezielter Suche gelangten wir in einen Graben, in den wir uns duckten. Solange die Sterne nicht herausgekommen waren, wagten wir uns kaum etwas zuzuflüstern.

Es wird gegen elf Uhr nachts gewesen sein, als wir mutig genug waren, erneut aufzubrechen. Wir mieden nun die Straße, schlichen an Hecken entlang und durch Waldschonungen. Dabei hielten wir – der Vikar rechts, ich links – gründlich Ausschau nach den Marsianern, die uns auf den Fersen zu sein schienen. Einmal stießen wir auf eine kohlschwarz verbrannte, inzwischen abgekühlte aschige Fläche und eine Anzahl Menschenleichen, die an Kopf und Rumpf entsetzliche Verbrennungen aufwiesen, während Beine und Stiefel im Wesentlichen unversehrt waren; und vielleicht fünfzehn Meter hinter einer Reihe von vier zerfetzten Geschützen und demolierten Lafetten lagen tote Pferde.

Sheen war offenbar der Zerstörung entgangen, doch das Dorf war still und verlassen. Hier kamen uns keine Toten unter, wenngleich wir aufgrund der Dunkelheit nicht in die Seitenstraßen blicken konnten. In Sheen klagte mein Begleiter plötzlich über Schwäche und Durst, daher beschlossen wir, in einem der Häuser auf die Suche zu gehen.

In das erste Gebäude, ein kleines Doppelhaus, gelangten wir nach einigen Problemen mit dem Fenster. Dort fand ich bis auf ein Stück verschimmelten Käse nichts Essbares. Immerhin konnten wir uns mit Wasser versorgen, außerdem nahm ich ein Beil an mich, das uns beim nächsten Einbruch nützlich sein konnte.

Wir gingen nun hinüber zu einem Platz, von dem die Straße nach Mortlake führt. Dort stand ein weißes Haus mit ummauertem Garten. In der Speisekammer dieses Anwesens stießen wir auf allerhand Nahrung – zwei Brotlaibe im Topf, ein rohes Steak und eine Schinkenhälfte. Ich verzeichne den Vorrat deshalb so gründlich, weil er für die nächsten zwei Wochen unsere Existenzgrundlage darstellen sollte. Unter einem Regalbrett standen einige Flaschen Bier, außerdem gab es zwei Säcke Bohnen und etwas welken Salat. Die Speisekammer führte in eine Art Waschküche, in der sich Feuerholz fand; und in einem Schrank entdeckten wir noch ein knappes Dutzend Flaschen Burgunder, Suppen und Lachs in Dosen sowie zwei Blechschachteln Kekse.

In der angrenzenden Küche saßen wir im Dunkeln – denn wir wagten kein Licht anzuzünden –, aßen Brot und Schinken und tranken Bier aus gemeinsamer Flasche. Der weiterhin ängstliche und unruhige Vikar war nun kurioserweise derjenige, der zum Aufbruch drängte, und ich mahnte ihn eben dazu, sich tüchtig zu stärken, als sich der Vorfall ereignete, der uns zu Gefangenen machte.

»Mitternacht kann es noch nicht sein«, sagte ich, und da blitzte extrem grell ein strahlendgrünes Licht auf. In der Küche sprang kurz alles klar grün und schwarz hervor und verschwand sofort wieder. Es folgte ein Donnerschlag, wie ich ihn noch nie und auch seither nicht wieder gehört habe. Und praktisch unmittelbar darauf rumste es hinter mir mit voller Wucht, Glas zerbarst, mit lautem Getöse stürzten Mauern um uns ein, von der Decke fiel der Putz herab und zersprang auf unseren Köpfen in tausend Stücke. Ich stürzte zu Boden, krachte mit dem Kopf gegen den Griff der Ofentür und verlor das Bewusstsein. Lange Zeit war ich ohnmächtig, wie mir der Vikar erzählte; als ich wieder zu mir fand, war es erneut dunkel um uns, und der Mann, dessen Gesicht, wie mir später auffiel, infolge einer Stirnwunde blutverschmiert war, bespritzte mich mit Wasser.

Eine Zeit lang brachte ich nicht zusammen, was geschehen war. Dann erinnerte ich mich allmählich wieder. An meiner Schläfe entwickelte sich ein Bluterguss.

»Geht's Ihnen besser?«, fragte der Vikar flüsternd.

Schließlich gab ich ihm Antwort. Ich setzte mich auf.

»Nicht bewegen«, sagte er. »Geschirr ist von der Anrichte gefallen; der Boden liegt voller Scherben. Jegliche Bewegung macht ein Geräusch, und mir scheint, *sie* sind da draußen.«

Wir saßen beide so still da, dass einer kaum den Atem des anderen hörte. Alles wirkte totenstill, nur einmal ging etwas dicht bei uns polternd nieder, ein Stück Putz oder Ziegelstein. Draußen ganz in der Nähe schepperte es dann und wann metallisch.

»Da, wieder!«, sagte der Vikar beim nächsten Mal.

»Ja«, sagte ich. »Aber was ist das?«

»Ein Marsianer!«, sagte der Vikar.

Ich lauschte erneut.

»Klang nicht wie der Hitzestrahl«, sagte ich, und eine Weile neigte ich zu der Annahme, eine der großen Kampfmaschinen sei mit dem Haus kollidiert – so wie die, die ich mit dem Turm der Kirche von Shepperton hatte kollidieren sehen.

Unsere Lage war so befremdlich und unerhört, dass wir uns drei, vier Stunden lang, bis es dämmerte, kaum rührten. Dann sickerte Licht herein, nicht durch das Fenster, das schwarz blieb, sondern durch eine dreieckige Öffnung zwischen einem Balken und einem Haufen Ziegelschutt in der Mauer hinter uns. Zum ersten Mal sahen wir nun schummrig das Innere der Küche.

Das Fenster war durch einen Haufen Gartenerde eingedrückt worden; sie ergoss sich über den Tisch, an dem wir gesessen und unsere Beine ausgestreckt hatten. Draußen war Erdreich hoch gegen das Haus aufgeworfen. Ganz oben am Fenster sahen wir eine abgerissene Dachrinne. Demoliertes Hausgerät bedeckte den Boden; das hintere Ende der Küche war eingestürzt, und da dort nun Tageslicht einfiel, wurde deutlich, dass von dem Haus nur wenig stehen geblieben war. Einen starken Kontrast zu dieser Zerstörung bildeten die schmucke, modisch hellgrüne Anrichte, unter der einige Kupfer- und Blechgefäße standen, die mit blauen und weißen Fliesen bedruckte Tapete und ein paar farbige Kunstdrucke, die flatternd über dem Kochherd an der Wand hingen.

Mit fortschreitender Dämmerung sahen wir durch die Lücke in der Wand den Rumpf eines Marsianers, der, so vermute ich, neben dem noch glühenden Zylinder Wache hielt. Bei diesem Anblick verkrochen wir uns so behutsam wie möglich aus dem Halblicht der Küche ins Dunkel der Waschküche.

Unversehens reimte sich mir nun alles zusammen.

»Der fünfte Zylinder«, flüsterte ich, »das fünfte Geschoss vom Mars hat dieses Haus gestreift und uns unter den Trümmern begraben!«

Einen Moment lang erwiderte der Vikar nichts, dann flüsterte er:

»Gott sei uns gnädig!«

Bald hörte ich ihn vor sich hin wimmern.

Von diesem Geräusch abgesehen lagen wir still in der Waschküche; ich wagte kaum zu atmen, saß da und richtete meinen Blick unverwandt auf das matte Licht von der Küchentür. Vom Vikar konnte ich nur das Gesicht erkennen, ein blasses Oval, außerdem Kragen und Ärmel. Draußen setzte ein Hämmern wie auf Metall ein, dann war heftiges Geheul zu hören und nach kurzer Stille wiederum ein Zischen wie von einer Dampfmaschine. Diese zumeist uneindeutigen Geräusche kehrten regelmäßig wieder und schienen allenfalls mit der Zeit zunehmend häufiger aufzutreten. Dann setzte ein kontinuierliches Dröhnen und Vibrieren ein, das alles um uns herum erzittern ließ. Die Gefäße in der Speisekammer klirrten und verrutschten. Einmal verlosch das Licht ganz, und der gespenstische Eingang zur Küche wurde vollkommen dunkel. Stundenlang müssen wir dort schweigend und bibbernd gehockt haben, bis unsere ermattete Aufmerksamkeit schließlich erschöpft war …

Irgendwann war ich erwacht und verspürte großen Hunger. Ich nehme an, dass bis dahin annähernd ein ganzer Tag vergangen war. Mein Hunger war mit einem Mal so heftig, dass er mich zum Handeln trieb. Ich sagte dem Vikar, dass ich nach Essbarem suchen wolle, und tastete mich in Richtung der Speisekammer. Er erwiderte nichts, doch kaum hatte ich zu essen begonnen, brachten ihn meine leisen Kaugeräusche in Gang, und ich hörte, wie er mir hinterherkroch.

2
Was wir von dem zerstörten Haus aus sahen

Nach dem Essen krochen wir zurück in die Waschküche, und dort muss ich erneut weggedämmert sein, denn als ich mich nunmehr umsah, war ich allein. Das dröhnende Vibrieren hielt mit eintöniger Beharrlichkeit an. Mehrfach fragte ich flüsternd nach dem Vikar, schließlich tastete ich mich zur Küchentür vor. Es war noch Tag, und ich entdeckte ihn am anderen Ende des Raums. Er lag direkt vor dem dreieckigen Loch, durch das man die Marsianer sehen konnte. Seine Schultern waren hochgezogen und verdeckten die Sicht auf seinen Kopf.

Was ich an Geräuschen hörte, klang fast wie in einer Lokhalle, und der Boden bebte unter den schweren Schlägen. Durch die Öffnung in der Wand sah ich den goldgetönten Wipfel eines Baums und das warme Blau eines friedvollen Abendhimmels. Eine Minute lang etwa betrachtete ich den Vikar, dann näherte ich mich ihm und kroch inmitten zerbrochenen Porzellans äußerst behutsam über den Boden.

Ich berührte das Bein des Vikars, und er schreckte so heftig auf, dass sich draußen ein Stück Putz löste und laut aufschlug. Aus Angst, er könne aufschreien, packte ich seinen Arm, und lange Zeit hockten wir nur reglos nebeneinander da. Dann drehte ich mich um und schaute, wie viel von unserem Schutzwall geblieben war. Durch das Abbrechen des Putzes hatte sich ein senkrechter Spalt im Schutt aufgetan, und indem ich mich vorsichtig über einen Balken beugte, konnte ich durch diese Lücke sehen, was in der Nacht zuvor noch eine stille Vorstadtstraße gewesen war. Dort bot sich uns nun ein wahrlich vollkommen neuer Anblick.

Der fünfte Zylinder musste mitten in dem Haus niedergegangen sein, das wir zuerst aufgesucht hatten. Das Gebäude war verschwunden, durch den Aufschlag vollkommen ausgelöscht, pulverisiert und zerstoben. Der Zylinder lag nun weit unterhalb der ursprünglichen Grundmauern – tief in einer Grube, die noch weit größer war als die, in die ich bei Woking hinabgeblickt hatte. Das Erdreich rundherum war durch die enorme Wucht regelrecht aufgespritzt – nur dieses Wort beschreibt das richtig – und lag so aufgetürmt, dass von den angrenzenden Häusern nichts mehr zu erkennen war. Es war genau der Effekt wie bei Schlamm, der unter einem Hammerschlag aufspritzt. Unser Haus war nach hinten weggesackt; der vordere Teil war selbst im Erdgeschoss vollständig zerstört. Der Zufall hatte Küche und Waschküche verschont, sie lagen nun unter Erde und Trümmern begraben, auf allen Seiten außer der dem Zylinder zugekehrten von Unmengen Erdreich bedeckt. So hingen wir denn direkt am Rand der großen kreisrunden Grube, an der die Marsianer emsig weiterarbeiteten. Das lärmende Stoßgeräusch entstand offenbar gleich hinter uns, und immer wieder stieg vor unserem Guckloch hellgrüner Dampf wie ein Schleier empor.

Der Zylinder im Zentrum der Grube war bereits geöffnet, und am hinteren Ende der Grube stand inmitten ramponierten, kiesbedeckten Gebüschs eine der großen Kampfmaschinen ohne ihren Lenker da; starr und hoch zeichnete sie sich vor dem Abendhimmel ab. Grube und Zylinder fielen mir anfangs kaum weiter auf (ich fand es nur sinnvoll, sie zuerst zu beschreiben), meine Aufmerksamkeit fesselten zunächst der ungewöhnlich glitzernde, mit Aushubarbeiten beschäftigte Mechanismus und die befremdlichen Kreaturen, die langsam und schwerfällig über die nahen Erdhaufen krochen.

Der Mechanismus hatte eindeutig als erstes mein Interesse geweckt. Es war eines der komplexen Gebilde, die wir inzwischen Greifmaschinen nennen und mit denen sich irdischer Erfindungsgeist bereits voller Hingabe auseinandersetzt. Ich empfand es zunächst wie eine Art metallener Spinne mit fünf mehrgliedrigen flinken Beinen und enorm vielen Hebeln und Stangen voller Gelenke; es hatte zudem umherfuchtelnde und zupackende Tentakel am ganzen Korpus. Seine Arme waren fast alle eingezogen, drei seiner großen Tentakel jedoch langten nach allerhand Stangen, Platten und Riegeln im Zylinder, die offenbar die Stabilität seiner Wände verstärkten. Hatte es diese Teile ausgebaut, hob es sie heraus und legte sie auf einer ebenen Fläche hinter sich ab.

Es bewegte sich so rasch, komplex und vollkommen, dass ich es seinem metallischen Funkeln zum Trotz erst gar nicht als Maschine wahrnahm. Die Kampfmaschinen waren schon in hohem Maße ausgeklügelt und lebendig, aber mit diesen überhaupt nicht zu vergleichen. Wer solch ein Gebilde nie selbst gesehen hat und auf dürftige Nachschöpfungen von Künstlern oder unzureichende Beschreibungen durch Augenzeugen wie mich angewiesen ist, hat kaum einen Begriff von dieser organischen Wirkung.

Ich muss da speziell an die Illustrierung in einer der ersten Broschüren denken, die den Verlauf des Krieges nachvollzogen hat. Der Künstler hatte eine der Kampfmaschinen eilig hinskizziert, über mehr Kenntnis verfügte er nicht. Er zeigte sie als schiefe, steife Stative ohne jegliche Geschmeidigkeit oder Raffinesse, was eine irreführend eintönige Wirkung hatte. Die Broschüre mit dieser Darstellung erfreute sich großer Beliebtheit, und ich erwähne sie hier nur deshalb, um den Leser vor den sich darin möglicherweise vermittelnden Eindrücken zu warnen. Mit den Marsianern, die ich in Aktion sah, haben sie so wenig gemein wie eine Gliederpuppe mit einem Menschen. Ich denke, dass die Broschüre ohne die Abbildungen deutlich an Wert gewonnen hätte.

Anfangs wirkte die Greifmaschine wie gesagt gar nicht wie eine Maschine auf mich, sondern wie ein krebsartiges Wesen mit funkelnder Haut, wobei der sie steuernde Marsianer, der mittels seiner hochempfindlichen Tentakel dessen Bewegungen auslöste, einfach als Hirn des Krebses fungierte. Doch dann fiel mir auf, dass seine graubraune, ledrig-glänzende Haut sehr viel Ähnlichkeit hatte mit der Haut jener anderen weiter hinten umherkrauchenden Leiber, und ich erfasste die wahre Natur dieses flinken Arbeiters. Nach dieser Erkenntnis richtete sich mein

Interesse erneut auf jene anderen Kreaturen, die Marsianer selbst. Von ihnen hatte ich ja bereits kurz einen Eindruck erhalten, und mein erster Ekel ihnen gegenüber stand meinem Beobachten nun nicht mehr im Weg. Zudem war ich verborgen und reglos und hatte keinerlei Handlungsdruck.

In ihrem Bau waren sie, wie ich nun sah, denkbar unirdisch angelegte Wesen. Sie waren massige runde Körper – oder eher: Köpfe – von über einem Meter Durchmesser; jeder Körper hatte vorn ein Gesicht. Dieses Gesicht hatte keine Nasenlöcher – die Marsianer verfügten offenbar über keinerlei Geruchssinn –, dafür zwei sehr große dunkle Augen und direkt darunter eine Art fleischigen Schnabel. Die Rückseite dieses Kopfes oder Körpers – ich weiß wirklich nicht, wie ich es nennen soll – war eine einzige feste, trommelfellartige Oberfläche, die sich anatomisch später als Ohr erwies, das in unserer dichten Luft freilich weitgehend unbrauchbar gewesen sein muss. Am Mund befanden sich sechzehn dünne, fast peitschenartige Fühler in zwei Büscheln zu jeweils acht. Der berühmte Anatom Professor Howes hat diese Büschel später recht passend *Hände* genannt. Schon als ich die Marsianer zum ersten Mal sah, hatte ich den Eindruck, dass sie sich auf diesen Händen aufzurichten versuchten, was jedoch aufgrund ihres erhöhten Gewichts in der Erdatmosphäre natürlich nicht möglich war. Manches deutet darauf hin, dass sie sich auf dem Mars mit einigem Geschick auf ihnen fortbewegt haben.

Ich darf hier erwähnen, dass ihr Körperinneres anatomisch fast ebenso schlicht war, wie eine Sektion ergab. Es bestand zum großen Teil aus dem Gehirn, von dem gewaltige Nervenstränge zu den Augen, Ohren und Tastorganen verliefen. Daneben gab es massige Lungen direkt im Anschluss des Mundes und das Herz samt seiner Gefäße. Die Probleme beim Luftholen aufgrund der dichteren Atmosphäre und größeren Gravitation ließen sich an den krampfhaften Bewegungen auf der Außenhaut sehr deutlich ablesen.

Und das waren auch schon alle marsianischen Organe. Als Mensch wundert man sich, dass der bei uns so komplexe Verdauungsapparat, der den Großteil unseres Körpers einnimmt, bei den Marsianern schlicht fehlte. Sie waren Köpfe – nichts als Köpfe. Eingeweide hatten sie keine. Sie aßen nichts, hatten somit auch nichts zu verdauen. Stattdessen nahmen sie frisches Blut anderer Lebewesen und *spritzten* es sich in ihre Venen. Hier sei nur erwähnt, dass ich selbst gesehen habe, wie es geschah. Es mag jetzt mimosenhaft wirken, doch ich bringe es nicht über mich, etwas zu beschreiben, dem auch nur länger zuzuschauen ich nicht ertrug. Nur so viel dazu: Das einem noch lebenden Geschöpf, meist einem Menschen, entnommene Blut floss unter Zuhilfenahme einer kleinen Pipette direkt in die Ader des Empfängers …

Ohne Zweifel lässt uns allein der Gedanke daran vor Entsetzen schaudern, doch sollten wir uns nach meiner Ansicht dabei vor Augen führen, wie sehr ein verständiges Kaninchen angesichts unserer Gewohnheit, Fleisch zu konsumieren, erschaudern müsste.

Die physiologischen Vorteile der Injektion liegen auf der Hand, wenn man bedenkt, wie enorm viel Zeit und Energie der Mensch dadurch verschwendet, dass er essen und verdauen muss. Unsere Körper bestehen zur Hälfte aus Drüsen, Gedärm und Organen, deren Aufgabe es ist, verschiedenste Nahrung in Blut zu wandeln. Die Verdauungsprozesse und ihre Auswirkungen auf das Nervensystem entziehen uns Energie und prägen unser Befinden. Je nachdem, ob seine Leber gesund oder krank ist oder seine Magenschleimhaut intakt, geht es dem Menschen gut oder schlecht. Die Marsianer jedoch waren all diesen organisch bedingten Stimmungswechseln enthoben.

Ihre klare Vorliebe für Menschen als Nahrungsquelle erklärt sich ein Stück weit durch die Beschaffenheit der Opfer, die sie als Proviant vom Mars mitgebracht hatten. Von den schrumpeligen Resten zu schließen, die den Menschen in die Hände fielen, waren diese Lebewesen Zweibeiner mit dünnem, siliziumhaltigem Skelett (beinahe wie beim Kieselschwamm) und schwächlicher Muskulatur; sie waren etwa einen Meter achtzig groß, hatten runde, aufrechte Köpfe und große Augen in tiefen Höhlen. In jedem Zylinder dürften zwei oder drei von ihnen mitgenommen worden sein, und alle waren schon vor Erreichen der Erde getötet. Das konnte ihnen einerlei sein, denn wenn sie sich auf unserem Planeten auch nur aufrecht hinzustellen versucht hätten, so wären ihnen sämtliche Knochen im Leib gebrochen.

Und da ich mich gerade mit diesem Thema befasse, darf ich an dieser Stelle ein paar weitere Details hinzufügen, die – wenngleich sie uns damals noch nicht allesamt bekannt waren – dem mit Marsianern unvertrauten Leser helfen mögen, sich die abstoßenden Kreaturen genauer vorzustellen.

In drei anderen Punkten unterschied sich ihre Physiologie auffällig von unserer. Ihre Organismen schliefen nicht, so wie das menschliche Herz niemals schläft. Da sie nur wenig Muskulatur hatten, die Regeneration benötigte, war ihnen diese zeitweilige Absenz unbekannt. Anscheinend wurden sie nur selten oder niemals müde. Jeder Schritt auf der Erde muss sie angestrengt haben, und doch blieben sie bis zum Schluss umtriebig. Die vierundzwanzig Stunden des Tages waren für sie vierundzwanzig Stunden Arbeit, was auf der Erde so vielleicht nur für die Ameisen gilt.

Nächster Punkt: In einer auf Geschlechter gegründeten Welt mag wundersam erscheinen, dass die Marsianer vollkommen geschlechtslos waren und daher gänzlich frei vom Anprall der Gefühle, der aus der Existenz von Mann und Frau herrührt. Heute gilt als erwiesen, dass während des Krieges auf der Erde ein Marskind geboren wurde; man hatte sehen können, wie es an seinem Erzeuger haftete und ihm knospenartig entwuchs, so wie von den Lilien junge Knollen abknospen oder der Nachwuchs vom Süßwasserpolypen.

Beim Menschen wie bei allen höher entwickelten Tierarten ist diese Art der Vermehrung verschwunden; doch selbst auf der Erde war sie sicher die ursprüngliche Methode. Bei niederen Tierarten bis hin zu den ersten Verwandten der Wirbeltiere, den Manteltieren, existieren die beiden Verfahren nebeneinander her, doch letztlich trat allgemein die geschlechtliche Vermehrung an die Stelle konkurrierender Methoden. Auf dem Mars jedoch war es offenbar genau andersherum gewesen.

Es lohnt die Erwähnung, dass ein erfinderischer Autor, der in Forscherkreisen durchaus Akzeptanz genoss, lange vor der Invasion der Marsianer einen künftigen Menschenkörper voraussah, der dem der Marsianer nicht unähnlich war. Ich erinnere mich noch, dass sein Zukunftsentwurf im November oder Dezember 1893 in einem längst eingestellten Blatt, dem *Pall Mall Budget*, erschien, und dazu fällt mir auch wieder die Karikatur ein, mit der ihn ein vor-marsianisches Magazin namens *Punch* aufs Korn nahm. Er beschrieb – in flapsigem, bewusst überzogenem Stil –, dass die Perfektionierung mechanischer Gerätschaften am Ende Gliedmaßen überflüssig mache und die Perfektionierung chemischer Hilfsmittel die Verdauung; dass Körperbestandteile wie Haare, Nase, Zähne, Ohren und Kinn bald nicht mehr unverzichtbar für den Menschen seien und dass die natürliche Zuchtwahl dazu tendieren werde, sie in den kommenden Zeitaltern beständig zu reduzieren. Zwingend erforderlich bliebe allein das Gehirn. Nur ein weiterer Körperteil werde sich wohl dauerhaft halten, und zwar die Hand, »Lehrer und Werkzeug des Gehirns«. Während der übrige Körper zunehmend schrumpfe, würden die Hände immer größer.

Diese spaßhaft hingeschriebenen Worte enthalten manch Wahres, und die Marsianer hier bilden zweifelsohne das Endstadium solcher Bekämpfung der fleischlichen Seite eines Organismus durch den Verstand. Mir erscheint ganz plausibel, dass die Marsianer von uns durchaus ähnlichen Wesen abstammen könnten und auf Kosten des restlichen Körpers Hirn und Hände (Letztere bis hin zu den zwei Büscheln feiner Tentakel) schrittweise fortentwickelt haben. Ohne Körper freilich musste das Gehirn ein rein selbstbezüglicher Geist werden, dem es gänzlich am emotionalen Substrat des Menschen mangelt.

Der letzte wichtige Aspekt, worin sich die Anlagen dieser Kreaturen von den unsrigen unterscheiden, betraf etwas, das man für ein sehr unbedeutendes Detail halten mochte. Mikroorganismen, die auf der Erde so viel Krankheit und Leid verursachen, sind auf dem Mars entweder niemals in Erscheinung getreten, oder die Marsianer haben sie durch systematische Hygienemaßnahmen vor langer Zeit ausgerottet. Hunderte Krankheiten, all die Fieber und Infektionen im Leben der Menschen, Schwindsucht, Krebs, Tumore und was man sich sonst noch alles einhandelt, haben in ihrem Lebensentwurf keinen Platz. Und da es hier um die Unterschiede zwischen dem Leben auf dem Mars und dem irdischen Leben geht, äußere ich mich noch zu den ausgefallenen Mutmaßungen über das rote Kraut.

Das Pflanzenreich auf dem Mars ist offenbar nicht von der Farbe Grün, sondern von einem kräftigen Blutrot dominiert. In jedem Fall gingen aus den Samen, die die Marsianer (bewusst oder zufällig) dabeihatten, ausnahmslos rote Gewächse hervor. Von diesen konnte sich nur die Pflanze, die allgemein als rotes Kraut bekannt wurde, überhaupt gegen die irdischen Arten behaupten. Die rote Kletterpflanze ging rasch wieder ein, nur wenige Menschen haben sie wachsen gesehen. Eine Zeit lang allerdings spross das rote Kraut erstaunlich vital und üppig. Am dritten oder vierten Tag unseres Eingeschlossenseins wuchs es über die Ränder der Grube hinweg, und seine kaktusartigen Zweige formten einen karminroten Saum um die Kanten unseres dreieckigen Fensters. Später sah ich es in der gesamten Region verbreitet, insbesondere in der Nähe fließenden Wassers.

Die Marsianer hatten, wie erwähnt, etwas, das sich als Hörorgan erwies, ein einzelnes rundes Trommelfell hinten an ihrem Kopf-Körper, sowie Augen, deren Spektrum dem unseren recht ähnelte, außer dass, Philips zufolge, blau und violett ihnen als schwarz erschienen. Es wird allgemein angenommen, dass sie mittels Tönen sowie Gesten ihrer Tentakel miteinander kommunizierten; dies wird etwa in der ordentlichen, doch flüchtig erstellten Broschüre behauptet (die offenkundig jemand schrieb, der die Marsianer nicht mit eigenen Augen am Werk gesehen hat), die ich bereits erwähnt habe und die aktuell die wichtigste Informationsquelle zum Thema darstellt. Nun hat aber kein Überlebender die Marsianer so sehr in Aktion erlebt wie ich. Ich will mir diesen Zufall keineswegs als Verdienst anrechnen, aber es ist es nun einmal ein Fakt. Und ich versichere, dass ich sie immer wieder gründlich beobachtet habe und dass ich vier, fünf und (einmal) sechs von ihnen sehr träge überaus komplexe und diffizile Arbeiten ohne jeden Laut oder Wink gemeinsam ausführen sah. Ihr eigentümliches Geheul war ausnahmslos vor der Nahrungsaufnahme zu hören; es klang immer gleich und war, wie ich glaube, kein irgendwie geartetes Signal, sondern ganz einfach die Freisetzung von Luft in Vorbereitung der Blutgabe. Ich nehme für mich in Anspruch, mindestens über zentrales Grundwissen der Psychologie zu verfügen, und was dies betrifft, bin ich überzeugt – so sehr ich nur von etwas überzeugt sein kann –, dass der Austausch von Gedanken bei den Marsianern ganz ohne physische Vermittlung vonstattenging. Erheblicher Voreingenommenheit zum Trotz bin ich mir dessen nunmehr ganz gewiss. Vielleicht erinnert sich der ein oder andere Leser daran, dass ich vor der Invasion der Marsianer recht entschieden gegen die Theorie der Telepathie angeschrieben habe.

Die Marsianer trugen keine Kleidung. Sie hatten zwangsläufig andere Begriffe von Zierrat und Sitte als wir; und nicht nur reagierten sie offenkundig weit weniger empfindlich auf Temperaturschwankungen als wir, auch die Witterungswechsel schienen ihrem Befinden nicht allzu viel anhaben zu können. Wenngleich sie keine Kleidung trugen, so verliehen ihnen doch die anderen künstlichen Beigaben zu ihren körperlichen Anlagen ihre große Überlegenheit über die Menschen. Wir Menschen mit unseren Fahrrädern und Rollschuhen, unseren Lilienthal-Segelapparaten, unseren Gewehren und Pistolen und so weiter stehen erst am Beginn der Entwicklung, die die Marsianer schon durchschritten haben. Sie sind nur noch Gehirne, sie stecken in anderen Körpern, die ihren Bedürfnissen angepasst sind, so wie die Menschen in Anzügen aus Stoff stecken, zum Fahrrad greifen, wenn sie es eilig haben, oder zum Regenschirm, wenn es regnet. Und mit Blick auf ihre Hilfsmittel staunt der Mensch vielleicht über nichts so sehr wie über den merkwürdigen Umstand, dass sie nicht haben, was das zentrale Merkmal nahezu aller Apparaturen der Menschen ist – sie haben kein *Rad*. All die Dinge, die sie auf die Erde mitgebracht haben, geben nicht den geringsten Hinweis darauf, dass sie Räder in Gebrauch hatten. Immerhin zur Fortbewegung hätte man sie erwartet. In diesem Zusammenhang sei angemerkt, dass selbst auf unserer Erde die Natur nie auf das Rad gekommen ist oder es anderen Hilfsquellen überließ, es zu entwickeln. Und nicht nur kannten die Marsianer das Rad entweder nicht (was undenkbar ist) oder verzichteten darauf, auch finden sich in ihrer Apparatur nur ganz wenige starre oder halbstarre Drehachsen, wodurch Kreisbewegungen auf eine ebene Fläche beschränkt waren. Nahezu alle Gelenke der Maschinerie sind ein kompliziertes System aus Schiebelementen, die über kleine, doch vortrefflich gewölbte Lager gleiten. Und da es schon um derlei Details geht, so fällt auf, dass die langen Hebelarme ihrer Maschinen überwiegend durch eine Art Kunst-Muskulatur der Scheiben in einer elastischen Ummantelung in Gang gesetzt werden; wenn man elektrischen Strom durch sie leitet, werden diese Scheiben polarisiert und fest und stark zusammengezogen. Auf diese Weise kam es zu der auffälligen Ähnlichkeit mit Bewegungen von Tieren, die dem menschlichen Betrachter ins Auge fiel und ihn so irritierte. Die krebsartige Greifmaschine, die bei meinem ersten Blick durch den Spalt den Zylinder entlud, war voll solcher Quasi-Muskeln. Sie hatte unendlich viel mehr von einem Lebewesen als die tatsächlichen Marsianer, die ein Stück entfernt im Licht der untergehenden Sonne lagen, schnauften, nutzlose Tentakel regten und sich nach ihrer weiten Reise durchs Weltall kaum bewegen konnten.

Während ich noch ihren trägen Bewegungen im Schein der Sonne zusah und mir jedes seltsame Detail ihrer Erscheinung einprägte, erinnerte mich der Vikar daran, dass es ihn noch gab, indem er mich heftig am Arm zerrte. Ich wendete mich um und sah ein mürrisches Gesicht und schweigend beredte Lippen. Er wollte an den Spalt, durch den immer nur einer von uns hinausspähen konnte; und während er an der Reihe war, musste ich eine Zeit lang meine Beobachtungen unterbrechen.

Als wieder ich hindurchsah, hatte die emsige Greifmaschine bereits einige der dem Zylinder entnommenen Bauteile zu etwas zusammengefügt, das ihr selbst unverkennbar ähnlich sah; und weiter unten kam links eine fleißige kleine Grabemaschine in Sicht, die grünen Dampf ausstieß, sich die Grube entlang vorarbeitete und planvoll-gründlich Erde aushob und aufschichtete. Von dieser stammten das regelmäßige Stoßgeräusch und die rhythmischen Erschütterungen, die unseren zerstörten Zufluchtsort erbeben ließen. Bei ihrer Arbeit gab sie Pfeiftöne von sich. Soweit ich sehen konnte, funktionierte das Ding ganz ohne steuernden Marsianer.

3
Die Tage des Eingesperrtseins

Als eine zweite Kampfmaschine eintraf, zogen wir uns von unserem Guckloch in die Waschküche zurück, denn wir fürchteten, dass uns der Marsianer von seiner Höhe herab hinter unserer Schanze sehen könnte. Mit der Zeit fürchteten wir zunehmend weniger, von ihnen erkannt zu werden, denn einem Auge im hellen Schein der Sonne da draußen musste unser Refugium als schiere Finsternis erscheinen. Anfangs jedoch zogen wir uns vor dem geringsten Verdacht, dass einer kam, pochenden Herzens in die Waschküche zurück. War die um uns lauernde Gefahr auch schrecklich, so konnten wir doch beide nicht widerstehen, immer wieder durchs Guckloch zu schauen. Und heute muss ich mit einiger Verwunderung daran denken, dass wir uns trotz der drohenden Aussicht, zu verhungern oder gar noch elender umzukommen, vehement um das schreckliche Vorrecht stritten, etwas zu sehen. Ungeduldig und zugleich voller Sorge, Lärm zu erzeugen, stoben wir auf ganz eigentümliche Art durch die Küche; wir schlugen, stießen und traten einander, während uns nur wenige Zentimeter vom Entdecktwerden trennten.

Man muss sagen, dass wir vollkommen unvereinbare Veranlagungen und Gewohnheiten im Denken und Handeln hatten, und durch unsere Isolation und Gefahr wurde diese Unvereinbarkeit nur umso deutlicher. Schon in Halliford hatte ich verabscheut, wie der Vikar hilflos vor sich hin jammerte und dass sein Geist so dümmlich verbohrt war. Mit seinen endlos vor sich hin gemurmelten Monologen torpedierte er all mein Bemühen, einen Fluchtplan zu entwickeln, und manchmal trieb er mich, den die Enge ohnehin besonders empfindlich gemacht hatte, damit an den Rand des Wahnsinns. Wie ein einfältiges Weib konnte er sich einfach nicht zügeln. Stundenlang flennte er herum, und ich glaube wahrlich, dass dieses verzogene Kind des Schicksals seine läppischen Tränen für letztlich irgendwie wirksam hielt. Und ich saß da in der Dunkelheit und bekam aufgrund seiner aufdringlichen Art meine Gedanken nicht von ihm los. Er aß mehr als ich, und vergebens versuchte ich ihm klarzumachen, dass unsere einzige Überlebenschance darin bestand, in dem Haus zu verharren, bis die Marsianer mit ihrer Grube fertig waren, und dass uns während dieser langen Geduldsprobe eines Tages die Nahrung ausgehen könnte. In größeren Abständen aß und trank er mit Behagen, was das Zeug hielt. Er schlief wenig.

Im Verlauf der Tage verschärfte er mit seiner völligen Gedankenlosigkeit unsere Notlage und Gefahr derart, dass ich ihm ganz gegen mein Naturell erst drohen und ihn schließlich schlagen musste. Das brachte ihn eine Zeit lang zur Vernunft. Doch er war einfach ein ängstlicher, blutleerer, gemeiner Schwächling ohne jeden Stolz, verschlagen und hinterhältig, der sich nicht Gott noch Menschen und nicht einmal sich selbst gegenüber zu verantworten vermochte.

Es ist mir unangenehm, all dies zu erinnern und aufzuschreiben, aber es gehört hier hin, damit in meiner Geschichte nichts ausgelassen sei. Wer von den dunklen und furchtbaren Dingen des Lebens verschont geblieben ist, wird leichtes Spiel haben, mir mein brutales Vorgehen, meine Wutausbrüche gegen Ende unserer dramatischen Zeit zum Vorwurf zu machen; denn was falsch getan ist, weiß er genau, aber er weiß nichts davon, wozu gequälte Menschen in der Lage sind. Wer jedoch der Bedrohung selbst ausgesetzt war und sich letztlich ganz elementaren Dingen gegenübersah, wird mehr Güte walten lassen.

Und während wir drinnen unseren dunklen, trüben Flüsterstreit ausfochten, uns um Essen und Trinken balgten und einander wegzerrten und schlugen, geschah draußen in der Gluthitze dieses schrecklichen Junimonats das absonderliche

Wunder, das fremdartige Tun der Marsianer in der Grube. Ich komme nun wieder zurück auf meine ersten Erlebnisse dort. Nach einer langen Zeit wagte ich mich zurück an das Guckloch und sah, dass die Lenker von nicht weniger als drei Kampfmaschinen zu den Eindringlingen gestoßen waren. Diese hatten allerhand neue Gerätschaften mitgebracht, die säuberlich um den Zylinder her angeordnet waren. Die zweite Greifmaschine war inzwischen fertig, sie bediente bereits eifrig einen der neuen Apparate, die die große Maschine dabeihatte. Dieser ähnelte in seinen Konturen einer Milchkanne; darüber schwang ein birnenförmiges Behältnis hin und her, von dem aus sich ein Strahl weißen Pulvers in ein kreisrundes Becken ergoss.

Für dessen Schwingbewegung sorgte ein Tentakel der Greifmaschine. Mit zwei spatelförmigen Händen grub die Greifmaschine große Mengen Erde aus und beförderte sie in das birnenförmige Behältnis oben, während es mit einem anderen Arm von Zeit zu Zeit eine Klappe öffnete und brandige schwarze Schlacke aus dem Mittelteil der Maschine entfernte. Ein anderer stählerner Arm leitete das Pulver aus dem Becken über eine geriffelte Röhre hinein in irgendein Sammelgefäß, das sich aufgrund einer bläulichen Staubwolke meinem Blick entzog. Aus diesem nicht zu sehenden Gefäß erhob sich ein dünner Faden grünen Rauchs schnurgerade in die stille Luft. Während ich zusah, fuhr die Greifmaschine mit leise tönendem Klirren teleskopartig einen kurz zuvor nur als kleine Wölbung hervorlugenden Arm aus, bis dessen Ende hinter dem Erdhaufen verborgen war. Im nächsten Moment hatte er eine weiße Aluminiumstange emporgehoben, die makellos glänzte, und sie auf einen anwachsenden Haufen Stangen am Rand der Grube gelegt. Von Sonnenuntergang bis zum Sternenfunkeln muss diese flinke Maschine mehr als einhundert solcher Stangen aus bloßer Erde hergestellt haben, und die bläuliche Staubwolke wurde stetig größer, bis sie über den Rand der Grube ragte.

Der Kontrast zwischen den raschen, komplexen Bewegungen dieser Apparaturen und der Plumpheit ihrer nach Luft japsenden Herren war extrem, und noch tagelang musste ich mir immer wieder sagen, dass von beiden wirklich Letztere die Lebewesen waren.

Der Vikar lag vor dem Mauerspalt, als die ersten Menschen zur Grube gebracht wurden. Ich hockte unterhalb von ihm und lauschte mit gespitzten Ohren. Plötzlich ruckte er nach hinten, und vor Sorge, wir könnten entdeckt worden sein, krampfte sich in mir vor Angst alles zusammen. Der Vikar glitt den Schuttberg hinab und kroch neben mir in die Dunkelheit, fand keine Worte, fuchtelte herum und steckte mich kurz mit seiner Panik an. Seine Gesten schienen zu besagen, dass er fertig sei mit der Mauerspalte, und wenig später hatte meine Neugierde mir Mut gemacht; ich stand auf, stieg über ihn hinweg und kletterte zu ihr hoch. Zunächst sah ich keinen Anlass für sein wildes Gebaren. Inzwischen war es dunkel geworden, die Sterne schienen klein und schwach, doch die Grube war erhellt vom flackernden grünen Feuer der Aluminiumproduktion. Ich sah ein den Augen sehr unangenehmes Geflacker aus grünem Glosen und wechselhaften brandig-schwarzen Schatten. Ohne dem Beachtung zu schenken, flogen die Fledermäuse darüber weg und hindurch. Die krauchenden Marsianer sah ich nicht mehr, die blau-grüne Pulverwolke stand inzwischen so hoch, dass sie meinem Blick entzogen waren; eine Kampfmaschine stand mit eingefahrenen und gekrümmten Kurzbeinen am anderen Ende der Grube. Und da schienen inmitten des Maschinengeratters menschliche Stimmen zu mir zu dringen, ein Verdacht, den ich gleich wieder als unmöglich abtat.

Ich duckte mich, sah mir diese Kampfmaschine genauer an und konnte mich nun erstmals davon überzeugen, dass wirklich ein Marsianer in der Kanzel steckte. Während die Flammen aufstiegen, sah ich den öligen Glanz seiner Haut und das Leuchten seiner Augen. Und plötzlich hörte ich einen Schrei und sah, wie ein langer Tentakel über die Maschine hinweg nach einem kleinen Käfig langte, den sie geschultert hatte. Dann wurde etwas – etwas, das sich heftig wehrte – hoch in die Luft gehoben, rätselhaft schwarz und verschwommen im Sternenlicht; und als dieses schwarze Objekt wieder herunterkam, sah ich im grünen Schein, dass es ein Mensch war. Einen Moment lang war er deutlich zu erkennen. Es war ein gutgekleideter, rosiger und beleibter Mann mittleren Alters; drei Tage zuvor mochte er noch als Respektsperson stolz einhergeschritten sein. Ich sah seine aufgerissenen Augen und das Funkeln seiner Manschettenknöpfe und Uhrkette. Er verschwand hinter dem Erdhügel, einen Moment lang war es ganz still. Dann hörte ich einen Schrei und das anhaltend muntere Geheul der Marsianer.

Ich rutschte den Schutt hinab, richtete mich auf, hielt mir die Ohren zu und stürzte in die Waschküche. Der Vikar, der mit seinen Armen über dem Kopf still dagehockt hatte, blickte auf, als ich an ihm vorbeikam, schrie laut, als er sah, dass ich ihn sitzenließ, und rannte mir hinterher.

In dieser Nacht, als wir uns in der Waschküche verkrochen, zutiefst entsetzt, aber auch grausam in Bann geschlagen von dem, was wir gesehen hatten, drängte es mich, etwas zu tun, doch wie wir von dort wegkommen konnten, dazu wollte mir einfach nichts einfallen. Am zweiten Tag dann vermochte ich unsere Lage sehr klar zu erfassen. Mit dem Vikar, so sah ich, war nicht zu reden; dieser neue, zusätzliche Schock hatte ihm seinen letzten Rest Verstand und Klarsicht geraubt. Im Grunde vegetierte er nur noch wie ein Tier dahin. Ich aber packte mich selbst beim Schopf, wie man so sagt. Angesichts der Lage dämmerte mir, dass es zwar schlecht um uns bestellt war, aber kein Anlass bestand, völlig zu verzweifeln. Wenn wir besonderes Glück hatten, nutzten die Marsianer die Grube nur vorübergehend als Stützpunkt. Und sollten sie doch dauerhaft bleiben, so sähen sie vielleicht keinen Grund, sie zu bewachen, sodass sich uns eine Gelegenheit zur Flucht böte. Auch erwog ich sehr sorgsam die Möglichkeit, einen Fluchttunnel weg von der Grube zu graben, doch die Gefahr, beim Auftauchen einer Wache stehenden Kampfmaschine aufzufallen, erschien mir fürs erste zu groß. Außerdem müsste ich ihn wohl allein graben. Der Vikar würde ganz sicher nicht dabei helfen.

Nach meiner Erinnerung war es der dritte Tag, als ich sah, dass der erwähnte Mann getötet wurde. Ich wurde nur dieses eine Mal Zeuge, wie die Marsianer Nahrung zu sich nahmen. Nach diesem Erlebnis mied ich das Loch in der Wand für den Rest des Tages weitgehend. Ich ging in die Waschküche, räumte die Tür beiseite und verbrachte ein paar Stunden damit, möglichst leise mit meinem Beil zu graben; als mein Loch knapp einen Meter tief war, rutschte die lockere Erde laut polternd hinein, woraufhin ich nicht weiterzumachen wagte. Ich ließ meinen Kopf hängen und lag lange ohne jegliche Lust, mich zu regen, auf dem Boden der Waschküche. Danach gab ich die Idee eines Fluchttunnels endgültig auf.

Für den Eindruck, den die Marsianer auf mich gemacht hatten, spricht Bände, dass ich anfangs kaum oder gar keine Hoffnung hegte, entkommen zu können, indem es Menschen irgendwie gelinge, sie zu besiegen. Doch in der vierten oder fünften Nacht hörte ich etwas, das wie schweres Geschützfeuer klang.

Es war spät nachts, der Mond schien hell. Die Marsianer hatten die Grabemaschine weggeräumt und sich allesamt entfernt, nur eine Kampfmaschine stand weiter abseits am Rand der Grube, und jenseits meines Sichtfelds war in einer Ecke der Grube direkt unter dem Guckloch eine Greifmaschine aktiv. Von der Greifmaschine und den Stangen ging ein matter Schimmer aus, und das Mondlicht drang fleckenweise durch, sonst war es dunkel in der Grube und auch ganz still, vom Klirren der Maschine abgesehen. Es war eine wunderbar ruhige Nacht; und der Mond schien den Himmel, bis auf einen Planeten, mit niemandem teilen zu müssen. Ich hörte einen Hund jaulen, und weil mir dieser Klang so vertraut war, hörte ich näher hin. Da vernahm ich deutlich ein Dröhnen ganz wie von schweren Geschützen. Ich zählte mit, sechs Mal hörte ich es knallen und nach langer Pause wiederum sechs Mal. Und danach nicht mehr.

4
Der Tod des Vikars

Am sechsten Tag unseres Eingesperrtseins spähte ich ein letztes Mal hinaus, wobei ich mit einem Mal allein war. Statt sich an mich zu hängen und zu versuchen, mich vom Spalt wegzudrängen, war der Vikar in die Waschküche zurückgegangen. Da kam mir ein Verdacht. Rasch und lautlos machte auch ich kehrt. In der Dunkelheit hörte ich, wie der Vikar trank. Ich griff hinein ins Dunkel und bekam eine Flasche Burgunder zu fassen.

Es entstand ein Gerangel. Nach mehreren Minuten fiel die Flasche zu Boden und zerbrach. Ich ließ von ihm ab und stand auf. Wir standen uns keuchend und drohend gegenüber. Schließlich stellte ich mich zwischen ihn und die Vorräte und sagte ihm, dass ich entschlossen sei, künftig Maß zu halten. In der Speisekammer teilte ich die Nahrung so in Rationen ein, dass sie für zehn Tage reichte. An diesem Tag sollte er nichts mehr bekommen. Am Nachmittag machte er den schwachen Versuch, sich Essen zu verschaffen. Ich hatte gedöst, war aber schlagartig wach. Den ganzen Tag und die ganze Nacht hindurch saßen wir uns direkt gegenüber, ich war müde, aber unbeirrt, er weinte und beklagte seinen nagenden Hunger. Es waren nur eine Nacht und ein Tag, ich weiß es, doch damals empfand ich dies – und so geht es mir noch heute – als schier endlose Zeitspanne.

Und so mündete unsere zunehmende Unverträglichkeit schließlich in offenen Streit. Zwei unermessliche Tage lang rangen wir mit gedämpfter Stimme und auch handgreiflich miteinander. Phasenweise schlug und trat ich ihn wie toll, dann wieder redete ich gewinnend auf ihn ein, und einmal versuchte ich ihn mit der letzten Flasche Burgunder zu bestechen, denn es gab eine Regenwasserpumpe, die mich mit Wasser versorgte. Doch weder die harte noch die freundliche Art half, war er doch längst schon von Sinnen. Nichts hielt ihn von seinen Attacken auf die Vorräte ab und nichts von seinen lauten Selbstgesprächen. Er hielt sich nicht an die simpelsten Vorkehrungen, die unsere Gefangenschaft erträglich machen sollten. Langsam begriff ich, dass sein Verstand endgültig ausgesetzt hatte und mein einziger Gefährte in diesem engen und üblen Dunkel geisteskrank war.

Aus manchen vagen Erinnerungen schließe ich, dass auch ich selbst gelegentlich wirr im Kopf war. Wenn ich schlief, hatte ich stets sonderbare und scheußliche Träume. Es klingt paradox, aber ich denke fast, dass die Schwäche und Unzurechnungsfähigkeit des Vikars mir eine Warnung und Stütze waren und mich bei klarem Verstand hielten.

Am achten Tag begann er laut zu reden, statt zu flüstern, und durch nichts konnte ich ihn dazu bewegen, sich darin zu mäßigen.

»Es ist gerecht, o Herr!«, sagte er wieder und wieder. »Es ist gerecht. Mich und die Meinigen ereile die Strafe. Wir haben gesündigt, wir konnten nicht genügen. Armut gab es und Leid; die Armen wurden in den Staub getreten, und ich schwieg dazu. Ich predigte willkommenen Unsinn – mein Gott, was für einen Unsinn! –, als ich hätte aufstehen sollen, auch um den Preis des Todes, um ihnen zuzurufen: Tut Buße – Buße! … Ihr, die ihr der Armen und Bedürftigen frevelt …! Die große Kelter Gottes!«

Dann kam er plötzlich wieder auf das Essen zu sprechen, das ich ihm vorenthielt, er bat, flehte, weinte und drohte schließlich.

Er sprach immer lauter – ich bat ihn, es zu unterlassen. Er erkannte, wo er mich zu fassen bekam – und drohte damit, laut zu rufen und die Marsianer herzulocken. Dies ängstigte mich eine Weile, doch jedes Zugeständnis hätte unsere Chance zu entkommen unabsehbar verringert. Ich widerstand ihm, obwohl ich mir keineswegs sicher war, dass er seine Androhung nicht wahrmachte. An diesem Tag jedenfalls unterließ er es. Am achten und neunten Tag redete er zumeist mit schleichend lauter werdender Stimme, gab Drohungen von sich, flehentliche Bitten inmitten eines Schwalls halbirrer und sinnleerer Reue angesichts seiner auf nichts als Schwindel beruhenden Art des Gottesdienstes, die Mitleid für ihn in mir auslöste. Dann schlief er ein wenig und fuhr mit neuer Energie wieder fort, derart laut, dass ich ihm Einhalt gebieten musste.

»Seien Sie still!«, beschwor ich ihn.

Er kniete sich hin, bislang hatte er in der Dunkelheit neben dem Waschkessel gesessen.

»Ich war schon zu lange still«, sagte er so laut, dass es bis zur Grube dringen musste, »und jetzt muss ich Zeugnis ablegen. Wehe dieser treulosen Stadt! Weh! Weh! Weh! Weh! Weh denen, die auf Erden wohnen, vor den andern Stimmen der Posaune –«

Ich stand auf. »Ruhe jetzt!«, sagte ich tiefbesorgt, dass die Marsianer uns hören könnten. »Herrgott noch mal – – –«

»Nein«, schrie der Vikar so laut er konnte. Er war nun auch aufgestanden und breitete die Arme aus. »Sprich! Das Wort des Herrn ist bei mir!«

Er machte drei Schritte, dann stand er an der Tür zur Küche.

»Ich muss Zeugnis ablegen! Ich gehe! Es hätte schon längst geschehen sollen.«

Ich streckte meine Hand aus und langte nach dem an der Wand hängenden Fleischmesser. Blitzartig schoss ich dem Vikar hinterher. Ich bebte vor Angst. Er war noch nicht halb durch die Küche, als ich ihn eingeholt hatte. In einem letzten Anflug von Menschlichkeit drehte ich die Schneide um und schlug mit der stumpfen Seite nach ihm. Er fiel kopfüber hin und lag der Länge nach auf dem Boden. Ich taumelte über ihn weg und schnappte nach Luft. Er rührte sich nicht.

Mit einem Mal hörte ich draußen ein Geräusch, das Rieseln und Abrutschen von Putz, und die dreieckige Öffnung in der Mauer verdunkelte sich. Ich blickte auf und sah den unteren Teil einer Greifmaschine, die langsam am Loch vorbeikam. Einer ihrer Greifarme ringelte sich inmitten der Trümmer; dann war ein weiterer Arm zu sehen, der sich die eingestürzten Balken entlangtastete. Wie erstarrt blickte ich darauf. Da sah ich durch eine Art Glasscheibe nahebei das, nun, nennen wir es Gesicht und die großen dunklen Augen eines hereinspähenden Marsianers. Dann tastete sich ein langer schlangenhafter Metallfühler langsam durch das Loch voran.

Ich riss mich los, kehrte um, stolperte über den Vikar und blieb an der Tür zur Waschküche stehen. Der Tentakel war nun ein ganzes Stück, zwei Meter oder mehr, im Zimmer, er schlängelte und wand sich seltsam flink in alle Richtungen. Eine Zeit lang schaute ich diesem langsamen, unschlüssigen Vorstoß fasziniert zu. Dann zwang ich mich mit einem leisen, heiseren Ausruf, in die Waschküche zu gehen. Ich zitterte heftig und konnte mich kaum aufrecht halten. Ich öffnete die Tür zum Kohlenkeller und stand im Dunkeln da, blickte zur matt erleuchteten Tür, die zur Küche führte, und lauschte. Hatte der Marsianer mich gesehen? Was tat er gerade?

Etwas bewegte sich dort hin und her, sehr leise, gelegentlich klopfte es gegen die Mauer und setzte seinen Weg fort mit einem leisen metallischen Klimpern wie von einem Schlüsselbund. Dann wurde ein schwerer Körper – ein mir wohlbekannter – über den Küchenboden zur Öffnung geschleift. Unwiderstehlich angezogen, kroch ich zur Tür und spähte in die Küche. In dem von der Sonne erhellten Dreieck sah ich den Marsianer in seiner

Greifmaschine, einem wahren Briareos, mit der er den Kopf des Vikars untersuchte. Ich dachte sofort, dass er von der Wunde, die mein Schlag verursacht hatte, auf meine Anwesenheit schließen würde.

Ich kroch zurück zum Kohlenkeller, schloss die Tür und begann mich dort so gut es ging und so leise wie möglich im Dunkeln zwischen dem Brennholz und den Kohlen zu verstecken. Ab und zu hielt ich inne und verharrte still, um zu hören, ob der Marsianer seine Tentakel erneut durch die Öffnung geschoben hatte.

Dann erklang wieder dieses leise metallische Klimpern. Ich verfolgte mit, wie sich der Fühler langsam durch die Küche vorantastete. Bald hörte ich ihn näher dran – in der Waschküche, wie ich annahm. Ich dachte, dass er wohl zu kurz war, um bis zu mir zu reichen. Ich betete standhaft. Mit leisem Kratzen tastete er über die Kellertür. Es verging eine Ewigkeit in fast unerträglich angespannter Erwartung; dann hörte ich, wie er am Riegel hantierte! Er hatte die Tür entdeckt! Die Marsianer verstanden sich auf Türen!

Eine Minute vielleicht tüftelte er an der Klinke herum, dann ging die Tür auf.

In der Dunkelheit konnte ich das Ding eben noch erkennen – es ähnelte am ehesten einem Elefantenrüssel –, wie es in meine Richtung wedelte und Mauer, Kohle, Holz und Decke prüfend abtastete. Es war wie ein schwarzer Wurm, der seinen blinden Kopf hin und her wiegt.

Einmal berührte es sogar den Absatz meines Stiefels. Ich hätte aufschreien mögen und biss mir in die Hand. Eine Zeit lang war der Tentakel ruhig. Ich hätte glauben können, er sei wieder fort. Kurz darauf schnappte es unvermittelt nach etwas – ich glaubte mich entdeckt! – und schien sich dann wieder aus dem Keller zu entfernen. Eine Minute lang war ich mir nicht sicher. Offenbar hatte es sich ein Stück Kohle genommen, um es zu untersuchen.

Ich nutzte die Gelegenheit, um meine sehr unbequem gewordene Position etwas zu verändern, dann lauschte ich wieder. Ich flüsterte inbrünstige Gebete um Errettung.

Erneut hörte ich nun, wie etwas langsam und bedacht auf mich zu kroch. Ganz ohne Eile kam es näher, schabte an den Wänden und befühlte das Inventar.

Während ich mir noch unsicher war, schlug es gewandt an die Kellertür und schloss sie. Ich hörte es in die Speisekammer gehen, die Keksdosen klapperten und eine Flasche zerbrach, es gab einen heftigen Schlag gegen die Kellertür. Dann herrschte Stille, eine Zeit voller Anspannung, die sich endlos dehnte.

War es fort?

Irgendwann war ich mir sicher.

Es kam nicht mehr in die Waschküche, doch ich blieb noch den ganzen zehnten Tag hindurch im tiefsten Dunkel inmitten von Kohlen und Brennholz liegen und besorgte mir nicht einmal den so dringend ersehnten Schluck zu trinken. Erst am elften Tag wagte ich mich aus meinem Schutz hervor.

5
Die Stille

Bevor ich in die Speisekammer ging, schloss ich die Tür zwischen Küche und Waschküche. Doch die Speisekammer war leer; nicht der kleinste Bissen war mehr da. Offenbar hatte der Marsianer tags zuvor alles mitgenommen. Als ich dies sah, packte mich erstmals die Verzweiflung. Am elften Tag bekam ich nichts zu essen und zu trinken, und auch nicht am zwölften.

Mund und Kehle trockneten mir aus, und meine Kräfte ließen erheblich nach. Elend und niedergeschlagen saß ich in der Dunkelheit der Waschküche da. All meine Gedanken kreisten um Essen. Ich glaubte, taub geworden zu sein, denn vom gewohnten Treiben an der Grube war überhaupt nichts zu hören. Um geräuschlos an das Guckloch zu kriechen, fühlte ich mich zu schwach, sonst hätte ich es getan.

Am zwölften Tag schmerzte meine Kehle derart, dass ich, auch auf die Gefahr hin, den Marsianern aufzufallen, über die knarzende Regenwasserpumpe neben der Senkgrube herfiel und mir ein paar Gläser schwarztrübes, modriges Regenwasser beschaffte. Es erfrischte mich herrlich, und dass das Pumpgeräusch keinen neugierigen Tentakel auf den Plan rief, machte mir Mut.

Während dieser Tage dachte ich, wenn auch nur mäandernd und ziellos, viel an den Vikar und wie er zu Tode gekommen war.

Am dreizehnten Tag trank ich erneut etwas Wasser, dämmerte dahin und hatte konfuse Gedanken über Essen und sehr unrealistische Fluchtpläne. War ich weggedöst, erschienen mir grässliche Traumgebilde vom Tod des Vikars oder von opulenten Mahlzeiten; doch wach oder schlafend verspürte ich einen heftigen Schmerz, der mich ständig nach etwas zu trinken verlangen ließ. Das in die Waschküche dringende Licht war nicht mehr grau, sondern rot. In meiner gestörten Wahrnehmung war dies die Farbe von Blut.

Am vierzehnten Tag ging ich in die Küche und war überrascht zu sehen, dass das rote Kraut durch das Loch in der Wand gerankt war und so das Halbdunkel des Ortes in eine blutrote Finsternis gewandelt hatte.

Früh am Morgen des fünfzehnten Tages vernahm ich eigenartige, doch vertraute Geräusche in der Küche; ich hörte näher hin und stellte fest, dass es das Schnüffeln und Scharren eines Hundes war. In der Küche dann sah ich in einer Lücke zwischen rötlichen Ranken eine hindurchgesteckte Hundeschnauze. Das überraschte mich außerordentlich. Als der Hund mich gewittert hatte, bellte er kurz.

Sollte ich ihn dazu bringen, leise hereinzukommen, dachte ich, würde ich ihn vielleicht töten und essen können; ihn zu töten, wäre auf jeden Fall angeraten, damit sein Treiben nicht die Aufmerksamkeit der Marsianer auf sich zog.

Ich kroch zu ihm hin, sagte sehr sanft »Braver Hund!«, doch er zog sofort seinen Kopf zurück und verschwand.

Ich lauschte – taub war ich nicht –, doch kein Zweifel, die Grube war still. Ich hörte so etwas wie Vogelflattern und ein heiseres Krächzen, sonst nichts.

Lange Zeit lag ich dicht vor dem Guckloch, wagte jedoch nicht, die roten Pflanzen fortzuschieben, die es verdeckten. Ein, zwei Mal hörte ich ein leises Trapsen wie von den Pfoten eines Hundes, der auf dem Sand tief unter mir umherlief, und es gab auch noch mehr Vogelgeräusche, aber das war alles. Ermutigt durch die Stille, blickte ich schließlich hinaus.

Außer dass in einem Winkel zahlreiche Krähen umherhüpften und sich um die Überreste der Toten balgten, von denen sich die Marsianer ernährt hatten, befand sich keinerlei Lebewesen in der Grube.

Ich blickte mich um und mochte meinen Augen kaum trauen. Sämtliche Maschinen waren fort. Abgesehen von einem großen Haufen graublauen Pulvers in einer Ecke, ein paar Aluminiumstangen in einer anderen, den schwarzen Vögeln und den Skeletten der Toten war hier nichts als eine leere, kreisrunde Sandgrube.

Durch das rote Kraut schob ich mich langsam hinaus und stand schließlich auf dem Schutthaufen. Ich konnte in sämtliche Richtungen blicken außer nach Norden in meinem Rücken, und da war kein Marsianer und nichts, was irgendwie auf Marsianer hindeutete. Zu meinen Füßen fiel die Grube steil ab, doch ein Stückchen weiter auf dem Schutt entlang konnte man ganz gut auf die Spitze des Trümmerbergs hinaufgehen. Das war meine Gelegenheit, von hier zu entkommen. Ich begann zu zittern.

Ich zögerte eine Weile, dann kletterte ich in einem Anfall verzweifelter Entschlossenheit mit heftig pochendem Herzen den Hügel hinauf, in dem ich so lange begraben gewesen war.

Erneut sah ich mich um. Auch im Norden war kein Marsianer zu sehen.

Als ich diesen Teil des Ortes Sheen zuletzt bei Tage sah, hatten, umgeben von schattigen Bäumen, vereinzelt hübsche weiße und rote Häuser an einer Straße gelegen. Jetzt stand ich auf einem Berg aus Ziegeltrümmern, Erde und Schotter, auf dem sich Unmengen von kaktusförmigen roten Pflanzen ausgebreitet hatten. Sie reichten mir bis zum Knie, und nicht ein einziges irdisches Gewächs machte ihnen den Boden streitig. Die Bäume in meiner Nähe waren abgestorben und braun, etwas entfernt jedoch überzog ein Geflecht roter Ranken die noch lebenden Stämme.

Die benachbarten Häuser waren allesamt zerstört, doch keines hatte gebrannt; ihre Mauern standen, zum Teil hoch bis zum zweiten Stock, noch mit kaputten Fenstern und zertrümmerten Türen da. In ihren deckenlosen Räumen wucherte das rote Kraut. Unter mir lag die große Grube mit den Krähen, die sich um den Abfall stritten. Diverse andere Vögel hüpften zwischen den Ruinen umher. Weiter hinten sah ich eine hagere Katze an einer Mauer entlangschleichen, doch nichts deutete hier auf Menschen hin.

Im Kontrast zu meinem Kerker von eben wirkte der Tag blendend hell, der Himmel strahlte blau. Eine zarte Brise fuhr durch das sanft wogende rote Kraut, das jedes freie Fleckchen Land bedeckte. Und, ach, die frische Luft!

6
Das Werk von fünfzehn Tagen

Eine Zeit lang stand ich wacklig auf dem Hügel, ohne an meine Sicherheit zu denken. In dem muffigen Loch, dem ich entronnen war, hatte ich ausschließlich daran gedacht, uns zu schützen.

Ich hatte nicht mitbekommen, was der Welt zugestoßen war, und war nicht vorbereitet gewesen, sie so verblüffend unvertraut vorzufinden. Ich hatte erwartet, dass Sheen zerstört war – und sah rundherum die seltsam geisterhafte Landschaft eines anderen Planeten.

In diesem Moment überkam mich eine Empfindung, die dem Menschen fremd, den armen Tieren unter unserer Herrschaft jedoch nur allzu vertraut ist. Ich fühlte mich, wie sich ein Kaninchen fühlen mag, das zu seinem Erdloch zurückkehrt und sich plötzlich einem Trupp fleißiger Arbeiter beim Ausheben einer Baugrube gegenübersieht. Ich empfand die ersten Anzeichen eines Gefühls, das sich bald stärker ausprägen und mich noch viele Tage bedrücken sollte, das Gefühl, vom Thron gestoßen worden zu sein, die Überzeugung, dass ich nicht länger Herr war, sondern nur eines von vielen Tieren unter der Knute der Marsianer. Uns erginge es jetzt wie ihnen, wir würden lauern und spähen, fortlaufen und uns verbergen müssen; vorbei war es mit der Macht und dem Schrecken des Menschen.

Doch kaum war mir dies zu Bewusstsein gelangt, verlor es sich auch schon wieder, und nun bedrängte mich der Hunger nach der langen, trostlosen Fastenzeit. In einiger Entfernung von der Grube sah ich jenseits einer rotüberwachsenen Mauer einen unverschütteten Fleck Gartenland. Das war ein Fingerzeig, und ich watete knietief und manchmal bis zum Hals durch das rote Kraut. Inmitten des dichten Gestrüpps empfand ich ein beruhigendes Gefühl von Schutz. Die Mauer war gut zwei Meter hoch, und als ich hinüberzuklettern versuchte, stellte ich fest, dass ich es nicht hinauf schaffte. Daher ging ich an ihr entlang und stieß auf eine Ecke mit einem Felsstück, mit dessen Hilfe ich die Mauer übersteigen konnte, dann plumpste ich in den begehrten Garten. Dort fand ich einige junge Zwiebeln, ein paar Gladiolenknollen und allerhand unreife Möhren. Ich nahm alles an mich, stieg über eine eingestürzte Mauer und ging inmitten hell- und dunkelroter Bäume Richtung Kew – mir war, als liefe ich durch eine Allee aus riesigen Blutstropfen. Zwei Gedanken trieben mich um: dass ich mehr Essen brauchte und dass ich diese verwünschte, gespenstische Grubenzone im Rahmen meine Kräfte möglichst rasch hinter mir lassen wollte.

Ein Stück weiter standen Pilze im Gras, die ich ebenfalls verschlang, dann stieß ich an einer Stelle, wo sonst Wiesen waren, auf eine seichte braune Wasserfläche. Die spärliche Nahrung steigerte meinen Hunger nur noch. Erst wunderte ich mich über dieses Hochwasser im heißen, trockenen Sommer, später entdeckte ich, dass das tropische Wuchern des roten Krauts dafür verantwortlich war. Dieses erstaunliche Gewächs musste nur mit Wasser in Berührung kommen, schon schoss es mächtig auf und wurde unvergleichlich fruchtbar. Seine Samen waren einfach in das Wasser des Wey und der Themse gefallen, dort war es schnell gewachsen und hatte ein gigantisches Rankwerk ausgebildet, das beide Flüsse sofort über die Ufer treten ließ.

In Putney war die Brücke, wie ich später sah, fast vollständig zugewuchert, und auch in Richmond ergoss sich die Themse als breiter, flacher Strom über die Wiesen von Hampton und Twickenham. Mit dem Wasser breitete sich auch das Kraut aus, bis die zerstörten Landhäuser im Themsetal eine Weile tief in diesem roten Morast steckten, dessen Rand ich erkundete und der viel vom Zerstörungswerk der Marsianer verhüllte.

Letztlich starb das rote Kraut fast ebenso rasch ab, wie es sich ausgebreitet hatte. Es wurde von einer krebsartigen Krankheit befallen, die man mit der Wirkung bestimmter Bakterien in Verbindung gebracht hat. Durch den Prozess der natürlichen Auslese sind heute alle irdischen Pflanzen gegen Bakterien resistent oder setzen sich doch erheblich gegen Befall zur Wehr, doch das rote Kraut moderte dahin wie bereits abgestorben. Die Ranken verloren an Farbe, dann wurden sie schrumpelig und spröde. Bei der kleinsten Berührung brachen sie ab, und das Wasser, das sein Wachstum zuvor so angefacht hatte, spülte seine letzten Reste ins Meer.

Als ich an dieses Wasser gelangte, stillte ich natürlich zunächst meinen Durst. Ich trank mich satt und kaute, einer Eingebung folgend, auf etwas rotem Kraut herum; doch es war wässrig und schmeckte unangenehm metallisch. Das Wasser erwies sich als seicht genug, um sicher hindurchwaten zu können, wenngleich das rote Kraut meinen Füßen ständig im Weg war; doch Richtung Flussbett wurde der Strom sichtlich tiefer, sodass ich mich wieder Mortlake zuwandte. Ich orientierte mich an den Überresten von Landhäusern, Zäunen und Lampen, fand schließlich aus dem Hochwasser heraus, ging bis zum Hügel bei Roehampton und gelangte so zum Anger von Putney.

Der Anblick war nun nicht mehr befremdlich-unvertraut, sondern bot das bekannte Bild der Zerstörung: Manche Ecken sahen aus, als habe ein Wirbelsturm gewütet, und keine hundert Schritte weiter war alles völlig unversehrt, dort standen Häuser mit sorgsam herabgelassenen Jalousien und geschlossenen Türen, als seien die Besitzer nur mal einen Tag fortgereist oder die Bewohner noch im Bett. Das rote Kraut war weniger üppig; es war nicht die hohen Bäume an der Straße emporgerankt. Unter den Bäumen suchte ich nach Nahrung, fand nichts und durchstöberte ein paar stille Häuser, die jedoch schon alle gewaltsam geöffnet und geplündert worden waren. Solange es hell blieb, lag ich in einem Gebüsch, da ich zum Weitergehen zu schwach war.

Während dieser Zeit sah ich kein menschliches Wesen und auch keinerlei Anzeichen von Marsianern. Ich begegnete zwei hungrig aussehenden Hunden, die sofort Reißaus nahmen, als ich mich zu nähern versuchte. Bei Roehampton hatte ich zwei menschliche Gerippe gesehen – keine Leichen, sondern säuberlich abgenagte Gerippe –, und im Wald stieß ich auf verstreute Knochenteile von Katzen und Kaninchen sowie einen Schafschädel. Ich lutschte darauf herum, doch sie enthielten nichts Nahrhaftes.

Nach Sonnenuntergang schleppte ich mich auf der Straße weiter Richtung Putney, wo der Hitzestrahl zu irgendeinem Zweck eingesetzt worden sein musste, wie ich glaubte. Und hinter Roehampton fand ich in einem Garten allerhand unreife Kartoffeln, die meinen Hunger stillten. Von diesem Garten aus sah man auf Putney und den Fluss hinab. Der Anblick des Ortes war in der Dämmerung überaus trostlos: kohlschwarze Bäume, einsame schwarze Ruinen und am Fuß des Hügels die vom Kraut rot gefärbten weiten Flächen des über die Ufer getretenen Flusses. Und über all dem lag – Stille. Der Gedanke daran, wie rasch alles derart in Verwüstung umgeschlagen war, erfüllte mich mit unsagbarem Entsetzen.

Eine Zeit lang dachte ich, die Menschheit sei vom Erdboden getilgt worden und ich, wie ich hier stand, der letzte Überlebende seiner Art. Kurz vor der Kuppe des Putney Hill stieß ich auf ein weiteres Skelett, dessen Arme einige Meter vom übrigen Körper entfernt lagen. Während ich weiterging, wuchs in mir die Gewissheit, dass die Menschheit in diesem Teil der Welt bereits vollständig ausgerottet worden war, von ein paar Versprengten wie mich einmal abgesehen. Die Marsianer, überlegte ich, hatten das Gebiet hier verwüstet und waren auf ihrer Suche nach Nahrung längst weitergezogen. Vielleicht zerstörten sie gerade eben Berlin oder Paris, möglicherweise waren sie auch in Richtung Norden unterwegs.

7
Der Mann auf dem Putney Hill

Die Nacht verbrachte ich im Gasthaus oben auf dem Putney Hill. Erstmals seit meiner Flucht nach Leatherhead schlief ich wieder in einem gemachten Bett. Nur kurz erwähne ich den unnötigen Aufwand beim Hineingelangen – später stellte ich fest, dass die Haustür gar nicht verriegelt war – und dass ich jedes Zimmer nach Essen absuchte, bis ich kurz vorm Verzweifeln in einem Raum, der wohl eine Dienstbotenkammer war, einen von Ratten benagten Brotkanten und zwei Dosen Ananas entdeckte. Das Haus war bereits durchwühlt und ausgeplündert worden. Im Schankraum fand ich später noch etwas Zwieback und ein paar Klappstullen, die man übersehen hatte. Letztere konnte ich nicht essen, sie waren zu schimmlig, doch der Zwieback stillte meinen Hunger und reichte sogar noch, um mir die Taschen mit ihm zu füllen. Eine Lampe entzündete ich nicht, aus Angst, ein Marsianer könne in der Nacht diesen Teil Londons nach Nahrung absuchen. Vor dem Zubettgehen streifte ich voller Unruhe zwischen den Fenstern umher und hielt Ausschau nach irgendwelchen Anzeichen dieser Monster. Ich schlief nur wenig. Als ich im Bett lag, musste ich unentwegt grübeln – was ich meiner Erinnerung nach seit dem letzten Streit mit dem Vikar nicht mehr getan hatte. In der ganzen Zeit seither hatte sich meine seelische Verfassung irgendwo zwischen einer jagenden Abfolge unklarer Gefühlszustände und einer Art dumpfer Beschränktheit befunden. In der Nacht jedoch fand mein Hirn, offenbar durch die Nahrung gestärkt, zu alter Klarheit zurück, und ich konnte nachdenken.

Drei Dinge trieben mich dabei besonders um: die Tötung des Vikars, der Aufenthaltsort der Marsianer und das mögliche Schicksal meiner Frau. Beim Gedanken an ersteres überkam mich keinerlei Gefühl von Entsetzen oder Schuld; ich nahm es einfach als geschehen hin, die Erinnerung daran war höchst unangenehm, doch frei von Reue. So wie ich mich damals sah, sah ich mich noch immer, als einen, bei dem alles Schritt für Schritt auf jenen beiläufigen Schlag zulief, als Subjekt einer Folge von Ereignissen, die zwangsläufig darin münden musste. Ich empfand nichts Verwerfliches daran; und doch lastete die Erinnerung stetig und ohne zu weichen auf mir. Mit jener Empfindung der Nähe Gottes, die manchmal in die Ruhe und Dunkelheit dringt, stellte ich mich in der Stille der Nacht meiner Verantwortung, und nur dieser einen Verantwortung, für jenen Augenblick der Wut und Angst. Ich vergegenwärtigte mir jeden Schritt unseres Umgangs von dem Moment an, da ich ihn neben mir hatte hocken sehen; er konnte nichts gegen meinen Durst tun und wies auf das Feuer und den Rauch, die aus den Trümmern von Weybridge emporstiegen. Wir waren nicht in der Lage, uns zusammenzutun – das böse Spiel des Zufalls hatte keine Rücksicht darauf genommen. Wenn ich das gewusst hätte, so hätte ich mich in Halliford von ihm getrennt. Doch ich wusste es nicht; Schuld entsteht, wenn man weiß und handelt. Ich schreibe dies hin, wie ich die gesamte Geschichte so niedergeschrieben habe, wie es gewesen ist. Es gab keinerlei Zeugen – ich hätte all dies für mich behalten können. Doch ich schreibe es auf, und der Leser möge sich sein eigenes Urteil bilden.

Nachdem ich das Bild von der ausgestreckt daliegenden Leiche mühsam aus meinem Kopf verbannt hatte, beschäftigten mich die Marsianer-Frage sowie das Schicksal meiner Frau. Zu ersterem konnte ich nichts Verlässliches sagen, nur hundert verschiedene Dinge für möglich halten, und bei letzterem ging es mir leider ebenso. Und plötzlich war die Nacht voller Schrecken. Ich saß aufrecht im Bett und starrte in die Dunkelheit. Ich betete darum, dass der Hitzestrahl meine Frau rasch und schmerzlos ins Jenseits befördert haben möge. Seit der Nacht meiner Rückkehr aus Leatherhead hatte ich nicht mehr gebetet. Ich hatte Stoßgebete von mir gegeben, Götzengebete, hatte in höchster Not gebetet, wie Heiden Zauberformeln murmeln; doch jetzt betete ich wirklich, flehte inbrünstig und bei klarem Verstand im Angesicht des verborgenen Gottes. Was für eine seltsame Nacht! Besonders seltsam dadurch, dass eben mit Einsetzen der Dämmerung ich, der ich mit Gott gesprochen hatte, aus dem Haus schlich wie eine Ratte aus ihrem Versteck – ein Geschöpf nur unwesentlich größer, ein niederes Tier, ein Ding, das unsere Gebieter jagen und töten mochten, wenn ihnen danach war. Vielleicht beteten auch sie vertrauensvoll zu Gott. Fürwahr, sollten wir auch sonst nichts aus diesem Krieg gelernt haben, so hat er uns doch Mitleid gelehrt – Mitleid für alle vernunftlosen Seelen, die unter unserer Herrschaft zu leiden haben.

Der Morgen war heiter und schön, der Himmel im Osten erstrahlte rosarot und war mit goldenen Wölkchen gesprenkelt. Auf der Straße vom Putney Hill nach Wimbledon hinab zeugten zahlreiche Spuren von der Massenflucht in Richtung London, die am Sonntagabend nach Beginn der Kämpfe hier entlanggeführt hatte. Ein kleiner zweirädriger Karren mit der Aufschrift ›Thomas Lobb, Obst und Gemüse, New Malden‹ lag mit zerbrochenem Rad und einem zurückgelassenen Blechkoffer da; ein Strohhut war in den inzwischen getrockneten Matsch getreten, und auf der Kuppe des West Hill befanden sich lauter blutbeschmierte Glasscherben neben dem umgestürzten Wassertrog. Ich ging träge voran und wusste kaum, was ich tun sollte. Es zog mich nach Leatherhead, obwohl ich wusste, dass ich meine Frau dort wohl am allerwenigsten antreffen würde. Wenn sie der Tod nicht ereilt hatte, waren sie und meine Verwandten ganz sicher inzwischen fortgegangen; doch ich dachte, dass ich dort in Erfahrung bringen könne, wohin die Leute aus Surrey geflohen waren. Ich wusste, dass ich meine Frau finden wollte, dass ich mich von Herzen nach ihr und Menschen überhaupt sehnte, aber ich wusste nicht recht, wie ich diese Suche angehen sollte. Auch meiner vollkommenen Einsamkeit wurde ich mir nun plötzlich bewusst. An der Ecke ging ich im Schutz eines Dickichts aus Bäumen und Büschen bis zum Gemeindeland von Wimbledon, das weit und großzügig dalag.

Gelber Ginster erhellte stellenweise die dunkle Fläche; rotes Kraut war nirgends zu sehen, und während ich zaudernd am Rand des freien Felds dahinstreifte, ging die Sonne auf und durchströmte alles mit Licht und Leben. An einem Tümpel zwischen den Bäumen stieß ich auf eine geschäftige Schar kleiner Frösche. Ich hielt an, um sie zu betrachten, und ließ mir ihren starken Lebenswillen eine Lehre sein. Kurz darauf drehte ich mich um, da ich mich irgendwie beobachtet fühlte, und sah, wie sich etwas in ein Gebüsch duckte. Ich schaute näher hin, machte dann einen Schritt darauf zu, woraufhin es sich erhob und sich als Mann mit einem langen Messer in der Hand erwies. Ich ging langsam auf ihn zu. Er stand schweigend und reglos da und sah mich an.

Während ich nähertrat, fiel mir auf, dass seine Kleidung genauso verstaubt und dreckig war wie meine; er wirkte regelrecht wie durch die Gosse geschleift. Noch näher dran erkannte ich deutlich den grünen Schlamm aus Gräben, durchsetzt vom Hellbraun trockener Erde und glänzenden Kohleflecken. Sein schwarzes Haar hing ihm über die Augen, sein Gesicht war finster, schmutzig und eingefallen, sodass ich ihn zunächst nicht erkannte. Er hatte eine Narbe quer über der unteren Gesichtshälfte.

»Halt!«, rief er, als ich keine zehn Meter mehr von ihm entfernt war; ich hielt an. Seine Stimme war heiser. »Wo kommen Sie her?«, fragte er.

Ich überlegte, während ich ihn näher betrachtete.

»Ich komme aus Mortlake«, sagte ich. »Ich lag verschüttet neben der Grube, die die Marsianer um ihren Zylinder gemacht haben. Ich konnte mich herauskämpfen und entkommen.«

»Hier gibt's nichts zu essen«, sagte er. »Das ist mein Land. Den Hügel hinab bis zum Fluss, rüber bis Clapham und wieder hoch bis zum Rand der Weide, alles meins. Die Nahrung reicht nur für einen. Wo gehen Sie hin?«

Ich ließ mir mit der Antwort Zeit.

»Ich weiß nicht«, sagte ich. »Ich war dreizehn oder vierzehn Tage in den Trümmern eines Hauses verschüttet. Ich weiß nicht, was seither passiert ist.«

Er sah mich skeptisch an, dann stutzte er und änderte seine Miene.

»Ich habe nicht vor, hierzubleiben«, sagte ich. »Ich werde wohl nach Leatherhead gehen, meine Frau ist dort gewesen.«

Plötzlich wies er mit dem Finger auf mich.

»Sie sind das«, sagte er, »der Mann aus Woking. Sie haben in Weybridge überlebt?«

Im selben Moment erkannte ich ihn.

»Sie sind der Artillerist aus meinem Garten.«

»Glück muss man haben!«, sagte er. »Wir sind Glückspilze! Nein wirklich, *Sie*!« Er reichte mir seine Hand, ich ergriff sie. »Ich bin in ein Kanalrohr gekrochen«, sagte er. »Sie haben aber nicht alle getötet. Und als sie wieder weg waren, machte ich mich über die Felder Richtung Walton davon. Aber – das ist noch keine sechzehn Tage her – und Ihr Haar ist grau.« Er blickte plötzlich hinter sich. »Nur eine Krähe«, sagte er. »In Zeiten wie diesen lernt man, dass auch Vögel Schatten werfen. Hier stehen wir ein bisschen ausgesetzt. Lassen Sie uns unter das Gebüsch dort drüben ducken und reden.«

»Haben Sie Marsianer zu Gesicht bekommen?«, fragte ich. »Seit ich hervorgekrochen kam –«

»Die sind quer durch London gegangen«, sagte er. »Ich schätze, sie haben da ein größeres Lager aufgeschlagen. Nachts ist der Himmel überall da hinten Richtung Hampstead von ihren Lampen erhellt. Es ist wie eine große Stadt, und im Widerschein sieht man sie sich bewegen. Tagsüber sieht man nichts. Aber von Nahem – habe ich zuletzt welche gesehen vor –« (er zählte an seinen Fingern) »fünf Tagen. Da sah ich zwei durch Hammersmith gehen, sie hatten irgendetwas Großes dabei. Und vorletzten Abend« – er hielt inne und fuhr etwas weihevoll fort – »mehr als Licht gab's nicht zu sehen, aber da war etwas in der Luft. Ich glaube, die haben eine Flugmaschine gebaut und lernen jetzt fliegen.«

Ich hielt an, in Kriechhaltung, denn wir hatten das Gebüsch erreicht.

»Fliegen!«

»Ja«, sagte er, »fliegen.«

Ich kroch in einen kleinen Unterschlupf und setzte mich.

»Dann ist es vorbei mit der Menschheit«, sagte ich. »Wenn sie das können, kommen sie ganz leicht überall hin.«

Er nickte.

»Das werden sie. Aber – – dadurch wird es für uns hier etwas erträglicher. Außerdem – –« Er sah mich an. »Sind Sie denn nicht ganz froh, dass es aus ist mit der Menschheit? Ich schon. Wir sind geschlagen und besiegt.«

Ich schaute ungläubig. Bis zu dieser Einsicht war ich, so seltsam es klingt, noch nicht gelangt – einer Einsicht, die mir denkbar schlüssig erschien, kaum dass er sie aussprach. Ich hatte mir noch immer ein wenig Hoffnung bewahrt, oder eher: mich an eine altgewohnte Einstellung gehalten. Er wiederholte seine Worte: »Wir sind besiegt.« Sie wirkten völlig überzeugend.

»Es ist aus«, sagte er. »Einen haben sie verloren – *einen* einzigen. Sie haben sich eine gute Grundlage geschaffen und die größte Macht der Welt kampfunfähig gemacht. Sie haben uns überrannt. Der Tod des einen da bei Weybridge war ein Versehen. Und diese sind bloß die Vorhut. Es kommen noch mehr. Diese grünen Sterne – ich habe die letzten fünf, sechs Tage keinen mehr gesehen, aber zweifellos geht jede Nacht irgendwo einer nieder. Da lässt sich nichts mehr machen. Wir sind unterlegen und besiegt!«

Darauf erwiderte ich nichts. Ich saß da, blickte vor mich hin und überlegte vergeblich, was dem entgegenzuhalten war.

»Dies ist kein Krieg«, sagte der Artillerist. »Ist nie ein Krieg gewesen, sowenig es Krieg zwischen Menschen und Ameisen geben kann.«

Plötzlich kam mir die Nacht im Observatorium in den Sinn.

»Nach dem zehnten Abschuss folgten keine weiteren – zumindest nicht bis zur Ankunft des ersten Zylinders.«

»Woher wissen Sie das?«, fragte der Artillerist. Ich erklärte es ihm. Er überlegte. »Irgendein Defekt an der Kanone«, sagte er. »Und wenn's so wäre? Sie kriegen das sofort repariert. Selbst wenn sich da etwas verzögert, am Ausgang ändert es nichts. Mensch gegen Ameise. Da bauen die Ameisen ihre Städte, leben so dahin, führen Kriege, machen Revolution, bis die Menschen sie aus dem Weg räumen wollen, und genau so geschieht es dann auch. Das sind wir jetzt – nichts als Ameisen. Nur dass –«

»Ja?«, sagte ich.

»– wir essbare Ameisen sind.«

Wir sahen einander an.

»Und was werden sie mit uns anstellen?«, fragte ich.

»Das hat mich auch beschäftigt«, sagte er, »das hat mich auch beschäftigt. Nach Weybridge ging ich südwärts – und dachte nach. Ich sah, was los war. Die meisten Menschen schrien die ganze Zeit nur herum und regten sich auf. Vom Herumschreien halte ich nicht viel. Ein, zwei Mal stand ich dem Tod gegenüber; ich bin kein Schönwettersoldat und im besten wie im schlimmsten Fall tot – ganz einfach tot. Und wer nachdenkt, kommt überall durch. Ich sah, dass sie alle nach Süden zogen. ›Denen geht doch bald das Essen aus‹, dachte ich und machte sofort kehrt. Ich folgte den Marsianern wie der Spatz dem Menschen. Überall« – er machte eine weit ausholende Geste – »verhungern sie in Massen, stürzen davon, trampeln einander nieder …«

Er sah meinen Gesichtsausdruck und hielt verlegen inne.

»Zweifellos sind viele Wohlhabende nach Frankreich gegangen«, sagte er. Er schien zu überlegen, ob er sich entschuldigen sollte, sah mich fest an und fuhr fort: »Essen haben wir reichlich hier. In den Läden gibt's Dosen, Wein, Schnaps, Mineralwasser; aus den Wasserleitungen und Rohren kommt nichts. Aber ich war gerade dabei, Ihnen von meinen Gedanken zu erzählen. ›Die sind intelligent‹, dachte ich, ›und wir sollen denen offenbar als Nahrung dienen. Erstmal werden sie alles zerstören – Schiffe, Maschinen, Waffen, Städte, die gesamte Ordnung und Struktur. All das wird verschwinden. Wären wir klein wie Ameisen, dann könnten wir das überstehen. Sind wir aber nicht. Das Ganze ist zu groß, als dass man es anhalten könnte. Das ist die erste Gewissheit.‹ Und?«

Ich stimmte ihm zu.

»Ganz klar, ich hab's durchdacht. Schön – weiter. Derzeit schnappt man sich uns nach Bedarf. So ein Marsianer geht nur ein paar Meilen raus, schon stößt er auf einen Trupp Flüchtende. Und ich habe mal einen gesehen, draußen bei Wandsworth, der zerpflückte die Häuser und stöberte in den Trümmern herum. Aber dabei werden sie es nicht belassen. Sobald unsere Waffen und Schiffe beseitigt, unsere Bahnstrecken zerstört sind und sie erledigt haben, was sie da drüben tun, werden sie anfangen, uns systematisch einzufangen. Dann suchen sie sich die besten aus und halten uns in Käfigen und dergleichen. Sehr bald wird es so weit sein. Mein Gott! Sie haben noch gar nicht richtig losgelegt. Erkennen Sie das denn nicht?«

»Noch nicht losgelegt?«, rief ich.

»Noch nicht losgelegt. Alles bislang Geschehene ist eine Folge davon, dass wir nicht schlau genug waren, uns still zu verhalten – stattdessen haben wir sie mit Waffen und derlei

Quatsch geärgert. Haben den kühlen Kopf verloren, sind massenhaft irgendwo hingestürzt, wo es kein bisschen sicherer war als vorher. Sie wollen uns jetzt noch gar nicht behelligen. Sie installieren sich erst – installieren alles, was sie nicht mitbringen konnten, bereiten alles vor für den Rest ihres Volkes. Höchstwahrscheinlich sind genau deshalb zunächst keine weiteren Zylinder gekommen, aus Angst, mit denen, die schon hier sind, zu kollidieren. Und statt blind herumzurennen und zu jammern oder Sprengstoff zu horten, um sie bei Gelegenheit hochzujagen, sollten wir anfangen, uns mit der neuen Lage zu arrangieren. So sehe ich das. Es ist nicht das Leben, das sich ein Mensch für seine Gattung wünscht, aber so erfordern es die Umstände. Und nach diesem Grundsatz habe ich gehandelt. Städte, Nationen, Zivilisation, Fortschritt – das war einmal. Dieses Spiel ist vorbei. Wir sind besiegt.«

»Aber wenn das so ist, wofür soll man dann noch leben?«

Der Artillerist sah mich einen Moment lang an.

»In den nächsten Millionen Jahren wird es erst mal keine herrlichen Konzerte mehr geben, keine Kunstausstellungen, und im Restaurant wird nicht mehr nett gespeist. Wenn Sie auf Vergnügungen aus sind, da würde ich sagen, das hat sich erledigt. Und wenn Sie feine Manieren haben und sich daran stören, dass einer Erbsen mit dem Messer isst oder nicht vornehm genug spricht – weg damit. Die sind zu nichts mehr nutze.«

»Sie meinen –«

»Ich meine, dass Männer wie ich weiterleben sollen – um der Erhaltung der Art willen. Ich sag Ihnen, ich bin zum Leben wild entschlossen. Und wenn ich nicht ganz falsch liege, werden auch *Sie* sehr bald zeigen müssen, was in Ihnen steckt. Wir lassen uns nicht ausrotten. Und ich will mich auch nicht einfangen lassen, um wie ein fetter Ochse gezähmt, gemästet und gezüchtet zu werden. Pfui Deibel! Allein der Gedanke an diese braunen Fettsäcke!«

»Wollen Sie etwa sagen – –«

»Ja, genau. Ich werde weiterleben, in ihrem Schatten. Mein Plan ist fertig, ich habe alles durchdacht. Wir Menschen sind besiegt. Wir wissen nicht genug. Wir müssen vieles lernen, bevor wir wieder eine Chance haben. Und während wir lernen, müssen wir leben und unabhängig sein. Kapiert? Genau das ist jetzt zu tun.«

Ich sah ihn an, erstaunt und tief bewegt von der Entschlusskraft dieses Mannes.

»Großer Gott!«, rief ich. »Aber Sie sind ein echter Kerl!« Und auf einmal ergriff ich seine Hand.

»Na?«, sagte er mit leuchtenden Augen. »Ein guter Plan, hm?«

»Reden Sie weiter«, sagte ich.

»Also, wer sich nicht von ihnen einkassieren lassen will, muss vorbereitet sein. Ich bereite mich vor. Allerdings kommen nicht alle von uns mit wilden Bestien klar, aber darauf kommt es an. Darum habe ich Sie beobachtet. Ich hatte meine Zweifel. Sie sind schmal. Da wusste ich freilich nicht, dass Sie es sind oder dass Sie verschüttet gewesen waren. All diese – diese ganze Sorte Mensch aus den Häusern da und die blöden Bürohengste aus der Ecke dort unten – die taugen zu nichts. Die haben kein Feuer in sich – keine kühnen Träume und keine kühnen Begierden; und wer nichts von beidem hat – Himmel, der ist nichts als ein Feigling. Die sind morgens immer zur Arbeit gedackelt – ich habe sie zu Hunderten gesehen mit ihrem Frühstück in der Hand. Rannten hektisch und schwitzend los, um ihre Bimmelbahn zu erwischen, aus Angst, entlassen zu werden, wenn sie sie verpassten; erledigten ihre Arbeit, die richtig zu durchschauen sie ängstlich vermieden; dackelten wieder heim voller Sorge, zu spät zum Essen zu kommen; blieben nach dem Essen drinnen hocken aus Angst vor den Gassen und schliefen mit ihren Ehefrauen, die sie nicht aus Zuneigung geheiratet hatten, sondern weil sie etwas Geld besaßen, das ihrem läppischen Durchs-Leben-Dackeln Rückhalt bot. Haben ihre Leben versichert und aus Angst vor Unvorhergesehenem ein bisschen was angespart. Und am Sonntag gab's Angst vor dem Jenseits. Als sei die Hölle für Karnickel gebaut worden! Also, für solche Leute sind die Marsianer ein wahres Gottesgeschenk. Hübsche, geräumige Käfige, nahrhaftes Essen, umsichtige Aufzucht, sorgloses Leben. Wenn sie so eine Woche lang mit leerem Magen über die Wiesen und Felder gehetzt sind, werden sie ankommen und sich mit Freuden einfangen lassen. Nicht lang, und sie werden sehr glücklich sein. Sie werden sich fragen, was die Menschen bloß taten, bevor sich die Marsianer ihrer annahmen. Und die Thekenhocker, die Weiberhelden und Heldentenöre – die seh ich vor mir. Vor mir seh ich die«, sagte er mit einer Art finsterer Genugtuung. »Die werden sich endlos in Empfindungen und Glaubensfragen ergehen. Meine Augen haben Hunderte Dinge gesehen, die ich erst in den letzten paar Tagen wirklich zu begreifen begonnen habe. Viele werden fett und bräsig die Dinge nehmen, wie sie sind; und viele wird so ein Gefühl umtreiben, dass da gehörig was schiefläuft und sie irgendwas dagegen tun sollten. So, und immer wenn die Dinge so stehen, dass viele Leute das Gefühl beschleicht, etwas tun zu sollen, dann retten sich die Schwachen und die, die vor schweren Gedanken schwach geworden sind, immer ganz fromm und erhaben in einen Passivglauben und ergeben sich jeder Verfolgung und dem Willen des Herrn. Bestimmt ist Ihnen selbst das auch schon aufgefallen. Das ist Tatkraft im Sturm der Angst, gänzlich pervertiert. Diese Käfige werden voller Psalmen, Lobgesänge und Frömmigkeit sein. Und die weniger schlichten Gemüter werden das etwas – wie sagt man? – erotisch überhöhen.«

Er hielt inne.

»Sehr wahrscheinlich werden sich die Marsianer einige als Haustiere halten, ihnen Kunststückchen beibringen – wer weiß? – und dem Lieblingstier nachtrauern, wenn es größer wurde und getötet werden musste. Und manche werden sie vielleicht darauf abrichten, uns zu jagen.«

»Nein!«, rief ich. »Das ist unmöglich! Kein Mensch – –«

»Was bringt es, sich da noch etwas vorzumachen?«, sagte der Artillerist. »Genügend Menschen würden es mit Freuden tun. Was für ein Unsinn, so zu tun, als gäb's die nicht!«

Und ich beugte mich seiner Überzeugung.

»Wenn ich die am Hals hätte«, sagte er, »Gott, wenn ich die am Hals hätte!«, und gab sich finsteren Gedanken hin.

Ich saß da und ließ all dies nachwirken. Was der Mann sagte, war plausibel, ich hatte dem nichts entgegenzusetzen. In den Tagen vor der Invasion hätte niemand daran gezweifelt, dass ich ihm geistig überlegen war – ich, der erfahrene und anerkannte Autor im Bereich philosophischer Themen, während er nur ein ganz normaler Soldat war; und doch hatte er bereits klar benannt, was ich kaum erst begriffen hatte.

»Was tun Sie jetzt?«, fragte ich kurz darauf. »Was haben Sie für Pläne?«

Er zögerte.

»Nun, also Folgendes«, sagte er. »Was ist zu tun? Wir müssen eine Daseinsform entwickeln, in der die Menschen leben und sich fortpflanzen können und ihre Kinder möglichst geborgen aufwachsen. Ja – kleinen Moment, ich sage gleich mehr dazu, was meiner Ansicht nach zu tun ist. Den Zahmen wird es ergehen wie allen zahmen Tieren; ein paar Generationen später, und sie sind groß, schön, vollblütig, dumm – Kroppzeug! Bei uns, die wir wild bleiben, besteht die Gefahr zu verrohen – zu einer grausamen großen Ratte zu verkommen … Sie merken schon, wo ich uns leben sehe: unter der Erde. Die Kanalisation bietet sich dazu an. Wer nichts weiß von der Kanalisation, stellt sich darunter natürlich etwas ganz Schreckliches vor; doch hier unter London verläuft sie meilenweit – über Hunderte von Meilen. Nur ein paar Regentage und niemand da, schon wird sie nett und sauber sein. Die Hauptkanäle sind groß und luftig genug für alle. Dann gibt's die Keller, Gewölbe, Lagerräume, von denen Fluchtwege zu den Kanälen gebaut werden könnten. Die Eisenbahntunnel und U-Bahn-Schächte. Hm? Kapieren Sie langsam? Und wir tun uns zusammen – Männer mit kräftigem Körper und klarem Kopf. Wir lesen nicht jede Flasche auf, die hereingespült kommt. Schwächlinge können gleich wieder gehen.«

»So wie ich es sollte?«

»Nun, wir kamen ins Gespräch, oder nicht?«

»Lassen Sie uns nicht deswegen streiten. Fahren Sie fort.«

»Wer bleibt, muss gehorchen. Wir brauchen auch Frauen mit kräftigem Körper und klarem Kopf – Mütter und Lehrerinnen. Keine affektierten Dämchen – keine blöden Kulleraugen. Schwache und Dumme können uns gestohlen bleiben. Das ist wieder das echte Leben, und die Nutzlosen, Hinderlichen und Schädlichen müssen sterben. Sie haben einfach zu sterben. Sie müssen ihren Tod hinnehmen. Weiterleben und die Rasse verderben ist letztlich eine Art Treulosigkeit. Und sie werden niemals glücklich sein. Sterben ist zudem gar nicht so furchtbar; schlimm wird es nur durch die Angst. – Und an all diesen Orten werden wir sein. London wird unser Gelände sein. Vielleicht schaffen wir es sogar, Wachen zu postieren und frei herumzulaufen, wenn sich kein Marsianer blicken lässt. Und spielen dann vielleicht Kricket. So werden wir die Rasse erhalten. Na? Kann das klappen? Aber die Rasse erhalten hat allein noch keinen Wert. Das tun Ratten auch, wie gesagt. Es geht darum, dass wir unser Wissen bewahren und erweitern. Da kommen Männer wie Sie ins Spiel. Bücher, Vorbilder. Wir müssen tief unten für sichere große Räume sorgen und möglichst viele Bücher ranschaffen; keine Romane oder Lyrik-Geschwafel, sondern Gedanken, wissenschaftliche Bücher. Genau da kommen Männer wie Sie ins Spiel. Wir müssen ins British Museum gehen und dort alle diese Bücher durchforsten. Ganz besonders müssen wir unser Wissen wachhalten – und dazulernen. Wir müssen diese Marsianer beobachten. Ein paar von uns müssen sie ausspionieren. Wenn alles so weit läuft, werd' ich das vielleicht tun. Also dabei mitmachen. Ganz wichtig ist, dass wir die Marsianer völlig in Ruhe lassen müssen. Wir dürfen nicht mal was klauen. Wenn wir denen in die Quere kommen, schieben wir sofort ab. Wir müssen ihnen zeigen, dass wir es nicht böse meinen. Ja, ich weiß. Aber sie sind intelligente Wesen und werden uns schon nicht zur Strecke bringen, solange sie alles haben, was sie brauchen, und uns für harmloses Ungeziefer halten.«

Der Artillerist hielt inne und legte eine braune Hand auf meinen Arm.

»Letztlich müssen wir vielleicht gar nicht so viel dazulernen – stellen Sie sich nur mal Folgendes vor: Vier, fünf Kampfmaschinen, die alle gleichzeitig vorpreschen, Hitzestrahlen rechts und links – und ohne einen Marsianer drin! Keine Marsianer drin, sondern Menschen – Menschen, die gelernt haben, wie's geht. Vielleicht erlebe ich die selbst noch – diese Menschen. Stellen Sie sich nur mal vor, Sie hätten eins dieser famosen Dinger mit dem allgewaltigen Hitzestrahl! Stellen Sie sich vor, Sie würden darüber gebieten! Was spielt es da für eine Rolle, wenn man nach so einer Aktion am Ende der Reise in tausend Teile zerfetzt daliegt? Da werden die Marsianer ihre hübschen Augen aufsperren, schätz ich! Sehen Sie's nicht auch vor sich, Mann? Sehen Sie nicht, wie sie rennen, rennen und dabei zischen und tönen und tuten, ihren anderen mechanischen Dingern hinterher? In jedem Fall sind sie irgendwie von der Rolle. Und fusch, peng, polter, fusch! Sie fingern eben dran herum, *fusch* kommt der Hitzestrahl, und siehe da, der Mensch ist wieder Herr seiner selbst!«

Eine Weile lang waren meine Gedanken ganz vom erfinderischen Wagemut des Artilleristen in Bann geschlagen, vom

Selbstvertrauen und Mut, die er dabei ausstrahlte. Ohne zu zögern glaubte ich an seine Prophezeiung zum Schicksal der Menschen wie auch an die Umsetzbarkeit seines erstaunlichen Plans, und der Leser, der glaubt, ich sei leicht zu beeindrucken, und mich für töricht hält, muss sich nur den Unterschied bewusst machen, dass er selbst unbehelligt liest und der Sache gründlich nachhängen kann, während ich ängstlich im Gebüsch kauerte und ganz aufgelöst vor Sorge zuhörte. Den ganzen frühen Morgen hindurch redeten wir in dieser Art, später krochen wir aus dem Gebüsch, suchten den Himmel nach Marsianern ab und liefen dann eilig zu dem Haus auf dem Putney Hill, wo er sich sein Lager bereitet hatte. Es befand sich im Kohlenkeller, und als ich sein Ergebnis von einer Woche Arbeit sah – es war ein kaum zehn Meter langes Loch, das bis zur Hauptabwasserleitung des Putney Hill führen sollte –, beschlich mich eine erste Ahnung von der tiefen Kluft zwischen seinen Träumen und seinen Kräften. Ich hätte für so ein Loch einen Tag gebraucht. Doch ich schenkte ihm mein Vertrauen und half ihm den ganzen Vormittag hindurch bis kurz nach Mittag beim Graben. Wir hatten eine Schubkarre und schütteten die ausgebuddelte Erde gegen den Küchenherd. Wir stärkten uns mit einer Dose Mockturtlesuppe und Wein aus der Speisekammer nebenan. Diese beständige Arbeit bot mir eine seltsame Erholung von der quälenden Fremdheit der Welt. Beim Graben dachte ich über sein Projekt nach, und bald kamen Einwände und Zweifel in mir auf; doch ich arbeitete den ganzen Morgen hindurch vor mich hin, so froh war ich, wieder ein Ziel verfolgen zu können. Nach einer weiteren Stunde Arbeit begann ich zu überlegen, wie weit es wohl insgesamt sein mochte bis zur Abwasserleitung und wie hoch die Gefahr war, sie ganz zu verfehlen. Sofort fragte ich mich, wozu wir diesen langen Tunnel überhaupt gruben, wenn es möglich war, durch einen der Schächte direkt in die Leitung hinabzusteigen und sich dann den Weg zurück zum Haus zu bahnen. Auch schien mir, dass das Haus ungünstig gewählt war, da es einen so unnötig langen Tunnel erforderlich machte. Und als ich mir all dieser Umstände eben klarzuwerden begann, hörte der Artillerist auf zu graben und sah mich an.

»Wir kommen gut voran«, sagte er und legte seinen Spaten hin. »Lassen Sie uns ein Päuschen machen. Wir sollten jetzt mal vom Dach aus die Lage sondieren.«

Ich war dafür, weiterzumachen, und nach kurzem Zögern griff auch er wieder nach seinem Spaten; da kam mir plötzlich ein Gedanke. Ich hielt inne, er tat es mir sofort nach.

»Warum waren Sie eigentlich draußen auf der Weide«, fragte ich ihn, »und nicht hier?«

»Zum Luftschnappen«, sagte er. »Ich war gerade auf dem Rückweg. Nachts ist es sicherer.«

»Aber die Arbeit?«

»Oh, man kann nicht ständig nur arbeiten«, sagte er, und mit einem Mal durchschaute ich diesen Mann. Er zögerte mit dem Spaten in der Hand. »Jetzt sollten wir aber die Lage sondieren«, sagte er, »denn wenn hier welche in die Nähe kommen, könnten sie die Spaten hören und uns unerwartet überfallen.«

Ich ersparte mir weitere Einwände. Wir stiegen gemeinsam zum Dach empor und blickten von einer Leiter aus zur Dachluke hinaus. Marsianer waren nicht zu sehen, und so wagten wir uns auf die Ziegel und glitten im Schutz der Brüstung hinab.

Von dort aus nahm uns Buschwerk weitgehend die Sicht auf Putney, aber wir sahen unten den Fluss, eine blubbernde Masse roten Krauts, und die unteren Bereiche von Lambeth, rot und überschwemmt. Das rote Schlinggewächs kroch die Bäume bei der alten Residenz hinauf, seine Zweige rankten dürr und tot und voller welker Blätter aus dem Gestrüpp hervor. Es war seltsam, wie ganz und gar abhängig sie von fließendem Wasser waren, um sich ausbreiten zu können. Um uns herum hatte keines Fuß fassen können; Goldregen, Weißdorn, Schneeball und Lebensbäume wuchsen inmitten von Lorbeer und Hortensien leuchtendgrün ins Sonnenlicht empor. Hinter Kensington stieg dichter Rauch auf; er hüllte mitsamt einem blauen Dunst die nördlichen Hügel ein.

Der Artillerist begann mir von dem Menschenschlag zu erzählen, der sich jetzt noch in London befand.

»An einem Abend letzte Woche«, sagte er, »brachten ein paar Trottel die Stromzufuhr wieder in Gang, und da waren die ganze Regent Street und der Piccadilly Circus hell erleuchtet. Alles war voller buntgefleckter und zerlumpter Säufer, Männlein wie Weiblein, die bis in den Morgen hinein tanzten und grölten. Ein Mann, der da war, hat's mir erzählt. Und als der Tag anbrach, sahen sie, dass beim Langham-Hotel eine Kampfmaschine stand und auf sie hinabsah. Weiß der Himmel, wie lange die da schon gestanden hatte. Da wird manchen sicher ganz anders geworden sein. Sie ging die Straße entlang auf die Leute zu und schnappte sich fast hundert von denen, die zum Weglaufen zu besoffen oder zu verschreckt waren.«

Groteskes Schlaglicht auf eine Zeit, die keine Schilderung je gänzlich erfassen wird!

Dann kam der Artillerist wieder auf seine großartigen Pläne zurück, nach denen ich ihn befragte. Er redete sich richtig in Rage. Er sprach so eloquent von der Möglichkeit, eine Kampfmaschine zu kapern, dass mein Glaube daran wiederum meine Skepsis überwog. Doch nun, da ich sein Wesen ein Stück weit zu begreifen begann, ahnte ich auch, warum es ihm so wichtig war, nicht übereilt zu handeln. Und mir fiel auf, dass nun außer Frage stand, er höchstselbst werde die große Maschine einnehmen und steuern.

Nach einer Weile ging er hinab in den Keller. Wir hatten offenbar beide keine Lust mehr, weiter zu graben, und als er vorschlug, etwas zu essen, war mir das recht. Er wurde mit einem

Mal ganz großzügig, und als wir aufgegessen hatten, ging er fort und kehrte mit ein paar vorzüglichen Zigarren zurück. Wir steckten sie an, und sein Optimismus fing wieder Feuer. Er hatte Lust, groß zu feiern, dass ich zu ihm gestoßen war.

»Im Keller gibt's Champagner«, sagte er.

»Wir halten uns wohl besser an den Burgunder hier«, erwiderte ich.

»Nein«, sagte er, »heute geb ich einen aus. Champagner! Großer Gott! Wir haben uns mächtig was vorgenommen! Wir wollen verschnaufen und Kräfte sammeln, solange es Zeit ist. Sehen Sie hier, die Hände sind voller Blasen!«

Und da er einen Feiertag ausgerufen hatte, bestand er darauf, dass wir nach dem Essen Karten spielten. Er brachte mir Euchre bei, so etwas wie Whist; wir teilten London unter uns auf, ich nahm den Norden, er den Süden, und dann spielten wir um die Stadtbezirke. Genau so war's, auch wenn das dem normalen Leser grotesk und albern erscheinen mag. Und noch bemerkenswerter war, dass ich dieses Kartenspiel und diverse weitere Spiele äußerst interessant fand.

Der Mensch ist schon seltsam! Da befand sich unsere Gattung am Rand der Auslöschung oder schrecklichen Erniedrigung, und wenn uns beide etwas erwartete, dann am ehesten ein grausamer Tod. Und doch saßen wir da, folgten den Launen dieser bunten Karten und spielten höchst vergnügt unseren Trumpf aus. Später brachte er mir Pokern bei, und ich schlug ihn in drei umkämpften Schachpartien. Als es dunkel wurde, entschieden wir, das Risiko einzugehen, und entzündeten eine Lampe.

Nach zahllosen Spielrunden nahmen wir unsere Mahlzeit ein. Der Artillerist trank den Champagner aus, wir rauchten weiter Zigarren. Er war nicht länger der tatkräftige Erneuerer unserer Gattung, den ich am Vormittag in ihm gesehen hatte. Noch war er zuversichtlich, doch seine Zuversicht war nicht mehr so initiativ, sondern eher bedächtig. Ich erinnere mich, wie er schließlich auf mein Wohl trinken wollte und dazu eine wenig abwechslungsreiche und ständig unterbrochene Rede hielt. Ich nahm mir eine Zigarre und ging hinauf, um die Lichter zu sehen, die entlang der Hügel von Highgate grünlich leuchten sollten, wie er mir erzählt hatte.

Zunächst blickte ich nur abwesend über das Tal von London. Die Hügel im Norden waren in Dunkelheit gehüllt; die Feuer bei Kensington glommen rötlich, ab und an züngelte eine orangerote Flamme empor und verschwand gleich wieder in der tiefblauen Nacht. Das gesamte übrige London war schwarz. Weiter vorn bemerkte ich nun ein seltsames Licht, einen blassen, violett schimmernden Schein, der in der Abendluft zuckte. Geraume Zeit konnte ich ihn nicht deuten, dann wurde mir klar, dass diese schwache Strahlung vom roten Kraut ausging. Mit dieser Erkenntnis erwachte wiederum mein brachliegendes Gefühl der Ehrfurcht, mein Sinn für das Maß der Dinge. Nun richtete ich meinen Blick zum Mars, der rot und klar hoch oben im Westen schien, und dann schaute ich lange und innig ins Dunkel von Hampstead und Highgate.

Ich blieb sehr lange auf dem Dach und staunte über die kuriosen Wechselfälle dieses Tages. Ich dachte an meine Seelenlagen vom mitternächtlichen Gebet bis zum läppischen Kartenspiel. Heftiger Abscheu befiel mich. Ich weiß noch, dass ich mit großer symbolischer Geste die Zigarre fortwarf. Überdeutlich wurde ich mir meiner Torheit bewusst. Ich empfand mich als Verräter an meiner Frau und meiner Gattung; Reue stieg in mir hoch. Dieser seltsame, disziplinlose Träumer großer Dinge sollte allein weiter fressen und saufen, beschloss ich, und dass ich nach London gehen wollte. Dort, so schien mir, würde ich am ehesten erfahren, was die Marsianer und meine Mitmenschen taten. Als der späte Mond aufstieg, war ich noch immer auf dem Dach.

8
Totes London

Nachdem ich den Artilleristen verlassen hatte, ging ich den Hügel hinab und die Hauptstraße entlang über die Brücke nach Fulham. Das rote Kraut wucherte gerade mächtig und machte die Brücke fast unpassierbar; seine Ranken waren jedoch bereits weißgefleckt von dem sich ausbreitenden Befall, der es bald so schnell hinraffen sollte.

An der Ecke der Straße zum Bahnhof Putney Bridge sah ich einen Mann liegen. Vor lauter Staub war er schwarz wie ein Schornsteinfeger, er lebte, war jedoch hoffnungslos betrunken. Außer Flüchen und wütenden Kopfnüssen war nichts bei ihm zu holen. Ich hätte mich wohl zu ihm gesellt, wäre da nicht sein brutaler Gesichtsausdruck gewesen.

Die gesamte Straße von der Brücke her war bedeckt mit einer schwarzen Staubschicht, die in Fulham noch dicker wurde. Die Straßen waren entsetzlich still. In einem Bäckereiladen trieb ich etwas zu essen auf – es war sauer, hart und schimmlig, aber durchaus genießbar. Ein Stück weiter in Richtung Walham Green lag kein Staub mehr auf den Straßen, und ich kam an einer in Flammen stehenden weißen Häuserzeile vorbei; das laute Tosen des Feuers wirkte regelrecht befreiend. Auf dem Weg nach Brompton waren die Straßen wieder still.

Hier stieß ich erneut auf das schwarze Pulver und auf Leichen. Entlang der Fulham Road sah ich insgesamt etwa ein Dutzend. Die Menschen waren bereits seit etlichen Tagen tot, weshalb ich sie rasch hinter mir ließ. Das schwarze Pulver bedeckte sie zur Gänze und glättete ihre Konturen. An einem oder zwei hatten sich bereits Hunde zu schaffen gemacht.

Da wo kein schwarzes Pulver lag, wirkte seltsamerweise alles wie in der City am Sonntag mit den geschlossenen Läden, den abgesperrten Häusern und heruntergezogenen Rollläden, der

Ödnis und Stille. Mancherorts waren Plünderer am Werk gewesen, jedoch fast nur in Lebensmittel- und Weinläden. Das Schaufenster eines Juweliers war eingeschlagen, doch der Dieb war offenkundig gestört worden, denn auf dem Gehsteig lagen verstreut einige Goldketten und eine Uhr. Ich ließ lieber die Finger davon. Etwas weiter hockte eine zerlumpte Frau auf einer Türstufe; die Hand auf ihrem Knie hatte eine tiefe Schnittwunde, aus der Blut auf ihr rostbraunes Kleid tropfte, der Inhalt einer zerbrochenen großen Champagnerflasche bildete eine Lache auf dem Gehweg. Die Frau schien zu schlafen, war jedoch tot.

Je näher ich dem Zentrum Londons kam, desto tiefer wurde die Stille. Doch es war nicht so sehr die Stille des Todes – es war die Stille der Ungewissheit, der Erwartung. Jeden Moment konnte die Gewalt, die bereits die nordwestlichen Ränder der Metropole in Brand gesetzt sowie Ealing und Kilburn vernichtet hatte, zwischen diese Häuser fahren und sie in qualmende Ruinen verwandeln. Es war eine verdammte und aufgegebene Stadt …

In South Kensington gab es keine Leichen und kein schwarzes Pulver auf den Straßen. Nahe South Kensington hörte ich zum ersten Mal das Geheul. Beinahe unmerklich schlich es sich in meine Sinne. Es war ein seufzender Wechsel zweier Töne, »ulla, ulla, ulla, ulla« ging es die ganze Zeit. War ich auf einer nordwärts führenden Straße unterwegs, wurde es lauter, dann wieder schienen Häuser und Bauten es zu dämpfen und abzuschneiden. In der Exhibition Road vernahm ich es besonders deutlich. Ich hielt an, blickte in Richtung Kensington Gardens und war verwundert von diesem fremdartigen, fernen Heullaut. Es war, als habe diese gewaltige Häuserwüste einen Ausdruck für ihre Angst und Einsamkeit gefunden.

»Ulla, ulla, ulla, ulla«, heulte dieser übermenschliche Ton – eine mächtige Klangwoge, die sich zwischen den hohen Gebäuden rechts und links die breite, sonnige Fahrbahn hinab ergoss. Staunend wandte ich mich nach Norden und ging in Richtung der eisernen Tore des Hyde Park. Ich hatte bereits überlegt, in das Naturhistorische Museum einzubrechen und den Turm ganz hinaufzusteigen, um über den Park hinwegzublicken. Doch ich beschloss, unten zu bleiben, wo ich rasch Unterschlupf finden konnte, und ging weiter die Exhibition Road entlang. Die großen Gebäude zu beiden Seiten der Straßen waren allesamt leer und still, meine Schritte hallten von den Häuserfronten wider. Zum Ende der Straße bot sich mir am Parkeingang ein seltsamer Anblick – ein umgestürzter Pferdeomnibus und das abgenagte Gerippe des Pferdes. Ich grübelte eine Weile, dann ging ich weiter zur Brücke über den Serpentine-See. Die Stimme wurde immer lauter, obwohl ich bis auf einen Rauchschleier in nordwestlicher Richtung über den Dächern auf der Nordseite des Parks nichts sehen konnte.

»Ulla, ulla, ulla, ulla«, rief die Stimme; ich hatte den Eindruck, dass sie vom Bezirk um Regent's Park herkam. Der freudlose Ruf setzte mir zu. Die Stimmung, die mich bislang getragen hatte, schwand wieder. Das Geheul bemächtigte sich meiner. Ich fühlte mich überaus elend und matt und hatte auch wieder Hunger und Durst.

Mittag war bereits vorüber. Warum streifte ich allein durch diese Totenstadt? Wieso war ich allein, nun, da ganz London unter seiner schwarzen Decke aufgebahrt dalag? Ich fühlte mich unsäglich einsam. Alte Freunde fielen mir ein, an die ich seit Jahren nicht mehr gedacht hatte. Die Medikamente in den Apotheken gingen mir durch den Sinn, die Tröpfchen in den Regalen der Weinhändler; ich dachte an die zwei hoffnungslosen Schluckspechte, mit denen ich, soweit ich wusste, allein war in dieser Stadt …

Am Marble Arch gelangte ich in die Oxford Street, und auch hier gab es schwarzes Pulver und etliche Leichen, und aus den

Kellerfenstern einiger Häuser stieg ein übler, unheilvoller Gestank auf. Nach der langen Strecke in der Hitze bekam ich großen Durst. Mit allergrößter Mühe gelang es mir, eine Kneipe aufzubrechen und etwas Ess- und Trinkbares zu beschaffen. Nach der Mahlzeit war ich erschöpft, ging in die Stube hinter dem Tresen und schlief auf einem schwarzen Rosshaarsofa, das dort stand.

Ich wachte auf, und noch immer klang mir jenes trostlose Geheul in den Ohren, »ulla, ulla, ulla, ulla«. Es dämmerte inzwischen, und nachdem ich am Tresen ein paar Kekse und etwas Käse aufgetrieben hatte – es gab dort einen Speiseschrank, doch außer Maden war nichts drin –, streifte ich weiter die stillen Plätze entlang – nur der Portman Square fällt mir namentlich ein – bis zur Baker Street und gelangte so schließlich zum Regent's Park. Und als ich aus der Baker Street hinaustrat, sah ich weit entfernt über den Bäumen im klaren Licht der untergehenden Sonne die Kanzel des Marsianerriesen, von dem das Geheul ausging. Ich hatte keine Angst. Ich ging auf ihn zu, als sei überhaupt nichts dabei. Ich beobachtete ihn eine Weile, doch er bewegte sich nicht. Er stand einfach nur da und schrie – weshalb, das erschloss sich mir nicht.

Ich versuchte mir einen Plan zurechtzulegen. Dieses immerwährende »ulla, ulla, ulla, ulla« brachte mich ganz durcheinander. Vielleicht war ich zu müde, um ängstlich zu sein. Auf jeden Fall war meine Wissbegier nach dem Anlass für dieses monotone Geschrei größer als meine Angst. Da ich den Park meiden wollte, ging ich im Schutz der Häuserreihen die Park Road entlang und bekam den heulend dastehenden Marsianer nun aus Richtung St. John's Wood zu sehen. Nachdem ich die Baker Street ein paar hundert Meter hinter mir gelassen hatte, hörte ich ein vielstimmiges Gebell und sah erst einen Hund mit einem Stück gammligem rotem Fleisch im Maul auf mich zustürzen und dann eine Meute ausgehungerter Köter, die ihm auf den

Fersen war. In großem Bogen wich der Hund mir aus, als müsse er in mir einen weiteren Konkurrenten fürchten. Während das Gekläff weiter hinten in der leisen Straße verhallte, wurde das »ulla, ulla, ulla, ulla«-Geheul wiederum präsent.

Auf halber Strecke zum Bahnhof St. John's Wood stieß ich auf eine zerstörte Greifmaschine. Zunächst dachte ich, ein Haus sei auf die Straße gestürzt. Erst als ich über den Schutt hinwegstieg, sah ich plötzlich inmitten der von ihm selbst verursachten Trümmer diesen mechanischen Samson mit verbogenen und zerbrochenen Greifarmen daliegen. Die Vorderfront war zerstört. Es wirkte, als sei die Maschine blindlings auf das Haus zugefahren und bei dessen Einsturz verschüttet worden. Damals schien mir, diese Greifmaschine müsse der Steuerung durch ihren Marsianer entglitten sein. Beim Herumklettern in den Trümmern konnte ich nicht viel von ihr erkennen, und die Dämmerung war nun so weit fortgeschritten, dass ich nichts sah von dem Blut, das ihren Sitz besudelte, und den abgenagten Marsianerknorpeln, die die Hunde übriggelassen hatten.

Ich staunte weiter über all das Gesehene, während ich Richtung Primrose Hill ging. Durch eine Lücke in den Bäumen sah ich weit hinten einen zweiten Marsianer. Er stand reglos wie der erste im Park vor dem Zoologischen Garten und machte keinerlei Geräusch. Ein Stück hinter den Trümmern mit der zerstörten Greifmaschine stieß ich wiederum auf das rote Kraut und sah, dass der Regent's Canal zugewuchert war von einer schwammartigen dunkelroten Masse.

Als ich eben die Brücke überquerte, hörte der »ulla, ulla, ulla, ulla«-Lärm auf. Mit einem Mal, wie abgestellt. Die Stille brach ein wie ein Donnerschlag.

Matt, hoch und trüb standen die dunklen Häuser da; die Bäume des Parks wurden zunehmend schwarz. Überall wucherte das rote Kraut inmitten der Trümmer, als wolle es mich im Halbdunkel niederringen. Um mich wurde es Nacht, die Mutter der Angst und des Geheimnisses. Doch solange diese Stimme erklang, war die Einsamkeit, die Trostlosigkeit erträglich gewesen; durch sie schien London noch zu leben, und das Gefühl von Leben hatte mich aufrechterhalten. Und plötzlich der Umschwung, das Ende von etwas – ich wusste nicht was –, dann eine Stille, die mit Händen zu greifen war. Nichts als diese schauerliche Ruhe.

London starrte mich gespenstisch an. Die Fenster in den weißen Häusern waren wie die Augenhöhlen von Schädeln. Ich stellte mir vor, wie sich tausend geräuschlose Feinde um mich her regten. Entsetzen packte mich, panische Angst vor meinem tollkühnen Treiben. Die Straße vor mir wurde schwarz wie Teer, und da lag ein verdrehtes Etwas quer über den Weg. Ich schaffte es nicht, weiterzugehen. Ich bog in die St. John's Wood Road ein und lief vor dieser unerträglichen Stille Hals über Kopf fort in Richtung Kilburn. Bis lang nach Mitternacht fand ich in einem Kutscherhäuschen in der Harrow Road Schutz vor der Nacht und der Stille. Doch vor Einsetzen der Dämmerung kehrte mein Mut zurück, und während die Sterne noch am Himmel standen, wandte ich mich erneut dem Regent's Park zu. Im Straßengewirr kam ich von meinem Weg ab, sah aber bald im Dämmerlicht des frühen Morgen am Ende einer langen Straße die Wölbung des Primrose Hill. Auf seiner Kuppe stand hoch aufragend zu den schwindenden Sternen ein dritter Marsianer, steif und reglos wie die anderen.

Mich packte ein irrwitziger Entschluss. Ich wollte Schluss machen und sterben. Und ich wollte mir gar die Mühe ersparen, mich selbst umzubringen. Unbekümmert marschierte ich auf diesen Titanen zu, und während ich näherkam, sah ich im zunehmenden Licht, dass ein großer Pulk schwarzer Vögel seine Kanzel umschwirrte. Bei diesem Anblick durchfuhr es mich heftig, und ich nahm die Straße nun im Laufschritt.

Ich eilte durch das rote Kraut, das St. Edmund's Terrace verstopfte (und watete brusthoch durch einen Sturzbach, der sich vom Wasserwerk an der Albert Road hinab ergoss); so schlug ich mich noch vor Sonnenaufgang bis zur Rasenfläche durch. Um die Hügelkuppe waren große Erdwälle zu einer gewaltigen Schanze aufgeworfen – das letzte und größte Lager, das sich die Marsianer errichtet hatten –, und hinter diesen Wällen stieg dünner Rauch zum Himmel auf. In einiger Entfernung lief ein emsiger Hund vorbei und verschwand. Der Gedanke, der mir durch den Kopf geschossen war, wurde plausibel, schien möglich. Ich empfand keine Angst, nur ein unbändiges, banges Triumphgefühl, als ich den Hügel hinan auf dieses reglose Monster zulief. Aus der Kanzel hingen dünne braune Fetzen herab, an denen die hungrigen Vögel pickten und zerrten.

Kurz darauf hatte ich den Erdwall erklommen und stand oben an seinem Rand; unter mir lag nun das Innere der Schanze. Es war eine gewaltige Fläche mit riesigen Maschinen da und dort, hoch aufgestapelten Materialvorräten und seltsamen Schutzvorrichtungen. Und überall waren, teils in ihren umgestürzten Kriegsmaschinen, teils in den nunmehr starren Greifmaschinen und ein Dutzend blank und still nebeneinander aufgereiht, Marsianer – *tot!* – erledigt von den Fäulnis und Krankheit erregenden Bakterien, gegen die sie nicht immun waren, erledigt wie das rote Kraut; nach dem Scheitern sämtlicher Mittel der Menschen erledigt von den geringsten Wesen, die Gott in seiner Weisheit dieser Erde beigegeben hat.

Und so war eingetreten, was ich und viele andere durchaus hätten vorhersehen können, hätten Angst und Unglück nicht unseren Verstand vernebelt. Seit Anbeginn der Dinge haben diese Erreger der Menschheit ihren Tribut abgefordert – ihren Tribut schon unseren vormenschlichen Ahnen, seit es Leben bei uns gibt. Durch diese natürliche Auslese beim Menschen haben wir jedoch Widerstandskraft entwickelt; wir ergeben uns niemals kampflos einem Keim, und gegen viele Keime – etwa jene, die in toter Materie Fäulnis erregen – sind wir im Leben gänzlich immun. Auf dem Mars jedoch gibt es keine Bakterien, und kaum waren die Eindringlinge angekommen, kaum hatten sie Nahrung zu sich genommen, da setzten unsere mikroskopisch kleinen Verbündeten zum Gegenangriff an. Schon während ich sie beobachtete, waren sie unwiderruflich dem Tode geweiht, sie liefen noch umher und waren doch bereits am Sterben und Verwesen. Es war unvermeidlich. Durch Milliarden Todesopfer hat sich der Mensch sein angestammtes Recht auf Erden erkauft, es gehört ihm und keinem Eindringling; wären die Marsianer selbst noch zehn Mal mächtiger, als sie sind, so bliebe es dabei. Denn Menschen leben und sterben niemals vergebens.

Da und dort lagen sie umher, insgesamt knapp fünfzig, in diesem selbstgebauten Loch, überrascht von einem Tod, der ihnen denkbar unbegreiflich erschienen sein musste. Damals erschien dieser Tod auch mir unbegreiflich. Ich wusste einzig, dass diese ehemals lebendigen und für die Menschen so furchtbaren Wesen nun tot waren. Einen Moment lang dachte ich, dass sich hier die Vernichtung Sennacheribs wiederholt hatte, dass Gott bereut, dass der Todesengel sie nächtens bezwungen habe.

Ich stand da, blickte in die Grube, und eben als die Strahlen der aufgehenden Sonne die Welt um mich herum erhellte, wurde mein Herz wunderbar leicht. In der Grube war es noch dunkel; die mächtigen Maschinen voll enormer, phänomenaler Kraft und Komplexität, deren fließende Formen so unirdisch waren, erhoben sich unheimlich, vage und fremd aus den Schatten ins Licht. Ich hörte, wie etliche Hunde um die Leichen stritten, die finster auf dem Grund der Grube lagen, weit unter mir. Ganz hinten am anderen Rand der Grube lag platt und groß und sonderbar die riesige Flugmaschine, mit der sie weit oben in unserer Atmosphäre Versuche unternommen hatten, bevor Siechtum und Tod ihnen Einhalt gebot. Ihr Tod war keinen Tag zu früh gekommen. Als ich über mir etwas krächzen hörte, blickte ich hinauf zu der gewaltigen Kampfmaschine, die nie wieder zum Einsatz käme, zu den zerrupften roten Fleischfetzen, die auf die umgekippten Bänke oben auf dem Primrose Hill platschten.

Ich wandte mich um und sah den Abhang hinab. Dort standen, nunmehr ganz inmitten kreisender Vögel, die beiden anderen Marsianer, die ich in der Nacht gesehen hatte, als der Tod sie holte. Der eine war gestorben, während er nach seinen Kameraden rief; vielleicht musste er als letzter dran glauben, und seine Stimme tönte unablässig, bis die Energie seines Apparats aufgebraucht war. Jetzt funkelten sie im Glanz der aufsteigenden Sonne, harmlose turmhohe Stative aus glänzendem Metall.

Rings um die Grube, und wie durch ein Wunder vor dauerhafter Zerstörung bewahrt, erstreckte sich die große Mutter aller Städte. Wer London nur in seinem Kleid aus düsterem Rauch kennt, wird keine Vorstellung haben von der nackten Klarheit und Schönheit des stillen Häusermeers.

Im Osten funkelte über den schwarzen Ruinen von Albert Terrace und der geborstenen Spitze des Kirchturms die Sonne am heiteren Himmel, und hier und dort reflektierte irgendein Element im großen Dächergewirr das Licht und blendete grell. Es erreichte selbst die runde Lagerstätte für Wein an der Chalk Farm Station und das riesige Bahngelände, das an sich von schwarzen Schienensträngen durchzogen ist, doch nun, nach vierzehn Tagen der Nichtbenutzung bereits rostig geworden, in geheimnisvoller Schönheit rot erglänzte.

Im Norden lagen blau und eng bebaut Kilburn und Hampstead; im Westen war die große Stadt noch recht dunkel; und im Süden jenseits der Marsianer waren im Schein der aufgehenden Sonne nun klein und deutlich die grünen Wellen vom

Regent's Park, das Langham-Hotel, die Kuppel der Albert Hall, das Imperial Institute und die riesigen Wohnhäuser an der Brompton Road zu sehen, und noch etwas weiter dahinter ragten matt die zerklüfteten Ruinen von Westminster empor. In der Ferne lagen blau die Hügel von Surrey, und die Türme beim Kristallpalast funkelten wie zwei silberne Zepter. Die Kuppel von St. Paul's hob sich dunkel ab vor dem einsetzenden Sonnenlicht, und wie ich nun erst sah, war die Kirche beschädigt – an ihrer Westseite klaffte ein großes Loch.

Und während ich diese still und verlassen daliegende weite Fläche voller Häuser, Fabriken und Kirchen beschaute, während ich an die zahlreichen Hoffnungen und Mühen dachte, an die vielen Opfer, die der Bau dieses menschlichen Riffs gekostet hatte, und an die schnelle, gnadenlose Zerstörung, die alldem gedroht hatte; als mir bewusst wurde, dass die Bedrohung abgewendet war, dass die Menschen weiter in diesen Straßen leben konnten und meine mir so teure Totenstadt wieder voller Kraft und Leben sein würde, da durchströmte mich ein solches Gefühl der Ergriffenheit, dass mir fast die Tränen kamen.

Die Marter war vorbei. Noch am selben Tag setzte der Heilungsprozess ein. Die Überlebenden unter denen, die sich überall hin verstreut hatten – führerlos, rechtlos, ohne Nahrung, wie Schafe ohne Hirten –, die zu Tausenden per Schiff Geflohenen, sie begannen zurückzukehren; immer stärker schlug erneut der Puls des Lebens in den leeren Straßen und erfüllte die verlassenen Plätze. Groß war das Zerstörungswerk, doch die Hand des Zerstörers war verdorrt. All die schaurigen Trümmer, die schwarzen Gerippe der Häuser, die so elend auf den sonnenbeschienenen Rasen des Hügels blickten, würden bald widerhallen vom Schlag der Hämmer und dem Klatschen der Kellen derer, die sie wieder aufbauten. Bei diesem Gedanken reckte ich meine Hände gen Himmel und begann Gott zu danken. In einem Jahr, dachte ich – in einem Jahr …

Da drängten mit überwältigender Wucht Gedanken heran an mich selbst, meine Frau und das alte, von Vertrauen und zärtlicher Zugewandtheit geprägte Leben, das für immer erloschen war.

9
Verwüstung

Und nun kommt der unerhörteste Teil meiner Geschichte. Wobei er so unerhört vielleicht gar nicht ist. Ich erinnere mich klar, leidenschaftslos und sehr genau all meiner Handlungen an diesem Tag bis zu dem Punkt, da ich weinend auf der Kuppe des Primrose Hill stand und Gott pries. Und dann setzt die Erinnerung aus.

Von den nächsten drei Tagen weiß ich nichts. Später erfuhr ich, dass ich gar nicht der erste Zeuge vom Sturz der Marsianer war, sondern einige wie ich umherstreifende Leute dies bereits in der Nacht zuvor entdeckt hatten. Ein Mann – der erste – war nach St. Martin's-le-Grand gegangen und hatte, während ich mich im Kutscherhäuschen verbarg, eine Telegrafenverbindung nach Paris zustande gebracht. Von dort aus hatte sich die freudige Nachricht blitzartig um den gesamten Erdball verbreitet; tausende Städte, in denen man das Schlimmste befürchtet hatte, waren mit einem Mal taghell erleuchtet; in Dublin, Edinburgh, Manchester, Birmingham erfuhr man davon zu der Zeit, als ich am Rand der Grube stand. Die Menschen weinten vor Freude, wie ich hörte, jubelten und unterbrachen ihre Arbeit, um sich einander die Hände zu reichen und zu johlen; und schon setzten sie Eisenbahnzüge ein, um nach London herunterzukommen, selbst im fernen Crewe. Die Kirchenglocken, die seit zwei Wochen verstummt waren, reichten die Meldung weiter, bis es in ganz England läutete. Hagere, zerzauste Männer sausten auf Fahrrädern über Land und brachten die Botschaft unverhoffter Erlösung, brachten sie ausgemergelten Elendsgestalten. Und Nahrung musste her! Über den Ärmelkanal, über die Irische See, über den Atlantik gelangten sehr schnell Hilfsgüter zu uns, Getreide, Brot und Fleisch. In jenen Tagen schien der Schiffsverkehr weltweit nach London zu gehen. Doch ich kann mich an nichts dergleichen erinnern. Ich irrte umher – ein um den Verstand gebrachter Mann. Freundliche Menschen nahmen mich in ihrem Haus auf; sie hatten mich entdeckt, nachdem ich drei Tage lang weinend umhergelaufen und durch die Straßen von St. John's Wood gestromert war. Sie erzählten mir später, dass ich dabei ein irres Liedchen sang, »The Last Man Left Alive! Hurrah! The Last Man Left Alive!« Der Name dieser Leute, denen ich so gern meine Dankbarkeit zum Ausdruck bringen möchte, soll hier ungenannt bleiben; obwohl sie mit ihren eigenen Sorgen genug zu tun hatten, hatten sie noch mich am Hals, gaben mir Obdach und beschützten mich vor mir selbst. In den Tagen, die ich weggetreten war, haben sie von meiner Geschichte offenbar einiges mitbekommen.

Als ich wieder bei Verstand war, brachten sie mir sehr behutsam bei, was sie über das Schicksal von Leatherhead in Erfahrung gebracht hatten. Zwei Tage nachdem ich eingesperrt wor den war hatte es ein Marsianer zerstört und dabei sämtliche Bewohner getötet. Er scheint es ohne jeglichen Anlass vom Erdboden getilgt zu haben, so wie ein Junge aus reinem Mutwillen einen Ameisenhaufen zertritt.

Ich war ein einsamer Mensch, und sie waren sehr gut zu mir. Ich war ein einsamer, trauriger Mensch, und sie hatten Geduld mit mir. Nachdem ich mich erholt hatte, blieb ich noch vier Tage bei ihnen. In dieser Zeit verspürte ich ein undeutliches, wachsendes Verlangen, noch einmal zu schauen, was von dem kleinen Leben geblieben war, dessen Vergangenheit mir so glücklich und froh erschien. Es war ein verzweifeltes Verlangen, in meinem Elend zu schwelgen. Sie rieten mir davon ab. Sie taten ihr Möglichstes, um mich von diesem krankhaften Begehren abzulenken. Schließlich jedoch konnte ich dem Drang nicht länger widerstehen. Mit dem festen Versprechen, zu ihnen zurückzukehren, schied ich von diesen Freunden weniger Tage, unter Tränen, wie ich bekennen will, und trat wieder hinaus auf die Straßen, die noch unlängst so dunkel, fremd und leer gewesen waren.

Sie waren bereits voller Heimkehrer; da und dort hatten sogar Geschäfte schon wieder geöffnet, und ich sah einen Trinkbrunnen, aus dem Wasser rann.

Ich erinnere mich, dass der Tag wie zum Hohn überaus schön war während meiner traurigen Wallfahrt zu dem kleinen Haus in Woking, dass viel los war auf den Straßen und das Leben um mich herum tobte. Scharen von Menschen waren überall auf den Beinen und gingen tausenderlei Dingen nach, man mochte kaum glauben, dass ein nennenswerter Teil der Bevölkerung ermordet worden sein sollte. Doch dann fiel mir auf, wie gelb die Haut der Leute war, wie struppig das Haar der Männer, wie groß und glänzend ihre Augen und dass jeder Zweite noch in seiner schmutzigen Kleidung steckte. Aus ihren Gesichtern sprach entweder beflügelnder Jubel oder grimmige Entschlossenheit. Von den Mienen abgesehen schien London eine Stadt der Vagabunden zu sein. Von der französischen Regierung geschicktes Brot verteilten die Bezirksämter freigebig an jedermann. Die wenigen Pferde hatten hervorstehende Rippen. Müde Schutzleute mit weißen Erkennungszeichen standen an jeder Straßenecke. Von den unheilvollen Hinterlassenschaften der Marsianer bemerkte ich wenig, bis ich zur Wellington Street kam; dort sah ich, wie das rote Kraut die Bogenpfeiler der Waterloo Bridge emporrankte.

An der Brücke bot sich mir auch ein für diese verrückte Zeit normaler Kontrast – ein an einem Gestrüpp roten Krauts befestigtes Blatt Papier, durchbohrt von einem Stab und so an Ort und Stelle gehalten. Es war der Anschlagszettel der ersten Zeitung, die wieder erschien – der *Daily Mail*. Mit einem schwarz angelaufenen Shilling, den ich in meiner Tasche fand, kaufte ich mir ein Exemplar. Es war überwiegend unbedruckt, doch der einsame Schriftsetzer, von dem dieses Ding stammte, hatte sich einen Spaß daraus gemacht, auf der letzten Seite ein groteskes System aus Anzeigenklischees zu verwenden. Er hatte nur Gefühliges abzudrucken; die Nachrichtenredaktion war noch nicht wieder am Platz. Ich erfuhr nichts Neues, außer dass die Untersuchung der Marsianerapparate bereits nach einer Woche erstaunliche Resultate erbracht hatte. Darunter wusste der Artikel zu vermelden, was ich zu diesem Zeitpunkt nicht glauben mochte, dass nämlich das »Geheimnis des Fliegens« entschlüsselt worden war. Im Bahnhof Waterloo gelangte ich zu den Zügen, die die Menschen kostenlos nach Hause beförderten. Der erste Andrang war bereits vorüber. In meinem Zug saßen nur wenige Menschen, und mir war nicht nach Geplauder zumute. Ich setzte mich in ein leeres Abteil, verschränkte die Arme und betrachtete mürrisch das Zerstörungswerk im Schein der Sonne, das da an meinem Fenster vorüberzog. Kaum hatte der Zug den Bahnhof verlassen, ruckelte er über provisorische Schienen, und zu beiden Seiten der Bahnlinie waren die Häuser nur rauchgeschwärzte Ruinen. Bis Clapham Junction war London ganz vom Pulver des schwarzen Rauchs überzogen, obwohl es zwei Tage lang geregnet und gewittert hatte, und ab Clapham Junction war die Strecke wiederum zerstört; arbeitslose Angestellte und Verkäufer waren zu Hunderten neben den gewöhnlichen Bauarbeitern am Werk, und wir rumpelten über ein eilends wieder befahrbar gemachtes Gleisbett.

Die gesamte Fahrt hindurch bot die Landschaft einen trostlosen und unvertrauten Anblick; besonders Wimbledon hatte gelitten. Walton wirkte aufgrund seiner vom Feuer verschont gebliebenen Kiefern von allen Orten entlang der Strecke am wenigsten versehrt. Wandle, Mole, jedes Bächlein war vom roten Kraut zugewuchert und bot ein Farbspektrum irgendwo zwischen Frischfleisch und Rotkohl. Der Kiefernwald von Surrey allerdings war zu trocken gewesen für die Ranken des roten Gewächses. Hinter Wimbledon sah man von der Bahnlinie aus auf dem Gelände einer Baumschule die aufgeworfene Erde rund um den sechsten Zylinder. Etliche Leute umstanden ihn, und mittendrin waren einige Sappeure aktiv. Darüber prangte ein Union Jack, der munter im Morgenwind flatterte. Der Boden der Baumschule war purpurrot vom Kraut, eine weite fahlrote Fläche mit violetten Schatten dazwischen, die in den Augen wehtat. Unendlich erleichtert wendete man seinen Blick ab vom versengten Grau und trüben Rot im Vordergrund auf das sanfte Blaugrün der Hügel im Osten.

Das von London zum Bahnhof Woking führende Gleis wurde noch repariert, daher stieg ich in Byfleet aus und nahm die Straße nach Maybury, vorbei an der Stelle, wo der Artillerist und ich mit den Husaren gesprochen hatten, und dem Ort, an dem mir im Gewitter der Marsianer begegnet war. Hier hielt ich aus lauter Neugierde seitlich Ausschau und entdeckte mitten im roten Gestrüpp den verdrehten, kaputten Wagen mitsamt den umherliegenden weiß abgenagten Knochen des Pferdes. Eine Zeit lang stand ich da und betrachtete diese Überbleibsel …

Durch den Kiefernwald, wo mir das rote Kraut stellenweise bis zum Hals reichte, ging ich dann heimwärts. Am »Spotted Dog« war der Wirt schon beerdigt worden, wie ich sah, und am »College Arms« vorbei langte ich zu Hause an. Ein Mann stand vor seiner geöffneten Haustür und grüßte mich mit Namen, als ich des Weges kam.

Ich sah auf mein Haus mit einem Anflug von Hoffnung, die sofort wieder schwand. Jemand hatte die Tür aufgebrochen; sie war angelehnt und öffnete sich langsam, als ich näherkam.

Sie schlug wieder zu. Die Vorhänge meines Arbeitszimmers flatterten aus dem offenen Fenster, von dem aus der Artillerist und ich in die Dämmerung geblickt hatten. Niemand hatte es seither geschlossen. Das zertretene Gebüsch war noch genau so, wie ich es fast vier Wochen zuvor zurückgelassen hatte. Ich tappte in die Diele und empfand die Leere des Hauses. Da wo ich mich, völlig durchnässt vom Gewitter, in der Unglücksnacht hingehockt hatte, war der Treppenläufer verschoben und verfärbt. Die Stufen hinauf waren noch unsere Dreckspuren da.

Ich folgte ihnen bis in mein Arbeitszimmer und sah, dass sich auf meinem Schreibtisch noch immer mein Manuskript mit dem Briefbeschwerer aus Mondgestein darauf befand, das seit dem Nachmittag dort lag, an dem sich der erste Zylinder geöffnet hatte. Eine Weile stand ich da und überlas meinen Beitrag von damals. Er befasste sich mit der mutmaßlichen Entwicklung sittlicher Vorstellungen im weiteren Verlauf des Zivilisationsprozesses; und der letzte Satz hatte zu einer Prophezeiung angesetzt: »In rund zweihundert Jahren«, hatte ich geschrieben, »dürfte es so weit sein …« Der Satz brach ab. Mir fiel wieder ein, wie schlecht ich mich konzentrieren konnte an diesem Morgen vor nicht einmal einem Monat und wie ich das Ganze abbrach, um mir den *Daily Chronicle* vom Zeitungsjungen zu besorgen. Mir fiel wieder ein, wie ich zum Gartentor hinabging, als er des Weges kam, und wie ich seiner abstrusen Geschichte mit den »Menschen vom Mars« lauschte.

Ich ging wieder hinab und betrat das Esszimmer. Dort waren der Hammelbraten und das Brot, beides längst vergammelt, und eine umgefallene Bierflasche, genauso, wie der Artillerist und ich es zurückgelassen hatten. Mein Zuhause war einsam und verlassen. Ich begriff, wie dumm es gewesen war, so lange noch ein kleines Stück Hoffnung zu hegen. Und dann geschah etwas Unerhörtes. »Es hilft nichts«, sagte eine Stimme. »Das Haus ist verlassen. In den letzten zehn Tagen war niemand hier. Steh nicht länger da und quäl dich. Außer dir ist niemand davongekommen.«

Ich erschrak. Hatte ich laut ausgesprochen, was ich dachte? Ich wendete mich um, die Terrassentür hinter mir stand offen. Ich ging einen Schritt auf sie zu und schaute hinaus.

Und dort standen, erstaunt und bänglich, so wie ich erstaunt und bänglich dastand, mein Cousin und meine Frau – meine Frau, bleich und ohne Tränen. Sie schrie leise auf.

»Ich bin gekommen«, sagte sie. »Ich hab's gewusst – ich hab's gewusst –«

Mit einer Hand griff sie nach ihrem Hals – sie schwankte. Ich trat einen Schritt vor und fing sie in meinen Armen auf.

10
Epilog

Nun, da ich meine Geschichte beende, kann ich nur mein Bedauern darüber äußern, wie wenig ich zur Diskussion der vielen strittigen Fragen beizutragen vermag, die noch immer ungeklärt sind. In einer Hinsicht werde ich ganz gewiss Widerspruch hervorrufen. Mein Spezialgebiet ist die spekulative Philosophie. Meine Kenntnisse der vergleichenden Physiologie beschränken sich auf ein, zwei Bücher, doch mir erscheint Carvers Erklärung für den plötzlichen Tod der Marsianer so einleuchtend, dass man sie praktisch als Beweis ansehen darf. Ich habe dies im Verlauf meines Berichts bereits deutlich gemacht.

Eines steht fest: In den nach dem Krieg untersuchten Leichen der Marsianer wurden keinerlei Bakterien gefunden, deren irdische Herkunft nicht erwiesen ist. Der Umstand, dass sie ihre Toten nicht begruben, sowie das schonungslose Hinmetzeln der Menschen deuten ebenfalls darauf hin, dass Fäulnisprozesse ihnen gänzlich unbekannt sind. Doch so wahrscheinlich dies klingt, erwiesen ist es damit keineswegs.

Wir wissen nichts über die Beschaffenheit des schwarzen Rauchs, dessen vernichtender Wirkung sich die Marsianer bedienten, und ein Rätsel bleibt auch das Gerät zur Erzeugung des Hitzestrahls. Die schrecklichen Unglücksfälle in den Labors von Ealing und South Kensington haben Analytiker davon abgeschreckt, sich dieser Frage weiter zu widmen. Die Spektralanalyse des schwarzen Pulvers deutet unverkennbar auf ein unbekanntes Element mit drei hellen Linien im grünen Segment, und möglicherweise bildet es in Verbindung mit Argon eine Substanz, die auf irgendeinen Bestandteil des Blutes eine unmittelbar tödliche Wirkung ausübt. Doch der normale Leser, an den sich diese Geschichte richtet, wird an derlei unbewiesenen Spekulationen kaum interessiert sein. Der braune Schaum, der nach der Zerstörung von Shepperton die Themse hinabtrieb, wurde seinerzeit nicht untersucht, und heute ist keiner mehr verfügbar.

Die Ergebnisse einer anatomischen Untersuchung der Marsianer, soweit die streunenden Hunde etwas zum Untersuchen übrig ließen, habe ich bereits genannt. Jedermann kennt das erstklassige und nahezu vollständig erhaltene konservierte Exemplar im Naturhistorischen Museum und die zahllosen nach ihm angefertigten Zeichnungen; jenseits davon hat das Interesse an ihrer Physiologie und Struktur rein wissenschaftlichen Charakter.

Weit gravierender und von allgemeinerem Interesse ist die Frage, ob sich ein Angriff der Marsianer wiederholen könnte. Ich habe nicht den Eindruck, dass diesem Aspekt auch nur halbwegs genügend Aufmerksamkeit geschenkt wird. Derzeit befindet sich der Planet Mars in der Konjunktion, doch mit jedem erneuten Eintreten der Opposition rechne jedenfalls ich mit einer Wiederaufnahme ihrer Unternehmung. In jedem Fall sollten wir darauf vorbereitet sein. Ich denke, es sollte doch möglich sein, den Standort des abfeuernden Geschützes zu bestimmen und diesen Teil des Planeten ständig zu überwachen, um das Eintreffen der nächsten Attacke vorauszuberechnen.

In diesem Fall ließe sich der Zylinder mittels Dynamit oder Artillerie zerstören, bevor er sich soweit abgekühlt hat, dass die Marsianer aussteigen können, oder sie könnten mit Waffengewalt niedergemäht werden unmittelbar nachdem sich der Schraubdeckel geöffnet hat. Nach meiner Einschätzung haben sie durch den Fehlschlag ihres ersten Überraschungsangriffs erheblich an Überlegenheit eingebüßt. Möglicherweise schätzen sie das genauso ein.

Lessing hat sehr gut begründeten Anlass zur Annahme, dass es den Marsianern tatsächlich gelang, auf dem Planeten Venus zu landen. Vor nunmehr sieben Monaten befanden sich Venus und Mars auf einer Länge mit der Sonne, will sagen: Vom Standpunkt eines Beobachters auf der Venus aus stand der Mars in Opposition. In der Folge erschien ein sonderbar leuchtendes, wellenförmiges Mal auf der unbeschienenen Hälfte des mittleren Planeten, und fast zeitgleich entdeckte man ein schwaches dunkles Mal in ganz ähnlicher Wellenform auf einer Fotografie vom Mars. Man muss die Zeichnungen von diesen Erscheinungen sehen, um der auffälligen Ähnlichkeit in der Beschaffenheit ganz gewahr zu werden.

Ob man nun mit einer erneuten Invasion rechnet oder nicht, in jedem Fall werden uns diese Ereignisse dazu veranlassen, unsere Sicht auf die Zukunft der Menschheit ganz neu zu justieren. Wir haben gelernt, dass wir diesen Planeten nicht als eingehegten und beständig sicheren Ort für das Menschengeschlecht betrachten können; was an unsichtbarem Heil oder Unheil plötzlich aus dem Weltall zu uns gelangen mag, können wir niemals vorhersehen. Es ist möglich, dass nach dem größeren Plan des Universums diese Invasion vom Mars letztlich nicht ohne Nutzen für die Menschheit ist; sie hat uns jenes heitere Vertrauen in die Zukunft genommen, das die ergiebigste Quelle für den Niedergang ist. Die Wissenschaften hat sie enorm bereichert, und sie hat viel dazu beigetragen, die Idee vom Zusammenhalt aller Menschen voranzutreiben. Es mag sein, dass über die Weiten des Weltraums hinweg die Marsianer das Schicksal ihrer Pioniere mitverfolgten und daraus ihre Lehren zogen, und dass sie auf dem Planeten Venus verlässlicheren Siedlungsgrund fanden. Wie dem auch sei, man wird ganz sicher auf viele Jahre hinaus nicht darin nachlassen, die Scheibe des Mars penibel im Blick zu halten, und jene glühenden Himmelspfeile, die Sternschnuppen, werden, indem sie niedergehen, alle Menschenkinder unausbleiblich mit Furcht erfüllen.

Wie sehr dies alles den Horizont der Menschen erweitert hat, kann gar nicht hoch genug bewertet werden. Bevor der Zylinder niederging, nahm man allgemein an, dass jenseits der läppischen Oberfläche unserer winzigen Erdkugel keinerlei Leben im Weltraum existiert. Heute sehen wir weiter. Wenn die Marsianer zur Venus gelangen können, so gibt es keinen Grund zu der Annahme, dass dies den Menschen auf immer verwehrt bleiben sollte. Und wenn die langsame Abkühlung der Sonne die Erde unbewohnbar macht, was gewiss ist, dann mag es sein, dass der Lebensfaden, der hier seinen Anfang nahm, einmal ausgeworfen wird und unseren Schwesterplaneten in sein Netz spinnt.

Vage und wunderbar ist die in meinem Geist heraufbeschworene Vision vom Leben, das sich von diesem kleinen Saatbeet des Sonnensystems aus langsam bis tief in die unbeseelten Weiten des bestirnten Alls erstrecken wird. Doch dies ist ein ferner Traum. Und andererseits ist gut möglich, dass uns die Vernichtung der Marsianer nur einen Aufschub gewährt hat. Vielleicht wird ihnen, und nicht uns, die Zukunft gehören.

Ich muss gestehen, dass die zurückliegenden Belastungen und Gefahren in meiner Seele ein bleibendes Gefühl des Zweifels und der Unsicherheit hinterlassen haben. Ich sitze in meinem Arbeitszimmer und schreibe im Schein der Lampe, und plötzlich sehe ich das im Gesunden begriffene Tal unter mir heftig in Flammen stehen und habe das Gefühl, dass das Haus um mich herum leer und verlassen ist. Ich trete hinaus auf die Byfleet Road, und vor mir sind Fahrzeuge unterwegs, ein Fleischerjunge in seinem Wagen, eine Kutsche voller Besucher, ein Arbeiter auf dem Fahrrad, Kinder auf dem Weg zur Schule, und plötzlich wird alles verschwommen und unwirklich, und ich hetze wieder mit dem Artilleristen durch die heiße, brütende Stille. In der Nacht sehe ich, wie das schwarze Pulver die schweigenden Straßen verdunkelt, und in diese Staubdecke gehüllt die verdrehten Leichen; in Lumpen und von Hunden zerfleischt steigen sie vor mir auf. Sie stammeln etwas und werden grimmiger, bleicher, hässlicher, sind schließlich tolle Zerrbilder der Menschheit, und im Dunkel der Nacht wache ich auf, vor Kälte zitternd und ein Bild des Jammers.

Ich fahre nach London, sehe all die umtriebigen Menschen in der Fleet Street und am Strand, und dann kommt es mir vor, als seien sie nichts als Gespenster der Vergangenheit; sie spuken herum in den Straßen, die ich still und elend erlebt habe, gehen umher, Trugbilder in einer toten Stadt, Vortäuschung von Leben in einer Leiche unter Strom. Sonderbar ist es auch, auf dem Primrose Hill zu stehen, was ich nur einen Tag vor der Niederschrift dieses letzten Kapitels getan habe; von dort aus sieht man das große Häusermeer trüb und blau durch den Schleier aus Qualm und Dunst, der sich schließlich im Himmel auflöst, und dann sehe ich die Leute, die zwischen den Blumenbeeten auf dem Hügel umhergehen, die Schaulustigen an der Marsianermaschine, die noch immer dort steht; ich höre den Lärm spielender Kinder und muss an die Zeit denken, da ich alles hell und klar, schmerzlich und still daliegen sah im Morgengrauen jenes letzten großen Tages …

Und am sonderbarsten von allem ist es, wieder die Hand meiner Frau zu halten und daran zu denken, dass ich sie – und sie mich – bereits für tot gehalten hatte.

Befreite Welt

(1914)

Auftakt

Die Sonnenfänger

I

Die Geschichte der Menschheit ist die Geschichte der zunehmenden Beherrschung der Umwelt. Der Mensch ist das Tier, welches Werkzeug verwendet und das Feuer kennt. Gleich zu Beginn seiner Laufbahn auf dieser Erde ergänzte er seine natürliche Kraft und die angeborenen Waffen des Tieres durch die Hitze des Feuers und durch primitive Steingeräte. So entwickelte er sich über den Affen hinaus. Damit begann seine Entfaltung. Bald machte er sich die Stärke des Pferdes und des Rindes zu eigen, nutzte die Tragfähigkeit des Wassers und die Treibkraft des Windes. Er schürte das Feuer mit seinem Atem, und sein einfaches Werkzeug, erst aus Kupfer, später aus Eisen, vervielfachte und vervielfältigte sich, wurde komplexer und wirksamer. Er barg die erzeugte Wärme in Behausungen und baute zu seiner Bequemlichkeit Wege und Straßen. Er verfeinerte seinen gesellschaftlichen Umgang und erhöhte seine Leistung durch Arbeitsteilung. Er begann Wissen anzusammeln. Erfindung folgte auf Erfindung, jede ermöglichte es dem Einzelnen, seine individuellen Fähigkeiten weiterzuentwickeln. Und er entwickelt sie, abgesehen von gelegentlichen Rückschlägen, weiter und weiter …

Vor einer Viertelmillion Jahren war der Mensch noch ein Wilder mit kaum ausgebildeter Sprache, der in Felshöhlen hauste, grobe Steinkeile oder im Feuer zugespitzte Stöcke als Waffen benützte, nackt in kleinen Familienverbänden lebte und von Jüngeren umgebracht wurde, sobald seine Manneskraft nachließ. In den meisten Gebieten der Wildnis, die damals einen

Großteil der Erde bedeckte, hätte man ihn vergeblich gesucht. Nur in einigen Flusstälern des gemäßigten und subtropischen Klimas wäre man auf die geschützten Lagerstellen seiner kleinen Horden, ein Mann, ein paar Frauen und Kinder, gestoßen.

Damals wusste er noch nichts von einer Zukunft, von einer anderen Lebensweise als der seinen. Er floh vor dem Höhlenbären über Gebirgszüge voller Eisenerz und der Verheißung von Schwert und Speer; er fror zu Tode über einem Kohlelager; das Wasser, das er trank, war trüb vom Ton, der eines Tages zu Porzellantassen verarbeitet werden sollte; er kaute die Ähren des wilden Weizens, die er abgerupft hatte, und starrte mit dumpfer Gier auf die unerreichbar über ihm fliegenden Vögel. Oder er gewahrte plötzlich einen anderen Mann und erhob sich mit wildem Gebrüll, der misstönenden Vorform unseres moralischen Verweises. Denn er war ein großer Individualist, dieser Urmensch, er duldete niemanden neben sich.

So lebte dieser ungeschlachte Vorfahre, unser aller Urahn, viele Generationen hindurch, kämpfte, pflanzte sich fort und starb. Und wandelte sich fast unmerklich.

Ja, er wandelte sich. Der scharfe Meißel der Notwendigkeit, der in Jahrtausenden die Krallen des Tigers geschärft und die Plumpheit des Orchippus zur flinken Grazie des Pferdes veredelt hatte, arbeitete auch an ihm – und arbeitet immer noch an ihm. Die Schwerfälligeren und weniger Klugen wurden zuerst und am häufigsten umgebracht. Die geschicktere Hand, das wachsamere Auge, der hellere Verstand und der gewandtere Körper behaupteten sich; von Jahrtausend zu Jahrtausend wurden die Geräte ein wenig verbessert, kam der Mensch seinen Möglichkeiten eine Spur näher. Er wurde geselliger, seine Herden wuchsen; nicht länger tötete er seine heranwachsenden Söhne oder vertrieb sie; ein System von Tabus ließ ihn sie neben sich dulden, und sie verehrten ihn zu Lebzeiten und bald sogar über den Tod hinaus und wurden seine Verbündeten im Kampf gegen wilde

Tiere und gegen die übrigen Menschen. (Aber es war ihnen verboten, die Frauen des Stammes zu berühren, sie mussten sich ihre eigenen erobern, und jeder Sohn floh seine Stiefmutter, um nicht den Zorn des Alten zu erregen. Bis zum heutigen Tage findet man auf der ganzen Welt diese uralten, unumgänglichen Tabus.) Und dann ersetzten Hütten und Katen die Höhlen, das Feuer wurde besser gehütet, und der Mensch begann sich zu bekleiden; so geschützt, stieß er auch in kältere Gegenden vor, nahm Nahrung mit sich und legte Vorräte an – bis irgendwann verstreute Körner wieder zu sprießen begannen und die ersten Anregungen für den Ackerbau lieferten.

Und schon damals nahmen Muße und Sinnieren ihren Anfang.

Der Mensch begann nachzudenken. Wenn er gesättigt war, wenn seine Begierden und Ängste schlummerten und die Sonne seinen Lagerplatz wärmte, mochten dann und wann erste schwache Funken des spekulativen Denkens in seinen Augen aufleuchten. Er kratzte an einem Knochen, entdeckte eine Ähnlichkeit, kratzte weiter und schuf erste bildliche Darstellungen. Er knetete den weichen, warmen Lehm des Flussufers zwischen den Fingern und fand Gefallen an Gestaltung und Nachbildung, formte ihn zu Gefäßen und entdeckte, dass diese Wasser fassten. Er beobachtete den vorbeiziehenden Fluss und fragte sich, aus welch wunderbaren Brüsten wohl das Wasser unaufhörlich quoll; er blinzelte in die Sonne und träumte davon, dass er sie vielleicht fangen und aufspießen könnte, wenn sie abends zwischen den fernen Hügeln zur Ruhe ging. Dann reizte es ihn, seinem Bruder zu erzählen, dass er oder wenigstens irgendjemand dies einmal wirklich getan hätte – vermischte vielleicht diesen Traum mit einem anderen, fast ebenso kühnen, nämlich, dass eines Tages ein Mammut eingekreist worden sei. Und damit begann die Dichtung – einen Weg zur Großtat weisend – und die herrliche, prophetische Reihe von Geschichten.

Viele Jahrhunderte lang, über zahllose Generationen, führten unsere Urväter dieses Leben. Vom Beginn bis zum Höhepunkt dieser Entwicklungsphase des Menschen, von den ersten plumpen Faustkeilen aus roh behauenem Feuerstein bis zum ersten glatt polierten Werkzeug lagen zwei- oder dreihundert Jahrtausende dazwischen, zehn- oder fünfzehntausend Generationen. So langsam, gemessen an menschlichen Verhältnissen, entwickelte sich aus den vagen Ansätzen in der Kreatur der Mensch. Und dieses erste Aufblitzen von Vernunft, diese erste Schilderung einer Großtat, dieser Geschichtenerzähler, der mit funkelnden Augen und errötend unter dem verfilzten Haar dem ungläubig gaffenden Zuhörer gestenreich seine Geschichte vortrug, ihn am Handgelenk packend, um sich seine Aufmerksamkeit zu sichern – das war der wunderbarste Anfang, den diese Welt gesehen hat. Er wurde den Mammuts zum Verhängnis und legte den Grundstein zu der Falle, in der die Sonne einst gefangen werden sollte.

2

Das war jedoch nichts als ein flüchtiger Traum im Leben des Menschen, dessen eigentliche Beschäftigung ausschließlich in Nahrungsbeschaffung, Tötung von Rivalen, wie es unter Tieren üblich ist, und in der Zeugung von Nachkommen zu bestehen schien. Um ihn herum lagen, nur wie durch einen hauchdünnen Schleier verborgen, ungenützte Kraftquellen, deren Ausmaße wir selbst heute kaum mehr als ahnen, Kraftquellen, die jeden erdenklichen Traum des Menschen Wirklichkeit werden lassen könnten. Doch die Rasse bewegte sich langsam darauf zu, auch wenn der Einzelne starb, ohne etwas davon zu ahnen.

In den fruchtbaren Niederungen subtropischer Flusstäler, wo Nahrung im Überfluss vorhanden war und es sich sehr angenehm leben ließ, überwand der Urmensch seinen anfänglichen Argwohn und wurde, vom Zwang unmittelbarer Bedürfnisse befreit, geselliger, umgänglicher und weniger feindselig und schloss sich zu größeren Gemeinschaften zusammen. Es kam zur Arbeitsteilung, einige ältere Männer übernahmen die weise Führung in kriegerischen Auseinandersetzungen, und es entwickelten sich die Rollen des Priesters und des Königs im beginnenden Drama der Menschheitsgeschichte. Die Sorge des Priesters galt der Saat und Ernte und der Fruchtbarkeit, und der König entschied über Krieg und Frieden. In einigen hundert Flusstälern der wärmeren Zonen gab es schon vor vielen Tausend Jahren Städte und Tempel. Das Aufblühen dieser Zivilisation wurde nirgends aufgezeichnet, sie wussten nichts von der Vergangenheit und ahnten nichts von der Zukunft, denn es gab noch keine Schrift.

Erst ganz allmählich erweiterte der Mensch seine Ansprüche auf den unbegrenzten Reichtum an Energie, der sich ihm überall bot. Er zähmte gewisse Tiere, entwickelte seine ursprünglich, mehr vom Zufall bestimmte, Landwirtschaft zu einem Ritual, entdeckte ein Metall, dann noch eines, bis ihm Kupfer, Zinn, Eisen, Blei, Gold und Silber zusätzlich zum Stein zur Verfügung standen, er fällte und bearbeitete Baumstämme, verfertigte Tongefäße, fuhr in Paddelbooten bis zum Meer, erfand das Rad und baute die ersten Straßen. Seine Hauptbeschäftigung bestand jedoch viele Jahrhunderte lang darin, sich und andere immer größeren Gemeinschaften zu unterwerfen. Die Geschichte des Menschen ist nicht einfach nur die Geschichte der zunehmenden Beherrschung der Umwelt, sie ist vor allem die Geschichte des Sieges über Misstrauen und Triebhaftigkeit, über Vereinzelung und über das Tierische, die den Menschen daran hinderten, seine Bestimmung zu erfüllen. Der Affe in uns lehnt sich immer noch auf. Vom frühen Steinzeitalter an bis zur Verwirklichung des Weltfriedens war der Mensch hauptsächlich mit sich und seinen Mitmenschen beschäftigt, trieb Handel, feilschte, machte Gesetze, schloss Verträge, unterjochte, eroberte, zerstörte und nutzte und nützte jeden kleinen Zuwachs an Macht augenblicklich für dieses verwirrende komplizierte Ringen um Vergesellschaftung. Seine Mitmenschen zu einer zweckorientierten Gesellschaft zusammenzuschließen wurde sein letzter und stärkster Trieb. Schon lange bevor die Ära der polierten Steinwerkzeuge endete, war der Mensch zu einem politischen Wesen geworden. Er machte erstaunliche, folgenschwere Entdeckungen an sich selbst, er begann erst zu rechnen, dann zu schreiben und Aufzeichnungen zu machen, und damit weiteten sich die einzelnen Gruppen zu großen Staatsvölkern aus; in den Tälern des Nil, des Euphrat und der großen chinesischen Flüsse entstanden die ersten Großreiche, wurden zuerst Gesetze schriftlich festgehalten. Männer spezialisierten sich als Soldaten und Ritter auf Kampf und Herrschaft. Später, als man hochseetüchtige Schiffe bauen konnte, wurde das Mittelmeer, vorher ein unüberwindliches Hindernis, zu einem Tummelplatz, und schließlich entstand aus Seeräuberkämpfen der große Krieg zwischen Rom und Karthago. Die europäische Geschichte ist eng verknüpft mit dem Sieg und Untergang des Römischen Reiches. Seit damals ahmten alle Monarchen Europas Cäsar nach, nannten sich Kaiser oder Zar, Imperator oder Kasir-i-Hind. Gemessen an der Dauer eines Menschenlebens verging unendlich viel Zeit zwischen jener ersten Dynastie in Ägypten und der Erfindung des Flugzeuges. Blickt man aber zurück zu den Erzeugern der ersten Steinwerkzeuge, hat sich alles erst gestern abgespielt.

Während dieser Periode von zwanzigtausend oder mehr Jahren, einer Zeit permanenter Kriege, in der sich das Denken der Menschen vor allem auf Macht und Angriff konzentrierte, machte die Beherrschung der Naturkräfte nur langsame Fortschritte – rasch gemessen an der Steinzeit, aber eben langsamer im Vergleich mit den Fortschritten im Zeitalter systematischer

Forschung, in dem wir leben. Wenig änderte sich an den Waffen und der Taktik der Kriegsführung, die Methoden der Landwirtschaft, die Seefahrt, die Kenntnisse über die bevölkerten Gebiete der Erde oder auch die Gerätschaften des häuslichen Lebens blieben seit den frühen Ägyptern bis zur Zeit des jungen Christoph Kolumbus fast unverändert. Natürlich gab es Erfindungen und Umwälzungen, aber es gab auch Rückschritte; Entdeckungen wurden gemacht und gerieten wieder in Vergessenheit; im Ganzen genommen gab es einen Fortschritt, aber er war kaum merklich; das bäuerliche Leben veränderte sich nicht, Priester, Rechtsgelehrte, Handwerker, Edelleute und Herrscher, Ärzte, weise Frauen, Soldaten und Seeleute gab es bereits in Ägypten und China, in Assyrien und in Süd-Ost-Europa zu Beginn dieses Zeitalters, und sie lebten fast dasselbe Leben und taten annähernd dasselbe wie im Europa des 15. Jahrhunderts. Im 19. Jahrhundert konnten englische Archäologen in den Ruinen am Euphrat und am Nil Gesetzestexte, häusliche Aufzeichnungen und Privatbriefe ausgraben, die ihnen beim Lesen völlig vertraut klangen. Während dieser Periode kam es zu großen Veränderungen im Hinblick auf Moral und Religion. Monarchien und Republiken lösten einander ab, Italien versuchte sich in der Sklaverei großen Stils, und im Grunde versuchte man es immer wieder mit der Sklaverei und scheiterte jedes Mal, wie man sie auch in der Neuen Welt einführte und wieder abschaffen musste. Christentum und Islam verdrängten Tausende ausgeprägtere Kulte, aber im Wesentlichen waren sie nur fortschrittliche Anpassungsleistungen der Menschheit an materielle Bedingungen, die ewige Gültigkeit zu haben schienen. Der Gedanke an revolutionäre Änderungen der äußeren Lebensbedingungen lag in dieser Zeit dem menschlichen Denken völlig fern.

Doch es gab immer noch den Träumer, den Märchenerzähler, und er wartete auf seine Stunde, in diesem geschäftigen Treiben, dem Kommen und Gehen, den Kämpfen und Völkerwanderungen, den Burg- und Kirchenbauten, den Künsten und Liebesbündnissen, den kleinen diplomatischen Schachzügen und endlosen Fehden, den Kreuzzügen und Handelsreisen des Mittelalters. Er träumte nicht mehr mit der ungebundenen Freiheit des Steinzeitmenschen; Autoritäten versperrten überall seinen Weg; aber er träumte mit feinerem Sinn, saß müßig und starrte zu wandernden Sternen empor und sann über die Münze und den Kristall in seiner Hand nach. Wann immer ihm die Zeit zum Nachdenken blieb, zweifelte er am äußeren Anschein der Dinge, am überlieferten Glauben, ahnte voll Unruhe die verborgenen Zeichen ringsum und stellte das Wissen der Gelehrten in Frage. In jeder Epoche gab es Einzelne, zu denen eine Stimme von den Geheimnissen in den Dingen sprach. Hatte einer erst einmal diese Stimme vernommen, konnte er nicht länger sein gewohntes Leben führen, noch sich mit den alltäglichen Dingen dieser Welt begnügen. Und die meisten von ihnen hielten diese ganze sichtbare Welt nicht nur für einen bunten Vorhang, der unerdenkliche Dinge verbarg, sondern glaubten auch, dass Macht in diesen Geheimnissen lag. Bisher hatte der Mensch durch Zufälle Macht erlangt, doch nun gab es jene Sucher, die den seltenen, sonderbaren und erstaunlichen Dingen nachspürten und sie erforschten. Manchmal fanden sie etwas von Wert, manchmal täuschten sie sich und manchmal die anderen. Die Alltagsmenschen lachten über diese Exzentriker, bald fand man sie lästig und misshandelte sie, bald fürchtete man sich vor ihnen und stempelte sie zu Heiligen, Zauberern und Hexenmeistern, oder förderte sie auch gelegentlich in der Hoffnung auf irgendwelchen Nutzen; aber meist beachtete man sie überhaupt nicht. Doch sie waren alle von dem Geist desjenigen beseelt, der erstmals davon geträumt hatte, das Mammut zu jagen; sein Blut floss in ihren Adern; und unbewusst suchten sie alle nach der Falle, in der eines Tages die Sonne gefangen werden sollte.

3

Ein solcher Mann war auch Leonardo da Vinci, dem man am Hof der Sforza in Mailand mit Staunen und Ehrfurcht begegnete. Seine Skizzenblätter zeugen von prophetischem Scharfsinn und genialer Vorwegnahme der ersten Flugzeugkonstruktionen. Dürer war ihm ähnlich, und Roger Bacon, dem die Franziskaner Lehrverbot auferlegten, war sein Geistesverwandter. In einer Stadt des Altertums hatte es bereits einen solchen Mann gegeben, Heron von Alexandria, der die Dampfkraft schon neunzehnhundert Jahre vor der Zeit erkannte, in der sie schließlich genutzt wurde. Und noch früher lebten Archimedes von Syrakus und vor ihm der legendäre Daedalus von Knossos. Wann immer es im Lauf der Geschichte eine kleine Atempause ohne Kriege und Brutalität gab, traten diese forschenden Geister auf. Und die Hälfte der Alchimisten gehörten ihrem Geschlecht an.

Als Roger Bacon zum ersten Mal ein Häufchen Schießpulver entzündete, hätte man annehmen können, dass sich die Menschheit bald diese Kraft zunutze machen würde. Aber sie war nicht fähig, diese Möglichkeit zu erkennen; sie ahnten sie nicht einmal, und wenn, dann hätten ihre Kenntnisse auf dem Gebiet der Metallurgie nicht zum Bau einer entsprechenden Maschine gereicht. Damals konnte man noch keine Apparate herstellen, die dieser neuen Kraft standgehalten hätten, nicht einmal für so primitive Zwecke wie das Hinausschleudern eines Geschosses. Die ersten Gewehre hatten Holzläufe, die von Ringen zusammengehalten wurden, und die Welt wartete mehr als fünfhundert Jahre auf die Kanone.

Selbst wenn Forscher etwas entdeckten, war es damals ein weiter Weg bis zur Auswertung dieser Erfindungen für andere Zwecke als nur die primitivsten, handgreiflichsten. Wenn auch der Mensch im Allgemeinen nicht mehr so vollkommen blind für die noch unbezwungenen Kräfte ringsum war wie sein paleolithischer Urahn, so war er jedoch zumindest sehr kurzsichtig.

4

Die in Kohle und Dampf schlummernde Energie wartete lange auf ihre so naheliegende Entdeckung, bevor sie das Leben zu beeinflussen begann.

Zweifellos wurden Geräte von Heron als Spielzeuge in Fürstenhöfen und Palästen gebaut und wieder vergessen, aber es bedurfte des Kohlenbergbaus und der Eisengewinnung im Schmelzofen, bevor der Mensch erkannte, dass mehr dahintersteckte als eine Spielerei. Und man muss dazu bemerken, dass der erste schriftliche Hinweis auf die Nutzung der Dampfkraft aus der Kriegsführung stammt. In einem Schriftstück aus der Elisabethanischen Zeit wird vorgeschlagen, Geschosse aus verkorkten, mit heißem Wasser gefüllten Eisenbehältern herauszuschleudern, Kohle als Brennstoff abzubauen, Eisen in bis dahin unerhörtem Ausmaß zu schmelzen, die Dampfpumpe, die Dampfmaschine und das Dampfschiff folgten einander mit fast logischer Notwendigkeit. Das interessanteste und lehrreichste Kapitel in der Geschichte menschlicher Intelligenz ist die Nutzbarmachung des Dampfes von dem ersten Bewusstwerden der Möglichkeit bis zur Perfektion großer Dampfturbinen, die der Verwertung molekularer Energie vorangingen. Kein Mensch hatte viele Tausend Jahre hindurch auf den Dampf geachtet; vor allem die Frauen, die immer schon Wasser erhitzten, sahen es kochen und verdampfen, sahen den Deckel des Topfes durch seine Kraft tanzen; Millionen von Menschen in den verschiedensten Zeitaltern mussten beobachtet haben, dass der Dampf Felsbrocken wie Bälle aus Vulkanen schleuderte und Lava zerstäubte, und dennoch sucht man in den Aufzeichnungen, in

Briefen, Büchern, Inschriften und Bildern vergeblich nach einem Hinweis darauf, dass hier die Wirkungsweise einer Kraft erkannt wurde, die man sammeln und nutzbar machen könnte … Dann plötzlich begriff der Mensch, Eisenbahnstrecken breiteten sich wie ein Netz über die Erde aus, immer größere Dampfschiffe pflügten das Meer im Kampf gegen Wind und Wellen.

Der Dampf war die erste der neuen Kraftquellen, mit ihm begann das Technische Zeitalter und die Aussicht auf ein Ende der langen Kriege zwischen den Staaten.

Aber den Menschen entging lange die Bedeutung dieses Phänomens. Sie erkannten nicht, waren nicht fähig zu erkennen, dass ein grundsätzlicher Wandel in ihren uralten Bedürfnissen eingetreten war. Sie nannten die Dampfmaschine »das eiserne Pferd« und taten so, als hätten sie damit das Wesentlichste an Fortschritt erreicht. Dampfmaschine und Fabriksarbeit revolutionierten sichtlich die Bedingungen der industriellen Produktion, Menschen verließen die ländlichen Lebensräume und strömten in bisher unvorstellbarer Zahl in ein paar Städte, und die Nahrungsmittel wurden über so ungeheure Entfernungen und in solchen Mengen in diese Zentren befördert, dass das einzige vergleichbare Phänomen aus einer früheren Epoche, die Getreideschiffe des Römischen Reiches, daneben unbedeutend erschienen; zwischen Europa, Westindien und Amerika setzte eine gewaltige Völkerwanderung ein, und – niemand scheint bemerkt zu haben, dass etwas Neues ins menschliche Leben getreten war, ein seltsamer Strudel, anders als alle bisherigen Strömungen und Wandlungen, ein Strudel ähnlich dem, der sich bildet, wenn sich nach langer Zeit des Wasserstaus plötzlich ein Schleusentor öffnet …

Der nüchterne Engländer konnte am Ende des 19. Jahrhunderts beim Frühstück zwischen Tee aus Ceylon und Kaffee aus Brasilien wählen, konnte ein Ei aus Frankreich und dazu dänischen oder neuseeländischen Schinken genießen, konnte sein Frühstück mit einer Banane aus Westindien abschließen, gleichzeitig einen Blick auf die neuesten Nachrichten aus aller Welt werfen, die jeweiligen Notierungen seiner in Südafrika, Japan und Ägypten getätigten Investitionen studieren und seinen beiden Kindern, die er (statt der acht Kinder seines Vaters) gezeugt hatte, erklären, dass sich die Welt seiner Meinung nach kaum veränderte. Die Kinder mussten nur Cricket spielen, kurze Haare tragen, jene Schule besuchen, die auch er besucht hatte, sich vor denselben Fächern drücken, vor denen auch er sich gedrückt hatte, ein paar Brocken aus Horaz, Virgil und Homer lernen, um ungebildete Leute zu verwirren, dann war alles in bester Ordnung mit ihnen …

5

Obwohl die Elektrizität bereits früher erforscht worden war als die Dampfkraft, drang sie erst Jahrzehnte nach deren Nutzbarmachung in den Alltag des Menschen ein. Obwohl ihre Wirkungen allgegenwärtig waren und der Mensch sie fast nicht übersehen konnte, war er unzählige Jahrhunderte lang völlig blind dafür gewesen.

Gibt es überhaupt etwas, das sich den Menschen so aufdrängte wie die Elektrizität? Sie donnerte in ihren Ohren, blendete sie mit Blitzen, gelegentlich tötete sie einen von ihnen und trotzdem begriff keiner, dass er hier etwas vor sich hatte, das erforscht zu werden verdiente. Sie kam an trockenen Tagen mit der Katze ins Haus und knisterte, wenn das Fell des Tieres gestreichelt wurde. Sie zerfraß die Metalle, wenn sie damit in Berührung kam … Es gibt keinen einzigen Hinweis darauf, dass jemand vor dem 16. Jahrhundert danach gefragt hätte, warum das Fell der Katze knistert oder warum sich Haare an kalten

Tagen schlecht bürsten lassen. Man könnte glauben, die Menschheit hätte endlose Jahre lang ihr Möglichstes getan, den Gedanken an all das zu vermeiden; bis sich der neue Forschergeist diesen Dingen zuwandte.

Wie oft hatte man Derartiges wohl gesehen und als unwichtig abgetan, bevor der Augenblick kam, dass der prüfende Blick etwas entdeckte! Gilbert, Hofphysikus der Königin Elisabeth, zerbrach sich als erster den Kopf darüber, was vor sich ging, wenn Bernstein gerieben wurde und Glasstücke, Seidenfäden und Schellack, und so begann sich der Mensch dieser allgegenwärtigen Energie bewusst zu werden. Doch auch danach blieb dieses Wissensgebiet fast zweihundert Jahre lang eher ein kleines Sammelsurium seltsamer Fakten, die vielleicht mit dem Magnetismus in Zusammenhang gebracht wurden – reine Spekulation – oder mit dem Blitz. Erst mussten Froschbeine, mit kupfernen Haken an Eisenstangen hängend, unzählige Male zucken, bevor Galvani begriff. Abgesehen von der Entwicklung des Blitzableiters dauerte es nach Gilberts Versuchen noch 250 Jahre, bevor die Elektrizität von einer wissenschaftlichen Kuriosität zu einer allbekannten Tatsache wurde … Und ganz plötzlich, innerhalb eines halben Jahrhunderts, zwischen 1880 und 1930, überholte sie die Dampfkraft und übernahm die Aufgabe des Transports, des Heizens und ließ große Entfernungen schrumpfen durch die perfektionierte drahtlose Nachrichtenübermittlung und das Funkbild …

6

Noch mindestens hundert Jahre, nachdem die wissenschaftliche Revolution begonnen hatte, wehrte sich das Bewusstsein der Allgemeinheit gegen Erfindungen und Entdeckungen. Jede Neuerung musste sich ihren Weg zur praktischen Auswertung gegen einen Skeptizismus erkämpfen, der manchmal schon an Feindseligkeit grenzte. Ein Schriftsteller schrieb über dieses Thema einen lustigen kleinen Dialog nieder, der angeblich im Jahre 1898 stattgefunden hat, also genau zu jener Zeit, als sich die ersten Flieger in die Luft erhoben. Er erzählt uns, wie er in seinem Arbeitszimmer an seinem Schreibtisch saß und sich mit seinem kleinen Sohn unterhielt.

Der kleine Sohn steckte in großen Schwierigkeiten. Er wusste, er würde ein ernstes Gespräch mit seinem Vater führen müssen, wollte aber, da er ein lieber kleiner Junge war, keine Barschheit aufkommen lassen.

Folgendes spielte sich ab.

»Papa, es wäre mir lieber«, sagte er und kam damit schon zur Sache, »wenn du all das Zeug über die Fliegerei nicht schreiben würdest. Die anderen hänseln mich schon.«

»Oh!«, sagte sein Vater.

»Und Old Broomie, ich meine der Boss, hänselt mich auch. Alle hänseln mich.«

»Aber man wird fliegen – und zwar sehr bald.«

Der kleine Junge war zu wohlerzogen, um zu sagen, wie er darüber dachte. »Trotzdem«, sagte er, »ich wünschte, du würdest nicht darüber schreiben.«

»Du wirst noch fliegen – sehr oft sogar – vor deinem Tod«, versicherte ihm sein Vater.

Der kleine Junge sah unglücklich drein.

Der Vater zögerte. Dann zog er eine Schublade heraus und entnahm ihr eine verschwommene und unterbelichtete Fotografie. »Komm her und sieh dir das an«, sagte er.

Der kleine Junge trat näher. Die Fotografie zeigte einen Fluss, dahinter eine Wiese und ein paar Bäume und in der Luft ein schwarzes bleistiftförmiges Ding mit flachen Tragflächen zu beiden Seiten. Es war die erste Aufnahme der ersten Maschine, die schwerer war als Luft und durch mechanische Kraft fliegen konnte. Am oberen Rand stand geschrieben: »Jetzt fliegen wir höher, höher, höher – von S. P. Langley, Smithson'sches Institut, Washington.« Der Vater beobachtete den Eindruck, den dieses Beweismittel auf seinen Sohn machte. »Na?«, fragte er.

»Das«, sagte der Schuljunge nach kurzer Überlegung, »ist nur ein Modell.«

»Heute fliegt das Modell, morgen der Mensch.«

Der Junge schien in seiner Treue zu wanken. Dann entschied er sich für den, an dessen Allwissenheit er felsenfest glaubte. »Aber Old Broomie«, sagte er, »erklärte erst gestern allen Jungen in der Klasse: ›Kein Mensch wird jemals fliegen! Keiner, der einmal Waldhühner oder Fasanen im Flug geschossen hat, wird einen solchen Unsinn glauben …‹«

Doch dieser Junge sollte in seinem Leben noch über den Atlantik fliegen und die Erinnerungen seines Vaters veröffentlichen.

7

Gegen Ende des 19. Jahrhunderts hielt man – wie viele Hinweise aus der damaligen Literatur bezeugen – die Tatsache, dass der Mensch endlich erfolgreich und produktiv den Dampf, der ihn einst verbrüht hatte, und die Elektrizität, die ihn früher durch Blitz und Donner erschreckt hatte, nutzbar machen konnte, für eine erstaunliche und vielleicht sogar krönende Leistung menschlichen Verstandes und geistiger Kühnheit. In einigen dieser Schriften klingen die Worte Simeons »Nunc dimittis« an. »Die großen Dinge sind entdeckt«, schrieb Gerald Brown in seinem Bericht über das 19. Jahrhundert, »für uns bleibt nur noch die Ausarbeitung der Details.« Forschergeist war in der Welt noch immer eher rar; die Bildung war unsystematisch, wenig anregend, akademisch und kaum geschätzt, und nur wenige begriffen damals schon, dass die Wissenschaft noch in den Kinderschuhen steckte und über die ersten Entdeckungen kaum hinausgekommen war. Niemand scheint sich damals vor ihr und ihren Möglichkeiten gefürchtet zu haben. Doch war die Zahl der Forscher einst gering, so ging sie jetzt in die Tausende, und Experimente, mit denen im Jahre 1800 ein Einziger das Wesen der äußeren Erscheinungen zu ergründen versuchte, gab es jetzt zu Hunderten. Auch die Chemie, die sich den Großteil eines Jahrhunderts mit der Kenntnis von Atomen und Molekülen begnügt hatte, bereitete sich schon auf jenen nächsten gewaltigen Schritt vor, der das ganze menschliche Leben revolutionieren sollte.

Man begreift, wie primitiv die Wissenschaft damals noch war, wenn man etwa an das Problem der chemischen Zusammensetzung der Luft denkt. Sie wurde gegen Ende des 18. Jahrhunderts von Henry Cavendish erforscht, diesem denkwürdigen und hochbegabten Einsiedler, diesem rätselhaften Mann, diesem ausgebeuteten Genie. Er hatte Großartiges geleistet und die bereits bekannten Bestandteile der Luft mit bemerkenswerter Genauigkeit voneinander getrennt; er vermerkte sogar, dass er über die Reinheit des Stickstoffs einige Zweifel hegte. Mehr als hundert Jahre lang wurden seine Analysen von Chemikern auf der ganzen Welt wiederholt, seine Geräte kamen in London ins Museum, er wurde ein »Bahnbrecher«, wie man das nennt, doch immer wieder, bei jeder der unzähligen Wiederholungen seiner Experimente verbarg sich das hinterhältige Element Argon im Stickstoff (zusammen mit ein wenig Helium und Spuren anderer Substanzen, und mit all jenen Hinweisen, die zu den Neuerungen der Chemie des 20. Jahrhunderts hätten führen können) und glitt den Professoren unentdeckt durch die Finger.

Ist es daher verwunderlich, dass die Wissenschaft mit ihrem Mangel an Genauigkeit bis zur Morgenröte des 20. Jahrhunderts ihre Ergebnisse immer noch eher einer Reihe glücklicher Zufälle verdankte, als einer ernsthaften Erforschung der Natur?

Doch der Forschergeist breitete sich aus. Nicht einmal die Schullehrer konnten ihn eindämmen. Gab es im 19. Jahrhundert nur einige wenige, die voll Staunen und Neugier die Geheimnisse der Natur betrachteten, so waren es zu Beginn des 20. Jahrhunderts Tausende, die der geistigen Enge und dem Alltagstrott in Europa, Amerika, in Nord und Süd, in Japan und China und überall in der Welt entflohen.

Die Eltern des jungen Holsten, den eine ganze Generation von Wissenschaftlern den »größten europäischen Chemiker« nannte, wohnten im Jahre 1910 in einer Villa nahe der Stadt Santo Domenico zwischen Fiesole und Florenz. Er selbst war damals erst fünfzehn Jahre alt, doch schon als guter Mathematiker bekannt und von einem unstillbaren Erkenntnisdrang besessen. Vor allem das Rätsel der Phosphoreszenz und ihrer offensichtlichen Unabhängigkeit von anderen Lichtquellen hatte es ihm angetan. Später erzählt er in seinen Memoiren, wie er die unter dem warmen blauen Nachthimmel Italiens umherschwirrende Leuchtkäfer und ihre unter den dunklen Bäumen im Garten der Villa schimmernden Weibchen beobachtet hatte; wie er sie fing und in Käfigen hielt, wie er sie sezierte und erst sehr gründlich den Bau der Insekten im Einzelnen erforschte, und wie er schließlich den Einfluss verschiedener Gase und Temperaturen auf das Licht der Käfer untersuchte. Dann erhielt er eines Tages zufällig ein von Sir William Crookes erfundenes wissenschaftliches Spielzeug geschenkt, das Spinthariskop genannt wurde. Darin stießen Radiumpartikel auf Zinksulfid und ließen es aufleuchten. Das brachte ihn auf die Idee, dass zwischen den beiden Phänomenen eine Verbindung bestehen müsse. Für seine Forschungen war das ein glücklicher Zufall. Es war auch ein seltsames und Erfolg versprechendes Zusammentreffen, dass sich gerade ein mathematisch begabter Mann für diese Probleme interessierte.

8

Und während der junge Holsten bei Fiesole über seine Leuchtkäfer nachgrübelte, hielt ein Physikprofessor namens Rufus in Edinburgh Nachmittagsvorlesungen über Radium und Radioaktivität. Seine Vorträge fanden bemerkenswert großes Interesse. Er las in einem kleinen Hörsaal, der von Vorlesung zu Vorlesung mehr Zuhörer aufnehmen musste. Bei der Schlussvorlesung war der Saal voll bis in die hinterste Ecke, und selbst jene, die stehen mussten, vergaßen jede Müdigkeit, so faszinierend fanden sie die Ausführungen des Professors. Besonders einer der jungen Studenten, ein unbeholfener krausköpfiger Bursche vom schottischen Hochland, saß da mit angezogenen Knien, die er mit seinen großen roten Händen umspannt hielt, und verschlang jedes Wort mit brennenden Ohren, hochroten Wangen und blitzenden Augen.

»So sehen wir«, sagte der Professor, »dass das Radium, das zuerst eine fantastische Ausnahmeerscheinung, eine verrückte Inversion aller etablierten und fundamentalen Erkenntnisse im Aufbau der Stoffe zu sein schien, tatsächlich ein Element ist wie jedes andere. Es macht erkennbar und zwingend einen Prozess durch, der auch in allen anderen Elementen, aber wahrscheinlich verlangsamt und dadurch unmerklich, vor sich geht. Das ist wie eine einzelne Stimme, die laut schreiend das Geflüster Tausender in der Dunkelheit übertönt. Radium ist ein Element, das zerfällt und sich spaltet. Aber vielleicht tun das alle Elemente in kaum wahrnehmbarem Maß. Uran sicher; Thorium – der Stoff mit der glühenden Gashülle – ebenfalls; auch Aktinium. Ich glaube, wir stehen erst am Beginn einer langen Reihe. Und wir wissen jetzt, dass das Atom, das wir einst für fest und undurchdringlich, für unteilbar und endgültig und – für leblos – hielten, in Wirklichkeit ungeheure Energie speichert. Das ist das Wunderbarste an dieser Entdeckung. Noch vor Kurzem war das Atom für uns etwas Ähnliches wie ein Ziegelstein, ein solides Baumaterial, ein fester Stoff, eine einheitliche Menge lebloser Materie, und siehe da!, diese Ziegelsteine sind Truhen, Schatztruhen, Truhen voll geballter Energie. Diese kleine Flasche hier enthält etwa einen halben Liter Uranoxid, das heißt ungefähr vierzehn Unzen des Elementes Uran. Sie kostet ungefähr ein Pfund. Und in dieser Flasche, meine Damen und Herren, in den Atomen, die diese Flasche enthält, schlummert fast ebenso viel Energie, wie wir durch Verbrennung von hundertsechzig Tonnen Kohle erhalten. Wenn ich diese Energie jetzt in diesem Augenblick auf einmal frei machen könnte, würde sie uns und unsere gesamte Umgebung zerreißen; wenn ich sie in das Elektrizitätswerk unserer Stadt leiten könnte, würde sie Edinburgh eine Woche lang hell erleuchten. Aber bisher weiß kein Mensch, bisher hat kein Mensch auch nur die leiseste Ahnung, wie dieses kleine Quantum Materie dazu gebracht werden kann, seine Energie rascher freizugeben. Es gibt sie frei, aber nur spurenweise. Allmählich wird das Uran zu Radium, das Radium zu Gas, zur sogenannten Radiumemanation, und diese wiederum zu dem, was wir als Radium A bezeichnen; und dieser Umwandlungsprozess geht weiter, gibt in jedem Stadium Energie ab, bis schließlich das Endstadium erreicht ist, das, soweit wir das gegenwärtig feststellen können, Blei ist. Aber wir können es nicht beschleunigen.«

»Mann, ich verstehe«, flüsterte der krausköpfige Bursche, seine Hände wie eine Klammer um die Knie geschlungen. »Ich verstehe. Nur weiter! Nur weiter!«

Nach einer kurzen Pause fuhr der Professor fort. »Warum geht die Umwandlung nur allmählich vor sich?«, fragte er. »Warum zerfällt in jeder Sekunde nur ein winziger Teil des Radiums? Warum spaltet es sich so langsam und exakt? Warum wird nicht das ganze Uran zu Radium, und warum verwandelt sich nicht das ganze Radium auf einmal in den nächstfolgenden Zustand?

Warum so allmählich; warum kein Zerfall *en masse*? … Stellen Sie sich vor, wir fänden eine Möglichkeit, diesen Zerfall zu beschleunigen?«

Der Krauskopf nickte heftig. Der wunderbare, unausbleibliche Gedanke keimte auf. Er zog seine Knie bis unters Kinn und rutschte aufgeregt auf seinem Stuhl herum. »Warum nicht?«, echote er, »warum nicht?«

Der Professor hob seinen Zeigefinger.

»Denken Sie nur«, sagte er, »was wir dann alles könnten! Wir könnten nicht nur Uran und Thorium nutzbar machen; wir hätten nicht nur eine Energiequelle, die ergiebig genug wäre, um mit einer Handvoll dieses Stoffes eine Stadt ein Jahr lang zu beleuchten, um eine ganze Flotte von Kriegsschiffen oder einen unserer riesigen Überseedampfer zu betreiben, sondern wir wüssten auch, wie sich der Zerfallsprozess aller anderen Elemente beschleunigen ließe, die gegenwärtig noch so langsam zerfallen, dass unsere feinsten Messgeräte ihn nicht registrieren können. Jedes Stückchen fester Materie auf der Welt würde zu einem Reservoir geballter Energie werden. Können Sie sich vorstellen, meine Damen und Herren, was das für uns bedeuten würde?«

Der Krauskopf nickte. »Weiter! Weiter!«

»Es würde eine derart große Veränderung im menschlichen Leben bedeuten, dass ich sie nur mit der Entdeckung des Feuers vergleichen kann, dieser ersten Entdeckung, mit der sich der Mensch über das Tier erhob. Wir stehen heute vor der Radioaktivität ebenso wie unser Urahne vor dem Feuer, als er noch nicht wusste, wie es zu entfachen. Er kannte es als etwas, über das er keine Macht hatte, als Flammen über dem Gipfel eines Vulkans, als rote Zerstörungskraft, die sich durch den Wald fraß. Ebenso geht es uns heute mit der Radioaktivität. Das – das ist die Morgenröte eines neuen Zeitalters. Am Höhepunkt dieser Zivilisation, die ihre Anfänge im behauenen Steinfäustel und dem Kienspan des Wilden hatte, und gerade zu dem Zeitpunkt, da es offensichtlich wird, dass unsere stets wachsenden Bedürfnisse nicht unbegrenzt durch unsere derzeitigen Energiequellen befriedigt werden können, entdecken wir plötzlich die Möglichkeit einer vollkommenen neuen Zivilisation. Die Energie, die wir für unsere Existenz benötigen und mit der die Natur bisher so gegeizt hat, liegt in Wirklichkeit überall um uns in unvorstellbaren Mengen verborgen. Wir können heute den Schlüssel dazu noch nicht finden, aber –«

Er hielt inne. Dann senkte er seine Stimme derart, dass alle sich ein wenig reckten, um ihn verstehen zu können.

»– das werden wir.«

Er hob abermals seinen schlanken Zeigefinger, die für ihn typische Geste.

»Und dann«, sagte er …

»Dann wird dieser ständige Existenzkampf, dieses stete Ringen, von dem zu leben, was die Natur von sich aus gibt, nicht mehr das Los der Menschen sein. Der Gipfel dieser Zivilisation wird die Wurzel der nächsten sein. Ich habe nicht die Rednergabe, meine Damen und Herren, um der Vision des zukünftigen Wohlstandes der Menschheit Ausdruck zu verleihen. Ich sehe, wie die Wüsten fruchtbar werden, wie das Eis der Pole schwindet und die ganze Erde zu einem Paradies wird. Ich sehe, wie sich die Macht des Menschen bis zu den Sternen erstreckt …«

Er brach plötzlich mit einem tiefen Atemzug ab, um den ihn mancher Schauspieler oder Redner beneidet hätte.

Die Vorlesung war zu Ende. Die Zuhörerschaft blieb einige Augenblicke wie gebannt sitzen, atmete auf, setzte sich geräuschvoll in Bewegung und begann den Saal zu verlassen. Mehr Licht wurde eingeschaltet, und was vorher eine dunkle Masse von Schatten gewesen war, wurde zu einem wirren Durcheinander. Einige winkten ihren Freunden zu, andere drängten sich um das Podium, um die Apparate des Professors zu betrachten und seine Diagramme abzuzeichnen. Doch der schottische Bursche mit dem krausen Haar wollte sich von solchen Einzelheiten nicht die Gedanken verscheuchen lassen, die ihm durch den Kopf gingen. Er wollte mit ihnen alleine sein, er drängte sich fast brutal durch die Menge, benahm sich so widerborstig und störrisch wie eine Kuh, aus Angst, jemand könnte ihn ansprechen, ihn aus seiner glühenden Begeisterung reißen.

Mit entrücktem Gesichtsausdruck wanderte er durch die Straßen, wie ein Heiliger, der eine Vision hat. Seine Arme waren unverhältnismäßig lang und seine Füße lächerlich groß.

Er musste allein sein, irgendwo weit fort von all diesem geschäftigen Treiben des täglichen Lebens.

Er stieg zum Gipfel des Arthurssitz hinauf und saß dort lange Zeit schweigend in der goldenen Abendsonne, doch immer wieder murmelte er den gleichen, bedeutungsschweren Satz vor sich hin, der ihm nicht aus dem Sinn ging.

»Wenn«, flüsterte er, »wenn wir nur wüssten …«

Die Sonne sank zu den fernen Hügeln herab, eine Kugel aus rötlich schimmerndem Gold, und beleuchtete mit ihren schwächer werdenden Strahlen die tief liegenden Wolkenbänke, die sie bald verschlingen würden.

»Ah«, sagte der Bursche. »Ah!«

Er schien wie aus einer Trance zu erwachen. Hier stand die rote Sonne vor seinen Augen. Er starrte sie an, erst mit leerem Blick, dann mit allmählicher Erkenntnis. Ein seltsamer Widerhall des uralten Traumes überkam ihn, des Traumes jenes Steinzeitmenschen, der nun tot unter dem Schutt von zweihunderttausend Jahren begraben war.

»He, Alte«, sagte er – und mit leuchtenden Augen griff er nach ihr, als könnte er sie erhaschen, »du altes rotes Ding … Wir kriegen dich noch.«

1
Die neue Energiequelle

1

Das Problem, mit dem Wissenschaftler wie Ramsay, Rutherford und Soddy schon zu Beginn des 20. Jahrhunderts gerungen hatten, das Problem, den radioaktiven Zerfall bei schwereren Elementen zu beschleunigen und damit die Atomenergie freizusetzen löste Holsten dank eines einzigartigen Miteinanders von Induktion, Intuition und Glück im Jahre 1933. Von der Entdeckung der Radioaktivität bis zu ihrer Nutzbarmachung verging kaum mehr als ein Vierteljahrhundert. Zwanzig weitere Jahre verhinderten zwar geringfügige Schwierigkeiten eine entscheidende praktische Auswertung seines Erfolges, aber in jenem Jahr war der wesentliche Schritt getan und die Grenzlinie zu einer neuen Phase menschlicher Entwicklung überschritten worden. Die Kernspaltung gelang ihm an einem winzigen Partikel von Wismut; es verwandelte sich in einer gewaltigen Explosion zu einem schweren, extrem radioaktiven Gas, das sich wiederum innerhalb von sieben Tagen spaltete, und schon nach einem weiteren Jahr Arbeit konnte er praktisch nachweisen, dass das Endergebnis dieser raschen Energieabgabe Gold war. Aber es war gelungen – auf Kosten einer verbrannten Brust und eines verletzten Fingers, und von dem Augenblick an, da das kaum sichtbare Körnchen Wismut zu berstender und zerschmetternder Energie wurde, wusste Holsten, dass er der Menschheit einen Weg, wenn auch noch so schmal und dunkel, zu unbegrenzten Kräften geöffnet hatte. Das schrieb er auch in seiner seltsamen tagebuchartigen Autobiografie, die er der Welt hinterließ, einem Tagebuch, das bis zu jenem denkwürdigen Augenblick nur Spekulationen und Berechnungen enthalten hatte und nun plötzlich für kurze Zeit zu einer erstaunlich genauen Aufzeichnung von Gefühlen und Empfindungen wurde, die die ganze Menschheit zu begreifen vermochte.

Er gibt in abgerissenen Sätzen, oft nur in einzelnen Worten, einen dennoch sehr lebendigen Bericht über die vierundzwanzig Stunden, die verstrichen, nachdem er den Beweis für die Genauigkeit seiner ausgeklügelten Berechnungen und Vermutungen geliefert hatte. »Ich dachte, ich könnte kein Auge mehr zutun«, schreibt er – die fehlenden Worte stehen in Klammern – (in Anbetracht der) »Schmerzen in (der) Hand und in der Brust und (des) Staunens darüber, was mir gelungen war … Schlief wie ein Kind.«

Am nächsten Morgen fühlte er sich seltsam beunruhigt; er hatte nichts zu tun, er wohnte allein in einem Appartement in Bloomsbury und beschloss, nach Hampstead Heath zu gehen, das ihm in seiner Kindheit ein winddurchwehter Spielplatz gewesen war. Er fuhr mit der Untergrundbahn, dem damals üblichen Verkehrsmittel, das einen Stadtteil mit dem anderen verband, und ging von der Station Heathstreet die Straße entlang in Richtung Park. Er fand ihn als eine Grube voller Laufplanken und Gerüsten zwischen dem Bauschutt von Abbruchfirmen. Der Geist der Zeit hatte sich dieser schmalen, steilen und gewundenen Durchgangsstraße bemächtigt und war eben dabei, sie dem Ideale des Neogeorgianischen Ästhetizismus gemäß weitläufig und interessant zu machen. Unlogisch, wie Menschen nun einmal sind, sah Holsten, dessen Entdeckung kurz zuvor einer Sprengbüchse unter dem Sitz der gegenwärtigen Zivilisation gleichkam, diese Veränderung mit Bedauern. Er war vielleicht schon tausendmal die Heathstreet heraufgekommen, hatte die Schaufenster all dieser kleinen Läden gekannt, Stunden im nun verschwundenen Kino verbracht und die hochragenden frühgeorgianischen Häuser auf der Westseite dieser schmalen Straßenschlucht bestaunt; ohne diese vertrauten

Dinge fühlte er sich hier fremd. Schließlich flüchtete er mit einem Gefühl der Erleichterung aus dem unübersehbaren Durcheinander von Schutt, Baugruben und Kränen und kam erleichtert zur altvertrauten Szenerie des White Stone Pond. Zumindest hier war alles noch ungefähr so wie früher.

Es gab noch die schönen alten Backsteinhäuser links und rechts. Das Wasserbecken hatte man durch eine marmorne Säulenhalle verschönert, das Gasthaus mit seiner weißen Fassade und den üppigen Blumen auf dem Balkon stand noch an der Wegkreuzung, und die weite Aussicht auf Harrow Hill mit seinem Kirchturm, auf Hügel, Bäume, glitzerndes Wasser und im Wind dahinziehende dunkle Wolken war für die Londoner, die hierherkamen, als hätte sich ein großer Fensterflügel geöffnet. All dies wirkte sehr beruhigend. Hier wimmelte es wie eh und je von Spaziergängern, von Automobilen, die sich wie durch ein Wunder unversehrt hindurchschlängelten, und alle flohen vor der sonntäglichen Langeweile zu Hause auf das Land hinaus. Auch eine Versammlung fand statt, ein Treffen der Suffragetten – denn diesen emanzipierten Frauen war es gelungen, die, wenn auch etwas spöttische, Toleranz der Öffentlichkeit zurückzugewinnen –, es gab sozialistische Redner, Politiker, eine Musikkapelle und das gleiche wilde Gebell der Hunde, die sich voll Freude über diese allwöchentliche Befreiung von Hinterhof und Kette austobten. Und den Weg entlang zu den Spaniards schlenderte eine unübersehbare Menge von Leuten, die wie immer feststellten, dass die Aussicht auf London an diesem Tag ganz besonders klar sei.

Das Gesicht des jungen Holsten war blass. Er ging mit jener fahrigen unechten Beschwingtheit, die ein überreiztes Nervensystem und einen untrainierten Körper verraten. Am White Stone Pond zögerte er, ob er nach rechts oder links gehen sollte, und dann noch einmal an der Kreuzung. Mit seinem Stock in der Hand und den unsicheren Bewegungen behinderte er immer wieder die Leute auf dem Gehsteig oder wurde von ihnen angerempelt. Er fühlte sich, wie er bekennt, »als nicht in den Alltag passend«. Irgendwie kam er sich wie ein Unmensch und Störenfried vor. Alle die Leute um ihn herum sahen recht wohlhabend aus, recht glücklich, recht im Einklang mit dem Leben, das sie zu führen hatten – eine Woche Arbeit und dann der Sonntag in bester Kleidung mit gemächlichem Spaziergang –, und er hatte etwas in Gang gesetzt, das dieses ganze Gefüge, auf dem ihr Wohlbehagen, ihre Ambitionen und Befriedigungen ruhten, ins Wanken bringen würde. »Fühlte mich wie ein Schwachsinniger, der einem Kinderhort eine Truhe voll geladener Revolver geschenkt hatte«, notiert er.

Er traf einen Mann namens Lawson, einen alten Schulkollegen, über den man heute nur noch weiß, dass er ein rotes Gesicht hatte und einen Terrier besaß. Er schloss sich Holsten auf dessen Spaziergang an. Auf Lawsons Frage, warum er so nervös und blass sei, erklärte ihm Holsten, er sei überarbeitet und habe Entspannung nötig. Sie setzten sich an einen der kleinen Tische vor dem Rasthaus im Golders Hill Park und schickten einen Kellner zu Bull and Bush um ein paar Flaschen Bier, zweifellos auf Lawsons Vorschlag hin. Das Bier vertrieb Holstens eher menschenfeindliche Stimmung. Er begann Lawson so einleuchtend wie möglich zu erklären, worauf seine große Entdeckung hinauslaufen würde. Lawson heuchelte Aufmerksamkeit, besaß aber bestimmt weder das Wissen noch die Vorstellungskraft, um ihn zu verstehen. »Letzten Endes, in nicht allzu ferner Zukunft, müsste dies alles verändern, Kriege, Transportmittel, Beleuchtung, Bauwesen und jede Art der Produktion, sogar in der Landwirtschaft, jedes materielle Bedürfnis der Menschen –«

Hier brach Holsten ab. Lawson war aufgesprungen. »Verdammtes Hundevieh!«, schrie Lawson. »Sieh dir das an. He! Hierher! Pfui! Hierher, Bobs! Bei Fuß!«

Der junge Wissenschaftler mit seiner bandagierten Hand saß an dem grünen Tisch, zu müde, um das Wunderbare mitteilen zu können, nach dem er so lange gesucht hatte, während sein Freund mit Pfiffen und Rufen seinen Hund zurückzuholen versuchte und die sonntäglichen Spaziergänger in der Frühlingssonne an ihnen vorüberwanderten. Einen Augenblick lang starrte Holsten Lawson verdutzt an, denn er war zu sehr in seiner Erzählung vertieft gewesen, um zu bemerken, wie wenig ihm Lawson zugehört hatte.

Dann sagte er: »Na gut!«, lächelte müde und – trank den Bierkrug vor ihm leer.

Lawson setzte sich wieder. »Man muss auf seinen Hund achtgeben«, sagte er in entschuldigendem Ton. »Was hast du gerade gesagt?«

2

Am Abend ging Holsten abermals aus. Er wanderte zur St. Pauls Kathedrale und stand eine Weile nahe der Tür, um den Abendgottesdienst zu hören. Die Kerzen über dem Altar erinnerten ihn seltsamerweise irgendwie an die Leuchtkäfer in Fiesole. Dann spazierte er im Licht der Straßenlampen zurück in Richtung Westminster. Er fühlte sich bedrückt, geradezu beklommen durch die Erkenntnis der ungeheuerlichen Folgen seiner Entdeckung. Flüchtig kam ihm in dieser Nacht der Gedanke, dass er seine Resultate nicht veröffentlichen sollte, dass dies verfrüht wäre, dass irgendeine geheime Gesellschaft weiser Männer sein Werk bewahren und es von Generation zu Generation weitergeben sollte, bis die Welt für dessen Anwendung reifer sein würde. Er fühlte, dass keiner unter den Tausenden von Menschen, denen er begegnet war, für einen Wandel der Verhältnisse bereit war. Sie vertrauten auf die Welt, wie sie war, vertrauten darauf, dass sie sich nicht allzu schnell änderte, dass die Sicherheit ihrer Industrieunternehmen, ihrer Versicherungsgesellschaften, ihrer Gepflogenheiten, ihrer kleinen gewohnten Geschäfte und hart erarbeiteten Positionen bestehen blieb.

Er trat in den kleinen Garten zwischen den hoch aufragenden hell erleuchteten Fassaden des Hotel Savoy und des Hotel Cecil, setzte sich auf eine Bank und hörte unabsichtlich mit, was die zwei Leute neben ihm redeten. Es war ein junges Paar, das offenbar kurz vor der Hochzeit stand. Der Mann beglückwünschte sich, dass er endlich eine richtige Anstellung hatte. »Die mögen mich«, sagte er, »und ich mag den Job. Wenn ich mich emporarbeite – in zehn, zwölf Jahren sollte ich ein ganz passables Einkommen haben. So betrachtet, Hetty, werden wir sicherlich später ganz annehmbar leben können – wirklich ganz annehmbar.«

Das Verlangen nach kleinen Erfolgen in sicheren, stabilen Verhältnissen! Dies kam Holsten in den Sinn. In seinem Tagebuch fügte er hinzu: »Mir schien, als wäre der ganze Erdball so ...«

Dies war eine Art prophetisches Bild der bewohnten Welt in ihrer Gesamtheit mit Metropolen, Kleinstädten und Dörfern, den von Gasthäusern gesäumten Straßen, den Gärten, Feldern und Hochlandweiden, den Matrosen und Seeleuten, den auf der Weite des Ozeans kreuzenden Schiffen, den Fahrplänen und Ämtern und Zahlungen und Verpflichtungen, so als wäre sie ein zusammenhängendes fortlaufendes Schauspiel. Solche Visionen hatte er öfter; mit seinem Verstand an große Überblicke gewöhnt und dennoch für Einzelheiten geschärft, sah er die Dinge sehr viel umfassender als die meisten seiner Zeitgenossen. Sonst hatte er immer den Erdball auf seiner vorherbestimmten Bahn mit gleichbleibender Geschwindigkeit um die Sonne kreisen sehen. Gewöhnlich war alles wie ein lebendiger Prozess gewesen, der sich unter seinem Blick verändert hatte.

Aber nun, durch Müdigkeit geschwächt, erschien ihm diese Unaufhörlichkeit des Lebens lediglich wie ein ewiger Kreislauf. Er verfiel der allgemeinen Überzeugung von den großen gleichbleibenden Ordnungen im menschlichen Alltag. Die ferne Vergangenheit der umherziehenden Urmenschen, die unausbleiblichen Veränderungen der Zukunft waren wie verschleiert, er sah nur noch Tag und Nacht, Saatzeit und Ernte, Liebe und Zeugung, Geburt und Tod, Spaziergänge in der Sommersonne und Märchen am winterlichen Kaminfeuer, die uralte Folge von hoffnungsvoller Jugend und Schaffen und Alter, sich immer erneuernd und ewig wiederholend, nur dass jetzt die ehrfurchtslose Hand der Forschung im Begriff war, den schläfrigen, gemächlichen, gewohnten Gang des Lebens unter der Sonne zu stören …

Eine Zeit lang vergaß er Kriege und Verbrechen, Hass und Verfolgung, Hungersnöte und Seuchen, die Grausamkeit der Tiere, Beschwerden und bittere Ängste, Versagen und Unfähigkeit und Rückschritte. Er sah die ganze Menschheit in Form des bescheidenen Sonntagspaares auf der Bank neben sich, das seine kleinbürgerlichen Aussichten und deren unwahrscheinliche Erfüllung plante. »Mir schien, als wäre der ganze Erdball so.«

Sein Verstand kämpfte lange Zeit vergeblich gegen diese Stimmung an. Er sträubte sich gegen den bestürzenden Gedanken, ein Außenseiter, ein Unmensch zu sein, ein aus der Herde ausgebrochener Streuner, der mit bösen Gaben von seinen wiederholten widernatürlichen Ausflügen in die dunklen und phosphoreszierenden Höhlen unter der gefälligen Oberfläche menschlichen Lebens zurückkehrte. Der Mensch war nicht immer so gewesen; die Instinkte und Wünsche des kleinen Heimes, des Stückchen Landes, gehörten nicht zu seiner ureigensten Natur; er war auch Abenteurer, Experimentierer, von rastloser Neugierde und unersättlichem Verlangen. Einige Tausend Generationen lang hatte er wirklich nur den Boden beackert, hatte nach den Jahreszeiten gelebt, seine Gebete gesprochen, Korn gedroschen und im Oktober die Trauben gepresst, doch ebenso lange war er voll rastlosem Forschungsdrang gewesen …

»So wie es Haus, Acker und Alltag gegeben hatte«, dachte Holsten, »hatte es auch das Wunderbare und das Meer gegeben.«

Er wandte den Kopf und blickte zurück zu den großen Hotels mit den gedämpften Lichtern, dem Glanz und den Farben des festlichen geräuschvollen Treibens. Sollte sein Geschenk an die Menschheit nichts anderes bringen? …

Er stand auf, verließ den Garten und betrachtete in der einfallenden Dämmerung das Treiben auf der vom warmen Licht bestrahlten Straße mit ihren schimmernden Reflexen; er ging über die Uferstraße zum Kai, blickte eine Weile in den dunklen Fluss hinab und dann wieder zu den hell erleuchteten Gebäuden und Brücken zurück. Er begann sich Gedanken über die möglichen Veränderungen dieser Ordnung zu machen …

»Es hat begonnen«, schrieb er in das Tagebuch, in dem dies alles festgehalten ist. »Es liegt nicht an mir, Konsequenzen zu bedenken, die ich nicht voraussehen kann. Ich bin ein Teil, nicht das Ganze, nur ein kleines Instrument in der Rüstkammer des Wandels. Würde ich alle Unterlagen verbrennen, käme innerhalb einiger Jahre ein anderer zu denselben Ergebnissen …

3

Holsten war es beschieden, noch vor seinem Tode mitzuerleben, wie die Atomenergie zur wichtigsten Kraftquelle wurde, aber es sollte noch einige Jahre dauern, bis alle Detailprobleme der Nutzbarmachung gelöst waren und seine Entdeckung in das alltägliche Leben eindrang. Manchmal ist der Weg vom Labor in die Werkstätte sehr mühsam; die elektromagnetischen Wellen waren schon zwanzig Jahre vor dem Zeitpunkt bekannt und vorgeführt worden, an dem Marconi sie für seinen Telegrafen nutzte, und zwanzig Jahre dauerte es auch, bis die Radioaktivität praktisch ausgewertet werden konnte. Natürlich wurde darüber viel diskutiert, vielleicht sogar mehr zur Zeit ihrer Entdeckung als während der Jahre ihrer technischen Adaptierung, aber kaum einer dachte an die gewaltige ökonomische Revolution, die drohte. Was die Journalisten im Jahre 1933 am meisten beeindruckte, war die Goldgewinnung aus Wismut und die Verwirklichung alchimistischer Träume, wenn auch auf unrentabler Basis; es gab wie nach jedem wissenschaftlichen Fortschritt ein beachtliches Ausmaß von Diskussionen und Erwartungen in den intelligenteren Kreisen der gebildeten Bevölkerung verschiedener zivilisierter Länder; aber der größte Teil der Menschheit ging weiterhin seinen Geschäften nach – so wie die Bewohner jener Schweizer Dörfer, die unter der immerwährenden Drohung von Felsstürzen und Lawinen ihren Geschäften nachgehen –, gerade, als wäre das Mögliche unmöglich, als wäre das Unvermeidliche für immer aufgeschoben, weil es sich verzögerte.

Im Jahre 1953 wurde die erste auf Kernspaltung beruhende Holsten-Roberts-Maschine in Betrieb genommen und ersetzte von da an die Dampfmaschine in elektrischen Kraftwerken. Bald darauf kam der Dass-Tata-Motor auf den Markt – die Erfindung zweier Männer aus der brillanten Schar bengalischer Erfinder, die der neue Geist Indiens hervorbrachte –, er wurde vor allem in Automobilen, Flugzeugen, Hydroplanen und ähnlichen Fahrzeugen zum Einsatz gebracht. Der amerikanische Kempmotor, im Prinzip ganz anders, aber ebenso zweckmäßig, und der Krupp-Erlanger folgten kurz darauf, und im Herbst des Jahres 1954 war ein gigantischer Austausch industrieller Methoden und Konstruktionen überall auf der Welt im Gange. Das war kein Wunder, wenn man die Kosten selbst der ersten und schwerfälligsten Atommotoren mit den früheren Motoren verglich. Der Dass-Tata-Motor verbrauchte auf sechzig Kilometer Treibstoff für nicht mehr als einen Penny und wog nur knapp über neun Pfund. Im Vergleich dazu waren die schweren alkoholbetriebenen Automobile jener Zeit lächerlich anzusehen und übermäßig kostspielig. Viele Jahre lang war der Preis für Kohle und jede Form flüssigen Treibstoffs derart in die Höhe gestiegen, dass sogar der Einsatz von Zugpferden eine praktikable Möglichkeit schien, und nun änderte sich mit dem plötzlichen Ende der Energieknappheit kurzfristig das Erscheinungsbild des Verkehrs auf den Straßen der Welt. Innerhalb von drei Jahren wanderten die schrecklichen Blechmonster, die vier Jahrzehnte lang hupend und qualmend durch die Welt gedonnert waren, zu den Alteisenhändlern, und die Autobahnen wimmelten von leichten, sauberen und schimmernden Fahrzeugen aus silbrigem Stahl. Gleichzeitig erhielt die Luftfahrt durch die leichtgewichtigen und dabei ungeheuer starken Atommotoren einen neuen Impuls. Es wurde endlich möglich, die Propellerblätter des genialen Hubschraubers von Redmayne, der einen senkrechten Start und eine senkrechte Landung ausführen konnte, mit diesem Motor anzutreiben, ohne die Maschine zu überlasten. Damit fand sich der Mensch plötzlich im Besitz eines Luftfahrzeuges, das aufwärts und abwärts schweben und sich gemächlich oder mit hoher Geschwindigkeit durch die Luft bewegen konnte. Jede Angst vor dem Fliegen schwand. Der »Sprung in die Luft« war nun getan, wie die Journalisten damals schrieben. Das neue atombetriebene Flugzeug wurde tatsächlich zu einer Leidenschaft; jeder wohlhabende Mann war versessen darauf, diese leicht manövrierbare Maschine zu besitzen, die so sicher war und ihn von dem Gestank und den Gefahren des Straßenverkehrs erlöste; in Frankreich allein wurden im Jahre 1943 dreißigtausend Stück dieses neuartigen Flugzeuges gebaut und zugelassen und schwebten leise summend am Himmel.

Und ebenso schnell drangen Atommotoren verschiedenster Typen in die Industrie ein. Die Eisenbahngesellschaften zahlten enorme Prämien für das Vorrecht, atomare Lokomotiven einsetzen zu dürfen. So eifrig nutzte man die Atomenergie, dass es aufgrund der Unerfahrenheit mit dieser neuen Kraftquelle zu einer Anzahl katastrophaler Explosionen kam, und die revolutionäre Verbilligung sowohl der Baumaterialien wie auch der Elektrizität machte den Bau von Privathäusern zu einer bloßen Frage der verbesserten Methoden von Baumeistern und Möbelhändlern. Was die neue Energie betraf und Finanziers und Erzeuger der neuen Maschinen und Materialien, war die Epoche des »Sprunges in die Luft« eine Zeit erstaunlicher Prosperität. Gesellschaften, die ein Patent besaßen, bezahlten damals Dividenden von fünf- bis sechshundert Prozent, enorme Vermögen wurden gemacht und alle, die an dieser neuen Entwicklung beteiligt waren, verdienten fantastische Löhne. Diese Prosperität erfuhr nicht zuletzt noch dadurch eine Steigerung, dass sowohl im Dass-Tata-Motor, wie auch im Holsten-Roberts-Motor eines der wiederverwertbaren Nebenprodukte Gold war – in dem einem durch den Zerfall von Wismut, in dem anderen durch den von Blei – und dass diese neue Goldquelle zwangsläufig zu einer Preissteigerung auf der ganzen Welt führte.

Diese fieberhafte Geschäftigkeit, verbunden mit riesigen Gewinnen, dieses Gewimmel von Flugzeugen glücklicher und rasch reich gewordener Leute – jede größere Stadt glich einem Haufen von Ameisen, die plötzlich Flügel bekommen hatten – war die lichte Seite des Auftaktes zu jener neuen Epoche in der Menschheitsgeschichte. Unter diesem Glanz nahmen Dunkelheit und Verzweiflung zu. Der gigantische Produktionsschub brachte auch ungeheure Wertverluste mit sich. Die hell erleuchteten Fabriken, die Tag und Nacht arbeiteten, die schimmernden neuen Fahrzeuge, die geräuschlos die Straßen entlangflitzten, die Hubschrauber, die wie Libellen in der Luft schwebten, summten und kreisten, das alles war in Wirklichkeit nicht mehr, als die Helligkeit von Lampen und Feuer, die verglimmt, wenn die Welt in Zwielicht und Dunkelheit zurücksinkt. Inmitten dieser Helligkeit wuchs das Unheil, die soziale Katastrophe. Die Kohlenminen würden in nicht allzu ferner Zukunft schließen müssen, das ungeheure Investitionskapital für die Ölgewinnung wurde wertlos, Millionen von Bergleuten, Stahlarbeitern der alten Produktionsbetriebe, zahllose ungelernte oder wenig geschulte Kräfte verloren durch die größere Rentabilität der neuen Motoren ihre Arbeitsplätze, das plötzliche Absinken der Transportkosten ließ die hohen Grundstückspreise in allen Bevölkerungszentren verfallen, der Wert eines Hauses wurde zweifelhaft, der Goldpreis fiel, alle Sicherheiten, auf die die Welt bisher gebaut hatte, gerieten ins Wanken, Banken kamen in Schwierigkeiten und an den Börsen verbreitete sich fieberhafte Panik –; das alles war die Kehrseite des Schauspiels, das waren die düsteren und schrecklichen Nebenerscheinungen des »Sprunges in die Luft«.

Es gibt einen Bericht über einen wahnsinnig gewordenen Londoner Börsenmakler, der auf die Threadneedle Street hinausstürzte, sich im Laufen die Kleider vom Leib riss und schrie: »Der Stahlkonzern verschrottet seine ganzen Fabriken, die staatliche Eisenbahngesellschaft verschrottet alle ihre Lokomotiven. Alles wird verschrottet werden – alles. Kommt und verschrottet auch das Münzamt, ihr Leute, kommt und verschrottet das Münzamt!«

Im Jahre 1955 vervierfachte sich die Selbstmordrate in den Vereinigten Staaten und erreichte eine Rekordhöhe. Ebenso wurde ein gigantisches Anwachsen der Gewaltverbrechen auf der ganzen Welt verzeichnet. Das Neue war über eine unvorbereitete Menschheit hereingebrochen; es schien, als würde die menschliche Gesellschaft von ihren eigenen wunderbaren Erfolgen zugrunde gerichtet.

Denn das alles hatte man nicht vorausgesehen. Man hatte nicht einmal versucht, die möglichen Erschütterungen des menschlichen Daseins abzuschätzen, die diese Flut billiger Energie auslösen musste. Es gab damals keine Regierungen in dem Sinn, wie man Regierung in späteren Jahren verstand. Regierung beruhte auf Vereinbarung, nicht auf einem Plan; sie war bürokratisch, konservativ, rechthaberisch, blind, einfallslos und unschöpferisch; überall auf der Welt, wo sich nicht die Überreste des Absolutismus noch auf Höflinge und getreue Diener stützten, lag sie in den Händen der herrschenden Rechtsanwaltsschicht, die als einzige Kaste den ungeheuren Vorzug entsprechender Schulung besaß. Ihre Berufsausbildung trug neben den Manipulationen des unglaublich simplen Wahlsystems, das ihnen zur Macht verhalf, dazu bei, dass sie Tatsachen keine Bedeutung beimaßen, ihre Vorstellungsgabe verkümmern ließen, wachsam jeden Vorteil für sich beanspruchten und nützten und jeder Großmut misstrauisch gegenüberstanden. Die Regierungsgeschäfte wurden durch einige energische Splittergruppen behindert, der Fortschritt ereignete sich trotz öffentlicher Aktivitäten und fern von ihnen, die Gesetzgebung war nichts als die letzte Anerkennung von gebieterisch drängenden Bedürfnissen und rücksichtslosen Tatsachen, die sogar die staubige Abgeschiedenheit der Gerichte beeinflussten und die Existenz dieser sonst teilnahmslosen politischen Maschinerie in ihrem Kern bedrohten.

Die Welt wurde so schlecht regiert, dass man trotz des zunehmenden, an seinem Höhepunkt unvorstellbaren Überflusses, trotz des Vorhandenseins aller Mittel zur Befriedigung menschlicher Bedürfnisse und Erfüllung aller Träume noch immer von Not, Mangel, Furcht, Verwirrung, Streit und widersprüchlichem Leiden berichten muss. Es gab keinerlei System, nach dem dieser gigantische neue Reichtum, der den Menschen endlich zur Verfügung stand, verteilt werden konnte; es gab nicht einmal eine klare Vorstellung darüber, ob eine solche Aufteilung überhaupt möglich wäre. Wenn man versucht, ein einheitliches Bild jener Anfangsjahre der neuen Epoche zu geben, versucht, diese Zeit mit den im Stillen vollbrachten Großtaten späterer Jahre zu vergleichen, versteht man die Blindheit, Engstirnigkeit und unvernünftige, gedankenlose Selbstsucht der voratomaren Epoche besser. In diesem erschreckenden Aufdämmern von Macht und Freiheit, unter einem von Verheißung schwangeren Himmel, in einer Zeit, in der die Wissenschaft wie eine freigebige Göttin über all den finsteren Abgründen menschlichen Lebens stand und Sicherheit, Fülle, die Lösung aller Rätsel, den Schlüssel zu den kühnsten Abenteuern geduldig in Händen hielt, bis der Mensch danach zu greifen bereit war, wurde die Welt trotz des Vorgeschmacks aller dieser Gaben Zeuge eines so üblen Schauspiels wie des Rechtsstreites um das Dass-Tata-Patent.

In einem stickigen Londoner Gerichtssaal, einem länglichen, düsteren Raum, während der außergewöhnlich heißen Tage des Mais 1956, ereiferte sich der Kronanwalt lautstark wegen einer so lächerlichen Angelegenheit wie etwas mehr oder weniger Lizenzgebühr und darüber, ob die Dass-Tata-Gesellschaft nicht der Auswertung des Holsten-Roberts-Verfahren zur Nutzbarmachung der neuen Energie im Wege stand. Die Dass-Tata-Leute hatten tatsächlich in einem zielstrebigen Vorstoß sich das Weltmonopol für Atomenergie anzueignen versucht. Der Richter saß, wie damals üblich, etwas höher als die Beisitzer und trug eine groteske Robe und eine alberne riesige Perücke, die Anwälte trugen ebenfalls schnuddelig wirkende kleinere Perücken und sonderbare schwarze Kittel über ihren Straßenanzügen, beides offenbar für ihre Plädoyers erforderlich, und auf unsauberen Holzbänken drängten sich flüsternd gerissene Anwälte, emsig schreibende Reporter, die gegnerischen Parteien, Sachverständige, interessiertes Publikum, und ein verwirrter

Haufen vorgeladener Zeugen, junge Anwälte ohne Praxis, die ihren Stil den geachtetsten und brutalsten Vorbildern anglichen, und einige exzentrische Zuschauer, die diesen Abgrund der Schändlichkeiten dem Sonnenlicht draußen vorzogen. Alle schwitzten in der Hitze, der untersuchende Kronanwalt wischte sich die Schweißtropfen von seiner großen, glatt rasierten Oberlippe; und in diese Atmosphäre packender Wortgefechte und menschlicher Ausdünstungen sickerte Tageslicht durch ein über die Maßen schmutziges Fenster. Die Geschworenen saßen in zwei Reihen zur Linken des Richters und sahen so unglücklich drein wie Frösche, die in einen Aschenkasten gefallen waren; und im Zeugenstand log der Möchtegern-Allesfresser Dass im Kreuzverhör …

Holsten war es stets gewohnt gewesen, alle seine Ergebnisse zu veröffentlichen, sobald sie ihm so weit ausgereift erschienen, um als Grundlage zu weiterer Forschungsarbeit zu dienen, und diese vertrauensvolle Veranlagung nutzte der clevere Dass neben einem glücklichen Einfall zur technischen Adaption, um seine Forderung geltend zu machen …

Aber in Wirklichkeit gab es eine ungeheure Menge solcher gewitzter Leute, die diesen oder jenen Teil der neuen Entwicklung aufgriffen, patentierten, erwarben und ein Monopol zu beanspruchen versuchten, um diese gigantische neue Kraftquelle ihrer Habsucht und kleinlichen Gier unterzuordnen. Dieses Gerichtsverfahren war nur eines von unzähligen solcher Streitigkeiten. Eine Zeit lang trug das Antlitz der Welt überall die Geschwüre von Patenterteilungen. Es lag jedoch eine besondere Dramatik in der Tatsache, dass Holsten, nachdem er zwei Tage lang vor dem Gerichtssaal hatte warten müssen, wie ein Bettler vor der Tür eines reichen Mannes, nachdem er von Gerichtsdienern herumgestoßen und von Polizisten bewacht worden war, als Zeuge aufgerufen, vom Kronanwalt eher grob angefahren und, sobald er zu einer absolut sachlichen Erklärung ansetzte, verwarnt wurde, dem Richter keine »Spitzfindigkeiten« zu erzählen.

Der Richter kratzte sich mit einem Federkiel an der Nase und zeigte zu Holstens Überraschungen spöttisches Grinsen unter seiner gewaltigen Perücke. War Holsten nicht etwa ein berühmter Mann? Nun, bei Gericht wurden berühmte Männer in die Schranken gewiesen.

»Wir wollen wissen, ob der Kläger etwas zu dieser Sache beigetragen hat«, sagte der Richter, »wir wollen nicht Ihre Ansicht darüber hören, ob die Verbesserungen von Sir Philipp Dass nur oberflächlicher Natur waren, oder ob sie sich aus ihren Veröffentlichungen zwangsläufig ergaben. Zweifellos glauben Sie – wie alle Erfinder –, dass alles, was jemals noch entdeckt werden wird, schon in ihren Aufzeichnungen enthalten war. Zweifellos glauben Sie auch, dass die meisten nachträglichen Zusätze und Modifikationen eher oberflächlicher Natur sind. Erfinder denken immer so. Dem Gesetz ist diese Denkweise absolut fremd. Das Gesetz darf sich nicht um die Einbildung von Erfindern kümmern. Es hat lediglich die Frage zu klären, ob diese angemeldeten Patente den Anspruch des Klägers auf Neuheit rechtfertigen. Ob deren Anerkennung etwas behindern oder nicht behindern würde, und alles andere, was Sie in Ihrer Redseligkeit zu erklären versuchen, geht über die Frage hinaus, die man Ihnen gestellt hat –; nichts von alledem hat etwas mit dem Fall zu tun, der hier behandelt wird. Es erstaunt mich immer wieder, hier bei Gericht sehen zu müssen, wie ihr Wissenschaftler mit all euren außergewöhnlichen Ansprüchen auf Genauigkeit und Wahrhaftigkeit weitschweifig werdet, sobald ihr im Zeugenstand seid. Ich kenne keine enttäuschenderen Zeugen. Die einzige und direkte Frage war, hat Sir Philipp Dass in dieser Sache irgendwelche realen Zusätze zu bereits bestehenden Kenntnissen und Methoden gemacht, ja oder nein? Wir wollen nicht wissen, ob es kleine oder große Zusätze waren, oder welche Konsequenzen ihre Zulassung nach sich ziehen würde. Das überlassen Sie ruhig uns.«

Holsten schwieg.

»Nun?«, fragte der Richter fast mitleidig.

»Nein, das hat er nicht«, sagte Holsten, da er begriff, dass er für dieses eine Mal in seinem Leben infinitesimale Größen außer Acht lassen musste.

»Ah!«, sagte der Richter, »warum konnten Sie diese Antwort nicht auch dem Kronanwalt geben? …«

Eine Eintragung in Holstens Tagebuch, fünf Tage später datiert, lautete folgendermaßen: »Bin immer noch bestürzt. Das Gesetz ist das Gefährlichste in diesem Land. Es ist Hunderte von Jahren alt. Es hat keine Ahnung. Uralte Flaschen und dieser neue Wein, ein höchst explosiver Wein. Sie werden sich noch wundern.«

4

Es lag viel Wahrheit in Holstens Feststellung, dass das Gesetz »Hunderte von Jahren alt sei«. Es war im Vergleich zum gegenwärtigen Gedankengut und den allgemein akzeptierten Ideen geradezu archaisch. Während sich fast alle materiellen und sonstigen Bedingungen des Lebens rasch verändert hatten und sich immer noch rascher veränderten, kämpften die Gerichtshöfe und die gesetzgebenden Körperschaften der Welt verzweifelt darum, den modernen Erfordernissen mit Tricks und Verfahren, mit Rechtsauslegungen, Besitz, Autorität und Verpflichtungen gerecht zu werden, die aus den primitiven Gewohnheitsrechten einer relativ barbarischen Zeit stammten. Die Rosshaar-Perücken und alten Roben der britischen Richter, ihre muffigen Gerichtssäle und ihr anmaßendes Auftreten waren tatsächlich nur die äußeren Anzeichen eines tiefer liegenden Anachronismus. Die rechtlichen und politischen Organisationen der Welt waren um die Mitte des zwanzigsten Jahrhunderts überall wie ein schweres Gewand, abgenutzt und doch widerstandsfähig, und hemmten jetzt die Regierungsstellen, die es einst geschützt hatte.

Doch derselbe realistische und freie Geist, der aus jenen naturwissenschaftlichen Schriften sprach, die eine Unterwerfung der Natur eingeleitet hatten, arbeitete schon im 18. und 19. Jahrhundert daran, im verkümmernden Organismus der alten Welt den Geist einer neuen vorzubereiten. Die Idee einer künftig stärkeren Unterordnung persönlicher Wünsche und etablierter Institutionen unter die Gemeinschaftsinteressen kündigt sich mehr und mehr in der damaligen Literatur an, und eine Bewegung nach der anderen scheiterte durch Kritik an und Stellungnahme gegen diese Zeitströmung und schließlich gegen die bestehende soziale und politische Ordnung. Schon im frühen 19. Jahrhundert brandmarkt Shelley, ohne die geringste Alternative zu nennen, die Regierenden als Anarchisten. Und das gesamte System von Ideen und Hypothesen, das als Sozialismus bekannt war, und vor allem seine internationale Richtung, so dürftig er als ein Übergangsstadium an kreativen Vorschlägen oder Methoden war, zeugt noch von der immer stärker werdenden Idee eines modernisierten Systems von Zwischenbeziehungen, das das bestehende Gewirr eigentumsrechtlicher Ansprüche ersetzen sollte.

Das Wort ›Soziologie‹ wurde von Herbert Spencer geprägt, einem bekannten Autor philosophischer Abhandlungen, der etwa in der Mitte des 19. Jahrhunderts lebte, aber seine Idee eines nach Art eines elektrischen Zuges geplanten Staates – ohne Bezugnahme auf den bestehenden Apparat und entworfen auf rein wissenschaftlicher Basis – gewann vor dem 20. Jahrhundert keinen wesentlichen Einfluss auf die öffentliche Meinung. Dann führte die wachsende Unzufriedenheit des amerikanischen Volkes mit dem monströsen und gesellschaftlich lähmenden Parteiensystem, das eine Folge ihres absurden Wahlrechts war, zum Entstehen einer Bewegung, die sich ›Moderner Staat‹ nannte, und ein Heer brillanter Autoren in Amerika, Europa und Asien rüttelten die Welt auf mit dem Gedanken der bislang kühnsten sozialen Neuordnung, die das Eigentum, die Arbeitsverträge, das Bildungswesen und die Regierung betraf. Ohne Zweifel beruhten die vom ›Modernen Staat‹ vertretenen Ideen weitgehend auf Nachwirkungen der sozialen und politischen Revolution materieller Verhältnisse in aller Welt, die seit zweihundert Jahren vor sich ging, aber geraume Zeit schien es, als hätten sie nicht mehr Einfluss auf die bestehenden Institutionen, als einst beim Tode Voltaires dessen und Rousseaus Schriften. Doch gärten sie im Unterbewusstsein der Menschen, und es bedurfte lediglich jener durch die Atomenergie hervorgerufenen sozialen und politischen Spannungen, um sie plötzlich zu krasser und erschreckender Wirklichkeit werden zu lassen.

5

»Frederick Barnets Wanderjahre« ist einer dieser autobiografischen Romane, die gegen Ende des 20. Jahrhunderts sehr populär waren. Das Buch kam 1970 heraus, und man muss den Begriff »Wanderjahre« eher in einem geistigen und intellektuellen Sinn verstehen als in einem wörtlichen. Eigentlich ist der Titel nur eine Anspielung auf Goethes eineinhalb Jahrhunderte früher geschriebenen »Wilhelm Meister«.

Sein Verfasser, Frederick Barnet, erzählt darin ausführlich und ein wenig merkwürdig von seinem Leben und welche Gedanken ihn zwischen seinem neunzehnten und dreiundzwanzigsten Geburtstag beschäftigt haben. Er war weder ein sehr origineller noch besonders geistreicher Mann, aber er hatte eine Gabe für die Schilderung auch der kleinsten Einzelheit; und obwohl der Nachwelt kein authentisches Porträt erhalten blieb, verrät er in ein paar beiläufigen Sätzen, dass er klein, untersetzt, fast schon dicklich war, mit Pickeln im Gesicht und großen, eher vorstehenden blauen Augen. Bis zur Wirtschaftskrise im Jahre 1956 gehörte er zu den recht wohlhabenden Leuten. Er studierte in London, machte eine Flugreise nach Italien, wanderte zu Fuß von Genua nach Rom, flog weiter nach Griechenland und Ägypten und kehrte über den Balkan und Deutschland nach Hause zurück. Der Reichtum seiner Familie, der in Bankaktien, Kohlenbergwerken und Häusern bestanden hatte, war zu nichts zusammengeschmolzen. So verarmt, versuchte er sich seinen Lebensunterhalt zu verdienen. Er litt große Not, wurde dann zum Kriegsdienst eingezogen, war ein Jahr lang Soldat, erst als Offizier in der englischen Infanterie und dann in der Friedensarmee. Sein Buch beschreibt all diese Dinge so einfach und gleichzeitig so genau, dass es zukünftigen Generationen ein anschauliches Bild der Lebenssituation und Weltanschauung wenigstens eines Einzelnen aus der Zeit des Großen Wandels vermittelt.

Und er war, wie er schreibt, »aus spontaner Neigung« von Anfang an ein Anhänger der Strömung »Moderner Staat«. Er nahm diese Ideen in den Vortragssälen und Laboratorien der *Carnegie-Foundation* auf, deren lang gestreckte und makellos schöne Fassade sich am Südufer der Themse gegenüber dem altehrwürdigen Somerset House hinzog. Dieses Gedankengut war eng verknüpft mit der Struktur dieser Schule, die der Bildungsrenaissance in England den Weg ebnete. Nach den üblichen Jahren als Gaststudent in Heidelberg und Paris kehrte er zum klassischen Lehrbetrieb der Londoner Universität zurück. Was die britischen Pädagogen früher »klassische« Bildung genannt hatten, war vermutlich die lähmendste, unwirksamste und albernste Prozedur gewesen, mit der je Menschen ihr Leben vergeudet hatten. Sie war in dieser großen Institution bereits modernen Methoden gewichen; so lernte er Griechisch und Latein wie schon früher Deutsch, Spanisch und Französisch in Wort und Schrift beherrschen und konnte sie ohne die geringste Schwierigkeit bei seiner Studie über die Grundlagen der europäischen Zivilisation, die wesentlich auf diesen Sprachen beruhten, verwerten. (Diese Veränderung war noch so neu, dass er ein Zusammentreffen in Rom mit einem »Oxfordtutor« folgendermaßen beschreibt: »Er sprach Latein mit einem Wiltshire-Akzent und offensichtlichem Unbehagen, malte griechische Buchstaben mit ausgestreckter Zunge und schien griechische Sätze als Zitat reizvoll, sonst aber ungehörig zu finden.«)

Barnet erlebte die letzten Tage der kohlebetriebenen Dampfmaschinen und die allmähliche Auffrischung der Londoner Luft, als die qualmenden Steinkohleöfen durch elektrische Heizungen ersetzt wurden. Der Bau der Laboratorien in Kensington hatte bereits begonnen. Er nahm an den Studentenaufmärschen teil, die den Abbruch des *Albert Memorial* verzögerten, und trug ein Transparent mit der Aufschrift »Wir sind für ulkige Standbilder« auf der einen Seite und »Sitze und Baldachine für Statuen. Warum sollen unsere großen Toten im Regen stehen?« auf der anderen. Er lernte die eher wie ein Sport betriebene Fliegerei dieser Tage auf dem Universitätsgelände in Sydenham, und wurde ausersehen, für die Verfasser politischer Streitschriften das neue Gefängnis in Wormwood Scrubs zu überfliegen, »um die Gefangenen während ihres Rundganges im Hof aufzuheitern«. Zu jener Zeit war man bestrebt, jede Art von Kritik an der öffentlichen Gerichtsbarkeit zu unterdrücken, und dort wimmelte es von Journalisten, die es gewagt hatten, die Aufmerksamkeit auf den Schwachsinn des Obersten Richters Abrahams zu lenken. Barnet war kein sehr guter Flieger, er gibt zu, dass er immer Angst vor der Maschine hatte – es gab gute Gründe für jeden, sich vor diesen plumpen Flugzeugtypen der ersten Zeit zu fürchten –, und wagte weder sehr tief noch besonders hoch zu fliegen. Er besaß auch, wie er berichtet, eines dieser mit Öl betriebenen Motorräder, deren unförmige, komplizierte Konstruktion und außergewöhnliche Hässlichkeit noch heute die Besucher des Technischen Museums in Kensington in Erstaunen versetzt. Er erwähnt, dass er einen Hund überfuhr, und klagt über die ruinösen Preise der »Schlachthühner« in Surrey. Dies war damals offenbar der Dialektausdruck für überfahrenes Geflügel.

Er unterzog sich jenen Prüfungen, die notwendig waren, um seine Militärzeit auf ein Minimum zu reduzieren, und sein Mangel an wissenschaftlichen und technischen Spezialkenntnissen und eine frühe Neigung zur Korpulenz, die seine Flugkünste beeinträchtigte, führte dazu, dass er, wie die meisten jungen Leute, seine Grundausbildung bei der Infanterie absolvierte. Schon einige Jahrzehnte lang hatte es den Strategen an Gelegenheiten gemangelt, praktische Erfahrungen zu sammeln. Was sich in früheren Jahren an Kämpfen abgespielt hatte, waren Auseinandersetzungen zwischen kleineren oder unterentwickelten Staaten gewesen, mit Bauern oder Halbwilden als Soldaten und unter geringem Einsatz moderner Waffen. Die Großmächte der Welt begnügten sich meist damit, Armeen zu unterhalten, die in ihrer grundsätzlichen Organisation den Prinzipien der europäischen Kriegsführung von vor dreißig oder vierzig Jahren folgten. Es gab die Infanterie, zu der auch Barnet gehörte, die zu Fuß und mit dem Gewehr in der Hand kämpfen sollte und den Großteil der Gesamtarmee ausmachte. Es gab die Kavallerie (berittene Soldaten), deren zahlenmäßiges Verhältnis zur Infanterie durch die Erfahrungen aus dem deutsch-französischen Krieg von 1871 bestimmt war. Es gab außerdem noch Artillerie, und aus unerklärlichen Gründen wurden viele Geschütze noch von Pferden gezogen; doch verfügten alle europäischen Armeen auch über eine kleine Anzahl von Selbstfahrlafetten mit einem Fahrgestell, das sich für unebenes Gelände eignete. Außerdem waren große Entwicklungen im Pionierwesen und bei den Fliegern zu verzeichnen, Transporte und Melder wurden motorisiert und dergleichen mehr.

Man setzte keine erstklassigen Spezialisten ein, um strategische Pläne mit den neuen Methoden und unter modernen Bedingungen auszuarbeiten, aber eine Reihe fähiger Juristen, Lord Haldane, der Oberste Richter Briggs und jener sehr fähige Kronanwalt Philbrick hatten die Armee mehrfach und gründlich reorganisiert und brachten sie schließlich durch Einführung der allgemeinen Wehrpflicht auf einen Stand, der der Allgemeinheit um das Jahr 1900 sicher sehr eindrucksvoll erschienen wäre. Das Britische Empire konnte nun jederzeit eineinviertel Millionen streitbarer Soldaten auf der Bühne der Weltpolitik aufmarschieren lassen. Die japanische Armee und jene auf dem europäischen Festland waren hierarchischer organisiert und weniger forensisch; die Chinesen weigerten sich noch beharrlich, eine Militärmacht zu werden und unterhielten ein kleines stehendes Heer nach amerikanischem Muster, das immerhin recht schlagkräftig war, und Russland hatte seit Beginn des Jahrhunderts, gegen interne Kritik durch strenge Verwaltungsmaßnahmen abgesichert, weder den Schnitt der Uniformen noch die Organisation der Kampftruppe wesentlich verändert. Barnet schätzte seine Militärausbildung offenbar gering. Aufgrund seiner »Moderner-Staat«-Ideen fand er den Wehrdienst langweilig, und sein gesunder Menschenverstand verurteilte ihn als sinnlos. Außerdem machte ihn seine Konstitution besonders empfindlich für die Strapazen des Soldatenlebens.

»Drei Tage hintereinander zogen wir vor dem Morgengrauen los und erhielten – ohne ersichtlichen Grund – kein Frühstück«, berichtete er. »Damit wollte man uns vermutlich darauf vorbereiten, wie unbehaglich und elend wir uns am ersten Mobilmachungstag fühlen würden. Auf den unerforschlichen Befehl unserer Vorgesetzten hin nahmen wir dann an einem Manöver teil. Am letzten Tag marschierten wir in der glühenden Sonne zwölf Kilometer über Land zu einem Ort, den man mit einem Omnibus in neuneinhalb Minuten erreicht hätte – dies tat ich am folgenden Tag in der angegebenen Zeit –, und dann stürmten wir in einem Massenangriff eine Verschanzung, von der aus wir bestimmt dreimal niedergeknallt worden wären, wenn es die Schiedsrichter zugelassen hätten. Es folgte eine kleine Bajonettübung, aber ich bezweifle, ob ich so barbarisch wäre, dieses lange Messer in ein Lebewesen zu stoßen. Jedenfalls hätte ich in dieser Schlacht keine Chance gehabt. Vorausgesetzt, man hätte mich durch ein Wunder nicht schon dreimal über den Haufen geschossen, war ich, auf der Verschanzung angelangt, viel zu erhitzt und erschöpft, um mein verdammtes Gewehr auch nur hochzubringen. Die anderen hätten also mit der Stecherei beginnen müssen … Eine Weile wurden wir von zwei feindlichen Flugzeugen beobachtet; dann kam eines unserer eigenen und bat sie, das nicht zu tun, und – die Praxis des Luftkrieges war noch neu – sie ließen äußerst höflich davon ab und verschwanden in wunderschönen Sturzflügen und Kreisen hinter den Fox Hills.«

Alle Berichte Barnets über seinen Militärdienst sind im gleichen halb verächtlichen, halb protestierenden Ton geschrieben. Er war der Meinung, dass seine Chancen, an einem wirklichen Krieg teilnehmen zu müssen, sehr gering seien, und sollte es doch dazu kommen, so würde sich die Wirklichkeit so grundlegend von diesen friedlichen Manövern unterscheiden, dass er als nüchtern denkender Mann der Gefahrenzone so lange als Beobachter fernbleiben würde, bis er die Tücken und Möglichkeiten der neuen Situation kennengelernt hätte. Das gibt er ganz unumwunden zu. Nie lag einem Mann falscher Heroismus ferner.

6

Barnet begrüßte die Entwicklung der Atomenergie mit der Begeisterung der männlichen Jugend für jede Art technischer Neuerung und offensichtlich begriff er lange Zeit nicht, dass diese Flut wunderbarer neuer Möglichkeiten etwas mit dem finanziellen Ruin seiner Familie zu tun hatte. »Ich wusste, dass mein Vater sich Sorgen machte«, gesteht er. Das warf jedoch nur einen kleinen Schatten auf seine mit drei gleichgesinnten Kameraden unternommene Reise nach Italien, Griechenland und Ägypten in einem atombetriebenen Luftfahrzeug. Sie nahmen den Weg über die Kanalinseln und die Touraine, schreibt er, und kreisten über dem Montblanc – »Wir fanden«, heißt es im Tagebuch, »dass bei diesen neuen Hubschraubern die nervenaufreibende Gefahr eines plötzlichen Absinkens, der man in den früheren Modellen ausgesetzt war, nicht mehr bestand« – und dann ging es weiter über Pisa, Paestum, Girgenti und Athen nach Ägypten zu einer Besichtigung der Pyramiden bei Mondschein und über Kairo weiter den Nil aufwärts bis Karthum. Selbst an späteren Maßstäben gemessen, mussten dies sehr fröhliche Ferien für einen jungen Mann gewesen sein, und sie verdüsterten die Tragik seiner nächsten Erfahrungen nur noch mehr.

Eine Woche nach seiner Rückkehr teilte ihm sein verwitweter Vater mit, dass er bankrott sei, und beging mit einer Überdosis eines Schlafmittels Selbstmord.

Mit einem Schlag sah sich Barnet aus der besitzenden, im Überfluss lebenden und dem Vergnügen ergebenen Klasse, der er angehört hatte, ausgestoßen und bitterarm, ohne die leiseste Ahnung, wie er seinen Lebensunterhalt verdienen könnte. Er versuchte sich als Lehrer und Journalist, aber nach kurzer Zeit fand er sich auf der Schattenseite einer Welt, deren Sonnenseite er immer als seine Bestimmung betrachtet hatte. Für zahllose Männer hätte eine derartige Erfahrung den geistigen und seelischen Verfall bedeutet, aber Barnet, vor dasselbe Problem gestellt, bewies, trotz seines körperlichen Hanges zu Bequemlichkeit, dass er von einem robusteren, moderneren Schlag war. Durchdrungen von dem schöpferischen Stoizismus der anbrechenden heroischen Zeit, nahm er beherzt seine Schwierigkeiten und Sorgen als ihm zur Bewältigung zugefallen und verlieh ihnen schriftlichen Ausdruck.

Mehr noch, in seinem Buch dankt er seinem Schicksal dafür. »Ich hätte mein Leben in diesem hübschen Narrenparadies gesicherter Verschwendung hingebracht«, schreibt er. »Ich hätte von der wachsenden Erbitterung und Not der ausgebeuteten und verzweifelten Massen nie etwas erfahren. Als ich selbst noch im Überfluss lebte, erschien mir die Welt durchaus wohlgeordnet.« In seiner neuen Situation stellte er fest, dass überhaupt nichts geordnet war; dass die Regierung zwischen Streitsucht, Machtkampf und Laxheit schwankte, dass die Gesetze unter Interessensgruppen ausgehandelt wurden, und dass die Armen und Schwachen zwar viele gleichgültige Herren, aber wenige Freunde hatten.

»Ich hatte gedacht, man würde nach dem Rechten sehen«, schrieb er. »Ich streifte hungernd durch die Straßen – und erkannte mit einiger Bestürzung, dass sich niemand besonders darum scherte.«

Seine Wohnung musste er aufgeben und zog in einen ärmeren Stadtteil von London.

»Ich konnte meine Vermieterin – sie war eine arme mittellose Witwe, und ich stand bereits in ihrer Schuld – nur mit Mühe dazu überreden, eine alte Kiste für mich aufzubewahren, in der ich ein paar Briefe, Andenken und Ähnliches eingeschlossen hatte. Sie lebte in großer Angst vor den Inspektoren des Amtes für öffentliche Gesundheit und Moral, weil sie manchmal viel zu arm war, um ihnen das übliche Trinkgeld zu geben, aber schließlich erklärte sie sich bereit, die Kiste in eine dunkle, geflieste Ecke unter der Treppe zu stellen, und ich wanderte in die Welt hinaus – erst um nach etwas Essbarem und dann um nach einem Unterschlupf Ausschau zu halten.«

Er ging in die geschäftigen, fröhlicheren Viertel Londons, in denen er vor etwa einem Jahr noch als Verschwender gelebt hatte.

Durch das »Rauchgesetz«, das jede sichtbare Rauchentwicklung, sei sie nun aus triftigen Gründen verursacht oder nicht, unter Geldstrafe verbot, war London schon längst nicht mehr die düstere, durch Qualm verdunkelte Stadt der Viktorianischen Zeit. Wie schon einst wurde auch jetzt viel gebaut, und die Hauptstraßen nahmen allmählich das charakteristische Bild an, das sie während der gesamten zweiten Hälfte des zwanzigsten Jahrhunderts auszeichnete. Das unhygienische Pferd und das plebejische Fahrrad waren aus den Straßen verbannt worden, deren Oberfläche nun geschmeidig, glänzend und makellos sauber war; und die Fußgänger wurden auf einen schmalen Rand der früheren Gehsteige entlang der Straße verwiesen, und ihnen war das Überqueren der Fahrbahn, sollten sie es überleben, bei Androhung einer Geldstrafe verboten. Die Leute stiegen aus ihren Automobilen auf diesen Gehsteig, gingen durch die Läden im Erdgeschoß zu Liften und Treppen, die zu den neuen Gehsteigen führten, die in Höhe des ersten Stockwerkes an den Häuserfronten entlangliefen und, durch viele Überführungen miteinander verbunden, den neuen Stadtteilen Londons eine seltsame Ähnlichkeit mit Venedig verliehen. In manchen Straßen waren diese Gehsteige noch höher oben, einige sogar im dritten Stock. Einen Großteil des Tages und die ganze Nacht waren die Schaufenster elektrisch beleuchtet, und viele Kaufhäuser hatten quer durch ihre Verkaufsräume öffentliche Fußwege angelegt, um noch mehr Platz für die Zurschaustellung der Waren zu haben.

Barnet ging eher besorgt durch diese nächtliche Szenerie, da die Polizei ermächtigt war, jede verdächtig aussehende Person aufzuhalten und die Arbeitskarte zu verlangen, und wenn in dieser vermerkt war, dass der Betreffende keine feste Anstellung hatte, konnte ihn die Polizei in den Parterreverkehr verweisen.

Aber in Barnets Auftreten und Benehmen lag noch genug von seiner früheren Vornehmheit, um ihn davor zu schützen; auch hatte die Polizei in dieser Nacht an anderes zu denken, und so konnte er über die hochgelegenen Gehsteige bis zum Leicester Square gelangen – diesem großen Zentrum von Londons Geselligkeit und Lustbarkeit.

Er beschreibt diesen Abend sehr lebhaft. In der Mitte befand sich, oberhalb eines Gewölbes, ein Garten, der von Lampengirlanden erhellt und mit den Gehsteigen durch acht elegante Brücken verbunden war. Unter diesen kreuzte sich der Verkehr, pulsierte wie eine Strömung abwechselnd Ost-West und Nord-Süd. Dahinter ragte eine hell erleuchtete Fassade aus eher kitschigem denn schön zu nennendem Porzellan auf, unterbrochen von grellen Reklameschildern und blitzenden Lichtreflexen. Hier befanden sich die zwei historischen Musiksäle, das Shakespeare Memorial Theater, in dem die städtischen Schauspieler in einem Zyklus sämtliche Stücke Shakespeares spielten, und vier andere große Häuser, deren Giebel im blauen Dunkel der Nacht verschwanden und in denen man etwas zu sich nehmen und sich vergnüglich die Zeit vertreiben konnte. Die Südseite des Platzes war im Gegensatz dazu noch im Umbau begriffen, und ein Wirrwarr von Stahlträgern, überragt von den starren Silhouetten riesiger Kräne, erhob sich über den ausgehobenen Baugruben einstiger viktorianischer Gebäude.

Diese Gerüste zogen eine Zeit lang Barnets Blick an und fesselten seine Aufmerksamkeit. Sie standen vollkommen reglos in toter Starre und bannhafter Reglosigkeit da. Niemand arbeitete dort, und alle Maschinen standen still; aber die kugelförmigen Neonlampen des Baumeisters füllten jeden Winkel mit flimmerndem grünlichem Mondlicht und zeigte wachsame, aber bewegungslose – Soldatenwachposten!

Er erkundigte sich bei einem Vorübergehenden danach und erfuhr, dass die Männer an diesem Tag gegen den Einsatz einer atomaren Nietmaschine gestreikt hatten, die die Arbeitskraft eines Einzelnen verdoppeln und damit die Anzahl der Stahlarbeiter halbieren würde.

»Sollte mich nicht wundern, wenn sie mit Bomben ankämen«, sagte Barnets Informant, zögerte einen Augenblick und setzte dann seinen Weg in Richtung auf die Alhambra Music Hall fort.

Barnet bemerkte ein Gedränge bei den Zeitungskiosken an den Ecken des Platzes. Etwas höchst Sensationelles leuchtete auf den Transparenten auf. Einen Augenblick lang vergaß er, dass er keinen Groschen Geld in der Tasche hatte, und ging über eine Brücke, um eine Zeitung zu kaufen, die zu dieser Zeit, auf dünne Metallfolien gedruckt, an gewissen Orten von eigens berechtigten Lieferanten verkauft wurden. Mitten auf der Brücke blieb er stehen, da sich der vorbeifließende Verkehr unter ihm veränderte, beobachtete erstaunt, dass die Polizei die Fahrzeuge auf nur eine Fahrbahn umleitete. Dann fiel sein Blick auf die Transparente, die die Plakate aus der Viktorianischen Zeit ersetzt hatten, er las von dem großen Marsch der Arbeitslosen, der bereits durch West End ging, und konnte sich ohne Weiteres vorstellen, was zu erwarten war.

Er beobachtete weiter und beschreibt in seinem Buch diesen Aufmarsch, den zu behindern die Polizei für unklug gehalten hatte, und der in Nachahmung früherer Arbeitslosendemonstrationen spontan zustande gekommen war. Er hatte einen ungeordneten Haufen erwartet, aber als der Aufmarsch in sein Blickfeld kam, zeigten die Marschierenden eine Art stumpfer Disziplin. Endlos erschien die Reihe müder Männer, die in einer Art sinnloser Erbitterung die Straße unter ihm dahinzogen.

Beinahe hätte er sich ihnen angeschlossen, schreibt er, blieb jedoch auf seinem Beobachtungsposten. Sie waren eine schmutzige, schäbige, untauglich aussehende Masse, größtenteils unfähig zu anspruchsvollerer Arbeit und nur für nun überflüssig gewordene Hilfsarbeiten brauchbar. Sie trugen einige wenige Transparente mit dem altehrwürdigen Spruch: »Arbeit statt Almosen«, aber das war auch schon alles.

Sie sangen nicht, redeten nicht einmal miteinander, sie waren weder erregt noch aggressiv, sie hatten kein bestimmtes Ziel, sie marschierten nur und zeigten sich in den reicheren Vierteln von London. Sie waren Stellvertreter jener Masse ungelernter billiger Arbeiter, die nun durch noch billigere mechanische Kräfte für immer überflüssig geworden waren. Sie waren »ausrangiert« worden – wie man auch die Pferde »ausrangiert« hatte.

Barnet beugte sich über das Geländer und beobachtete sie, das Gemüt erhitzt durch die eigene prekäre Situation. Eine Zeit lang, schreibt er, erfüllte ihn der Anblick mit nichts als Verzweiflung; was sollte, was konnte für diesen Haufen menschlichen Abfalls getan werden? Sie waren so nutzlos – und untauglich – und mitleiderregend.

Welches waren ihre Anliegen?

Die unerwarteten Entwicklungen hatten sie überrollt. Niemand hatte das alles vorausgesehen.

Plötzlich wurde ihm klar, was diese dicht gedrängt dahintrottende rätselhafte Schar bedeutete. Es war ein Appell gegen das Unerwartete, ein Appell an die anderen, die, vom Glück begünstigt, anscheinend klüger und befähigter waren – kraft ihrer Intelligenz. Diese stumme, müde, endlos dahinziehende Menge bekundete ihren Protest dagegen, dass einige jener anderen diesen Wandel vorausgesehen haben mussten – zumindest vorausgesehen haben sollten – und nichts unternommen hatten.

Das war es, was diese Menge gescheiterter Existenzen fühlte und stumm zum Ausdruck bringen wollte.

»Diese Erkenntnis überkam mich wie das Aufleuchten einer Lampe in einem dunklen Raum«, schreibt er. »Diese Männer flehten ihre Mitmenschen an, wie sie einst Gott angefleht hatten! Das Letzte, was diese Männer begreifen würden, war die allgemeine Seelenlosigkeit. Sie hatten ihre Seele auf die Menschheit übertragen. Sie glaubten immer noch, es gäbe irgendwo Vernünftigkeit, wenn auch eine sorglose und hinterhältige ... Man musste nur an ihr Gewissen appellieren, um sie wachzurütteln ... Und ich erkannte auch, dass es bisher noch keine solche Vernünftigkeit gab. Die Welt wartet auf Vernunft. Diese Vernunft muss erst geschaffen werden, dieser Wille zum Guten und zur Ordnung muss erst noch aus den Resten plötzlicher, wie fliegende Samenkörner verwehter Regungen von Nächstenliebe gesammelt werden, aus all dem, was in unseren Seelen noch schön und schöpferisch ist, um der Allgemeinheit zu dienen. Das ist etwas, das noch kommen muss ...

Es ist charakteristisch für das aufkeimende Gedankengut jener Zeit, dass dieser nicht sehr heldenhafte junge Mann, der in jedem früheren Zeitalter vollauf mit seinen eigenen Bedürfnissen beschäftigt gewesen wäre, fähig war, an seinem Platz die Bedürfnisse der ganzen Menschheit in diese allgemeine Form zu bringen.

Aber über all den Spannungen und Konflikten dieser chaotischen Zeit dämmerte schon das Licht einer neuen Ära. Der Geist der Menschlichkeit verschwand, er verschwand sogar aus seiner engen Beschränkung auf Einzelindividuen. Rettung aus der bitteren Selbstsucht, was Tausende von Jahren lang religiöses Ziel gewesen war, in Kasteiung, in der Wildnis, in Meditation und auf zahllosen anderen seltsamen Wegen gesucht, das floss schließlich in natürlicher Folgerichtigkeit in die Worte der Menschen ein, in die Bücher, die sie lasen, in die unbewussten Gesten, die Zeitungen, die alltäglichen Bedürfnisse und Handlungen. Der weite Horizont, die wunderbaren Möglichkeiten, die ihnen der Forschergeist geoffenbart hatte, befreite sie wie durch Zauber von all den alten, instinktiven Vorurteilen, die ihnen nicht einmal die Drohung von Hölle und Qualen hatte austreiben können. Und dieser junge Mann, der ohne Quartier war und nicht einmal wusste, wie er die nächsten paar Stunden überleben sollte, konnte inmitten dieser sozialen Missstände, dieser verzweifelten Not, inmitten des blinden, hemmungslosen Vergnügens, das die Sterne verdunkelte, solche Gedanken fassen, wie er sie uns beschrieben hat.

»Ich sah das Leben klar vor mir«, schrieb er. »Ich erkannte die ungeheure Aufgabe, die vor uns lag, und die Erhabenheit der vielfältigen und maßlosen Anforderungen, die damit an uns gestellt waren, erfüllte mich mit Begeisterung. Ich erkannte, dass eine Regierungsform erst gefunden werden musste, ebenso ein entsprechendes Bildungswesen, die notwendige Kehrseite jeder Regierung, und all dies – bei dem mein eigenes kleines Leben so offenkundig bedeutungslos war – all die heutigen und gestrigen Zustände in Griechenland, Rom und Ägypten nichts waren, nur die ersten Staubwirbel eines Neubeginns, die ersten Regungen und das undeutliche Gemurmel eines Schläfers, der bald erwachen wird.

7

Und dann schildert er mit fesselnder Einfachheit seine Rückkehr aus dieser ekstatischen Vision zur Realität.

»Plötzlich fand ich wieder zu mir selbst und begann die Kälte und ein wenig Hunger zu spüren.«

Er besann sich auf die John Burns Wohlfahrtsstiftung, die am Ufer der Themse lag. Er ging durch die Ladenstraßen der Buchgeschäfte und durch die National Gallery, die allen gut gekleideten Leuten seit über zwölf Jahren Tag und Nacht offen standen, durch den Rosengarten am Trafalgar Square und an den Hotelketten entlang zum Themseufer. Er kannte diese wunderbare Institution dort schon lange, die Londons Straßen von den letzten Bettlern und Streichholzverkäufern und all den unglücklichen Armen befreit hatte, und glaubte, er würde selbstverständlich eine Essensmarke und ein Nachtquartier erhalten, vielleicht sogar einen Hinweis auf eine mögliche Anstellung.

Aber er hatte nicht mit den neuen Arbeitslosenproblemen gerechnet, und als er an den Kai kam, fand er das Wohlfahrtsbüro hoffnungslos überfüllt und von einer riesigen, eher wilden Menschenansammlung belagert. Er blieb eine Weile lang bestürzt und verzweifelt am Rande der wartenden Menge stehen. Und dann gewahrte er, wie sich Einzelne zielstrebig aus der Gruppe lösten und auf die Kolonnaden der großen Gebäude zugingen, die errichtet wurden, nachdem man die Bahnhöfe an das Südufer des Flusses verlegt hatte. Dort, auf den überwölbten, strahlend erleuchteten Gehsteigen am Flussufer, sah er um Mitternacht arbeitslose Männer betteln, mit erstaunlicher Selbstverständlichkeit die Leute anbetteln, die aus kleinen Theatern und ähnlichen Vergnügungsstätten kamen, von denen es in dieser Gegend zahlreiche gab.

Das war durchaus ungewohnt. Jahrzehntelang hatte es auf den Straßen Londons keine Bettler gegeben. Aber in dieser Nacht war die Polizei offenbar nicht willens oder nicht fähig, es mit dem Elend aufzunehmen, das diesen gepflegten Stadtteil Londons überschwemmte. Sie sah allem Treiben, das nicht gerade in offensichtlichen Aufruhr ausartete, tatenlos zu. Barnet schlenderte durch die Menschenmenge und konnte sich nicht überwinden zu betteln; doch muss seine äußere Erscheinung besser gewesen sein als seine Verhältnisse, denn er wurde, so schreibt er, sogar zweimal angebettelt. In der Nähe des Trafalgar Square forderte ihn ein Mädchen mit geschminkten Wangen und geschwärzten Augenbrauen freundlich zum Mitkommen auf.

»Ich bin am Verhungern«, sagte er plötzlich unvermittelt.

»Oh! Du Armer!«, erwiderte sie; und in der impulsiven Großmut ihrer Kaste sah sie sich kurz um und steckte ihm eine Silbermünze zu …

Das war ein Geschenk, das Barnet, ungeachtet des Präzedenzfalles von De Quinceys, gemäß der repressiven sozialen Gesetzgebung dieser Zeit ohne Weiteres ins Gefängnis hätte bringen können. Aber er nahm es an, gesteht er, dankte ihr, so gut er es vermochte, und ging überglücklich weiter, um sich etwas zu essen zu kaufen.

8

Ein oder zwei Tage später – und wieder muss man diese Freiheit nach Belieben die Straßen zu durchstreifen, als Anzeichen wachsender sozialer Auflösung und polizeilicher Unfähigkeit deuten – wanderte er in die Umgebung von London hinaus.

Er spricht von den Straßen dieses plutokratischen Zeitalters als »umzäunt mit Stacheldraht, um mittellose Leute abzuhalten« und erwähnt mit hohen Mauern umgebene Gärten und Verbotsschilder, die ihn auf die schmutzige Enge öffentlicher Wege verwiesen. Die glücklichen Reichen flogen in ihren Flugzeugen achtlos hoch über den Köpfen dieser Unglücklichen dahin, so wie er selbst noch vor zwei Jahren geflogen war, und auf den Straßen flitzten die neuen Verkehrsmittel vorüber, schimmernd, schnell und wunderbar. Nicht einmal auf den Feldwegen oder auf dem offenen Land verstummte ihr Gesumm, ihr Hupen und Tuten. Die Beamten der Arbeitsämter waren durchweg überlastet und gereizt, und die Notherbergen waren so überfüllt, dass ein Teil der Wanderer dicht gedrängt in Schuppen oder unter freiem Himmel schlafen musste. Denn seit milde Gaben an Wandersleute ein strafbares Delikt geworden waren, hatten diese keinerlei Freundlichkeit oder Hilfe von den selten gewordenen Fußgängern oder Bewohnern der am Wege liegenden Häusern zu erwarten …

»Ich war nicht aufgebracht«, schreibt Barnet. »Ich sah bei allen diesen über mir in der Luft schwebenden Leuten einen ungeheuren Egoismus, eine grausame Gleichgültigkeit allem gegenüber, was nicht mit Vergnügen und Besitztum zusammenhing, aber ich erkannte auch, wie unvermeidbar das war und dass sich nichts ändern würde, wenn die Reichsten mit den Ärmsten Platz tauschten. Wie hätte es auch anders kommen können, wenn die Menschen die Wissenschaft und ihre Errungenschaften, all ihre Intelligenz und Energie dafür nutzten, Reichtum und Luxus zu schaffen, und Regierung und Bildungswesen in den hundertjährigen verknöcherten Traditionen beließen? Diese Traditionen stammten aus jenen dunklen Zeiten, als der Mensch wirklich Mangel litt, als das Leben noch ein einziger Kampf war, den man vielleicht täuschend bemänteln, nicht aber ihm entrinnen konnte. Natürlich war dieses gierige Raffen, diese abstoßende Beraubung des anderen, die zwangsläufige Folge dieser Disharmonie zwischen dem Stoff und seiner Formung. Natürlich wurden die Reichen rücksichtslos und die Armen immer erbitterter, und jede weitere Kraftquelle, die erschlossen wurde, machte die Reichen reicher und die Armen nutzloser und unfreier. Die Männer, die ich in den Herbergen und Fürsorgeämtern antraf, erfüllte glühender Hass, sie redeten von Gerechtigkeit, Ungerechtigkeit und Rache. In solche Reden setzte ich keine Hoffnung, nur in Geduld …«

Aber er meinte keine passive Geduld. Er war der Ansicht, dass das Problem des sozialen Wiederaufbaus noch gelöst werden musste und dass keine wirkliche Neuordnung möglich wäre, bevor diese Frage in all ihren Verwicklungen nicht gelöst war. »Ich versuchte mit diesen unzufriedenen Männern zu reden«, schrieb er, »aber es war schwer für sie, die Dinge so zu sehen, wie ich sie sah. Wenn ich von Geduld und weitreichender Planung sprach, antworteten sie: ›Aber dann sind wir schon alle tot‹ –, und ich konnte ihnen nicht begreiflich machen, was mir so einleuchtend erscheint, dass nämlich dies keine Antwort auf unsere Frage ist. Männer, die nur die Zeit einer Generation im Auge haben, sind für die Politik ungeeignet.«

Anscheinend hatte er während seiner Wanderungen keine Zeitung gelesen, und ein kurzer Blick auf die Transparente eines Kioskes am Marktplatz von Bishop's Stortford, die von einem »ernsten internationalen Konflikt« sprachen, beunruhigte ihn nicht weiter. Es hatte in den vergangenen Jahren so viele ernste Konflikte gegeben.

Diesmal war die Rede von den plötzlichen Angriffen der europäischen Mittelmächte auf die Slawische Konföderation, mit Frankreich und England auf der Seite der Slawen.

Aber am folgenden Abend erwartete die Landstreicher in der Herberge ein annehmbares Abendessen, und der Vorstand des Armenhauses erklärte ihm, dass sich alle wehrfähigen Männer am Morgen an ihren Mobilmachungsstellen einfinden müssten. Das Land stand kurz vor dem Ausbruch eines Krieges. Er musste quer durch London zurück nach Surrey gehen. Zuerst, so berichtet er, empfand er Erleichterung darüber, dass die Tage »des vergeblichen Pochens an der Hintertür der Zivilisation« ein Ende hatten. Jetzt gab es etwas zu tun, etwas, worauf man vorbereitet war. Aber seine Erleichterung kühlte merklich ab, als er erkannte, dass die Mobilisierung so hastig und unüberlegt in die Wege geleitet wurde, dass er fast sechsunddreißig Stunden lang in dem provisorischen Lager bei Epsom außer einem Glas kalten Wasser weder etwas zu essen noch etwas zu trinken erhielt. Im Lager gab es keinerlei Vorräte, und man durfte es auch nicht verlassen.

2
Der letzte Krieg

I

Von einer intakten und hochstrebenden Gesellschaftsordnung aus gesehen, sind die Beweggründe, die die Menschheit in diesen Krieg stürzten, der die mittleren Jahrzehnte des 20. Jahrhunderts prägte, schwer verständlich und nur mit Mühe zu ergründen.

Es muss immer wieder daran erinnert werden, dass die gesamte weltpolitische Struktur in dieser Zeit weit hinter dem allgemeinen Bewusstseinszustand herhinkte. Diese Tatsache ist von zentraler historischer Bedeutung. Zweihundert Jahre lang hatte es keinen größeren Wandel in Politik und Rechtswesen gegeben, die größte Veränderung waren gewisse Grenzverschiebungen und geringfügige Anpassungen der Rechtsgrundlagen, während es in fast allen anderen Lebensbereichen grundlegende Neuerungen, entscheidende Erleichterungen und ungeheure Erweiterungen von Horizont und Anschauungen gegeben hatte. Die absurde Rechtsprechung und die unqualifizierten parlamentarischen Entscheidungen, sowie der große Zuwachs an Möglichkeiten hatten die besten Köpfe mehr und mehr den öffentlich-politischen Aufgaben entfremdet. Die Regierungen traten damit in die Fußstapfen der institutionalisierten Religionen. Sie rekrutierten sich nur noch aus zweitrangigen Geistern. Ab der zweiten Hälfte des 18. Jahrhunderts erinnerte sich die Welt an keine großen Geistlichen mehr, ab den Anfängen des 20. Jahrhunderts an keine Staatsmänner.

Überall befanden sich an den Schaltstellen der Macht energische, ehrgeizige, kurzsichtige, alltägliche Männer, die den neuen Möglichkeiten gegenüber blind waren und streitsüchtig die Tradition hochhielten.

Die vielleicht gefährlichste dieser überholten Traditionen bestand in den Grenzen der verschiedenen »souveränen Staaten«, und in der Vorstellung einer einem einzigen Staat zukommenden weltweiten Vorherrschaft im menschlichen Bereich. Die Erinnerung an die Weltreiche von Rom und Alexander dem Großen spukte wie ein nicht gebannter gefräßiger Geist im menschlichen Bewusstsein – bohrte sich in die Gehirne wie ein grausiger Wurm und weckte verschrobene Gedanken und gewalttätige Impulse. Länger als ein Jahrhundert verblutete sich der französische Staat in wilder Angriffslust, steckte damit die deutschsprachigen Völker im Zentrum und Herzen Europas an, und schließlich auch noch die Slawen. Spätere Epochen horteten und vergaßen die riesige Menge wahnwitziger schriftlicher Zeugnisse dieser Verbohrtheit, der hinterhältigen Verträge, der geheimen Vereinbarungen, der grenzenlosen Gerissenheit politischer Autoren, der listigen Missachtung offenkundiger Tatsachen, der strategischen Tricks, der taktischen Manöver, der Mobilisierungen und Gegenmobilisierungen. Das alles erscheint nun fast unfassbar, aber zu Beginn des neuen Zeitalters hüteten die führenden Staatsmänner das Licht ihrer historischen Kerzen und erörterten und planten die Neugestaltung der Landkarten Europas und der Welt, trotz der seltsamen neuen Gedanken und des ungewohnten Spiels von Lichtern und Schatten.

Man begann die Frage genauer zu untersuchen, inwieweit die Millionen Männer und Frauen fernab der Welt dieser Spezialisten mit deren unheilvollen Aktivitäten übereinstimmten und sympathisierten. Eine Psychologenschule neigte dazu, diese Anteilnahme als gering zu betrachten, doch die Beweise sprechen dafür, dass die Ideen der kriegslüsternen Planer mächtigen Widerhall fanden. Der Urmensch war ein wildes, kampflustiges Tier gewesen; zahllose Generationen hatten ihre Zeit mit Stammeskriegen verbracht, und das Gewicht der Tradition, das Beispiel der Geschichte, die Ideale von Herrschertreue und Ergebenheit erleichterten die Hetze der internationalen Unruhestifter. Das politische Denken des einfachen Mannes war von zufälligen Einflüssen bestimmt, seine Erziehung war nicht dazu angetan, ihn zum bewussten Bürger zu machen (dieser Begriff entstand in seiner eigentlichen Bedeutung erst mit den Ideen des »Modernen Staates«) und er war daher in seiner Beschränktheit vergleichsweise leicht durch Geschrei und Propaganda zu wildem Argwohn und angriffslustigem Nationalismus aufzuputschen.

So beschreibt Barnet zum Beispiel, wie London von lärmenden Patrioten wimmelte, als sein Bataillon aus dem Lager in die Stadt kam, um per Eisenbahn an die französische Grenze zu gelangen. Er schildert, wie Kinder, Frauen, Knaben und alte Männer schrien und jubelten, wie die Straßen und Häuser mit Fahnen der alliierten Mächte beflaggt waren, wie der Enthusiasmus offensichtlich sogar die Armen und Arbeitslosen ergriffen hatte. Die Arbeitsämter waren nun teilweise zu Anwerbungsbüros umfunktioniert worden und Mittelpunkt heißer patriotischer Erregung. An allen freien Plätzen entlang der Straße zum Kanaltunnel standen enthusiastische Zuschauer, und im Regiment waren die Gefühle, wenn auch durch düstere Vorahnungen ein wenig gehemmt und überschattet, nichtsdestoweniger kriegerisch.

Aber alle diese Gefühle waren wankelmütige Regungen eines haltlosen Gemütes; für die meisten von ihnen, wie für ihn selbst, schreibt Barnet, war das eine natürliche Reaktion auf den kollektiven Aufbruch, auf Marschmusik und Fahnen und auf die erregende Herausforderung unbekannter Gefahren. Und das Volk hatte schon so lange unter Kriegsdrohung und Mobilmachung gelebt, dass es das Ausbrechen des Krieges nun mit einer Art positiver Erleichterung aufnahm.

2

Der Feldzugsplan der Alliierten sah für die Engländer die Verteidigung der unteren Mosel vor, und die Truppentransporte gingen von den verschiedenen britischen Lagern direkt zu den Stützpunkten in den Ardennen, wo sie sich zu verschanzen hatten.

Die meisten Dokumente über den Feldzug sind während des Krieges vernichtet worden. Anfangs schienen die Pläne der Alliierten recht unklar gewesen zu sein, aber höchstwahrscheinlich war es ein wesentliches Ziel des ursprünglichen Planes, einen Luftstützpunkt in diesem Gebiet zu bauen, von dem aus man Angriffe gegen die riesigen Industriezonen am unteren Rhein starten konnte, um über Holland die deutschen Marineanlagen an der Elbemündung flankierend anzugreifen. Davon wussten solche Schachfiguren wie Barnet und seine Kompaniekameraden nichts. Ihre Aufgabe war es, das auszuführen, was die geheimnisvollen Intelligenzen von Paris aus bestimmten; auch der Generalstab von Whitehall war dorthin übersiedelt. Vom Anfang bis zum Ende blieben diese führenden Köpfe dem Armeekörper verborgen, versteckt hinter dem Wort »Befehle«. Es gab keinen Napoleon und keinen Cäsar als Brennpunkt der Begeisterung. Barnet schreibt: »Wir nannten sie ›die da oben‹«. ›Die‹ schickten uns nach Luxemburg. ›Die‹ würden es Mitteleuropa schon zeigen.«

Unter dem Schleier dieser Unergründlichkeit begann die kleine Gruppe mehr oder weniger würdiger Männer, die im Hauptquartier saßen, zu erkennen, welch ungeheure Aufgabe es war, die Dinge zu steuern …

In dem großen Saal des Hauptquartiers, dessen Fenster Ausblick über die Seine auf das Trocadero und die Prunkbauten des westlichen Stadtteils gewährten, lagen auf den Tischen riesige Reliefkarten, aus denen man das gesamte Kriegsgeschehen ersehen konnte, und die leitenden Stabsoffiziere waren eifrig damit beschäftigt, die kleinen Klötzchen, die die kämpfenden Truppen darstellten, zu verschieben, sobald die Telegrafenbüros in den benachbarten Räumen neue Meldungen erhielten. In den kleineren Sälen lagen detaillierte Pläne, auf denen zum Beispiel die Berichte der britischen Admiralität und der slawischen Befehlshaber eingetragen wurden, sobald sie eingetroffen waren. Auf diesen Karten spielte wie auf einem Schachbrett Marschall Dubois nach Rücksprache mit General Viard und dem Maharadscha von Delhi das große Spiel um die Weltherrschaft gegen die europäischen Mittelmächte. Sehr wahrscheinlich, dass er bestimmte Vorstellungen von seinem Spiel hatte; sehr wahrscheinlich, dass er einen klaren und bewundernswerten Plan hatte.

Aber er hatte weder die neue Strategie der Luftfahrt noch die Möglichkeiten der Atomenergie, von Holsten der Menschheit eröffnet, einkalkuliert. Während er Verschanzungen und einen Ansturm auf die Grenzen plante, baute der Generalstab von Mitteleuropa auf bessere Einsicht und Verstand. Und während er mit fast scheuem Zögern in dieser Nacht seinen ersten Schritt über die von Napoleon und Moltke festgelegten Linien tat, bereitete sein wissenschaftlicher Stab in rebellischer Eigenmächtigkeit einen Angriff auf Berlin vor. »Diese alten Narren!«, dachten die Mitglieder des wissenschaftlichen Korps.

Das Hauptquartier bot in der Nacht des 2. Juli eine eindrucksvolle Zurschaustellung des Instrumentariums einer wissenschaftlichen militärischen Organisation, wie man sie in der ersten Hälfte des 20. Jahrhunderts verstand. Für ein menschliches Wesen wenigstens hatten die planenden Kommandanten Ähnlichkeit mit weltbeherrschenden Göttern …

Sie war eine geschickte Stenotypistin, schrieb fast sechzig Worte in der Minute und war in Schichtdienst mit anderen Frauen wie sie damit beschäftigt, Befehle in doppelter Ausfertigung niederzuschreiben und den diensthabenden Jungoffizieren zur Weiterleitung und Ablegung zu übergeben. In einer Ruhepause hatte man sie aus dem Diktatraum in die frische Luft auf der Terrasse vor der großen Halle geschickt, wo sie die kärglich mitgebrachte Mahlzeit verspeiste, bis man ihrer Dienste wieder bedurfte.

Von ihrem Platz auf der Terrasse sah diese junge Frau nicht nur den breiten Strom unter sich, die gesamte Ostseite von Paris vom Arc de Triomphe bis Saint Cloud, die großen Blocks und anthrazitfarbenen und grauen Silhouetten mit ihren rötlichen oder goldenen Leuchtreklamen und endlosen, verschlungenen Reihen winziger Lichtpunkte unter einem stillen sternenlosen Himmel, sondern auch in den großen Saal mit seinen schlanken Pfeilern, zierlichen Bögen und schimmernden Lampen. Da lagen auf einer Vielzahl von Tischen die riesigen Landkarten, in so großen Maßstäben ausgeführt, dass man sie für kleine Länder halten konnte; dauernd kamen und gingen Melder und Hilfskräfte, verschoben und bewegten die kleinen Klötzchen, die Hunderte und Tausende Männer darstellten, und der große Befehlshaber stand mit seinen beiden Beratern inmitten dieses Treibens, dort wo er dem Kampfgeschehen am nächsten war, und plante und dirigierte. Nur ein leises Wort von ihm, und sogleich setzten sich in der wirklichen Welt ganze Menschenmassen in Bewegung. Männer erhoben sich, gingen zum Angriff über und starben. Das Schicksal von Nationen hing von der Weitsicht dieser drei Männer ab. Sie waren wirklich göttergleich.

Der gottähnlichste war Dubois. Er besaß die Entscheidungsgewalt; die anderen machten meist nur Vorschläge. Ihre weibliche Seele flog diesem ernsten, stattlichen, ruhigen alten Mann in leidenschaftlicher, instinktiven Anbetung zu …

Einmal hatte sie unmittelbar von ihm eine Dienstanweisung entgegengenommen – in einem ekstatischen Zustand von Glück und Furcht, denn ihre Erregung wuchs allein durch die Angst zur Beklemmung, dass sie durch einen Irrtum an Achtung verlieren könnte …

Sie beobachtete ihn durch das Fenster mit der unerforschlichen Anteilnahme leidenschaftlicher Frauen.

Sie bemerkte, dass er wenig sprach. Er sah nur selten auf die Landkarten. Der hochgewachsene Engländer schien durch einen Ansturm von Ideen, widersprüchlichen Ideen erregt; er reckte bei jeder Verschiebung der kleinen roten, blauen, schwarzen und gelben Klötzchen den Hals, bestrebt, die Aufmerksamkeit des Kommandanten auf dieses und jenes zu lenken. Dubois hörte ihm zu, nickte, sagte etwas und hüllte sich wieder in Schweigen, gedankenschwer wie der Nationaladler.

Seine Augen lagen so tief in den Höhlen unter den weißen Augenbrauen, dass sie darin verschwanden; sein Schnurrbart verdeckte fast den Mund, aus dem diese entscheidenden Worte kamen. Auch Viard sprach wenig; er war ein finsterer Mann, hielt den Kopf gesenkt und beobachtete alles aus melancholischen, wachsamen Augen. Ihn beschäftigten die Ansprüche der Franzosen, die sich einen Weg durch das Elsass zum Rhein suchten, dringlicher. Er war, wie sie wusste, ein alter Kamerad von Dubois; er kannte ihn wohl besser, stellte sie fest, er traute ihm mehr zu, als dieser fremde Engländer …

Schweigen zu bewahren, Leidenschaftslosigkeit und Undurchdringlichkeit, das waren die Lektionen, die der alte Dubois schon vor vielen Jahren gelernt hatte. Sich den Anschein von Allwissenheit verleihen, nie Überraschung zeigen, vor allem jede Eile vermeiden – was an sich schon ein Zugeständnis einer Fehlberechnung gewesen wäre –, durch die Einhaltung dieser einfachen Regeln hatte sich Dubois seit der Zeit, als er ein vielversprechender Jungoffizier gewesen war, ein stiller, fast geistesabwesender, bedächtiger, aber einsatzbereiter junger Mann, einen hervorragenden Ruf gesichert. Schon damals hatten ihn die Männer bewundert und gesagt: »Er wird es weit bringen.« Während der fünfzig Jahre des Friedens hatte er niemals einen Fehler gemacht und bei Manövern durch seine leidenschaftslose Ausdauer viele aktivere, gescheitere Männer erstaunt, gefesselt und übertrumpft. Tief in seinem Inneren hatte Dubois die scharfsinnige Einsicht in die Prinzipien moderner Kriegsführung, den Schlüssel zu seiner Karriere, verborgen. Diese Einsicht bestand in der Erkenntnis, dass niemand alles wusste, dass jede Kampfhandlung deshalb ein Fehler war, dass jedes Wort einem Bekenntnis gleichkam, und dass ein Mann, der ohne Hast entschlossen und obendrein schweigsam handelte, die besten Aussichten auf den Sieg hatte. Inzwischen hielt man den Gegner hin. Nun hoffte er, durch dieselbe Taktik diese geheimnisvollen unbekannten mitteleuropäischen Kommandanten zu zermürben. Delhi mochte ruhig von einem großen Flankenvorstoß durch Holland mit Unterstützung der gesamten britischen Unterseebootflotte, den Wasserflugzeugen und Torpedobooten auf dem Rhein sprechen; Viard mochte ruhig auf einen glanzvollen Durchmarsch mit Motorrädern, Flugzeugen und Skifahrertruppen durch die Schweizer Berge zu einem Überraschungsangriff auf Wien dringen. Es galt zuzuhören – und darauf zu warten, dass die andere Seite sich vorzutasten begann. Es war alles ein Vortasten. Und währenddessen blieb er undurchschaubar, Sicherheit ausstrahlend – wie ein Mann, der in einem Wagen sitzt und dem Chauffeur sein Ziel schon angegeben hat.

Und alle um ihn fühlten sich bestärkt und sicherer durch dieses ruhige Gesicht, dieses Flair von Wissen und unerschütterlicher Zuversicht. Die zahllosen Lampen warfen seinen Schatten vielfältig auf die Landkarten ringsum, Bezeugungen einer kommandierenden Präsenz, bald heller, bald dunkler, das Feld beherrschend und allgegenwärtig. Diese Schatten symbolisierten seine Macht. Wenn ein Melder aus dem Funkraum kam, dieses oder jenes Klötzchen im Spiel verschob, unter ausführlichen Erklärungen ein Regiment der Mittelmächte durch Nachschub ergänzte, diese oder jene Abteilung der Alliierten zurückzog oder verschob oder anders verteilte, wandte der Marschall den Kopf und schien nichts zu sehen, oder er schaute hin und nickte leicht, wie ein Lehrer nickt, der die Selbstkorrektur eines Schülers gutheißt. »Ja, das ist schon besser.«

Wie wunderbar er war, dachte die Frau am Fenster, wie wunderbar dies alles war. Hier war das Gehirn der westlichen Welt, der Olymp mit der Krieg führenden Erde zu seinen Füßen. Und er führte Frankreich, jenes Frankreich, das so lange schmerzlich auf seinen imperialistischen Anspruch hatte verzichten müssen, zurück zu seiner alten Vorherrschaft.

Es schien ihr die einer Frau zugemessene Rolle zu übersteigen, dass sie privilegiert war, daran teilzunehmen …

Als Frau voll stürmischen Verlangens nach Hingabe gleichzeitig unpersönlich, distanziert, exakt und pünktlich zu bleiben, ist schwierig. Sie musste sich beherrschen …

Sie gab sich fantastischen Träumen hin, Träumen von jenen Tagen, wenn das Ende des Krieges heran war und mit ihm die Siegeskrone. Dann vielleicht fiele diese Härte, dieser Panzer ab und die Götter würden umgänglicher. Sie senkte die Lider …

Plötzlich fuhr sie auf. Sie bemerkte nun, dass die nächtliche Umgebung nicht mehr so still war, dass unter ihr auf der Brücke Aufregung herrschte, Leute durch die Straßen eilten und ein Suchscheinwerfer von einem Punkt in den Wolken hoch über dem Trocadero aufleuchtete. Und dann drang die Aufregung an ihr vorbei auch in den großen Saal.

Einer der Wachposten von der Terrasse erschien an einem Ende des Raums und rief irgendetwas mit wildem Gestikulieren.

Die ganze Welt hatte sich verändert, begann zu dröhnen. Sie begriff nicht, was vor sich ging. Es war, als hämmerten alle Wasserhähne, alle verborgenen Maschinen und Kabel unter ihr – wie ein Pulsschlag. Über ihr fauchte etwas wie ein Sturm – ein entsetzlicher Sturm.

Ihr Blick suchte das Gesicht des Marschalls, wie ein erschrockenes Kind seine Mutter anblicken würde.

Noch war er ruhig. Sie glaubte, ein leichtes Stirnrunzeln zu erkennen, aber das war durchaus verständlich, denn der Maharadscha von Delhi hatte ihn in einer heftigen Bewegung beim Arm gepackt und wollte ihn offensichtlich zur großen offenen Terrassentür zerren. Auch Viard eilte auf die riesigen Fenster zu, seltsam geduckt und mit nach oben gerichtetem Blick.

Was gab es da oben zu sehen?

Und dann war es, als breche direkt über ihrem Kopf ein Donner los.

Das Getöse traf sie wie ein Schlag. Sie kauerte sich an die Mauer und blickte nach oben. Sie sah drei schwarze Schatten durch die aufgerissenen Wolken herabstoßen, und zwei davon hatten etwas unterhalb von sich bereits rote Spuren gelegt …

Jede Faser in ihr war wie gelähmt, sie blieb einige Augenblicke, die wie Ewigkeiten schienen, liegen und sah diese roten Flugkörper auf sich herabstürzen.

Sie fühlte sich aus der Welt hinausgerissen. Da war nichts als ein grellroter Feuerschein und ein ohrenbetäubendes, alles erfüllendes anhaltendes Krachen. Alles Licht sonst war erloschen, und in diese blendende Helle neigten sich stürzende Wände, wirbelten Säulen, flogen Fragmente von Gesimsen und riesige, spitze Glasscherben.

Sie hatte den Eindruck, ein großer blutroter Feuerball breche wie eine irrsinnig gewordene Bestie über ein Chaos fallender Mauern herein, greife wütend die Erde an und grabe sich wie ein rasendes Kaninchen hinein …

Mit dem Gefühl, aus einem Alptraum zu erwachen, fand sie sich mit dem Gesicht nach unten auf einem Erdhaufen liegend, und über eines ihrer Beine rann ein kleines Bächlein heißen

Wassers. Sie versuchte, sich aufzurichten und merkte, dass das Bein sie heftig schmerzte. Sie wusste weder ob es Tag oder Nacht war, noch wo sie sich befand; sie machte einen verzweifelten Versuch, sich in eine sitzende Stellung aufzurichten, schaffte es ächzend und stöhnend, und sah sich um.

Alles schien sehr still zu sein. In Wirklichkeit war um sie herum ein fürchterlicher Lärm, aber sie erfasste nichts davon, weil sie taub geworden war.

Vorerst konnte sie das, was sie sah, mit nichts früher Erlebtem in Verbindung bringen.

Sie schien sich in einer anderen Welt zu befinden, in einer stummen, ruinenhaften Welt, einer Welt voller Trümmerhaufen. Und sie war hell erleuchtet – und irgendwie kam ihr das vertrauter vor, als alles andere um sie herum – von einem flackernden, rötlichen Schein. Dann erkannte sie ganz nahe das Trocadero, das über einen Trümmerberg hinausragte; es hatte sich verändert, irgendetwas fehlte an ihm, aber seine Umrisse waren unverkennbar. Es hob sich von einem wild lodernden, wirbelnden Meer rotleuchtenden Qualmes ab. Und da erinnerte sie sich wieder an Paris, an die Seine, den warmen bewölkten Abend und die wundervoll erhellte Zentrale des Hauptquartiers …

Sie schleppte sich auf dem Erdhaufen, auf dem sie lag, ein wenig hinauf und betrachtete ihre Umgebung mit wachsender Erkenntnis …

Die Erde, auf der sie lag, reichte wie eine kleine Landzunge in den Fluss. Ganz in ihrer Nähe war ein überlaufender See von aufgestautem Wasser, aus dem warme Rinnsale und Sturzbäche flossen. Dampfschwaden stiegen wirbelnd bis zu einem halben Meter über die spiegelnde Wasseroberfläche auf. Nicht weit von ihr ragte der obere Teil einer vertraut aussehenden Säule auf, vom Wasser getreu gespiegelt. Auf der anderen, trockenen Seite, erhoben sich steile Ruinen in einem wirren Durcheinander bis zu einem leuchtenden Gipfel, in dessen Widerschein flaumige Schwaden von Dampf wogten und sich rasch himmelwärts verflüchtigten. Von diesem Gipfel ging der bleifarbene Schimmer aus, der ringsum alles erhellte, und allmählich brachte ihr Bewusstsein diesen aufgetürmten Trümmerhaufen mit den verschwundenen Gebäuden des Hauptquartiers in Verbindung.

»O Gott!«, flüsterte sie und blieb eine ganze Weile lang wie gelähmt auf der warmen Erde liegen.

Dann begann sich dieses schwache, gebrochene Menschenwesen abermals umzusehen. Sie sehnte sich nach Gesellschaft. Sie wollte fragen, wollte reden, wollte ihr Erlebnis erzählen. Und dabei schmerzte ihr Bein entsetzlich. Es sollte doch ein Rettungswagen da sein. Ein kleiner Anflug mürrischer Kritik ging ihr durch den Sinn. Dies war doch sicherlich eine Naturkatastrophe! Immer nach Katastrophen gab es Rettungswagen und tatkräftige Helfer …

Sie hob den Kopf. Da war etwas. Aber alles war so still!

»Monsieur!«, rief sie. Sie hatte ein so merkwürdiges Gefühl in den Ohren und begann zu ahnen, dass mit ihnen etwas nicht ganz in Ordnung war.

Es war schrecklich, in all diesem fürchterlichen Chaos so verlassen zu sein und vielleicht war dieser Mann – wenn es ein Mann war, man konnte es schwer erkennen – der sich so gar nicht regte, nur bewusstlos …

Das flackernde Licht über ihr schickte einen Strahl in seine Richtung, und einen Augenblick lang konnte sie ihn ganz deutlich erkennen. Es war Marschall Dubois. Er lag bei einem riesigen Haufen von Landkarten. In ihnen steckten noch und baumelten kleine hölzerne Klötzchen, die Symbole für die Infanterie, die Kavallerie und die Kanonen, wie sie an den Grenzen aufgestellt waren. Er schien sich nicht bewusst zu sein, was hinter seinem Rücken lag, er machte einen gleichgültigen Eindruck, nicht etwa uninteressiert, sondern eher wie in Gedanken …

Sie konnte die Augen unter seinen struppigen Augenbrauen nicht sehen, aber ganz offensichtlich runzelte er die Stirn. Nur leicht, und es schien, als wollte er nicht gestört werden. Sein Gesicht spiegelte noch immer diese unerschütterliche Zuversicht, diese Überzeugung, dass sich Frankreich sicher fühlen konnte, solange man ihm die Entscheidungen überließ …

Sie rief ihn nicht noch einmal an, sondern kroch näher zu ihm. Ein seltsamer Verdacht weitete ihre Augen. Mit einem schmerzhaften Ruck zog sie sich soweit nach oben, dass sie den ganzen Trümmerhaufen aus geborstenem Mauerwerk überblicken konnte. Ihre Hand berührte etwas Feuchtes, sie zuckte zurück und erstarrte.

Dort lag kein ganzer Mann; es war nur der Teil eines Mannes, Kopf und Schultern, der nun in die dunkle Öde und in das schwarze schimmernde Wasser hinabrollte …

Und gerade, als sie zum Damm hochblickte, begann er zu beben und zu bersten, und ein Schwall heißen Wassers stürzte auf sie herab. Dann fühlte sie, wie sie nach unten gerissen wurde …

3

Dem ziemlich rohen jungen Flieger mit dem Stierschädel und dem kurzen schwarzen Bürstenhaarschnitt, Kommandant der französischen wissenschaftlichen Spezialeinheit, mangelte es derart an Vorstellungsvermögen für alles, was ihn nicht selbst betraf, dass er lachte, als er von der Katastrophe im Hauptquartier erfuhr. Es machte ihm wenig aus, dass Paris brannte. Seine Eltern und Geschwister lebten in Caudebec; und die einzige Geliebte, die er je gehabt hatte, und das nur um seine sexuellen Bedürfnisse zu befriedigen, war ein Mädchen in Rouen. Er schlug seinem Kopiloten auf die Schulter. »Nun«, sagte er, »gibt es nichts mehr auf Erden, das uns davor zurückhalten könnte, nach Berlin zu fliegen und es denen mit gleicher Münze heimzuzahlen … Strategie und Staatsräson – das ist vorbei … Komm, alter Junge, wir werden diesen alten Weibern zeigen, was wir tun können, wenn sie uns das Denken überlassen.«

Er führte ein fünf Minuten dauerndes Telefongespräch, ging auf den Hof des Schlosses, in dem er untergebracht war, und rief nach seinem Wagen. Die Sache musste rasch erledigt werden, denn bis zur Dämmerung blieben kaum noch eineinhalb Stunden. Er blickte zum Himmel auf und bemerkte befriedigt eine schwere Wolkenbank am blassen östlichen Horizont.

Er war ein ungeheuer gerissener junger Mann, und seine Geräte und Flugzeuge standen im ganzen Land verteilt, in Scheunen versteckt, mit Heu bedeckt, im Wald verborgen. Nicht einmal ein Falke hätte sie entdecken können, ohne in die Schussweite eines Gewehres zu geraten. Aber in dieser Nacht brauchte er nur eines von den Flugzeugen. Es stand voll einsatzbereit unter einer Plane vor zwei Heuschobern ein paar Kilometer entfernt; er würde mit nur einem Mann Begleitung nach Berlin fliegen. Zwei Mann genügten für sein Vorhaben …

Und er führte mit sich das schwarze Zusatzstück zu all den Geschenken, die die Wissenschaft der unverbesserlichen Menschheit aufgedrängt hatte, das Geschenk der Zerstörung, und er war eher waghalsig als mitfühlend …

Sein Gesicht unter dem dunklen Haarschopf zeigte leicht negroide Züge. Er lächelte wie jemand, dem das Glück hold ist und den große Freuden erwarten. Seine Stimme, mit der er Befehle gab, war ungewöhnlich klangvoll, mit einem vergnügten Unterton, und er unterstrich seine Bemerkungen mit Gesten seiner langfingrigen, behaarten und ausgesprochen großen Hände.

»Wir werden es denen mit gleicher Münze heimzahlen«, sagte er. »Wir werden es ihnen schon zeigen. Wir haben keine Zeit zu verlieren, Jungs …«

Und bald jagte das atomgetriebene Flugzeug lautlos wie ein tanzender Sonnenstrahl über die Wolkenbänke zwischen Westfalen und Sachsen dahin, gesteuert nach seinem phosphoreszierenden Kreiselkompass, jagte wie ein Pfeil direkt in das Herz der mitteleuropäischen Feinde.

Es flog nicht sehr hoch; es hielt sich ein paar hundert Meter über der aufgetürmten dunklen Wolkenschicht, die die Welt verdeckte, jederzeit bereit, in ihre feuchte Finsternis hinabzutauchen, falls sich ein feindlicher Flieger zeigen sollte. Konzentriert richtete der junge Pilot seine Aufmerksamkeit teils auf die richtungweisenden Sterne über sich, teils auf die wogenden Schwaden unter sich, die ihm den Blick auf die Erde verwehrten. Über weite Strecken lagen die Wolkenschichten so gleichförmig da wie ein erstarrter Lavastrom und fast ebenso ruhig, dann wieder wurden sie geteilt von ausgefransten, die Sicht freigebenden Zonen, durchbrochen von aufgeklarten Schluchten, aus deren Tiefen verschwommene Fleckchen Erde heraufleuchteten. Einmal erkannte er ganz deutlich die Konturen eines großen, durch seine Lampen und Signallichter scharf umrissenen Bahnhofs, und einmal, durch bläulichen Rauch hindurch, die Flammen eines brennenden Heuschobers neben irgendeinem großen Hügel. Aber auch wenn er die Welt nicht sah, so verriet sie sich doch durch ihre Geräusche. Durch die Wolkendecke drang das tiefe Rattern von Zügen, das Quäken von Autohupen, Gewehrfeuer weit entfernt im Süden, und als er seinem Ziel näher kam, das Krähen von Hähnen …

Der bisher sternenübersäte Himmel über den deutlichen Horizonten dieses Wolkenmeers verblasste im Licht der von Osten heraufkommenden Dämmerung. Die Milchstraße wurde in dem Blau unsichtbar, und die kleineren Sterne verschwanden. Das Gesicht des Abenteurers am Steuerknüppel zeigte im grünlich schimmernden Licht des Kompasses etwas von der ruhigen Schönheit, die die Konzentration auf ein Vorhaben verleiht, und auch etwas von dem Glück eines dummen Kindes, das endlich der Streichhölzer hatte habhaft werden können. Sein Begleiter, ein wenig fantasievoller Bursche, saß mit weit gespreizten Beinen auf der sargähnlichen Kiste, in deren Abteilungen die drei Atombomben schlummerten, die neuen Bomben, die unablässig weiter explodierten, und die noch niemand in Aktion erlebt hatte. Bisher war Carolinum, ihr Hauptbestandteil, nur in minimalen Mengen getestet worden, und das in Stahlkammern mit einem Schutzmantel aus Blei. Der Mann dachte nur an die Zerstörungskraft, die in dem schwarzen Behälter zwischen seinen Beinen schlummerte, und an die ihm erteilten Befehle, die exakt auszuführen er fest entschlossen war. Sein adlerartiges Profil vor dem sternenhellen Himmel drückte nur abgrundtiefe Verdrossenheit aus.

Als sie der mitteleuropäischen Hauptstadt näherkamen, wurde der Himmel über ihnen klarer.

Bis hierher hatten sie außergewöhnliches Glück gehabt und waren von keinem Flugzeug angegriffen worden. Die Grenzaufklärer mussten sie in der Nacht passiert haben; vermutlich flogen diese meist unterhalb der Wolkendecke; die Welt war groß, und sie hatten das Glück gehabt, keinem hochfliegenden Nachtjäger in die Nähe zu kommen. Ihre Maschine trug einen blassgrauen Anstrich und hob sich kaum von der Wolkendecke unter ihr ab. Aber nun, als die aufgehende Sonne den Osten rötete, war Berlin nur mehr ein paar Kilometer entfernt, und das Glück der Franzosen hielt an. Ganz allmählich lösten sich die Wolken unter ihnen auf …

Nordöstlich, in einem wolkenlosen Kessel voll Helligkeit und noch in nächtlicher Beleuchtung strahlend, lag Berlin. Mit dem linken Zeigefinger fuhr der Pilot auf dem glimmerbeschichteten Stadtplan, neben seinem Steuerknüppel über die eingetragenen Straßen und offenen Plätze. Da rechts erweiterte sich die Havel zu einer Reihe von Seen; in der Nähe dieses Waldes musste

Spandau liegen; hier teilte sich der Fluss an der Insel bei Potsdam; und hier geradeaus lag Charlottenburg, durchzogen von einer breiten Hauptverkehrsstraße, die, wie ein Markierungspfeil direkt auf das Reichshauptquartier wies. Da, die ebene Fläche, war der Tiergarten; dahinter erhob sich das Schloss, und die hohen Gebäude rechts, diese beflaggten, mastenbesetzten Dächer mussten die Amtsräume des mitteleuropäischen Generalstabs sein. Im ersten Licht der Morgenröte standen sie in kalter und farbloser Klarheit da.

Mit einem Ruck hob er den Kopf, als aus dem Nichts ein brummendes Geräusch kam und rasch lauter wurde. Aus sehr großer Höhe stieß ein deutsches Flugzeug auf sie herab, um sie anzugreifen. Er gab dem verdrießlichen Mann hinter sich mit dem linken Arm ein Zeichen, fasste dann seinen kleinen Steuerknüppel mit beiden Händen, beugte sich vor und drehte den Hals, um nach oben zu schauen. Aufmerksam, aufs Äußerste gespannt, beobachtete er die Maschine der Gegner, doch schätzte er deren Gefährlichkeit nicht sehr hoch ein. Kein lebender Deutscher, ja nicht einmal der beste Franzose, dessen war er sich sicher, konnte es flugtechnisch mit ihm aufnehmen. Er erwartete, dass sie wie Falken auf ihn herabstießen, aber diese Männer kamen hungrig nach einer langen Nacht aus der bitteren Kälte da oben; sie flogen schräg auf ihn zu, wie ein von müder Hand geschwungenes Schwert, aber nicht schnell genug, um zu verhindern, dass er wegtauchte und sich zwischen sie und Berlin schob. Als sie noch etwa eineinhalb Kilometer entfernt waren, riefen sie ihn in deutscher Sprache über ein Megaphon an. Die Worte erreichten ihn unterbrochen von Fetzen misstönender Geräusche. Dann, alarmiert durch ein grimmiges Schweigen, jagten sie ihm im Sturzflug nach, etwa hundert Meter über und ein paar hundert Meter hinter ihm. Sie begriffen allmählich, wen sie vor sich hatten. Er achtete nicht mehr auf sie und konzentrierte sich auf die Stadt vor ihm, und eine Weile lang flogen die Flugzeuge hintereinander her …

Eine Kugel pfiff neben dem Flugzeug durch die Luft, mit dem Geräusch zerreißenden Papiers. Eine zweite folgte. Irgendetwas schlug an die Maschine.

Es war Zeit zu handeln. Die breiten Straßen, der Park und das Schloss unter ihnen kamen rasch näher.

»Fertig!«, rief der Pilot.

Das hagere Gesicht des Bombenschützen verhärtete sich grimmig, und mit beiden Händen hob er die große Atombombe aus ihrem Gehäuse und stabilisierte sie seitlich an der Maschine. Sie war eine schwarze Kugel von siebzig Zentimeter Durchmesser. Zwischen ihren Handgriffen befand sich ein kleiner Zelluloidknopf, den er mit seinen Zähnen lockern musste, damit Luft in das Kugelinnere strömte. Nachdem er sich vergewissert hatte, dass sich der Knopf in Reichweite befand, blickte er aus dem Flugzeug, schätzte Geschwindigkeit und Entfernung, beugte sich blitzschnell vor, löste die Sperre mit den Zähnen und warf die Bombe ab.

»Da fliegt sie«, flüsterte er unhörbar.

Die Bombe flammte in der Luft blendend rot auf und stieß im Fallen eine spiralige Flammensäule gleich einem Wirbelsturm aus. Die beiden Flugzeuge wurden wie Federbälle durch die Luft nach oben geschleudert und seitlich weggedrückt; und der Pilot kämpfte mit glänzenden Augen und zusammengebissenen Zähnen in weiten schrägen Kurven um das Gleichgewicht. Der hagere Mann klammerte sich mit Händen und Füßen an; seine Nasenflügel bebten und seine Zähne gruben sich in die Lippen. Er war gut festgeschnallt …

Als er wieder nach unten sehen konnte, war ihm, als blickte er in den Krater eines kleinen Vulkans. In dem öffentlichen Park vor dem Schloss spie ihnen plötzlich ein schauderhafter, dröhnend greller Stern Rauch und Flammen entgegen, als wollte er sie anklagen. Sie waren schon zu hoch, um Menschen zu erkennen, oder welchen Effekt die Bombe auf das Gebäude hatte, bis plötzlich dessen Fassade abzubröckeln begann und sich im Feuer auflöste, wie Zucker im Wasser. Der Mann starrte einen Augenblick lang hinunter, entblößte die Reihe seiner langen Zähne, rappelte sich soweit auf, wie es seine Gurte erlaubten, hob eine zweite Bombe hoch und schickte sie der anderen hinterher.

Diesmal erfolgte die Explosion direkt unterhalb des Flugzeuges und katapultierte es seitlich nach oben. Aus dem umkippenden Gehäuse rollte die dritte Bombe, und der Schütze wurde vornüber auf sie geschleudert, sodass er mit dem Gesicht dem Zelluloidknopf nahe kam. Er packte die Griffe und zog in plötzlicher Entschlossenheit den Knopf heraus, damit ihm das Ding nicht entkam. Bevor er sie jedoch über Bord werfen konnte, sackte der Eindecker seitlich weg. Alles geriet ins Rutschen. Instinktiv suchte er einen Halt und hielt die Bombe mit seinem Körper an ihrer Stelle.

Dann explodierte auch diese Bombe, und der Pilot, der Schütze und das ganze Flugzeug waren nur noch auseinanderfliegende Fetzen und Splitter und feuchte Brocken. Eine dritte Flammensäule stürzte wirbelnd auf die zerstörten Gebäude hinab …

Noch nie zuvor in der Kriegsgeschichte hatte es ein Sprengmittel mit kontinuierlicher Detonation gegeben; bis in die Mitte des 20. Jahrhunderts waren nur Sprengstoffe bekannt gewesen, deren Wirkung auf ihrer einmaligen unmittelbaren Detonation beruhte, und die Atombomben, die die Wissenschaft in dieser Nacht gezündet hatte, waren selbst den Männern, die sie abwarfen, fremd. Die Bombe der Alliierten bestand aus einem Klumpen reinen Carolinums mit einer Beschichtung aus unoxidiertem Cydonator, luftdicht eingeschlossen in einen Membranium-Mantel. Zwischen den Handgriffen, mit denen man die Bombe hochhob, war ein kleiner Zelluloidknopf so angebracht, dass er leicht herausgezogen werden konnte. Dann strömte Luft zum Zündstoff, der sogleich den radioaktiven Zerfall in den äußeren Schichten des Carolinumkernes in Gang setzte. Die frei werdende Energie sprengte die Hülle und ließ mehr Luft zum Zündstoff strömen, wodurch die Bombe innerhalb weniger Minuten zu einem auf lange Zeit Flammen speienden Feuerball wurde. Die mitteleuropäischen Bomben beruhten auf einem ähnlichen Prinzip, nur waren sie größer und weit komplizierter konstruiert.

In der bisherigen Kriegsgeschichte hatten die Geschosse und Raketen nur einmalig explodierende Sprengstoffe enthalten. In einem Augenblick war ihre Wirkung verpufft, und wenn sich weder Menschen noch wertvolle Objekte in Reichweite ihrer umherfliegenden Splitter befanden, waren sie vergeudet und erledigt. Aber Carolinum, das zur Betagruppe der von Hyslop als »Langzeitexplosivstoffe« bezeichneten Elemente gehörte, setzte nach Beginn des Zerfallprozesses immer neue wilde Energiemengen frei, und nichts konnte diesen Prozess stoppen. Von allen künstlich aus Hyslop erzeugten Elementen war Carolinum das aktivste und höchst gefährlich in seiner Herstellung und Handhabung. Seine Halbzeit, wie es die Chemiker zu Beginn des 20. Jahrhunderts nannten, betrug siebzehn Tage, das heißt, dass die Hälfte der in seinen Atomen schlummernden Energiemenge im Zeitraum von siebzehn Tagen frei wurde, in weiteren siebzehn Tagen die Hälfte des Restes und so weiter. Und wie andere radioaktive Substanzen ist die Energiemenge des Carolinums nie völlig erschöpft, auch wenn sie alle siebzehn Tage halbiert und so bis ins Unendliche verringert wird, sodass die Schlachtfelder und gebombten Bereiche dieser schrecklichen Zeit radioaktiv verseucht und Zentren gefährlicher Strahlen bleiben …

Wenn der Zelluloidknopf gezogen wurde, begann der Zündstoff zu oxidieren und wirksam zu werden. Dann setzte an der

Oberfläche des Carolinums der Zerfallsprozess ein. Dieser Zerfallsprozess griff nur langsam auf das Innere über. In den ersten Augenblicken nach der Zündung reagierten nur die Randzonen und der Kern blieb inmitten von Flammen und Getöse inaktiv. Die Bombe erreichte den Erdboden im Wesentlichen in festem Zustand, schmolz Erde und Steine und bohrte sich tief in den Untergrund. Dann, wenn immer mehr Carolinum aktiv wurde, entwickelte sie sich zu einem tobenden, Energiemassen speienden Krater, der in höchst kurzer Zeit einem kleinen Vulkan glich. In der Enge dieses Kraters fraß sich das Carolinum weiter in den Boden und schleuderte ein brodelndes Gemisch von geschmolzener Lava und überhitztem Dampf hoch. Die ungeheure flammende Eruption hielt je nach Größe und Zerfallsgeschwindigkeit der Bombe Jahre, Monate oder Wochen an. Einer einmal geworfenen Bombe konnte man sich nicht nähern, bis ihre Energie fast erschöpft war. Sie spie aus dem Krater, den sie aufgerissen hatte, in einem weiten Radius hochaufschießend, weiß glühende Dämpfe und höchst gefährliche, mit Carolinum gesättigte Brocken von Stein und Schlamm, die jeweils wieder ein Zentrum sengender und vernichtender Energie bildeten.

Das war der krönende Triumph der militärischen Wissenschaften, der letzte Sprengstoff, der den Krieg entscheiden sollte …

5

Jüngst hat ein Historiker die Welt jener Zeit beschrieben, als eine, die »an festgefügte Werte glaubte und den augenfälligen Tatsachen gegenüber völlig blind war«.

Sicher erscheint uns heute im Rückblick auf die zweite Hälfte des 20. Jahrhunderts nichts einleuchtender als die Schlussfolgerung, dass die Entwicklung der Dinge einen Krieg in Kürze unmöglich machen würde. Und ebenso sicher erkannten dies die Menschen damals nicht. Sie erkannten es erst, als die Atombomben in ihren tapsenden Händen explodierten. Aber jedem vernünftigen Mann mussten die unübersehbaren Tatsachen aufgefallen sein. Während des ganzen 19. und 20. Jahrhunderts war das Ausmaß an Energie, die den Menschen zur Verfügung stand, andauernd gewachsen. Nicht gewachsen war hingegen die Fähigkeit, sich dagegen zu schützen. Jede Art von passiver Verteidigung, von Schutzmaßnahmen, Befestigungen und so weiter wurde durch die erschreckende Zunahme der Vernichtungsgewalt zwecklos. Die Mittel zur Zerstörung waren so einfach zu handhaben, dass sie jede kleine Gruppe von Unzufriedenen einsetzen konnte. Dies hatte revolutionäre Auswirkungen auf Exekutive und innerstaatliche Gegebenheiten. Vor dem letzten Krieg war es jedem selbstverständlich, dass ein Mann in seiner Tasche schlummernde Energie mit sich trug, die eine halbe Stadt verwüsten konnte. Diese Tatsache war niemanden verborgen, selbst die Kinder auf den Straßen wussten davon.

Und doch war die Welt immer noch, wie die Amerikaner es nannten, »wie vernagelt« vor Egoismus und Kriegslüsternheit.

Nur wenn sie sich diese tiefe, diese absurde Aufspaltung der Menschen – auf der einen Seite in Wissenschaftler und Intellektuelle und auf der anderen die politisierenden Anwälte – klarmachen, können die Nachgeborenen hoffen, diesen festgefahrenen Stand der Verhältnisse zu begreifen. Es gab bereits eine große Zahl aktiver intelligenter Männer und viele private und kommerzielle Organisationen, aber die Allgemeinheit war im Wesentlichen ohne Ziel, ungebildet und desorientiert bis zum Stumpfsinn. Die kollektive Zivilisation, der »Moderne Staat« schlummerte noch im Schoße der Zukunft …

6

Aber lassen Sie mich zu Frederick Barnets »Wanderjahren« zurückkehren, die von den Erfahrungen eines einfachen Mannes während des Krieges berichten. Während über Paris und Berlin die erschreckenden Folgewirkungen wissenschaftlicher Forschung hereinbrachen, war Barnets Kompanie in Belgien eifrig damit beschäftigt, sich zu verschanzen.

In lebhaften Farben schildert er die Mobilisierung und die sommerliche Fahrt durch das nördliche Frankreich und die Ardennen. Das Land lag im warmen Sonnenschein, die Bäume zeigten schon die ersten herbstlichen Verfärbungen und der Weizen war bereits gelb. Als der Zug in Hirson eine Stunde hielt, kamen Männer und Frauen mit Trikolore-Armbinden auf den Bahnsteig und verteilten Backwerk und Bier an die durstigen Soldaten. Man war bester Laune. »Das Bier war so gut und so kalt«, schrieb er. »Ich hatte seit Epson nichts gegessen oder getrunken.«

Einige Eindecker kreisten »wie riesige Schwalben«, vermerkt er, im rötlichen Abendhimmel.

Barnets Bataillon wurde in die Nähe von Sedan, nach Virton, kommandiert. Von dort marschierten sie zu einer Stelle im Wald an der Bahnstrecke nach Zemelle. Hier machten sie halt und biwakierten, die ganze Nacht gestört durch die vorbeifahrenden Züge, und am nächsten Tag ging es in der kalten trüben Morgendämmerung ostwärts durch weites, gelegentlich von Wäldchen unterbrochenes Ackerland in Richtung Arlon. Immer mehr Wolken zeigten sich am Himmel, und schließlich kam Wind auf.

Zwischen St. Hubert und Virton wurde die Infanterie eingesetzt, eine Verschanzung zu bauen, bestehend aus getarnten Gräben und Schützenlöchern, um einen Angriff aus dem Osten auf die Befestigungen an der Mosel zu verzögern und aufzuhalten. Die Befehle waren ausgegeben, und die Männer arbeiteten zwei Tage lang, ohne einen Feind zu Gesicht zu bekommen und auch ohne eine Ahnung zu haben, welche Katastrophe die europäischen Armeen führerlos gemacht und den Westen von Paris wie das Zentrum von Berlin in ein flammendes Inferno, vergleichbar mit dem Untergang von Pompei, verwandelt hatte.

Und als die Nachricht davon eintraf, hatte sie viel von ihrem Schrecken verloren. »Wir hörten, dass es einen Luftangriff auf Paris gegeben hatte«, berichtet Barnet. »Aber dies schloss nicht aus, dass ›die da oben‹ immer noch irgendwo ihre Pläne ausarbeiteten und Befehle erteilten. Als sich in den Wäldern vor uns der Feind zeigte, schrien wir ›Hurra!‹, und schossen wie wild drauflos und dachten nur an das augenblickliche Gefecht. Wenn ab und zu einer den Kopf hob, um zu sehen, was sich in der Luft tat, brachte ihn das Pfeifen einer Kugel rasch wieder in die Horizontale zurück …

Die Schlacht hielt in dem ganzen Bereich zwischen Löwen im Norden und Longwy im Süden drei Tage lang an. Es war hauptsächlich ein Infanteriegefecht. Die Flugzeuge scheinen etliche Tage lang nicht entscheidend in das Kampfgeschehen eingegriffen zu haben, obgleich sie zweifellos die Strategie von Anfang beeinflussten, indem sie Überraschungsangriffe verhinderten. Es waren atomgetriebene Flugzeuge, aber sie waren weder mit Atombomben bestückt, die offenbar für eine Feldschlacht nicht geeignet waren, noch verfügten sie über irgendwelche anderen wirksamen Bomben. Und obwohl sie einander auszumanövrieren trachteten und es zwischen ihnen gelegentlich einen Schusswechsel gab, kam es nie zu einem eigentlichen Luftkampf. Entweder scheuten die Piloten derartige Auseinandersetzungen oder die Befehlshaber beider Seiten zogen es vor, diese Maschinen ausschließlich für Aufklärungsflüge einzusetzen …

Nach einigen Tagen Schanzarbeit und Vorbereitungen fand sich Barnet in vorderster Front. Er hatte die Schützenlöcher entlang der Kante eines tiefen trockenen Grabens angelegt, sodass eine Verbindungslinie gewährleistet war. Den Erdaushub hatte er in der Nähe verteilt und sein Werk mit Büscheln von Getreide und Klatschmohn getarnt. Der feindliche Angriff kam vollkommen unerwartet über die Felder vor ihnen und wäre sehr schwer aufzuhalten gewesen, hätte nicht jemand von rechts her sogleich das Feuer eröffnet.

»Es war seltsam erregend, als diese Burschen in Sicht kamen«, gesteht er, »und ganz anders als bei Manövern. Sie sammelten sich zuerst am Waldrand und stürmten dann in breiter Front in unsere Richtung vor, schauten dabei aber nicht zu uns, sondern nach rechts. Selbst als die ersten schon von Kugeln getroffen wurden und die aufrüttelnden Pfiffe der Offiziere ertönten, schienen sie uns nicht entdeckt zu haben. Ein oder zwei machten halt, um zu feuern, dann zogen sich alle wieder in den Wald zurück. Sie bewegten sich erst langsam, warfen Blicke hinter sich, dann schien sie der Schutz des Waldes zu schnellerem Tempo anzutreiben. Ich schoss eher mechanisch und fehlte, schoss ein zweites Mal, dann wollte ich ernsthaft treffen, und zielte sehr sorgfältig über Kimme und Korn auf den blauen Rücken eines Mannes, der durch das Getreide stapfte. Erst bekam ich ihn nicht vor den Lauf und drückte nicht ab, denn seine Bewegungen waren ruckartig und unberechenbar; dann kam er vermutlich zu einem Graben oder einem ähnlichen Hindernis und blieb für einen Augenblick stehen. ›Jetzt hab' ich dich‹, flüsterte ich und schoss.

Dieser Mann löste in mir die seltsamsten Empfindungen aus. Zunächst, als ich ihn getroffen zu haben glaubte, platzte ich fast vor Freude und Stolz …

Dem hatte ich's gegeben. Er machte einen Sprung und warf die Arme in die Luft …

Dann sah ich die Ähren schwanken und entdeckte, dass er sich noch bewegte. Plötzlich stieg Übelkeit in mir hoch. Ich hatte ihn nicht getötet …

Er war verletzt und außer Gefecht gesetzt, doch er konnte sich noch bewegen. Ich begann nachzudenken …

Nahezu zwei Stunden lang röchelte der Preuße im Kornfeld. Entweder schrie er um Hilfe, oder jemand rief ihm etwas zu …

Dann raffte er sich auf – schien mit letzter Kraft zu versuchen, auf die Beine zu kommen, fiel wie ein Sack um, lag still und rührte sich nicht mehr.

Der Anblick war unerträglich, und ich glaube, jemand hat ihn totgeschossen. Ich hatte selbst eine Weile mit dem Gedanken gespielt …«

Der Feind begann die Schützenlöcher aus der Deckung heraus, die er sich im Wald gebaut hatte, zu beschießen. Ein Mann in Barnets nächster Nähe wurde getroffen und begann in rasender Wut zu schreien und zu fluchen. Barnet kroch zu ihm und fand ihn schmerzverzerrt, blutüberströmt und voller Erbitterung. Die Hälfte seiner rechten Hand war nur noch ein Brei. »Schauen Sie sich das an«, wiederholte er immer wieder und hielt Barnet die Hand hin. »Verdammter Mist! Verdammter Mist! Meine rechte Hand, Sir! Meine rechte Hand!«

Eine Zeit lang musste Barnet ihn gewähren lassen. Den Mann hatte die qualvolle Erkenntnis der absurden Schändlichkeit von Kriegen überwältigt, eine Erkenntnis, die ihn plötzlich überkommen war, als die Kugel seine Geschicklichkeit und Tauglichkeit als Handwerker für immer zunichte gemacht hatte. Er schaute auf die Überreste seiner Hand mit einem Grausen, das jede andere Regung erstickte. Schließlich ließ der arme Kerl doch zu, dass Barnet ihm den blutenden Stumpf verband und ihn durch den Graben aus der Feuerzone hinausschleppte …

Als Barnet zu seinen Männern zurückkam, verlangten sie schon dringend nach Wasser, und den ganzen Tag über litten alle im Schützengraben unter heftigem Durst. Ihr Essen bestand aus Schokolade und Brot.

»Anfänglich«, schreibt er, »war ich durch meine erste Feuertaufe höchst angeregt. Dann, als der Tag immer heißer wurde, empfand ich ungeheure Langeweile und Unmut. Die Fliegen wurden äußerst lästig, und später überfielen mich Scharen von Ameisen in meinem flachen Schützenloch. Ich konnte nicht aufstehen und fortgehen, denn jemand hätte mich von einem Baum aus aufs Korn genommen. Ich dachte andauernd an den toten Preußen im Kornfeld und an die bitteren Flüche meines eigenen Mannes. Verdammter Wahnsinn! Es war ein verdammter Wahnsinn. Aber wer trug Schuld daran? Wie waren wir da hineingeraten? …

Am frühen Nachmittag versuchte ein Flugzeug uns mit Dynamitbomben zu vertreiben, aber es wurde ein oder zwei Male von Kugeln getroffen und stürzte plötzlich zwischen den Bäumen ab.

›Von Holland bis zu den Alpen‹, dachte ich, ›müssen eineinhalb Millionen Männer kauern und liegen und danach trachten, einander unheilbare Verletzungen zuzufügen. Das Ganze ist verrückt bis zur Unmöglichkeit, ein Alptraum. Jeden Augenblick werde ich daraus erwachen …‹

Dann nahm dieser Satz in meinen Gedanken von selbst eine andere Bedeutung an: Jeden Augenblick wird die Welt daraus erwachen.

Ich überlegte, wie viele Tausende von Männern unter den Hunderttausenden waren, deren Geist gegen diese alten Traditionen von Fahnentreue und Vaterland rebellierten. Standen wir nicht vielleicht bereits unmittelbar vor der letzten Krise, im dunkelsten Augenblick des schrecklichen Alptraumes, bevor der Schläfer es nicht mehr erträgt – und erwacht?

Ich weiß nicht, zu welchem Schluss ich in meinen Grübeleien kam. Ich glaube, ich kam zu keinem Schluss, sondern wurde vielmehr durch das ferne Donnern von Geschützfeuer, mit dem die Beschießung von Namur begann, abgelenkt.«

7

Doch bis jetzt hatte Barnet nur den bescheidenen Beginn eines modernen Krieges erlebt. Bisher war er nur an einer kleinen Schießerei beteiligt gewesen. Ein Bajonettangriff, der die vorgeschobene Linie durchbrach, fand mehr als dreißig Kilometer entfernt bei einem Ort namens Croix Rouge statt, und in dieser Nacht gab man die Schützengräben auf, und er und seine Kompanie konnten sich in der Dunkelheit unbehelligt und ohne weitere Verluste zurückziehen.

Sein Regiment marschierte ungehindert hinter den Verschanzungen zwischen Namur und Sedan zu einem Ort namens Mettet und von dort nordwärts über Antwerpen und Rotterdam nach Haarlem. Von hier wurde es weiter in den Norden Hollands verlegt. Erst nach diesem Marsch durch Holland wurde er sich über das ganze Grauen des Krieges klar, in dem er eine unmaßgebliche Statistenrolle spielte.

Er beschreibt recht anschaulich den Weg über die Hügel und Ebenen von Brabant, das mehrfache Übersetzen über Nebenarme des Rheins und den Wechsel der Szenerie von der belgischen Hügellandschaft zu den ebenen fruchtbaren Wiesen, den sonnigen Deichstraßen und zahllosen Windmühlen Hollands. In jenen Tagen war das Land von Alkmaar und Leiden bis zur Mündung der Ems unversehrt. Drei große Provinzen, Südholland, Nordholland und der Zuiderseebereich, zu verschiedenen Zeiten zwischen dem frühen 10. Jahrhundert und 1945 dem Meer abgewonnen und alle metertief unter dem Spiegel der Wogen außerhalb der Deiche, boten ihre üppigen Polder den Strahlen der nördlichen Sonne dar und nährten eine zahlreiche und fleißige Bewohnerschaft. Ein ausgeklügeltes Netz von Gesetzen, Gewohnheitsrechten und Tradition gewährleistete die ständige Wachsamkeit und Verteidigungsbereitschaft gegen die anstürmende See. Weit über dreihundert Kilometer erstreckte sich zwischen Walcheren und Friesland, von aller Welt bewundert, die Linie der Dämme und Pumpstationen.

Wäre einem neugierigen Gott der Sinn danach gestanden, den Verlauf der Ereignisse in diesen nördlichen Provinzen zu verfolgen, während die Briten durch das Land marschierten, er hätte einen bequemen Beobachtungsplatz auf einer der großen Kumuluswolken gefunden, die während dieser ereignisreichen Tage vor der großen Katastrophe langsam über den blauen Himmel zogen. Denn es war heiß und klar und nur eine Spur dunstig. Dieser Gott hätte auf weite sonnenbeschienene Wiesen hinabgeblickt, über die nur gelegentlich Wolkenschatten zogen, auf Wasserflächen, in denen sich der Himmel spiegelte und die gesäumt und durchzogen waren von Weiden und silbrigen Wasserpflanzen, auf die weiß schimmernden Straßen im hellen Sonnenlicht dazwischen, und auf das Netzwerk blauer Kanäle. Auf den Wiesen weideten Kühe, auf den Straßen herrschte ein lebhafter Verkehr von Tieren, Fahrrädern und bunt gefärbten Automobilen der Bauern, in den Kanälen schwammen unzählige Motorbarken und wetteiferten mit dem dichten Straßenverkehr. Und überall, vereinzelt zwischen Heuschobern und Scheunen, in Gruppen neben den Straßen, in abgelegenen Dörfern mit hübschen alten Kirchen, oder in größeren, von Kanälen durchzogenen Städten mit vielen Brücken und gestutzten Bäumen, standen menschliche Behausungen.

Die Bevölkerung dieses Landes war nicht streitsüchtig. Hollands Interessen und Sympathien waren so verteilt, dass es sich schließlich im Krieg der Weltmächte weder auf die eine noch auf die andere Seite schlug und passiv blieb. Und überall längs der Straßen, auf denen die Armeen marschierten, standen in

Grüppchen oder in Haufen unparteiische Beobachter, Kinder und Frauen in ihren weißen Hauben und altertümlichen Holzschuhen und ältere glatt rasierte Männer, die ruhig und nachdenklich an ihren langen Tonpfeifen zogen. Sie hatten keine Angst vor den Eindringlingen; die Tage, in denen »Soldatentum« gleichbedeutend war mit Banden liederlicher Plünderer, lagen weit zurück …

Der Beobachter in den Wolken hätte zahlreiche Männer in Khaki-Uniformen und grau gestrichenes Kriegsmaterial über das ganze holländische Tiefland verteilt gesehen. Auch hätte er lange, mit großen Kanonen oder anderem Kriegsmaterial beladene Züge sowie Truppentransporte, die sich wegen der stets befürchteten Angriffe nur langsam bewegten, auf den nach Norden führenden Schienensträngen wahrgenommen. Er hätte Schelde und Rhein voller Schiffe gesehen, die immer mehr Menschen und Material ausspien, hätte Rastplätze und Vorratslager und Landeplätze gesehen, auch die langen geschäftigen Raupenfahrzeuge der Kavallerie und Infanterie, die niedrigen Gepäckswagen, die riesigen Lafetten großer Geschütze, alle langsam zwischen den Weiden über die Dämme nach Norden strebend, auf Straßen, die von Neutralen gesäumt waren, und unbehindert durch die unschlüssig zusehenden Holländer. Alle Barken und Schiffe auf den Kanälen waren für die Transporte beschlagnahmt worden. In dem klaren warmen Wetter musste das alles von hoch oben wie ein ausschweifendes Fest von belebten Spielzeugpuppen ausgesehen haben.

Als die Sonne im Westen sank, verschleierte ein zarter goldfarbener Dunst den Anblick ein wenig, das Bild wurde in eine wärmere Glut getaucht und bekam durch die länger werdenden Schatten eher das Aussehen eines Reliefs. Die Schatten der großen Kirchentürme erstreckten sich immer weiter, bis sie den Horizont erreichten und in der allgemeinen Dunkelheit untergingen; und dann, langsam und leise, die Welt allmählich in blauschwarze Tücher hüllend, kam die Nacht – erst nur mit ihrem Dunkel, dann mit schwach aufleuchtenden Punkten da und dort und schließlich mit ihrem ganzen nächtlichen Glanz von Hunderttausenden von Lichtern. In diesem Widerstreit von Dunkel und verstreuten Lichtern erhob sich das Geräusch unablässiger Aktivität, umso lauter und deutlicher, je beschränkter die Sicht wurde.

Vielleicht blieb der Beobachter in seinem dahintreibenden durchscheinenden Wolkensitz unter den Sternen die ganze Nacht hindurch wach; vielleicht schlummerte er ein. Wenn er aber diesem so natürlichen Verlangen nachgab, wurde er in der vierten Nacht dieses großen Flankenaufmarsches aufgeschreckt, denn das war die Nacht der großen Luftschlacht, die das Schicksal von Holland entschied.

Endlich kam es zum Kampf zwischen Flugzeugen. Plötzlich war rings um ihn, über und unter ihm, die Hölle los, mit Geschrei und Gedröhne aus allen vier Himmelsrichtungen, tobend, wild durcheinanderstürzend, hoch zum Zenit steigend und in die Tiefe stoßend, kamen sie, um die Millionen Menschen am Boden anzugreifen oder zu verteidigen.

Insgeheim hatten die europäischen Mittelmächte alle ihre Aeroplane zusammengezogen und warfen sie nun, wie ein Riese Zehntausende von Messern mit einer Hand schleudern würde, auf das holländische Tiefland. Und inmitten dieser Flugzeugschwärme waren fünf, die in rasender Fahrt zu den Deichen Hollands strebten. Sie trugen Atombomben. Vom Norden, Westen und Süden stiegen alliierte Flugzeuge zur Abwehr auf und stürzten sich auf diese unerwarteten Angreifer. So begann der Krieg in der Luft. Männer brausten in dieser Nacht durch die Luft, kämpften und fielen gleich Erzengeln. Der Himmel regnete Helden auf die erstaunte Erde. Sicherlich war diese letzte Schlacht der Menschheit die gewaltigste. Was war der wilde Schwerterkampf der homerischen Helden, was war der Angriff knarrender Streitwagen gegenüber diesem rasenden Vorwärtsstürmen, diesem schwindelerregenden Triumph, diesem ungestümen Hineinstürzen in den Tod?

Und dann fuhr mitten durch diesen Tumult von Duellen in den Lüften, der im leeren Raum zwischen den Lichtern auf dem Boden und den Sternen unablässig bebte und dröhnte und wogte, ein Sturm und ein Getöse lauter als Donner, als sich erst eine und dann mehrere immer länger werdende feurige Schlangen gierig auf die holländischen Deiche stürzten, zwischen Land und Meer niedergingen und wieder in ungeheuren Feuersäulen und grellroten Dampfwolken aufloderten.

Und blendende Helligkeit riss das kleine Land aus dem Dunkel, das stille und friedliche mit seinen Kirchtürmen und Bäumen, nun voll blanken Entsetzens, und das Meer stürzte wütend und rot schäumend wie eine Woge von Blut über es hinweg …

Durch die dicht bevölkerten Landstriche hallte ein fremder vielstimmiger Schrei und hastiges Sturmgeläute …

Die unversehrten Flugzeuge drehten ab und flohen aus dem Himmel darüber, als fühlten sie plötzlich Schuld auf sich …

Durch ein Dutzend lodernder Krater, die kein Wasser zu löschen vermocht hätte, stürzten sich die Wasserwogen auf das Land …

8

»Wir verfluchten unser Schicksal«, erzählt Barnet, »dass wir an diesem Abend unsere Quartiere in Alkmaar nicht erreichen konnten. Dort lagen, wie uns gesagt worden war, Vorräte, Tabak und alles, was wir dringend benötigten. Aber der Hauptkanal von Zaandam und Amsterdam war hoffnungslos von Schiffen verstopft, und wir waren froh, als wir durch eine Lücke im allgemeinen Gedränge in einem kleinen, vollkommen heruntergekommenen und überwucherten Hafen vor einem verlassenen Haus einlaufen konnten. Wir brachen in das Haus ein und fanden im Keller eine Tonne mit Heringen, einen Haufen Käse und Steinkrüge voll Gin; damit weckte ich die Lebensgeister in meinen hungrigen Männern. Wir machten Feuer, rösteten den Käse und grillten die Heringe. Keiner von uns hatte in den letzten vierzig Stunden geschlafen, und ich beschloss, bis zum Morgengrauen in diesem Refugium zu bleiben. Wenn dann der Schiffsverkehr immer noch stockte, wollte ich unsere Barkasse zurücklassen und zu Fuß das letzte Stück Weges nach Alkmaar marschieren.

Die Stelle, an der wir angelegt hatten, lag etwa hundert Meter vom Kanal entfernt, und unter einer kleinen Ziegelbrücke hindurch konnten wir die Schiffsansammlung auf dem Kanal sehen und die Stimmen der Soldaten hören. Dann kamen noch fünf oder sechs weitere Barkassen herein und legten neben der unseren an. Auf zweien von ihnen waren Soldaten vom Regiment Antrim, mit denen ich die gefundenen Vorräte teilte. Als Gegengabe erhielten wir Tabak. Westlich von uns erstreckte sich eine große Wasserfläche, und dahinter waren Häusergruppen und ein oder zwei Kirchtürme zu sehen. Da für so viele Männer auf der Barkasse kaum Platz war, ließ ich einige Trupps, insgesamt vielleicht dreißig oder vierzig Mann, am Ufer biwakieren. Damit das Mobiliar nicht beschädigt wurde, verbot ich das Betreten des Hauses und hinterlegte einen Schuldschein für die entnommenen Nahrungsmittel. Besonders froh waren wir über den Tabak und die Feuer, da uns zahlreiche Mücken umschwirrten.

Über dem Eingang des Hauses, aus dem wir uns verköstigt hatten, stand der Spruch: Vreugde bij Vrede – Freude und Friede – und alles sprach dafür, dass der Eigentümer Gemütlichkeit liebte und sich hier in Muße seinen Lieblingsbeschäftigungen gewidmet hatte. Ich ging durch den gepflegten, reizenden Garten voller großer Rosenbüsche und Hagebuttensträucher zu seinem anheimelnden kleinen Sommerhäuschen. Dort setzte ich mich nieder und sah den Männern zu, die in Gruppen am Ufer kochten und lagerten.

In den letzten zwei Wochen hatte ich alle Hände voll zu tun gehabt, die mir erteilten Befehle auszuführen. Die ganze Zeit hatte ich bis zur äußersten Grenze meiner geistigen und körperlichen Leistungsfähigkeit gearbeitet und mir nur in kurzen Momenten der Ruhe ein wenig Schlaf gegönnt. Nun lag diese köstliche, unerwartete Pause vor mir, ich konnte entspannt darüber nachdenken, was ich tat, und empfand, wie gewaltig und wunderbar alles war. Ich genoss die Zuneigung der Männer meiner Kompanie und war voll Bewunderung für ihre bereitwillige Unterordnung und Anpassung an die Erfordernisse unserer Aufgabe. Ich beobachtete ihr Verhalten und lauschte ihren munteren Gesprächen. Wie willig diese Männer doch waren! Wie bereit, meiner Führung zu gehorchen und sich uneingeschränkt dem gemeinsamen Ziel unterzuordnen! Ich dachte daran, wie mannhaft sie alle Strapazen und Mühen der letzten Wochen ertragen, sich abgehärtet und Kameradschaft geschlossen hatten, und wie viel Gutes trotz allem in unserem törichten menschlichen Wesen steckte. Denn sie waren ja nur eine zufällig zusammengewürfelte Gruppe – ihre Geduld und Bereitschaft wartete, wie die Energie des Atoms, auf den richtigen vernünftigen Einsatz. Wieder überkam mich mit überwältigender Macht die Erkenntnis, dass die Menschen vor allem eines nötig hatten, eine gute Führung, und dass es die dringendste Aufgabe war, eine solche Führung zu finden und die eigene Person im Blick auf das gemeinsame Ziel unseres Geschlechts zu vergessen. Wieder einmal sah ich das Leben klar vor mir …

Es ist sehr bezeichnend für diesen »eher dicklichen« jungen Offizier, der später dies alles in seinen »Wanderjahren« niederschrieb. Sehr bezeichnend auch für den Geisteswandel, in dem sich damals eine neue Epoche der Menschheitsgeschichte ankündigte.

Er berichtet weiter von der Loslösung von individualistischen Tendenzen durch Wissenschaft und Militärdienst und davon, dass er diesen »rettenden Weg« gefunden hätte.

All das war damals zweifellos sehr erregend und originell; heute erscheint es uns als das Selbstverständlichste im menschlichen Leben.

Die Glut des Sonnenunterganges verblasste, der letzte Dämmerschein wich dem Dunkel der Nacht. Die Feuer brannten heller, und ein paar Iren am anderen Ufer begannen zu singen. Aber Barnets Männer waren für solche Dinge zu müde, und bald lagen alle auf der Barkasse und am Ufer in Schlaf.

»Ich allein konnte anscheinend keine Ruhe finden. Vermutlich war ich übermüdet, und nach kurzem unruhigen Schlummer an der Steuerpinne der Barkasse schreckte ich hoch, hellwach und nervös …

In dieser Nacht schien Holland ausschließlich aus Himmel zu bestehen. Nur undeutlich waren die Dinge um uns zu erkennen, vielleicht ein Heuschober oder eine Reihe Pappeln, und über uns schwebte eine grenzenlose Weite. Noch war der Himmel leer. Aber irgendetwas an diesem Himmel beunruhigte mich vage.

Und dann wurde ich melancholisch. Ich entdeckte einen seltsam sorgenvollen und schicksalsergebenen Zug an den Schläfern rings um mich, an diesen Männern, die so weit marschiert waren und ihr geordnetes Leben zurückgelassen hatten, um an diesem verrückten Feldzug teilzunehmen, diesem Feldzug, der nichts brachte und alles verschlang, diesem sinnlosen Kampffieber. Ich erkannte, wie unbedeutend und hinfällig das Leben eines Menschen war, eine Beute des Zufalls, wie lächerlich unfähig der Einzelne war, selbst den allerbescheidendsten seiner Träume zu verwirklichen. Und ich fragte mich, ob es immer so sein würde, ob es dem Menschen bis zum letzten Tag seines Daseins versagt bleiben würde, sein Geschick in die eigene Hand zu nehmen und es nach seinem Willen zu gestalten. Vielleicht würde er immer liebenswürdig aber neidisch bleiben, strebsam aber unbeständig, begabt und unvernünftig impulsiv, bis seine Zeit auf Erden abgelaufen war …

Ich wurde aus diesen Gedanken aufgeschreckt, als mir plötzlich zu Bewusstsein kam, dass sich vom Nordosten her in großer Höhe ein Flugzeuggeschwader näherte. Die einzelnen Maschinen sahen aus wie schwarze Punkte im mitternächtlichen Blau. Ich erinnere mich, dass ich sie zuerst eher gleichgültig beobachtete – so wie man etwa einen Schwarm Vögel wahrnimmt. Dann erkannte ich, dass sie nur der äußerste Flügel einer großen Luftflotte waren, die sehr rasch von der Grenze her in breiter Front vorstieß, und schaute genauer hin.

Sofort als ich die ganze Flotte sah, wunderte ich mich, dass ich sie nicht schon früher bemerkt hatte.

Ich erhob mich leise, da ich meine Männer nicht wecken wollte, aber mein Herz schlug nun schneller vor Überraschung und Erregung. Ich lauschte angespannt, ob von der Front her das Knallen von Schüssen zu hören wäre. Fast instinktiv wandte ich mich Hilfe suchend nach Süden und Westen, und da sah ich, schon viel näher, als wären sie plötzlich aus der Dunkelheit aufgetaucht, drei Reihen von Aeroplanen ebenso rasch herankommen, eine Gruppe von Staffeln sehr hoch oben, die Hauptstreitmacht in einer Höhe von vielleicht drei- bis sechshundert Metern, und eine nicht feststellbare Anzahl schwer zu erkennender Tiefflieger. Die mittlere Schar flog so dicht aufgeschlossen, dass sie ganze Sternengruppen verdeckte. Und nun wurde mir klar, dass es zu einer Luftschlacht kommen würde.

Wie diese fast unsichtbaren Gegner hoch über den schlafenden Scharen rasch und geräuschlos aufeinander zustrebten, war äußert merkwürdig. Alle rings um mich schliefen noch; es gab bis jetzt keinerlei Anzeichen von Unruhe in den Schiffen auf dem Hauptkanal, der mit seinen arglos brennenden Lampen und Lagerfeuern am Ufer in seinem ganzen Verlauf von oben klar zu erkennen sein musste. Dann hörte ich weit entfernt aus der Richtung von Alkmaar Hornsignale, gefolgt von Schüssen und wilden Glockengeläute. Ich beschloss, meine Männer so lange wie möglich schlafen zu lassen …

Die Schlacht entwickelte sich mit traumähnlicher Schnelligkeit. Ich glaube nicht, dass mehr als fünf Minuten verstrichen von dem Augenblick, an dem ich die mitteleuropäische Luftflotte entdeckte, bis zu dem Zusammenprall mit der unseren. Ich sah ihre Silhouetten sich ganz deutlich gegen das helle Blau des nördlichen Himmels abheben. Die alliierten Flugzeuge – meist französische – stürzten wie ein wilder Regenschauer, oder besser noch wie ein Hagelsturm, auf den Kern der mitteleuropäischen Flotte. Es gab knatternde Geräusche – die ersten, die ich hörte –, vermutlich beginnender Schusswechsel. Leuchtspuren, ähnlich sommerlichen Blitzen – an Nordlichter erinnernd –, erhellten den Himmel, und dann entwickelte sich da oben, noch weitgehend geräuschlos, ein wildes Schlachtgewirr. Manche der mitteleuropäischen Flugzeuge wurden sicherlich von den Angreifern getroffen, andere waren offenbar schwer beschädigt und stürzten brennend ab, dass die Flammen einen geradezu blendeten und einem die Sicht auf die Schlacht raubten, so als wäre diese plötzlich dem Blickfeld entschwunden.

Und dann, während ich noch hinausstarrte und meine Augen mit der Hand vor dem grellen Licht zu schützen versuchte, und während sich meine Männer zu rühren begannen, wurden die Atombomben auf die Deiche geworfen. Sie fuhren mit einem gewaltigen Getöse herab, stürzten in die Tiefe wie Luzifer und hinterließen eine flammende Spur am Horizont. Die Nacht, die durchsichtig gewesen war und belebt von den tausend Einzelheiten dieser Ereignisse, schien plötzlich wie ausgelöscht, und nur noch der tiefschwarze Hintergrund dieser ungeheuerlichen Feuersäulen blieb zurück …

Dem Donner folgte ein heulender Sturm, und der Himmel füllte sich mit zuckenden Blitzen und dahinjagenden Wolken …

Der Aufschlag schien alles verwandelt zu haben. Eben noch war ich ein einsamer Beobachter in einer schlafenden Welt gewesen. Im nächsten Augenblick waren alle auf den Beinen, wach und in heller Aufregung …

Und dann erreichte mich ein Windstoß, riss mir die Kappe vom Kopf und mähte das Sommerhäuschen von Vreugde bij Vrede hinweg, wie eine Sense das Gras. Ich sah die Bomben fallen. Dann schoss aus jedem der Einschläge eine riesige, grell leuchtende Feuersäule hoch, und gewaltige Massen von rötlichem Dampf und fliegenden Trümmern verdeckten den Horizont. Der Feuerschein erhellte einen kilometerweiten Landstrich und ich erkannte Kirchen, Häuser und Bäume als schwarze Schatten. Und plötzlich begriff ich. Die mitteleuropäischen Mächte hatten die Deiche angegriffen, und diese lodernde Helle bedeutete, dass die Deiche geborsten waren, und dass das Meerwasser binnen Kurzem über uns hereinbrechen würde …«

Er schildert im Folgenden mit einer gewissen Weitschweifigkeit die von ihm unternommenen – unter den gegebenen Umständen sehr vernünftigen – Maßnahmen gegen diese furchtbare Katastrophe. Er beorderte seine Männer an Bord und verständigte die benachbarten Boote. Er schickte den als Maschinenmaat eingeteilten Offizier auf seinen Posten, ließ den Motor anwerfen und die Vertäuung lösen. Dann kümmerte er sich um die Verpflegung, ließ von fünf Mann noch ein paar Dutzend Käse aus dem Haus holen und nahm sie an Bord, ehe das Flutwasser heran war.

Er ist zu Recht stolz auf seine kaltblütige Handlungsweise. Sein Plan war, mit voller Kraft der ankommenden Flut entgegenzusteuern, und er dankte dem Himmel, dass er nicht zwischen anderen Schiffen im Hauptkanal eingekeilt war. Doch überschätzte er vermutlich die Gewalt der Flut, er fürchtete, wie er erklärte, hinweggeschwemmt und gegen die Häuser und Bäume getrieben zu werden.

Er nennt keine ungefähre Zeitspanne zwischen dem Bersten der Dämme und dem Herankommen des Wassers, aber vermutlich waren es zwanzig bis dreißig Minuten. Er arbeitete jetzt mit Handlaternen in einem sturmdurchtosten Dunkel, und ließ Bug- und Hecklampen aushängen …

Von dem Wasser, das durch die fast weiß glühenden Breschen in den Schutzdämmen einströmte, stiegen nämlich wirbelnde Dampfschwaden auf und verhüllten bald völlig die Sicht auf die flammenden Explosionszentren …

»Schließlich kam das Wasser wie eine Wand auf uns zu, so als rollte eine breite Walze über das Land. Es kündigte sich durch ein tosendes Brausen an. Ich hatte so etwas wie einen Niagarafall erwartet, aber die Front war vermutlich nicht höher als dreieinhalb Meter. Unsere Barke stand einen Augenblick lang still, bekam einen Schwall Wasser über den Bug und stieg dann auf. Ich gab Befehl volle Kraft voraus, ließ gegen die Flut steuern und hielt verbissen meine Position. Der Sturm war fast ebenso stark wie die Strömung, und wir stießen mit allen möglichen schwimmenden Objekten aus dem Bereich zwischen uns und dem Meer zusammen. Das einzige Licht kam jetzt von unseren Lampen, denn der Qualm war so dicht geworden, dass die Sicht nur wenige Meter weit im Umkreis um unsere Barke reichte, und das Toben von Wind und Wasser schnitt uns von entfernteren Geräuschen ab. Die dunkel schimmernden Wogen wirbelten an uns vorbei, rollten aus ebenholzener Schwärze in den Schein unserer Lampen und verschwanden wieder in undurchdringlicher Finsternis. Und auf dem Wasser wurden, nur für einen Augenblick erkennbar, Dinge vorbeigetrieben, ein gekentertes Boot, eine Kuh, Balken eines Dachstuhls, ein Gewirr von Packkisten und Brettern. Die Dinge kamen wie aus dem Nichts in Sicht, stießen polternd gegen das Boot oder huschten vorbei. Einmal erkannte ich ganz deutlich das weiße Gesicht eines Mannes …

Die ganze Zeit stand vor uns eine Gruppe windgepeitschter, halb überfluteter Bäume. Als wir uns ihnen langsam näherten, ließ ich seitlich steuern, um ihnen auszuweichen. Sie schienen sich vor dem Hintergrund der dunklen Dampfwolken in wilder Verzweiflung zu winden. Ein großer Ast brach ab und stieß heftig gegen unsere Barke. Langsam kamen wir voran. Bevor Vreugde bij Vrede von der Nacht verschluckt wurde, sah ich es fast achtern vor uns …«

9

Am Morgen war Barnets Barke immer noch flott. Ihr Bug war stark beschädigt, und seine Männer pumpten oder schöpften schichtenweise. Er hatte etwa ein Dutzend halbertrunkener Menschen, deren Boote in seiner Nähe gekentert waren, an Bord gezogen und drei weitere Boote in Schlepptau genommen. Sie befanden sich irgendwo zwischen Amsterdam und Alkmaar, aber er konnte nicht feststellen wo. Der Tag hatte nur schwaches Dämmerlicht gebracht. Graue Fluten dehnten sich auf allen Seiten unter einem düsteren Himmel, und aus den Wellen ragten die Giebel von meist stark beschädigten Häusern, die Wipfel von Bäumen, Windmühlen, sozusagen das obere Drittel der vertrauten holländischen Landschaft. Und auf dem Wasser trieben im Dunst schwer erkennbar eine Menge Barken und kleinere Boote, manche davon gekentert, dazu Möbelstücke, Gerümpel, Balken und allerhand sonstiges Treibgut.

Die Ertrunkenen hatte das Wasser verschlungen. Nur da und dort wiesen eine tote Kuh oder eine starre Gestalt, die sich noch krampfhaft an eine Kiste oder einen Stuhl oder etwas Derartiges klammerte, auf das Ausmaß des verborgenen Blutbades hin. Erst am Donnerstag kamen die Leichen in großer Zahl an die Oberfläche. Ein grauer Nebel behinderte die Sicht nach allen Seiten und schloss sich über ihnen zu einem Baldachin zusammen. Am Nachmittag klarte es ein wenig auf, und über der Wasserwüste wurden ferne im Westen unter riesigen Schwaden von Dampf und Staub die flammendroten Eruptionen der Atombomben sichtbar.

Sie leuchteten matt und düster durch den Nebel, wie die Morgensonne in London. »Sie stiegen aus der See hoch«, schreibt Barnet, »wie feurige Wasserlilien.«

Barnet scheint den ganzen Vormittag mit Rettungsaktionen entlang des Kanals beschäftigt gewesen zu sein. Er half Menschen, die im Wasser trieben, machte gekenterte Boote wieder flott und holte Leute von den Dächern ihrer einsturzgefährdeten Häuser. Er begegnete anderen Militärbarken, die ebenso halfen, und erst spät am Tag, als das Allernötigste getan war, dachte er an Verpflegung und Trinkwasser für seine Männer und an die weiteren Maßnahmen, die er treffen wollte. Sie hatten ein wenig Käse, aber kein Wasser. »Die da oben«, diese mysteriösen Befehlshaber, waren nunmehr gänzlich verschwunden. Er begriff, dass er jetzt auf eigene Verantwortung handeln musste.

»Man hatte das Gefühl, dass die Zerstörung so weit reichte und sich die Welt so verändert hatte, dass es sinnlos war, irgendein Ziel anzusteuern in der Erwartung, dort alles so vorzufinden, wie es vor dem Krieg gewesen war. Ich saß mit Mylins, meinem Ingenieur, mit Kemp und zwei anderen Deckoffizieren auf dem Achterdeck, und wir berieten über das weitere Vorgehen. Wir hatten weder etwas zu essen, noch eine Bestimmung, und waren uns darüber einig, dass unsere Kampfkraft verschwindend gering war und wir uns vor allem dringend um Verpflegung kümmern und mit der nächsthöheren Dienststelle in Verbindung setzen mussten. Welcher Schlachtplan auch immer unser Vorgehen gelenkt haben mochte, er war zunichte gemacht. Mylins war der Meinung, wir könnten westwärts steuern und über die Nordsee nach England zurückkehren. Er schätzte, dass man mit einer Barke wie der unseren die Küste von Yorkshire innerhalb von vierundzwanzig Stunden erreichen müsste. Aber diesen Vorschlag verwarf ich wegen des Mangels an Proviant und vor allem wegen unseres dringenden Bedarfs an Trinkwasser.

Jedes Boot, dem wir in die Nähe kamen, bat uns um Wasser, und diese Bitten trugen viel dazu bei, unseren Durst zu verschlimmern. Ich kam zu dem Schluss, dass wir, nach Süden steuernd, ein hügeliges oder zumindest nicht überflutetes Gebiet erreichen müssten. Dort würden wir landen, einen Bach finden, unseren Durst löschen und Verpflegung und neue Befehle erhalten. In vielen Barken, die neben uns im Nebel trieben, befanden sich britische Soldaten. Sie kamen aus dem Nordseekanal, aber niemand war über den Gang der Ereignisse besser informiert als wir. ›Die da oben‹ hatten sich völlig in Luft aufgelöst.

›Die da oben‹ meldeten sich kurz wieder an diesem Abend. Von einem britischen Torpedoboot wurde mit einem Megaphon durchgegeben, dass ein Waffenstillstand geschlossen worden sei, zugleich mit der erfreulichen Nachricht, dass man Verpflegung und Wasser eiligst über den Rhein herunterschaffen würde, und sie bei einem schwimmenden Depot auf dem alten Rhein oberhalb von Leiden ausgefasst werden könnten.«

Wir wollen jedoch Barnets Beschreibung seiner seltsamen Fahrt über Land zwischen Dämmen, Häusern und Kirchen bei Zaandam zwischen Haarlem und Amsterdam vorbei nach Leiden nicht weiter verfolgen. Es war eine Fahrt durch rötlich schimmernden Nebel, in einer Welt voller schattenhaften Schwaden und seltsamer Geräusche, eine Fahrt, auf der jede andere Empfindung von einem brennenden Durst überschattet wurde. »Wir saßen«, schreibt er, »in einer kleinen Gruppe beisammen, sprachen wenig, und die Männer im Vorderschiff waren bloß noch ein Häufchen Dulder. Nur das ständige Miauen einer Katze war zu hören, die einer der Männer von einer schwimmenden Heuraufe in der Nähe von Zaandam gerettet hatte. Wir hielten nach dem Taschenkompass, den Mylins bei sich hatte, Kurs nach Süden …

Ich glaube nicht, dass sich irgendeiner von uns als Angehöriger einer geschlagenen Armee fühlte, auch hatten wir nicht den Eindruck, dass der Krieg für uns ein bestimmender Faktor war. Wir empfanden das Ganze eher als eine ungeheure Naturkatastrophe. Die Atombomben hatten die internationalen Probleme zu vollkommener Bedeutungslosigkeit verkleinert. Wenn wir uns einmal nicht mit unseren unmittelbaren Bedürfnissen befassten, sprachen wir über die Möglichkeit, den Gebrauch dieses furchtbaren Sprengstoffs zu stoppen, bevor die Welt völlig zerstört war. Uns erschien es vollkommen klar, dass diese Bomben und die noch größere Vernichtungskraft, deren Vorläufer sie waren, ohne Weiteres jede menschliche Beziehung oder auch Institution vernichten könnten.

›Was werden die da oben tun‹, fragte Mylins, was werden die tun? Es ist klar, dass es keinen Krieg mehr geben darf, und ebenso klar, dass es in irgendeiner Form eine Regierung geben muss. Das – all das – ist ganz undenkbar.«

Ich antwortete nicht sogleich. Irgendetwas – ich weiß nicht was – hatte mich an den Mann erinnert, dessen Verwundung ich am ersten eigentlichen Gefechtstag erlebt hatte. Ich sah wieder seine von Zorn und Tränen erfüllten Augen vor mir, die jämmerlich blutende Fleischmasse, die noch vor fünf Minuten eine geschickte menschliche Hand gewesen war, und hörte seinen entrüsteten Protest. ›Verdammter Mist‹, hatte er geschluchzt, ›meine rechte Hand, Sir, meine *rechte* Hand …‹

Meine Zuversicht hatte mich eine Zeit lang ganz verlassen. Ich fürchte wir sind zu – zu töricht, sagte ich zu Mylins, um den Krieg je zu stoppen. Wenn wir vernünftig gewesen wären, hätten wir es vor dem jetzigen tun sollen. Ich fürchte, das hier – ich deutete auf die gespenstigen schwarzen Konturen einer zerstörten Windmühle, die sinnlos und hässlich aus dem blutig roten Wasser emporragte – das hier ist das Ende.‹«

10

Doch nun muss sich unsere Geschichte von Frederick Barnet und seiner Barke voller hungriger und sterbender Männer trennen.

Eine Zeit lang sah es – wenigstens in Westeuropa – so aus, als sei die Zivilisation endgültig zusammengebrochen. Die krönenden Knospen aus der Saat, die Napoleon gesät und Bismarck begossen hatte, waren wie »feurige Wasserlilien« erblüht und loderten über vernichteten Nationen, über zerstörten und überfluteten Kirchen, über den Trümmern von Städten, über Feldern, die nicht mehr von Menschen bestellt werden konnten, und über einer Million dahintreibender Leichen.

Genügte der Menschheit diese Lektion, oder würde das Feuer des Krieges inmitten der Ruinen weiterbrennen?

Weder Barnet noch seine Gefährten konnten offenbar eine überzeugte Antwort auf diese Frage geben. Bereits einmal in der Geschichte, bevor die Weißen Amerika entdeckt hatten, war dort eine Zivilisation einem bloßen grausamen Kriegskult gewichen, und eine Weile wollte es vielen nachdenklichen Männern scheinen, als wiederholte sich weltweit in großem Stil dieser Aufstieg des Kriegers, der Triumph des Zerstörungstriebes unseres Geschlechts.

Die folgenden Kapitel von Barnets Geschichte malen diese verhängnisvolle Möglichkeit nur deutlicher aus.

Er entwirft eine Reihe von Vignetten über die, wie es schien, fast unwiederbringlich verlorene Zivilisation. Er fand die belgischen Hügel von Flüchtlingen wimmelnd und von Cholera verheert; die Überreste der Kampftruppen verhielten sich gemäß dem Waffenstillstand ruhig, ohne eigentliche Gefechtstätigkeit, jedoch mit der gewohnten feindseligen Wachsamkeit, und überall herrschte das Chaos.

Über ihnen kreuzten Flugzeuge auf rätselhaften Missionen, und es gab Gerüchte über Kannibalismus und fanatische Hysterie im Semoytal und in den Waldregionen der östlichen Ardennen. Es kamen Berichte über einen Angriff der Chinesen und Japaner auf Russland und über den Ausbruch einer gewaltigen Revolution in Amerika. Das Wetter war stürmischer, als es die Menschen dieser Gegend je erlebt hatten, mit massiver Gewittertätigkeit und wilden Wolkenbrüchen …

3
Das Ende des Krieges

I

Auf dem Berghang oberhalb des Städtchens Brissago mit Blick auf zwei lang gestreckte Teile des Lago Maggiore, östlich bis Bellinzona, südlich bis Luino, liegt ein grasbewachsenes Hochplateau, das im Frühling mit unzähligen Feldblumen übersät ist. Noch schöner ist es im Juni, wenn die schlanke weiße Narzisse ihre Blüten öffnet. Westlich von diesem wunderhübschen Plateau erstrecken sich dichte Wälder mit tiefen Schluchten und schroffen hochragenden Felszacken. Über der Narzissenwiese steigt der Hang in steinerner, sonnendurchglühter Einsamkeit stufenweise empor bis zur Höhe der benachbarten Gipfel und reiht sich in die Kette der Berge ein. Dieser öde und herbe Hintergrund steht in lebhaftestem Kontrast zu der strahlenden Heiterkeit des großen Sees tief unten, zu dem weiten Blick auf fruchtbare Hügel, auf Straßen, Dörfer und kleine Wäldchen im Süden und Osten und auf die golden leuchtenden Reisfelder des Val Maggia im Norden.

Und weil es ein einsamer und unauffälliger Ort war, fernab von den sich häufenden Tragödien dieses Jahres der Katastrophen, fernab von brennenden Städten und Massensterben, erholsam und beruhigend und versteckt, versammelten sich hier die Staatsoberhäupter zu einer Konferenz, um wenn möglich, bevor es zu spät war, den Zusammenbruch der Zivilisation zu verhindern. Von jenem unermüdlichen Humanisten Leblanc, dem französischen Botschafter in Washington, einberufen, sollten die Weltmächte zu einem letzten verzweifelten Versuch, die Menschheit zu retten, zusammenkommen.

Leblanc war einer jener schlichten Männer, deren Schicksal in Friedenszeiten die Bedeutungslosigkeit gewesen wäre. Als sich jedoch plötzlich durch eine tragische Katastrophe die menschlichen Probleme auf eine entscheidende Frage zuspitzten, fiel ihm gerade durch diese Vereinfachung eine geschichtlich bedeutende Rolle zu. Männer ähnlicher Art waren Abraham Lincoln und auch Garibaldi gewesen. Und Leblanc mit seiner unverkennbar kindlichen Naivität, seiner vollkommenen Selbstlosigkeit, appellierte in dieser Wirrnis von Misstrauen und drohenden Katastrophen zwingend für Vernunft und Besinnung. Und wenn er sprach, schwang in seiner Stimme eine ernste Mahnung. Er war ein kleiner, kahlköpfiger, bebrillter Mann, beseelt von einem intellektuellen Idealismus, jenem besonderen Geschenk Frankreichs an die Menschheit. Er war durchdrungen von der bestimmten Überzeugung, dass es keine Kriege mehr geben dürfe und dass der einzige Weg dazu eine einheitliche Regierung für die gesamte Menschheit war. In diesem Punkt ließ er keinerlei Einwände gelten. Gleich nach Beginn des Krieges, nach der Vernichtung der beiden Hauptstädte der Krieg führenden Mächte, legte er seinen Vorschlag dem Präsidenten im Weißen Haus vor. Er erörterte die Sache, als handle es sich um eine Selbstverständlichkeit. Zu seinem Glück war er in Washington und kam damit in Berührung mit jener unendlichen Kindlichkeit, die für die amerikanische Vorstellungskraft charakteristisch war. Denn die Amerikaner gehörten auch zu jenen unkompliziert denkenden Völkern, durch die die Welt gerettet wurde. Er gewann die Zustimmung des amerikanischen Präsidenten und des Kongresses für seine grundlegenden Ideen, jedenfalls erhielt er von dieser Seite genügend Unterstützung gegenüber den skeptischeren europäischen Regierungen, und mit dieser Rückendeckung machte er sich ans Werk – das zunächst vollkommen realitätsfern erschien –, alle Weltmächte zu einem gemeinsamen Vorgehen zusammenzubringen. Er schrieb zahllose Briefe, sandte Botschaften, unternahm hoffnungslos scheinende Reisen und bediente sich aller Mittel, die er finden konnte; niemand war ihm zu unbedeutend als Verbündeter oder zu halsstarrig für seine Argumente. Während der schrecklichen Augusttage des letzten Krieges muss dieser beharrliche, kleine, bebrillte Visionär eher wie ein Kanarienvogel gewirkt haben, der während eines wilden Unwetters hoffnungsfroh zwitschert. Und keine Häufung von Katastrophen konnte ihn in seiner Überzeugung erschüttern, dass ihnen ein Ende gesetzt werden konnte.

Denn die ganze Welt brannte damals in ungeheurer Vernichtung. Auf dem hochgerüsteten Erdball versuchte eine Macht nach der anderen dem gegnerischen Angriff durch Erstattacke zuvorzukommen. Sie stürzten sich in irrer Panik in Kriege, um ihre Bomben als Erste einzusetzen. China und Japan waren in Russland eingefallen und hatten Moskau zerstört, die Vereinigten Staaten hatten Japan angegriffen, in Indien war eine anarchistische Revolution ausgebrochen und hatte Delhi zu einer

Tod und Feuer speienden Hölle gemacht. Der gefürchtete Balkanherrscher mobilisierte seine Truppen. Es musste schließlich für jedermann vollkommen klar sein, dass die Welt kopfüber in Anarchie schlitterte. Im Frühjahr 1959 stiegen von fast zweihundert Städten – und ihre Zahl wuchs von Woche zu Woche – die unlöschbaren, grell leuchtenden Feuersäulen der Atombomben auf. Das schwache Band gegenseitigen Vertrauens hatte sich gelöst, die Industrie war völlig desorganisiert, und in jeder dichter besiedelten Gegend starben die Menschen oder vegetierten am Rande des Hungertodes dahin. Die meisten Weltstädte brannten, Millionen von Menschen waren bereits umgekommen, und in weiten Gebieten gab es keine Regierung mehr. Ein zeitgenössischer Journalist verglich die Menschheit mit einem Schläfer, der im Traum mit Zündhölzern spielt und sich beim Erwachen inmitten einer Feuersbrunst findet.

Viele Monate lang stand die Frage offen, ob die menschliche Rasse den Willen und die Vernunft aufbringen würde, der neuen Situation zu begegnen und wenigstens den Versuch zu machen, den Zusammenbruch der Gesellschaft aufzuhalten. Zunächst vereitelte die Kriegslüsternheit jeden Versuch, die Kräfte der Bewahrung und des Aufbaues zu sammeln. Leblanc schien gegen Erdbeben zu protestieren und Vernunft eher im Krater des Ätna zu finden als sonst wo. Selbst als jetzt die angeschlagenen offiziellen Regierungen nach Frieden verlangten, gab es überall Banden unversöhnlicher und unbelehrbarer Patrioten, Usurpatoren, Abenteurer und politischer Desperados, die im Besitz der einfachen Geräte waren, um Atomenergie zu entfesseln und neue Zentren der Zerstörung zu schaffen. Das Material übte eine unwiderstehliche Anziehungskraft auf Leute einer gewissen Denkungsart aus. Warum sollte man klein beigeben, solange man den Feind noch vernichten konnte? Sich unterwerfen, solange noch die Möglichkeit bestand, ihn aufzureiben? Die Vernichtungskraft, einst der letzte Ausweg für rechtmäßige Regierungen, war nun zur einzigen, allesbeherrschenden Kraft geworden. Während dieser Phase flammender Zerstörung gab es nur wenige besonnene Männer, die nicht in ähnliche Hoffnungslosigkeit verfielen, wie sie Barnet beschreibt, und gleich ihm erklärten: »Das ist das Ende ...«

Und während all dieser Zeit reiste Leblanc mit funkelnder Brille und unerschöpflichen Argumenten hin und her und predigte die offenkundige Vernünftigkeit seiner Anschauung vor Ohren, die sich plötzlich nicht mehr verschlossen. Nicht ein einziges Mal hegte er den geringsten Zweifel, dass diese chaotische Situation ein Ende finden würde. Keine Kindergärtnerin konnte während eines Aufstandes ihrer Schützlinge überzeugter sein, dass ein Friede letztlich unausbleiblich war. Erst als liebenswerter Träumer belächelt, wurde er unmerklich immer mehr als Verkünder einer fernliegenden Möglichkeit betrachtet. Schließlich erschienen seine Ideen sogar durchführbar. Die Leute, die ihm 1958 mit ungeduldigem Lächeln gelauscht hatten, brannten, noch ehe das Jahr 1959 vier Monate alt war, darauf zu hören, was seiner Ansicht nach getan werden könnte. Er antwortete mit der Geduld eines Philosophen und der Klarheit eines Franzosen. Allmählich erhielt er immer hoffnungsvollere Reaktionen. Er überquerte den Atlantik und fuhr nach Italien, und hier begann er die Zusagen für seinen Kongress zu sammeln. Aus den bereits erwähnten Gründen wählte er dieses grasbewachsene Hochplateau über Brissago. »Wir müssen uns«, sagte er, »von alten Schlussfolgerungen trennen.« Mit Zuversicht, die durch die positiven Antworten gerechtfertigt war, machte er sich daran, die organisatorischen Voraussetzungen für seine Konferenz zu schaffen, die der Beginn einer neuen Ära sein sollte. Mit leichter Skepsis sahen die Teilnehmer der Konferenz entgegen. Leblanc empfing sie ohne Dünkel und überwachte alles mit unendlicher Bescheidenheit. Männer erschienen auf diesem Hochplateau mit Apparaten für drahtlose Telegrafie, andere folgten mit Zelten und Verpflegung. Eine kleine Seilbahn wurde von einer passenden Stelle aus an der Uferstraße errichtet. Leblanc kümmerte sich unermüdlich um jede Einzelheit, die die Stimmung bei diesem Treffen beeinträchtigen könnte. Man hatte ihn eher für einen Weltverbesserer gehalten, als für den Initiator zu dieser Versammlung. Und dann trafen sie ein, manche mit der Seilbahn, die meisten per Flugzeug, ein paar mit anderen Verkehrsmitteln, jene Männer, die zusammengerufen worden waren, um über die Weltlage zu beraten. Die Konferenz erhielt keinen Namen. Neun Monarchen, die Präsidenten von vier Republiken, etliche Minister und Gesandte, bedeutende Journalisten und andere prominente und einflussreiche Männer nahmen an ihr teil, sogar Wissenschaftler. Und auch der weltberühmte alte Holsten kam, um mit der Staatskunst des Individuums zur Lösung der ungeheuren Zeitprobleme beizutragen. Nur ein Leblanc hatte es wagen können, die führenden Köpfe aus Politik und Wissenschaft zusammenzurufen und die so kühne Hoffnung zu hegen, ihre Zustimmung zu erlangen …

2

Und einer von den zu dieser Konferenz der Staatenlenker Geladener kam schließlich zu Fuß, König Egbert, der junge Herrscher des verehrenswürdigsten Königreichs in Europa. Er war ein Rebell und hatte sich allzeit bewusst gegen den Prunk seines Amtes aufgelehnt. Er liebte lange Fußwanderungen und Übernachtungen in freier Natur. Er kam über den Santa Maria Maggiore-Pass nach Locarno und von dort mit dem Boot über den See nach Brissago. Von hier begann er den Aufstieg über einen hübschen Steig zwischen Eichen und Edelkastanien. Da er gemächlich gehen wollte, hatte er als Proviant ein wenig Brot und

Käse mitgenommen. Das kleine Gefolge, das er zu seiner Bequemlichkeit und für Staatshandlungen brauchte, hatte er mit der Seilbahn vorausgeschickt. Ihn begleitete sein Privatsekretär Firmin, ein Mann, der seine Professur für Weltpolitik an der Londoner Wirtschaftsakademie aufgegeben hatte, um diesen Posten anzunehmen. Firmin besaß eher einen gründlichen als einen raschen Verstand. Er hatte sich von seiner neuen Stellung einen großen Einfluss erwartet und begann erst nach einigen Jahren zu begreifen, dass seine Aufgabe weitgehend im Zuhören bestand. Früher hatte er einen Ruf als Koryphäe auf dem Gebiet internationaler Beziehungen, Zollpolitik und Strategie gehabt und galt bei verschiedenen anspruchsvolleren Trägern der öffentlichen Meinung als wertvoller Mitarbeiter. Aber die Atombombe hatte ihn vollkommen unvorbereitet getroffen, und er musste seine früheren Anschauungen und die dämpfende Wirkung dieser Langzeitexplosivstoffe erst noch überwinden.

Des Königs Freiheit von den Fesseln der Etikette war uneingeschränkt. In der Theorie – und diese erfüllte ihn ganz – war sein Verhalten rein demokratisch. Nur aus Gewohnheit und Unachtsamkeit gestattete er Firmin, der in einem kleinen Laden der Stadt einen Rucksack entdeckt hatte, die beiden Bierflaschen zu tragen. Tatsächlich jedoch hatte der König nie in seinem Leben etwas selbst getragen und nicht einmal gemerkt, dass er es nie getan hatte.

»Wir brauchen keinerlei Begleitung«, sagte er, »wir wollen niemanden bemühen.«

So trug Firmin das Bier.

Als sie aufstiegen – das Tempo gab eher der König als Firmin an – sprachen sie von der bevorstehenden Konferenz, und Firmin versuchte mit einem gewissen Mangel an Sicherheit, der ihn in den Tagen seiner Professur überrascht hätte, die politischen Aussichten seines Gefährten zu umreißen. »In einer erweiterten Form, Majestät«, sagte er, »gestehe ich dem Projekt

Leblancs eine gewisse Annehmbarkeit zu. Aber ich meine, obwohl es empfehlenswert sein mag, eine Art allgemeiner Kontrolle der internationalen Angelegenheit – ähnlich dem Schiedsgericht in Den Haag mit größeren Vollmachten – einzurichten, sehe ich keinerlei Grund, die Prinzipien einer nationalen und imperialen Autonomie aus den Augen zu verlieren.«

»Firmin«, sagte der König, »ich werde meinesgleichen ein Beispiel geben.«

Firmin verbarg seine Befürchtungen hinter gespieltem Interesse.

»Indem ich diesen ganzen Mist hinschmeiße«, erklärte der König.

Als Firmin, der bereits ein wenig außer Atem war, zum Sprechen ansetzte, beschleunigte der König den Schritt und fuhr fort: »Ich habe die Absicht, diesen ganzen Mist hinzuschmeißen, meine Königswürde und Herrschermacht auf den Tisch zu legen – und dabei zu erklären, dass ich nicht schachern will. Denn Schachern – um Rechte – war seit jeher das Übel in den menschlichen Beziehungen. Ich werde mit diesem Quatsch Schluss machen.«

Firmin blieb unvermittelt stehen. »Aber Majestät!«, rief er.

Sechs Schritte vor ihm wandte sich der König um und blickte zu dem schweißbedeckten Gesicht seines Ratgebers zurück.

»Glauben Sie wirklich, Firmin, dass ich mich als – als diabolischer Politiker an diesen Ort begebe, um mit meiner Krone und meiner Fahne und meinen Bindungen usw. den Weg zum Frieden zu versperren? Dieser kleine Franzose hat recht. Sie wissen ebenso gut wie ich, dass er recht hat. Das alles ist vorbei. Wir – wir Könige, Herrscher und Volksvertreter haben dieses ganze Unheil zu verantworten. Natürlich waren wir für Absonderung, und natürlich bringt Absonderung die Gefahr eines Krieges mit sich, und natürlich führt diese Gefahr zur Hortung von immer neuen Atombomben. Das alte Spiel ist vorbei. Aber wir sollten nicht hier stehen bleiben, die Welt wartet. Glauben Sie nicht, Firmin, dass das alte Spiel vorüber ist?«

Firmin zog einen Riemen zurecht, wischte sich mit der Hand über die feuchte Stirn und folgte bedachtsam. »Ich gebe zu, Majestät«, sagte er zu dem Voranschreitenden, »dass es eine Art übergeordneter Herrschaft geben sollte, ähnlich dem altgriechischen Staatenbund –«

»Es muss zu einer einfachen Regierung für die ganze Welt kommen«, sagte der König über die Schulter zurück.

»Aber was einen voreiligen uneingeschränkten Verzicht betrifft, Majestät –«

»Päng«, rief der König.

Auf diese Unterbrechung hin schwieg Firmin, aber ein leichter Schatten des Unwillens huschte über seine schweißnasse Stirn.

»Gestern«, sagte der König, gewissermaßen zur Erklärung, »hätten die Japaner beinahe San Francisco zerstört.«

»Davon habe ich noch nichts gehört, Majestät.«

»Die Amerikaner schossen das japanische Flugzeug noch auf hoher See ab, und dort gingen die Bomben hoch.«

»Im Meer, Majestät?«

»Ja, als Unterwasservulkane. Der Dampf ist von der kalifornischen Küste aus zu sehen. So nahe waren sie herangekommen. Und solange derartige Dinge geschehen, wollen Sie, dass ich da hinaufsteige und zu schachern anfange. Bedenken Sie doch die Wirkung, die das auf meinen königlichen Vetter haben würde – und auf alle die anderen!«

»Aber er wird schachern, Majestät.«

»Nicht die Spur«, sagte der König.

»Aber, Majestät.

»Leblanc wird ihn daran hindern.«

Firmin blieb unvermittelt stehen und zog heftig an einem engen Riemen. »Majestät, er wird auf seine Ratgeber hören«, sagte er in einem Ton, der seinem Herrn irgendwie die Plagerei mit dem Rucksack vorzuwerfen schien.

Der König sah ihn an.

»Wir wollen noch ein wenig höher steigen«, sagte er. »Ich möchte diese unbewohnten Hütten finden, von denen sie uns erzählt haben, und dort wollen wir das Bier trinken. Es kann nicht mehr weit sein. Wir wollen das Bier austrinken und die Flaschen wegwerfen. Und dann, Firmin, werde ich Sie bitten, die Dinge etwas großzügiger zu betrachten … Das müssen Sie nämlich …«

Er wandte sich um, und eine Weile war nur das Geräusch ihrer Tritte auf den losen Steinen des Pfades und der unregelmäßige Atem Firmins zu hören.

Nach langer Zeit, so meinte Firmin, oder bald, wie es dem König erschien, wurde der Weg flacher und breiter, und sie kamen auf eine anmutige Lichtung, auf der eine Gruppe von Almhütten und Ställen stand, wie man sie immer noch in den Nordalpen Italiens antrifft, wo sie nur im Hochsommer benutzt werden und den ganzen Winter und Frühling hindurch bis Mitte Juni gewohnheitsmäßig versperrt und verlassen sind. Die Hütten waren aus mattgrauem Stein und standen inmitten üppiger grüner Wiesen, beschattet von Kastanienbäumen. Gelber Ginster stand in voller Blüte. Er schien mehr Sonnenlicht auszustrahlen als zu empfangen. Nie hatte ihn der König so leuchtend gesehen. Mit einem bewundernden Ausruf setzte er sich auf einen bemoosten Stein, zog Brot und Käse heraus und gebot Firmin, das Bier zur Kühlung auf eine schattige Stelle im Gras zu legen.

»Das hier versäumen die Leute, Firmin«, sagte er, »die mit Flugzeugen in die Lüfte steigen!«

Firmin schaute sich mürrisch um. »Ihr seht es im besten Augenblick, Majestät«, sagte er, »bevor die Bauern heraufkommen und alles versauen.«

»Auch dann bleibt es schön«, erwiderte der König.

»Oberflächlich betrachtet, gewiss, Majestät«, warf Firmin ein. »Aber es symbolisiert eine Gesellschaftsordnung, die sich rasch auflöst. Angesichts des Grases, das zwischen den Steinen und in den Hütten wächst, bin ich fast geneigt anzunehmen, dass sie bereits nicht mehr benützt werden.«

»Vermutlich kommen sie herauf«, sagte der König, »sobald das Heu von dieser Blumenwiese eingebracht ist. Ich nehme an, es werden diese trägen cremefarbigen Kühe sein, die man unten auf den Straßen sieht, und dazu gebräunte Mädchen mit roten Kopftüchern über ihren schwarzen Haaren ... Es ist ein höchst tröstlicher Gedanke, wie lange diese schöne alte Lebensform Bestand hat. Zur Zeit der Römer und sogar schon lange, bevor man hier etwas von den Römern wusste, trieben die Leute ihr Vieh zu Sommerbeginn auf diese Almen. Wie voller Vergangenheit ist doch dieser Ort! Hier gab es Streit und Hoffnungen, Kinder haben hier gespielt, sind zu alten Weibern und Männern geworden und schließlich gestorben. Und so ist es Tausende von Generationen weitergegangen. Liebespaare, zahllose Paare haben sich in diesem goldenen Ginster liebkost ...«

Nachdenklich nahm er einen großen Bissen Brot und Käse.

»Wir hätten einen Bierkrug mitbringen sollen«, sagte er.

Firmin zog einen zusammenschiebbaren Aluminiumbecher aus der Tasche, und der König geruhte zu trinken.

»Majestät, ich wünschte«, begann Firmin plötzlich, »ich könnte Euch dazu bewegen, Eure Entscheidung wenigstens aufzuschieben –«

»Das hat keinen Sinn, Firmin«, erwiderte der König. »Ich habe einen klaren Entschluss gefasst.«

»Majestät«, protestierte Firmin mit dem Mund voll Brot und Käse und echter Besorgnis in der Stimme, »haben Sie keine Achtung vor Ihrer Königswürde?«

Der König zögerte, bevor er mit unangemessener Wichtigkeit antwortete: »Gerade weil ich sie habe, Firmin, will ich keine

Schachfigur in diesem Spiel der internationalen Politik sein.« Er sah seinen Begleiter für einen Augenblick an und fuhr fort: »Königswürde! – Was wissen denn Sie von Königswürde, Firmin?« Es kam keine Antwort. »Ja«, rief der König seinem erstaunten Ratgeber zu. »Zum ersten Mal in meinem Leben werde ich wirklich König sein. Ich werde führen, und das durch meine persönliche Autorität. Dutzende von Generationen hindurch waren die Mitglieder meiner Familie ein Spielball in den Händen ihrer Berater. Ja, Berater! Nun will ich wirklich König sein – und ich werde – ich werde diese Krone, deren Sklave ich gewesen bin, abschaffen, preisgeben, endgültig zur Seite legen. Was für eine Welt lähmender Täuschung ist doch in diesem Feuer speienden Stoff untergegangen! Die erstarrte alte Welt ist wieder im Schmelztiegel, und ich, der ich anscheinend nur zur Ausstopfung des Herrschergewandes diente, ich bin nun ein König unter Königen. Ich habe meine Rolle in der vordersten Reihe wahrzunehmen und dieses Blutvergießen und wahnsinnige Chaos zu beenden.«

»Aber Majestät«, protestierte Firmin.

»Dieser Leblanc hat recht. Die ganze Welt muss eine einzige geeinte Republik werden. Sie wissen das, und meine Pflicht ist es, das zu fördern. Ein König sollte sein Volk führen; Sie wollen, dass ich es wie einst die alten Seekapitäne mit dem Stock beherrsche. Das Vertrauen, das uns die Menschen entgegengebracht haben, ist ein für allemal geschwunden. Wir müssen unsere Kleider, unsere Königswürde unter das Volk verteilen und ihm sagen, nun muss der König in jedem Einzelnen die Welt regieren … Haben Sie keine Empfindung für die Erhabenheit dieses Augenblicks? Sie wollen, Firmin, Sie wollen von mir, dass ich da hinaufgehe und wie ein verdammter kleiner Anwalt um Bezahlung, Entschädigung oder Posten schachere …«

Firmin zuckte die Achseln und machte ein eher verzweifeltes Gesicht. Zunächst müsse man essen, meinte er.

Eine Weile lang schwiegen sie, und der König aß und überlegte die Einzelheiten der Rede, die er vor der Konferenz zu halten gedachte. Dank des Alters seiner Familie sollte er den Vorsitz übernehmen, und er wollte ein denkwürdiger Vorsitzender sein. Nachdem er sich über das, was er sagen wollte, klar geworden war, wandte er sich wieder eine Weile dem verzweifelten und schmollenden Firmin zu.

»Firmin«, sagte er, »Sie haben die Königswürde idealisiert.«

»Ich habe immer davon geträumt«, erwiderte Firmin sorgenvoll, »ihr zu dienen.«

»An den Schalthebeln«, ergänzte der König.

»Ihr beliebt mir Unrecht zu tun«, sagte Firmin zutiefst gekränkt.

»Gerade das will ich nicht mehr«, stellte der König fest.

»O Firmin«, fuhr er fort, »können Sie sich nicht in meine Lage versetzen? Werden Sie nie begreifen, dass ich nicht nur einen Leib habe, sondern auch Geist – und ein Recht, ihn zu gebrauchen. Ich bin ein König, der gegen die Fesseln revoltiert, in die euresgleichen mich gezwängt hat. Ich bin ein erwachter König. Meine verehrten Vorfahren hatten nie in ihrer erlauchten Laufbahn einen wachen Augenblick. Sie liebten die Rolle, die ihr, die Ratgeber, ihnen zumaßen; sie zweifelten nie im Geringsten an ihr. Es war, als hätte man einer Frau, die ein Kind gebären sollte, eine Puppe gegeben. Sie erfreuten sich an Aufmärschen, an Eröffnungszeremonien und Ansprachen, sie liebten es, Drillingen Besuche abzustatten und Neunzigjährigen und dergleichen mehr. Es ist kaum zu glauben. Sie pflegten Alben anzulegen mit Illustriertenausschnitten, die ihr Bild zeigten, und wenn deren Zahl spärlicher wurde, waren sie besorgt. Das war das Einzige, worum sie sich sorgten. Aber es ist etwas Atavistisches an mir. Ich denke an die Monarchen zurück, die noch nicht konstitutionell waren. Man hat mich vielleicht auf einen zu altertümlichen Namen getauft. Ich wollte Taten sehen. Ich war gelangweilt. Ich hätte mich der Lasterhaftigkeit ergeben können wie die meisten der klugen und tatkräftigen Prinzen, aber im Palast war man ungewöhnlich streng. Ich wuchs am sittenstrengsten Hof auf, den die Welt je gesehen hat … unter äußerst wachsamer Obhut … So las ich Bücher, Firmin, und begann Fragen zu stellen. Früher oder später musste es einen aus unserem Geschlecht treffen. Vielleicht, sogar ziemlich sicher, bin ich nicht lasterhaft veranlagt. Ich glaube nicht, dass ich es bin.«

Er dachte nach. »Nein, das bin ich nicht«, bekräftigte er seine Worte.

Firmin räusperte sich. »Meiner Meinung nach sicher nicht, Majestät«, sagte er. »Euch verlangt es eher nach –«

Er stockte. Er hatte »Gesprächen« sagen wollen, setzte jedoch dafür »Ideen«.

»Diese Königswürde!«, fuhr der König fort. »Binnen Kurzem wird niemand sie mehr begreifen. Sie wird zu einem Rätsel werden … Unter anderem bedeutete sie ständigen Prunk. Jeder zog für uns seine besten Kleider an und trug meist ein Fähnchen. Und die Wochenschau sah darauf, dass wir es geziemend zur Kenntnis nahmen. Wenn man ein König ist, Firmin, und man besucht ein Regiment, lassen die Männer sofort alles, was sie gerade tun, liegen und stehen, werfen sich in volle Uniform und präsentieren ihre Waffen. Wenn meine erlauchten Vorfahren einen Dampfzug benutzten, wurde die Kohle im Tender weiß gefärbt. Und wäre sie von Natur aus weiß gewesen, Firmin, hätten die maßgebenden Stellen sie zweifellos geschwärzt. Das war der Geist, dem wir allerorts begegneten. Die Menschen wandten uns beim Gehen immer ihr Gesicht zu. Nie sah man etwas im Profil. Man gewann von der Welt den verrückten Eindruck, sie drehe sich nur um uns. Und als ich begann, den Lordkanzler und den Erzbischof und alle Übrigen mit meinen kleinen Fragen zu bedrängen und wissen wollte, was ich sehen würde, wenn sich die Leute umdrehten, erreichte ich damit meist nur, dass man mir vorhielt, ich ließe es an dem königlichen Anstand mangeln, der von mir erwartet wurde …«

Nachdenklich schwieg er eine Weile.

»Und doch, müssen Sie wissen, Firmin, hat die Königswürde eine Bedeutung. Sie stärkte meinem erlauchten kleinen Großvater den Rücken. Sie verlieh meiner Großmutter eine Art unbeholfener Würde, sogar wenn sie verärgert war – und das war sie oft. Beide hatten ein starkes Verantwortungsgefühl. Meines armen Vaters Gesundheit wurde während seiner kurzen Regierungszeit zugrunde gerichtet. Niemand außerhalb seiner engsten Umgebung wusste, was ihn jede kleinste Handlung kostete. ›Mein Volk erwartet das‹, pflegte er von diesen langweiligen Pflichten zu sagen. Meist waren die Dinge, die man ihm auferlegte, albern – Teil einer sinnlosen Tradition, aber in der Art, wie er sich dieser Aufgabe widmete, lag nichts Albernes … Es ist etwas Edles an der Königswürde, Firmin, das fühle ich instinktiv; ich weiß nicht, was ich sein möchte, wenn ich kein König wäre. Ich könnte für mein Volk sterben, Firmin, Sie nicht. Nein, sagen Sie nicht, Sie könnten für mich sterben, denn ich weiß es besser. Glauben Sie nur ja nicht, Firmin, ich würde je meine Würde vergessen. Ich bin ein König, eine königliche Majestät von Gottes Gnaden. Die Tatsache, dass ich auch ein schwatzender junger Mann bin, ändert daran nichts. Aber das eigentliche Handbuch für Könige, Firmin, findet sich nicht unter den Hofberichten oder den Schriften zur Weltpolitik, die ich Ihrer Ansicht nach studieren sollte, sondern es ist Frasers *Golden Bough.* Haben Sie es gelesen, Firmin?«

Firmin hatte.

»Das waren wirkliche Könige. Man zerriss sie am Ende in Stücke und verteilte sie an die Untertanen. Sie befruchteten die

Völker – mit Königswürde.« Firmin wandte sich um und sah seinen königlichen Gebieter an.

»Was gedenkt Ihr zu tun, Majestät?«, fragte er. »Wenn Ihr nicht auf mich hören wollt, was ist Eure Absicht für heute Nachmittag?«

Der König fegte einige Brotkrümel von seinem Jackett.

»Natürlich muss mit Kriegen für immer Schluss gemacht werden, Firmin. Natürlich kann das nur gelingen, wenn die ganze Welt einer einheitlichen Regierung unterstellt wird. Unsere Kronen und Fahnen sind dabei hinderlich. Natürlich müssen sie verschwinden.«

»Gewiss, Majestät«, unterbrach ihn Firmin, »aber was für eine Regierung? Ich sehe nicht ein, wie es durch eine allgemeine Abdankung zu einer Regierung kommen soll!«

»Nun ja«, sagte der König mit den Händen auf den Knien, »wir werden die Regierung sein.«

»Die Konferenz?«, rief Firmin erstaunt.

»Wer sonst?«, fragte der König nüchtern.

»Es ist ganz einfach«, fügte er angesichts von Firmins entsetztem Schweigen hinzu.

»Aber dies bedarf einer Sanktionierung!«, rief Firmin. »Wird es zum Beispiel keine Wahl geben?«

»Wozu?«, fragte der König mit einsichtsvoller Neugier.

»Als Ausdruck der Zustimmung der Regierten.«

»Firmin, wir werden einfach alle unsere Differenzen begraben und die Regierung übernehmen. Ohne eine Wahl irgendwelcher Art. Ohne eine Sanktion. Die Regierten werden ihr Einverständnis durch Schweigen erkennen lassen. Wenn es zu einer ernsthaften Opposition kommt, werden wir sie einladen, sich uns anzuschließen und mitzuhelfen. Die wahre Sanktion der Königswürde ist das Zepter in seiner Hand. Wir werden die Völker nicht mit Wahlen belästigen. Ich bin sicher, dass die Mehrzahl der Leute mit solchen Dingen nichts zu tun haben will … Wir werden einen Weg finden, dass jeder, der möchte, mitarbeiten kann. Das tut den demokratischen Prinzipien Genüge. Vielleicht später – wenn es nicht mehr so wichtig ist … Wir werden schon richtig regieren, Firmin. Das Regieren wird nur kompliziert, wenn sich Anwälte einmischen; und seit diese Probleme aufgetaucht sind, sind die Anwälte kleinlauter geworden. Dabei fällt mir ein, wo sind eigentlich jetzt alle diese Anwälte wirklich? … Wo nur? Eine Reihe von ihnen wurde natürlich eingelocht, einige der Schlimmsten, als sie sich meiner gesetzgebenden Gewalt in den Weg stellten. Firmin, Sie haben den letzten Lordkanzler nicht gekannt …

Not bricht Gebot. Und schafft gleich ein neues. Anwälte leben davon, dass sie alte Rechte ausgraben … Mit dieser Art Leben haben wir Schluss gemacht. Wir wollen nicht mehr Gesetze haben, als ein Kodex fassen kann, und darüber hinaus wird die Regierung frei sein …

Bevor die Sonne sinkt, Firmin, glauben Sie mir, werden wir alle abgedankt und die Weltrepublik ausgerufen haben, als oberste, unteilbare Regierungsgewalt. Ich frage mich, was mein erlauchter Großvater dazu gesagt hätte! Alle meine Rechte! … Und dann wollen wir zu regieren beginnen. Was sonst wäre zu tun? Der ganzen Welt werden wir erklären, dass es nicht länger mein und dein gibt, sondern nur noch unser. China, die Vereinigten Staaten und zwei Drittel von Europa werden sich anschließen und gehorchen. Sie werden es müssen. Es bleibt ihnen nichts anderes übrig. Ihre Oberhäupter gehören zu uns. Sie werden gar nicht erst auf den Gedanken kommen, uns nicht zu gehorchen … Dann werden wir erklären, dass alles Eigentum nur treuhänderisch für die Republik verwaltet wird …«

»Aber Majestät«, rief Firmin, plötzlich begreifend. »Ist das alles schon beschlossen?«

»Mein lieber Firmin, glauben Sie etwa, wir alle würden herkommen, um lange zu verhandeln? Es wurde schon ein halbes

Jahrhundert darüber gesprochen und geschrieben. Wir sind hier, um das Neue, das offensichtlich Notwendige, in Gang zu setzen.«

Er stand auf.

Firmin vergaß die jahrelang befolgte Etikette und blieb sitzen. Schließlich sagte er: »Und ich habe nichts davon gewusst!«

Der König lächelte höchst fröhlich. Er liebte diese Gespräche mit Firmin.

3

Die Konferenz auf der Wiese über Brissago war eine der heterogensten Zusammenkünfte prominenter Leute, die es je gegeben hat. Fürsten und Machthaber, all ihres Stolzes und ihrer geheimnisvollen Aura ledig, trafen sich hier in wunderbarer neuer Bescheidenheit – Könige und Herrscher, deren Hauptstädte Krater flammender Zerstörung waren, Präsidenten, deren Länder in Chaos versunken waren, besorgte Politiker und Finanzmänner, dazu Geistesgrößen und gelehrte Forscher, die sich nur widerwillig zur Mitwirkung bereitgefunden hatten. Insgesamt waren es ihrer dreiundneunzig, nach Leblancs Auffassung die führenden Köpfe der Welt. Alle waren zur Verwirklichung der simplen Idee gekommen, die Leblanc ihnen eingehämmert hatte. Dank der Unterstützung durch den König von Italien hatte er seine Konferenz mit großzügiger Unkompliziertheit aufgezogen, ganz im Einklang mit ihrem allgemeinen Charakter, und konnte nun endlich seinen erstaunlichen und vollkommen vernünftigen Appell vorbringen. Er hatte König Egbert zum Präsidenten berufen, er glaubte so sehr an diesen jungen Mann, dass er ihn völlig beherrschte, und er sprach selbst, wie ein Sekretär im Schatten eines Vorsitzenden sprechen mochte, und merkte offenbar gar nicht, dass er seinen Zuhörern genau erklärte, was sie zu tun hätten. Er glaubte nur die offenkundige Situation für sie zu rekapitulieren. Sein weißer Seidenanzug war schlecht geschnitten, und das kleine Bündel Notizen, in dem er beim Sprechen blätterte, verwirrte ihn. Er erklärte, er habe noch nie Notizen verwendet, außer bei dieser besonderen Gelegenheit.

Und dann sprach wie erwartet König Egbert, und Leblancs Brillengläser beschlugen sich bei diesem höchst liebenswürdig und verständlich vorgebrachten Strom großherziger Gefühle. »Wir sind hier, nicht nur um förmlich zu sein«, sagte der König, »sondern um die Welt zu regieren, nun haben wir die Gelegenheit dazu.«

»Natürlich«, flüsterte Leblanc und nickte heftig, »natürlich.«

»Die Welt ist schwer erschüttert worden, und wir müssen sie wieder ins rechte Lot bringen«, sagte König Egbert. »Und für uns alle gilt es angesichts dieser Krisis, einfach zu helfen, ohne Vorteile zu suchen. Habe ich Ihre Zustimmung, oder nicht?«

Die Anwesenden waren zu alt, zu erfahren und verschiedenartig, um große Begeisterung zu zeigen, aber er hatte ihre Zustimmung, und mit erstaunlicher Bereitschaft, die irgendwie ansteckend wirkte, wurden Verzichte, Einwände und Erklärungen vorgebracht. Firmin, der, hinter seinem Herrn sitzend, Protokoll führte, erlebte, dass alles, was dieser ihm im gelben Ginster angekündigt hatte, Wirklichkeit wurde. Mit dem seltsamen Gefühl zu träumen, nahm er teil an der Proklamation des Weltstaates und sah, wie diese Botschaft zu den Funkern gebracht wurde, damit diese es allen Ländern des Erdballs eindringlich kundtun sollten. »Und als Nächstes«, sagte König Egbert mit liebenswürdiger Eindringlichkeit, »müssen wir jedes Atom Carolinum und alle Werksanlagen, in denen es hergestellt wird, unter unsere Kontrolle bringen …«

Firmin war nicht der einzige Skeptiker. Alle Anwesenden waren im Grunde sehr liebenswürdige, vernünftige und wohlwollende Männer; manche waren zur Macht geboren, andere dazu berufen worden, auch gab es welche, die danach gestrebt hatten, ohne klar zu wissen, was sie ihrem Wesen nach bedeutete, aber keiner beharrte unnachgiebig darauf, an seiner Macht festzuhalten und damit eine kosmische Katastrophe heraufzubeschwören. Die Umstände hatten ihre Einstellung beeinflusst und Leblanc hatte sie beharrlich gefördert; und nun folgten sie König Egbert mit einer Mischung aus Verwunderung und Einsicht in die Notwendigkeit auf dem breiten Pfad der Vernunft, auf den er sie führte. Eines ergab sich aus dem anderen. Der König von Italien wies auf die Vorkehrungen hin, die er zum Schutze der Konferenz vor einem Luftangriff getroffen hatte. Ein Geschwader von tausend Flugzeugen, jedes mit einem Scharfschützen besetzt, bewachte sie, es gab ein vorzüglich organisiertes Meldesystem und nachts wurde der Himmel ständig mit Scheinwerfern abgesucht. Leblanc seinerseits nannte einleuchtende Gründe, warum sie sich gerade hier versammelt hatten und ihrer Verwaltungspflicht von hier aus nachkommen sollten. Er kannte den Platz, weil er hier vor mehr als zwanzig Jahren mit Madame Leblanc Urlaub gemacht hatte.

»Angesichts der Katastrophenlage in den angrenzenden Staaten ist die Verpflegung gegenwärtig sehr bescheiden«, erklärte er, »aber wir haben ausgezeichnete frische Milch, guten roten Wein, Fleisch, Brot, Salat und Zitronen … In einigen Tagen hoffe ich die Versorgung fähigeren Leuten übergeben zu können …«

Die Mitglieder der neuen Weltregierung speisten an drei langen, auf Böcke gelegte Platten, und trotz der Dürftigkeit des Mahles hatte Leblanc es fertiggebracht, die Tische mit einer großen Zahl wundervoller Rosen zu schmücken. Ähnliche Vorkehrungen waren für die Sekretäre und die niedrigeren Begleitpersonen etwas weiter unten am Berghang getroffen worden. Die Versammelten dinierten, wie sie debattiert hatten, unter freiem Himmel, in den rötlichen Strahlen der abendlichen Junisonne, die sich anschickte, hinter den dunklen Felszacken im Westen unterzugehen. Es gab keine Vorrechte unter den dreiundneunzig, und König Egbert fand sich zwischen einem netten, bebrillten, kleinen Japaner, den er nicht kannte, und seinem Vetter aus Mitteleuropa. Ihm gegenüber saßen ein mächtiger Fürst aus Bengalen und der Präsident der Vereinigten Staaten von Amerika. Auf der anderen Seite des Japaners hatte der alte Chemiker Holsten Platz genommen, und etwas weiter entfernt Leblanc.

Der König war weiterhin voll liebenswürdiger Gesprächigkeit und sprühte von Ideen. Mit dem Amerikaner, dem das Ganze zu wenig eindrucksvoll erschien, kam es zu einem freundschaftlichen Disput.

Es ging um die im transatlantischen Raum übliche Neigung zu übertreiben und zu überbetonen, die zweifellos durch die Notwendigkeit entstanden war, öffentliche Fragen in umständlicher und überzeugender Weise zu erörtern. Der Präsident war betroffen von dieser nationalen Schwäche und schlug nun vor, dass eine neue Zeitzählung eingeführt werden solle, mit diesem Tag als dem ersten des ersten Jahres.

Der König erhob Einwände.

»Von diesem Tag an, Sir, tritt die Menschheit ihr Erbe an«, sagte der Amerikaner.

»Die Menschheit tritt zu allen Zeiten ihr Erbe an«, erwiderte der König. »Ihr Amerikaner habt eine besondere Schwäche für Gedenktage – wenn Sie mir diese Bemerkung gestatten. Ja – ich bezichtige Sie der Sucht nach dramatischen Effekten. Alles geschieht doch jederzeit, aber Sie neigen zu der Behauptung, dass dieser oder jener Augenblick im Verlauf der Zeit entscheidender sei als andere.«

Der Amerikaner sagte etwas über die epochale Bedeutung dieses Tages.

»Aber sicherlich«, erwiderte der König, »wollen Sie nicht, dass wir die ganze Menschheit für immer und ewig zu einer weltweiten Feier des vierten Juni verdammen, bloß wegen der notwendigen Deklaration, die zufällig auf diesen unschuldigen Tag fiel. Kein Tag wäre das wert. Ach, Sie kennen nicht wie ich die verheerenden Folgen solcher Gedenktage. Meine armen Großeltern waren – darin wie befangen. Das Schlimmste an diesen großen Feiern ist, dass sie die erhabene Aufeinanderfolge zeitgenössischer Gefühle sprengen. Es sind Unterbrechungen. Es sind Behinderungen. Plötzlich sind da Fahnen und Feuerwerke und die alte Begeisterung wird neu aufpoliert – und das ist nur eine Störung dessen, was eigentlich getan werden sollte. Es genügt, wenn man ein Ereignis am Tag seines Stattfindens feiert. Lassen Sie die Vergangenheit ruhen. Sehen sie, in Bezug auf den Kalender bin ich für Demokratie, Sie für Aristokratie. Alles, womit ich mich befasse, hat seinen Wert und verdient, seiner Bedeutung gemäß erlebt zu werden. Kein Tag sollte am Grabe vergangener Ereignisse geopfert werden. Wie denkt Ihr darüber, Wilhelm?«

»Dem Edlen sollten alle Tage edel sein.«

»Genau meine Meinung«, bestätigte der König und war mit dem, was er gesagt hatte, zufrieden.

Und als der Amerikaner immer noch auf seiner Idee beharrte, verstand es der König, das Gespräch von der Frage der Feier auf die Frage der in nächster Zeit möglichen Maßnahmen zu bringen. Nun wurde ein jeder verlegen. Sie konnten sich die Welt vereint und befriedet vorstellen, aber wie es mit dieser Vereinigung im Einzelnen weitergehen sollte, waren sie nicht fähig zu diskutieren. Diese Schüchternheit erschien dem König bemerkenswert. Er kam auf die Möglichkeiten der Wissenschaft zu sprechen. Der ganze ungeheure Aufwand, der bisher an unproduktive Rüstung zu Wasser und zu Land vergeudet worden war, müsse jetzt, erklärte er, Forschungen über neue wechselseitige Beziehungen weichen. »Wo ein Mann gearbeitet hat«, wandte sich der König an Holsten, »werden tausend stehen. Wir haben bisher nicht einmal eine Ahnung von den Möglichkeiten«, sagte er. »Sie haben jedenfalls die Gewölbe des Schatzhauses ausgelotet.«

»Sie sind unermesslich«, lächelte Holsten.

»Die Menschheit«, erklärte der Amerikaner mit dem offenkundigen Bestreben, sich nach dem kurz aufflackernden Widerspruch des Königs wieder zur Geltung zu bringen, »die Menschheit, sage ich, beginnt eben erst ihr Erbe anzutreten.«

»Sprechen Sie uns von dem, was wir nach Ihrer Meinung zunächst lernen sollten«, sagte der König zu Holsten, »geben Sie uns eine Anregung, was wir als Erstes tun könnten.«

Dieser legte seine Gedankengänge dar …

»Die Wissenschaft«, rief der König daraufhin, »ist der neue Herrscher der Welt.«

»*Wir* sind der Ansicht«, widersprach der Präsident, »dass die Herrschaft vom Volk ausgeht.«

»Nein!«, sagte der König. »Herrschaft ist etwas viel Subtileres, und weniger arithmetisch. Weder von meiner Familie, noch von Ihrem emanzipierten Volk getragen. Sie ist etwas, das um uns, über uns und durch uns gegenwärtig ist, jener kollektive Wille und Sinn für das Nötige, der in der Wissenschaft seine verständlichste und absolut typische Ausprägung findet. Herrschaft ist der Geist unserer Rasse. Sie ist es, die uns alle zusammengeführt und ihren Anforderungen gebeugt hat …«

Der König machte eine Pause, sah zu Leblanc hinüber und fuhr dann, an seinen früheren Antagonisten gewandt, fort.

»Man neigt hier dazu«, sagte er, »anzunehmen, diese Versammlung tue wirklich das, was sie zu tun scheint, als würden wir neunzig Mann mit unserem freien Willen und unserer Weisheit die Welt einigen. Wir sind versucht, uns als außergewöhnlich tüchtige und mächtige Männer zu fühlen. Das sind wir nicht. Ich bezweifle, ob wir uns irgendwie besser bewähren werden als andere zufällig gewählte neunzig Mann. Wir sind keine Schöpfer, wir sind Folgen, wir sind Bergungshelfer – oder Geborgene. Das Wesentliche hier sind nicht wir, sondern der Sturm der Überzeugung, der uns hergeweht hat …«

Der Amerikaner musste bekennen, dass er schwerlich der Meinung zustimmen konnte, die der König von der Bedeutung der Versammlung hatte.

»Holsten und vielleicht noch ein bis zwei andere mögen unsere Wichtigkeit etwas erhöhen«, gab der König zu. »Aber wir Übrigen?«

Sein Blick wanderte nochmals zu Leblanc.

»Sehen Sie sich Leblanc an«, sagte er, »ein einfaches Gemüt wie Hunderte, Tausende Seinesgleichen. Ich gebe zu, mit einem gewissen Geschick, einer gewissen Einsicht, aber in Frankreich gibt es keine Stadt, in der man nicht den einen oder anderen Leblanc um zwei Uhr in seinem Stammkaffee antrifft. Gerade dass er nicht kompliziert oder übermenschlich oder dergleichen ist, hat das möglich gemacht, was er getan hat. Aber in einer glücklicheren Zeit, meint Ihr nicht auch, Wilhelm, wäre er geblieben, was sein Vater war, ein erfolgreicher Händler, sehr anständig, sehr gewissenhaft, sehr ehrenwert. Und an Feiertagen wäre er mit Madame Leblanc und ihrem Strickzeug auf einem Boot losgezogen, hätte unter einem großen Schirm mit hübschen grünen Streifen den mitgebrachten Landwein getrunken und eifrig und erfolgreich Gründlinge gefischt …«

Der Präsident und der bebrillte Japaner protestierten gleichzeitig.

»Wenn ich ihm Unrecht tue«, sagte der König, »so nur, um meine Ansichten zu verdeutlichen. Ich möchte klarstellen, wie unbedeutend der einzelne Mensch oder der einzelne Tag ist, und wie groß im Vergleich dazu die Menschheit …«

4

So sprach König Egbert in Brissago, nachdem man die Einheit der Welt proklamiert hatte. Jeden Abend nach dem gemeinsamen Essen unterhielt man sich zwanglos, lernte einander besser kennen und übte seinen Verstand im scharfen Disput. Und jeden Tag arbeitete man gemeinsam und glaubte eine Weile wirklich, dass man eine neue Regierungsform für die Welt schaffen würde. Die Verfassung wurde diskutiert. Aber es gab andere Probleme, die zu dringend einer Lösung harrten, um auf eine Verfassung warten zu können. Zwangsläufig wandte man sich ihnen zu, die Verfassung musste warten. Und schließlich fand man es zweckdienlich, die Verfassung auf die lange Bank zu schieben, wie König Egbert es vorausgesagt hatte, und mit einem mittlerweile gewachsenen Selbstvertrauen begann die Versammlung zu regieren …

Am Abend nach dem ersten Zusammentritt, nachdem König Egbert lange gesprochen und den einfachen roten Landwein, den Leblanc für sie beschafft hatte, getrunken und hoch gepriesen hatte, versammelte er um sich eine Gruppe Gleichgesinnter und kam auf die Einfachheit zu sprechen, pries sie über alles und erklärte, dass das letzte Ziel von Kunst, Religion, Philosophie, Wissenschaft und Ähnlichem die Einfachheit sei. Er bekannte sich selbst als ihr glühender Anhänger. Und Leblanc sei das schlagende Beispiel für ihre Erhabenheit. Dem stimmten alle zu.

Als sich die Gesellschaft schließlich vom Tisch erhob, war der König so erfüllt von einer besonderen Zuneigung und Bewunderung für Leblanc, dass er zu ihm hinging, ihn beiseite zog und auf etwas zu sprechen kam, das, wie er erklärte, keine große Bedeutung habe. Er könnte, sagte er, einen Orden verleihen, der im Gegensatz zu allen anderen Orden und Ehrenzeichen der Welt nie entehrt worden sei. Er wäre Männern eines gewissen Alters von höchster Verdienstlichkeit vorbehalten, deren Geistesgaben in voller Entfaltung stünden, und nur die Größten von ihnen in jedem Jahrhundert hätten ihn erhalten, soweit die Berater seiner Familie sich darüber Gewissheit hätten verschaffen können. Im Augenblick, gab der König zu, seien derartige Dekorierungen angesichts dringenderer Aufgaben in den Hintergrund getreten, und persönlich hätte er ihnen nie besondere Bedeutung beigemessen, aber es könnte eine Zeit kommen, in der sie wieder von einem gewissen Interesse wären, kurz gesagt, er wollte Leblanc das große Verdienstkreuz verleihen. Der einzige Grund hierfür, fügte er hinzu, sei der dringende Wunsch, seine persönliche Hochachtung zum Ausdruck zu bringen. Er sagte das alles, die Hand auf die Schulter des Franzosen gelegt, mit fast brüderlicher Zuneigung. Leblanc nahm diese Ankündigung mit verwirrter Bescheidenheit entgegen, die des Königs Achtung für seine bewundernswerte Schlichtheit noch wesentlich steigerte. Aber er gab zu bedenken, dass er zwar die angebotene Ehrung durchaus zu schätzen wisse, diese jedoch im Augenblick Neid erregen könnte, und er regte daher an, dass die Verleihung gewissermaßen als Anerkennung für die geleisteten Dienste erfolgen sollte, wenn man einmal seiner nicht mehr bedürfte. Dem König gelang es nicht, ihn von dieser Haltung abzubringen, und die beiden Männer schieden mit dem besten Ausdruck gegenseitiger Hochachtung voneinander.

Dann beorderte der König Firmin zu sich, dass er sich Notizen darüber machte, was er im Verlauf des Tages gesagt hatte. Aber nach zwanzig Minuten überkam ihn in der frischen Bergluft eine süße Schläfrigkeit. Er entließ Firmin, ging zu Bett und schlummerte sofort und außerordentlich zufrieden ein. Er hatte einen guten und aktiven Tag hinter sich.

5

Die Errichtung der neuen Ordnung, die damit auf so menschliche Weise begann, ging, gemessen an vergangenen Epochen, sehr rasch vor sich. Der kriegerische Geist der Welt war erschöpft. Nur da und dort flammten noch örtliche Kämpfe auf. Lange Dekaden hindurch war die Kampflust des Menschen durch zufällige Trennung in Nationen maßlos gesteigert worden. Das wurde nun hinreichend klar. In ungeheurem Maß hatte die Kraft, die in die Aufrüstung floss, die Aggressivität ebenso gefördert wie die Furcht vor Angriffen und kriegslüsternen Nachbarn. Es erscheint zweifelhaft, dass wirklich ein Großteil der Soldaten je nach Blutvergießen und Gefahr gelechzt hat. Ein solches Verlangen war vermutlich nie ausgesprochen stark gewesen, seit der Mensch sich über das primitivste Stadium hinausentwickelt hatte. Soldat sein war ein Beruf, in dem Töten eher eine unangenehme Möglichkeit als eine unvermeidliche Gewissheit war. Wenn man die Zeitungen und Zeitschriften jener Epoche durchblättert, die den Militarismus so sehr gefördert hat, findet man kaum etwas über Ehre und Abenteuer, und es wird immer wieder betont, wie verachtenswert Invasion und Unterwerfung sind. Kurz gesagt, Militarismus beruhte auf Furcht. Der Entschluss, einen Krieg zu führen, den das waffenstarrende Europa des 20. Jahrhunderts fasste, glich dem eines zu Tode geängstigten Schafes, das nicht mehr weiß, was es tut. Und nun, da diesem Europa die Waffen unter den Händen explodiert waren, fand es sich nur zu gerne bereit, sie fallenzulassen und den Gedanken, Krieg könnte Probleme lösen, abzuschütteln.

Für eine Weile war die Welt durch den Schock zu rückhaltloser Offenheit gezwungen worden; fast alle intelligenten Leute, die bisher die alten kriegsfördernden Grenzen verteidigt hatten, waren nun zur Erkenntnis gekommen, dass Einfachheit im Verhalten und Aufgeschlossenheit im Denken nötig waren. Und in dieser Atmosphäre moralischer Wiedergeburt gab es kaum Versuche, aus dem Widerstand gegen die neue Ordnung persönliche Vorteile zu ziehen. Zweifellos sind die Menschen oft ziemlich töricht, aber wenige noch haben auf der Feuerleiter innegehalten, um zu schachern. Mit solchen wusste die Versammlung umzugehen. Die Bande von »Patrioten«, die sich der Laboratorien und des Arsenals in der Nähe von Osaka bemächtigt hatte und die Angliederung Japans an die Weltrepublik verhindern wollte, erkannte, dass sie den Nationalstolz ihres Volkes falsch eingeschätzt hatte, und es traf sie die rasche Vergeltung der eigenen Landsleute. Der Kampf im Arsenal war ein bezeichnender Zwischenfall in diesem letzten Kapitel der Kriegsgeschichte. Bis zum bitteren Ende wussten die »Patrioten« nicht, sollten sie im Falle ihrer Niederlage ihr Potenzial an Atombomben zünden oder nicht. Sie kämpften vor den Iridiumtoren mit Schwertern, und die Gemäßigten unter ihnen standen bereit und waren schon am Rand des Unheils; nur noch zehn von ihnen waren unverwundet, als die Republikaner hereinstürzten und die Explosion verhindern konnten …

6

Ein einziger Monarch sträubte sich gegen die allgemeine Einsetzung der neuen Regierung, und das war der »Slawische Fuchs«, der König des Balkans, der noch in hohem Maß mittelalterlichem Denken verhaftet war. Er debattierte, schob seine Unterwerfung immer wieder hinaus und wich mit ungewöhnlich verwegenem Geschick den wiederholten Aufforderungen aus Brissago zur Übergabe aus. Er verschanzte sich hinter angeblicher Unpässlichkeit und starker Inanspruchnahme durch seine neue offizielle Mätresse, denn sein halbbarbarischer Hof war noch nach bestem romantischem Klischee organisiert. Bei dieser Taktik wurde er von seinem Premierminister Dr. Pestovitch klug unterstützt. Da es König Ferdinand Karl nicht gelang, seine Forderung nach völliger Unabhängigkeit durchzusetzen, erregte er in der Versammlung Ärgernis mit dem Vorschlag, sein Staat sollte als Protektorat behandelt werden. Schließlich täuschte er eine wenig überzeugende Unterwerfung vor und legte der Übergabe seines nationalen Beamtenstabes an die neue Regierung eine Unzahl von Hindernissen in den Weg. Bei alledem fand er begeisterte Unterstützung durch seine Untertanen, größtenteils ungebildete Bauern, die leidenschaftliche, wenn auch eher blinde Patrioten waren und bisher keinerlei Erfahrung mit der Wirkung von Atombomben hatten. Insbesondere behielt er sich die Kontrolle über die balkanischen Flugzeuge vor.

Dieses eine Mal wurde offenbar Leblancs übergroße Naivität durch Falschheit abgeschwächt. Er fuhr mit dem Rüstungsabbau in der ganzen Welt fort, als hätte sich der Balkan in voller Überzeugung unterworfen, und kündigte die Auflösung des Flugzeuggeschwaders, das bisher die Versammlung in Brissago geschützt hatte, für den bevorstehenden 15. Juli an. In Wirklichkeit verdoppelte er jedoch an diesem entscheidenden Tag die überwachenden Apparate und traf verschiedene Vorkehrungen zu ihrer Unterstützung. Er beriet sich mit Experten, und als er König Egbert ins Vertrauen zog, fühlte sich dieser durch Leblancs bemerkenswerte und klare Voraussicht an ein halb vergessenes Bild erinnert.

Am 17. Juli gegen fünf Uhr morgens sichtete einer der vorgeschobenen Überwachungsflieger der Brissago-Luftflotte, der in großer Höhe unauffällig über dem Südufer des Gardasees kreiste, eine fremde, westwärts fliegende Maschine. Er rief sie über Mikrophon an, und als er keine befriedigende Antwort erhielt, machte er durch Funk Meldung und nahm die Verfolgung auf. Ein Schwarm verbündeter Flugzeuge kam sogleich über die westlichen Berge herangebraust, und ehe die unbekannte Maschine Como sichtete, fand sie sich umgeben von einem Dutzend hartnäckiger Begleiter. Der Pilot scheint zunächst gezögert zu haben, dann ging er jedoch tiefer, und als er südwärts fliehen wollte, fand er in dieser Richtung einen der verfolgenden Doppeldecker vor sich. Er schwenkte auf die aufgehende Sonne zu und kreuzte dabei in hundert Meter Entfernung die Bahn seines ersten Verfolgers.

Der Scharfschütze in diesem Flugzeug eröffnete sogleich das Feuer und bewies hohe Geistesgegenwart, indem er zuerst den zweiten Mann außer Gefecht setzte. Der Pilot musste den Aufschrei seines Begleiters gehört haben, aber er konzentrierte sich so sehr auf einen Fluchtweg, dass er keinen einzigen Blick nach hinten verschwendete. Auch die zwei weiteren Schüsse konnten ihm nicht entgangen sein. Zusammengeduckt floh er mit höchster Geschwindigkeit zwanzig Minuten lang in ständiger Erwartung weiterer Kugeln. Sie kamen nicht, und als er sich schließlich umblickte, sah er drei große Flugzeuge dicht hinter sich und seinen Gefährten, von drei Kugeln getroffen, tot im Heck liegen. Seine Verfolger wollten ihn offenbar nicht abschießen, aber sie drückten ihn unerbittlich immer tiefer. Schließlich kurvte er kaum hundert Meter über den Maisfeldern. Vor sich sah er, dunkel gegen die Morgensonne, ein Dorf mit sehr hohem, schlankem Kirchturm und eine elektrische Leitung auf Stahlmasten, der er nicht ausweichen konnte. Er stoppte rasch den Motor und sackte zu Boden, wohl in der Hoffnung, noch zu den Bomben zu gelangen. Doch seine unerbittlichen Verfolger waren dicht hinter ihm und erschossen ihn im Augenblick der Landung.

Drei weitere Flugzeuge kurvten herab und setzten unmittelbar neben der abgestürzten Maschine auf dem Gras auf. Die Kopiloten sprangen heraus und liefen, mit ihren leichten Gewehren in den Händen, auf das Wrack und die beiden toten

Männer zu. Das sargähnliche Gehäuse, das in der Mitte des Flugzeuges gestanden hatte, war aufgebrochen, und drei schwarze Kugeln, jede mit zwei Handgriffen wie die Henkel eines Kruges, lagen friedlich inmitten der Trümmer.

Diese Objekte zogen die Blicke der Verfolger so unwiderstehlich auf sich, dass sie den beiden toten Männern, die blutig und zerschmettert dalagen, nicht mehr Beachtung schenkten als toten Fröschen auf einer Landstraße.

»Mein Gott«, rief der erste, »das sind welche.«

»Und unversehrt«, ergänzte der zweite.

»Ich habe diese Dinger noch nie gesehen«, sagte der erste.

»Größer als ich dachte«, stellte der zweite fest.

Der dritte kam näher, starrte einen Augenblick auf die Bomben und wandte sich dann dem toten Mann zu, der mit eingedrückter Brust auf einer schlammigen Stelle zwischen den grünen Maisstengeln unter seiner Maschine lag.

»Man darf nichts riskieren«, sagte er, gewissermaßen zur Entschuldigung.

Die beiden anderen wandten sich nun den Opfern zu. »Wir müssen Meldung machen«, sagte der erste. Als ein Schatten über sie hinweghuschte, blickten sie auf und sahen das Flugzeug, von dem aus der letzte Schuss abgefeuert worden war. »Was sollen wir melden?«, wurden sie durch das Megaphon gefragt.

»Drei Bomben«, riefen sie zugleich.

»Woher kommen sie?«, kam durch das Megaphon.

Die drei Scharfschützen sahen einander an und wandten sich dann den beiden Toten zu. »Meldet zunächst das«, rief einer der drei, »wir sehen inzwischen nach.« Ihre drei Piloten schlossen sich der Inspektion an, und die sechs Männer suchten, brutal in ihrer Hast, nach irgendwelchen Erkennungszeichen. Sie durchforsteten die Taschen der Männer, ihre blutgetränkten Kleider, das Flugzeug und die Ladung. Sie drehten die Leichen um und entkleideten sie. Sie trugen nicht einmal eine Tätowierung … Alles, was auf ihre Identität hätte hinweisen können, war sorgfältig entfernt worden.

»Es ist nichts zu finden«, riefen sie schließlich hinauf.

»Nicht ein einziger Hinweis?«

»Nicht der geringste.«

»Ich lande«, sagte der Mann oben in der Luft …

7

Der Slawische Fuchs stand auf dem eisernen Balkon seines malerischen Art Noveau-Palastes, von dem aus er auf seine in heller Sonne liegende kleine Hauptstadt hinabblicken konnte. Neben ihm wartete der ergraute und listige Pestovitch voll schlecht verhehlter Erregung. Die Glastür hinter ihnen führte in einen großen, mit Aluminium und rotem Email reich verzierten Saal mit einem kleinen, blau tapezierten Vorzimmer, dessen Türen offen standen, sodass der König, wenn er immer wieder mit fragendem Ausdruck über die Schulter zurückblickte, den Funker im Anbau unermüdlich bei der Arbeit sehen konnte. Zwei Melder in prunkvoller Livree warteten träge im Vorraum. Der Saal war mit imponierendem Prunk möbliert. In seiner Mitte stand ein riesiger, mit grünem Tuch bespannter Tisch, und auf ihm, sehr bezeichnend für einen neuzeitlichen, aber romantischen Monarchen, eine schwere silberne Garnitur, bestehend aus Tintenfass und altmodischer Streusandbüchse. Es war des Königs Audienzraum, und in ihm wartete in verhaltener Ungeduld das halbe Dutzend Minister seines Kabinetts. Sie waren für zwölf Uhr beordert worden, aber noch um halb eins wandte sich der König ihnen nicht zu und schien auf dem Balkon eine Nachricht zu erwarten, die nicht kam.

Der König hatte sich anfänglich noch leise mit seinem Minister unterhalten, aber nun gab es nichts mehr zu sagen, nur ihre Gesichter drückten eine schlecht verhehlte Angst aus. In geringer Entfernung unterhalb des Berghanges erstreckte sich das lang gezogene helle Blechdach des Bauernhofs, in dem die Bombenproduktion und die fertigen Bomben versteckt waren. (Der Chemiker, der dies alles für seinen König gebaut hatte, war nach der Erklärung aus Brissago plötzlich gestorben.) Niemand wusste von dieser Stätte des Unheils außer dem König, seinen Beratern und drei treu ergebenen Gefolgsleuten. Die Piloten und die Bombenschützen, die sie begleiten sollten, warteten nun in der glühenden Mittagshitze bei ihren Maschinen auf dem Exerzierplatz der motorisierten Brigaden nebenan und wussten noch nichts von der Aufgabe, die sie in Kürze übernehmen sollten. Der Zeitpunkt ihres Startes stand unmittelbar bevor, wenn der von Pestovitch ausgeheckte Plan gelang. Es war ein großartiger Plan, der kein geringeres Ziel hatte als die Beherrschung der ganzen Welt. Die Regierung der Idealisten und Professoren im fernen Brissago sollte hinweggefegt werden, und dann würden diese Maschinen nach Osten, Westen, Norden und Süden über den ganzen Erdball, der sich selbst entwaffnet hatte, ausschwärmen und Ferdinand Karl, den neuen Cäsar, den Herrn, als Herrscher der Welt proklamieren.

Es war wirklich ein prächtiger Plan. Aber dieses Warten auf eine Nachricht über den Erfolg des ersten Schlages zerrte beträchtlich an den Nerven.

Das Gesicht des Slawischen Fuchses mit der bemerkenswert langen Nase und dem dichten schwarzen Schnurrbart war von fahler Blässe. Seine kleinen blauen Augen standen ein wenig zu nahe beieinander, um anziehend zu wirken. Er hatte die Gewohnheit, seinen Schnurrbart mit kurzen nervösen Bewegungen zu zwirbeln, wann immer sein rastloser Geist erregt war, und das tat er jetzt mit solcher Beharrlichkeit, dass es Pestovitch schließlich unerträglich fand.

»Ich werde nachsehen«, sagte der Minister, »was in der Funkstelle los ist. Sie lassen uns ohne jede Nachricht, sei sie gut oder schlecht.«

Allein geblieben, konnte der König seinen Schnurrbart ungestört bearbeiten; er stützte die Ellbogen auf die Balkonbrüstung und machte sich mit seinen beiden weißen langfingrigen Händen ans Werk, sodass er wie ein bleicher, an einem Knochen nagender Hund aussah. Gesetzt den Fall, sie hatten seine Männer gefangen genommen, was sollte er dann tun? Die Möglichkeit war ja nicht auszuschließen.

Die Uhr des Glockenturms mit der goldenen Haube unten in der Stadt schlug gerade die halbe Stunde nach Mittag.

Natürlich hatten er und Pestovitch darüber nachgedacht. Selbst wenn diese Männer geschnappt worden waren, sie waren zur Geheimhaltung verpflichtet … Vermutlich hatten sie dabei den Tod gefunden … Man konnte jedenfalls dementieren und alles bestreiten.

Und dann bemerkte er ein halbes Dutzend leuchtender Punkte im Blau des Himmels …

Da kam Pestovitch zurück. »Die Nachrichten der Regierung sind neuerdings alle chiffriert«, sagte er. »Ich habe einen Mann beauftragt …«

»Schauen Sie!«, unterbrach ihn der König und zeigte mit seinem langen dünnen Finger nach oben.

Pestovitch gehorchte und warf dann einen kurzen fragenden Blick auf das blasse Gesicht des Königs.

»Wir müssen ihnen die Stirn bieten«, sagte er.

Einige Augenblicke lang verfolgten sie die steilen Spiralen, mit denen die Kuriere herabstießen, dann begann eine hastige Beratung …

Sie beschlossen, dass der König durchaus eine Besprechung über die Einzelheiten einer endgültigen Unterwerfung unter Brissago abhalten könnte, denn das würde unverfänglich wirken. Und so fand der von der Versammlung als Unterhändler entsandte Ex-König Egbert bei seinem Eintreffen den Slawischen Fuchs umgeben von seinen Ratgebern in theatralischer Würde im Kreis seines Hofstaates. Die Tür zum Funkraum war geschlossen.

Der Ex-König aus Brissago bahnte sich gemächlich einen Weg durch die Höflinge und Diener, deren Anwesenheit König Ferdinands erhabenen Rang noch übersteigern sollte, und die vertrauliche Zuversicht in seinem Auftreten strafte eine gewisse Härte in seinen Augen Lügen. Firmin, sein einziger Begleiter, trottete hinter ihm her. Als Ferdinand Karl sich erhob, um ihn zu begrüßen, beschlich den Slawischen Fuchs dasselbe eisige Gefühl, das er schon auf dem Balkon empfunden hatte – und schwand wieder angesichts des sorglosen Verhaltens seines Gastes. Denn sicherlich konnte ein jeder diesen albernen Schwätzer übertölpeln, der einer reinen Idee zuliebe und auf Befehl eines kleinen bebrillten Rationalisten aus Frankreich der ältesten Krone der Welt entsagt hatte.

Man musste nur dementieren, alles dementieren …

Und dann stellte er allmählich und eher verärgert fest, dass es nichts zu dementieren gab. Sein Besucher begann mit liebenswürdiger Ungezwungenheit über alles zu sprechen, was noch zwischen Brissago und dem Balkan zur Debatte stand, außer –

Waren sie vielleicht aufgehalten worden? Vielleicht wegen einer Reparatur gezwungen gewesen, zu landen, und noch in Freiheit? War es möglich, dass sie gerade jetzt, während dieser Narr herumschwätzte, dort zwischen den Bergen ihre tödliche Last über die Bordwand ihres Flugzeuges warfen?

Eine vage Hoffnung hob die Stimmung des Slawischen Fuchses.

Was sagte der Mann? Man musste jedenfalls mit ihm sprechen, bis man Gewissheit hatte. Jeden Augenblick konnte sich die schmale Doppeltür hinter ihm mit der Nachricht öffnen, dass Brissago in Atome zerstäubt war. Dann würde herrliche Erleichterung die gegenwärtige Spannung lösen, und man würde diesen Kauz unverzüglich verhaften. Vielleicht würde man ihn töten, warum nicht?

Der Ex-König wiederholte, was er gesagt hatte. »Es besteht der lächerliche Verdacht, Ihre Zuversicht stützte sich auf den Besitz von Atombomben.«

König Ferdinand Karl nahm sich zusammen und protestierte.

»Oh, gewiss«, sagte der Ex-König, »gewiss.«

»Mit welcher Begründung?«

Der Ex-König begleitete seine abwehrende Handbewegung mit der Spur eines Lächelns – warum zum Teufel lächelte er? »Tatsächlich gibt es keine«, sagte er. »Aber man muss sehr vorsichtig sein.«

Und dann glimmte abermals für eine Sekunde etwas wie leichter Spott in den Augen des Unterhändlers auf, und König Ferdinand lief es dabei erneut kalt über den Rücken.

Pestovitch, der die gespannte Erwartung in Firmins Gesicht beobachtet hatte, befiel ähnliche Beklommenheit. Er kam seinem Herrn zu Hilfe, da er fürchtete, dieser würde zu offensichtlich protestieren.

»Eine Durchsuchung!«, rief der König. »Ein Startverbot für unsere Flugzeuge!«

»Nur als vorübergehende Vorsichtsmaßnahme«, erwiderte Ex-König Egbert, »solange die Durchsuchung in Gang ist.«

Der König wandte sich an seine Minister.

»Das Volk wird das niemals zulassen, Majestät«, erklärte ein kleiner Mann in einer prunkvollen Uniform eilfertig.

»Sie werden es umzustimmen haben«, gab der Ex-König allen anwesenden Kabinettsmitgliedern freundlich zu verstehen.

König Ferdinand starrte auf die Bronzetür, durch die noch immer keine Nachricht kam.

»Wann würden Sie diese Durchsuchung vornehmen wollen?«

Der Ex-König strahlte. »Unmöglich vor übermorgen«, sagte er.

»Nur in der Hauptstadt?«

»Wo sonst?«, fragte der Ex-König noch liebenswürdiger.

»Ich persönlich«, erwiderte der König zuversichtlich, »halte das Ganze für lächerlich. Wer würde so ein Narr sein, Atombomben zu verstecken? Niemand. Der Galgen ist ihm sicher, wenn er ertappt wird – und wenn nicht, würde er fast sicher in die Luft gehen. Aber gegenwärtig muss ich mich wie alle Welt Befehlen beugen. Und so bin ich dazu bereit.«

Der König glaubte, noch nie eine so widerwärtige Liebenswürdigkeit beobachtet zu haben. Er sah zu Pestovitch hinüber, der fast unmerklich nickte. Es war jedenfalls gut, dass man es mit einem Narren zu tun hatte. Sie hätten auch einen Diplomaten schicken können. »Natürlich anerkenne ich«, sagte der König, »die überwältigende Macht – und eine gewisse Logik – in diesen Anordnungen aus Brissago.«

»Ich wusste, dass Sie das würden«, erwiderte der Ex-König mit einem Anflug von Erleichterung, »und so lassen Sie uns vereinbaren –«

Sie trafen mit einer gewissen Formlosigkeit ein Abkommen. Kein balkanisches Flugzeug sollte sich in die Luft erheben, bevor die Durchsuchung abgeschlossen war, und so lange würden die Flugzeugstaffeln der Weltregierung am Himmel kreisen. In den Städten würden Plakate angeschlagen, die allen jenen eine Belohnung versprachen, die der Entdeckung von Atombomben Beihilfe leisteten …

»Dies werden Sie unterzeichnen«, sagte der Ex- König.

»Warum?«

»Um zu zeigen, dass wir in keiner Weise feindselig eingestellt sind.«

Pestovitch gab seinem Herrn durch ein Nicken zu verstehen, er möge zustimmen.

»Und jetzt«, erklärte der Ex-König in seiner gewohnten Ungezwungenheit, »werden wir natürlich mit etlichen Leuten herkommen, ihre Polizei um Unterstützung bitten und eine gründliche Durchsuchung vornehmen. Und dann wird alles überstanden sein. Wenn ich so lange ihr Gast sein darf ...«

Als Pestovitch nachher mit dem König wieder allein war, fand er ihn von widerstrebenden Gefühlen hin und her gerissen. Sein Gemüt wogte wie eine windgepeitschte See. Eben noch war er überschwänglich und voll Verachtung für »diesen Narren« und seine Durchsuchung gewesen, der nächste Augenblick stürzte ihn wieder in abgrundtiefe Angst. »Sie werden sie finden, Pestovitch, und dann werden sie uns hängen.«

»Uns hängen?«

Des Königs lange Nase richtete sich auf seinen Ratgeber. »Dieser grinsende Rohling will uns hängen sehen«, sagte er, »und er wird uns hängen, wenn wir ihm auch nur den geringsten Anlass geben.«

»Bei all ihren Ansichten über einen modernen Staat!«

»Glauben Sie etwa, diese Bande gottloser vivisezierender Tugendbolde würde ein Mitgefühl aufbringen?«, rief dieser letzte romantische König. »Glauben Sie, Pestovitch, sie hätten Verständnis für eine erhabene Idee oder einen glorreichen Traum? Glauben Sie, unser kühnes und grandioses Wagnis würde sie beeindrucken? Da bin ich, der Letzte und Größte und Romantischste aller Cäsaren, und da glauben Sie, sie werden sich die Chance entgehen lassen, mich wie einen Strolch zu hängen, wenn sie können, mich wie eine Ratte in ihrem Loch umzubringen? Auch dieser Abtrünnige, der einst ein Herrscher von Gottes Gnaden war!« ...

»Ich hasse solche Augen, die lächeln und dabei hart bleiben«, sagte der König schließlich. »Ich will nicht hier still sitzen und mich wie ein hypnotisiertes Kaninchen einfangen lassen. Wir müssen diese Bomben woanders hinbringen.«

»Nehmen Sie das Risiko auf sich«, warnte ihn Pestovitch. »Lassen Sie sie, wo sie sind.«

»Nein«, widersprach der König. »Wir bringen sie zur Grenze. Und dann, während sie uns überwachen und das werden sie jetzt ständig tun – können wir aus dem Ausland ein Flugzeug kaufen, die Bomben einladen …«

Der König war den ganzen Abend in einer fieberhaft gereizten Stimmung, nichtsdestotrotz heckte er seinen Plan mit ungeheurer List aus. Sie mussten die Bomben fortschaffen. Dazu brauchte man zwei Lastkraftwagen mit Heu. Die Bomben konnten darin verborgen werden … Pestovitch machte sich auf den Weg, unterrichtete vertrauenswürdige Diener, plante und gab Anweisungen … Der König und der Ex-König unterhielten sich unterdessen sehr freundschaftlich über eine Reihe von Themen. Die ganze Zeit über quälte König Ferdinand Karl der Gedanke an das rätselhafte Verschwinden seines Flugzeugs. Es kam weder eine Nachricht, dass es abgefangen worden war, noch dass es seine Mission erfolgreich durchgeführt hatte. Jeden Augenblick konnte also auch die ganze Macht, die seinem Besucher den Rücken stärkte, zunichtewerden …

Mitternacht war bereits vorbei, als der König in Umhang und Schlapphut, der Kleidung eines kleinen Bauern oder ehrbaren Angestellten, durch einen unauffälligen Dienstboteneingang an der Westseite des Palastes in den dicht bewaldeten Park trat, der sich in mehreren Terrassen bis zur Stadt hinunter erstreckte. Pestovitch und sein Leibwächter Peter, beide in gleicher Weise verkleidet, kamen aus den Lorbeerbüschen, die den Pfad säumten, und schlossen sich ihm an. Die Nacht war klar und warm, aber die Sterne erschienen ungewöhnlich klein und ferne, da in der Luft Flugzeuge hin und her kreuzten und immer wieder ihre Suchscheinwerfer über die Landschaft wandern ließen. Ein heller Strahl schien für einen Augenblick auf dem König zu verweilen, als er aus dem Palast trat, wanderte aber zu seiner

Erleichterung sogleich weiter. Doch während sie noch im Palastgarten waren, richtete sich auch schon ein anderer auf sie und verharrte eine Weile.

»Sie haben uns entdeckt«, rief der König.

»Sie erkennen uns nicht«, sagte Pestovitch.

Der König blickte hinauf in die ruhige runde Lichtquelle, die ihm zuzublinzeln schien, ihn blendete und wieder erlosch …

Die drei Männer setzten ihren Weg fort. In der Nähe des kleinen Tores, das auf Pestovitchs Anweisung unversperrt war, blieb der König im Schatten einer Steineiche stehen und blickte zum Palast zurück. Er war sehr hoch und schmal, eine neuzeitliche Reminiszenz an das Mittelalter in Stahl und Bronze, mit imitiertem Mauerwerk und Milchglas. Eine Unzahl von Zinnen hoben sich gegen den Himmel ab. Hoch oben im Ostflügel lagen die Fenster der Suite, in der Ex-König Egbert untergebracht war. Eines davon war hell erleuchtet, und in diesem Licht stand ruhig eine dunkle Gestalt und schaute in die Nacht hinaus.

Der König knurrte wütend.

»Er hat keine Ahnung, dass wir ihm entwischen«, sagte Pestovitch.

Und noch während er sprach, sahen sie den Ex-König seine Arme strecken wie jemand, der gähnt, sich die Augen reiben und ins Zimmer zurücktreten – zweifellos ging er zu Bett.

Durch die alten winkeligen Straßen seiner Hauptstadt hastete der König zu dem vereinbarten Treffpunkt, an dem ein schäbiges Atomauto auf die drei wartete. Es war eine entsetzlich verlotterte Mietdroschke mit verbeulter Karosserie und durchgesessenen Sitzen. Ein Taxichauffeur aus der Stadt lenkte sie, aber neben ihm saß Pestovitchs junger Sekretär, der den Weg zur Scheune kannte, in der die Bomben versteckt waren.

Der Wagen nahm seinen Weg durch die engen Straßen der alten Stadt, die noch hell erleuchtet und belebt waren – wegen der vielen Flugzeuge, die in der Luft kreisten, waren die Cafés noch offen und die Leute auf der Straße – und weiter über die große neue Brücke und durch die dünn besiedelten Außenbezirke. Und während der ganzen Fahrt saß der König, der Cäsar zu übertreffen hoffte, schweigend im Fond, und auch von den anderen sprach keiner. Als sie dann auf das dunkle Land hinauskamen, stellten sie fest, dass die Suchscheinwerfer wie die ruhelosen Geister von Riesen durch die Landschaft wanderten. Der König beugte sich vor, folgte mit seinem Blick den umherhuschenden hellen Flecken und schaute immer wieder zu den Flugzeugen hinauf.

»Das gefällt mir gar nicht«, sagte er.

Und dann erfasste sie einer der Lichtkegel und schien ihrem Automobil zu folgen. Der König zuckte zurück.

»Diese Dinger sind verdammt geräuschlos«, sagte er, »man fühlt sich wie von mageren weißen Katzen verfolgt.« Er spähte wieder nach oben. »Dieser Bursche beobachtet uns.«

Und dann überkam ihn plötzlich Panik. »Pestovitch«, sagte er und umklammerte den Arm seines Ministers, »sie beobachten uns. Ich mach da nicht mehr weiter. Sie beobachten uns. Ich kehre um.«

»Aber sie werden uns hängen«, wandte Pestovitch ein.

»Nicht wenn wir jetzt aufgeben. Nicht, wenn wir die Bomben ausliefern. Sie haben mich in diese Sache hineingezogen …«

Schließlich gab Pestovitch teilweise nach. Etwa einen Kilometer vor der Scheune stand ein Gasthaus. Sie würden dort aussteigen, und der König konnte einen Kognak trinken und sich entspannen. Wenn er es dann immer noch für zweckmäßig hielt, umzukehren, würden sie es tun.

»Sehen Sie«, sagte Pestovitch, »der Scheinwerfer ist wieder erloschen.«

Der König schaute hinauf. »Ich glaube, sie verfolgen uns ohne Licht«, erwiderte er.

In dem alten, kleinen, schmutzigen Gasthaus zauderte der König noch eine Weile und wollte umkehren, um sich auf Gnade oder Ungnade der Versammlung in Brissago zu ergeben. »Wenn sie noch existiert«, sagte Pestovitch. »Inzwischen haben unsere Bomben sie vielleicht erledigt.«

»Aber wenn dem so wäre, würden diese höllischen Flugzeuge abziehen.«

»Vielleicht wissen sie es noch nicht.«

»Aber warum können Sie das alles nicht ohne mich erledigen, Pestovitch?«

Pestovitch antwortete nicht gleich. »Ich war dafür, dass man die Bomben an ihrem Ort beließ«, sagte er schließlich. Ihr Fahrzeug wurde von einem hellen Lichtkegel erfasst. Da hatte Pestovitch einen glänzenden Einfall. »Ich werde meinen Sekretär hinausschicken, er soll mit dem Fahrer einen Streit anfangen, sodass die da oben die beiden weiter beobachten müssen. Unterdessen schleichen Sie und ich und Peter zur Hintertür hinaus und durch die Hecken zur Scheune …«

Der Einfall war seinem scharfen Verstand würdig und erwies sich als zweckentsprechend.

Zehn Minuten später kletterten sie über die Mauer des Hofes, verschwitzt, schmutzig und atemlos, aber unbeobachtet. Als sie jedoch zur Scheune liefen, entfuhr dem König ein Mittelding zwischen einem Stöhnen und einem Fluch. Rings um sie leuchtete ein Licht auf – und wanderte weiter.

Aber war es sogleich weitergewandert oder hatte es für eine Sekunde auf ihnen verweilt?

»Sie haben uns nicht gesehen«, sagte Peter.

»Ich glaube nicht, dass sie uns entdeckt haben«, bekräftigte der König und folgte mit dem Blick dem Licht, das über den Hügelhang hinaufglitt, kurze Zeit auf einem Heuschober hängen blieb und dann zurückschwenkte.

»In die Scheune«, rief der König.

Er stieß mit dem Schienbein gegen irgendein Hindernis, und dann waren die drei Männer in der großen mit Blech überdachten Scheune, in der die zwei motorisierten Heuwagen standen, die die Bomben fortbringen sollten. Kurt und Abel, Peters Brüder, hatten die Fahrzeuge bei Tag hergebracht und bereits die obere Hälfte des Heus abgeladen. Sobald der König das Versteck bekanntgab, konnten die Bomben auf den Wagen geschafft werden. »Hier ist eine Art Grube«, sagte der König. »Zündet keine zweite Laterne an. Mit diesem Schlüssel löse ich einen Ring …«

Eine Weile lang wurde in der Dunkelheit der Scheune kaum ein Wort gesprochen. Die Falltür knarrte, als sie geöffnet wurde, und Füße tappten die Leiter hinunter in die Grube. Dann hörte man Flüstern und schweres Keuchen, als Kurt die erste der versteckten Bomben heraufwuchtete.

»Wir schaffen es noch«, sagte der König. Und dann fluchte er: »Verdammtes Licht, warum in Teufels Namen haben wir das Tor des Schuppens nicht geschlossen?« Denn dieses stand weit offen, und der ganze menschenleere Hof und noch zwei Meter des Schuppenbodens standen im blendenden Licht eines forschenden Suchscheinwerfers.

»Mach das Tor zu, Peter«, sagte Pestovitch. »Nein«, rief der König, zu spät, denn Peter war schon ins Licht getreten. »Zeigen Sie sich nicht!« Kurt war seinem Bruder gefolgt und zerrte ihn zurück. Eine Weile lang rührte sich keiner der fünf Männer. Es schien, als würde das Licht nie erlöschen, und dann ging es plötzlich aus und ließ sie geblendet zurück. »Jetzt«, sagte der König beunruhigt, »jetzt schließt das Tor.«

»Nicht ganz«, rief Pestovitch. »Lasst einen Spalt offen, durch den wir dann hinausgehen …«

Es war eine harte Arbeit, die Bomben zu verladen, und der König arbeitete eine Weile mit. Kurt und Abel trugen die schweren Dinger herauf. Peter brachte sie zu den Wagen, und der

König und Pestovitch halfen ihm, sie im Heu zu verstauen. Sie verursachten so wenig Lärm wie möglich …

»Seht!«, rief der König. »Was war das?«

Aber Kurt und Abel hörten es nicht und tappten mit ihrer schweren Last die Leiter hoch.

»Seht!« Peter lief auf sie zu und ermahnte sie flüsternd. Nun waren alle still.

Das Scheunentor öffnete sich ein wenig weiter und gegen das schwache nächtliche Licht sahen sie die dunkle Silhouette eines Mannes.

»Ist da jemand«, fragte er mit einem italienischen Akzent.

Dem König trat kalter Schweiß auf die Stirn. Dann antwortete Pestovitch: »Nur ein Bauer, der Heu auflädt«, sagte er, griff nach einer großen Heugabel und schlich sich näher.

»Ihr ladet das Heu zu einer sehr unpassenden Zeit und bei sehr schlechtem Licht auf«, sagte der Mann am Tor und spähte hinein. »Habt ihr keine elektrische Beleuchtung?«

Dann schaltete er plötzlich eine Taschenlampe an, und in diesem Augenblick sprang Pestovitch hervor. »Verschwinden Sie aus meinem Schuppen!«, schrie er und stieß die Gabel dem Eindringling in die Brust. Er hatte wohl geglaubt, den Mann damit zum Schweigen zu bringen. Aber als die Zinken in seine Brust drangen, schrie der Mann laut auf und taumelte zurück. Sogleich hallten im Hof eilige Schritte wider.

»Bomben«, rief der am Boden liegende Mann und zerrte an der Gabel. Pestovitch stolperte durch die Wucht des Stoßes vor das Tor und wurde von einem der beiden Neuankömmlinge erschossen.

Der Mann am Boden war schwer verletzt, aber klar bei Besinnung. »Bomben«, wiederholte er, raffte sich zu einer knienden Stellung auf und traf mit dem Strahl seiner Taschenlampe das Gesicht des Königs. »Erschießt sie«, schrie er, keuchend und Blut spuckend, und das Licht seiner Lampe tanzte um den Kopf des Königs.

Einen Augenblick lang sahen die beiden Männer den König auf dem Wagen knien und Peter auf dem Scheunenboden daneben. Der alte Fuchs wandte ihnen sein bleiches Gesicht zu – und knurrte Unheil verkündend. Und als er sich zögernd mit selbstmörderischem Heroismus über die Bomben beugte, schossen die beiden Fremden gleichzeitig und trafen ihn in den Kopf.

Die obere Hälfte seines Gesichtes schien sich aufzulösen.

»Erschießt sie«, schrie der verletzte Mann. »Erschießt sie alle!«

Und dann erlosch seine Lampe, und er brach zu Füßen seiner Kameraden zusammen.

Aber diese hatten selbst Lampen, und im nächsten Augenblick war wieder alles in der Scheune deutlich erkennbar. Sie erschossen Peter, gerade als er zum Zeichen der Ergebung die Hände hob.

Kurt und Abel zögerten kurz und sprangen dann von der Leiter in die Grube hinunter. »Wenn wir sie nicht töten«, sagte einer der Scharfschützen, »werden sie uns in die Luft jagen. Sie sind da unten in der Grube. Komm! ... Da sind sie. Hände hoch, sage ich. Leuchte mir, während ich schieße ...«

8

Es war noch dunkel, als Firmin und der Kammerdiener ins Zimmer des Ex-Königs Egbert traten und ihm berichteten, dass nun alles erledigt war.

Er richtete sich auf und fragte: »Ist er entkommen?«

»Er ist tot«, antwortete Firmin. »Er wurde erschossen.«

Der Ex-König dachte nach. »Das ist vielleicht die beste Lösung«, sagte er. »Wo sind die Bomben? In diesem Bauernhof auf dem gegenüberliegenden Hügelhang! Was soll's, er ist von hier aus zu sehen. Wir fahren hin. Ich ziehe mich rasch an. Ist jemand im Palast, Firmin, der uns einen Kaffee machen kann?«

Durch das erste schwache Dämmerlicht brachte der Wagen den Ex-König zu dem Bauernhof, in dem der letzte rebellierende König zwischen den Bomben lag. Der Horizont rötete sich, und dann ging im Osten die Sonne strahlend über den Bergen auf, gerade als König Egbert in den Bauernhof einfuhr. Man hatte die beiden Heuwagen mit ihrer bedrohlichen Bombenlast aus der Scheune gezogen. An die zwanzig Flieger bewachten den Hof, und draußen standen ein paar Bauern in einer kleinen Gruppe beisammen und starrten hinein, ohne noch zu wissen, was geschehen war. Vor der Steinmauer des Hofes lagen säuberlich nebeneinander fünf Leichen. Pestovitchs Gesicht zeigte Überraschung, und der König war hauptsächlich an seinen langfingrigen weißen Händen und dem blonden Schnurrbart zu erkennen. Den verletzten Flieger hatte man in den Gasthof getragen. Und nachdem der Ex-König Anweisung gegeben hatte, wie die Bomben in das neue Laboratorium oberhalb von Zürich gebracht werden sollten, wo sie durch Chlorgas entschärft werden konnten, wandte er sich den fünf reglosen Gestalten zu.

Fünf Paar Beine lagen in seltsam steifer Einmütigkeit da ausgestreckt.

»Was hätten wir sonst tun sollen?«, beschwichtigte er einen inneren Protest.

»Ich frage mich, Firmin, ob es noch mehr davon gibt?«

»Bomben, Majestät?«, wollte Firmin wissen.

»Nein, solche Könige … eine beklagenswerte Torheit«, sinnierte der König laut. Und dann: »Firmin, als Ex-Professor für internationale Politik obliegt es wohl Ihnen, sie zu begraben. Hier? … Nein, nicht so dicht neben dem Brunnen. Daraus werden die Leute trinken müssen. Begraben Sie sie weiter draußen auf dem Feld.«

4
Die neue Phase

1

Die Aufgabe, die vor der Versammlung von Brissago lag, bestand, wie wir heute rückblickend erkennen können, im Grunde aus der Lösung einer einfachen Frage. Es war von entscheidender Bedeutung, die durch die sprunghafte Entwicklung der Wissenschaft überholte soziale Organisation auf eine neue Basis zu stellen. Die Versammlung war wie eine Rettungsexpedition hastig zusammengerufen worden und sah sich vor einem Trümmerhaufen; aber dieser Trümmerhaufen war ein für allemal ein Trümmerhaufen, und die einzigen Möglichkeiten eines Neubeginns lagen entweder in einem Rückfall auf das Stadium eines primitiven Ackerbaus, das die Menschheit so mühevoll überwunden hatte, oder darin, dass man den erreichten Wissensstand als Basis einer neuen sozialen Ordnung akzeptierte. Die alten Neigungen der menschlichen Natur zu Misstrauen, Eifersucht, Absonderung und Kriegslüsternheit waren mit der ungeheuren Zerstörungskraft der neuen Kampfmittel, die die herzlose Logik der Wissenschaft bereitgestellt hatte, unvereinbar. Das Gleichgewicht konnte nur wiederhergestellt werden, wenn sich die Zivilisation selbst so weit vernichtete, bis moderne Produktionen undurchführbar wurden, oder eben wenn sich der Mensch selbst in seinen Institutionen den neuen Bedingungen anpasste.

Früher oder später wäre die Menschheit ohnehin vor diese Wahl gestellt worden. Die rapide Entwicklung der Atomwissenschaft führte nur schneller zu einem dramatischen Höhepunkt in diesem Konflikt zwischen dem Neuen und dem Althergebrachten vieler Jahrtausende, seit der erste Faustkeil behauen und die erste Feuerstelle gebaut worden war. Von dem

Tag an, als der Mensch ein Werkzeug ersann und ein Mann einen anderen neben sich duldete, war er nicht länger ein ausschließlich den Trieben und Urinstinkten gehorchendes Wesen. Seit damals lässt sich ein immer größer werdender Zwiespalt zwischen seinen egoistischen Wünschen und den sozialen Erfordernissen beobachten. Allmählich passte er sich dem Leben in der Gemeinschaft an und ordnete seine wilden Triebe den Bedürfnissen der Sippe und des Stammes unter. Aber ungeachtet dessen lebte in seinem Bewusstsein der ursprüngliche Jäger und Wanderer und Forscher fort. Er fügte sich nie gänzlich dem Ackerbau und dem häuslichen Leben ein. Allenthalben bedurfte es der Unterweisung und des Priesters, um ihn in den Schranken von Ackerbau und Viehzucht zu halten. Allmählich überlagerte ein weitgespanntes System traditioneller Gebote seine Instinkte, Gebote, die vortrefflich geeignet waren, ihn zu jenem Ackermann und Hirten zu machen, der für zweimal zehntausend Jahre die Norm war.

Unvorhergesehen und ungewollt, entwickelte sich aus dieser Lebensweise die Zivilisation als ein Überbau. Sie begann mit Handel und Pfaden und Straßen, sie trieb Boote auf die Flüsse und dann aufs Meer hinaus, und in den primitiven Höfen und den Tempeln nahmen Reichtum und Muße zu. Und im Völkergemisch, das in den Hafenstädten zusammenströmte, regten sich Erkenntnisstreben, Philosophie, Wissenschaft und die Anfänge einer neuen Ordnung, die schließlich das Leben der Menschen bestimmte. Nur allmählich macht sie sich bemerkbar, und dann wurden mit zunehmender Raschheit neue Naturkräfte entdeckt. Die Menschheit suchte weder danach, noch verlangte sie danach; sie wurden ihr in die Hand gegeben. Eine Weile lang griff sie sorglos nach diesen neuen Errungenschaften und Kräften, ohne an die Folgen zu denken. Zahllose Generationen hindurch ging der Wandel fast unmerklich vor sich. Aber als er weit genug fortgeschritten war, beschleunigte er plötzlich seinen Gang. Und in einer Folge von Schocks kam dem Menschen schließlich zu Bewusstsein, dass er sich immer weiter von seinem ursprünglichen Leben entfernt und neuen Verhältnissen angepasst hatte.

Bereits vor der Entfesselung der Atomenergie war der Zwiespalt zwischen der althergebrachten und der neuen Lebensweise ungeheuer. Er war weit stärker als selbst beim Zusammenbruch des römischen Herrschaftssystems. Auf der einen Seite gab es noch das alte Familienleben, die kleine Gemeinschaft und den Handwerksbetrieb, auf der anderen die neue Ordnung in einem größeren Rahmen, mit weiterem Horizont und einem merkwürdigen Zweckdenken. Allmählich wurde deutlich, dass der Mensch sich für die eine oder andere Lebensform entscheiden musste. Man konnte nicht kleine Händler und Kartellverbände auf dem gleichen Markt haben, nicht schlafende Fuhrmänner und Kraftwagen auf der gleichen Straße, nicht Bogenschützen und Bordschützen in der gleichen Armee, nicht primitive Landwirtschaft und automatisierte Fabriken in der gleichen Welt. Und noch weniger war es möglich, dass Menschen mit dem Denken, dem Ehrgeiz, der Habgier und dem Argwohn von Ackerbauern über die unbegrenzten technischen Mittel des neuen Zeitalters verfügten. Selbst wenn es keine Atombomben gegeben hätte, die einen Großteil der führenden Geister aus aller Welt zu einer eiligen Konferenz in Brissago veranlasst hätten, wäre es, vielleicht über weite Strecken und Zeiträume verteilt, zu weniger offiziellen Beratungen verantwortlicher und einsichtiger Leute über die Schwierigkeiten dieses weltweiten Zwiespalts gekommen.

Wäre Holstens Entdeckung Schritt für Schritt im Laufe von Jahrhunderten zustande gekommen und der Welt nur allmählich zur Kenntnis gelangt, hätte sie nichtsdestotrotz die Menschheit genötigt, darüber zu beraten und einen Plan für die Zukunft zu entwerfen. Tatsächlich hatten sich bereits hundert Jahre vor dieser Krise literarische Veröffentlichungen gehäuft, die zukünftige Entwicklungen vorwegnahmen; der Versammlung in Brissago lag bereits das ganze umfangreiche Schrifttum der »Moderner Staat«-Bewegung vor, auf dem sie aufbauen konnte. Diese Bomben verschärften und dramatisierten nur ein bereits keimendes Problem.

2

Zu dieser Versammlung hatten sich nicht hastig überragende Köpfe und Superintelligenzen zusammengefunden, um die Probleme zu meistern. Die Teilnehmer machten einen Lernprozess durch. Sie hatten Ideen mitgebracht, aber diese waren die Ergebnisse des »moralischen Schocks«, den die Bomben der Menschheit versetzt hatten, und es besteht kein Grund zur Annahme, dass die einzelnen Persönlichkeiten den Durchschnittsmenschen weit überragten. Man könnte zahllose Beispiele von Irrtümern und Fehlentscheidungen in der Vorgangsweise der Mitglieder anführen. Viele Maßnahmen waren bloße Versuche, und man scheiterte oft. Holsten mit seiner außergewöhnlich entfalteten Begabung ausgenommen, ist es fraglich, ob ein einziger überragender Mann an der Versammlung teilnahm. Aber sie waren sich in aller Bescheidenheit ihrer Schranken bewusst, und die daraus resultierende Aufgeschlossenheit zeichnete die Versammlung ungewöhnlich aus. Natürlich besaß etwa Leblanc eine edle Schlichtheit, aber auch bei ihm muss man sich fragen, ob er nicht eher ein guter und ehrlicher als ein wirklich großer Mann war.

Der Ex-König war klug und etwas romantisch, einer unter Tausenden, wenn nicht unter Millionen. Aber seine Memoiren und gerade sein Entschluss, Memoiren zu schreiben, geben Aufschluss über die Eignung seiner Person und seiner Mitarbeiter.

Dieses bemerkenswerte Buch ist in mancher Hinsicht erstaunlich. Darin betrachtet er das große Werk, das die Versammlung vollbrachte, als etwas Selbstverständliches, so etwa wie ein Kind die Existenz Gottes. Man hat den Eindruck, ihm fehlte dafür jedes Verständnis. Er erzählt amüsante Belanglosigkeiten von seinem Vetter Wilhelm und seinem Sekretär Firmin, er macht sich über den amerikanischen Präsidenten lustig, der wirklich eher ein kleiner Unglücksfall für die politische Maschinerie als ein repräsentativer Amerikaner war, und schildert ausführlich, wie er, nur von dem japanischen Vertreter begleitet, drei Tage in den Bergen herumirrte. Seine Abwesenheit von der Versammlung scheint jedoch zu keiner ernsthaften Arbeitsunterbrechung geführt zu haben …

Über die Versammlung in Brissago wurde damals und auch später geschrieben, als habe sich dort die Blüte der Menschheit versammelt. Zusammengerufen durch die Beharrlichkeit oder Weisheit Leblancs, ähnelte sie in mancher Hinsicht dem alten Olymp, und das den Menschen angeborene Bedürfnis, solche Vergleiche breitzutreten, könnte uns verleiten, ihre Mitglieder Göttern gleichzustellen. Mit ebensolchem Recht könnte man sie mit einem jener Zusammentreffen auf Berggipfeln vergleichen, die zu Beginn der Sintflut stattgefunden haben mussten. Die Stärke der Versammlung lag nicht in ihr als solcher, sondern in den Umständen, die das Denken ihrer Mitglieder schärften, ihre Anmaßung dämpften und sie vor überkommenen Ambitionen und Zwistigkeiten bewahrten. Sie hatte das Gewand der Jahrhunderte und war als Regierung nackt, mit all jener Handlungsfreiheit, die Nacktheit gewährt. Und ihre Probleme lagen mit einer Eindeutigkeit vor ihr, die jeden Vergleich mit den komplexen und verwickelten Fragestellungen früherer Zeiten absurd erscheinen ließ.

3

Die Welt, auf die die Versammlung herabblickte, stellte auch wirklich eine so ungeheure und außerdem so dringende Aufgabe dar, dass es nicht anging, sich in interne Meinungsverschiedenheiten zu verlieren. Vielleicht wäre es interessant, kurz die Situation der Menschheit am Ende der durch Kriege gekennzeichneten Perioden im kritischen Jahr nach der Erschließung der Atomenergie zu schildern. Im Vergleich zu späteren Zeiten verfügte die Welt nur über beschränkte Möglichkeiten, und in jenem Augenblick befand sie sich in einem Zustand fürchterlichster Verwirrung und Not.

Es muss daran erinnert werden, dass zu dieser Zeit den Menschen noch riesige ungenützte Landstriche auf der Erde offen standen. Es gab wilde Gebirge, dichte Urwälder, sandige Wüsten und vom ewigen Eis bedeckte Gebiete. Die Menschen blieben weiterhin an Wasserläufen und auf den fruchtbaren Böden in gemäßigten oder subtropischen Klimata. Sie siedelten im Wesentlichen nur in Flusstälern, und alle ihre großen Städte waren an großen schiffbaren Strömen und Meereshäfen entstanden. Über weite Flächen selbst dieses nutzbaren Landes hatten Fliegen und verseuchte Mücken eine Besiedlung verhindert und auch dafür gesorgt, dass jungfräuliche Wälder unberührt blieben. Tatsächlich wimmelte die ganze Welt selbst in ihren dichtest besiedelten Teilen von Schwärmen unerwünschter Insekten in einem Ausmaß, das man sich heute kaum noch vorstellen kann. Eine Karte mit Angabe der Bevölkerungsdichte im Jahr 1950 hatte ihre Spitzenwerte so nahe an Küsten und Flussläufen, dass man den Eindruck gewinnen könnte, der Homo sapiens wäre eine Amphibie. Auch seine Straßen und Bahnschienen liefen durch die Niederungen und drangen nur da und dort durch hemmende Bergketten oder in tausend Meter Höhe, um einen Kurort zu erreichen. Und der Verkehr auf dem Ozean hielt sich an genau festgesetzte Routen. Es gab Hunderttausende Quadratmeilen, die nie ein Schiff durchquerte, außer wenn es durch ein Unwetter dorthin verschlagen wurde.

In die Geheimnisse der festen Erdkruste unter seinen Füßen war der Mensach kaum erst acht Kilometer weit eingedrungen, und es war noch keine vierzig Jahre her, dass er sich mit tragischer Hartnäckigkeit zu den Polen durchgekämpft hatte. Die unbegrenzten Erzvorkommen in der Arktis und Antarktis lagen noch unter dicken Schichten ewigen Eises, und die in den tieferen Erdschichten verborgenen Reichtümer waren unberührt und wurden dort nicht einmal vermutet. Die höheren Bergregionen waren nur einer kleinen Zahl Bergführer und Kletterer und den Gästen von ein paar wenigen abgelegenen Hotels bekannt. Und der breite niederschlagsfreie Landgürtel, der sich über die Kontinente von der Wüste Gobi bis zur Sahara hinzog und am Rückgrat Amerikas fortsetzte, dieses Gebiet mit seiner reinen Luft und den strahlenden Sonnentagen, mit seinen klaren kühlen Nächten und flimmernden Sternen, mit seinen tief liegenden Wasserreservoirs, war damals nach allgemeiner Auffassung noch eine Einöde voller Schrecken und Todesgefahren.

Und nun, unter dem Schock der Atombomben waren große Teile der Bevölkerung, die sich bisher in ungeheuren schmutzigen Städten zusammengedrängt hatten, entwurzelt und strömten mit katastrophalen Auswirkungen in die ländliche Umgebung. Es war, als hätte eine grausame Macht schließlich die Geduld mit der menschlichen Unvernunft verloren und mit Bedacht die Welt erschüttert, um die Bevölkerung zweckmäßiger zu verteilen. Die ausgedehnten Industriezonen und großen Städte, die von Bomben verschont geblieben waren, hatten durch den völligen wirtschaftlichen Zusammenbruch mit ähnlichen großen Schwierigkeiten zu kämpfen wie die zerstörten Gebiete, und die ländlichen Gegenden wurden durch Horden umherziehender zügelloser Fremder in Unruhe versetzt. In manchen Teilen der Welt herrschten Hungersnöte, und vielerorts wüteten Seuchen ... Die Ebenen Nordindiens, wo gewalttätige Patrioten die Eisenbahnen und großen Bewässerungssysteme zerstört hatten, von denen das Wohl des Landes in immer stärkerem Maß abhängig geworden war, litten besonders große Not. Ganze Ortschaften waren wie ausgestorben, niemand kümmerte sich darum, und selbst die Tiger und Panther, die die wenigen Überlebenden anfielen, schleppten sich, von Krankheit geschwächt, in den Dschungel zurück, um dort zu sterben. Große Gebiete Chinas wurden von räuberischen Banden terrorisiert ...

Es ist bezeichnend, dass es keinen erschöpfenden zeitgenössischen Bericht über jene gibt, die die Explosion der Atombomben überlebten. Man findet natürlich zahllose Andeutungen und Teildarstellungen, und aus diesen muss sich die Nachwelt ein Bild der Verwüstungen machen.

Man muss hier daran erinnern, dass sich die Situation von Tag zu Tag, ja von Stunde zu Stunde änderte, als die explodierenden Bomben sich verlagerten, Bruchstücke ausspien oder mit Wasser oder frisch entstandenen Sümpfen in Berührung kamen. Barnet, der sich in den ersten Oktobertagen sechzig Kilometer von Paris aufhielt, schreibt in seinen Aufzeichnungen hauptsächlich über das soziale Chaos auf dem Lande und die Probleme seines Kommandos, erwähnt allerdings auch dichte Dampfwolken, »die sich über den ganzen Himmel nach Südwesten hinzogen« und über den roten Feuerschein, der nachts durch sie hindurchleuchtete. Etliche Viertel von Paris brannten immer noch, und viele Leute kampierten sogar in dieser Entfernung auf den Feldern und bewachten die kostbaren Haufen geretteten Guts. Er spricht auch von dem fernen Donnern der Explosionen – »Wie wenn Eisenbahnzüge über Stahlbrücken fahren«.

Andere Berichte stimmen damit überein. Alle gebrauchen Wendungen wie »ständiges Dröhnen« oder »Dumpfes Hämmern« und ähnliche. Und alle berichten von großen Dampfschwaden, aus denen plötzlich unter zuckenden Blitzen wilde Wassermassen niederprasselten. Ein Beobachter, der sich Paris genähert hätte, wäre auf immer zahlreichere Auffanglager rund um die Dörfer und auf zahllose Menschen gestoßen, die hungernd und oft krank in behelfsmäßigen Zelten hausten, weil sie nicht wussten, wohin sie gehen sollten. Der Himmel überzog sich immer dichter mit Wolken, bis schließlich das Tageslicht völlig verdunkelt war und nur noch ein matter rötlicher Schein herrschte, »der sehr drückend auf das Gemüt wirkte«. In diesem Dämmerlicht lebten noch eine Vielzahl von Menschen, die ihre Häuser nicht verlassen wollten und ihr Leben vielfach kümmerlich vom Ertrag ihrer Gärten und den Vorräten in den Lebensmittelläden fristeten.

Noch näher an Paris herangekommen, wäre der Beobachter auf einen Polizeikordon gestoßen, der jene zurückhalten musste, die verzweifelt versuchten, in ihre Häuser zurückzukehren oder wertvollen Besitz aus der »unmittelbaren Gefahrenzone« zu retten.

Diese Zone war eher willkürlich festgelegt worden. Hätte unser Beobachter die Erlaubnis erhalten, sie zu betreten, wäre er in ein tumultuarisches, von ständigem Donner erfülltes und von eigenartig purpurrotem Licht erhelltes Gebiet gekommen, das unter den unaufhörlichen Explosionen der radioaktiven Substanz bebte und schwankte. Ganze Häuserblocks brannten lichterloh, doch die über ihnen tanzenden Flammenzungen wirkten neben dem tiefroten Feuerschein der Bomben geisterhaft blass. Die leeren Mauern anderer, bereits ausgebrannter Gebäude, durch die der Wind pfiff, hoben sich schattenhaft von dem rötlichen Dunst ab.

Jeder Schritt weiter wäre ebenso gefährlich gewesen wie der Abstieg in den Krater eines aktiven Vulkans. Brodelnde Zentren des Atomzerfalls brachen unerwartet an neuen Stellen auf.

Große Brocken Erde oder Mauerwerk konnten, durch die Gewalt der Explosionen hochgeschleudert, dem Beobachter um die Ohren fliegen, oder ein feuriger Schlund konnte sich zu seinen Füßen öffnen und ihn verschlingen. Kaum einer, der sich in diese Hölle der Verwüstung gewagt hatte und heil davongekommen war, versuchte diese Erfahrung ein zweites Mal zu machen. Es gibt Berichte über Schwaden leuchtenden radioaktiven Dampfes, die manchmal kilometerweit dahinzogen und alles, was mit ihnen in Berührung kam, töteten und verbrannten. Und die anfangs auf das Zentrum von Paris beschränkte Feuersbrunst weitete sich westwärts halb bis zum Meer aus.

Darüber hinaus war die Luft in diesem höllischen Zentrum von rötlichem Feuerschein und Ruinen besonders trocken und verursachte Entzündungen der Haut und der Lungen, die sehr schwer zu heilen waren …

So sah es in Paris aus, und noch wesentlich schlimmer in Chicago. Und das gleiche Schicksal hatte Berlin ereilt, Moskau, Tokio, die östliche Hälfte von London, Toulon, Kiel und zweihundertachtzehn weitere Zentren der Besiedelung oder Rüstung. Alle waren flammende Herde der Verwüstung, und nur die Zeit konnte sie zum Erlöschen bringen. An manchen Stellen sind sie bis heute noch nicht ausgebrannt, und die Explosionen dauern an, wenn auch mit immer geringerer Heftigkeit und Zerstörungskraft. Auf den Landkarten fast aller Länder bezeichnen drei, vier oder mehr rote Kreise mit einem Durchmesser von einigen Kilometern die Todeszonen rings um die ersterbenden Atombomben, aus denen die Menschen hatten flüchten müssen. Im Bereich dieser Zonen wurde alles vernichtet, Museen, Kathedralen, Paläste, Büchereien, Kunstwerke und zahllose andere Errungenschaften des Menschen. Die verkohlten Überreste liegen als seltsames Vermächtnis begraben, das erst künftige Generationen zu erforschen hoffen können …

4

Blanke Verzweiflung herrschte allgemein unter der vertriebenen Stadtbevölkerung, die in den düsteren Herbstmonaten nach dem letzten Krieg in so großer Zahl aufs freie Land hinausströmte und zugrunde ging. Barnet erzählt immer wieder von Gruppen dieser Leute, die er während seines Dienstes bei der Befriedungsarmee in den Weingärten der Champagne kampierend antraf.

Da gab es zum Beispiel jenen Modewarenhändler, der aus einem Acker neben der von Epernay nach Osten führenden Straße kam und nach der Situation in Paris fragte. Er war rundlich und sehr sauber in Schwarz gekleidet – so sauber, dass Barnet, wie er erklärte, nicht wenig staunte, als er entdeckte, dass der Mann in einem nahen, aus Teppichen erbauten Zelt lebte. Sein Schnurrbart und Bart waren sorgfältig gestutzt, seine eindrucksvollen Augenbrauen und sein Kopfhaar glatt gebürstet, und er erwies sich als »höflich, aber hartnäckig«.

»Niemand geht nach Paris hinein«, sagte Barnet.

»Aber, Monsieur, da mangelt es an Unternehmungsgeist«, meinte der Mann am Straßenrand.

»Die Gefahr ist zu groß. Die Strahlung frisst sich durch die Haut.«

Der Mann zog protestierend die Augenbrauen hoch. »Aber kann man nichts dagegen tun?«

»Nichts.«

»Aber, Monsieur, es ist außerordentlich unbequem, so in der Fremde zu leben und zu warten. Meine Frau und mein kleiner Junge leiden sehr. Sie entbehren die Annehmlichkeiten. Und den Ausverkauf. Nun einmal abgesehen von den Kosten und Schwierigkeiten der Nahrungsbeschaffung … Wann glauben Sie, Monsieur, dass etwas geschieht, um Paris wieder bewohnbar zu machen?«

Barnet musterte den Fragesteller. »Ich habe gehört«, sagte er, »dass Paris vermutlich mehrere Generationen lang unbewohnbar bleiben wird.«

»Oh! Aber das ist doch absurd! Denken Sie nur, Monsieur, was sollen Leute wie wir bis dahin tun? Ich bin Modeschneider. Alle meine Verbindungen und Interessen, vor allem der Stil meiner Modelle, sind von Paris untrennbar ...« Barnet sah sich um. Es begann leicht zu regnen, die Felder waren bereits abgeerntet und entlang der Straße lief eine sauber gestutzte Pappelallee.

»Es ist verständlich«, gab er zu, »dass Sie nach Paris zurückkehren möchten. Aber mit Paris ist es vorbei.«

»Vorbei?«

»Aus und vorbei.«

»Aber, Monsieur – was soll dann aus mir werden?« Barnet blickte nach Westen, wohin die helle Straße führte.

»Wo sonst könnte jemand wie ich hoffen, die entsprechenden Voraussetzungen zu finden?«

Barnet antwortete nicht.

»Vielleicht an der Riviera. Oder in einer Stadt wie Homburg. Oder vielleicht an einem Badestrand.«

»Das alles«, erwiderte Barnet und fand sich zum ersten Mal mit den Tatsachen ab, die ihm seit Wochen klar vor Augen gestanden hatten, »das alles ist auch nicht mehr.«

Eine Pause entstand. Dann brach es aus dem Mann neben ihm heraus: »Aber, Monsieur, das ist unmöglich! Da bleibt – gar nichts.«

»Nicht sehr viel.«

»Man kann nicht plötzlich anfangen, Kartoffeln anzubauen!«

»Es wäre gut, wenn Sie sich dazu aufraffen könnten –«

»Als Bauer zu leben! Und meine Frau – Sie kennen die vornehme Zartheit meiner Frau nicht, ihre kultivierte Hilflosigkeit, ihren eigentümlichen fragilen Charme, wie eine schlanke tropische Ranke – mit großen weißen Blüten ... Aber all das ist unsinniges Geschwätz. Es ist unmöglich, dass Paris, das so viele Schläge überdauert hat, diesmal nicht wieder auferstehen sollte.«

»Ich glaube nicht, dass es jemals wieder aufersteht. Mit Paris ist es vorbei. Mit London auch, wie mir gesagt wurde – und mit Berlin. Alle großen Hauptstädte hat es getroffen ...«

»Aber –! Monsieur, gestatten Sie mir, anderer Meinung zu sein.«

»Absolut aus.«

»Das ist unmöglich. Die Zivilisation endet nicht auf diese Weise. Die Menschheit wird darauf beharren.«

»Auf Paris?«

»Auf Paris.«

»Monsieur, Sie können ebenso gut hoffen, am Grunde des Maelstromes Geschäfte zu machen.«

»Mir genügt mein Glaube.«

»Der Winter steht vor der Tür. Wäre es nicht gescheiter, Monsieur, sich ein Haus zu suchen?«

»Fern von Paris? Nein, Monsieur. Was Sie sagen, Monsieur, ist undenkbar. Sie unterliegen einem schrecklichen Missverständnis ... Sie irren sich bestimmt ... Ich hatte nur um Informationen gebeten ...«

»Bevor ich ihn aus den Augen verlor«, schreibt Barnet, »sah ich ihn bei einem Wegweiser auf der Kuppe des Hügels stehen und sehnsüchtig und, wie mir schien, doch ein wenig zweifelnd in Richtung Paris blicken, ohne im Geringsten auf den Nieselregen zu achten, der ihn vollkommen durchnässte ...«

5

Dieser Eindruck eisiger Bestürzung angesichts eines erst teilweise begriffenen Verhängnisses verstärkte sich, als Barnet vom Nahen des Winters zu berichten beginnt. Es war zu viel für die große Masse dieser unfreiwilligen, ein anderes Leben gewohnten Nomaden begreifen zu müssen, dass ein Zeitalter zu Ende gegangen war, dass die alte Hilfe und Führung nicht mehr existierte, dass die Zeiten sich nicht wieder bessern würden, wie geduldig sie auch ausharren mochten. Viele von Ihnen blickten noch nach Paris, als in diesem eisigen Januar schon die ersten Schneeflocken auf sie herabwirbelten. Die Schilderung wird immer grausamer …

Zwar klingt sie nach Barnets Rückkehr nach England nicht mehr so ungeheuer tragisch, aber dafür unerfreulicher. Denn hier in England horteten von Furcht verbitterte Hausbesitzer Nahrungsmittel, wehrten Räuber ab und verjagten todkranke Wanderer von jedem Ruheplatz neben der Straße, damit sie nicht ungelegen und vorwurfsvoll an der Schwelle jener starben, die verabsäumt hatten, sie weiterzutreiben …

Die Reste der britischen Truppen verließen Frankreich endlich im März, nach dringenden Vorhaltungen der provisorischen Regierung in Orleans, dass sie sie nicht länger verpflegen könne. Sie scheinen ziemlich diszipliniert, aber höchst parasitenhaft gewesen zu sein, obgleich Barnet offenbar der Meinung ist, dass sie viel zur Unterdrückung gelegentlicher Plünderungen und zur Aufrechterhaltung der sozialen Ordnung beitrugen. Er kam in ein von Hungersnot heimgesuchtes Land, und in einem Bild Englands in diesem Frühjahr, das er entwirft, spricht er von großen Entbehrungen und verzweifelten Hilfsmaßnahmen. Die Insel litt mehr als Frankreich, da sie von den überseeischen Verbindungen abgeschnitten war, von denen sie bisher gelebt hatte. Die Truppen erhielten bei der Ankunft in Dover Brot, Dörrfisch und gekochte Brennnesseln, marschierten landeinwärts nach Ashford und wurden dort abgemustert. Auf ihrem weiteren Weg sahen die Entlassenen an den Telegrafenmasten vier Männer hängen, die man wegen Diebstahls von Steckrüben aufgeknüpft hatte. Die Auffanglager in Kent verköstigten, wie er entdeckte, die Ströme heimatloser Wanderer mit Brot, dem Lehm und Sägespäne beigemischt waren. In Surrey war selbst Derartiges knapp. Aus Furcht vermied er das von Bomben verheerte Gebiet um London und schlug sich nach Winchester durch. Dort hatte er das Glück, einen Posten als Funker in der Nachrichtenzentrale und damit regelmäßige Verpflegung zu erhalten. Die Station stand beherrschend auf den Kalksteinhügeln östlich der Stadt …

Dort muss er an der Übertragung der zahllosen Codetelegramme mitgearbeitet haben, die der Zusammenkunft in Brissago vorausgingen. Und hier kam ihm auch die Proklamation des Endes des Krieges und der Etablierung einer Weltregierung in die Finger.

Er fühlte sich an diesem Tag matt und apathisch und begriff gar nicht, was er da entschlüsselte. Er tat es mechanisch, als Teil seiner lästigen Pflicht.

Die Proklamation zog eine Flut Botschaften nach sich, sodass er sehr beansprucht war. Nach Büroschluss verzehrte er sein kärgliches Mahl und trat dann auf den Balkon des Gebäudes hinaus, um zu rauchen und sich nach dieser plötzlichen, ihm unverständlichen Flut von Arbeit zu entspannen. Es war ein wunderschöner stiller Abend. Er unterhielt sich mit einem Kollegen, und zum ersten Mal erklärt er: »Allmählich begriff ich, um was es gegangen war. Ich begann die ungeheure Bedeutung der Nachrichten zu erkennen, die in den letzten vier Stunden durch meine Hände gegangen waren. Aber nach dem ersten Überschwang stiegen Zweifel in mir hoch. ›Das ist alles Humbug‹, sagte ich sehr klug.

Mein Kollege war hoffnungsvoller. ›Es bedeutet, dass Schluss ist mit dem Bombenwerfen und der Zerstörung‹, sagte er. ›Es bedeutet, dass bald Getreide aus Amerika kommen wird.‹

›Wer sollte uns Getreide schicken, wenn das Geld nichts mehr wert ist?‹, fragte ich.

Dann hörten wir, wie plötzlich aus der Stadt die Glocken der Kathedrale, die seit meiner Ankunft geschwiegen hatten, anschlugen und nach anfänglichen Schwierigkeiten rhythmisch ertönten. Als sie in Schwung gekommen waren, begriffen wir, dass ein Glockenspiel geläutet wurde. Wir lauschten mit ungläubigem Erstaunen und sahen einander an.

›Es ist ihnen ernst damit‹, sagte mein Kollege.

›Aber was können sie jetzt noch tun?‹, fragte ich. ›Alles ist zerstört …‹«

Und mit diesem Satz beendet Barnet unvermittelt und mit unerwartet künstlerischem Geschick seine Schilderung.

6

Anfänglich ging die neue Regierung mit einer gewissen Großzügigkeit ans Werk, die tatsächlich auch notwendig war. Zunächst war es unumgänglich, den ganzen Erdball als einheitliches Problem zu sehen. Man konnte sich nicht länger mit jedem einzelnen Land getrennt befassen. Es musste weltweit jeder neue Ausbruch atomarer Zerstörung verhindert und ein dauernder und allgemeiner Frieden gesichert werden. Von der Fähigkeit, die ganze Welt in diesem Sinne zu leiten, hing ihre Existenz ab.

Sobald sie die vorhandenen Lager an Atombomben und die Fabriken zur Herstellung von Carolinum unter Kontrolle hatte, musste für die Auflösung oder den zivilen Einsatz der verschiedenen noch unter Waffen stehenden Heere, für die Sicherung der Jahresernte sowie für Ernährung, Unterbringung und Arbeitsmöglichkeit der Millionen umherirrender Heimatloser gesorgt werden. In Kanada, Südamerika und dem asiatischen Russland lagerten große Mengen von Nahrungsmitteln, die wegen des Zusammenbruchs des Geldwesens und Kreditsystems nicht genutzt werden konnten. Sie mussten so rasch wie möglich in die Hungergebiete gebracht werden, um deren gänzliche Entvölkerung zu vermeiden, und für ihren Transport und die allgemeine Wiederaufnahme des Verkehrs wurde eine gewisse Zahl von Soldaten und geeigneten Arbeitslosen eingesetzt. Das Problem der Obdachbeschaffung weitete sich ungeheuer aus, und das Baukomitee der Regierung ging von der Errichtung von Lagern zu der von stabileren Siedlungen über. Die Massen heimatloser Menschen ließen sich zu diesen Zwecken viel leichter einsetzen, als man erwartet hätte. Dieses Katastrophenjahr hatte die Leute außerordentlich willig gemacht. Sie waren enttäuscht von der Tradition und frei von einst hartnäckigen Vorurteilen, sie fühlten sich als Fremde in einer fremden Welt und folgten bereitwillig jeder selbstsicheren Führung. Die Anweisungen der neuen Regierung kamen mit der besten Beglaubigung, jener der Vernunft. Die Menschen waren überall so leicht zu lenken, bezeugt ein alter Gewerkschaftsführer, der die neue Zeit noch erlebte, »wie eine Gruppe emigrierter Arbeiter in einem neuen Land«.

Und nun zeigten sich allmählich die sozialen Möglichkeiten der Atomenergie. Die neuen Maschinen, die es schon vor den letzten Kampfhandlungen gegeben hatte, wurden in ungeahntem Rahmen weiterentwickelt, und die Regierung hatte nicht nur Millionen von Händen zur Verfügung, sondern Kraftquellen und Geräte, die die ersten Bauentwürfe recht zaghaft erscheinen ließen. Die in Eisen und Holz geplanten Lager wurden in Stein und Bronze erbaut. Die nur einspurig vorgesehenen Verbindungswege wurden zu breiten Prachtstraßen. Die Nahrungsmittelerzeugung, die zunächst nur den Mindestbedarf gedeckt hatte, versorgte später mithilfe von Gewächshäusern, Kunstdünger, künstlichem Licht unter wissenschaftlicher Leitung alle Menschen überreichlich.

Die Regierung hatte zunächst beabsichtigt, vorläufig das soziale und ökonomische System, wie es vor der Entdeckung der

Atomenergie bestanden hatte, wiederzubeleben, da seine Prinzipien und Institutionen der großen Masse entwurzelter Menschen auf der ganzen Welt vertraut war. Spätere Umgestaltungen hoffte man den Nachfolgern überlassen zu können – wer immer das sein mochte. Aber das war, wie es sich bald nur allzu deutlich zeigte, vollkommen unmöglich. Ebenso gut hätte die Regierung eine Wiedereinführung der Sklaverei vorschlagen können. Das kapitalistische System hatte bereits durch die Sturzflut unbegrenzter Gold- und Energiemengen irreparable Schäden erlitten und brach bei dem ersten Versuch, es wieder einzuführen, völlig zusammen. Bereits vor dem Krieg war die halbe Arbeiterschaft beschäftigungslos gewesen. Die Bemühungen, ihnen auf die bisher übliche Weise bezahlte Arbeitsplätze zu verschaffen, waren von Anbeginn aussichtslos – allein der völlige Zusammenbruch des Geldwesens hätte genügt, dies unmöglich zu machen. Es war daher nötig, die Kosten für Unterbringung, Ernährung und Kleidung zu leisten, ohne eine wie immer geartete Wiederaufnahme der Arbeit zu fordern. Binnen Kurzem erwies sich jedoch die Beschäftigungslosigkeit so vieler Menschen als augenfällige soziale Gefahr, und die Regierung sah sich genötigt, Tätigkeiten wie Verzierungen in Holz und Stein, Fertigung handgewebter Stoffe, Blumenzucht oder Parkpflege in großem Umfang wieder einzuführen, um die weniger Anpassungswilligen von Unruhestiftung abzuhalten, und außerdem den jugendlichen Arbeitern Löhne für die Teilnahme an Kursen zu bezahlen, die sie zur Betätigung der neuen Atommaschinen befähigten … So gelangte die Regierung unmerklich zu einer völligen Reorganisation des städtischen und industriellen Lebens und damit des ganzen sozialen Systems.

Ideen, die nicht von politischen Intrigen und finanziellen Erwägungen belastet sind, haben eine mitreißende Kraft, und vor Ablauf eines Jahres zeigen die Berichte der Regierung deutlich, dass sie die äußerst günstige Gelegenheit entsprechend genutzt hatte. Teils durch direkte Kontrolle, teils durch eine Reihe von Sonderkomitees, schuf sie eine neue soziale Ordnung für die gesamte Weltbevölkerung. »Wirkliche soziale Stabilität oder allgemeines Glück kann es nicht geben, solange große Gebiete der Welt und breite Bevölkerungsschichten in Verhältnissen leben, die sich vom herrschenden Durchschnitt erheblich unterscheiden. Es erscheint heute unmöglich, dass sich große Gruppen auf Kosten der Mitbürger über die allgemein anerkannten sozialen Ziele hinwegsetzen.« So stellte sich die Regierung zu dem Problem, das sie zu lösen hatte. Der Bauer, der Feldarbeiter und alle primitiven Landwirte waren »ökonomisch benachteiligt« im Vergleich zu den mobileren und gebildeteren Klassen, und die Konsequenz aus dieser Situation war, dass die Regierung diese Schicht systematisch durch einen effizienteren Produktionsmechanismus ersetzte. Sie entwickelte einen fortschrittlichen Plan für die weltweite Einführung »moderner Methoden« in der Landwirtschaft, einen Plan, der jedem landwirtschaftlich Tätigen die vollen Annehmlichkeiten der Zivilisation sichern sollte. Diese Umstellung ist bis zum heutigen Tag in Gang. Die Hauptidee des modernen Systems ist der Ersatz des Bauern, vom Einzelhof bis zur Dorforganisation, durch landwirtschaftliche Genossenschaften. Das sind Gruppen von Männern und Frauen, die Gebiete mit Feldern oder Wiesen übernehmen und sich zur Erzeugung bestimmter Produkte verpflichten. Sie sind im Allgemeinen klein genug, um nach streng demokratischem Muster zu arbeiten, andererseits groß genug, um alle Arbeit zu bewältigen, außer dass vielleicht in Getreidegebieten während der Ernte eine gewisse Hilfe durch die Stadtbevölkerung benötigt wird. Sie haben ihre Arbeitsstätten oder Unterkünfte auf dem bewirtschafteten Land, aber die Bequemlichkeit und Kostenlosigkeit moderner Verkehrsmittel ermöglicht es ihnen, auch in der nächstliegenden Stadt Wohnungsblocks mit gemeinsamen Speise- und Klubräumen zu unterhalten, und außerdem ein

Genossenschaftshaus in der Landes- oder Provinzhauptstadt. Dieses System hat bereits in weiten Gebieten der Welt jene ausgesprochen »bäuerliche« Bevölkerung, die dort seit Urzeiten vorgeherrscht hatte, zum Verschwinden gebracht. Dieses ärmliche reizlose Leben in einsamen Hütten, die engstirnigen Klatschereien, kleinlichen Gehässigkeiten und Hetzen, diese abstumpfende Existenz fern von Büchern, Ideen und sozialen Kontakten und in ständiger Berührung mit Rindern, Schweinen, Hühnern und ihren Exkrementen wird allmählich aus dem menschlichen Erfahrungsraum verdrängt. In nicht allzu langer Zeit wird sie völlig verschwunden sein. Bereits im 19. Jahrhundert war diese Existenzform schon nicht mehr unabänderliches menschliches Schicksal, und nur das Fehlen eines Kollektivbewusstseins, der eingebildete Bedarf an rauen ungebildeten Soldaten und an einer niederen Produktionsklasse verhinderte damals die systematische Umschichtung …

Und während diese Neustrukturierung des Landes in Gang war, entwickelten sich die ersten von der Regierung geschaffenen ländlichen Auffanglager, teils unter dem Zwang der Verhältnisse, teils durch die Regierung gesteuert, rasch zu Städten modernen Typs …

7

Charakteristisch für die Art, wie sich große Unternehmungen der Versammlung in Brissago aufdrängten, ist die Tatsache, dass sie erst gegen Ende des ersten Jahres und auch dann nur mit äußerstem Widerstreben die offensichtliche Notwendigkeit einer Einheitssprache für die ganze Welt berücksichtigte. Sie scheint den verschiedenen universalen Kunstsprachen, die ihr vorgeschlagen wurden, wenig Beachtung geschenkt zu haben. Sie wollten den ungestümen und einfachen Leuten so wenig Mühe wie möglich machen, und die weltweite Verbreitung des Englischen unterstützte diese Haltung von Anfang an, ebenso wie die äußerst einfache Grammatik dieser Sprache.

Nicht ohne gewisse Opferleistungen wurde den englischsprachigen Völkern die Genugtuung zuteil, ihr Idiom überall verwendet zu sehen. Man schaffte eine Reihe grammatikalischer Eigenheiten ab, so etwa die charakteristischen Formen des Konjunktivs und die meisten unregelmäßigen Pluralbildungen; die Orthografie wurde vereinfacht und der Aussprache der Vokale auf dem europäischen Festland angepasst, und in zunehmendem, sehr bald beachtlichem Ausmaß, wurden fremde Substantive und Verben integriert. Innerhalb von zehn Jahren nach Errichtung der Weltrepublik war das neue englische Lexikon auf 250 000 Wörter angewachsen, und einem Mann von 1900 hätte das Lesen einer gewöhnlichen Zeitung beträchtliche Schwierigkeiten bereitet. Andererseits waren die Menschen der neuen Zeit immer noch imstande, die ältere englische Literatur zu würdigen ... Neben diesem groß angelegten Vereinheitlichungsprozess erfolgten auch noch etliche kleinere. Die Idee allgemeiner Verständlichkeit und Vereinfachung des Geschäftsverkehrs führte nach ihrer Annahme ganz selbstverständlich zur Einführung des metrischen Systems für Maße und Gewichte und zum Verschwinden der verschiedenen provisorischen Kalender, die bisher die Zeitzählung erschwert hatten. Das Jahr wurde in dreizehn Monate zu je vier Wochen eingeteilt, und der Neujahrstag sowie der Schalttag wurden zu Feiertagen erklärt und nicht als Wochentage gerechnet. So schuf man eine Korrespondenz von Monaten und Wochen. Und außerdem wurde beschlossen, »Ostern zu vernageln«, wie der König zu Firmin sagte ... In allen diesen, wie in vielen anderen Belangen brachte die neue Zivilisation eine Vereinfachung uralter Verwicklungen; die Geschichte der Kalendergestaltung in der ganzen Welt war seit den Uranfängen menschlicher Gemeinschaften von unzulänglichen Versuchen bestimmt gewesen, Saatzeiten und Wintersonnenwende festzulegen; und diese endgültige Ausrichtung hatte über ihre praktische Bedeutung hinaus symbolischen Wert. Aber die Regierung wünschte keine überstürzten oder grundlegenden Neuerungen, keine ungewohnten Monatsnamen und keine Änderung der Jahreszählung.

Eine Universalwährung hatte man bereits eingeführt. In den ersten Monaten nach dem Zusammentreten der Versammlung waren überall Geschäfte ohne gültige Zahlungsmittel abgeschlossen worden. Das Geld, das zwar noch in weiten Gebieten im Umlauf war, schwankte beträchtlich im Wert, was zu ebensolchen beunruhigenden Schwankungen des öffentlichen Vertrauens führte. Das Gold, auf dessen Kostbarkeit früher das ganze Währungssystem beruht hatte, war nun ein Abfallprodukt der atomaren Energiegewinnung geworden, und es war klar, dass auch kein anderes Metall seine Funktion übernehmen konnte. Künftig mussten alle Münzen einen Scheinwert darstellen. Immer noch war man in aller Welt an Münzgeld gewohnt. Die menschlichen Beziehungen hatten sich weitestgehend auf der Basis der Barzahlung entwickelt und schienen fast undenkbar ohne dieses bequeme Mittel. Für das Funktionieren einer sozialen Ordnung war offenbar ein Geldumlauf irgendwelcher Art unumgänglich nötig; und die Regierung musste daher eine monetäre Basis von effektivem Wert finden. Da sie nun im Besitz des meisten, der Energieerzeugung dienenden Materials war, setzte sie den Wert eines Gold-Sovereign mit einer bestimmten Zahl von Energie-Einheiten fest und erklärte ihn gleichwertig mit zwanzig Mark, fünfundzwanzig Francs, fünf Dollar und mit den entsprechenden Beträgen der anderen in der Welt gebräuchlichen Währungen. Gleichzeitig verpflichtete sie sich, unter entsprechenden Voraussetzungen und Bedingungen, auf Verlangen Energie in entsprechendem Umfang für jeden Sovereign zu liefern. Im Großen und Ganzen funktionierte diese Regelung zufriedenstellend. Sie rettete das Ansehen des Pfund Sterling. Das Münzgeld war dadurch rehabilitiert, und nach vorübergehenden Schwankungen gewann es einen stabilen Wert und kam mit der jeweils üblichen Bezeichnung und Kaufkraft überall wieder in Umlauf …

8

Als die Versammlung in Brissago feststellte, dass sich die als vorübergehende Maßnahme geplanten Auffanglager für die Flüchtlinge rasch zu großen Städten neuen Typs entwickelten und das Bild der Welt zu prägen begannen, beschloss sie, die Aufgabe einer Redistribution jener nicht in der Landwirtschaft tätigen Bevölkerung einem kleineren und besser qualifizierten Spezialkomitee anzuvertrauen. Dieses Komitee stellt heute in weit stärkerem Maß als die Versammlung oder ein anderer ihrer Unterausschüsse die eigentliche Weltregierung dar. Es hatte sich aus fast unbedeutenden Anfängen als »Städteplanung« in Europa oder Amerika (darüber wird noch diskutiert) irgendwann in den letzten Jahrzehnten des 19. Jahrhunderts entwickelt, und seine Arbeit, die ständige Planung und Umgestaltung der Welt als Heimstätte der Menschheit ist jetzt sozusagen das wichtige gemeinsame Bestreben der Allgemeinheit. Die natürliche regellose Ausbreitung und Fluktuation der Menschen, ein durch endlose Jahrhunderte die Geschichte bestimmender Vorgang, der ebenso planlos und mechanisch war wie das Rieseln überlaufenden Wassers, der teils zu Übervölkerung, teils zu ständigen verheerenden Kriegen und überall zu Schwierigkeiten und zu einer bestenfalls pittoresken Unordnung geführt hatte, fand ein Ende. Die Menschheit drang nun mit vereinter Kraft in jedes zugängliche Gebiet der Erde ein. Die Städte wurden nicht mehr nur in der Nähe von Flussläufen oder kultiviertem Land erbaut und ihre Planung nicht mehr von strategischen Erwägungen oder sozialen Sicherheitsmaßnahmen bestimmt. Das Flugzeug und der beinahe kostenlose Kraftwagen hatten Entfernungen schrumpfen lassen, die einheitliche Sprache und allgemeine Gesetzgebung hatten tausenderlei Hindernisse beseitigt, und so kam es zu einer erstaunlichen Ausbreitung der Besiedlungsgebiete. Man konnte sich überall niederlassen. Und so sind unsere Städte jetzt wirkliche soziale Gruppenverbände, jede mit typischem Charakter, besonderen Interessen und meist gemeinsamer Zielsetzung. Sie liegen in ehemaligen Wüsten, jenen lang gemiedenen Sonnenbädern, erheben sich inmitten ewigen Eises, verbergen sich auf einsamen Inseln und sonnen sich an breiten Lagunen. Eine Weile ging das Streben der Menschheit dahin, die Flusstäler zu verlassen, in denen eine halbe Million Jahre lang ihre Wiege gestanden hatte; doch jetzt, nachdem der Kampf gegen die Fliegen so erfolgreich verlaufen und uns von dieser Plage nahezu völlig befreit hat, kehrt man wieder mit neuerwachtem Verlangen nach blühenden Ufern, nach dem Wohlleben zwischen Inseln, Hausbooten und Laufstegen und nächtlings sich im Wasser spiegelnden Laternen dorthin zurück.

Der Mensch, nun nicht mehr hauptsächlich ein Ackersmann, entwickelt sich immer mehr zu einem Baumeister, Reisenden und Fabrikanten. Wie sehr er aufgehört hat, den Boden zu bestellen, zeigen die Berichte des Redistributionskomitees. Jedes Jahr steigern unsere wissenschaftlichen Laboratorien die Produktivität jener, die in der Landwirtschaft tätig sind, und vereinfachen ihre Arbeit, sodass nunmehr die Nahrungsmittel für die ganze Welt von weniger als einem Prozent der Bevölkerung erzeugt werden, ein Prozentsatz, der noch im Abnehmen begriffen ist. Es werden hierfür viel weniger Leute benötigt, als Ausbildung und Neigung dazu befähigen würden, und als Folge dieses hohen Interesses geht man immer mehr dazu über, Parks mit Wäldchen und Rasenflächen und ausgedehnten Blumenbeeten anzulegen. Denn nachdem sich die landwirtschaftlichen Methoden verbessert und zu höherer Produktion geführt hatten, ging eine Genossenschaft nach der anderen unter Berufung auf die Statuten von 1975 dazu über, anstelle von Feldern öffentliche Parks und Lustgärten zu errichten und so jene Gebiete, die der Freiheit und Schönheit gewidmet sind, auszuweiten. Und der Triumph der chemischen Industrie, die heute in der Lage wäre, uns reichlich mit künstlichen Nahrungsmitteln zu versorgen, bleibt weitgehend unberücksichtigt, weil es so viel angenehmer und verlockender ist, Naturprodukte zu essen und diese anzubauen. Jedes Jahr vermehrt sich die Auswahl an Früchten und die Pracht unserer Blumen.

9

In den ersten Jahren der Weltrepublik kam es zu gewissen Rückfällen in politisches Abenteurertum. Seltsamerweise gab es kein Wiederaufleben des Separatismus, nachdem König Ferdinand Karl aus dem Gesichtskreis der Menschen verschwunden war, aber in etlichen Ländern trat, nachdem die dringendsten physischen Bedürfnisse gestillt waren, eine Vielzahl von Persönlichkeiten auf, die das eine gemeinsam hatten, dass sie politische Probleme wiederzubeleben versuchten und sich mit ihrer Hilfe zu bedeutenden und befriedigenden Positionen aufschwingen wollten. Nie sprachen sie im Namen eines Königs – und es ist klar, dass die Monarchie schon lange vor Beginn des 20. Jahrhunderts überholt gewesen sein muss –, sondern appellierten stets an die beträchtlichen Überreste nationaler und rassischer Gesinnung, die überall noch zu finden waren, und erklärten mit gewissem Recht, dass die Versammlung sich über nationale und rassische Gewohnheiten rücksichtslos hinwegsetzte und religiöse Grundsätze missachtete. In den großen Ebenen Indiens gab es besonders viele solcher Agitatoren. Die wiedererscheinenden Zeitungen, die während des schrecklichen Jahres der Geldentwertung weitgehend eingestellt worden waren, dienten solchen Anklagen als Verbreitungsmittel und Organisationshilfe. Die Versammlung schenkte dieser Opposition, als sie sich zuerst bildete, keine große Beachtung, und dann erkannte sie sie mit vollkommen vernichtender Offenheit.

Natürlich hatte es noch nie eine Regierung gegeben, die auf einer so vorläufigen Übereinkunft beruhte. Sie war illegal in höchstem Maß, eigentlich kaum mehr als ein annähernd hundert Personen zählender Klub. Anfänglich waren es ihrer dreiundneunzig, und diese Zahl vergrößerte sich später durch Neuaufnahmen, die die Abgänge aus Gründen des Todes eines Mitglieds überstiegen, und erreichte einmal einen Stand von hundertneunzehn. Die Zusammensetzung war stets sehr mannigfaltig. Diese Aufnahmen erfolgten nie in einer Weise, dass damit ein Recht anerkannt worden wäre. Die alte Monarchie erwies sich im Licht des neuen Regimes als unerwartet effektiv. Neun Mitglieder der ersten Regierung waren gekrönte Häupter, die auf ihre persönliche Souveränität verzichtet hatten, und auch später sank die Zahl der königlichen Mitglieder nie unter sechs. In ihrem Fall bestand vielleicht ein gewisses, wenn auch vermindertes Anrecht auf Herrschaft, aber außer diesen und den noch wesentlich geringeren Ansprüchen ein oder zweier Ex-Präsidenten von Republiken hatte kein Mitglied der Versammlung auch nur den leisesten Anspruch auf Machthabung. Es war daher durchaus natürlich, dass sich die Opponenten in der gemeinsamen Forderung nach einer repräsentativen Regierung zusammenfanden und große Hoffnungen auf die Rückkehr zu parlamentarischen Einrichtungen setzten.

Die Versammlung beschloss, ihnen alles zu gewähren, was sie wünschten, jedoch in einer Form, die diesen oppositionellen Bestrebungen sehr zuwiderlief. Sie wurde mit einem Schlag eine repräsentative Körperschaft, sie wurde geradezu wundervoll repräsentativ. Sie wurde so repräsentativ, dass die Politiker von einer Flut von Wahlen überschwemmt wurden. Alle männlichen und weiblichen Erwachsenen von einem Pol zum andern erhielten das Stimmrecht, und die Welt wurde in zehn Bezirke eingeteilt, die mithilfe einer einfachen Modifikation des weltweiten Postwesens am selben Tag wählten. Die Mitgliedschaft in der Regierung sollte, wie beschlossen wurde, auf Lebenszeit gelten, außer im seltenen Fall einer Abberufung. Aber durch die Wahlen, die alle fünf Jahre abgehalten wurden, sollten jedes Mal fünfzig neue Mitglieder für die Versammlung bestimmt werden. Es wurde die Methode des Verhältniswahlrechtes mit einer übertragbaren Stimme eingeführt, und auf eine dafür vorgesehene Stelle des Stimmzettels konnte der Wähler auch den Namen eines Vertreters schreiben, den er abzuberufen wünschte. Ein Regierungsmitglied war durch ebenso viele Stimmen abrufbar, wie es seinerzeit gewählt worden war, und die Ersteilnehmer mit der Stimmenanzahl, die der Wahlquote bei der ersten Wahl entsprach.

Mit diesen Bedingungen unterwarf sich die Versammlung freudigen Mutes dem Stimmrecht der Welt. Keines ihrer Mitglieder wurde abberufen, und die fünfzig neuen Teilnehmer, von denen siebenundzwanzig ohnehin auf der Vorschlagsliste gestanden hatten, waren insgesamt zu verschieden geartet, um den deutlichen Trend ihrer Politik zu beeinträchtigen. Das Fehlen von Regeln und Formalitäten vermied jede hemmende Verzögerungstaktik, und als einer der beiden neuen Vertreter für Indien sich erkundigte, wie man einen Gesetzesantrag einbringen könnte, erfuhr er nur, dass es so etwas nicht gab. Sie fragten nach dem Präsidenten, und durften viele höchst weise Worte von Ex-König Egbert hören, der sich nun durchaus als Senior der Versammlung fühlte. Hinterher waren sie recht verwirrt …

Aber bereits zu dieser Zeit näherte sich die Arbeit der Versammlung ihrem Ende. Sie befasste sich nicht mehr so sehr mit der eigenen Organisation, als vielmehr mit der Sicherung des vollbrachten Werkes vor den dramatischen Instinkten des Politikers.

Das Leben der Menschheit gestaltete sich in der Tat immer unabhängiger von einer formellen Regierung. In der Anfangsphase war die Versammlung von einer heroischen Gesinnung, einem Drachentötergeist beseelt gewesen. Sie rottete unerbittlich ein Flechtwerk überholter Ideen und plumper eigensüchtiger Besitzrechte aus. Sie sicherte durch großzügige institutionalisierte Maßnahmen die Freiheit von Forschung, Kritik und Kommunikation, eine einheitliche Basis von Erziehung, und wechselseitigem Einvernehmen und Unabhängigkeit von wirtschaftlichem Druck. Damit war ihre Aufbauarbeit getan. Sie wurde in immer stärkerem Maß zu einem Sicherheitsorgan und befasste sich immer weniger mit aktiven Interventionen. Nichts in unserer Zeit ähnelt dem ständigen kleinlichen Feilschen um komplizierte Gesetze in jener Atmosphäre von Zwist und Hader, die vielleicht das Verwirrendste an der Verfassungsgeschichte des 19. Jahrhunderts ist. Damals scheint man andauernd Gesetze herausgebracht zu haben, statt wie wir neue Anordnungen zu treffen. Die Arbeit an der Neuorganisation, die wir an jene wissenschaftlichen Sonderkomitees mit entsprechender Eignung delegieren, die selbst von dem breiten geistigen Entwicklungsprozess der Gemeinschaft kontrolliert werden, war seinerzeit unentwirrbar mit den gesetzgebenden Körperschaften verquickt. Sie stritten über Detailfragen; man könnte ebenso gut über die Anordnung der Teile einer Maschine streiten. Wir wissen heute, dass derartige Fragen am besten im Rahmen von Fachkreisen erörtert werden, so wie sich das Leben zwischen Himmel und Erde gestaltet. Und daher tritt die Regierung jetzt jedes Jahr für einen oder mehrere Tage in Brissago zusammen, wenn die Narzissen in Blüte stehen, und tut kaum mehr, als die Arbeit ihrer Komitees abzusegnen. Und selbst diese Komitees sind weniger schöpferisch als am Anfang und werden immer mehr zum Sprachrohr der allgemeinen Denkweise. Es wird immer schwieriger, einzelne Persönlichkeiten in der Welt als richtungweisend anzusehen. Wir huldigen immer weniger dem Persönlichkeitskult. Jeder gute Gedanke ist nun hilfreich und jeder kluge Verstand hat nun Anteil an jenem informellen und allgemeinen Königtum, das die Energie der gesamten Menschheit auf ein gemeinsames Ziel richtet.

10

Es erscheint zweifelhaft, ob wir jemals wieder eine Phase der menschlichen Geschichte erleben werden, in der »Politik«, das heißt der eigensüchtige Widerstand gegen die herrschenden verständigen Anschauungen, ernsthafte Männer entscheidend beschäftigen wird. Wir sind offenbar in eine gänzlich neue Epoche eingetreten, in der Streitigkeiten, wie sie durch Rivalitätsgeist entstehen, plötzlich nicht mehr üblich, sondern weitgehend überwunden, ausgerottet und in Misskredit geraten sind. Streitigkeiten auszutragen ist nicht mehr ein geachteter Beruf für Männer. Der Friede zwischen den Nationen schließt auch den Frieden zwischen Einzelpersonen ein. Wir leben in einer Welt, die zur Vernunft gekommen ist. Der Mann als Krieger, der Mann als Anwalt und alle misslichen Aspekte des Lebens geraten in Vergessenheit; der tiefe Denker, der wissbegierige Mann, der schaffende Künstler treten in den Vordergrund und ersetzen die barbarischen Kräfte durch würdigere Abenteuer.

Es gibt kein naturgemäßes Leben für den Menschen. Er muss und musste immer zwischen verschiedenen und sogar unvereinbaren Möglichkeiten wählen, er war immer beeinflusst von ererbten Dispositionen. In den ersten Jahrzehnten des 20. Jahrhunderts pflegten viele Schriftsteller von Wettbewerb zu sprechen und davon, wie beengt das private Leben durch Beruf und finanzielle Erfordernisse und misstrauische Absonderung war, als gehörten diese Dinge ganz besonders zur menschlichen Natur, und als wären Aufgeschlossenheit und Anerkennung von Leistung statt Besitzstreben abnormale und eher unangebrachte Eigenschaften. Wie falsch diese Auffassung war, bezeugt die Geschichte der Jahrzehnte, die auf die Ausrufung der Weltrepublik folgte. Sobald die Welt von den Härten eines unsinnigen Lebenskampfes befreit war, der im großen Rahmen planlos war und den Einzelnen voll beanspruchte, wurde offenkundig, in welch großem Maß in den Menschen der lang unterdrückte Hang geschlummert hatte, etwas zu gestalten. Nun drängte es die Welt zur Gestaltung, zunächst hauptsächlich im ästhetischen Sinn. Diese Periode, die man nun mit dem unangemessenen Ausdruck »Blütezeit« bezeichnet, dauert weitgehend noch an. Die Mehrzahl der Bevölkerung besteht aus Künstlern, und die meisten Aktivitäten erstrecken sich nicht auf die Herstellung von Bedarfsartikeln, sondern auf ihre Formung, Verschönerung und Vervollkommnung. In den letzten Jahren hat sich ein bemerkenswerter Wandel in der Art der Gestaltung gezeigt. Sie wurde zweckmäßiger als früher, verlor ein wenig von der anfänglichen Eleganz und Zierlichkeit und gewann an Ausdruckskraft; aber das ist eher ein Wandel der Form als der Beschaffenheit. Er beruht auf vertiefter philosophischer Bildung und besserer Erziehung. Nach der ersten freudigen Erprobung der Fantasie erfahren wir jetzt die Bedachtsamkeit einer konstruktiven Vorstellungskraft. Es gibt eine natürliche Ordnung in diesen Dingen, und Kunst kommt vor Wissenschaft, so wie die Befriedigung der elementaren Bedürfnisse vor der Kunst und Spiel und Spaß im menschlichen Leben vor dem zielorientierten Handeln kommen …

Für Tausende von Jahren muss dieser stets wachsende Impuls nach Gestaltung gegen die Schranken angekämpft haben, die dem Menschen durch seine sozialen Fehler auferlegt worden waren. Dieser Impuls war wie ein glimmendes Feuer, das endlich hell lodernd zu brennen begann. Das Vorhandensein eines leidenschaftlichen und stets eingedämmten Schaffensdranges spricht aufs Höchste berührend aus den Überlieferungen unserer unmittelbaren Vorfahren. In der Todeszone von London, dort wo die Bomben fielen, existiert immer noch ein Gebiet mit verlassenen kleinen Häusern, die ein äußerst aufschlussreiches Beispiel für die früheren Verhältnisse darstellen. Diese Häuser sind durchweg schrecklich einfallslos, rechtwinklig, geduckt, unproportioniert, unbequem, schäbig und in gewisser Hinsicht recht unsauber, und nur Leute ohne jede Hoffnung auf etwas Besseres konnten darin gewohnt haben. Aber an ein jedes schloss sich ein lächerlich kleiner rechtwinkliger Flecken Erde an, der sogenannte Garten, der üblicherweise einen Wäscheständer und eine widerliche Mülltonne voller Eierschalen, Asche und ähnlichem Kehricht enthielt. Da man jetzt diesen Bereich relativ ungefährdet betreten kann – denn die radioaktive Strahlung ist in London nicht mehr nennenswert – ist es möglich, in fast jedem dieser Gärten ein Zeichen zu finden für die Bemühung, etwas zu gestalten. Da ist es ein schäbiges kleines Sommerhäuschen aus Brettern, dort ein »Springbrunnen« aus Ziegeln und Muschelschalen, ein »Steingarten« oder eine »Werkstatt«. Und in den Häusern selbst entdeckt man klägliche kleine Verschönerungsversuche, dilettantische Nachbildungen, schlechte Zeichnungen. Diese Bemühungen sind fast unglaublich unbeholfen, wie wenn ein Mensch mit verbundenen Augen zu zeichnen versucht hätte, sie sind für einen verständnisvollen Betrachter nur um ein Geringes weniger quälend als die Kritzeleien, die man an den Wänden alter Gefängnisse findet, aber sie sind Zeugnisse für die armen unterdrückten Impulse, die mühselig ans Licht strebten. Diesen Genius froher Schaffenskraft, den unsere bedauernswerten Vorfahren unbewusst suchten, hat uns die Freiheit enthüllt …

In den alten Zeiten war es der allgemeine Wunsch jedes einfachen Gemüts gewesen, ein kleines Eigenheim zu besitzen, ein Stück Land, frei von der Beobachtung Fremder, »unabhängig« wie die Engländer es nannten. Und was dieses Verlangen nach Freiheit und Wohlergehen so stark machte, war ganz offensichtlich jener Traum von Selbstverwirklichung, von Schöpfung, von der Freude an der Ausgestaltung einer persönlichen, besonderen Köstlichkeit. Eigentum war nie mehr als ein Mittel zu diesem Zweck, Geiz nie mehr als eine Entartung. Der Mensch besaß etwas, um frei handeln zu können. Jetzt, da jeder sein eigenes Heim und seine eigene Privatsphäre gesichert weiß, ist dieser Hang nach Besitz durch neue Interessen ersetzt worden. Die Menschen lernen und sparen und mühen sich ab, um Täfelungen in einer öffentlichen Arkade, eine Reihe von geschnitzten Figuren längs einer Terrasse, eine Baumgruppe, einen Pavillon zu hinterlassen. Oder sie widmen sich der Erforschung eines noch ungelösten Phänomens, so wie sie sich einst der Anhäufung von Reichtümern gewidmet hatten. Die Arbeit, die früher das Wesen einer sozialen Existenz ausmachte – denn die meisten Menschen verbrachten ihr ganzes Leben mit Unterhaltssicherung –, ist jetzt nicht mehr als damals für die alten Bergsteiger jener Rucksack war, in dem sie ihre Verpflegung auf dem Rücken trugen. Für die leichten Wohltaten unserer emanzipierten Zeit macht es keinen Unterschied, ob die meisten Menschen, die ihren Beitrag zur Arbeit geleistet haben, nun neue Erkenntnisse hervorbringen und neue Schönheiten schaffen, oder sich einfach angenehmen Tätigkeiten und Vergnügungen widmen, die ihnen bestätigen, dass sie leben. Sie sind möglicherweise durch ihre Aufnahmefähigkeit und Anerkennungsleistungen nützlich und behindern niemanden …

II

Wir leben jetzt in einer Zeit ungeheuren Wandels in den Richtlinien und Erscheinungen des menschlichen Lebens, und dieser Wandel, der sich so rasch und auf so wunderbare Weise vollzog, wie das Reifen eines ungelenken Jungen zum Mann, ist begleitet von noch nie dagewesenen moralischen und geistigen Veränderungen. Es ist nicht so, als schwinde das Alter aus unserem Leben und Neues trete ein, eher so, dass die veränderten Verhältnisse elementare Veranlagungen in der menschlichen Natur ansprechen, die bisher unterdrückt waren, und Tendenzen hemmen, die bisher übermäßig angeregt und entwickelt waren. Es ist nicht so, dass der Mensch nur gewachsen und in seinem Wesen anders geworden wäre, es sind vielmehr neue Aspekte zutage getreten. Solche grundlegenden Wandlungen hat es in geringerem Ausmaß immer schon gegeben. Die Bewohner des schottischen Hochlandes waren beispielsweise im 17. Jahrhundert grausame und blutdürstige Räuber, im 19. Jahrhundert waren ihre Nachfahren bemerkenswert vertrauenswürdige und ehrenwerte Männer. Es gab zu Beginn des 20. Jahrhunderts in Westeuropa kein Volk, das zu scheußlichen Massakern fähig schien, es gibt keines, das sich nicht in den letzten beiden Jahrhunderten dessen schuldig gemacht hatte. Das frisch-fromm-fröhlich-freie Leben der begüterten Klasse in allen europäischen Staaten in den Jahren vor den letzten Kriegen unterschied sich in Ideen und Gefühlen wesentlich von der schmutzigen, misstrauischen, verschlossenen und lieblosen Existenz der Armen, die beherrscht war von roher Gewalt, von der Verwahrlosung und den primitiven Leidenschaften der untersten Schicht. Aber es gab keine wirkliche Diskrepanz in der Anlage und den ererbten Fähigkeiten zwischen den Menschen aus diesen Welten, der Unterschied beruhte lediglich auf den äußeren Umständen, den Umwelteinflüssen und Denkgewohnheiten. Und wenn man

Einzelfälle betrachtet, war der oft beobachtete Wechsel von einer Lebensart zur anderen vergleichbar dem Übertritt zu einer anderen Religion, ein ständiger Beweis für die Wandlungsfähigkeiten der menschlichen Natur.

Die Atomkatastrophe, die die Menschen aus den Städten, aus ihrem Geschäftsleben und ihren ökonomischen Beziehungen vertrieb, erschütterte auch die überkommene Denkweise und die unreflektierten Überzeugungen und Vorurteile, die sie von ihren Vorfahren übernommen hatten. Um einen Ausdruck aus der alten Chemie zu gebrauchen, die Menschen wurden in den Entstehungszustand versetzt; sie wurden von alten Bindungen befreit und waren auf Gedeih und Verderb zu einer neuen Gesellschaftsbildung bereit. Die Versammlung in Brissago führte sie den gedeihlichen Weg; vielleicht hätte König Ferdinand Karl, wenn seine Bomben ihr Ziel erreicht hätten, sie in endloses Verderben zurückgeführt. Aber sein Bestreben wäre auf größere Schwierigkeiten gestoßen, als das der Versammlung. Der moralische Schock der Atombomben war nachhaltig gewesen, und für eine Weile wurde die List des Menschentieres durch die ernsthaft erkannte, lebenswichtige Notwendigkeit des Wiederaufbaus verdrängt. Die streitsüchtigen und feilschenden Geister drängten sich aneinander, erschreckt über die Folgen, die sie heraufbeschworen hatten. Angesichts des ungewohnten neuen Strebens überlegten es sich die Menschen sehr genau, bevor sie eigennützige Vorteile verfolgten, und als schließlich das Unkraut, die »persönlichen Ansprüche«, wieder zu sprießen begann, fanden sie sich auf dem steinigen Boden reformierter Gerichte, vor einer Gesetzgebung, die auf die Zukunft ausgerichtet war, statt auf die Vergangenheit, und unter der strahlenden Sonne einer sich wandelnden Welt. Eine neue Literatur, eine neue Geschichtsbetrachtung blühte auf, und in den Schulen gab es bereits neue Lehrpläne, und ein neues Vertrauen in die Jugend setzte sich durch. Der ehrenwerte Mann, der durch den Ankauf etlicher Grundstücke dem Bau einer englischen Forschungsstätte auf Sussex Downs zuvorkommen wollte, wurde enteignet und bei Gericht verlacht, als er eine überhöhte Entschädigung forderte. Der Inhaber der zweifelhaften Dass-Patente machte ein letztes Mal in der Geschichte von sich reden als bankrotter Herausgeber einer Zeitung mit dem Titel »Schrei nach Gerechtigkeit«, in der er die Welt mit seiner Forderung von hundert Millionen Pfund belästigte. Unter Gerechtigkeit verstand er, dass man ihm jährlich fünf Millionen Pfund auszahlen sollte, weil er eine von Holstens Entdeckungen realisiert hatte. Dass war bis zuletzt fest von seinen Rechten überzeugt und endete als Opfer des Verfolgungswahns in einer privaten Heilanstalt in Nizza. Beide Männer wären vermutlich in England des beginnenden 20. Jahrhunderts unermesslich reich und natürlich geadelt gestorben, und gerade dieser ungewöhnliche Verlauf ihrer Schicksale ist für die geänderten Verhältnisse bezeichnend.

Die neue Regierung erkannte bald die Notwendigkeit einer universellen Erziehung, um die Menschen mit dem großen Gedanken einer geeinten Weltherrschaft vertraut zu machen. Sie tastete die verschiedenen regionalen Stammesreligionen und Sekten, die die Welt damals zu einem Flickwerk von Hass und Misstrauen zerstückelt hatten, nicht an. Vielmehr blieb es diesen Organisationen überlassen, selbst ihren Frieden mit Gott zu machen. Die Regierung verkündete dagegen die ganz und gar irdische Wahrheit, dass Opfer von allen erwartet würden, dass allen Menschen Achtung entgegengebracht werden müsse. Sie erneuerte die Schulen in der ganzen Welt oder erbaute weitere, und in allen diesen Schulen lehrte man die Geschichte der Kriege und die Konsequenzen und Schlussfolgerungen aus dem letzten Krieg; darüber hinaus wurde gelehrt, nicht als Theorie, sondern als Faktum, dass die Rettung der Welt aus Verfall und Streit die allgemeine Pflicht und Aufgabe aller Männer und Frauen war. Diese Erkenntnisse, die jetzt allgemein anerkannte

Grundlagen der menschlichen Gesellschaft sind, erschienen den Mitgliedern in Brissago, als sie sie erstmals zu verkünden wagten, als wunderbar kühne, nicht ganz zweifelsfreie Entdeckungen, die die Wangen röteten und die Augen leuchten ließen.

Die Versammlung legte die ganze Neugestaltung der Erziehung in die Hände eines Komitees von Männern und Frauen, die ihre Aufgabe in den folgenden Dekaden mit bemerkenswertem Eifer und Geschick lösten. Dieses Erziehungskomitee war und ist die Ergänzung des Redistributionskomitees im intellektuellen und geistigen Bereich. Darin nahm eine Zeit lang ein Russe namens Karenin, ein Sonderling und von Geburt an verkrüppelt, eine führende, ja dominierende Rolle ein. Sein Rücken war so gekrümmt, dass er nur mit Mühe gehen konnte, auch litt er in zunehmendem Alter große Schmerzen und musste sich schließlich zwei Operationen unterziehen. Die zweite überlebte er nicht. Missbildungen, wie es sie allenthalben im Mittelalter gegeben hatte, sodass der verkrüppelte Bettler als unvermeidliche Erscheinung unter den Menschen galt, waren in der Welt eine Seltenheit geworden. Die verkrüppelte Gestalt Karenins übte eine seltsame Wirkung auf seine Kollegen aus; sie begegneten ihm mit einer Mischung aus Mitleid und einer gewissen Grausamkeit, zu deren Überwindung es eher der Gewöhnung als der Einsicht bedurfte. Er hatte ein scharf geschnittenes Gesicht mit kleinen braunen, etwas tief liegenden Augen und einen breiten, schmallippigen, energischen Mund. Seine Haut war von stark gelblicher Tönung und voller Runzeln, und sein Haar stahlgrau. Er war ein stets ungeduldiger und manchmal aufbrausender Mann, doch man sah es ihm nach wegen der stechenden Schmerzen, die ihn offensichtlich durchzuckten. Gegen Ende seines Lebens genoss er ein hohes Ansehen. Ihm, vielmehr als irgendeinem seiner Zeitgenossen, ist jene Selbstverleugnung, jene Identifikation mit dem allgemeinen Geist zu verdanken, der zur Grundlage der universalen Erziehung gemacht wurde.

Das Memorandum an alle Lehrer, das für das moderne Schulsystem richtungweisend ist, war vermutlich ausschließlich sein Werk.

»Wer seine Seele retten will, wird sie verlieren«, schrieb er. »Das ist das Motto auf dem Siegel dieses Dokuments und der Ausgangspunkt für alles, was wir zu tun haben. Wer darin etwas anderes sieht als die Feststellung einer Tatsache, der irrt. Es ist die Basis Ihrer Arbeit. Sie haben Selbstverleugnung zu lehren, und alles sonst ist bloß Beiwerk und diesem Ziel untergeordnet. Sie müssen den Horizont Ihrer Kinder erweitern, ihre Neugier und schöpferischen Impulse ermutigen und steigern, sowie ihr Mitgefühl wecken und verstärken. Dafür sind Sie da. Unter Ihrer Leitung und durch Ihre Anregungen müssen die Kinder den alten Adam des Argwohns, der Feindseligkeit und des Hasses überwinden und sich in der großen weltweiten Gemeinschaft wiedererkennen. Die engen Ringe ihrer Selbstsucht müssen aufgebrochen werden, bis sie zu Brückenbögen der menschlichen Ziele werden. Und das, was Sie lehren, müssen Sie beharrlich selbst lernen, Philosophie, Forschung, Kunst, jegliche Kenntnisse jeder Art von Nächstendienst und Liebe. Das sind die Mittel zur Errettung aus der Enge selbstsüchtigen Begehrens, dieser schwelenden Selbstverfallenheit des Ichs und Verhaftung in egozentrischen Bindungen, die dem Einzelnen zur Hölle werden, Verrat an der Menschheit und Trennung von Gott sind …«

12

Wenn etwas zum Abschluss gebracht wird und endlich Gestalt annimmt, sieht man es zum ersten Mal klar. Erst aus der Sicht eines neuen Zeitalters kann man die große, breiter werdende Flut des Schrifttums voll und ganz verstehen. Unzusammenhängendes fügt sich aneinander, und das, was einst als hart und sinnlos betrachtet wurde, erscheint nun als bloßer Teilaspekt im Rahmen eines gigantischen Problems. In der ungeheuren Menge der seriösen Literatur des 18., 19. und 20. Jahrhunderts erkennt man jetzt eine unerwartete Einmütigkeit; sie offenbart sich als weitgespanntes Gewebe von Variationen eines einzigen Themas, des Konflikts zwischen der menschlichen Selbstsucht, den persönlichen Begierden, der beschränkten Vorstellungskraft und dem wachsenden Verständnis für allgemeinere Bedürfnisse und der Möglichkeit eines freieren Lebens.

Dieser Konflikt liegt beispielsweise bereits einem so frühen Werk wie Voltaires Candide zugrunde, in dem das Verlangen nach Gerechtigkeit wie auch nach Glück gegen menschliche Ungunst ankämpft und schließlich seine Zuflucht zu einem erzwungenen und nicht überzeugenden Sich-Begnügen nimmt. *Candide* war ein Auftakt zu einer Literatur der beschwörenden Anklagen, die bald überall Fuß fasste. Ganz besonders die Romane des 19. Jahrhunderts, abgesehen von den Werken der reinen Geschichtenerzähler, zeugen von dem beunruhigenden Wissen um die Veränderungen, die nach vermehrtem Bemühen verlangten und vom Fehlen dieses Bemühens. In tausenderlei Aspekten, bald tragisch, bald komisch, bald in merkwürdigem Aufbegehren gegen Gottes Gleichgültigkeit, schildert ein Heer von Zeitgenossen den Lebenskampf zwischen Traum und Beschränkung. Teils lacht man, teils ist man zu Tränen gerührt, teils überkommt einen Bestürzung angesichts dieser umfangreichen und fast spontan entstandenen Zeugnisse, wie der erwachende menschliche Geist bald umsichtig, bald eifrig, bald wütend und, wie es scheint, immer vergeblich versuchte, sich seiner entsetzlich schlecht sitzenden, geflickten und altmodischen Hülle anzupassen. Und stets stößt man in diesen Büchern, wenn man sich in das Problem vertieft, auf eine bestürzende Auslassung. Es bestand in der damaligen Zeit die absurde Konvention, dass ein Schriftsteller nicht an die Religion rühren durfte. Das zu tun, hätte den eifersüchtigen Zorn der zahlreichen beamteten Geistlichen erregt. Es war gestattet, Unstimmigkeiten festzustellen, aber verboten, auf eine mögliche Lösung anzuspielen. Religion war das Privileg der Kanzel …

Nicht nur aus den Romanen war die Religion verbannt, sie wurde auch von den Zeitungen ignoriert. Peinlich vermied man jede religiöse Anspielung in geschäftlichen Verhandlungen, sie spielte in den öffentlichen Belangen nur eine untergeordnete und entschuldigende Rolle, und das nicht aus Geringschätzung, sondern aus Scheu. Die religiösen Organisationen standen noch so hoch in der Achtung der Menschen, so hoch, dass es als unehrerbietig erschien, Religion in die Belange des Alltags hineinzuziehen. Diese seltsame Hemmung hielt auch noch zu Beginn des neuen Zeitalters an. Erst die vernünftige Einsicht eines Markus Karenin, viel eher als jeder andere zeitgenössische Einfluss, machte sie wieder für die Gestaltung des menschlichen Lebens fruchtbar. Er betrachtete die Religion ohne visionäre Entrückung und abergläubische Furcht als etwas, das der Allgemeinheit so nötig war wie Essen und Trinken, als Basis und Triebkraft für das Leben der Menschen und das Wohlergehen der Republik. Er begriff, dass sie sich bereits über Tempel, Hierarchien und Symbole, in die man sie hatte einengen wollen, hinausentwickelt hatte und dass sie bereits unerkannt und stillschweigend bei der allgemeinen Annahme des Weltstaates mitgewirkt hatte. Er verlieh ihr klaren Ausdruck und passte ihre Texte den Erkenntnissen und Perspektiven des Neubeginns an …

Aber wenn wir zu unseren Romanen zurückkehren und nach Anzeichen für den Zeitgeist suchen, wird bei chronologischer Lektüre klar, jedenfalls soweit es bisher feststellbar ist, dass um die Wende zum 20. Jahrhundert die Schriftsteller wesentlich mehr von dem bedeutsamen Wandel ahnten als ihre Vorgänger. Diese hatten versucht, das Leben zu beschreiben »wie es ist«, die späteren zeigten es als im Wandel begriffen. Immer häufiger sind ihre Helden um Anpassung an neue Verhältnisse bemüht oder leiden unter dem Neuen. Und wenn wir in die Zeit der letzten Kriege kommen, wird diese modernere Sicht des Alltagslebens als eine Reaktion auf weltweite Wandlungen immer offenkundiger. Barnets Buch, das unseren Zwecken so gut gedient hat, zeigt deutlich das Bild einer Welt, die einem Schiffe gleicht, das in den Sturm segelt. Unsere späteren Romanschriftsteller geben uns eine reiche Auswahl von persönlichen Konflikten, in denen alte Gewohnheiten, beschränkte Einsicht, kleinliche Gemütsart und lebenslange Verbohrtheit jener großen Horizonterweiterung, die wir erfahren haben, feindlich gegenüberstehen. Sie schildern uns die Gefühle alter Menschen, die aus ihrer gewohnten Umgebung gerissen wurden und sich mit Annehmlichkeiten, die ihnen unbequem galten, und Verhältnissen, die ihnen fremd blieben, abfinden mussten. Sie berichten von dem Widerspruch zwischen dem anfänglichen Geltungsbedürfnis der Jugendlichen und den noch nicht erfassten Beschränkungen eines sich wandelnden sozialen Lebens. Sie schreiben, wie eifersüchtige Regungen sich stets unserer Seelen zu bemächtigen und sie zu unterjochen trachteten, über romantische Fehlschläge und tragische Fehleinschätzungen des Weltlaufs, über Unternehmungsgeist und drängende Neugier, und wie diese das allgemeine Streben unterstützten. Und alle diese Geschichten enden mit verfehltem oder erreichtem Glück, mit Katastrophe oder Rettung. Je klarer ihr Entwurf und je sorgfältiger die Ausführung, desto größer ist ihre Überzeugung von der Möglichkeit einer Rettung der Welt. Denn jeder Weg im Leben führt schließlich für jene, die ihm weit genug folgen, zur Religion …

Den Menschen früherer Zeiten wäre es seltsam erschienen, dass man sich heute fragt, ob die Welt nun christlich oder alles andere als christlich ist. Aber sicher leben wir in diesem Geist, und ebenso sicher haben wir viele der zeitgebundenen Formen hinter uns gelassen. Das Christentum war die erste Ausformung einer Weltreligion, die erste vollständige Ablehnung von Stammessystemen, von Krieg und Hader. Dass es gegenwärtig in alte Rituale verstrickt ist, kann daran nichts ändern. Der gesunde Hausverstand der Menschen hat sich durch zweitausend Jahre läuternder Erfahrung hindurchgequält, um schließlich festzustellen, wie vernünftig die vertrauten Leitsätze des christlichen Glaubens klingen. Wenn sich ein wissenschaftlicher Denker eingehender mit den moralischen Problemen des Gemeinschaftslebens befasst, kommt er unweigerlich zu den Worten Christi, und ebenso unweigerlich kommt ein klar denkender Christ zur Idee der Weltrepublik. Was die Forderung der Konfessionen, was die Verwendung eines Namens und Nachfolgeprobleme betrifft, so leben wir in einer Zeit, die sich von solchen Ansprüchen und Konsequenzen frei gemacht hat.

5
Markus Karenins letzte Tage

1

Die zweite Operation an Markus Karenin sollte in der neuen chirurgischen Station in Paran vorgenommen werden, hoch oben im Himalaya über der Schlucht, durch die der Fluss Sutley Tibet verlässt.

Es ist ein Ort von so wilder Schönheit wie sonst keiner in der Welt. Die Steinterrasse, die rings um das niedrige Gebäude verläuft, gibt den Blick auf die umliegende Bergwelt frei. Tief unten in der bläulichen Finsternis der Schlucht schäumt der Fluss brausend auf die dicht besiedelten Ebenen Indiens hinaus. In diese erhabene Stille aber dringt nichts von seinem ungestümen Toben herauf. Jenseits der schattigen Schlucht, in der riesige Zedernwälder wie kleine Moosflecken wirken, erheben sich mächtige zerklüftete Gipfel vielfarbenen Gesteins mit schroffen Felszacken und Schneefeldern. Nordwärts ragt in breiter Front eine eisbedeckte Wildnis empor, höher, immer höher und gewaltiger bis zu den höchsten Bergspitzen unseres Erdballs, dem Dhaulagiri und dem Mount Everest. Würde man den Montblanc in diese einzigartige Gebirgswelt mit ihren tiefen Abgründen versetzen, er wäre kaum zu finden. Hier dehnen sich Eisfelder von der Größe eines Binnensees, und darauf liegt das Geröll stellenweise so dicht, dass in der ungehinderten Sonnenglut ein dichter Teppich reizender kleiner Blumen gedeihen kann. Noch weiter nach Norden, den Blick auf das Hochland von Tibet verwehrend, erheben sich wie eine Stadt aus Porzellan die wuchtigen Massen geäderten und zerklüfteten Gesteins des Lio Porgyul mit seinen Wänden, Spitzen und Zacken hoch über dem Fluss. Und neben ihm ragen ostwärts und westwärts Berg um Berg in den dunkelblauen Himmel über dem Himalaya empor. Weit unten im Süden türmen sich jäh und wie von unsichtbarer Hand gebannt die Monsunwolken Indiens.

Hierher flog mit traumhafter Schnelligkeit Karenin, hoch über die Bewässerungsanlagen von Radschputana und die Türme und Kuppeln des uralten Delhi hinweg; und die kleine Gruppe von Gebäuden oberhalb der südlich von ihnen fast hundertfünfzig Meter abfallenden Felswand erschien ihm, als das Flugzeug zum Landen ansetzte, wie ein in der Felseinsamkeit verlorenes Spielzeug. Keine Straße führte hier herauf, der Ort war nur auf dem Luftweg erreichbar.

Der Pilot landete auf dem großen Hof. Karenin stieg, gestützt von seinem Sekretär, über die Falltreppe hinab und begrüßte die Angestellten, die zu seinem Empfang gekommen waren.

Hier, fern von Infektionsgefahr, Lärm und jeglicher Ablenkung, war ein chirurgisches Forschungs- und Regenerationszentrum entstanden. Die Gebäude als solche wären demjenigen, der an die sparsame Architektur einer Zeit gewöhnt ist, in der Energie noch teuer gewesen war, höchst prunkvoll erschienen. Sie waren aus Granit, der außen bereits durch Frosteinwirkung ein wenig aufgeraut, innen jedoch glatt poliert war, und wirkten ungeheuer wuchtig. Und in wabenförmig angeordneten, raffiniert erleuchteten Räumen befanden sich die makellos reinen Untersuchungslabors, die Operationstische, die Instrumente aus Messing, geschliffenem Glas, Platin und Gold. Männer und Frauen kamen aus allen Teilen der Welt, um hier Studien und Forschung zu betreiben. Sie trugen alle die gleiche weiße Kleidung und aßen gemeinsam an langen Tischen, während die Patienten in den oberen Räumen der Gebäude untergebracht und von Schwestern und geschultem Personal betreut wurden.

Nach der Landung wurde Karenin zuerst von Ciana, dem wissenschaftlichen Leiter des Instituts, begrüßt. In seiner Begleitung befand sich Rachel Borken, die Verwalterin. »Sind Sie müde?«, fragte sie, und der alte Karenin schüttelte den Kopf. »Nur etwas steif«, sagte er. »Einen solchen Ort wollte ich schon lange einmal besuchen.« Er sprach mit ihnen, als sei er nur zu diesem Zweck hergekommen.

Es entstand eine kleine Pause.

»Wie viele wissenschaftliche Mitarbeiter haben Sie jetzt hier?«, fragte er.

»Genau dreihundertzweiundneunzig«, antwortete Rachel Borken.

»Und Patienten und Hilfspersonal?«

»Zweitausendunddreißig.«

»Ich werde hier behandelt werden«, sagte Karenin. »Ich werde mich hier behandeln lassen müssen. Aber vorher will ich alles sehen. Erst dann werde ich mich behandeln lassen.«

»Wollen Sie in mein Büro kommen?«, schlug Ciana vor.

»Und später muss ich mit diesem Ihrem Arzt sprechen«, sagte Karenin. »Aber ich möchte mich hier gerne ein wenig umsehen und mich mit einigen Ihrer Leute unterhalten, bevor ich das tue.«

Er zuckte zusammen und bewegte sich mühsam weiter.

»Ich habe den Großteil meiner Arbeit in guter Ordnung hinterlassen«, fügte er hinzu.

»Sie haben bis jetzt hart gearbeitet?«, fragte Rachel Borken.

»Ja. Und jetzt habe ich nichts mehr zu tun – und das erscheint mir seltsam … Und es ist höchst lästig, so krank zu sein und sich um sich selbst kümmern zu müssen. Dieses Tor und diese Fensterreihe sind sehr schön ausgeführt, grauer Granit mit einem einzigen Goldstreifen, und dann der Durchblick auf die Berge dahinter, wirklich sehr schön …«

2

Karenin lag unter einer weichen Wolldecke, und Fowler, der ihn operieren sollte, saß auf dem Bettrand und sprach mit ihm. Ein Assistent wartete still im Schatten hinter dem Bett. Die Untersuchung war vorüber, und Karenin wusste, was er zu erwarten hatte. Er war müde, aber gelassen.

»Ich würde also sterben«, sagte er, »wenn Sie mich nicht operieren.«

Fowler nickte.

»Und dann«, fuhr er fort, »werde ich vermutlich auch sterben.«

»Nicht unbedingt.«

»Selbst wenn nicht, werde ich dann wieder arbeiten können?«

»Es besteht eine gewisse Hoffnung …«

»Vermutlich werde ich also sterben, und wenn nicht, dann werde ich vielleicht ein untauglicher Invalide sein?«

»Ich glaube, wenn Sie es überstehen, werden Sie weitermachen können – so wie bisher.«

»Nun ja, ich werde das wohl riskieren müssen. Aber, Fowler, können Sie mir nicht etwas verschreiben und mich auf die Beine bringen, statt dieser – Vivisektion? Für ein paar Tage aufgeputschtes, aktives Leben – und dann das Ende?«

Fowler überlegte. »Wir sind noch nicht so weit, das können wir noch nicht«, sagte er.

»Aber der Tag wird kommen, an dem Sie dazu imstande sein werden.«

Fowler nickte.

»Sie geben mir das Gefühl, als sei ich der letzte Krüppel, den es geben wird. Verkrüppelung bedeutet Unsicherheit – Fehlerhaftigkeit. Mein Körper arbeitet unzuverlässig, er ist sich nicht einmal sicher, ob er sterben oder leben will. Vermutlich ist die Zeit nicht mehr fern, in der solche Körper wie der meine nicht mehr in die Welt gesetzt werden.«

»Sehen Sie«, erwiderte Fowler nach einem kurzen Zögern, »es ist nötig, dass ein Geist wie der Ihre zur Welt kommt.«

»Vermutlich«, sagte Karenin, »war mein Geist zu etwas nütze. Aber wenn Sie meinen, das liege daran, dass mein Körper so ist, wie er ist, da dürften Sie wohl im Irrtum sein. In einem Gebrechen liegt kein besonderer Vorzug. Ich habe stets dagegen rebelliert – jeden Augenblick meines Lebens. Wenn ich mich freier bewegen und ein erfülltes Dasein in Gesundheit hätte führen können, wäre ich zu mehr imstande gewesen. Aber eines Tages wird es Ihnen vielleicht möglich sein, einen krummen Rücken wieder gerade zu machen. Ihre Wissenschaft steckt noch in den Kinderschuhen. Sie ist schwieriger als die Physik und die Chemie und braucht länger, um Wunder zu wirken. Und bis dahin müssen noch ein paar von meinesgleichen geduldig sterben.«

»Gute Arbeit ist bereits geleistet worden, und in großem Umfang«, meinte Fowler. »Ich kann das sagen, weil ich daran nicht beteiligt bin. Ich begreife, worum es geht, schätze die Entdeckungen begabterer Männer und gebrauche meine Hände, aber diese anderen, Pigou, Masterton, Lie und so weiter, die bereiten das zukünftige Wissen vor. Hatten Sie Zeit, ihre Arbeiten zu verfolgen?«

Karenin schüttelte den Kopf. »Aber ich kann mir ihre Reichweite vorstellen«, sagte er.

»Heute sind so viele damit befasst«, erwiderte Fowler. »Gegenwärtig müssen wenigstens tausend von ihnen intensiv forschen, beobachten, experimentieren, wo um das Jahr neunzehnhundert nur einer tätig war.«

»Nicht gerechnet jene, die darüber berichten.«

»Nein, diejenigen nicht gerechnet. Natürlich ist eine Systematik der gegenwärtigen Forschung an sich schon eine höchst schwierige Aufgabe und nimmt erst jetzt entsprechende Formen an. Aber wir bekommen deren Nutzen bereits zu spüren. Seit es nicht mehr um eine Frage der Bezahlung geht, sondern um Interesse, arbeiten nur noch Leute daran, die sich aufgrund ihrer Fähigkeiten dazu berufen fühlen. Wir haben hier – ich muss es Ihnen dieser Tage zeigen, es wird Sie interessieren – einen eigenen enzyklopädischen Index. Jede Woche werden Blätter entnommen und durch andere mit den neuesten Ergebnissen ersetzt, die uns die Flugzeuge von der Forschungszentrale bringen. Es ist ein Index, der die tatsächliche Situation immer getreuer erfasst. So etwas hat es noch nie gegeben.«

»Als ich im Erziehungskomitee aufgenommen wurde«, erwiderte Karenin, »galt eine solche Systematik menschlichen Wissens als unmöglich. Die Forschung hatte einen chaotischen Berg von Ergebnissen in hundert Sprachen und tausend verschiedenen Publikationen hervorgebracht …« Er lächelte bei dieser Erinnerung. »Wie haben wir unter dieser Arbeit gestöhnt!«

»Mittlerweile ist dieses Durcheinander beinahe vollständig geordnet, Sie werden sehen.«

»Ich war von meiner eigenen Aufgabe so beansprucht – ja, ich sehe es mir gerne an.«

Der Patient musterte den Arzt eine Weile mit interessierten Blicken.

»Arbeiten Sie immer hier?«, fragte er plötzlich.

»Nein«, antwortete Fowler.

»Aber meistens sind Sie hier tätig?«

»Ja, etwa sieben Jahre von den letzten zehn. Gelegentlich verschwinde ich – da hinunter. Das muss man, oder wenigstens ich. Es überkommt einen eine gewisse Trübsal, man hungert nach Leben, nach echtem eigenem leidenschaftlichem Leben, nach Liebe, nach Essen und Trinken aus reiner Lust daran, nach Menschengedränge, Abenteuern, Lachen – vor allem nach Lachen –«

»Ja«, sagte Karenin verständnisvoll.

»Und dann eines Tages, ganz plötzlich, denkt man wieder an diese hohen Berge ...«

»So würde ich auch gelebt haben, wäre da nicht mein – Gebrechen«, bestätigte Karenin. »Nur die so Geborenen wissen um diese Verzweiflung über die Missgestalt. Es wird gut sein, wenn niemand mehr lebt, dessen Körper nicht zu einem erfüllten Alltagsleben fähig ist, und dessen Geist sich nicht zu diesen Höhen aufschwingen kann, nach denen er strebt.«

»Wir werden das bald geschafft haben«, sagte Fowler.

»Zahllose Generationen hindurch haben die Menschen gegen die Unzulänglichkeit ihres Körpers angekämpft – und gegen die Unzulänglichkeiten ihrer Seele, gegen Schmerzen, Unfähigkeit, schändliche Ängste, Schwermut, Verzweiflung. Wie gut habe ich all das gekannt. Ich habe mehr Zeit damit verbracht als Sie mit Ihren Urlaubstagen. Ist nicht eigentlich jeder Mensch irgendwie verkrüppelt und irgendwie tierisch? Ich steckte nur ein wenig tiefer darin als die meisten, das ist alles. Erst jetzt, nachdem der Mensch dies in vollem Ausmaß begriffen hat, kann er sich so in die Gewalt bekommen, dass er weder ein Tier noch ein Krüppel ist. Nun, da er die Versklavung durch seinen Körper überwindet, ist es ihm zum ersten Mal möglich, daran zu denken, das volle Leben seines Körpers auszukosten … Bevor die nächste Generation stirbt, werden die Mittel dazu entdeckt sein. Sie werden mit dem alten Adam nach Gutdünken verfahren, mit diesen wilden und niedrigen Instinkten, die in seinem Körper und in seinem Geist lauern. Habe ich recht?«

»Sie reden kühn«, meinte Fowler.

Karenin lachte herzlich bei dieser Mahnung …

»Wann«, fragte er plötzlich, »werden Sie mich operieren?«

»Übermorgen«, sagte Fowler. »Einen Tag lang sollen Sie essen und trinken, was ich Ihnen sage. Und im Übrigen dürfen Sie tun und lassen, was Sie wollen.«

»Ich möchte mir gerne alles ansehen.«

»Das kann heute Nachmittag geschehen. Ich werde Ihnen zwei Männer schicken, die Sie auf einer Bahre herumtragen. Und morgen sollen Sie draußen auf der Terrasse liegen. Unsere Berge hier sind die schönsten der ganzen Welt …«

3

Am nächsten Morgen erwachte Karenin früh, sah die Sonne über den Bergen aufsteigen und nahm ein leichtes Frühstück zu sich. Dann kam der junge Gardener, sein Sekretär, zu ihm und fragte, wie er den Tag zu verbringen gedenke. Würde er gerne Leute sehen? Oder quälten ihn die Schmerzen zu sehr?

»Ich würde mich gerne mit Leuten unterhalten«, sagte Karenin. »Es muss allerhand Menschen mit regem Geist hier geben. Bringen Sie mir solche, damit ich mit Ihnen plaudern kann. Es wird mich ablenken – ich kann Ihnen nicht sagen, wie interessant alles wird, was hier vorgeht, wenn man seinen letzten Tag dämmern gesehen hat.«

»Ihren letzten Tag!«

»Fowler wird mich umbringen.«

»Aber er ist da anderer Meinung.«

»Fowler wird es tun. Wenn nicht, wird er nicht viel von mir übrig lassen. Daher ist das jedenfalls mein letzter Tag, denn die folgenden, wenn noch welche folgen sollten, werden nur schlechter Abklatsch sein. Ich weiß das …«

Gardener wollte gerade widersprechen, als Karenin fortfuhr.

»Ich hoffe, er bringt mich um, Gardener. Seien Sie nicht – altmodisch. Am meisten fürchte ich mich vor diesem letzten ausgelaugten Rest an Leben. Ich würde vielleicht dahinvegetieren – zu nichts brauchbar und von Schmerzen gepeinigt. Und dann – alles, was ich verheimlicht und unterdrückt oder außer Acht gelassen und im Nachhinein zurechtgerückt habe, würde in mir die Oberhand gewinnen. Ich würde launisch werden, vielleicht die Herrschaft über meine Selbstsucht verlieren. Ich hatte damit immer zu kämpfen. Nein, nein, Gardener, widersprechen Sie nicht! Sie wissen es besser, Sie haben das gelegentlich zu sehen bekommen. Nehmen Sie an, ich würde die Sache durchstehen, behindert, unnütz und verbittert, das Prestige, das ich durch meine gute Arbeit in der Vergangenheit unter den Menschen gewonnen habe, für die kleinlichen Zwecke eines Siechenden missbrauchend …«

Er schwieg eine Weile und sah den aus fernen Klüften aufsteigenden Nebelschwaden nach, die zu hellen Wolkengebilden wurden, dahinzogen und sich unter den tastenden Strahlen der höhersteigenden Sonne auflösten.

»Ja«, fuhr er schließlich fort, »ich fürchte mich vor allen diesen Betäubungsmitteln und dem mühseligen Rest des Lebens. Um das Leben bangen wir alle. Tod! – Niemand sorgt sich sonderlich um den Tod. Fowler ist geschickt – aber eines Tages werden die Chirurgen ihre Aufgabe besser begreifen und nicht so ängstlich bestrebt sein, etwas um jeden Preis zu retten – nur damit es noch zappelt. Ich habe versucht, mich bis zu meinem Ende aufrecht zu halten und meine Arbeit zu tun. Nachdem Fowler mit mir fertig ist, werde ich sicher zu keiner Arbeit mehr imstande sein – und was gäbe es anderes für mich? … Ich weiß, dass ich nicht mehr arbeitsfähig sein werde …

Ich sehe nicht ein, warum das Leben nach seinem letzten kümmerlichen Aufflackern gemessen werden soll … Ich weiß, wie wunderbar es ist, ich, der ich von Anbeginn ein kranker Mensch war. Ich kenne es gut genug, um es nicht mit seiner Hülle zu verwechseln. Merken Sie sich, Gardener, wenn ich den Mut verliere und verzweifle, wenn ich vor meinem Ende eine kurze Zeit voller Schmerzen und Undankbarkeit und dunkler Vergesslichkeit durchmache … Glauben Sie nichts von dem, was ich dann vielleicht sage … Wenn das Gewebe vielleicht gut genug ist, wird der Saum unwichtig, kann nur unwichtig sein. Solange man lebt, wird man vermutlich nach dem Augenblick beurteilt, wenn man aber tot ist, dann nach seinem ganzen Leben von der Geburt bis zum letzten Atemzug …«

4

Seinem Wunsch gemäß kamen dann Besucher, um sich mit ihm zu unterhalten, und er konnte nochmals auf sich selbst vergessen. Rachel Borken saß längere Zeit bei ihm, und sie unterhielten sich über die Rolle der Frauen in der Welt. Mit ihr war ein Mädchen namens Edith Haydon gekommen, das sich bereits in der Zellenlehre einen Namen gemacht hatte und mehrere jüngere Männer, die hier arbeiteten. Auch ein Patient namens Kahn, ein Dichter, und Edwards, ein Theaterschriftsteller, verbrachten einige Zeit bei ihm. Das Gespräch schweifte von einem Thema zum anderen und kam wieder auf das erste zurück, wurde bald ernsthaft, bald belanglos, wie es sich gerade ergab. Aber kurz nachher machte sich Gardener Notizen über das, woran er sich erinnerte, und so ist es möglich, sich ein Bild von Karenins Weltanschauung zu machen, von seinen Gedanken und Empfindungen über viele der wesentlichen Fragen des Lebens.

»Unsere Epoche«, sagte er, »war bisher wie ein Bühnenumbau. Wir haben ein Stück vorbereitet, indem wir die Kulissen für ein Drama wegschafften, das ausgelaufen war und langweilig wurde … Wenn ich nur wenigstens die ersten paar Szenen des neuen Schauspiels erleben könnte …

Welche Last hatte die Welt zu tragen! Sie litt wie ich an den Wucherungen sinnloser Geschwülste. Sie war beunruhigt, aufgescheucht, verwirrt, dringend der Erneuerung bedürftig, und vermutlich konnte allein die Zerstörungskraft dieser Bomben sie erlösen und ihr Gesundung bringen. Sie waren dafür wohl nötig. So wie in einem kranken Körper die schädlichen Einflüsse überhandnehmen, schien ihr in den letzten Jahren der alten Zeit alles zum Schaden zu gereichen. Überall bemächtigten sich veraltete Organisationen der guten neuen Errungenschaften, die die Wissenschaft der Welt schluckte. Nationalisten, allerlei politische Körperschaften, Kirchen und Sekten, besitzende Klassen griffen nach dieser Macht und den unbegrenzten Möglichkeiten und nutzten sie zu üblen Zwecken. Und sie wollten keine offenen Diskussionen dulden, keine vernünftige Erziehung, wollten nicht zulassen, dass jemand den Bedürfnissen der neuen Zeit entsprechend geschult wurde … Ihr Jüngeren könnt euch diese Mischung aus tollkühner Hoffnung und verzweifeltem Protest nicht vorstellen, in der wir, die an die Möglichkeiten wissenschaftlichen Fortschritts zu glauben vermochten, während der Jahre vor der Entdeckung der Atomenergie gelebt haben …

Es lag nicht allein an mangelnder Bereitschaft und Unverständnis der breiten Massen, sondern daran, dass jenen, die begriffen hatten, der richtige Glaube fehlte. Sie nannten die Dinge beim Namen, sie erkannten die Probleme, aber die Sache selbst bedeutete ihnen nichts …

Kürzlich las ich einige alte Schriften. Es ist erstaunlich, wie sich unsere Väter gegenüber der Wissenschaft verhielten. Sie gestatteten ein paar Forschern zu leben und zu arbeiten – einer lächerlich kleinen Zahl … ›Findet nichts über uns heraus‹, sagten sie zu ihnen, ›öffnet uns nicht die Augen, verschont unser kleines Leben vor dem furchtbaren Strahl des Erkennens. Aber vollbringt kleine Tricks für uns, kleine bescheidene Tricks. Verschafft uns billige Beleuchtung. Und heilt uns von gewissen unangenehmen Dingen, heilt uns von Krebs, von Schwindsucht, von Schnupfen und erleichtert uns nach unmäßigem Essen …‹ Wir haben das alles geändert, Gardener. Die Wissenschaft ist nicht länger unsere Dienerin. Wir erkennen sie als etwas an, das unsere kleinen persönlichen Bedürfnisse überragt. Die Menschheit wacht auf, und nach einer Weile – ich würde wirklich gerne diese kleine Weile noch erleben, da sich nun der Vorhang gehoben hat … Während ich hier liege«, sagte er, »räumen sie die letzten Spuren der Bomben in London weg. Sie sind dabei, die Stadt aus den Ruinen wieder aufzubauen, möglichst so wie es früher gewesen war, vor den Bombenabwürfen. Vielleicht werden sie auch das alte Haus in St. John's Wood ausgraben, in dem mein Vater nach seiner Ausweisung aus Russland wohnte … In meiner Erinnerung erscheint mir das damalige London wie ein Ort in einer anderen Welt. Auf euch Jüngere muss es wie ein Ort wirken, den es nie gegeben haben kann.«

»Ist vieles stehen geblieben?«, fragte Edith Haydon.

»Angeblich sind etliche Quadratkilometer im Süden und Nordwesten kaum beschädigt, so auch die meisten Brücken und große Bereiche der Werftanlagen. Westminster, in dem fast alle

Behörden untergebracht waren, erlitt große Schäden durch die kleine Bombe, die das Parlamentsgebäude zerstörte.

Von Whitehall, der alten Prunkstraße, und dem Regierungsbezirk ringsum ist kaum noch eine Spur vorhanden, aber es gibt genügend maßstabgetreue Zeichnungen der Gebäude. Und der große Krater im Osten von London ist von geringer Bedeutung. Das war ein ärmlicher Stadtteil, wie auch der Norden und der Süden … Das meiste wird man wieder aufbauen können … Man will es auch tun. Die alte Zeit ist schon fast vergessen – selbst für uns, die wir sie erlebt haben.«

»Sie erscheint mir sehr fern«, sagte das Mädchen …

»Es war eine Zeit, in der die Gesundheit sehr vernachlässigt wurde«, erinnerte sich Karenin. »Wenn ich zurückdenke, ist mir, als wären alle, die ich als Kind kannte, krank gewesen. Sie waren wirklich krank, krankten an Verwirrtheit. Jedermann strebte nach Geld und lebte unvernünftig. Man aß alles durcheinander, entweder zu viel oder zu wenig und zu unpassender Zeit. Wie krank alle waren, erkennt man an den Werbeplakaten. Überall in den neuerdings wieder zugänglichen Teilen Londons sind die Wände vollgeklebt mit Pillenwerbungen. Jedermann muss Pillen genommen haben. In einem der Hotels am Themseufer hat man den Koffer einer Dame gefunden, den der Schutt vor dem Verbrennen bewahrt hat. Er enthielt neun verschiedene Sorten von Pastillen und Tabletten. Dem Pillenzeitalter folgte die waffenstarrende Epoche. Und die Haut der Leute muss in einem erbärmlichen Zustand gewesen sein. Kaum einer wusch sich richtig; sie trugen den Schmutz von Monaten an ihren Kleidern, die noch dazu alt waren. Unsere Gewohnheit, Kleidung nach einer Woche fortzugeben, wäre ihnen höchst übertrieben erschienen. An ihre Bekleidung darf man gar nicht denken. Und wie sie sich in diesen abscheulichen Städten massenweise drängten! In einem wilden Durcheinander! Menschen wurden zu Hunderten überfahren und niedergestoßen; jedes Jahr kamen durch Autos und Omnibusse in London zwanzigtausend Personen ums Leben oder wurden verkrüppelt. In Paris war es noch schlimmer, Menschen erstickten in den überfüllten Straßen an Luftmangel. Die Gereiztheit in und um London muss zum Tollwerden gewesen sein. Es war eine verrückte Welt, vergleichbar einem kranken Kind, die gleichen fiebrigen Wünsche und brennenden irrationalen Enttäuschungen. Die Weltgeschichte«, sagte er, »ist eine Erinnerung an die Kindheit …

Und doch nicht wirklich an die Kindheit. Ein Kind, selbst wenn es krank ist, hat etwas Sauberes und Lebensvolles an sich – und etwas Rührendes. Aber so vieles an der alten Zeit erbittert einen. Die Menschen von damals erscheinen einem so ungeheuer töricht, so empörend töricht und halsstarrig, was das genaue Gegenteil von frisch und jung ist.

Ich las erst kürzlich über Bismarck, diesen Heroen der Politik des 19. Jahrhunderts, diesen Nachfolger Napoleons, diesen Gott von Blut und Eisen. Und eigentlich war er nur ein bierseliger, starrsinniger, fühlloser Mann. Ja, das war er, der allergewöhnlichste, grobschlächtigste Mensch, der je Bedeutung gewann. Ich habe mir sein Porträt angesehen, ein massiges, fast froschähnliches Gesicht, mit vorspringenden Augen und einem dicken Schnurrbart, der einen unschönen Mund verdecken sollte. Er hatte nichts anderes im Sinn als Deutschland, als Deutschland zu stärken, zu festigen und zu vergrößern, Deutschland und seine eigene Klasse. Darüber hinaus hatte er keinerlei Ideen, war er unzugänglich dafür, sein Denken erhob sich nie auch nur einen Augenblick über die raffinierte List eines Bauerntölpels. Und doch war er der einflussreichste Mann in der Welt, in der ganzen Welt, niemand anderer hinterließ so tiefe Spuren, weil es überall Menschen gab, die seine gewichtigen diplomatischen Töne räsonierten. Er trampelte auf tausenderlei hübschen Dingen herum, und eine gewisse boshafte Veranlagung vieler Lümmel ließ sie dieses Herumtrampeln vergnüglich finden. Nein –

er war kein Kind, die sture nationale Aggressivität, die er verkörperte, war kein kindlicher Zug. Kindheit bedeutet Verheißung. Er war ein Relikt.

Ganz Europa opferte ihm seine Jugend, opferte Erziehung, Kunst, Glück und alle Hoffnungen auf zukünftiges Wohlergehen, um seinem Säbelrasseln zu folgen. Der ungeheuerliche Wahlspruch ›Blut und Eisen‹ dieses alten Narren ging um die ganze Welt. Bis die Atombomben uns wieder einen Weg in die Freiheit brannten …«

»Man denkt heute über ihn wie über ein ausgestorbenes Tier«, sagte einer der jungen Männer.

»Von Anbeginn bis jetzt baute die Menschheit drei Millionen großer Geschütze und an die Hunderttausend gewaltiger Schiffe zu nichts anderem als zum Kriegführen.«

»Gab es denn damals keine vernünftigen Menschen«, fragte der junge Mann, »die sich solcher Vergötzung widersetzten?«

»Sie waren verzweifelt«, erwiderte Edith Haydon.

»Das liegt so weit zurück – aber noch leben Menschen, die zur Zeit von Bismarcks Tod schon auf der Welt waren!« …, sagte der junge Mann …

5

»Und doch tue ich Bismarck vielleicht unrecht«, fuhr Karenin fort, seine Gedanken weiterspinnend. »Männer sind nun einmal geprägt von ihrer Zeit; wir stützen uns auf allgemeines Gedankengut und meinen, festen Grund unter den Füßen zu haben. Ich traf neulich einen freundlichen Mann, einen Maori, dessen Urgroßvater ein Kannibale war. Er besaß zufällig ein Foto von dem alten Sünder, und die beiden sahen einander erstaunlich ähnlich. Man hatte das Gefühl, dass durch einen kleinen Trick mit der Zeit jeder von ihnen ebenso gut der andere gewesen sein könnte. Menschen, die vielleicht in einer glücklichen Epoche liebenswert und großartig wären, sind in einer geistlosen Epoche eben grausam und beschränkt. Auch die Welt hat ihre Stimmungen. Denken Sie an Bismarcks geistige Nahrung während seiner Kindheit, an die Erniedrigung durch Napoleons Siege, an den allgemeinen Jubel über den Erfolg in der Völkerschlacht von Leipzig … Jedermann, ob weise oder beschränkt, glaubte in diesen Tagen, dass die Aufteilung der Welt unter eine Vielzahl von Regierungen unvermeidlich wäre und es noch Tausende von Jahren bleiben würde. Sie war wirklich unvermeidlich, bis sie unmöglich wurde. Wer immer diese Unvermeidlichkeit öffentlich geleugnet hätte, wäre für einen – oh! *verrückten* Kerl gehalten worden. Der alte Bismarck war nur den herrschenden Ideen ein wenig – mehr verhaftet. Das ist alles. Er dachte, da es nun einmal nationale Regierungen gab, würde er die seine im eigenen Land stark und nach außen hin unschlagbar machen. Dass er mit einer gewissen Gier Ideen aufnahm, die wir heute als höchst unsinnig erkennen, macht ihn noch nicht zu einem beschränkten Mann. Wir hatten bessere Voraussetzungen; uns hämmerte man Einigkeit und Kollektivismus ein. Wo wären wir heute ohne die Befreiung durch die Wissenschaft? Ich wäre vielleicht ein verbittertes, hasserfülltes, missachtetes Mitglied der russischen Intelligenzia, ein Verschwörer, ein Häftling oder Attentäter. Sie, meine Liebe, würden als anrüchige Suffragette Schaufenster einschlagen.«

»Niemals«, widersprach Edith Haydon energisch …

Eine Weile lang nahm das Gespräch eine humorvolle Wendung, und die jungen Leute hänselten einander zur Erheiterung des alten Administrators. Dann warf einer der jungen Wissenschaftler eine neue Frage auf. Er sprach wie einer, dem das Herz übergeht.

»Wissen Sie, ich bilde mir ein – so etwas ist schwer zu beweisen – dass die Zivilisation schon der Katastrophe nahe war, als die Bomben hineinplatzten, dass die Welt auch ohne Holsten und ohne die Entdeckung der Radioaktivität ins Verderben gestürzt wäre – wie es ja auch beinahe geschah. Nur statt ein Ende zu finden, das zugleich den Weg in eine bessere Zukunft eröffnete, wäre es ein endgültiger Untergang gewesen. Ich muss mich unter anderem mit dem Studium der Volkswirtschaft befassen, und von dieser Warte aus gesehen, war das Jahrhundert vor Holsten eine Zeit ständig zunehmender Vergeudung. Nur der extreme Individualismus dieser Zeit, nur der völlige Mangel an kollektivem Verständnis und Zielbewusstsein kann diese Vergeudung erklären. Die Menschheit erschöpfte die Rohstoffe – sinnlos. Sie hatte drei Viertel der Kohlevorräte des Planeten und den größten Teil des Öls verbraucht, sie hatte ihre Wälder weitgehend geschlägert und war bereits knapp an Zinn und Kupfer. Ihre Getreidefelder wurden unfruchtbar und von Siedlungen verdrängt, und viele der großen Städte hatten ihre Wasserversorgung so weit ausgenutzt, dass sie jeden Sommer an Wassermangel litten. Das ganze System näherte sich dem Zusammenbruch. Und jedes Jahr wendete man noch mehr Arbeitskraft und Energie für Rüstung auf und vergrößerte ständig die Kreditschulden der Industrie. Das System war bereits ins Wanken gekommen, als Holsten seine Forschungen begann. Wohin man auch in der Welt blicken mochte, nirgends fand man einen Sinn für die Gefahr oder das Verlangen, den Dingen auf den Grund zu gehen. Man erwartete von der Wissenschaft keine Rettung, glaubte nicht einmal, dass es einer Rettung bedurfte. Niemand konnte, niemand wollte den Abgrund vor seinen Füßen sehen. Im Ganzen war es ein reines Glück für die Menschheit, dass sich die Forschung überhaupt weiterentwickelte. Und wie gesagt, hätte sich uns nicht dieser Ausweg geöffnet, wäre es vielleicht bereits zu einem Unheil gekommen, zu Revolution, Panik, sozialer Auflösung, Hungersnot und – durchaus denkbar – zu einem völligen Zusammenbruch. Die Schienen der ausrangierten Eisenbahnen wären dann vielleicht verrostet, die Telefonmasten verfault und umgestürzt, die großen Dampfer in den Häfen versunken, die verbrannten und verlassenen Städte zu verfallenden Schlupfwinkeln von Räuberbanden geworden. Und wir würden vielleicht Plünderer in einer zerrütteten und vollkommen geschwächten Welt sein. Ach, Sie mögen lächeln, aber das hat es in der Geschichte der Menschheit bereits gegeben. Die Welt ist doch übersät mit den Ruinen untergegangener Zivilisationen. Barbarische Scharen setzten sich auf der Akropolis fest, Hadrians Grabmal wurde zu einer Festung, die mit den Ruinen von Rom rings um das Kolosseum im Kampf stand … Ist diese Möglichkeit der Reaktion so sicher mit dem Jahr 1940 getilgt? Ist sie uns selbst jetzt so gänzlich fern?«

»Sie erscheint uns jetzt jedenfalls in weite Ferne gerückt«, sagte Edith Haydon.

»Aber vor vierzig Jahren?«

»Nein«, widersprach Karenin mit einem Blick auf die Berge. »Ich glaube, Sie unterschätzen die in den ersten Jahrzehnten des 20. Jahrhunderts verfügbare Intelligenz. Offiziell, das weiß ich wohl, oder politisch, zählt diese Intelligenz nicht – aber sie war vorhanden. Und ich bestreite Ihre Hypothese. Ich bezweifle, dass die Entdeckung hätte hinausgeschoben werden können. Durch hundert Jahre und länger sind Philosophie und Wissenschaft ihre eigenen Wege gegangen, ohne sich um das Alltagsleben zu kümmern. Sehen Sie – sie hatten sich befreit. Und hätte es keinen Holsten gegeben, wäre ein anderer Mann ähnlichen Formats aufgetreten. Und wäre die Atomenergie nicht jetzt gekommen, so ein paar Jahre später. Im dekadenten Rom hatte der Vormarsch der Wissenschaft kaum erst begonnen … Ninive, Babylon, Athen, Syrakus, Alexandria, das waren die ersten unreifen Versuche von Gemeinschaften, die Sicherheit und Atemraum brachten, in denen Forschung aufkeimen konnte. Tastende Versuche waren nötig, bevor ein Anfang gefunden wurde …, Politik, Wertsysteme und Kriege des 19. und 20. Jahrhunderts waren nur der letzte Wiederschein früherer Zivilisationen, aufflammend vor dem Beginn der neuen, der wir dienen … Die Menschheit lebt immer im Aufbruch. Leben heißt Beginnen und nichts anderes als Beginnen. Es gestaltet sich immerwährend neu. Jeder Schritt erscheint weitreichender als der vorherige und führt uns zum nächsten. Dieser unser moderner Staat, den man vor hundert Jahren als ein utopisches Wunder angesehen hätte, ist bereits Alltag geworden. Aber wenn ich hier sitze und von den Möglichkeiten des menschlichen Geistes träume, der jetzt unter dem Schutz des Friedens zur vollen Blüte gelangt, erscheinen einem diese riesigen Berge nur klein …«

6

Um elf Uhr nahm Karenin sein Mittagessen zu sich und schlief dann, in Kunststoffpelze gehüllt, zwei Stunden lang. Dann erwachte er, man brachte ihm eine Tasse Tee, und er befasste sich mit einem kleinen Problem in Verbindung mit den Moravian-Schulen in Labrador und Grönland, von dem ihm Gardener erzählt hatte, weil er wusste, dass es ihn interessieren würde. Danach blieb er eine kleine Weile allein, bis die beiden Frauen zurückkehrten. Später stießen noch Edwards und Kahn zur Gruppe, und das Gespräch wandte sich der Liebe und der Rolle der Frauen in der erneuerten Welt zu. Die Wolkenbank über Indien lag unter flimmerndem Dunst, und die Sonne brannte auf die östlichen Berge herab. Während sie sprachen, lösten sich immer wieder riesige Felsbrocken von den Hängen herab, oder wilde Massen von Schnee, Eis und Geröll stürzten wie Wasserfälle donnernd in die tiefen Schluchten und kamen erst unten zur Ruhe …

7

Eine Weile lang beteiligte sich Karenin kaum am Gespräch, und Kahn, der bekannte Dichter, äußerte seine Ansicht über leidenschaftliche Liebe. Er sagte, persönliche leidenschaftliche Liebe sei seit den Uranfängen der Menschheit das immerwährende Verlangen der Menschen gewesen, und erst jetzt werde es möglich, sie zu erleben. Sie sei ein Traum gewesen, dem eine Generation nach der anderen nachgejagt wäre, aus dem jedoch die Männer stets kurz vor Erreichen des Ziels erwacht wären. Den meisten von Ihnen, die hartnäckig danach strebten, hätte sie Unglück gebracht. Jetzt, aus niedrigem Leid befreit, könnten Männer und Frauen auf die Verwirklichung und den Triumph der Liebe hoffen. Dieses Zeitalter bringe die Morgenröte der Liebe …

Karenin blieb stumm und nachdenklich, während Kahn so redete. Angesichts dieses beharrlichen Schweigens, schien Kahns Stimme ihre Sicherheit und Überzeugungskraft zu verlieren. Anfänglich hatte er nur Karenin angesprochen, nun wandte er sich auch an die beiden Frauen. Rachel Borken hörte schweigend zu; Edith Haydon beobachtete Karenin und vermied geflissentlich, Kahn anzusehen.

»Ich weiß«, sagte Karenin schließlich, »dass viele Menschen derartige Ansichten äußern, und es hat tatsächlich im Hinblick auf die Liebe weltweit eine umfassende Befreiung gegeben. Diese große Welle der Verzierung und Ausschmückung, die um die Welt gegangen und überall am Werk ist, hat sich natürlich auch der Liebe bemächtigt. Wenn Sie sagen, die Welt sei frei geworden, weiß ich, dass Sie damit meinen, frei für die Liebe der Geschlechter. Da unten – unter den Wolken, kommen die Liebenden zusammen. Ich kenne Ihre Lieder, Kahn, Ihre halb mystischen Lieder, in denen Sie darstellen, wie sich die alte starre Welt in einen strahlenden Dunstschleier der Liebe auflöst –

sexueller Liebe … Ich glaube nicht, dass Sie recht haben oder dass es wirklich so ist. Sie sind ein fantasievoller junger Mann und sehen das Leben – begeistert – mit den Augen der Jugend. Aber die Kraft, die die Menschheit hier in diese Höhen unter die blauschwarze Himmelskuppel gebracht hat und uns weiter in die unermessliche und erhabene Zukunft unserer Rasse lockt, ist reifer und tiefer und größer als solche Gefühlsregungen …

Mein ganzes Leben hindurch musste ich – als unumgänglicher Teil meiner Arbeit – über diese Befreiung der sexuellen Liebe und die Rätsel nachdenken, die eine vollkommene Freiheit und fast unerschöpfliche Machtfülle der Menschheitsseele aufgeben würden. Ich beobachte nun in der ganzen Welt einen wunderbaren verschwenderischen Taumel: Lasst uns singen und genießen und zärtlich und wundervoll sein … Die Orgie beginnt erst, Kahn … Das war unvermeidlich – aber es ist nicht das Ziel der Menschheit …

Denken Sie daran, was wir sind. Erst gestern noch war in dem endlosen Zeitlauf das Leben ein Traum, so tief, dass es sich selbst vergaß. Seine Regungen, seine individuellen Instinkte, seine einzelnen Augenblicke entstanden, staunten, tändelten, verlangten, hungerten, ermatteten und starben. Eine unendliche Folge von Visionen, Visionen von sonnigen Dschungeln, von Flusslandschaften, Urwäldern, heißen Begierden, pochenden Herzen, hochfliegenden Wünschen und beklemmenden Ängsten flammten heftig auf, und dann war es wieder als hätte es sie nie gegeben. Leben war Ungewissheit, in der Lichter auftauchten und verschwanden. Und dann kamen wir, die Menschen, mit Augen, die fragten, mit Händen, die zugriffen, und dann begannen Denken und Gedächtnis, die nicht sterben, wenn der Mensch stirbt, sondern weiterdauern und sich ständig entfalten, zu einem Überbewusstsein, zu einem beherrschenden Willen, zu Fragen und zu einem Verlangen, das nach den Sternen greift … Hunger und Furcht und diese Geschlechterliebe, von der Sie so viel Aufhebens machen, sind nur die elementaren Stoffe des Lebens, dem wir entstammen. Alle diese Elemente, das gebe ich zu, müssen beachtet und befriedigt werden, aber wir müssen sie hinter uns lassen.«

»Aber die Liebe«, wandte Kahn ein.

»Ich spreche von der sexuellen Liebe. Und diese meinen Sie ja, Kahn.« Karenin schüttelte den Kopf. »Sie können nicht gleichzeitig auf den Wurzeln stehen und den Baum erklimmen …«

»Nein«, fuhr er nach einer Weile fort, »diese sexuelle Erregung, diese Liebesaffäre, ist nur Teil eines Erwachsenwerdens, und wir entwickeln uns darüber hinaus. Bisher waren Literatur und Kunst und alle Ausdrucksformen unserer Gefühle fast zur Gänze von jungendlichem Geist. Schauspiele und Romane, Freuden und Hoffnungen, haben sich alle um diese wundervolle Entdeckung der Liebe gedreht, aber die Menschen leben nun immer länger und die Anschauungen der reiferen Menschheit lösen sich davon. Die Dichter, die früher mit dreißig Jahren starben, werden nun fünfundachtzig. Auch Sie, Kahn! Endlose Jahre liegen noch vor Ihnen – und alle erfüllt mit Lernen … Wir schleppen noch eine übermäßige Last von Geschlechtlichkeit und ihrem Erbe mit uns und müssen uns davon frei machen. Wir befreien uns auch davon. Wir haben gelernt, auf tausenderlei verschiedene Weise den Tod hinauszuschieben, und diese Geschlechtlichkeit, die in den alten barbarischen Zeiten gerade genügte, um die Zahl unserer Toten aufzuwiegen, ist jetzt wie ein Hammer, der des Ambosses entbehrt, er geistert noch durch das menschliche Leben. Ihr Dichter, ihr jungen Leute, wollt ihn zu einem Vergnügen machen. Tut das. Es mag ein Ausweg sein. Nach einer kleinen Weile, wenn ihr einigermaßen mit Verstand begabt seid, werdet ihr zufriedengestellt sein, und dann werdet ihr euch größeren Dingen zuwenden. Die alten Religionen und ihre modernen Formen wollen, wie ich bemerke, all das überhaupt unterdrücken. Lasst sie das unter ihren Anhängern tun, wenn sie es können. Jeder Weg führt schließlich zu der ewigen Suche nach Wissen und zum großen Abenteuer der Macht.«

»Aber nebenbei bemerkt«, sagte Rachel Borken, »besteht die Hälfte der Menschheit aus Frauen, die besondere Anlagen haben für – für diese Liebe und Fortpflanzung, die jetzt überflüssiger ist als früher.«

»Beide Geschlechter sind dafür veranlagt«, widersprach Karenin.

»Aber die Frauen tragen die schwere Last.«

»Nicht nach ihrer eigenen Auffassung«, sagte Edwards.

»Und sicherlich«, warf Kahn ein, »wenn Sie von Liebe als einer Entwicklungsphase sprechen – ist diese Phase nicht notwendig? Auch ganz abgesehen von der Fortpflanzung ist die Liebe der Geschlechter nötig. Ist es nicht die Liebe, die geschlechtliche Liebe, die die Fantasie beflügelt? Ohne diese Erregung, ohne diesen Impuls, aus uns herauszugehen und in einen selbstvergessenen und wunderbaren Zustand entrückt zu werden, wäre das Leben da mehr als die Zufriedenheit eines Ochsen in seinem Stall?«

»Der Schlüssel, der das Tor öffnet«, sagte Karenin, »ist nicht das Ziel des Weges.«

»Aber wir Frauen!«, rief Rachel Borken. »Wir sind nun einmal da! Was ist unsere Zukunft – als Frauen? Haben wir nur die Tore der Fantasie für euch Männer geöffnet? Sprechen wir doch über diese Frage. Sie beschäftigt mich unausgesetzt, Karenin. Was halten Sie von uns? Sie, der Sie doch so viel über diese schwierigen Probleme nachgedacht haben müssen.«

Karenin schien seine Worte abzuwägen. Er sagte sehr bedächtig: »Ich schere mich nicht im Geringsten um eure Zukunft – als Frauen. Ebenso wenig um die Zukunft der Männer – als Männer. Ich will diese besonderen Rollen aufheben. Meine Sorge gilt eurer Zukunft als vernünftige Wesen, als Teilhaber und Mitwirkende am allgemeinen Geist der Menschheit. Die Trennung nach Mann und Frau ist nicht nur von Natur der Menschheit mitgegeben, sondern durch ihre Institutionen, ihre Gewohnheiten und vieles mehr, verstärkt. Ich will die Frauen aus ihrer Absonderung lösen. Das ist keine neue Idee. Plato wollte genau dasselbe. Ich will nicht länger so weitermachen wie bisher und den naturgegebenen Unterschied betonen. Ich leugne ihn nicht, aber ich möchte ihn verringern und überwinden.«

»Und – wir bleiben Frauen«, sagte Rachel Borken.

»Müsst ihr euch als Frauen sehen?«

»Es ist uns auferlegt«, betonte Edith Haydon.

»Ich glaube nicht, dass eine Frau weniger Frau ist, weil sie wie ein Mann arbeitet und sich kleidet«, warf Edwards ein. »Ihr Frauen hier, ihr Wissenschaftlerinnen, meine ich, tragt weiße Kleidung wie die Männer, bindet euer Haar auf die einfachste Weise hoch und tut eure Arbeit, als gäbe es nur ein Geschlecht auf Erden. Dabei seid ihr genauso Frauen, wenn auch nicht so weibchenhaft wie die feinen Damen da unten in der Ebene, die sich aufreizend und übertrieben kleiden, deren einziger Gedanke dem Liebhaber gilt, und die jeden Unterschied noch übertreiben … Um ehrlich zu sein, ihr seid uns lieber …«

»Aber wir arbeiten«, sagte Edith Haydon.

»So spielt das also eine Rolle?«, fragte Rachel Borken.

»Wenn ihr eurer Arbeit nachgeht und die Männer ebenso, bleibt um Himmelswillen so sehr Frauen, wie ihr wollt«, sagte Karenin. »Wenn ich euch dazu anhalte, weniger einseitig zu werden, denke ich dabei nicht an eine Abschaffung der Geschlechter, sondern an die der ärgerlichen, einschränkenden, hemmenden Besessenheit von der Geschlechtlichkeit. Es mag stimmen, dass die Geschlechtlichkeit am Anfang der Gesellschaft stand, dass die erste Gesellschaft auf dem von Geschlechtlichkeit bestimmten Familienverband ruhte, dass der erste Staat aus einem Zusammenschluss von Blutsverwandten entstand, dass die ersten Gesetze sexuelle Tabus waren. Bis vor wenigen Jahren bedeutete Moral regelgetreues Geschlechtsleben. Noch vor Kurzem bestand das Hauptinteresse und Bestreben eines Durchschnittsmannes darin, eine Frau zu ehelichen und über sie und ihre Kinder zu herrschen, und die Hauptsorge einer Frau, einen Mann zu finden, der das tat. So spielte sich das ab, so war das Leben. Und die eifersüchtige Verfolgung dieses Anspruchs bildete den wesentlichsten Antrieb der Welt. Sie haben eben behauptet, Kahn, dass sexuelle Liebe der Weg war, der uns aus der Ichverfallenheit herausführte, aber ich sage Ihnen, dass sie uns bisher in die enge Beschränkung der Zweisamkeit gedrängt hat … All das mag notwendig gewesen sein, ist es nun aber nicht mehr. All das hat sich geändert und ändert sich weiterhin sehr rasch. Ihre Zukunft als Frau, Rachel, verschwindet allmählich.«

»Karenin«, fragte Rachel Borken, »meinen Sie damit, dass wir Frauen zu Männern werden sollen?«

»Männer und Frauen sollen zu Menschen werden.«

»Sie wollen die Weiblichkeit abschaffen? Aber hören sie, Karenin! Da steht mehr auf dem Spiel als Geschlechlichkeit. Abgesehen davon sind wir auch anders veranlagt als ihr. Wir stehen dem Leben anders gegenüber. Sie mögen außer Acht lassen, Karenin, dass wir – weiblichen Geschlechts sind, aber wir bleiben eine andere Art Mensch mit anderen Aufgaben. In mancher Hinsicht sind wir erstaunlich zweitrangig. Ich bin hier wegen meines Organisationstalentes, und Edith wegen ihren ruhigen, geschickten Hände. Das ändert nichts an der Tatsache, dass fast die gesamte Wissenschaft von Männern stammt. Das ändert nichts daran, dass Männer in so überwiegendem Maß das Geschehen bestimmen, dass man beinahe eine vollständige Weltgeschichte schreiben könnte, ohne den Namen einer Frau zu erwähnen. Andererseits haben wir die Gabe der Aufopferung, der Inspiration, eine besondere Fähigkeit, schöne Dinge wirklich zu lieben, eine Achtung vor dem Leben und einen seltsam scharfen Blick für das Verhalten unserer Mitmenschen. Sie wissen, an uns gemessen, sind Männer für die letzten beiden Dinge blind. Dabei sind sie ratlos – und unbeständig. Wir sind ausdauernd. Wir werden vielleicht nie die großen Perspektiven entwerfen oder neue Wege finden, aber gibt es für uns in Zukunft nichts zu bestätigen, zu bewahren und zu helfen? Eine Aufgabe, die ebenso wichtig ist wie die eure? Von gleicher Bedeutung? Wir erhalten die Welt, Karenin, die ihr aufgebaut haben mögt.«

»Sie wissen recht gut, Rachel, dass ich derselben Meinung bin. Ich denke nicht an eine Abschaffung der Frau. Was ich ausgetilgt sehen möchte, ist – die Heroine, die geschlechtliche Heroine, die Frau, deren Stütze die Eifersucht ist und deren Streben der Beherrschung gilt. Es sollte die Frau nicht mehr geben, die als Preis gewonnen werden kann, die man als kostbaren Schatz einschließt. Und da unten stellt sich die Heroine noch wie eine Göttin zur Schau.«

»In Amerika«, sagte Edwards, »fechten Männer wegen Frauen Duelle aus und veranstalten Wettkämpfe vor Schönheitsköniginnen.«

»Ich sah in Lahore eine wunderschöne junge Frau«, erzählte Kahn, »sie saß wie eine Gottheit unter einem goldenen Baldachin, und vornehme Männer, bewaffnet und bekleidet wie auf alten Bildern, saßen ihr zu Füßen, um ihr ihre Ergebenheit zu bezeigen. Und sie erstrebten nur ihre Erlaubnis, für sie kämpfen zu dürfen.«

»Das ist ein typisch männliches Verhalten«, stellte Edith Haydon fest.

»Ich würde sagen«, rief Edwards, »dass die Fantasie der Männer mehr auf Geschlechtlichkeit konzentriert war als das ganze Wesen der Frau. Welche Frau würde so etwas tun? Frauen lassen das über sich ergehen oder ziehen Vorteile daraus.«

»Es gibt kein Übel zwischen Männern und Frauen«, sagte Karenin, »das nicht ein gemeinsames Übel wäre. Ihr Dichter, Kahn, verwandelt mit euren Liebesliedern das schöne Gefühl der Partnerschaft in eine auf die Frau konzentrierte Leidenschaft. Aber in den Frauen, in manchen von ihnen, ist etwas vorhanden, das auf diese Herausforderung anspricht; sie erliegen einer merkwürdigen ichbefangenen Selbstschmeichelei. Sie werden zu Sklavinnen ihrer eigenen Raffinesse. Sie entwickeln und entfalten sich, wie es ein Mann kaum je tun würde. Sie erwarten goldene Baldachine. Und selbst wenn sie dagegen zu protestieren scheinen, verfolgen sie damit vielleicht dasselbe Ziel. Ich habe in alten Zeitungen über die Emanzipationsbewegung der Frauen nachgelesen, die vor der Entdeckung der Atomenergie in Gang war. Sie entstand aus dem Wunsch, den Beschränkungen und der Unfreiheit ihres Geschlechts zu entrinnen, und endete in einer überhitzten Bejahung der sexuellen Eigenart und stärkeren Betonung des Weiblichen als je zuvor. Helene von Holloway war in ihrer Art schließlich ein ebenso großes Ärgernis wie die griechische Helena, und solange Sie sich nur als Frau sehen« – er deutete mit dem Finger auf Rachel Borken – »statt als vernunftbegabtes Wesen, werden Sie in Gefahr sein, es Helena gleichzutun. Sich als Frau zu sehen, schließt die Beziehung zum Mann ein. Das ist die notwendige Folge daraus, die Sie nicht vermeiden können. Sie müssen lernen – um unsererwillen und auch um ihretwillen – sich an der Sonne und den Sternen zu orientieren. Sie müssen aufhören, unser Abenteuer zu sein, Rachel, und mit uns zu gemeinsamen Abenteuern aufbrechen ...

Er wies mit einer Handbewegung auf den tiefblauen Himmel über den Bergspitzen.

8

»Zu diesen Fragen«, sagte Karenin, »wird uns die Forschung demnächst Antwort liefern. Während wir hier sitzen und uns müßig und oberflächlich darüber unterhalten, was nötig wäre und was sein kann, arbeiten Hunderte von scharfsinnigen Männern und Frauen nüchtern und zuverlässig an diesem Problem, nur aus Liebe zur Erkenntnis. Die nächsten Wissenschaften, die jetzt große Ernten erwarten lassen, werden Psychologie und Physiologie sein. Jene Verwirrungen in der Beziehung zwischen Mann und Frau und jene Schwierigkeiten mit dem starrsinnigen Geltungsbedürfnis sind zeitgebundene Störfaktoren, die Kernfragen der jetzigen Epoche. Überraschend werden sich alle diese Unstimmigkeiten, die so unabänderlich erscheinen, und alle diese Widersprüche auflösen. Wir werden unsere Körper und körperlichen Bedürfnisse und persönlichen Verhaltensweisen mit derselben Kühnheit formen, wie wir jetzt beginnen, Stollen in Berge zu treiben, die Meere einzudämmen und die Richtung der Winde zu verändern.«

»Das ist die nächste Welle«, sagte Fowler, der auf die Terrasse gekommen war und still hinter Karenins Lehnstuhl Platz genommen hatte.

»Früher«, stellte Edwards fest, »waren die Menschen natürlich an ihre Stadt oder ihr Land gebunden, an das Haus, das sie besaßen, oder die Arbeit, die sie verrichteten …«

»Ich sehe für die Selbsterziehung des Menschen keine letzte Grenze«, meinte Karenin.

»Es gibt keine«, bestätigte Fowler, während er zur Terrassenbrüstung ging und sich darauf niederließ, Karenin gegenüber, sodass er sein Gesicht sehen konnte. »Es gibt weder eine absolute Grenze für das Wissen, noch die Fähigkeiten … Ich hoffe, das Gespräch ermüdet Sie nicht zu sehr.«

»Es interessiert mich«, sagte Karenin. »Vermutlich wird es bald keine Müdigkeit mehr geben. Demnächst wird man uns wohl etwas verabreichen, was die Folgen der Ermattung sogleich vertreibt und unsere erschlafften Gewebe fast augenblicklich wieder fit macht. Diese alte Maschine, unser Körper, wird vielleicht dazu gebracht werden, unaufhörlich und ohne Pause zu laufen.«

»Das ist denkbar, Karenin, aber bis dahin müssen wir noch viel lernen.«

»Und alle diese Stunden, die wir mit Verdauung und lahmen Lebensgeistern verbringen, glauben Sie nicht, dass auch diese auf irgendeine Weise aktiviert werden können?«

Fowler nickte zustimmend.

»Und dann der Schlaf. Als die Menschen mit den strahlenden Lampen in ihren Städten und Häusern die Nacht vertrieben – und das geschah vor kaum hundert Jahren – fingen sie in der Folge an, sich über diese acht nutzlos verbrachten Stunden zu ärgern. Sollten wir nicht in Zukunft eine Tablette nehmen oder uns in irgendein Kraftfeld betten, das uns befähigt, mit einer Stunde Schlaf auszukommen und uns dann erfrischt zu erheben?«

»Frobisher und Ameer Ali haben in dieser Hinsicht schon manches erreicht.«

»Und dann die Beschwerden des Alters und die organischen Leiden, die mit den Jahren auftreten, man schiebt sie immer weiter hinaus und verlängert unablässig die Jahre zwischen den leidenschaftlichen Stürmen der Jugend und den Beschränkungen der Altersschwäche. Der Mensch, der bisher siech wurde und starb, geradeso wie seine Zähne zugrunde gingen, sieht nun noch eine ständig wachsende, ständig erfülltere Reihe von Jahren vor sich. Und alle seine Körperteile, die ihm einst zu schaffen machten, die verkümmerten Strukturen und unzuverlässigen Organe, weiß man nun immer besser zu behandeln. Man bearbeitet den Körper und verleiht ihm eine neue und makellose Gestalt. Die Psychologen lernen, unser Denken zu beeinflussen, unsere Komplexe, die dem Denken und Handeln abträglich sind, zu vermindern und zu beseitigen, uns von Spannungen zu befreien und für höhere Ideen empfänglich zu machen. So werden wir ständig besser befähigt weiterzugeben, was wir gelernt haben, und es für die Zukunft zu bewahren. Die Menschheit, die menschliche Weisheit und Wissenschaft gewinnt ständig an Macht, um das Einzelindividuum ihren Zielen anzupassen. Habe ich recht?«

Fowler bestätigte das, und eine Weile lang erzählte er Karenin von den neuen Forschungen, die in Indien und Russland im Gange waren. »Und wie steht es mit der Vererbung?«, fragte Karenin.

Fowler unterrichtete ihn über die umfangreichen Forschungsergebnisse, die der geniale Wissenschaftler von Tchen gesammelt und geordnet hatte. Er hatte erstmalig klar die Vererbungsgesetze formuliert und beschrieben, wie das Geschlecht der Kinder, ihr Charakter und vieles vom elterlichen Erbe bestimmt werden konnte.

»Das kann er tatsächlich –?«

»Es ist bisher sozusagen nur ein Triumph im Laboratorium«, sagte Fowler, »aber demnächst wird es auch in der Praxis möglich sein.«

»Da sehen Sie«, wandte sich Karenin lachend an Rachel und Edith, »während wir hier über Männer und Frauen theoretisiert haben, erwirbt die Wissenschaft die Fähigkeit, diesen Disput überflüssig zu machen. Wenn die Frauen überhand nehmen, reduzieren wir sie zu einer Minderheit, und wenn wir gewisse Arten von Männern und Frauen nicht schätzen, wird es sie nicht mehr geben. Dieser alte Körper, diese Beschränkung durch das Animalische, all dieses unabwendbar erscheinende Erbe fällt vom menschlichen Geist ab wie die vertrocknete Puppenhülle vom vollentwickelten Insekt. Und ich meinerseits, wenn ich von diesen Dingen höre, fühle mich auch so – wie ein noch feuchter, eben ausgeschlüpfter Falter, der seine Flügel nicht auszubreiten wagt. Denn wohin führt uns das alles?«

»Über das Menschsein hinaus«, sagte Kahn.

»Nein«, widersprach Karenin. »Wir können noch immer fest auf dem Erdboden stehen, dem wir entstammen. Aber die Luft ist nicht länger ein Gefängnis für uns, dieser runde Planet fesselt uns nicht länger wie die Eisenkugel einen Galeerensklaven …

Bald werden die Menschen wissen, wie man mit der hemmenden Gravitation fertig wird, mit den wechselnden Druckverhältnissen, der ungewohnten Verdünnung der Luft, und alles, was uns bisher am Weltraum fremd und unheimlich war, wird von dieser Erde aus erforscht werden. Diese Kugel wird uns nicht länger genügen, unser Geist wird über sie hinausgreifen … Sehen Sie es denn nicht vor sich, wie so ein kleines Luftschiff glitzernd in den Himmel steigt, aufleuchtend höher und höher, bis das Blau es verschluckt. Sie mögen erfolgreich sein da oben; sie mögen zugrunde gehen, aber andere Menschen werden ihnen folgen … Es ist, als hätte sich ein großes Fenster geöffnet«, sagte Karenin …

9

Als der Abend anbrach, stiegen Karenin und die um ihn Versammelten auf das Dach des Gebäudes hinauf, um den Untergang der Sonne und das Bergglühen und das Verdämmern des Abendrots besser beobachten zu können. Zwei Ärzte aus den Laboratorien schlossen sich ihnen an, und später brachte eine Schwester Karenin in einer zarten Glasschale ein Stärkungsmittel. Der Abend war windstill und wolkenlos, und fern im Norden blinkten zwei Doppeldecker auf ihrem Weg zu den Observatorien auf dem Mount Everest, der dreihundert Kilometer entfernt im Osten über die Bergketten emporragte. Die kleine Gruppe blickte ihnen nach, wie sie über das Gebirge hinzogen und im Blau verschwanden, und unterhielt sich dann eine Weile über die Tätigkeit des Observatoriums. Von da ging das Gespräch zur weltweiten Forschungsarbeit über, und Karenins Gedanken kehrten wieder zum allgemeinen Geist der Welt und der großen Zukunft zurück, die sich der Vorstellungskraft des Menschen eröffnete. Er stellte den Ärzten viele Detailfragen über die Möglichkeiten ihrer Wissenschaft, und was er darauf zur Antwort bekam, fand er höchst interessant und erregend.

Während dieses Gesprächs berührte die Sonne die Bergspitzen, wurde sehr rasch zu einer feurigen eingekerbten Halbkugel lodernder Glut und versank.

Geblendet von den letzten Strahlen schirmte Karenin seine Augen mit der Hand ab und verstummte.

Plötzlich hob er den Kopf.

»Was ist?«, fragte Rachel Borken.

»Ich hatte vergessen«, sagte er.

»Was hatten Sie vergessen?«

»Die morgige Operation. Die Gegenwart hat mich so gefangen genommen, dass ich beinahe diesen Markus Karenin vergaß, der sich morgen Ihrem Messer unterwerfen muss, Fowler, und der höchst wahrscheinlich sterben wird.« Er hob seine runzelige Hand. »Aber das ist belanglos, Fowler, es bedeutet selbst für mich kaum etwas. Denn wer ist schon dieser Karenin, der hier saß und sprach; war es nicht eher der allgemeine Geist, Fowler, der sich hier unter uns umtat? Sie und ich und all die anderen haben Gedanken an Gedanken gereiht, aber die Fäden haben weder Sie noch ich gezogen. In uns allen steckt die Wahrheit; wenn der Einzelne sich zur Prüfung und Klärung in Selbstverwirklichung durchgerungen hat, ist seine Rolle zu Ende. Ich fühle mich, als hätte ich bereits dieses kleine Gefäß, diesen Markus Karenin verlassen, das mich in meiner Jugend so fest und unablässig einengte. Ihre Schönheit, liebe Edith, Ihre breite Stirn, liebe Rachel, und Sie, Fowler, mit Ihren zuverlässigen geschickten Händen, das alles bedeutet mir fast ebenso viel wie diese meine Hand auf der Seitenlehne meines Sessels, oder ebenso wenig. Und dieser nach Kenntnissen strebende, zu Taten entschlossene Geist, dieser Geist, der in uns lebt und heute gesprochen hat, lebt in Athen, in Florenz, lebt weiter, das weiß ich, für immer …

Und du, alte Sonne, die du mit deinem flammenden Strahl die armen Augen dieses Markus Karenin zum letzten Mal geblendet hast, hüte dich vor mir! Du glaubst, ich sterbe – und in Wirklichkeit ziehe ich nur ein neues Gewand an, um an dich heranzukommen. Ich habe dir Zehntausende von Jahren gedroht, und bald, ich warne dich, werde ich kommen. Wenn ich gänzlich frei geworden bin und meine Verkleidung abgelegt habe. Sehr bald, alte Sonne, werde ich mich jetzt auf dich stürzen, und ich werde dich erreichen, meinen Fuß auf dein fleckiges Antlitz setzen und dich bei deinen feurigen Locken packen. Mit dem ersten Schritt werde ich auf dem Mond sein, und dann werde ich dich mit einem Sprung erhaschen. Ich habe schon früher zu dir gesprochen, alte Sonne, wohl viele Millionen Male, und nun beginne ich mich zu erinnern. Ja – vor langer, langer Zeit, bevor ich Tausende von Generationen hinter mir gelassen hatte, die nun Staub und vergessen sind, war ich ein haariger Wilder und streckte meine Hand nach dir aus – ich erinnere mich ganz deutlich! – und sah dich in meinem Netz. Hast du das vergessen, alte Sonne? …

Du alte Sonne, jetzt entringe ich mich der Begrenztheit des Individuums, die meine Kraft so lange zersplittert hat. Ich lenke meine Milliarden von Ideen in die Wissenschaft und meinen milliardenfachen Willen auf ein gemeinsames Ziel. Du magst dich noch so verstohlen hinter den Bergen vor mir verbergen …

10

Karenin wünschte sich, noch eine kleine Weile allein vor sich hinzuträumen bevor er in sein Zimmer zurückkehrte, wo er schlafen sollte. Er bekam ein Mittel gegen die Schmerzen, die ihn zu quälen begannen, und, in warme Pelze gehüllt, denn bittere Kälte erfasste allmählich alles ringsherum, blieb er allein zurück und saß hier lange, bis die Abenddämmerung der Dunkelheit der Nacht wich.

Den Wärtern, die ihn unauffällig zu beobachten hatten, falls er irgendwelche Hilfe benötigte, erschien es, als versinke er in tiefes Sinnen.

Die weißen, rötlich schimmernden Gipfel vor dem goldenen Himmel schwanden in kalte blaue Ferne, glühten nochmals auf und verblassten wieder, und die flammenden Fackeln der indischen Sterne, die selbst der Mond nicht gänzlich überstrahlen kann, begannen ihre nächtliche Wacht. Dann ging der Mond im Osten hinter der hochragenden Wand dunkler Bergspitzen auf, und lange, bevor er über sie emporgestiegen war, füllten seine schrägen Strahlen die tiefen Klüfte mit hellen Nebelschwaden und verwandelten die Türme und Zacken des Lio Poryul in ein geheimnisvolles Traumschloss strahlender Wunder …

Eine Flut geisterhaften Lichts strömte über die Felsgrate, und dann löste sich der Mond von ihnen wie ein praller Ballon und schwebte frei in den unermesslichen dunklen Himmel hinauf …

Nun erhob sich Karenin, ging die paar Schritte zur Brüstung und starrte eine Weile zu diesem großen silbernen Rund hinauf, dieser leuchtenden Scheibe, die zwangsläufig der Menschheit erste Eroberung im Weltraum werden musste …

Dann wandte er sich um und betrachtete, die Hände auf dem Rücken verschränkt, die nördlichen Sterne …

Schließlich ging er in sein Zimmer. Dort legte er sich ins Bett und schlief friedlich bis zum Morgen. Zu früher Stunde kamen sie, leiteten die Narkose ein und führten die Operation durch.

Sie war erfolgreich, aber Karenin war schwach und bedurfte strenger Bettruhe; und etwa sieben Tage später löste sich ein Blutgerinnsel von der verheilten Wunde, wanderte zum Herzen, und mitten in der Nacht ereilte Karenin plötzlich der Tod.

Editorische Notiz

Die Zeitmaschine
Titel der englischen Originalausgabe: *The Time Machine* (London 1895)

Die deutsche Übersetzung von Jan Strümpel erschien zuerst im Frühjahr 2017.

Die Insel des Dr. Moreau
Titel der englischen Originalausgabe: *The Island of Doctor Moreau* (London 1898)

Die deutsche Übersetzung von Felix Paul Greve (hier neu durchgesehen von Christine Mrowietz) erschien zuerst 1904 bei Bruns in Minden/Westf.

Orthografie und Interpunktion wurden auf neue Rechtschreibung umgestellt.

Der Krieg der Welten
Titel der englischen Originalausgabe: *The War of the Worlds* (London 1898)

Die deutsche Übersetzung von Jan Strümpel erschien zuerst im Herbst 2017.

Befreite Welt
Titel der englischen Originalausgabe: *The World Set Free* (London 1914)

Die deutsche Übersetzung von Heinz von Sauter erschien zuerst 1985.

Orthografie und Interpunktion wurden auf neue Rechtschreibung umgestellt.